D1687485

NomosEinführung

Prof. em. Dr. Michael Kloepfer
Dr. Holger Greve

Staatsrecht kompakt

Staatsorganisationsrecht – Grundrechte –
Bezüge zum Völker- und Europarecht

3. unveränd. Auflage

Nomos

Die Deutsche Nationalbibliothek verzeichnet diese Publikation in
der Deutschen Nationalbibliografie; detaillierte bibliografische
Daten sind im Internet über http://dnb.d-nb.de abrufbar.

ISBN 978-3-8487-5544-8 (Print)
ISBN 978-3-8452-9666-1 (ePDF)

3. Auflage 2018
© Nomos Verlagsgesellschaft, Baden-Baden 2018. Gedruckt in Deutschland. Alle Rechte,
auch die des Nachdrucks von Auszügen, der fotomechanischen Wiedergabe und der
Übersetzung, vorbehalten. Gedruckt auf alterungsbeständigem Papier.

Vorwort zur zweiten Auflage

Die freundliche Aufnahme der ersten Auflage machte die vorliegende Neuauflage nötig. Mit ihr wird das Werk unter Beibehaltung seines Konzepts und seiner Grundstruktur aktualisiert und auf den Rechtsstand von Juli 2016 gebracht.

Als neuer Mitautor konnte für die zweite Auflage Herr Dr. *Holger Greve*, Referent im Bundesministerium des Innern, gewonnen werden. Beide Autoren tragen künftig zusammen die inhaltliche Verantwortung für das Werk. Den studentischen Mitarbeitern der Forschungsplattform Recht an der Humboldt-Universität zu Berlin, Frau *Sophie Jendro* und Herrn *Jonas Kayser*, gebührt Dank für ihre Hilfe bei der Drucklegung des Manuskripts.

Etwaige Kritik und Anregungen erbitten wir an folgende E-Mail-Adresse: michael.kloepfer@rewi.hu-berlin.de

Berlin, im Juli 2016

Holger Greve *Michael Kloepfer*

Vorwort

Das vorliegende Buch enthält das für das Jurastudium, aber auch für andere Studiengänge (z.B. Politikwissenschaft) unentbehrliche Grundwissen im Staatsrecht in einem Band. Dabei wird der Stoff des gesamten Staatsrechts thesenartig dargestellt, also das, was in den Vorlesungen zum Staatsrecht, d.h. regelmäßig zum Staatsorganisationsrecht, zu den Grundrechten und zu den staatsrechtlichen Bezügen des Grundgesetzes zum Völker- und Europarecht üblicherweise behandelt wird. Dem entspricht die Entstehungsgeschichte des Buches, das aus vorlesungsbegleitenden Materialien entstanden ist. Das Buch soll Studierenden die Kernaussagen der genannten staatsrechtlichen Lehrveranstaltungen in intensiver Kürze vor Augen führen. Es bietet einen thesenartigen Überblick über das gesamte Staatsrecht mit wissenschaftlichem Anspruch. Die Hinweise auf gerichtliche Entscheidungen und auf das Schrifttum bieten die Möglichkeit zum – für das weitere Studium notwendigen – vertieften Eindringen in das Staatsrecht. Das Buch kann quasi als „Basislager" dienen, von dem dann die Gipfel des Staatsrechts im Rahmen des weiteren Studiums erklommen werden können. Anders ausgedrückt, kann dieses Buch das unentbehrliche Grundwissen des Staatsrechts vermitteln, die Vertiefung aufgrund der klassischen staatsrechtlichen Lehrbuchliteratur bleibt aber unentbehrlich.

Für Studierende der Rechtswissenschaft soll das Buch sowohl während der ersten Semester des Jurastudiums als auch während der Examensvorbereitung ein verlässlicher Begleiter sein. Dem „Staatsrechtsnovizen" bietet das Buch bei der erstmaligen Befassung mit dem Staatsrecht die Möglichkeit, das staatsrechtliche Kernwissen sowie das System des bundesdeutschen Staatsrechts kompakt zu erfassen und sich nicht zu schnell in Einzelfragen zu verlieren. Wenn es dann an die Klausuren geht, kann das Buch auch als Zusammenfassung des klausurrelevanten Wissens im Staatsrecht dienen. Dem Examenskandidaten schließlich ermöglicht das Buch zum Zwecke der Eigenkontrolle durch Stoffwiederholung einen Überblick über die „essentials" der im Examen zu erwartenden staatsrechtlichen Anforderungen. Wer den Stoff dieses Buches beherrscht, sollte den staatsrechtlichen Teil des Examens bestehen können. Studierenden, die sich außerhalb des Jura-Studiums mit Recht befassen, ermöglicht das Buch eine umfassende, aber gleichwohl kompakte Information über das Staatsrecht in der Bundesrepublik Deutschland einschließlich der Bezüge zum Völker- und Europarecht.

Das Buch geht vom Rechtsstand von Anfang Januar 2012, teilweise aber auch darüber hinaus aus.

Meinen Assistenten, insbesondere Dr. *David Bruch* sowie ferner *Henrik Gartz*, danke ich für ihre wertvolle Unterstützung bei der Entstehung und Fertigstellung dieses Buches. Dank gilt auch meinen studentischen Hilfskräften *Daniel Starke* und *Christoph Schmidt* für ihre engagierte Mitarbeit.

Vorwort

Berichten Sie mir bitte über einschlägige Erfahrungen mit diesem Grundriss und teilen Sie mir etwaige Kritikpunkte und Anregungen mit. Sie erreichen mich unter folgender E-Mail-Adresse: michael.kloepfer@rewi.hu-berlin.de.

Berlin, im Januar 2012 *Michael Kloepfer*

Inhaltsverzeichnis

Vorwort zur zweiten Auflage	5
Abkürzungsverzeichnis	13

1. Teil: Staatsorganisationsrecht ... 23

A.	Öffentliches Recht in der Rechtsordnung		23
B.	Verfassungsrecht		25
	I.	Begriff und Wesen der Verfassung	25
	II.	Verfassungsgeschichte	26
	III.	Entstehung und Änderung des Grundgesetzes	27
	IV.	Geltungskraft der Verfassung	30
	V.	Verfassungsauslegung und verfassungskonforme Auslegung	33
C.	Staatsstrukturprinzipien		36
	I.	Republik	36
	II.	Bundesstaat	36
		1. Bund und Länder	36
		2. Gesetzgebungskompetenzen im Bundesstaat	40
		3. Verwaltungskompetenzen im Bundesstaat	45
		4. Rechtsprechungskompetenzen im Bundesstaat	50
		5. Einheitsgewährleistung im Bundesstaat	51
	III.	Demokratie	51
		1. Strukturmerkmale der Demokratie des Grundgesetzes	51
		2. Mehrheiten	55
		3. Wahlen	56
		4. Schutz der Opposition	59
		5. Parteiendemokratie	60
		6. Demokratiesicherung	63
	IV.	Rechtsstaat	64
		1. Gesetzmäßigkeitsprinzip	64
		2. Gewaltenteilungsprinzip	66
		3. Bestimmtheitsprinzip	67
		4. Vertrauensschutzprinzip	67
		5. Übermaßverbot/Verhältnismäßigkeit	68
		6. Rechtsschutzprinzip	69
		7. Weitere Gewährleistungen	70
	V.	Sozialstaat	70
	VI.	Umweltstaat	73
	VII.	Kulturstaat?	74

D.	Teilordnungen des Grundgesetzes	75
	I. Wirtschaftsverfassung	75
	II. Finanz- und Haushaltsverfassung	75
	III. Staatskirchenrecht	79
	IV. Notstandsverfassung	80
	V. Wehrverfassung	80
E.	Landesverfassungsrecht	83
F.	Verfassungsorgane des Bundes	85
	I. Bundestag	86
	1. Legitimation und Kompetenz	86
	2. Organisation und Arbeitsweise	88
	II. Bundesrat	92
	III. Bundesregierung	93
	1. Legitimation und Kompetenz	93
	2. Organisation und Arbeitsweise	95
	IV. Bundespräsident/Bundesversammlung	97
	V. Gemeinsamer Ausschuss	100
	VI. Bundesverfassungsgericht	101
	1. Legitimation und Kompetenz	101
	2. Organisation und Arbeitsweise	103
	VII. Oberste Bundesorgane	105
G.	Staatsfunktionen	106
	I. Gesetzgebung	106
	1. Parlamentarische Gesetzgebung	106
	2. Rechtsverordnungserlass	109
	3. Volksgesetzgebung	112
	II. Vollziehende Gewalt	112
	1. Verwaltung	112
	2. Kommunale Selbstverwaltung	116
	3. Öffentlicher Dienst	117
	III. Rechtsprechung	118
	1. Allgemeine Rechtsprechung	118
	2. Verfassungsgerichtsbarkeit des Bundes	122

2. Teil: Grundrechte ... 133

A. Allgemeine Grundrechtslehren ... 133
    I. Geschichte und Perspektiven der Grundrechte ... 133
    II. Geltungsgrund ... 137
    III. Grundrechtsarten und -funktionen, Einrichtungsgarantien ... 138

	IV.	Räumliche und zeitliche Grenzen des Grundrechtsschutzes	141
	V.	Grundrechte außerhalb des Grundgesetzes	141
		1. Bundesländer	142
		2. Europäische Union	142
		3. Regionales Völkerrecht – insbesondere EMRK, ESC	144
		4. Universelles Völkerrecht	146
		5. Sonderfall: Art. 140 GG i.V.m. Art. 136 ff. WRV	147
	VI.	Grundrechtsberechtigung	147
		1. Pränataler und postmortaler Grundrechtsschutz	148
		2. Jedermann- und Deutschengrundrechte	148
		3. Grundrechtsmündigkeit	150
		4. Juristische Personen und Personenvereinigungen	150
	VII.	Grundrechtsverpflichtete	153
		1. Staatliche Gewalt	153
		2. Drittwirkung von Grundrechten?	155
		3. Ausländische Staatsgewalt, EU	157
	VIII.	Schutzbereich, Eingriff, Grundrechtsschranken, Schranken-Schranken	157
		1. Schutzbereich	158
		2. Eingriff	160
		3. Schranken	160
		4. Schranken-Schranken	164
	IX.	Grundrechte in besonderen Statusverhältnissen	168
	X.	Grundrechtsverzicht	168
	XI.	Grundrechtsverwirkung	169
	XII.	Konkurrenzen, Konzertierungen, Kollisionen von Grundrechten	170
	XIII.	Grundpflichten	171
B.	Einzelne Grundrechte		173
	I.	Menschenwürde (Art. 1 Abs. 1 GG)	173
	II.	Recht auf Leben und körperliche Unversehrtheit (Art. 2 Abs. 2 S. 1 GG)	177
	III.	Freiheit der Person (Art. 2 Abs. 2 S. 2 GG)	180
	IV.	Freiheit der Persönlichkeitsentfaltung (Art. 2 Abs. 1 GG)	182
	V.	Allgemeiner Gleichheitssatz (Art. 3 GG)	185
	VI.	Besondere Gleichheitssätze	188
	VII.	Glaubens- und Gewissensfreiheit (Art. 4 GG)	188
	VIII.	Meinungs-, Informations-, Presse- und Rundfunkfreiheit (Art. 5 Abs. 1, 2 GG)	191
	IX.	Freiheit von Kunst und Wissenschaft (Art. 5 Abs. 3 GG)	197
	X.	Versammlungsfreiheit (Art. 8 GG)	200
	XI.	Vereinigungsfreiheit und Koalitionsfreiheit (Art. 9 GG)	203

XII.	Berufsfreiheit (Art. 12 Abs. 1 GG)	207
XIII.	Freiheit vor Arbeitszwang und Zwangsarbeit (Art. 12 Abs. 2, 3 GG), Wehr- und Ersatzdienst (Art. 12a GG)	209
XIV.	Freizügigkeit (Art. 11 GG)	210
XV.	Eigentum und Erbrecht (Art. 14 GG), Sozialisierung (Art. 15 GG)	212
XVI.	Unverletzlichkeit der Wohnung (Art. 13 GG)	215
XVII.	Brief-, Post- und Fernmeldegeheimnis (Art. 10 GG)	217
XVIII.	Schutz vor Ausbürgerung (Art. 16 Abs. 1 GG) und Auslieferung (Art. 16 Abs. 2 GG)	219
XIX.	Asylrecht (Art. 16a GG)	221
XX.	Schutz von Ehe und Familie (Art. 6 GG), schulische Grundrechte (Art. 7 GG)	224
XXI.	Petitionsrecht (Art. 17 GG), Widerstandsrecht (Art. 20 Abs. 4 GG)	226
XXII.	Rechtsschutzgarantie (Art. 19 Abs. 4 GG), Justizgewährleistungsanspruch	227
XXIII.	Justizgrundrechte (Art. 101 - 104 GG)	229

3. Teil: Staatsrechtliche Bezüge zum Völker- und Europarecht ... 233

A. Grundsätzliches ... 233
    I. Außenbezüge der Verfassung ... 233
    II. Völker- und Europarechtsfreundlichkeit des Grundgesetzes ... 234
B. Grundgesetz und Völkerrecht ... 235
    I. Allgemeines ... 235
    II. Völkerrecht ... 235
        1. Rechtsnatur ... 235
        2. Völkerrechtssubjekte ... 235
        3. Völkerrechtsquellen ... 238
    III. Völkerrecht und innerstaatliches Recht ... 240
    IV. Allgemeine Regeln des Völkerrechts (Art. 25 GG) ... 242
        1. Allgemeines ... 242
        2. Anwendungsbereich ... 243
        3. Auswirkungen auf das deutsche Recht ... 244
        4. Verhältnis zum Völkervertragsrecht ... 245
    V. Völkerrechtliche Verträge (Art. 59 Abs. 2 GG) ... 245
        1. Allgemeines ... 245
        2. Staatsverträge (Art. 59 Abs. 2 S. 1 GG) ... 246
        3. Verwaltungsabkommen (Art. 59 Abs. 2 S. 2 GG) ... 250

	VI.	Beitritt zu internationalen Einrichtungen (Art. 24 GG)	250
		1. Zwischenstaatliche Einrichtungen (Art. 24 Abs. 1 GG)	251
		2. Grenznachbarschaftliche Einrichtungen (Art. 24 Abs. 1a GG) ...	252
		3. System gegenseitiger kollektiver Sicherheit (Art. 24 Abs. 2 GG)	253
		4. Internationale Schiedsgerichte (Art. 24 Abs. 3 GG)	254
	VII.	Friedliches Zusammenleben der Völker (Art. 26 GG)	255
		1. Verbot des Angriffskrieges (Art. 26 Abs. 1 GG)	255
		2. Genehmigungsvorbehalt bei Kriegswaffen (Art. 26 Abs. 2 GG)	256
	VIII.	Kompetenzen im Bereich der auswärtigen Gewalt	257
		1. Verbandskompetenzen im Bundesstaat (Art. 32 GG)	257
		2. Organkompetenzen auf Bundesebene (Art. 59 Abs. 1 GG)	258
	IX.	Völkerrecht in Verfahren vor dem Bundesverfassungsgericht	259
C.	Grundgesetz und Europarecht		261
	I.	Europäische Union	261
		1. Entwicklung	261
		2. Gegenwärtiger Status der EU und Perspektiven	263
		3. Rechtsquellen des Europarechts	264
		4. Organe und sonstige Einrichtungen der EU	265
		5. Rechtsetzung in der EU	276
		6. Vollzug des Unionsrechts	282
		7. Rechtsprechung im Unionsrecht	285
	II.	Maßnahmen der EU und deutsches Recht	288
		1. Geltungsgrund und Rang des europäischen Rechts in Deutschland	288
		2. Grundrechtsschutz in der Europäischen Union	290
		3. Schutz vor Kompetenzüberschreitungen der EU-Organe	292
	III.	Mitwirkung der Bundesrepublik Deutschland an der europäischen Integration (Art. 23 GG)	294
		1. Allgemeines	294
		2. Formelle Mitwirkungsanforderungen	296
		3. Materielle Mitwirkungsanforderungen	301
		4. Subsidiaritätsklage (Art. 23 Abs. 1a GG)	307
Literaturverzeichnis			309
Sachverzeichnis			315

Abkürzungsverzeichnis*

a. A.	andere Ansicht
a. Anf.	am Anfang
AbgG	Abgeordnetengesetz
ABl.	Amtsblatt
Abs.	Absatz
a. E.	am Ende
a. F.	alte Fassung
AfrCMR	Afrikanische Charta der Rechte der Menschen und Völker
Abschn.	Abschnitt
AdR	Ausschuss der Regionen
AEMR	Allgemeine Erklärung der Menschenrechte
AEUV	Vertrag über die Arbeitsweise der Europäischen Union
AktienG	Aktiengesetz
Alt.	Alternative
AMRK	Amerikanische Konvention der Menschenrechte
Anm.	Anmerkung
AOK	Allgemeine Ortskrankenkasse
AöR	Archiv des öffentlichen Rechts
ArbGG	Arbeitsgerichtsgesetz
ArbR	Arbeitsrecht
ArCMR	Arabische Charta der Menschenrechte
Art.	Artikel
AsylVfG	Asylverfahrensgesetz
AtG	Atomgesetz
AufenthG	Aufenthaltsgesetz
Aufl.	Auflage
AWACS	Airborne Early Warning and Control System
BAG	Bundesarbeitsgericht
BAGE	Entscheidungen des Bundesarbeitsgerichts
BauGB	Baugesetzbuch
BauO	Bauordnung

---

* Im Übrigen wird auf *Kirchner*, Abkürzungsverzeichnis der Rechtssprache, 8. Auflage 2015, verwiesen.

BauR	Baurecht
Bay	Bayern
BayObLG	Bayerisches Oberstes Landesgericht
Bbg	Brandenburg
BbgVerfG	Brandenburgisches Verfassungsgericht
BBG	Bundesbeamtengesetz
BBodSchG	Bundesbodenschutzgesetz
Bd.	Band
BeamtStG	Beamtenstatusgesetz
BeamtVG	Beamtenversorgungsgesetz
Ber	Berlin
BerVerfGH	Berliner Verfassungsgerichtshof
BFH	Bundesfinanzhof
BGB	Bürgerliches Gesetzbuch
BGBl.	Bundesgesetzblatt
BGH	Bundesgerichtshof
BGHZ	Entscheidungen des Bundesgerichtshofs in Zivilsachen
BImSchG	Bundesimmissionsschutzgesetz
BKR	Zeitschrift für Bank- und Kapitalmarktrecht
BMinG	Gesetz über die Rechtsverhältnisse der Mitglieder der Bundesregierung (Bundesministergesetz)
BNatSchG	Bundesnaturschutzgesetz
Bre	Bremen
BRRG	Beamtenrechtsrahmengesetz
BSG	Bundessozialgericht
BND	Bundesnachrichtendienst
BVerfG	Bundesverfassungsgericht
BVerfGG	Bundesverfassungsgerichtsgesetz
BVerfGE	Entscheidungen des Bundesverfassungsgerichts
BVerfG-K	Kammerentscheidungen des Bundesverfassungsgerichts
BVerwG	Bundesverwaltungsgericht
BVerwGE	Entscheidungen des Bundesverwaltungsgerichts
BW	Baden-Württemberg
BWahlG	Bundeswahlgesetz
bzw.	beziehungsweise

Abkürzungsverzeichnis

CDU	Christlich-Demokratische Union
CSU	Christlich-Soziale Union
DAV	Deutscher Anwaltsverein
DDR	Deutsche Demokratische Republik
ders.	derselbe
DIN	Deutsches Institut für Normung
DÖV	Die öffentliche Verwaltung
DRiG	Deutsches Richtergesetz
DVBl.	Deutsches Verwaltungsblatt
EAG	Europäische Atomgemeinschaft
EAGV	Vertrag über die Europäische Atomgemeinschaft; der Gründungsvertrag der EAG (EURATOM-Vertrag)
e. V.	eingetragener Verein
ebda.	ebenda
ECHA	European Chemicals Agency (Europäische Chemikalienagentur)
EEA	Einheitliche Europäische Akte; European Environment Agency (Europäische Umweltagentur)
EFSF	Europäische Finanzstablilisierungsfazilität
EFTA	Europäische Freihandelsassoziation
EG	Europäische Gemeinschaft
EGKS	Europäische Gemeinschaft für Kohle und Stahl
EGKSV	Vertrag über die Gründung der Europäischen Gemeinschaft für Kohle und Stahl
EGMR	Europäischer Gerichtshof für Menschenrechte
EGV	Vertrag zur Gründung der Europäischen Gemeinschaft
EIB	Europäische Investitionsbank
EMEA	European Medicines Agency (Europäische Arzneimittelagentur)
EMRK	Europäische Menschenrechtskonvention
ESC	Europäische Sozialcharta
etc.	et cetera
EU	Europäische Union
EuG	Europäisches Gericht
EuGH	Europäischer Gerichtshof
EuGöD	Europäisches Gericht für den öffentlichen Dienst

EuGRZ	Europäische Grundrechte-Zeitschrift
EuR	Europarecht (Zeitschrift)
ESZB	Europäisches System der Zentralbanken
EUV	Vertrag über die europäische Union
EuWG	Gesetz über die Wahl der Abgeordneten des Europäischen Parlaments aus der Bundesrepublik Deutschland
EUZBBG	Gesetz über die Zusammenarbeit von Bundesregierung und Deutschem Bundestag in Angelegenheiten der Europäischen Union
EUZBLG	Gesetz über die Zusammenarbeit von Bund und Ländern in Angelegenheiten der Europäischen Union
EVV	Vertrag über eine Verfassung für Europa
EWG	Europäische Wirtschaftsgemeinschaft
EWGV	Vertrag über die Europäische Wirtschaftsgemeinschaft
EZB	Europäische Zentralbank
f.	folgende
ff.	fortfolgende
FG	Finanzgericht oder: Festgabe
FamFG	Gesetz über das Verfahren in Familiensachen und in den Angelegenheiten der freiwilligen Gerichtsbarkeit
FGO	Finanzgerichtsordnung
Fn.	Fußnote
FS	Festschrift
G 115	Gesetz zur Ausführung von Artikel 115 des Grundgesetzes (Artikel-115-Gesetz)
GASP	Gemeinsame Außen- und Sicherheitspolitik
GG	Grundgesetz
GGO	Gemeinsame Geschäftsordnung der Bundesministerien
GOBR	Geschäftsordnung des Bundesrates
GOBReg	Geschäftsordnung der Bundesregierung
GOBT	Geschäftsordnung des Bundestages
GOBVerfG	Geschäftsordnung des Bundesverfassungsgerichts
GOEP	Geschäftsordnung des Europäischen Parlaments
GRCh	Charta der Grundrechte der Europäischen Union
grds.	grundsätzlich
GVG	Gerichtsverfassungsgesetz

Hbg	Hamburg
HbStR	Handbuch des Staatsrechts
He	Hessen
HGB	Handelsgesetzbuch
h.L.	herrschende Lehre
h.M.	herrschende Meinung
Hrsg.	Herausgeber
Hs.	Halbsatz
ICJ-Rep.	International Court of Justice Reports
i.d.R.	in der Regel
IFG	Informationsfreiheitsgesetz
IGH	Internationaler Gerichtshof
IGH-Statut	Statut des Internationalen Gerichtshofes
IKRK	Internationales Komitee vom Roten Kreuz
insbes.	insbesondere
IntVG	Integrationsverantwortungsgesetz
IPbpR	Internationaler Pakt über bürgerliche und politische Rechte
IPwskR	Internationaler Pakt über wirtschaftliche, soziale und kulturelle Rechte
IRK	Internationales Rotes Kreuz
ISAF	International Security Assistance Force
iSd	im Sinne des
IStGH	Internationaler Strafgerichtsgehof
i.S.v.	im Sinne von
ItalVerf	Verfassung der Republik Italien
i.V.m	in Verbindung mit
IWF	Internationaler Währungsfonds
i.w.S.	im weiteren Sinne
Jh.	Jahrhundert
Jura	Juristische Ausbildung
JuS	Juristische Schulung
JuSchG	Jugendschutzgesetz
JZ	Juristenzeitung
KG	Kommanditgesellschaft
KPD	Kommunistische Partei Deutschlands

KSZE	Konferenz über Sicherheit und Zusammenarbeit in Europa
KrWaffKontrG	Kriegswaffenkontrollgesetz
krit.	kritisch
lat.	lateinisch
LBG	Landesbeamtengesetz
LG	Landgericht
lit.	litera
LKV	Landes- und Kommunalverwaltung
Ls.	Leitsatz
LSA	Sachsen-Anhalt
LT-Ders.	Landtagsdrucksachen
LV	Landesverfassung
LVerfGE	Landesverfassungsgerichtsentscheidungen
MV	Mecklenburg-Vorpommern
m.w.N.	mit weiteren Nachweisen
NATO	North Atlantic Treaty Organization
Nds	Niedersachsen
n.F.	neue Fassung
NGO	Non-Governmental Organization
NJ	Neue Justiz
NJW	Neue Juristische Wochenschrift
NPD	Nationaldemokratische Partei Deutschlands
Nr.	Nummer
NRW	Nordrhein-Westfalen
NVwZ	Neue Zeitschrift für Verwaltungsrecht
NZA	Neue Zeitschrift für Arbeitsrecht
OHG	Offene Handelsgesellschaft
OHIM	The Office of Harmonization for the Internal Market (Harmonisierungsamt für den Binnenmarkt)
OMT	Outright Monetary Transactions
OVG	Oberverwaltungsgericht
ParlStG	Gesetz über die Rechtsverhältnisse der Parlamentarischen Staatssekretäre
PartG	Parteiengesetz
PID	Präimplantationsdiagnostik
PJZS	Polizeiliche und justizielle Zusammenarbeit in Strafsachen

PKK	Partiya Karkerên Kurdistan (Arbeiterpartei Kurdistan)
PND	Pränataldiagnostik
ProdHG	Produkthaftungsgesetz
PUAG	Gesetz zur Regelung des Rechts der Untersuchungsausschüsse des Deutschen Bundestages
RelKErzG	Gesetz über die religiöse Kindererziehung
Rn.	Randnummer
RP	Rheinland-Pfalz
RW	Zeitschrift für rechtswissenschaftliche Forschung
S.	Satz
s.	siehe
s.a.	siehe auch
Saa	Saarland
Sac	Sachsen
SächsVerfGH	Sächsischer Verfassungsgerichtshof
SBZ	Sowjetische Besatzungszone
SGG	Sozialgerichtsgesetz
SH	Schleswig-Holstein
Slg.	Sammlung
s.o.	siehe oben
s.u.	siehe unten
sog.	sogenannt(e)
SozR	Sozialrecht
SPD	Sozialdemokratische Partei Deutschlands
SRP	Sozialistische Reichspartei
StAG	Staatsangehörigkeitsgesetz
SteuerR	Steuerrecht
StGB	Strafgesetzbuch
str.	strittig
StrR	Strafrecht
st. Rspr.	ständige Rechtsprechung
StVollzG	Strafvollzugsgesetz
StPO	Strafprozessordnung
SVN	Satzung der Vereinten Nationen
StVO	Straßenverkehrsordnung

Thür	Thüringen
ThürVerfGH	Thüringischer Verfassungsgerichtshof
TürkVerf	Verfassung der Republik Türkei
TVG	Tarifvertragsgesetz
UAbs.	Unterabsatz
UmweltHG	Umwelthaftungsgesetz
US	United States
usw.	und so weiter
u.a.	unter anderem
u.U.	unter Umständen
u.v.a.m.	und viele andere mehr
v.	von/vom
v.a.	vor allem
Var.	Variante
Vbl.	Verwaltungsblatt
VereinsG	Vereinsgesetz
VerfGH	Verfassungsgerichtshof
VerfO-EuG	Verfahrensordnung des Europäischen Gerichts
VerfR	Verfassungsrecht
VersG	Versammlungsgesetz
VerwR	Verwaltungsrecht
VG	Verwaltungsgericht
VGH	Verwaltungsgerichtshof
vgl.	vergleiche
VN	Vereinte Nationen
VVDStRL	Veröffentlichungen der Vereinigung der Deutschen Staatsrechtslehrer
VwGO	Verwaltungsgerichtsordnung
VwVfG	Verwaltungsverfahrensgesetz
WEG	Gesetz über das Wohnungseigentum und das Dauerwohnrecht
WiSoA	Wirtschafts- und Sozialausschuss
WPflG	Wehrpflichtgesetz
WRV	Weimarer Reichsverfassung
WSA	Wiener Schlussakte
WVK	Wiener Übereinkommen über das Recht der Verträge (WÜRV) vom 23. Mai 1969 (auch: Wiener Vertragsrechtskonvention)

z.B.	zum Beispiel
ZfB	Zeitschrift für Betriebswirtschaft
Ziff.	Ziffer
ZivR	Zivilrecht
ZPO	Zivilprozessordnung

1. Teil: Staatsorganisationsrecht

A. Öffentliches Recht in der Rechtsordnung

Für das Funktionieren eines Gemeinwesens bedarf es **Normen** (z.B. Gebote und Verbote). Recht ist dabei nur ein Teil der Normen des Gemeinwesens. Zu diesen Normen zählen neben Rechtsnormen u.a. auch Religion, Moral, Sitte, Brauchtum, soziale Handlungsmuster, Übungen und technische Normen etc. Recht ist dabei der staatliche Sollenssatz, der verbindlich und staatlich erzwingbar ist. Heute ist Recht regelmäßig schriftlich (vor allem in Gesetzesblättern) niedergelegt; außerdem gibt es Gewohnheitsrecht, Richterrecht und Analogien zu geschriebenem Recht.

Die Rechtsnorm ist dabei der **abstrakt-generelle Satz**, der eine unbestimmte Vielzahl von Fällen (abstrakt) und eine unbestimmte Vielzahl von Personen (generell) erfasst. Im Gegensatz dazu ist konkret-individuelles Recht ein für den Einzelfall geltendes Gebot/Verbot (insbes. Verwaltungsakt).

Der Komplex aller Rechtsnormen zerfällt in das **Privatrecht** einerseits und das **Öffentliche Recht** andererseits. Das Privatrecht regelt das Recht zwischen Bürgern auf symmetrischer Gleichrangebene, das Öffentliche Recht jenes zwischen Staat und Bürgern im asymmetrischen Verhältnis, also unter Nicht-Gleichrangigen (s. zu dieser Abgrenzung *Stern*, Staatsrecht, Bd. I, 2. Aufl. 1984, S. 5 f.). Nicht ausgeschlossen ist dadurch, dass auch der Staat dem Bürger auf gleicher (Augen-)Höhe koordinationsrechtlich gegenüber treten kann, insbes. durch öffentlich-rechtliche Verträge (§§ 54 ff. VwVfG). Der Staat (als Fiskus) kann im Übrigen auch privatrechtlich handeln. Er kann sich etwa am Markt mit Waren eindecken (z.B. Kauf von Büromaterial) oder Immobilien mieten bzw. vermieten (s. dazu auch Rn. 8).

Zu den **Privatrechtsnormen**, also den Rechtsregeln zwischen Privaten, zählen u. a.: das Bürgerliche Recht mit den zugehörigen Nebengesetzen (neben BGB also z.B. ProdHG oder WEG), das Handels- und Gesellschaftsrecht (z.B. HGB, AktienG, GmbHG, Wertpapierrecht, Wettbewerbsrecht) und das Arbeitsrecht (außer dem öffentlich-rechtlichen Arbeitsschutzrecht).

Das **Öffentliche Recht** umfasst hingegen das **Verfassungsrecht**, das **Verwaltungsrecht** (bestehend aus dem allgemeinen Verwaltungsrecht neben dem besonderen Verwaltungsrecht wie z.B. dem Polizeirecht, dem Wirtschaftsverwaltungsrecht, dem Umweltrecht, dem Katastrophenrecht, dem Baurecht, dem Kommunalrecht sowie dem **Sozial- und Steuerrecht**, die unterdessen aber weitgehend eigenständige Gebiete darstellen), das **Kirchenrecht**, das **Völkerrecht** (Recht zwischen Staaten, s. dazu Rn. 711 ff.) und das **Europarecht** (s. dazu Rn. 817 ff.) aus dem europäischen **Primär-** (EUV, AEUV, GRCh) und **Sekundärrecht** (beispielsweise Verordnungen, Richtlinien, Entscheidungen, vgl. Art. 288 AEUV).

1. Teil: Staatsorganisationsrecht

6 Zum Öffentlichen Recht i.w.S. zählt zudem sowohl das **Strafrecht** (Recht betreffend staatliche Strafen) als auch das gesamte **Prozessrecht** (Recht betreffend staatliche Gerichte), weil sie die staatliche Strafgewalt bzw. die staatliche Gerichtshoheit regeln. Diese Gebiete haben sich aber unterdessen besonders stark verselbstständigt und werden im akademischen Bereich als eigenständige Fächer (z.B. Strafrecht) außerhalb des Öffentlichen Rechts gepflegt. Das Prozessrecht wird – wenn überhaupt – in den juristischen Fakultäten zusammen mit den jeweiligen materiellen Rechtsgebieten behandelt (ZivilR: ZPO (grundlegend), FamFG; StrafR: StPO; VerwR: VwVfG und VwGO; VerfR: BVerfGG und Verfassungsgerichtsgesetze der Länder; ArbR: ArbGG; SozR: SGG; SteuerR: FGO).

7 Das **Verfassungsrecht** wird traditionell als Teil des Öffentlichen Rechts gesehen, erstreckt sich heute aber über die gesamte deutsche Rechtsordnung (also auch auf das Privatrecht bzw. das Strafrecht). Dieser Vorgang wird als **Konstitutionalisierung der Rechtsordnung** bezeichnet. Das Verfassungsrecht umfasst deshalb mittlerweile weit mehr als bloß das **Staatsrecht** (d.h. das höchstrangige staatsspezifische Recht), obwohl beide Begriffe häufig synonym gebraucht werden.

8 Die **Abgrenzung** zwischen Privatrecht und Öffentlichem Recht ist u. a. wichtig zur Beschreibung des korrekten **Rechtswegs** (§ 40 VwGO und § 13 GVG, Verwaltungsrechtsweg oder ordentliche Gerichtsbarkeit; s. dazu *Detterbeck*, Allgemeines Verwaltungsrecht, 14. Aufl. 2016, Rn. 1320 ff.). Die Grundidee des Öffentlichen Rechts ist die Kontrolle der besonderen Übermacht des Staates (vgl. Rn. 3). Die nähere Abgrenzung erfolgt nach drei verschiedenen Theorien (s.a. *Stern*, Staatsrecht, Bd. I, 2. Aufl. 1984, S. 6 f. m.w.N.): der Subordinationstheorie (Über-Unterordnungsverhältnis zwischen Staat und Bürger), der Interessentheorie (öffentliches Recht als Recht zur Wahrung der Interessen der Allgemeinheit) sowie der (modifizierten) Subjekttheorie bzw. Sonderrechtstheorie (nur Hoheitsträger werden durch die Rechtsnorm unmittelbar berechtigt oder verpflichtet). Die Abgrenzung zwischen Privatrecht und Öffentlichem Recht wird durch neue Verwaltungsformen zunehmend problematisch, z.B. im sog. Verwaltungsprivatrecht, d.h. der Wahrnehmung öffentlicher Aufgaben in privatrechtlicher Form (s. dazu auch Rn. 479 sowie *Detterbeck*, Allgemeines Verwaltungsrecht, 14. Aufl. 2016, Rn. 895 ff.). Als Beispiel für Letzteres sei etwa die Gewährung staatlicher Subventionen in der Form zivilrechtlicher Darlehensverträge genannt.

B. Verfassungsrecht

I. Begriff und Wesen der Verfassung

Der Begriff der Verfassung ist **mehrdimensional**. Die Verfassung lässt sich formell und materiell, überpositiv und tatsächlich deuten (s. dazu auch *Kloepfer*, Verfassungsrecht I, 2011, § 1 Rn. 98 ff.; *Stern*, Staatsrecht, Bd. I, 2. Aufl. 1984, S. 69 ff. jeweils m.w.N.). 9

Der **formelle Verfassungsbegriff** beschreibt die Verfassung als **ranghöchste Norm** (d.h. im Falle einer Normenkollision bricht Verfassungsrecht Gesetzesrecht: lex superior derogat legi inferiori – Superioritätsgrundsatz), die in einem bestimmten Verfahren zustande gekommen ist (z.B. Art. 144 GG) und nur erschwert abgeändert werden kann (Verfahren nach Art. 79 Abs. 1 und 2 GG; als inhaltliche Grenze für Verfassungsänderungen dient die Ewigkeitsklausel bzw. das Verbot der Verfassungsdurchbrechung nach Art. 79 Abs. 3 GG). Ein (zu) enger formeller Verfassungsbegriff setzt die Verfassung mit dem Recht in der Verfassungsurkunde gleich. 10

Der **materielle Verfassungsbegriff** versucht, die Verfassung vom **Inhalt** her zu bestimmen. Er beschreibt die Verfassung als Rechtsnorm, die wesentliche Vorschriften über die Verfassungsorgane und das politische Leben sowie über das Verhältnis von Staat und Bürgern enthält. Ein besonderes Problem stellt dabei das Problem der Abgrenzbarkeit dar (wenn z.B. das Abgeordnetengesetz, die Wahlgesetze, das Parteiengesetz oder die immer zahlreicher werdenden sog. verfassungskonkretisierenden Gesetze wie z.B. das PUAG oder das G 115 etc. auch als materielles Verfassungsrecht qualifiziert werden sollen). 11

Die **überpositive, naturrechtliche Sicht** deutet die Verfassung als eine – von Gott, der Natur oder der „Vernunft" – dem Staat vorgegebene natürliche Ordnung. Das Grundgesetz hat unterdessen die **Inhalte des Naturrechts** in beträchtlichem Maße **positiviert** (z.B. Art. 1 Abs. 1, 6 Abs. 2, 19 Abs. 2 oder 20 Abs. 4 GG), so dass in Deutschland die Frage nach dem Naturrecht fast keine eigenständige praktische rechtliche Bedeutung mehr hat. Ableitungen aus dem Naturrecht können sich vornehmlich auf Verfassungsrecht stützen, ohne dass sie noch eines solchen naturrechtlichen „Rückgriffs" bedürfen. 12

Der Begriff der **tatsächlichen Verfassung** beschreibt abbildend den tatsächlichen Zustand, in dem ein Staat *ist*. Die **Verfassung als Rechtsnorm** fragt hingegen danach, in welchem Zustand der Staat sein *soll*. Dieser für das Recht typische Unterschied der normativen und deskriptiven Aspekte (Sollen und Sein) wird im Verfassungsrecht als Spannung zwischen **Verfassungsnorm** und **Verfassungswirklichkeit** beschrieben. Dabei will die Verfassung die (vor allem politische) **Realität gestalten**, wird aber ihrerseits **von der Realität geprägt**. Das kann zu Veränderungen der Verfassungsinterpretation, zum Verfassungswandel und zu formellen Verfassungsänderungen i.S.d. Art. 79 GG führen. Die Verfassung ist – trotz Art. 79 Abs. 3 GG – gerade kein völlig unverrückbares Maß. 13

II. Verfassungsgeschichte

14 Das „**Heilige Römische Reich Deutscher Nation**", oft nur als das „Alte Reich" bezeichnet, das seit dem 10. Jh. bis 1806 bestand, war zwar in seinen Machtstrukturen (insbes. hinsichtlich der Wahl der deutschen Kaiser) partiell durch Urkunden wie z.B. die Goldene Bulle von 1356 „verfasst" (s. dazu auch *Kloepfer*, Verfassungsrecht I, 2011, § 2 Rn. 6 ff.; *Stern*, Staatsrecht, Bd. I, 2. Aufl. 1984, S. 63). Als Institution jedoch, vor allem im Gegensatz zu den allmählich erstarkenden großen Territorialstaaten wie Österreich oder Preußen, zeichnete sich das Reich durch große Strukturschwächen aus.

15 Nach dem Ende des alten Reichs und den siegreichen Freiheitskriegen gegen Napoleon begann in Deutschland die **Konstitutionalisierung**, d.h. die verfassungsrechtliche Strukturierung des Staates (nicht: die Konstitutionalisierung der Rechtsordnung; s.o. Rn. 7) auf Ebene der einzelnen Territorialstaaten im Deutschen Bund (s. dazu *Kloepfer*, Verfassungsrecht I, 2011, § 2 Rn. 17 ff.; *Wahl*, in: Isensee/Kirchhof, HbStR, 3. Aufl. 2003, § 1 Rn. 1 ff.). Die Deutsche Bundesakte (DBA), die auf dem Wiener Kongress beschlossene Verfassung des Deutschen Bundes von 1815, schrieb eine Konstitutionalisierung in Art. 13 DBA unverbindlich und ohne weitere Vorgaben vor. Beginnend schon 1816 in Schaumburg-Lippe und Sachsen-Weimar-Eisenach gaben sich vor allem im süddeutschen Raum, Bayern und Baden bereits 1818, Württemberg 1819 und Hessen-Darmstadt 1820, die deutschen Länder eigene Verfassungen. Danach folgten bis 1848 auch norddeutsche Staaten, unter ihnen auch Preußen. Die Ausrichtung dieser Konstitutionalisierung war aber nicht als neue Legitimation demokratischer Staatsmacht zu verstehen, sondern diente vielmehr der Konservierung und Umorganisierung bestehender monarchischer Machtstrukturen in den deutschen Territorialstaaten. So statuierte die Wiener Schlussakte (WSA) als Ergänzung zur Bundesakte nur einige inhaltliche Vorgaben, wie z.B. das monarchische Regierungsprinzip. Der Durchbruch wirklich demokratischer Strukturen blieb in der ersten Hälfte des 19 Jahrhunderts in Deutschland aus.

16 Die Märzrevolution von 1848 stellte hingegen einen neuen Anlauf zur Demokratisierung sowie zur Bildung eines deutschen Nationalstaates dar. Eine vom Volke gewählte und in der Paulskirche von Frankfurt am Main tagende Nationalversammlung sollte eine neue Verfassung ausarbeiten. Die dort behandelte und schließlich gescheiterte **Paulskirchenverfassung** von 1849 beinhaltete u. a. erstmalig einen historisch (für Deutschland geplanten) bedeutsamen Grundrechtekatalog, scheiterte aber infolge der Ablehnung der Kaiserkrone durch den preußischen König (s. dazu *Pauly*, in: Isensee/Kirchhof, HbStR, 3. Aufl. 2003, § 3 Rn. 19 ff., 43 ff.). Immerhin kam es 1848/1850 zur oktroyierten preußischen Verfassung mit Grundrechten, aber auch einem Drei-Klassen-Wahlrecht (Zensuswahlrecht nach Anteil am Gesamtsteueraufkommen).

Nach Schaffung des **Norddeutschen Bundes** mit Verfassung von 1867 wurde das **Deutsche Reich von 1871** unter Führung Preußens und unter Aussparung Österreichs (kleindeutsche Lösung) gegründet (s. dazu *Kloepfer*, Verfassungsrecht I, 2011, § 2 Rn. 37 ff.) und erst *nach* seiner Gründung mit einer Verfassung durch die Organe des Reichs („Gesetz betreffend die Verfassung des Deutschen Reichs") versehen, also nicht *durch* eine Verfassung konstituiert (s. dazu E. R. *Huber*, in: Isensee/Kirchhof, HbStR, 3. Aufl. 2003, § 4 Rn. 11 ff.). Die Reichsverfassung enthielt mehr Staatsorganisationsbestimmungen, nicht aber einen Grundrechtekatalog.

17

Nach dem verlorenen Ersten Weltkrieg und der Revolution von 1918 arbeitete 1919 eine Nationalversammlung im Weimarer Nationaltheater, als Ausweichort für das durch Unruhen gefährdete Berlin, den Verfassungstext der deswegen sog. **Weimarer Reichsverfassung** (WRV) aus (s. dazu *Kloepfer*, Verfassungsrecht I, 2011, § 2 Rn. 55 ff.; *Schneider*, in: Isensee/Kirchhof, HbStR, 3. Aufl. 2003, § 5). Diese Verfassung war stark durch den Dualismus von Reichstag (neues parlamentarisches Element) und Reichspräsident (altes postmonarchisches Element) gekennzeichnet. Die Weimarer Reichsverfassung enthielt einen ausführlichen Katalog von Grundrechten, die teilweise aber als bloße Programmsätze gestaltet wurden.

18

Die **nationalsozialistische Herrschaft** zwischen 1933 und 1945 wurde sodann zum absoluten Tiefpunkt deutscher Verfassungsgeschichte (s. dazu *Kloepfer*, Verfassungsrecht I, 2011, § 2 Rn. 71 ff.; *Grawert*, in: Isensee/Kirchhof, HbStR, 3. Aufl. 2003, § 6). Die Weimarer Reichsverfassung wurde formal nicht außer Kraft gesetzt, sondern ging materiell ab 1933 stückweise faktisch ihrer Gehalte verlustig. Es galt nationalsozialistisches Gesetzes*un*recht, z.B. das Ermächtigungsgesetz von 1933 (euphemistisch als „Gesetz zur Behebung der Not von Volk und Reich" bezeichnet) oder die Nürnberger Rassengesetze von 1935 (genannt „Gesetz zum Schutze des deutschen Blutes und der deutschen Ehre" und „Reichsbürgergesetz"). Zunehmend führte eine rigorose Verfolgung politischer Gegner und die Vernichtung von Millionen Juden, Sinti und Roma sowie weiterer Bevölkerungsgruppen zur Ausbildung einer brutalen Diktatur, die erst durch die militärische Intervention der Alliierten mit der bedingungslosen Kapitulation des Deutschen Reiches am 8. Mai 1945 endete.

19

III. Entstehung und Änderung des Grundgesetzes

Das besiegte Deutschland wurde in vier Besatzungszonen sowie Groß-Berlin aufgeteilt und die sog. Ostgebiete wurden abgetrennt (vgl. *Kloepfer*, Verfassungsrecht I, 2011, § 2 Rn. 77 ff.). In den Westzonen Deutschlands wurde **1949** die **Bundesrepublik Deutschland** durch Annahme des Grundgesetzes durch die Volksvertretungen in den Ländern gegründet (s. dazu *Mußgnug*, in: Isensee/Kirchhof, HbStR, 3. Aufl. 2003, § 8 Rn. 1 ff.).

20

In der sowjetischen Besatzungszone wurde 1949 die **Deutsche Demokratische Republik** gegründet, die 1949 zuerst eine eher traditionelle Verfassung erhielt, die aber

21

die Bildung einer weiteren Diktatur – diesmal nach sowjetischen Vorbild – nicht verhinderte und durch die sozialistische Verfassung von 1968 ersetzt wurde (s. dazu *Brunner*, in: Isensee/Kirchhof, HbStR, 3. Aufl. 2003, § 11 Rn. 1 ff.; *Beaucamp*, JA 2015, 725 ff.). Die Verfassungen der DDR verhinderten nicht schwere Menschenrechtsverletzungen durch die „sozialistische" Republik (wie z.B. durch das Grenzregime mit zahlreichen Mauertoten). Freiheits- und Demokratieforderungen des Volkes in der DDR, die beim Volksaufstand vom 17. Juni 1953 noch unterdrückt wurden, führten 1989 zusammen mit einer fundamentalen Wirtschaftskrise und veränderten außenpolitischen Umständen zur Wende und zum Untergang der DDR durch Beitritt zur Bundesrepublik Deutschland gemäß Art. 23 GG a. F. im Rahmen der Wiedervereinigung im Jahre 1990 (s.a. *Kloepfer*, Verfassungsrecht I, 2011, § 2 Rn. 127 ff.; *Isensee*, in: ders./Kirchhof, HbStR, 3. Aufl. 2014, § 258 Rn. 30 ff.; *Bickenbach*, JuS 2015, 891 ff.).

22 Ein Staat erhält im Allgemeinen seine Verfassung durch einen Akt der verfassungsgebenden Gewalt (**pouvoir constituant** – terminologisch auf den französischen Staatsmann *Abbé Sieyès* zurückgehend), d.h. insbes. durch eine Art verfassungsgebende Nationalversammlung des (späteren) Staatsvolkes, teilweise mit Volksabstimmung (s.a. *Grimm*, in: Isensee/Kirchhof, HbStR, 3. Aufl. 2003, § 1 Rn. 29). Die Verfassungsgebung kennt keine vorgegebene rechtliche Bindung (s.a. *Kloepfer*, Verfassungsrecht I, 2011, § 1 Rn. 99 ff.). Sie ist ein originärer Schöpfungsakt aus der Macht des sich staatlich verfassenden Volkes heraus. Mit einer solchen Verfassungsgebung entsteht der Staat durch das (nun Staats-)Volk als eine verfasste Staatsgewalt (**pouvoir constitué**) auf dem jeweiligen Staatsgebiet (vgl. zu dieser Trias die sog. **Drei-Elemente-Lehre** *Georg Jellineks* – Staatsgebiet, Staatsvolk, Staatsgewalt, s. dazu *Isensee*, in: ders./Kirchhof, HbStR, 3. Aufl. 2004, § 15 Rn. 24 ff.). Die verfasste Staatsgewalt wird verfassungsrechtlich begrenzt und handelt durch die verfassungsrechtlich konzipierten Verfassungsorgane.

23 Das Grundgesetz eröffnet einen entsprechenden Weg des pouvoir constituant explizit in **Art. 146 GG** für eine etwaige neue Verfassung (**Verfassungsneuschöpfung**). Diese ausdrückliche Normierung der Möglichkeit zur Schaffung einer neuen Verfassung drückt indes nur eine demokratietheoretische Selbstverständlichkeit aus. Die Regelung des **Art. 79 GG** betrifft dagegen nur **Verfassungsänderungen** (s. dazu Rn. 26 f., 32 f.) durch die verfasste Staatsgewalt selbst. Die verfasste Gewalt hat daher eine gewisse Hoheit über ihre eigene Grundlage, die Verfassung. Dies ermöglicht die Anpassung der Verfassung an gesellschaftliche Veränderungen und wirkt einer Versteinerung der Verfassung entgegen. Diese Hoheit des verfassungsändernden Gesetzgebers über die eigene verfassungsrechtliche Grundlage endet jedoch an den Grenzen der sog. Ewigkeitsgarantie des Art. 79 Abs. 3 GG. Veränderungen der prägenden Verfassungsidentität (zum Begriff *Ingold*, AöR 140 (2015), 1 ff.; *Schönberger*, JöR 63 (2015), 41 ff.) sind der verfassten Staatsgewalt auch bei Zwei-Drittel-Mehrheit im Bundestag und im Bundesrat untersagt.

B. Verfassungsrecht

Das Grundgesetz ist aus historischen Gründen *nicht* als echte Verfassungs(neu)schöpfung durch das Volk ausgestaltet worden. Es fehlte (u.a. wegen des Besatzungsregimes der Nachkriegszeit) eine verfassungsgebende Nationalversammlung sowie eine Verfassungsannahme durch Volksabstimmung. Stattdessen wurde das Grundgesetz nach Vorgaben der westlichen Besatzungsmächte und nach Vorarbeiten durch den **Herrenchiemseer Konvent** sowie vor allem durch den **Parlamentarischen Rat** in Bonn erarbeitet. Es wurde gemäß Art. 144 Abs. 1 GG **von den Volksvertretungen der damaligen Bundesländer angenommen** (Ausnahme: Bayern) und trat nach **Genehmigung** der drei westlichen Besatzungsmächte entsprechend Art. 145 GG am 23. Mai 1949 in Kraft (s. dazu *Kloepfer*, Verfassungsrecht I, 2011, § 2 Rn. 88 ff.). Berlin wurde aufgrund alliierter Vorbehalte nicht juristischer Bestandteil der Bundesrepublik Deutschland. Das Saarland trat 1957 gemäß Art. 23 GG a. F. bei. Denselben juristischen Weg statt über Art. 146 GG a. F. gingen die (auf dem Gebiet der DDR 1990 gebildeten) sog. neuen Bundesländer bei der Wiedervereinigung am 3. Oktober 1990 (Nationalfeiertag – Tag der Deutschen Einheit). Vorgeschaltet waren diesem Akt insbes. der **Zwei-plus-Vier-Vertrag** (zwischen den beiden deutschen Staaten und den vier Siegermächten des Zweiten Weltkriegs) sowie andere Verträge zwischen den beiden deutschen Staaten (ein Staatsvertrag über eine Wirtschafts-, Währungs- und Sozialunion sowie insbes. der **Einigungsvertrag**).

24

Das Grundgesetz war 1949 zunächst als **Provisorium** (bis zur Schaffung einer gesamtdeutschen Verfassung) konzipiert. Diesen – durch die Bezeichnung als „Grundgesetz" unterstrichenen – Charakter einer Übergangsverfassung hat das Grundgesetz jedoch spätestens mit der deutschen Wiedervereinigung verloren. Es ist seitdem eine **vollwertige Verfassung** für das vereinte Deutschland. Durch über 50 Verfassungsänderungen seit 1949 (s.a. *Kloepfer*, Verfassungsrecht I, 2011, § 2 Rn. 169 ff.) sind auch ursprünglich bestehende, wesentliche Lücken im Grundgesetz gefüllt worden. Trotz fehlender Volksabstimmung kann insgesamt davon ausgegangen werden, dass das Deutsche Volk heute nahezu geschlossen zu seiner Bundesverfassung steht.

25

Verfassungsänderungen (s. dazu auch grundlegend *Stern*, Staatsrecht, Bd. 1, 2. Aufl. 1984, S. 153 ff.) setzen eine ausdrückliche Änderung des Verfassungstextes voraus (Art. 79 Abs. 1 S. 1 GG), bedürfen einer **Zwei-Drittel-Mehrheit** sowohl im Bundestag als auch im Bundesrat (Art. 79 Abs. 2 GG) und dürfen die sog. **Ewigkeitsgarantie** in Art. 79 Abs. 3 GG nicht verletzen (s. dazu *Stern*, Staatsrecht, Bd. 1, 2. Aufl. 1984, S. 159 ff.). Daraus kann das Auftreten **verfassungswidrigen Verfassungsrechts** resultieren, soweit ein Verfassungsrechtssatz gegen diese Mindestgehalte verstößt.

26

Trotz der erschwerenden Voraussetzungen des Art. 79 GG zeichnet sich Deutschland durch eine sehr (bzw. zu) große **Häufigkeit von Verfassungsänderungen** aus (weit über 50, s. dazu *Kloepfer*, Verfassungsrecht I, 2011, § 2 Rn. 169 ff.). Wichtige Verfassungsänderungen sind insbes. die wehrverfassungsrechtlichen Änderungen von 1954 und 1956, die Notstandsverfassung von 1968, die Finanzverfassungsreform von 1969, die europabezogenen Änderungen von 1992, die wiedervereinigungsbezo-

27

genen Änderungen von 1994, die Föderalismusreform I von 2006 und die Föderalismusreform II von 2009. Die meisten Verfassungsänderungen betrafen Grundrechtseinschränkungen sowie die Verluste von Landeskompetenzen gegenüber dem Bund. Jenseits der formellen Verfassungsänderungen erfolgen Veränderungen des Verfassungsinhalts vor allem durch die Rechtsprechung des Bundesverfassungsgerichts und durch verfassungskonkretisierende Gesetze (s.a. Rn. 31), aber auch durch die Verfassungsrechtswissenschaft. Ausnahmsweise kann das Grundgesetz auch durch ungeschriebenes Verfassungsgewohnheitsrecht modifiziert werden (s. *Kloepfer*, Verfassungsrecht I, 2011, § 1 Rn. 138).

IV. Geltungskraft der Verfassung

28   Die Verfassung **bindet alle staatliche Gewalt** (Art. 20 Abs. 3) und setzt – bezüglich der Grundrechte – **unmittelbar geltendes Recht** (Art. 1 Abs. 3 GG). Die – u. a. mit Gottesbezug versehene – **Präambel** des Grundgesetzes erzeugt keine solche unmittelbare rechtliche Bindung, hat aber als einleitende Textpassage an prominenter Stelle eine besondere auslegungs- und ermessensleitende sowie sinnstiftende Funktion im Verfassungsrecht (s. dazu *Kloepfer*, Verfassungsrecht I, 2011, § 4 Rn. 2 ff.; s.a. BVerfGE 5, 85 (126); 84, 90 (127); 94, 12 (35 f.)).

29   Die Geltung des Grundgesetzes kann zeitlich, personell, räumlich und sachlich bestimmt werden (s.a. *Kloepfer*, Verfassungsrecht I, 2011, § 4 Rn. 50 ff.). Die **zeitliche Bindung** der Staatsgewalt an die Verfassung beginnt mit dem Inkrafttreten des Grundgesetzes zum Ablauf des 23. Mai 1949 (Tag der Verkündung, vgl. Art. 145 Abs. 2 GG) und endet mit dem Inkrafttreten einer neuen Verfassung gemäß Art. 146 GG. Die **personelle Geltung** betrifft einerseits den verpflichteten Staat (und zwar mit allen seinen Gliederungen insbes. Bund, Länder, Gemeinden, juristische Personen des öffentlichen Rechts) und andererseits alle aus dem Grundgesetz Berechtigten (z.B. Grundrechtsträger, Kirchen). Die **räumliche Geltung** des Grundgesetzes bezieht sich im Wesentlichen auf das deutsche Hoheitsgebiet. Es gilt ferner dort, wo die Bundesrepublik Deutschland Staatsgewalt ausübt, also auch im Ausland z.B. in deutschen Botschaften und bei Bundeswehreinsätzen (s.a. Rn. 437). **Sachliche Geltung** erlangt das Grundgesetz, soweit einzelne Normen des Grundgesetzes ihrem Inhalt nach Regelungen für entsprechende Lebenssachverhalte treffen.

30   Die Verfassung bricht als **ranghöchste Norm** im innerstaatlichen Recht alles einfache unterverfassungsrechtliche Recht (Parlamentsgesetze, Rechtsverordnungen nach Art. 80 GG, Satzungen von Körperschaften, etc., s.a. Rn. 10). Auch geht sie den in Art. 25 GG genannten allgemeinen Regeln des Völkerrechts vor. Durch das Prinzip der Völkerrechtsfreundlichkeit, das bei der Auslegung des Verfassungsrechts berücksichtigt werden muss (s. dazu Rn. 709 f.), kommt es praktisch aber kaum zu Konflikten des Grundgesetzes mit den allgemeinen Regeln des Völkerrechts. Das **Parlamentsgesetz** bricht seinerseits die entgegenstehende Rechtsverordnung und die

Rechtsverordnung die (verordnungswidrige) Satzung. Diese Normenhierarchie (s. dazu auch *Kloepfer*, Verfassungsrecht I, 2011, § 10 Rn. 100 ff.) hat u. a. den Sinn, widersprüchliche Gebote an den Bürger zu verhindern. Im Europarecht bricht das Primärrecht (Vertragsrecht zwischen Mitgliedstaaten) das auf dieser Basis ergangene, abgeleitete Sekundärrecht (Recht der Unionsorgane, insbes. Verordnungen und Richtlinien der EU) und das Primärrecht sowie das Sekundärrecht das auf Grundlage des Sekundärrechts ergangene Tertiärrecht (s.a. Rn. 829; zum Verhältnis des deutschen Rechts zum Europarecht s. Rn. 39, 924 ff.).

Das Verhältnis zwischen einfachem Recht und Verfassungsrecht (s. dazu auch *Kloepfer*, Verfassungsrecht I, 2011, § 1 Rn. 220 ff.) lässt sich aber nicht nur einseitig hierarchisch verstehen. Vielmehr ist die Verfassung auch auf das einfache Gesetz angewiesen. Das **Gesetz konkretisiert die Verfassung** an vielen Stellen und macht so erst die Verfassungsanwendung möglich (s.a. *Kloepfer*, Verfassungsrecht I, 2011, § 1 Rn. 221 ff.), z.B. durch Sätze wie „Das Nähere regelt ein Bundesgesetz." (z.B. Art. 4 Abs. 3 S. 2 oder 21 Abs. 3 GG). Dem Gesetzgeber obliegen u. a. auch die Ausgestaltung von Grundrechten und der schonende Ausgleich zwischen ihnen. 31

Während einfache Gesetze grundsätzlich durch spätere Gesetze frei geändert oder aufgehoben werden können, ist – wie erwähnt (s.o. Rn. 23, 26 f.) – eine **Aufhebung des Grundgesetzes** nur durch einen neuen verfassungsgebenden Akt (Art. 146 GG) und eine **Änderung des Grundgesetzes** nur unter den erschwerten Voraussetzungen des Art. 79 GG (insbes. eine Zwei-Drittel-Mehrheit des Bundestages und des Bundesrates) möglich. 32

Selbst bei einer solchen Mehrheit verbietet die **Ewigkeitsgarantie** des Art. 79 Abs. 3 GG (s. dazu etwa *Stern*, Staatsrecht, Bd. I, 2. Aufl. 1984, S. 165 ff.; BVerfGE 109, 279 (310) – Großer Lauschangriff sowie oben Rn. 10, 23, 26 f.) aber eine Antastung der in Art. 1 *und* 20 GG niedergelegten *Grundsätze* durch eine Verfassungsänderung. Dazu gehören die in Art. 1 niedergelegten Grundsätze wie z.B. die Menschenwürdegarantie (nicht aber die Grundrechte insgesamt) oder die Gliederung des Bundes in Bund und (zumindest irgendwelche) Länder und die Mitwirkung dieser Länder bei der Bundesgesetzgebung. 33

Während die Ewigkeitsgarantie Verfassungsänderungen einschränkt, begrenzt die **Wesensgehaltsgarantie** (Art. 19 Abs. 2 GG) nur den grundrechtseinschränkenden einfachen Gesetzgeber (im Rahmen der nicht veränderten, aber veränderbaren Verfassung. Art. 19 Abs. 2 GG unterfällt selbst *nicht* dem Art. 79 Abs. 3 GG, s. dazu Rn. 513). 34

Bundesrecht bricht Landesrecht, ist also gegenüber Landesrecht vorrangig (Art. 31 GG). Es hat **Geltungsvorrang** (BVerfGE 26, 116 (135); s.a. BVerfGE 29, 11 (12)), beseitigt also entgegenstehendes Landesrecht. Dies gilt auch für entgegenstehendes Landesverfassungsrecht (s. etwa BVerfG, NVwZ 2015, 1434 ff.). Eine wichtige Durchbrechung von Art. 31 GG enthält seit der Föderalismusreform I die sog. Ab- 35 weichungsgesetzgebung der Länder (Art. 72 Abs. 3 GG, s. Rn. 67, 74). Die allgemeinen Regeln des Völkerrechts sind Bestandteil des Bundesrechts (Art. 25 S. 1 GG) und gehen den einfachen Gesetzen vor, haben aber keinen Verfassungsrang, sondern einen Zwischenrang zwischen Gesetz und Verfassung (s. dazu Rn. 747 ff.). Das Europarecht genießt (nur) **Anwendungsvorrang** gegenüber dem Bundes- und Landesrecht (s.a. Rn. 925 ff.).

36 Die Bundesrepublik Deutschland als Gesamtstaat einerseits und die Länder als Teilstaaten andererseits haben jeweils **eigene Staatsqualität** (s.a. Rn. 50 f.). Der Bund und alle Länder für sich haben je ein Staatsvolk, ein Staatsgebiet und eine Staatsgewalt. Die Staatsvölker aller Länder entsprechen dem Staatsvolke der Bundesrepublik Deutschland. Die Bundesrepublik Deutschland als Gesamtstaat und alle sechzehn Bundesländer haben als Staaten jeweils eigenständige Verfassungen. Das Grundgesetz gibt dem Verfassungsrecht der Länder Grundentscheidungen vor (in Art. 28 Abs. 1 S. 1 GG – Homogenitätsprinzip oder in Art. 142 GG). Die Länder sind aber nicht souverän, sondern nur Gliedstaaten in einem Bundesstaat.

37 Bund und Länder haben **eigenständige Verfassungsgerichtsbarkeiten** (s. dazu Rn. 374). Das Bundesverfassungsgericht überprüft die Vereinbarkeit staatlichen Handelns (des Bundes oder der Länder) mit dem Grundgesetz, die Landesverfassungsgerichte überprüfen die Vereinbarkeit von Staatshandeln nur der jeweiligen Länder mit der jeweiligen Landesverfassung, keinesfalls aber die Verfassungsmäßigkeit des Handelns der Bundesstaatsgewalt (s.a. *Kloepfer*, Verfassungsrecht I, 2011, § 3 Rn. 11 f.).

38 Das Grundgesetz **bindet (nur) die deutsche Staatsgewalt** und nicht die Staatsgewalt anderer Staaten oder supranationale Hoheitsgewalt (s. Rn. 486). Die Bindung des Grundgesetzes erfasst die deutsche Staatsgewalt auf allen Ebenen und überall, wo sie wirkt, d.h. sowohl im In- als auch im Ausland (s. Rn. 437, 475). Der grundrechtliche Schutz eines Nichtdeutschen gegenüber der deutschen Staatsgewalt kann im Einzelfall geringer sein als der einem Deutschen oder einer inländischen juristischen Person des Privatrechts gewährte Grundrechtsschutz (s. dazu Rn. 462 ff.).

39 Das **Europäische Primärrecht**, insbes. die von den Mitgliedstaaten beschlossenen Gründungsverträge und ihre Fortentwicklungen (EUV, AEUV, GRCh), binden vor allem die Unionsorgane beim Erlass von **Europäischem Sekundärrecht** (Verordnung, Richtlinie, Entscheidung), teilweise aber auch die Mitgliedstaaten (s. Rn. 830 f., 911 ff.). Das Europarecht hat grundsätzlich Anwendungsvorrang gegenüber dem mitgliedstaatlichen Recht (s. Rn. 925 ff.). Das Europäische Primärrecht ist nur teilweise vergleichbar mit einer staatlichen Verfassung. Über die Einhaltung des Primärrechts wacht der Gerichtshof der Europäischen Union (Art. 19 Abs. 1 EUV). Soweit man Verfassungen nur für Staaten anerkennt (zum materiellen Verfassungsbegriff s.o. Rn. 11), gibt es derzeit **keine Europäische Verfassung** mangels Staatsqualität der EU (s.a. Rn. 826 f.).

Der Versuch, der Europäischen Union vermittels eines sog. **Vertrages über eine Verfassung für Europa** eine Verfassung zu geben, ist an Referenden in Frankreich und den Niederlanden im Jahr 2005 gescheitert. Der anschließende – am 1. Dezember 2009 in Kraft getretene – **Vertrag von Lissabon** von 2007 ist an dessen Stelle getreten, ohne allerdings eine echte Verfassungsqualität zu besitzen (s.u. Rn. 823 f.). Durch weitere Änderungen des Primärrechts könnte sich allerdings eine Quasiverfassungsordnung in der Europäischen Union herausbilden. 40

Nach Auffassung des Bundesverfassungsgerichts im Lissabon-Urteil (BVerfGE 123, 267 ff.) darf auf der Grundlage des derzeit bestehenden Grundgesetzes eine Umwandlung der Bundesrepublik Deutschland in einen Gliedstaat eines europäischen Bundesstaats nicht erfolgen (s.a. Rn. 946). Vergleichbar mit einem Bundesland in der Bundesrepublik Deutschland ginge die derzeitige Souveränität der Bundesrepublik Deutschland bei der Umformung in einen Gliedstaat eines Vereinigten Europas in Bundesstaatsform verloren. Erforderlich für diesen Schritt wäre eine **Verfassungsneuschöpfung nach Art. 146 GG** mit Volksabstimmung des gesamten deutschen Volkes (s. Rn. 980, 989). Diese Verfassungsneuschöpfung müsste dann eine echte Gliedstaatverfassung werden. Eine solche Eigenschaft als Gliedstaatsverfassung eines Bundesstaates weisen derzeit die Verfassungen der Bundesländer auf. Sie sind Verfassungen nicht mehr souveräner Staaten. Dies würde auch für die Bundesrepublik Deutschland selbst gelten, wenn sie Gliedstaat eines europäischen Bundesstaates würde. 41

V. Verfassungsauslegung und verfassungskonforme Auslegung

Der Text der Verfassung ist häufig in hohem Maße **unbestimmt**, d.h. **konkretisierungsfähig und konkretisierungsbedürftig** (s. dazu *Kloepfer*, Verfassungsrecht I, 2011, § 1 Rn. 140 ff.). Durch ihre Interpretationsfähigkeit und -bedürftigkeit kann die Verfassung insbes. zukunftsoffen sein. Aus der Konkretisierungsfähigkeit und -bedürftigkeit der Verfassung ergibt sich die spezifische Bedeutung der Verfassungsrechtswissenschaft. Bei Auslegung der Verfassung kommt aber insbes. den Entscheidungen des Bundesverfassungsgerichts eine bestimmende, teilweise Gesetzeskraft erlangende Macht zu (Art. 94 Abs. 2 S. 1 GG und § 31 Abs. 2 BVerfGG, s. Rn. 291, 387). 42

Auslegungsprinzipien speziell für die Verfassung (s.a. *Kloepfer*, Verfassungsrecht I, 2011, § 1 Rn. 162 ff.) sind u. a.: **praktische Konkordanz**, d.h. der möglichst schonende Ausgleich von Verfassungsgütern bei der Lösung von Einzelfällen, die **Einheitlichkeit der Verfassung** als Gebot möglichst großer Widerspruchsfreiheit der einzelnen Verfassungsnormen, die **normative Kraft der Verfassung** in Form der Verfassungseffektivität und die Wahrung der **gesetzgeberischen Entscheidungsfreiheit** bei der Verfassungsinterpretation. 43

44 Im Übrigen gelten die gewöhnlichen **Methoden der Gesetzesauslegung** (insbes. subjektive und objektive, also grammatikalische, systematische, teleologische, historische, genetische und rechtsvergleichende Auslegung) **auch im Verfassungsrecht** (s.a. *Larenz/Canaris*, Methodenlehre, S. 133 ff.; ferner *Starck*, in: Isensee/Kirchhof, HbStR, 3. Aufl. 2014, § 271 Rn. 17 ff.). Die subjektive (oder genetische) Interpretation deutet ein Gesetz nach den (geäußerten) Absichten der am Gesetzgebungsprozess beteiligten Personen, die objektive Interpretation nach dem objektiven Erklärungsinhalt des Gesetzeswortlauts, die (maßgebliche) teleologische Interpretation nach dem Sinn und Zweck des Gesetzes. Die systematische Interpretation deutet eine Norm nach ihrer systematischen Stellung im Gesetz und die historische Interpretation legt das Gesetz nach seiner historischen Entstehungssituation aus. Die rechtsvergleichende Interpretation betrachtet das Grundgesetz verfassungsvergleichend vor dem Hintergrund europäischen Primärrechts und den Verfassungen anderer Staaten. Analogie und Umkehrschluss dienen der interpretatorischen Schließung von Gesetzeslücken. Grundsätzlich sind alle Methoden der Verfassungs- bzw. Gesetzesauslegung gleichrangig. Das Bundesverfassungsgericht hat wiederholt die besondere Bedeutung der Beachtung des subjektiven Willens des Gesetzgebers betont (s. etwa BVerfGE 118, 212 (243); 128, 193 (210 f.)).

45 Kommt das Bundesverfassungsgericht durch Auslegung der Verfassung dazu, dass ein Gesetz gegen die Verfassung verstößt, so kann es das verfassungswidrige Gesetz (ganz oder teilweise) für nichtig erklären. Um zu harte Folgen der **Nichtigkeitserklärungen von Gesetzen** zu vermeiden, begnügt sich das Gericht bisweilen auch mit der Feststellung der Verfassungswidrigkeit eines Gesetzes (Unvereinbarkeit mit der Verfassung) verbunden mit dem Auftrag an den Gesetzgeber, bis zu einem bestimmten Datum ein neues, verfassungsgemäßes Gesetz vorzulegen (s. Rn. 387). Eine Unvereinbarkeitserklärung wird vom Bundesverfassungsgericht regelmäßig dann vorgenommen wenn der Gesetzgeber verschiedene Möglichkeiten hat, den Verfassungsverstoß zu beseitigen. Hauptanwendungsfall sind Verletzungen des allgemeinen Gleichbehandlungsgrundsatzes aus Art. 3 Abs. 1 GG (s. etwa BVerfGE 122, 210 (245); 126, 400 (431); BVerfG, NJW 2015, 303 (326)). Eine Variante der Unvereinbarkeitserklärung stellt die Appellentscheidung dar. Hierbei stellt das Bundesverfassungsgericht darauf ab, dass ein Gesetz noch verfassungsmäßig sei, appelliert aber gleichzeitig an den Gesetzgeber, tätig zu werden, um einen vollständigen verfassungsmäßigen Zustand herzustellen (s. dazu etwa *Schlaich/Korioth*, Das BVerfG, 10. Aufl. 2015, Rn. 431 ff.).

46 Lässt ein einfaches Gesetz aufgrund seiner nicht eindeutigen Formulierungen mindestens zwei Auslegungsmöglichkeiten zu (wobei eine zu einem verfassungswidrigen Ergebnis und die andere zu einem verfassungsmäßigen Ergebnis führt), gebietet das normerhaltende sog. **Gebot verfassungskonformer Auslegung**, das einfache Recht so auszulegen, dass es im Einklang mit dem GG steht und so erhalten bleiben kann (s. dazu etwa *Stern*, Staatsrecht, Bd. I, 2. Aufl. 1984, S. 135 ff. m.w.N.; BVerfGE 2, 266

(282); 119, 247 (274); 134, 33 (63)). Das Gebot der verfassungskonformen Auslegung ist keine Regelung der Verfassungsinterpretation, sondern ein Prinzip, das für die Auslegung des Unterverfassungsrechts gilt. Bisweilen verleitet dieses Prinzip allerdings dazu, das Verfassungsrecht über die Möglichkeit herkömmlicher Interpretation hinaus so zu dehnen, dass eine Verletzung der Verfassung vermieden werden kann.

C. Staatsstrukturprinzipien

47 Die fünf grundlegenden Staatsstrukturprinzipien des Grundgesetzes sind die **Republik**, der **Bundesstaat**, der **Rechtsstaat**, die **Demokratie** und der **Sozialstaat** (Art. 20 Abs. 1, 28 Abs. 1 GG), die in ihren Grundsätzen unter dem Schutz der Ewigkeitsgarantie gemäß Art. 79 Abs. 3 GG stehen (s. I.–V.). Ob als weiteres Staatsstrukturprinzip auch das **Umweltstaatsprinzip** (Art. 20a GG) gezählt werden kann, wird uneinheitlich beantwortet (s. VI.). Ebenso ist die Bedeutung eines **Kulturstaates** umstritten (s. VII).

I. Republik

48 Die Republik (lat.: *res publica* = öffentliche Sache) bedeutet den Ausschluss vorgegebener, vererbter, insbes. monarchischer, dynastischer Staatsmacht und ist im Kern eine **Absage an die Monarchie** (h.L., s.a. *Stern*, Staatsrecht, Bd. I, 2. Aufl. 1984, S. 579, 581; *Dreier*, in: ders., GG, 3. Aufl. 2015, Art. 20 (Republik) Rn. 17 ff., 20 ff.). Die Monarchie ist ihrerseits qua Definition durch die erb- bzw. familienrechtliche Bestimmung des Staatsoberhauptes gekennzeichnet (Verfassungsrecht in Form eines Hausrechts der monarchischen Herrscherfamilien bzw. Adelsgeschlechter).

49 Inhaltlich lassen sich aus dem Prinzip der Republik die Grundsätze der **begrenzten Amtsdauer** und **begrenzten Wiederwählbarkeit des Staatsoberhauptes** ableiten, wobei diese Vorgaben freilich auch dem Demokratieprinzip entnommen werden können (s.u. Rn. 108, 134). Republik bedeutet insoweit eine Staatsführung von Bürgern durch Bürger – also ihresgleichen – und keine Einteilung in Obrigkeit einerseits und Untertanen andererseits.

II. Bundesstaat

1. Bund und Länder

50 Der Bundesstaat ist ein Staat aus Staaten und setzt sich daher aus dem **Gesamtstaat** (Bundesrepublik Deutschland) sowie den **Gliedstaaten** (Länder) zusammen. Dieser **zweigliedrige Bundesstaatsbegriff** (Gesamtstaat und Länder) ist einem dreigliedrigen Bundesstaatsbegriff (Gesamtstaat, Bund als „Zentrale" und Länder) vorzuziehen, weil der „Bund" eine politische Begrifflichkeit, aber keine eigene rechtliche Ebene darstellt. Im Staatenbund (z.B. Deutscher Bund, s. Rn. 15) sind die zusammengefassten Staaten souverän, im Bundesstaat sind die Gliedstaaten dies nicht.

51 Ausdruck eigener Staatlichkeit ist die **Verfassungsautonomie der Bundesländer**. Diese Verfassungsautonomie der Länder wird freilich insbes. durch Art. 31 GG begrenzt, wobei Art. 142 GG für inhaltlich übereinstimmende Grundrechte der Länder eine Ausnahme vorsieht (zu Art. 142 GG s.a. Rn. 440 ff.). An mehreren Stellen gewähren Länderverfassungen mehr grundrechtliche Gehalte als das Grundgesetz. Die **Homogenitätsklausel** in Art. 28 Abs. 1 S. 1 und 2 GG stellt speziellere Anforderun-

gen des Grundgesetzes an die verfassungsmäßige Ordnung in den Ländern. Sie verlangt indes nur ein Mindestmaß an Homogenität, nicht aber eine verfassungsrechtliche Uniformität (BVerfGE 9, 268 (279) – Bremer Personalvertretung; 27, 44 (55 f.) – Parlamentarisches Regierungssystem; 83, 37 (58) – Ausländerwahlrecht I; 90, 60 (84 f.) – 8. Rundfunkentscheidung). Mittel des Bundes zur zwangsweisen Durchsetzung des Minimums hält das Grundgesetz in Art. 37 und 91 Abs. 2 GG bereit. Zu den **Gehalten dieses Minimums** an Homogenität zählen jedenfalls die Grenzen des Art. 79 Abs. 3 GG. Darüber hinaus ist unklar, welche einzelnen Aspekte der vier in Art. 28 Abs. 1 S. 1 GG genannten Staatsstrukturprinzipien übertragbar sind. Der fast ausschließlich repräsentativen Demokratie auf Bundesebene stehen z.B. die Möglichkeiten direkter Demokratie in allen Ländern gegenüber, obwohl Art. 28 Abs. 1 S. 2 GG das Bestehen von Volks*vertretungen* und die fünf Wahlprinzipien aus Art. 38 Abs. 1 GG für eben jene Repräsentanten speziell festlegt (s. dazu etwa ThürVerfGH, LKV 2002, 83 (90 ff.); BrandVerfG LVerfGE 12, 119 ff.; SächsVerfGH LVerfGE 13, 315 ff.).

Das Bundesstaatsprinzip gewährleistet zwar – sogar mit Ewigkeitsgarantie (Art. 79 Abs. 3 GG) – die Gliederung des Bundes in Länder (überhaupt) und deren politische Gestaltungs- und Mitentscheidungsrechte, nicht aber die Existenz der einzelnen bestehenden Bundesländer, weil es in Art. 29 GG eine umfassende Regelung zur **Neugliederung des Bundesgebietes** gibt (Art. 118a GG ermöglicht für die Länder Berlin und Brandenburg ein vereinfachtes Verfahren zur Neugliederung). Insoweit wird die Bundesrepublik Deutschland auch als **labiler Bundesstaat** bezeichnet. 52

Die Bundesstaatlichkeit gehört zum historischen Verfassungsbestand Deutschlands. Sie wird von der Ewigkeitsgarantie (Art. 79 Abs. 3 GG) geschützt und hat vor allem die **Funktion**, Vielgestaltiges zu einer staatlichen Einheit zusammenzuführen und insgesamt auch unterschiedliche Regionalgruppen in einem Staat zu eigenständigen Organisationsformen zu verhelfen (s.a. *Kloepfer*, Verfassungsrecht I, 2011, § 9 Rn. 49 ff.; *Jestaedt*, in: Isensee/Kirchhof, HbStR, 3. Aufl. 2004, § 29 Rn. 12). 53

Die Bundesstaatlichkeit kann erhebliche **Vorteile** gegenüber Zentralstaaten haben (s. dazu *Stern*, Staatsrecht, Bd. I, 2. Aufl. 1984, S. 658 f.). Sie stellt die intelligente Organisation einer **Einheit in einer Vielheit** dar. Sie fördert in einem Staat die Integrations- und Kompromissfähigkeit, den politischen Wettbewerb sowie die politische Innovationsfähigkeit und führt zur Herausbildung von Ersatzeliten. Der Bundesstaat hat größere Demokratie- und Freiheitsreserven als ein Zentralstaat. Die Abschaffung von Bundesstaatlichkeit erfolgte in Deutschland typischerweise in Perioden der Unfreiheit (NS-Deutschland, DDR), die auf die Verlockung schnellerer und effektiverer politischer Lösungen setzten. 54

Allerdings werden auch einige **Nachteile** des Bundesstaates gegenüber Zentralstaaten genannt (*Stern*, Staatsrecht, Bd. I, 2. Aufl. 1984, S. 659). Aufgeführt werden als Kritikpunkte etwa kleinteilige Kompetenzräume, Entscheidungsverlagerungen, -verzö- 55 gerungen oder -verhinderungen, Verantwortungsvermischungen und die Gefahr eines Reformstaus. Dem Bundesstaatsprinzip wird auch vorgehalten, dass es Verlangsamungen im völkerrechtlichen und europarechtlichen Verkehr sowie uneinheitliche Lebensumstände im Bundesgebiet bedinge. Diese Kritikpunkte vermögen nur partiell zu überzeugen. In der Gesamtabwägung überwiegen die Vorteile des föderalistischen Systems eindeutig dessen Nachteile (*Kloepfer*, Verfassungsrecht I, 2011, § 9 Rn. 66 ff., 79).

56 Die **EU** ist – wie erwähnt – (bislang) kein Bundesstaat (s.a. Rn. 980, 989). Sie ähnelt eher einem Staatenbund aufgrund der weitgehend verbleibenden Souveränität ihrer Mitglieder. Allerdings kennt sie auch eine „zentrale" **supranationale Gewalt mit supranationalen Organen**, in der insoweit Hoheitsgewalt – unter Mitwirkung der Mitgliedstaaten – ausgeübt wird. Wegen dieser supranationalen Strukturen wird die EU heute meist als **Staatenverbund** gesehen, der letztlich eine Zwischenfigur zwischen Bundesstaat und Staatenbund darstellt.

57 In Deutschland sind die Gliedstaaten, also alle Bundesländer, untereinander gleichberechtigt und gegenseitig zur „**Bundestreue**" angehalten. Auch zwischen Bund und Ländern gilt wechselseitig das Prinzip der sog. Bundestreue (s.u. Rn. 65).

58 Die **Gemeinden** bilden in Deutschland *keine* eigene staatliche Ebene, sie sind landesrechtliche **Selbstverwaltungseinheiten** und **Teil der Landesverwaltung**. Art. 28 Abs. 1 S. 2, 3 und 4 sowie Abs. 2 GG regeln jedoch einige Aspekte der gemeindlichen Verwaltung. Insbes. das **kommunale Selbstverwaltungsrecht** kann von den Gemeinden speziell im Wege der **Kommunalverfassungsbeschwerde** nach Art. 93 Abs. 1 Nr. 4b GG verfolgt werden (s. auch unten Rn. 351 ff.).

59 Für die Bundesrepublik Deutschland typisch ist der sog. **Parteienbundesstaat**. Er ermöglicht dabei vertikale Gewaltenteilung in der Form, dass der Opposition im Bund die Handlungsebene einer möglichen „oppositionellen" Landesregierung im Bundesrat erschlossen wird. Andersherum gewendet können auch die Oppositionsparteien in den Bundesländern im Bund die Regierung stellen.

60 Der Gesamtstaat Bundesrepublik Deutschland wird durch gemeinsame **Staatssymbole** (z.B. zur Bundesflagge Art. 22 Abs. 2 GG) und in der gemeinsamen **Bundeshauptstadt Berlin** (Art. 22 Abs. 1 S. 1 GG) repräsentiert (s. dazu etwa *Meinel*, AöR 138 (2013), 584 ff.). Die Staatsaufgabe der Darstellung des Gesamtstaates nach innen und außen in der Hauptstadt obliegt (auch finanziell) dem Bund (vgl. Art. 22 Abs. 1 S. 2 GG). Zu anderen Staatssymbolen wie Staatswappen, Nationalhymne, Nationalfeiertage enthält das Grundgesetz keine Aussagen. Entsprechend der Zweigliedrigkeit des deutschen Bundesstaates werden alle Gliedstaaten (Länder) durch entsprechende Staatssymbole (Flaggen, Wappen, Siegel, Hauptstadt sowie in Bayern, Hessen und dem Saarland offizielle Landeshymnen) repräsentiert.

61 Die entscheidende Verfassungsaufgabe für den Bundesstaat ist die **Aufteilung der Zuständigkeiten** (Prinzip der Kompetenzaufteilung) bei allen drei Staatsgewalten auf

C. Staatsstrukturprinzipien

Bund oder Länder (**Verbandskompetenz**). Es gilt der Grundsatz, dass im Bundesstaat grundsätzlich (mit Ausnahme der Gemeinschaftsaufgaben in Art. 91a – 91d GG und der Verwaltungszusammenarbeit in Art. 91e GG, s. dazu Rn. 96 ff.) *entweder* Bund *oder* Länder im konkreten Fall zuständig sind (**Verbot der Mischkompetenz, insbes. Mischverwaltung** s. BVerfGE 11, 105 (124) – Famlienlastenausgleich I; 108, 169 (182) – Telekommunikationsgesetz; 119, 331 (365) – Hartz IV-Arbeitsgemeinschaften; 127, 165 (191 f.) – Konjunkturpaket II; 137, 108 (143 f.) – Optionskommune). Mischkompetenzen sind ebenso grundsätzlich unzulässig wie Kompetenzvereinbarungen (umstritten ist deshalb die verfassungsrechtliche Bedeutung des **Lindauer Abkommens** (s. Rn. 804 f.), v. a. aber auch die Wahrnehmung kultureller Zuständigkeiten durch den Bund).

Die politische Realität hat allerdings verschiedenartige Formen des **kooperativen Föderalismus** herausgebildet und zwar sowohl **vertikal** zwischen Bund und Ländern und als auch **horizontal** zwischen den Ländern (s. dazu *Kloepfer*, Verfassungsrecht I, 2011, § 9 Rn. 217 ff.). Der kooperative Föderalismus erfolgt v. a. durch Fachministerkonferenzen wie die Innenministerkonferenzen, Umweltministerkonferenzen oder Kultusministerkonferenzen etc. Wo kooperative Maßnahmen der Länder untereinander bzw. der Länder und des Bundes auf verfassungsrechtliche Grenzen stoßen, ist umstritten (s. dazu *Herzog/Grzeszick*, in: Maunz/Dürig, GG, Art. 20 IV Rn. 159 ff.). Problematisch ist etwa die Zulässigkeit sog. Gemeinschaftseinrichtungen. Unzulässig wäre es jedenfalls, wenn im Rahmen des kooperativen Föderalismus eine dritte Ebene der Staatlichkeit in Form der **Gesamtheit** der Länder entstehen würde (s. dazu *Kloepfer*, Verfassungsrecht I, 2011, § 9 Rn. 223). Die Verfassung lässt vereinzelt eine gemeinschaftliche Kompetenzausübung durch Bund und Länder zu (s. Art. 91a - 91e GG, s. dazu unten Rn. 96 ff.). 62

Juristisch sind nach dem Grundgesetz (Art. 30, 70 und 83 GG – anders Art. 105 Abs. 2 GG) die **Länderzuständigkeiten die Regel** und die **Bundeszuständigkeiten die Ausnahme**. In der politischen Realität und in der Verfassungsentwicklung sind die Bundeszuständigkeiten in der Gesetzgebung allerdings bis zur Föderalismusreform I (2006) kontinuierlich ausgeweitet worden. Die Aufteilung der Zuständigkeiten zwischen Bund und Ländern erfolgt getrennt nach den einzelnen Staatsgewalten (Gesetzgebung Rn. 66 ff.; Verwaltung Rn. 85 ff.; Rechtsprechung Rn. 102). 63

Dabei kommt es häufig zu Funktionsverzahnungen der Kompetenzen zwischen Bund und Ländern, aber nur ganz **ausnahmsweise zu echten Gemeinschaftszuständigkeiten** (Art. 91a–91d GG oder Art. 109 Abs. 2 GG, s. dazu *Kloepfer*, Verfassungsrecht I, 2011, § 22 Rn. 142 ff.) oder **zu Verwaltungszusammenarbeit** (Art. 91e GG, s. dazu *Kloepfer*, Verfassungsrecht I, 2011, § 22 Rn. 159a ff.). Sachaufgaben werden von verschiedenen föderalistischen Ebenen erledigt. Als Beispiel mögen hier die Kompetenzen bezüglich der Rechtsprechung dienen (s. dazu unten Rn. 360 ff.): Der Bund erlässt Justizgesetze, trägt selbst aber nur die letztinstanzlichen obersten Gerichtshöfe des Bundes (Art. 95 GG) und nur vereinzelt besondere Bundesgerichte (Art. 96 64

GG) und eine Bundesanwaltschaft, während die Länder im Wesentlichen die darunter liegenden – zahlenmäßig weit überlegenen – (oft erst- und zweit-)instanzlichen Fachgerichte bzw. Staats- und Amtsanwaltschaften sowie Vollstreckungsorgane tragen.

65 Bund und Länder sowie die Länder untereinander sind einander zu „**Bundestreue**" bzw. **bundesfreundlichem Verhalten** verpflichtet (s. dazu *Kloepfer*, Verfassungsrecht I, 2011, § 9 Rn. 197 ff.; BVerfGE 8, 122 (138 ff.) – Volksbefragung über Atomwaffen; 12, 205 (254) – 1. Rundfunkentscheidung; 92, 203 (234) – EG-Fernsehrichtlinie). Daraus folgten eine allgemeine Pflicht zur Rücksichtnahme auf die Interessen der jeweils anderen Glieder des Bundesstaates und zu Verhandlungen mit dem Ziel der Verständigung sowie wechselseitige Hilfs- und Mitwirkungspflichten. Aus der Rücksichtnahmepflicht folgt freilich nicht, dass der Bund oder die Länder die ihnen durch das Grundgesetz zugewiesenen Kompetenzen nicht auch ausüben dürften, wenn dies die Regelungsmöglichkeit anderer Glieder des Bundesstaates beschränken würde. Eine solche Beschränkung der Kompetenzausübung würde dem Sinn der bundesstaatlichen Kompetenzaufteilung zuwider laufen. Der Bund und die Länder dürfen Kompetenzen allerdings nicht missbräuchlich ausüben (BVerfGE 81, 310 (377) – Kalkar II). Die Bundestreue führt auch zu konkreten Konsultations- und Anhörungspflichten (BVerfGE 102, 167 (173) – Bundesstraße), z.B. vor Erteilung einer Weisung nach Art. 85 Abs. 3 GG (BVerfGE 81, 310 (377) – Kalkar II).

2. Gesetzgebungskompetenzen im Bundesstaat

66 Trotz der juristischen Regelzuständigkeit der Länder (Art. 30, 70 GG, s.o. Rn. 63), die durch Verfassungsänderungen immer wieder erweitert, aber auch durch intensive Gesetzgebung des Bundes begrenzt wurden, liegt aufgrund des umfänglichen Kompetenzkatalogs der Art. 73 f. GG und Art. 105 GG heute das **faktische Schwergewicht aller Gesetzgebungszuständigkeiten** in der Bundesrepublik Deutschland beim Bund. Nur unzureichend konnte diese Entwicklung durch ein Anwachsen der Mitwirkungsrechte der Länder im Bundesrat, insbes. durch eine erhebliche Zunahme der Fälle zustimmungsbedürftiger Bundesgesetze, kompensiert werden. Dieser Austausch der Gesetzgebungskompetenz der Länder im Gegenzug zu Mitbestimmungsrechten im Bundesrat ist zudem eine strukturelle Verlagerung der landespolitischen Verantwortung von den Volksvertretungen in den Ländern weg zur jeweiligen Landesregierung hin, ohne dass die Landesparlamente direkt beteiligt werden.

67 Die **Föderalismusreform I** des Jahres 2006 (s. dazu *Kloepfer*, Verfassungsrecht I, 2011, § 2 Rn. 196 ff.; *Meyer*, Die Föderalismusreform 2006, 2008) sollte die kontinuierliche Kompetenzauszehrung der Länder beenden, indem sie die zugunsten des Bundes statuierten Kompetenzkataloge für die Bundesgesetzgebung „entschlackte" und substantielle Gesetzgebungshoheiten auf die Länder (zurück)übertrug (z.B. Versammlungsrecht, Ladenschlussrecht). Dabei wurde allerdings die bisherige Rahmengesetzgebung (Art. 75 GG a.F.) beseitigt und die Materien in die konkurrierende

Bundesgesetzgebung überführt. Als Kompensation hierfür wurde im Bereich der ehemaligen Rahmengesetzgebung die Möglichkeit der „**Abweichungsgesetzgebung**" der Länder (Art. 72 Abs. 3 GG) geschaffen. Hierbei kann ausnahmsweise späteres Landesrecht früheres Bundesrecht verdrängen (s.u. Rn. 75). Ob der sehr begrenzte Umfang der Rückübertragung von Kompetenzen freilich genügt, den drohenden Realzustand eines „unitarischen Bundesstaates" abzuwenden, erscheint zweifelhaft (s. auch *Kersten*, in: Isensee/Kirchhof, HbStR, 3. Aufl. 2013, § 233 Rn. 19).

Die Kompetenzzuordnung (Zuordnung zum Zuständigkeitsbereich von Bund und Ländern) erfolgt notwendig nach der **Kompetenzqualifikation** (Zuordnung der geregelten Sachaufgabe zu einem in den Kompetenzkatalogen enthaltenen Sachbereich). In der Praxis können Kompetenzen auch kombiniert werden (**Kompetenzkombinationen** bzw. „Mosaikkompetenz"). Dies ist unproblematisch, wenn die einschlägigen Kompetenznormen den gleichen Kompetenzträger berechtigen (*Rozek*, in: v. Mangoldt/Klein/Starck, Bd. 2, 6. Aufl. 2010, GG, Art. 70 Rn. 57; s. auch *Herbst*, Gesetzgebungskompetenzen, 2014 S. 170 ff.). So können etwa die Regelungen des BImSchG sowohl auf Art. 74 Abs. 1 Nr. 11 GG als auch auf Art. 74 Abs. 1 Nr. 24 GG gestützt werden (zur Gesetzgebungskompetenz für das BBodSchG s. *Brandt*, DÖV 1996, 675 ff.).

Nach der Systematik des Grundgesetzes erfordert die Kompetenzzuordnung im Sinne einer möglichst eindeutigen vertikalen Gewaltenteilung eine strikte, dem Sinn der Kompetenznorm gerecht werdende **Auslegung** der Art. 70 ff. GG (vgl. BVerfGE 12, 205 (228 f.); 15, 1 (17); 26, 281 (297 f.); 42, 20 (28); 61, 149 (174); 132, 1 (6)). Die in Betracht kommende Kompetenznorm ist dabei nach den klassischen juristischen Auslegungsmethoden anhand des Wortlauts, historisch, systematisch und mit Blick auf den Normzweck auszulegen (vgl. BVerfGE 109, 190 (212); BVerfG, NVwZ 2015, 582 (583)).

Die Kompetenzvorschriften berechtigen Bund und Länder zur Gesetzgebung in bestimmten Sachbereichen, enthalten aber **keine Gesetzgebungspflichten** oder inhaltliche Gewährleistungen. Gesetzgebungskompetenzen können sich aber auch aus den Staatsstrukturbestimmungen oder aus den Grundrechten ergeben. Die in den Kompetenzkatalogen genannten Materien werden durch ihre Nennung im Grundgesetz nicht zu Verfassungsgütern (s.a. Rn. 505).

Die Feinaufteilung der Gesetzgebungskompetenzen zwischen Bund und Ländern erfolgt nach Art. 70 Abs. 2 GG gemäß den **kompetenziellen Arten der Gesetzgebung** des Bundes. Diese sind:

- **ausschließliche** Bundesgesetzgebung (Art. 71, 73 und 105 Abs. 1 GG, s. Rn. 72),
- **konkurrierende** Bundesgesetzgebung (Art. 72, 74 und 105 Abs. 2 GG) *ohne* Abweichungsrecht der Länder (s. Rn. 73 f.),
- **konkurrierende** Bundesgesetzgebung *mit* Abweichungsrecht der Länder (Art. 72 Abs. 3 GG, s. Rn. 74 f.),

- **Grundsatzgesetzgebung** des Bundes (z.B. Art. 109 Abs. 4 GG oder 140 GG i.V.m. Art. 138 Abs. 1 S. 2 WRV, s. Rn. 78).

72 Bei der **ausschließlichen Gesetzgebung des Bundes** (insbes. Art. 71, 73 und 105 Abs. 1 GG) dürfen die Länder nur bei ausdrücklicher bundesgesetzlicher Ermächtigung tätig werden. Zur ausschließlichen Gesetzgebung des Bundes zählen auch die in der Verfassung verstreuten Sonderzuständigkeiten (z.B. Art. 21 Abs. 3, 26 Abs. 2, 29 Abs. 7 S. 2, 38 Abs. 3 oder 41 Abs. 3 GG), bei denen die Sachmaterien ausdrücklich durch *Bundes*gesetz näher zu regeln sind.

73 Im praktisch wichtigsten Fall der **konkurrierenden Gesetzgebung** des Bundes (insbes. Art. 72, 74 und 105 Abs. 2 GG) können die Länder auch bei Nichtregelung des Bundes („so lange und soweit" – Art. 72 Abs. 1 GG) eigene Gesetze erlassen. Sobald und soweit jedoch der Bund Gesetze erlassen hat, verdrängen diese im Bereich der konkurrierenden Gesetzgebung die Gesetzgebungskompetenz der Länder (Sperrwirkung nach Art. 72 Abs. 1 GG; s. dazu BVerfG, NVwZ 2015, 580 (585)). Zu beachten ist dabei, dass der Bundesgesetzgeber Teilregelungen auch absichtsvoll unterlassen kann und diese Bereiche dann durch Nichtregelung (negativ) erschöpfend regelt. Dies ist eine Form des allgemeinen sog. beredten Schweigens (Regelung durch Nichtregelung) des Bundesgesetzgebers und verdrängt gleichwohl die Landeskompetenz, denn dem Bundesgesetzgeber muss diese Möglichkeit eröffnet werden, auch die Nichtregelung zu wollen und den Ländern zu entziehen. Um festzustellen, ob der Bund von seiner Regelungskompetenz Gebrauch gemacht hat, kann eine umfassende Auslegung bestehender Bundesgesetze oder im Falle der Nichtgesetzgebung des Willens des Gesetzgebers erforderlich werden (vgl. BVerfGE 7, 342 (347); 20, 238 (248); 49, 343, (358); 67, 299 (3224); 98, 265 (301); BVerfG, NVwZ 2015, 580 (585) s.a. *Jarass*, NVwZ 1996, 1041 (1044 f.)).

74 Die Ausübung der konkurrierenden Gesetzgebung des Bundes ist teilweise an die besonderen Erfordernisse des Art. 72 Abs. 2 GG geknüpft („**Erforderlichkeitsklausel**"), deren Vorliegen gesondert vom Bundesverfassungsgericht überprüft werden kann (Art. 93 Abs. 1 Nr. 2a GG). Galten diese einschränkenden Erfordernisse der Erforderlichkeit einer bundesgesetzlichen Regelung vor der Föderalismusreform I noch für die konkurrierende Gesetzgebungskompetenz insgesamt, so sind sie jetzt nur noch hinsichtlich bestimmter – aus Sicht der Länder politisch besonders sensibler – Kompetenztitel zu beachten. Insofern erlangt die präzise Abschichtung der einzelnen Kompetenztitel in Art. 72 Abs. 2 GG nunmehr besonderes Gewicht und kann vom Bundesverfassungsgericht intensiver überprüft werden (s. zu Versuchen des Bundesverfassungsgerichts die Erforderlichkeitsklausel vor der Föderalismusreform I stärker zu konturieren z.B. BVerfGE 106, 62 ff. – Altenpfleger; 111, 226 ff. – Juniorprofessor; 112, 226 ff. – Studiengebühren; s. zur Rechtsprechung des BVerfG nach der Föderalisreform I BVerfGE 135, 155 ff. – Filmabgabe; BVerfG, NJW 2015, 2399 ff. – Betreuungsgeld).

In bestimmten Fällen der konkurrierenden Gesetzgebungskompetenz (Art. 74 Nr. 28–33 GG) haben die Länder das Recht zur **Abweichungsgesetzgebung**, d.h. sie können gemäß Art. 72 Abs. 3 GG (vgl. auch Art. 84 Abs. 1 S. 2 GG) materiell von einschlägigen Regelungen abweichen, die der Bund getroffen hat (s. dazu *Kloepfer*, ZG 2006, 250 ff.; *Papier*, NJW 2007, 2145 (2147 f.); *Franzius*, NVwZ 2008, 492 ff.; BVerfG, NVwZ 2015, 582 (589)). Es besteht mithin eine echte Regelungskonkurrenz zwischen Bund und Ländern. Erlässt ein Bundesland eine solche abweichende Regelung, so genießt sie – unter Abweichung von Art. 31 GG – für das Gebiet dieses Landes Anwendungsvorrang gegenüber der gleichwohl fortbestehenden älteren Bundesnorm (der Grundsatz lex posterior derogat legi priori – Posterioritätsgrundsatz – steht hier also ausnahmsweise über dem Grundsatz lex superior derogat legi inferiori – Superioritätsgrundsatz). Der Vorrang endet, sobald der Bund die fragliche Bundesnorm seinerseits wieder novelliert; es steht dann freilich dem Landesgesetzgeber theoretisch zu, hiervon wiederum abzuweichen usw. (der Vorgang wird in seiner hypothetischen Konsequenz eines unendlichen Hin und Her auch „**Ping-Pong-Gesetzgebung**" genannt). Diese Befürchtungen haben sich bisher aber nicht bewahrheitet.

Der experimentelle Charakter dieser durch die Föderalismusreform I (als Ersatz für die frühere Rahmengesetzgebung) eingeführten, bisher aber nur wenig praktizierten Abweichungsgesetzgebung reichert den im Grundgesetz strukturgebenden Föderalismus um Elemente des **kompetitiven Föderalismus** (**Wettbewerbsföderalismus**) an, kann aber zu Problemen der schwierigen Erkennbarkeit des jeweils geltenden Rechts für den Bürger führen.

Die Befugnis zur Abweichungsgesetzgebung wird durch bestimmte **abweichungsfeste Kerne** begrenzt (s. Art. 72 Abs. 3 S. 1 Nr. 1, 2 und 5 GG: „(ohne ...)"). Politisch wichtiger als die Abweichung selbst dürfte die politische Drohung der Länder mit ihr sein, um die inhaltliche Gestaltung des Bundesrechts schon im Vorfeld im Wege der Kompromissfindung zu beeinflussen.

Eine weitere Gesetzgebungskompetenz eigener Art bildet die in Art. 70 Abs. 2 GG nicht erwähnte **Grundsatzgesetzgebung** des Bundes (s.a. *Kloepfer*, Verfassungsrecht I, 2011, § 21 Rn. 141 ff.). Vereinzelt wird sie an anderer Stelle im Grundgesetz erwähnt (vgl. Art. 109 Abs. 4 und Art. 140 GG i.V.m. Art. 138 Abs. 1 S. 2 WRV). In dem Sachbereich der Grundsatzgesetzgebung erfolgt ein gestuftes Nebeneinander von Bundes- und Landesgesetzgebung. Obliegt dem Bund hier die Aufstellung bestimmter Grundsätze auf Gesetzesebene, so gebührt den Ländern die Konkretisierung dieser abstrakten bundesrechtlichen Vorgaben zu vollziehbarem Gesetzesrecht. Die Gesetzgebung des Bundes ist daher hier inhaltlich auf den Erlass konkretisierungsfähiger und konkretisierungsbedürftiger Vorschriften beschränkt.

Normen, die noch unter Geltung einer alten und nunmehr **abgelösten Kompetenzordnung** erlassen worden sind, hinsichtlich derer aber der Träger oder die Art der Gesetzgebungskompetenz später geändert worden sind, gelten im Grundsatz bis zu ihrer Novellierung fort. Zur Novellierung freilich ist grundsätzlich allein der nunmehrige Kompetenzträger in den durch die Kompetenzart gesetzten Grenzen berufen (vgl. dazu die **Übergangsvorschriften** der Art. 125a und 125b GG; s. dazu *Kloepfer*, Verfassungsrecht I, 2011, § 21 Rn. 108f., 129 ff.; *Rengeling*, in: Isensee/Kirchhof, HbStR, 3. Aufl. 2008, § 135, Rn. 345 ff.).

80 Sofern hingegen nicht aufgrund einer Änderung des Verfassungstextes, sondern mit späterem Wegfall der Voraussetzungen des Art. 72 Abs. 2 GG (Erforderlichkeitsklausel) die konkurrierende Gesetzgebungskompetenz des Bundes im Einzelfall entfallen ist, bedarf es einer **Freigabe der Gesetzgebungskompetenz** durch den Bundesgesetzgeber (Art. 72 Abs. 4 GG; s. dazu *Kloepfer*, Verfassungsrecht I, 2011, § 21 Rn. 102 ff., *Oeter*, in: v. Mangoldt/Klein/Starck, GG, Bd. 2, 6. Aufl. 2010, Art. 72 Rn. 129 ff.). Diese Ersetzungsermächtigung kann seit der Föderalismusreform I vor dem Bundesverfassungsgericht erstritten werden (Art. 93 Abs. 2 n. F. GG).

81 In eher seltenen Ausnahmen hat der Bund **ungeschriebene Gesetzgebungszuständigkeiten**, bestimmte Regelungen zu treffen. Zu unterscheiden sind dabei drei Fälle:

- **„Natur der Sache"**: Die Gesetzgebungszuständigkeit folgt daraus, dass allein der Bund diese Regelung treffen kann (z.B. Bundeswappen, Nationalfeiertag; vgl. allgemein auch: BVerfGE 3, 407 (427 f.) – Baugutachten; s. auch BVerfGE 135, 155 (197) – Filmabgabe).
- **Sachzusammenhang:** Die Regelung ist aus inhaltlichen Gründen notwendig mit einer anderen zu treffen, hinsichtlich derer der Bund die Gesetzgebungskompetenz hat (s. dazu z.B.: BVerfGE 98, 265 (299) – Bayerisches Schwangerenhilfegesetz; 106, 62 (115) – Altenpfleger; BVerfG, NVwZ 2015, 582 (583)).
- **Annex:** Die Regelung betrifft die Durchführung und Ausführung einer anderen Regelung, für die der Bund gesetzgebungsbefugt ist (s. z.B.: BVerfGE 22, 180 (210) – Jugendhilfe; 132, 1 (6) – Bundeswehreinsatz im Innern).

82 **Ausschließliche Landesgesetzgebungszuständigkeiten** werden vom Grundgesetz zwar nicht erwähnt, aber vorausgesetzt. Sie ergeben sich dort, wo das Grundgesetz für eine bestimmte Sachmaterie keine Gesetzgebungskompetenz für den Bund enthält (z.B. Ladenschluss). Es gilt dann ohne Einschränkung Art. 70 Abs. 1 GG. Dies gilt z.B. für weite Teile des Polizeirechts, des Kommunalrechts und des Schulrechts. Eine Ermächtigung des Bundes durch die Landesgesetzgeber ist im Bereich der ausschließlichen Landesgesetzgebung nicht zulässig.

83 **Im Fallaufbau** ist zunächst eine Kompetenzqualifikation vorzunehmen (z.B. Art. 74 Abs. 1 Nr. 4 GG für Aufenthalts- und Niederlassungsrecht von Ausländern) und sodann das Vorliegen der allgemeinen Kompetenzausübungsvoraussetzungen (z.B. Art. 72 Abs. 1 sowie etwa im Fall des Art. 74 Abs. 1 Nr. 4 GG auch Art. 72 Abs. 2 GG). Ist ein Bundesgesetz zu prüfen, *muss* eine Bundeskompetenz aus den Zuständigkeitskatalogen des Grundgesetzes hergeleitet werden. Scheitert diese Herleitung einer Gesetzgebungszuständigkeit des Bundes nach allen in Frage kommenden An-

sätzen, ist der Landesgesetzgeber nach Art. 70 GG zuständig und ein Bundesgesetz formell verfassungswidrig (beachte aber die Ausnahme der seltenen ungeschriebenen Bundeszuständigkeit; s. Rn. 81).

Ist im umgekehrten Fall ein Landesgesetz zu prüfen, ist bei einer Materie der ausschließlichen Bundesgesetzgebung eine etwaige bundesgesetzliche Ermächtigung nach Art. 71 GG zu prüfen. Bei konkurrierender Gesetzgebung darf von dieser Zuständigkeit nicht von Seiten des Bundes Gebrauch gemacht worden sein (Art. 72 Abs. 1 GG – „solange und soweit"), damit sich der Landesgesetzgeber auf den Grundsatz des Art. 70 Abs. 1 GG stützen kann. Im Bereich der ausschließlichen Bundesgesetzgebung (Art. 73 GG) dürften Länder nur bei ausdrücklicher bundesgesetzlicher Ermächtigung gesetzgeberisch tätig werden (Art. 71 GG). 84

3. Verwaltungskompetenzen im Bundesstaat

Die Aufteilung der Verwaltungszuständigkeiten zwischen Bund und Ländern in den Art. 83 ff., 108 GG befasst sich nur mit dem **Vollzug von Bundesgesetzen**. Die übrigen (zahlreichen) Verwaltungszuständigkeiten, z.B. der Vollzug von Landesgesetzen und grundsätzlich auch die nicht gesetzesakzessorische („gesetzesfreie") Verwaltung liegen (str.) nach Art. 30 GG bei den Ländern (s.a. *Oebbecke*, in: Isensee/Kirchhof, HbStR, 3. Aufl. 2008, § 136 Rn. 19). Sie erfahren keine explizite grundgesetzliche Regelung. 85

Der Vollzug der Bundesgesetze liegt in der Regel bei den Ländern (entweder als Aufsichtsverwaltung, s. Rn. 88 f., oder als Auftragsverwaltung, s. Rn. 90 ff.) und nur ausnahmsweise beim Bund (bundeseigene Verwaltung, s. Rn. 93). 86

Beim Vollzug von Bundesgesetzen bilden die Bundesgesetzgebungszuständigkeiten stets die äußersten **Grenzen der Verwaltungszuständigkeiten des Bundes** (BVerfGE 12, 205 (229) – 1. Rundfunkentscheidung). Außerhalb der Bundesgesetzgebungszuständigkeiten hat der Bund also nie die Verwaltungskompetenz. Der Bund darf nie Landesrecht (z.B. Bauordnungsrecht) vollziehen, muss es aber (z.B. bei Bundesbauten) beachten. Der Vollzug von Bundesrecht durch die Länder ist die grundgesetzliche Regel (Art. 83 GG). Der rechtliche sowie faktische Schwerpunkt aller Verwaltungszuständigkeiten liegt in der Bundesrepublik Deutschland insgesamt auch bei den Ländern. 87

Der Vollzug von Bundesgesetzen obliegt den Ländern grundsätzlich als **eigene Angelegenheit** (Art. 83 GG). Die Regelform ist die sog. **Aufsichtsverwaltung** (Art. 84 GG), bei der der Vollzug durch die Länder **unter (bloßer) Rechtsaufsicht** (= Überprüfung der Rechtmäßigkeit) und nicht unter Fachaufsicht (= Überprüfung der Zweckmäßigkeit) des Bundes stehen. Die Aufsicht des Bundes spielt in der Praxis aus unterschiedlichen Gründen nur eine geringe Rolle; der vielleicht wichtigste Grund hierfür ist, dass die Rechtmäßigkeit des Verwaltungshandelns durch die Fachgerichte überprüft wird (*Oebbecke*, in: Isensee/Kirchhof, HbStR, 3. Aufl. 2008, § 136 Rn. 44). Auch Einzelweisungen des Bundes aufgrund eines nach Art. 84 Abs. 5 GG erlassenen 88

Gesetzes sind in der Staatspraxis sehr selten (*Dittmann*, in: Sachs, GG, 7. Aufl. 2014, Art. 84 Rn. 35); Ermächtigungsgrundlagen für Einzelweisungen sind bspw. § 28 Abs. 3 LBG, § 74 Abs. 2 AufenthG. Die Wahrnehmungskompetenz (äußerer Kontakt zum Bürger) hat stets nur das Land, während die **Sachkompetenz** (inhaltliche Einzelweisungsbefugnis) Gegenstand der Weisungen des Bundes sein kann.

89 Die Länder können bei der Aufsichtsverwaltung auch die **Behördeneinrichtung** und das **Verwaltungsverfahren** regeln. Soweit Bundesgesetze hierbei die Einrichtung der Behörden und das Verwaltungsverfahren regeln, haben die Länder das Recht, hiervon abzuweichen (Art. 84 Abs. 1 S. 2 GG). Nur im Falle eines besonderen Bedürfnisses nach bundeseinheitlicher Regelung (z.B. im Umweltverfahrensrecht) kann der Bund (allerdings mit Zustimmung des Bundesrates) das Verwaltungsverfahren ohne Abweichungsmöglichkeit der Länder regeln (Art. 84 Abs. 1 S. 5 und 6 GG). Das Zustimmungserfordernis erstreckt sich auf alle Regelungen des Verwaltungsverfahrens, die nicht notwendigerweise ausdrücklich, aber in anderer Weise unmittelbar die Kompetenz der Länder berühren, das Verwaltungsverfahren selbst und eigenverantwortlich zu gestalten (BVerfGE 37, 363 (390) – Bundesrat). Ebenfalls mit Zustimmung des Bundesrates kann die Bundesregierung (nur behördenintern verbindliche) **allgemeine Verwaltungsvorschriften** erlassen (Art. 84 Abs. 2 GG, s. zum Begriff der allgemeinen Verwaltungsvorschriften: BVerfGE 100, 249 (258) – Steinkohleverstromung). Die Bundesregierung muss hierbei als Kollegialorgan handeln (BVerfGE 100, 249 (258 ff.) – Steinkohleverstromung; noch a.A. BVerfGE 26, 338 (399) – Eisenbahnkreuzungsgesetz).

90 In grundgesetzlich bezeichneten Ausnahmebereichen ermöglicht das Grundgesetz (z.B. Art. 87c GG) als Gegenmodell der Aufsichtsverwaltung die sog. **Auftragsverwaltung** (Art. 85 GG), bei denen die Länder im Auftrag und unter den Weisungen des Bundes tätig werden und hierbei sowohl der Rechts- als auch der Fachaufsicht des Bundes unterstehen. Dabei ist die *obligatorische* Auftragsverwaltung (z.B. Art. 90 Abs. 2 GG) von der *fakultativen*, vom Bundesgesetzgeber einführbaren Bundesauftragsverwaltung (z.B. Art. 87b Abs. 2, 87c, 87d Abs. 2 GG) zu unterscheiden (s. dazu *Kloepfer*, Verfassungsrecht I, 2011, § 22 Rn. 67 ff.). Die Länder werden im Bereich der Auftragsverwaltung in der Sache wie nachgeordnete Verwaltungsbehörden tätig. Die Sachkompetenz (inhaltliche Entscheidungsbefugnis) liegt folglich beim Bund, sobald er sie durch Weisung an sich zieht (interne Verlagerung). Die Wahrnehmungskompetenz (Kontakt zum Bürger, s. Rn. 88) liegt weiterhin unentziehbar bei den Ländern (keine externe Verlagerung, s. BVerfGE 81, 310 (332) – Kalkar II; BVerfGE 104, 249 (265 ff.) – Biblis A).

91 Neben der **Einrichtung der Behörden** (Art. 85 Abs. 1 GG) können die Länder bei der Auftragsverwaltung – trotz fehlender Erwähnung im Grundgesetz – auch das **Verwaltungsverfahren** regeln. Mit Zustimmung des Bundesrates kann der Bund diese Materien ebenfalls regeln. Die Länder haben dabei kein Abweichungsrecht. Das BVerfG geht davon aus, dass Regelungen des Verfahrens der Bundesauftragsverwal-

tung keiner Zustimmung des Bundesrates bedürfen (BVerfGE 126, 77 – Luftsicherheitsgesetz II). Wie bei der Aufsichtsverwaltung kann die Bundesregierung mit Zustimmung des Bundesrates (nur behördenintern verbindliche) **allgemeine Verwaltungsvorschriften** erlassen (Art. 85 Abs. 2 GG, zum Begriff der allgemeinen Verwaltungsvorschrift s. Rn. 89). Die Bundesregierung muss hierbei als Kollegialorgan handeln (BVerfGE 100, 249 (258 ff.) – Steinkohleverstromung; noch a. A. BVerfGE 26, 338 (399) – Eisenbahnkreuzungsgesetz).

Durch Bundesgesetz dürfen **Verwaltungsaufgaben den Gemeinden und Gemeindeverbänden nicht übertragen** werden und zwar weder im Bereich der Aufsichtsverwaltung noch im Bereich der Auftragsverwaltung (dazu Art. 84 Abs. 1 S. 7, 85 Abs. 1 S. 2 GG). Beachtung muss dazu aber die Ausnahme bei der Grundsicherung für Arbeitssuchende (Art. 91e GG) finden (s. dazu auch Rn. 101). 92

Nicht immer werden die Länder in der Verwaltung tätig. Die **bundeseigene Verwaltung** (Art. 86 GG) ist der Vollzug von Bundesgesetzen durch (rechtlich unselbstständige) Bundesbehörden (**unmittelbare bundeseigene Verwaltung**) oder durch juristische Personen des öffentlichen Bundesrechts (**mittelbare bundeseigene Verwaltung** durch Körperschaften, Anstalten und Stiftungen). Die unmittelbare bundeseigene Verwaltung ist vom Grundgesetz nur in sehr wenigen Ausnahmebereichen (vgl. Art. 87 Abs. 1, Abs. 2, 87b Abs. 1 und 108 Abs. 1 GG) vorgesehen (z.B. Bundesfinanzdirektionen und nachgeordnete Hauptzollämter sowie Zollämter oder die Bundeswehrverwaltung). Ein Einfallstor für die Ausweitung der bundeseigenen Verwaltung ist in der Möglichkeit des Bundes zu sehen, nach Art. 87 Abs. 3 S. 1 GG **selbstständige Bundesoberbehörden** einzurichten (s. dazu sogleich Rn. 95). Anders als bei der Bundesaufsichtsverwaltung und der Bundesauftragsverwaltung liegen im Bereich der bundeseigenen Verwaltung die Sach- und die Wahrnehmungskompetenz uneingeschränkt beim Bund. 93

Nach Art. 86 S. 1 Hs. 2 GG kann die Bundesregierung für den Bereich der bundeseigenen Verwaltung **allgemeine Verwaltungsvorschriften** erlassen (zum Begriff der allgemeinen Verwaltungsvorschrift s. Rn. 89). Eine hiernach erlassene allgemeine Verwaltungsvorschrift wird grundsätzlich von der Bundesregierung als Kollegialorgan erlassen; dafür spricht der Wortlaut sowie ein entsprechendes Verständnis in den Art. 84 Abs. 2, 85 Abs. 2 GG (s. dazu oben Rn. 89, 91). Im Bereich der bundeseigenen Verwaltung ist gemäß Art. 86 S. 2 GG grundsätzlich die Bundesregierung zur **Einrichtung der Behörden** ermächtigt (s.a. Rn. 95). Anders als im Bereich der Bundesaufsichtsverwaltung und der Bundesauftragsverwaltung bedarf es zur Behördeneinrichtung also kein Tätigwerden des Bundesgesetzgebers, sondern lediglich der Bundesregierung als Kollegialorgan. Über den Wortlaut hinaus ist der Bund jedenfalls auch zur Regelung des **Verwaltungsverfahrens** im Bereich der bundeseigenen Verwaltung berechtigt. Die Bundesregierung kann zudem Weisungen an die nachgeordneten Bundesbehörden erteilen; i.d.R. erfolgen Weisungen in diesem Bereich allerdings durch einzelne Fachminister. 94

95 Zum bundeseigenen Vollzug von Bundesrecht können durch einfache Bundesgesetze im Rahmen der Bundesgesetzgebungszuständigkeiten **selbstständige Bundesoberbehörden** und **juristische Personen des öffentlichen *Bundes*rechts** (Körperschaften, Anstalten und Stiftungen des öffentlichen Bundesrechts) eingerichtet werden (Art. 87 Abs. 3 S. 1 GG). Die selbstständigen Bundesoberbehörden haben **grundsätzlich keinen Behördenunterbau**. Nur mit Zustimmung des Bundesrats kann der Bund im Rahmen seiner Gesetzgebungszuständigkeit ausnahmsweise **auch eigene Mittel- und Unterbehörden** einrichten (Art. 87 Abs. 3 S. 2 GG). Während von der Möglichkeit des Art. 87 Abs. 3 S. 1 GG relativ reger Gebrauch gemacht wurde (z.B. Bundeskriminalamt, Bundesnachrichtendienst, insgesamt weit über 60 solcher Behörden existieren; s. dazu *Kloepfer*, Verfassungsrecht I, 2011, § 22 Rn. 125 ff.), ist Art. 87 Abs. 3 S. 2 GG bisher kaum praktisch relevant geworden. Die Bundeszuständigkeit nach Art. 87 Abs. 3 S. 1 GG umfasst nicht nur die Errichtung einer selbstständigen Bundesoberbehörde und einer juristischen Person des öffentlichen Rechts des Bundes, sondern auch deren Einrichtung (Gründung, Ausgestaltung, innere Organisation) und die Regelung des Verwaltungsverfahrens (vgl. BVerfGE 31, 113 (117) – Bundesprüfstelle). Der Erlass von Verwaltungsvorschriften richtet sich nach Art. 86 S. 1 Hs. 2 GG.

96 Wie erwähnt, gilt der Grundsatz, dass im Bundesstaat grundsätzlich *entweder* der Bund *oder* die Länder im konkreten Fall für die Verwaltung zuständig sind (Verbot der Mischverwaltung s. BVerfGE 11, 105 (124) – Famlienlastenausgleich I; 108, 169 (182) – Telekommunikationsgesetz; 119, 331 (365) – Hartz IV-Arbeitsgemeinschaften). Mischkompetenzen sind dementsprechend regelmäßig unzulässig. Verfassungsrechtlich normierte Ausnahmen hiervon finden sich in Abschnitt VIIIa (**Gemeinschaftsaufgaben**) des Grundgesetzes (s. dazu *Kloepfer*, Verfassungsrecht I, 2011, § 22 Rn. 135 ff.). Dabei ist zwischen obligatorischen (Rn. 97) und fakultativen Gemeinschaftsaufgaben zu unterscheiden:

97 **Art. 91a GG** regelt die Mitwirkung des Bundes bei den **obligatorischen Gemeinschaftsaufgaben**, d.h. bei der Erfüllung von Landeskompetenzen im Bereich **der regionalen Wirtschaftsstruktur, der Agrarstruktur und des Küstenschutzes**, wenn die Erfüllung der Aufgaben „für die Gesamtheit bedeutsam sind und die Mitwirkung des Bundes zur Verbesserung der Lebensverhältnisse erforderlich ist". Weil hier eine Mitwirkung des Bundes zwingend vorgesehen ist, wenn die durch Art. 91a Abs. 1 GG aufgestellten Anforderungen erfüllt sind, spricht man von obligatorischen Gemeinschaftsaufgaben. Die Bereiche, auf die sich Art. 91a Abs. 1 GG erstreckt, werden durch Bundesgesetz näher bestimmt (Art. 91a Abs. 2 GG). Art. 91a Abs. 3 GG regelt die gemeinsame Finanzierungsverantwortung von Bund und Ländern (s. dazu *Kloepfer*, Verfassungsrecht I, 2011, § 26 Rn. 59 ff.).

98 **Art. 91b GG** normiert die **fakultativen Gemeinschaftsaufgaben**. Gemäß Art. 91b Abs. 1 GG können Bund und Länder im Bereich der **Wissenschafts- und Forschungsförderung** eine Zusammenarbeit vereinbaren. Im Gegensatz zur Regelung des

Art. 91a GG können hier nicht nur Landes-, sondern auch Bundeskompetenzen Regelungsgegenstand und Regelungsergebnis des Zusammenwirkens sein. Mit der zum 1. Januar 2015 in Kraft getretenen Änderung des Art. 91b Abs. 1 GG wurde das Ausmaß der möglichen Kooperation im Wissenschaftsbereich zwischen Bund und Ländern erweitert. Hinsichtlich des Gegenstands der Förderung wird nun nicht mehr zwischen Einrichtungen und Vorhaben differenziert. Eine institutionelle Förderung an Hochschulen ist damit zulässig, sodass ein umfassenderes und langfristigeres Zusammenwirken von Bund und Ländern an Hochschulen ermöglicht wird. Vereinbarungen bezüglich der Hochschulen bedürfen der Zustimmung aller Bundesländer (Ausnahmen sind Forschungsbauten und Großgeräte). Nach Art. 91b Abs. 2 GG können Bund und Länder aufgrund von entsprechenden Vereinbarungen zur **Feststellung der Leistungsfähigkeit des Bildungswesens im internationalen Vergleich** und bei diesbezüglichen Berichten und Empfehlungen zusammenwirken. Die Kostentragung wird durch Vereinbarung geregelt (Art. 91b Abs. 3 GG).

Art. 91c GG ermächtigt Bund und Länder zum Zusammenwirken bei der Planung, Errichtung und dem Betrieb von **informationstechnischen Systemen**. Hiervon ist sowohl das rechtliche als auch das tatsächliche Zusammenwirken umfasst. Insbesondere können nach Art. 91c Abs. 2, 3 GG Vereinbarungen zwischen dem Bund und den Ländern getroffen werden. Nach Art. 91c Abs. 4 GG errichtet der Bund zur Verbindung der informationstechnischen Netze des Bundes und der Länder ein Verbindungsnetz. Das Nähere wird durch ein Bundesgesetz mit Zustimmung des Bundesrates geregelt.

99

Art. 91d GG berechtigt Bund und Länder dazu, zur Feststellung und Förderung der Leistungsfähigkeit der Verwaltung, Vergleichsstudien durchzuführen und deren Ergebnisse zu veröffentlichen (**"Benchmarking"**). Derartige Leistungsvergleiche sollen dazu beitragen, Möglichkeiten der Effektivitäts- und Effizienzsteigerung der Verwaltung zu ermitteln, um insgesamt eine Leistungssteigerung der Verwaltung zu erzielen. Der eigentliche Mehrwert einer solchen Regelung auf Verfassungsebene ist hingegen nicht erkennbar (vgl. *Gröpl*, in: Maunz/Dürig, GG, Art. 91d Rn. 2).

100

Art. 91e GG ermöglicht ein Zusammenwirken von Bund und Ländern bzw. den nach Landesrecht zuständigen Gemeinden oder Gemeindeverbänden (Optionskommunen) in gemeinsamen Einrichtungen bei der Ausführung von Bundesgesetzen auf dem Gebiet der **Grundsicherung für Arbeitsuchende**. Diese Regelung war notwendig geworden, nachdem das Bundesverfassungsgericht die aufgrund der Hartz IV-Gesetzgebung eingeführten Arbeitsgemeinschaften von Kommunen und der Bundesagentur für Arbeit (**"Jobcenter"**) für verfassungswidrig erklärt hatte (vgl. BVerfGE 119, 331 ff. – Hartz IV-Arbeitsgemeinschaften). Art. 91e GG begründet eine unmittelbare Finanzbeziehung zwischen Bund und Optionskommunen und ermöglicht eine besondere Finanzkontrolle des Bundes (BVerfGE 137, 108 Ls. 2 – Optionskommune), die sich aber von der des Bundesrechnungshofes unterscheidet. In seinem An-

101

wendungsbereich verdrängt Art. 91e GG sowohl die Art. 83 ff. GG als auch Art. 104a GG (BVerfGE 137, 108 Ls. 1).

4. Rechtsprechungskompetenzen im Bundesstaat

102 Die Kompetenzaufteilung zwischen Bund und Ländern im Bereich der Rechtsprechung ist – ausdrücklich oder teilweise auch nur implizit – im IX. Abschnitt des Grundgesetzes (Art. 92 – 104 GG) geregelt. Bei der Zuordnung der Verbandszuständigkeiten richtet sich das Grundgesetz – anders als bei der Gesetzgebung und der vollziehenden Gewalt – nicht nach Sachmaterien, sondern im Wesentlichen nach der Organisationshierarchie (**Instanzenzug**). Die obersten Gerichtshöfe des Bundes (s. dazu Art. 95 GG und Rn. 305) stehen über den erst- und zweitinstanzlichen Gerichten der Länder und sollen die Einheitlichkeit der Rechtsprechung in der Bundesrepublik Deutschland sicherstellen. Im Ergebnis entscheiden also Gerichte des Bundes und der Länder weitgehend in den gleichen Sachmaterien, wenn auch zeitlich wie instanzlich gestaffelt. Teilweise enden reguläre Rechtswege aber auch bei Gerichten der Länder, ohne zu Bundesgerichten zu gelangen (z.B. strafrechtliche Revisionen zum Oberlandesgericht bzw. in Berlin Kammergericht bei „kleinen" Delikten – § 121 Abs. 1 GVG).

103 Gemäß **Art. 92 Hs. 2 GG** wird dementsprechend die rechtsprechende Gewalt durch das Bundesverfassungsgericht, durch die im Grundgesetz genannten Bundesgerichte, d.h. oberste Gerichtshöfe des Bundes – Art. 95 GG – und weitere unterinstanzliche besondere Gerichte des Bundes – Art. 96 – sowie durch die Gerichte der Länder ausgeübt. Insofern übernimmt das Grundgesetz in der Sache die **Regelzuständigkeit der Länder** in Art. 30 GG auch für den Bereich der Rechtsprechung. Gerichte des Bundes sind nur dann zulässig, wenn sie im Grundgesetz ausdrücklich genannt sind.

104 Das Grundgesetz sieht daneben in Ausnahmefällen vor, dass Gerichte der Länder für den Bund handeln (s. Art. 96 Abs. 5 GG – für Strafverfahren im Bereich des politischen Strafrechts), dass das Bundesverfassungsgericht für ein Land tätig wird (s. Art. 99 Alt. 1 GG – für Verfassungsstreitigkeiten innerhalb eines Landes) und dass den obersten Gerichtshöfen des Bundes für den letzten Rechtszug solche Sachen zugewiesen werden, bei denen es um nichtverfassungsrechtliche landesrechtliche Streitigkeiten geht (Art. 99 Alt. 2 GG). In diesen Konstellationen handelt es sich um Fälle einer **Organleihe** (vgl. *Kloepfer*, Verfassungsrecht I, 2011, § 23 Rn. 72; BVerfGE 1, 208 (218)). In den Fällen des Art. 96 Abs. 5 GG muss dies durch ein Bundesgesetz mit Zustimmung des Bundesrates geregelt werden. Bei Art. 99 GG ist eine Übertragung durch Landesgesetz erforderlich. Von Art. 99 Alt. 1 GG wird derzeit kein Gebrauch gemacht. Bis 2008 war das Bundesverfassungsgericht aufgrund von Art. 99 Alt. 1 GG auch als Verfassungsgericht für Schleswig-Holstein tätig. Aufgrund von Art. 74 Abs. 1 Nr. 1 GG ist der Bundesgesetzgeber zudem unabhängig von Art. 99 Alt. 2 GG dazu befugt, nichtverfassungsrechtliche landesrechtliche Streitigkeiten

letztinstanzlich den obersten Gerichtshöfen des Bundes zuzuweisen (vgl. BVerfGE 10, 285 (290 ff.) – Bundesgerichte).

5. Einheitsgewährleistung im Bundesstaat

Trotz einer föderalen Vielfalt dürfen die **einheitsgewährleistenden Gehalte des Bundesstaates** nicht übersehen werden. Der Bund kann insbes. durch seine Befugnis zur Gesetzgebung bzw. zum Erlass allgemeiner Verwaltungsvorschriften, aber auch durch die Globalsteuerung nach Art. 109 Abs. 4 GG vereinheitlichend auf die Länder einwirken. Hinzu kommen die Möglichkeiten des kooperativen Föderalismus, bei denen Bund und Länder oder die Länder untereinander zusammenwirken (Rn. 62) 105

Zu beachten ist insbes. auch **Art. 28 Abs. 3 GG**, wonach der Bund gewährleisten muss, dass die verfassungsmäßige Ordnung der Länder den Grundrechten des Grundgesetzes und Art. 28 Abs. 1, 2 GG entspricht. Art. 28 Abs. 3 GG normiert dabei lediglich die Gewährleistungsobjekte und die Gewährleistungspflicht des Bundes, nicht aber die Gewährleistungsmittel (*Erbguth*, in: Sachs, GG, 7. Aufl. 2014, Art. 28 Rn. 100). Als **Gewährleistungsmittel** kommen politische Interventionen, verfassungsgerichtliche Verfahren nach Art. 93 Abs. 1 Nr. 2, 3 u. 4 und als ultima ratio auch Zwangsmaßnahmen wie Bundeszwang gemäß Art. 37 GG und Bundesinterventionen nach Art. 35 Abs. 2, 3, Art. 87a Abs. 3, 4, Art. 91 Abs. 1, 2 GG in Betracht (s. dazu *Kloepfer*, Verfassungsrecht I, 2011, § 28 Rn. 17 ff., 37 ff., 62 ff.). 106

Die Bundesverfassung garantiert zum Zwecke der Einheitsgewährleistung auch eine grundsätzliche Übereinstimmung der Verfassungsgrundsätze zwischen Bund und Ländern (**Homogenitätsklausel** – Art. 28 Abs. 1 S. 1 GG, s. Rn. 51). Der Bund sichert eine gewisse Einheitlichkeit im Bundesstaat durch seine Gesetze, Verwaltungsvorschriften bzw. seine Aufsichtsbefugnisse beim Bundesrechtsvollzug (z.B. Art. 84 Abs. 2 und 3 oder 85 Abs. 2 und 3 GG) und gegebenenfalls durch das Führen von verfassungsrechtlichen Bund-Länder-Streitigkeiten vor dem Bundesverfassungsgericht – Art. 93 Abs. 1 Nr. 3, 2a GG (abzugrenzen von verwaltungsrechtlichen Bund-Länder-Streitigkeiten vor dem Bundesverwaltungsgericht nach § 50 Abs. 1 Nr. 1 VwGO). 107

III. Demokratie

1. Strukturmerkmale der Demokratie des Grundgesetzes

In einer Demokratie geht alle Staatsgewalt vom Volke aus (Art. 20 Abs. 1 und Abs. 2 S. 1 GG). Neben dieser (nicht völkerrechtlich zu verstehenden) **Volkssouveränität** ist die demokratische Ordnung des Grundgesetzes geprägt durch eine Entscheidungsfindung nach dem **Mehrheitsprinzip** bei gleichzeitigem **Minderheitsschutz** (s. Rn. 120 ff.), durch die **parlamentarische Verantwortlichkeit der Regierung**, durch die grundsätzliche Chance der **Opposition**, einmal die Regierungsmehrheit zu errei- 108 chen vermittels der **zeitlichen Begrenzung von Herrschaft** (z.B. Art. 39 Abs. 1 S. 1 GG), durch den Grundsatz der **Reversibilität getroffener Entscheidungen** sowie schließlich (als notwendige Voraussetzung all dieser Elemente) durch **freie Wahlen** (Art. 38 GG) und durch die Gewährleistung von **Freiheit und Gleichheit der Bürger** sowie eines **freien und offenen Meinungsbildungsprozesses.** „Opposition" (s. dazu Rn. 136 ff.) ist hingegen nicht stets mit parlamentarischer Minderheit gleichzusetzen, wenngleich beides praktisch meistens parallel auftritt. Es sind aber unter Art. 63 Abs. 4 GG Konstellationen einer Minderheitenregierung denkbar, in denen die Opposition (als der nicht die Regierung tragende Parlamentsteil, s.a. Rn. 136 ff.) in der Mehrheit ist.

109 Da in einer Demokratie diese **Willensbildung von unten nach oben** verlaufen muss, kennt die Verfassung deutliche Grenzen für die **Öffentlichkeitsarbeit der Regierung** (s. dazu BVerfGE 44, 125 ff.; 63, 231 (243); *Kloepfer*, in: Isensee/Kirchhof, HbStR, 3. Aufl. 2005, § 42 Rn. 59, 64). Wahlkampf darf nicht durch staatliche Verfassungsorgane erfolgen, sondern muss von den Parteien ausgehen. Diese Parteien dürfen nicht vom Staat gesteuert sein. Deshalb ist die Möglichkeit einer staatlichen Parteienfinanzierung auch begrenzt (Rn. 143).

110 Obwohl Demokratie als Volksherrschaft verstanden wird, führt dies keineswegs zur Aufhebung von Herrschaft durch eine Identität von Herrschern und Beherrschten. Demokratie ist vielmehr die **Herrschaft einer Mehrheit über die Minderheit**, da das „Volk", welches Herrschaft ausübt, gerade keine homogene Gruppe ist, sondern sich typischerweise durch Individualität, Diversität und innergesellschaftliche Gruppierungen auszeichnet.

111 Das **Volk** i.S.v. Art 20 Abs. 2 GG ist das **deutsche Staatsvolk**, also alle **Deutschen nach Art. 116 GG**, d.h. die Gesamtheit der Staatsangehörigen und der Statusdeutschen (BVerfGE 83, 37 (Ls. 3) – Ausländerwahlrecht I). Der Gesetzgeber kann den Begriff der deutschen Staatsangehörigkeit definieren und somit den Kreis des Deutschen Volkes – in begrenzter Weise – erweitern oder verengen. **Ausländer** können an der Ausübung deutscher Staatsgewalt (z.B. durch die Teilnahme an Wahlen) nur teilhaben, soweit das Grundgesetz dies ausdrücklich zulässt (bspw. Art. 28 Abs. 1 S. 3 GG, s. dazu BVerfGE 83, 37 ff. – Ausländerwahlrecht I; 83, 60 ff. – Ausländerwahlrecht II; *Greve/Schärdel*, JuS 2009, 531 ff.). Deswegen haben Ausländer kein Wahlrecht zum Deutschen Bundestag.

112 Das Grundgesetz hat sich für eine **repräsentative mittelbare Demokratie** entschieden (BVerfGE 44, 308 (315 f.) – Beschlussfähigkeit; 56, 396 (405) – Agent; 80, 188 (217) – Wüppesahl; *Badura*, in: Isensee/Kirchhof, HbStR, 3. Aufl. 2004, § 25 Rn. 34 ff.). Danach übt das Volk die Staatsgewalt primär durch freie, allgemeine, unmittelbare, geheime und gleiche Wahlen (Personalentscheidungen, s. dazu Rn. 114 f.) aus, während im Übrigen die Staatsgewalt bei den Repräsentanten des Volkes (Abgeordnete, vom Parlament gewählte Regierung) liegt. Das Grundgesetz enthält aller-

dings auch Elemente direkter Demokratie: Ausnahmsweise übt das Volk die Staatsgewalt auch durch Volksabstimmungen (vgl. Art. 20 Abs. 2 S. 2 GG) und durch Entscheidungen zur Neugliederung des Bundes gemäß Art. 29 GG (Sachentscheidungen) aus (s.a. Rn. 335). Die Bundesländer öffnen sich dem Gedanken der direkten Demokratie stärker und zwar in Form von Volksinitiativen, Volksbegehren und Volksentscheiden (Rn. 336).

Sind die Wahlen erfolgt, wird in einer repräsentativen Demokratie die Staatsgewalt von „besonderen Organen" wie insbes. den Parlamenten ausgeübt, die diese Ausübung zum Teil an die Regierung vornehmlich in Form von Rechtsverordnungsermächtigungen weiter delegieren. Sie verbleibt aber zu einem substanziellen Teil bei den Volksvertretungen als unmittelbar demokratisch legitimierten Organen. Diese herausgehobene Macht des Parlaments wird u. a. deutlich durch den Vorbehalt und den Vorrang des Gesetzes (s. Rn. 152 ff.) und durch die Wesentlichkeitsrechtsprechung des Bundesverfassungsgerichts (s. Rn. 160, 323). 113

Alle Volksvertretungen sind **durch den Wahlakt unmittelbar demokratisch legitimiert** (vgl. BVerfGE 93, 37 (67 f.) – Mitbestimmungsgesetz; 107, 59 (87) – Lippeverband). Die Besetzung der anderen Staatsorgane (z.B. Regierung) muss sich nach klassischem Verständnis in einer ununterbrochenen (personellen) **demokratischen Legitimationskette** auf das Volk zurückführen lassen (Volk wählt Parlament, Parlament wählt Bundeskanzler, Bundeskanzler schlägt Bundesminister zur Ernennung vor). Entscheidungen müssen sich parallel dazu in einer entsprechend ununterbrochenen (sachlichen) Legitimationskette zurückführen lassen. Das Volk selbst wirkt also hier nur noch durch seine Repräsentanten, also nur noch mittelbar mit. 114

Seit langer Zeit sieht sich die **fast völlige Ausrichtung** des Grundgesetzes auf das Prinzip der repräsentativen, mittelbaren Demokratie **grundsätzlicher Kritik** ausgesetzt. Sie setzt vor allem an der faktischen politischen Distanz zwischen Wählern und Gewählten an. Die Gewählten, also vor allem die Abgeordneten, würden – so die Kritik – primär ihre eigenen Interessen und die ihrer Parteien vertreten, nicht aber die Interessen einer breiten Wählerschaft. Dies hat u.a. zu Forderungen nach einem (bisher wegen Art. 38 Abs. 1 S. 2 GG verfassungswidrigen) imperativen Mandat und nach einem **Ausbau der Elemente der direkten Demokratie**, insbes. nach umfassenderen Partizipationsmöglichkeiten (etwa bei großen Infrastrukturprojekten) geführt. Dies beinhaltet auch Forderungen nach der Ausweitung von Volksabstimmungen (s. dazu auch Rn. 335). 115

Volksabstimmungen (meist bestehend aus Volksbefragungen, Volksinitiativen und Volksentscheiden) kommen auf Bundesebene bisher nur eine ganz untergeordnete Bedeutung zu (insbes. bei Neugliederungen des Bundesgebietes nach Art. 29 GG, beachte dann aber die Sonderregelungen in Art. 118 und 118a GG). Andere Formen von Volksabstimmungen als diese verfassungsrechtlich vorgesehenen Abstimmungen sind auf Bundesebene **ohne Verfassungsänderung nicht zulässig** (*Hesse*, Grundzüge 116 des Verfassungsrechts, 20. Aufl. 1995, Rn. 27 ff.; *Stern*, Staatsrecht, Bd. I, 2. Aufl. 1984, S. 607; *Kloepfer*, Verfassungsrecht I, 2011, § 7 Rn. 185 ff.). Die Länder sind allerdings aufgrund ihrer Eigenstaatlichkeit befugt, weitere plebiszitäre Elemente in ihren Verfassungen zu verankern und haben auch weitgehend – und mit weiterhin steigender Tendenz – von dieser Möglichkeit Gebrauch gemacht (s. Rn. 336). Die Homogenitätsklausel nach Art. 28 Abs. 1 S. 1 GG (Rn. 51, 107) hemmt dies nicht.

117 Die **Legitimation der Repräsentanten** des Volkes (Abgeordnete) erfolgt periodisch in funktionell-institutioneller Form durch Wahlen. Diese Repräsentanten bestimmen dann den Bundeskanzler als Regierungschef und einzig direkt gewähltes Regierungsmitglied (Art. 63 GG). Dieser wiederum bestellt sein Kabinett (Art. 64 GG). Diese Abhängigkeit der Bundesregierung als Verfassungsorgan vom Bundestag zeigt sich deutlich in Art. 69 Abs. 2 GG (s. Rn. 254 ff., 263). Die weitere Bestellung von Amtswaltern (z.B. Staatssekretäre und leitende Beamte) erfolgt regelmäßig durch die Bundesminister mit Ernennung durch den Bundespräsidenten. Diese nachgeordnet gespendete Legitimation der einzelnen Amtswalter jenseits der Verfassungsorgane bleibt allerdings unabhängig vom Zusammentritt eines neuen Bundestags bestehen (Kontinuität des Beamtenapparats).

118 Demokratie ist ohne **demokratische Freiheiten** (z.B. Art. 5, 8, 9 Abs. 1, 17, 33 Abs. 1–3 oder 38 GG) nicht möglich. Dabei kommt der Meinungsfreiheit (Art. 5 Abs. 1 S. 1 HS. 1 GG), der Versammlungsfreiheit (Art. 8 GG) und vor allem der Presse- und Rundfunkfreiheit (Art. 5 Abs. 1 S. 2 GG) einschließlich der Handlungsfreiheit im Internet eine ausschlaggebende Bedeutung („**schlechthin konstituierend**") für die öffentliche Meinung als Lebenselement der Demokratie zu. Ein konstitutives Element der Demokratie ist die **Öffentlichkeit** und **Transparenz** des gesamten politischen Prozesses (vgl. z.B. Art. 42 Abs. 1 S. 1 oder 52 Abs. 3 S. 3 GG und das IFG). Reservate der Geheimhaltung prägen jedoch stark die Räume der eigentlichen politischen Entscheidungsfindung v. a. im Bundeskabinett und im Vermittlungsausschuss sowie teilweise auch in anderen Bundestagsausschüssen. Das Demokratieprinzip sowie die Gleichheit der Bundestagsabgeordneten vermögen dem teilweise Grenzen zu setzen (s. dazu zuletzt BVerfGE 130, 318 (342 ff.) – Sondergremium EFSF). Ob es ein **Grundrecht auf Demokratie** auf Grundlage von Art. 38 Abs. 1 S. 1 GG gibt (so BVerfGE 123, 267 (340 ff. – Vertrag von Lissabon; 134, 360 (380 f.) – OMT-Beschluss; BVerfG, Urteil vom 21. Juni 2016 – 2 BvR 2728/13 – OMT-Programm, Rn. 133), ist streitig, weil das allgemeine Demokratieprinzip nicht individuell zugeteilt ist (s. dazu auch *Mayer*, in: Morlok/Schliesky/Wiefelspütz, Parlamentsrecht, 2016, § 43 Rn. 265 ff.).

119 Das Demokratiegebot wird von einigen politischen Gruppen nicht nur als Staatsstrukturprinzip, sondern auch als **gesellschaftliches Prinzip** (z.B. „Demokratisierung" von Unternehmen) verstanden. Demokratiegebote im Privatbereich sind aber regelmäßig auch (rechtfertigungsbedürftige) Grundrechtseinschränkungen z.B. des Unternehmers. Das staatsgerichtete Demokratieprinzip zwingt nicht zu einer inner-

gesellschaftlichen „Demokratisierung" z.B. in Form einer Unternehmensmitbestimmung, verbietet diese aber auch grundsätzlich nicht (BVerfGE 50, 290 ff. – Mitbestimmung).

2. Mehrheiten

Dem Grundgesetz liegen (dort jedoch nicht ausdrücklich benannte) **verschiedene Mehrheitsbegriffe** zugrunde (s.a. *Kloepfer*, Verfassungsrecht I, 2011, § 7 Rn. 24 ff.). Zu unterscheiden sind die Begriffspaare relative und absolute Mehrheit sowie einfache und qualifizierte Mehrheit. Mit dem ersten Begriffspaar (**relative und absolute Mehrheit**) wird die jeweilige Bezugsgröße angegeben: anwesende Mitglieder des Entscheidungsgremiums (relativ) oder gesetzliche Mitgliederzahl (absolut). Für die Wahl des Bundeskanzlers ist die absolute Mehrheit erforderlich (Art. 63 Abs. 2 iVm Art. 121 GG, sog. Kanzlermehrheit). Im Bundestag beträgt die gesetzliche Mitgliederzahl nach § 1 Abs. 1 S. 1 BWahlG derzeit 598 Abgeordnete zuzüglich der Überhangmandate. Das zweite Begriffspaar (**einfache und qualifizierte Mehrheit**) bezieht sich auf das erforderliche **mathematische Quorum** (Anteil) mit dem Grundsatz der einfachen Mehrheit, d.h. des überwiegenden Anteils (= *mehr* als die Hälfte, s. z.B. Art. 42 Abs. 2 S. 1 GG). Qualifizierte Zwei-Drittel-Mehrheiten (= *mindestens* zwei Drittel) finden sich in Art. 42 Abs. 1 S. 2 HS. 2, 61 Abs. 1 S. 3 Var. 1, 77 Abs. 4 S. 2, 79 Abs. 2, 80a Abs. 1 S. 2 und 115a Abs. 1 S. 2 GG. Qualifizierte Mehrheiten sollen einen politischen Konsens von einem bestimmten Umfang sichern.

120

Ebenso kann auch ein qualifiziertes **Minderheitenquorum** ausreichen, um gewisse Rechte wahr zu nehmen. So genügt zum Teil ein Drittel in Art. 39 Abs. 3 S. 3 Var. 1 GG, ein Viertel in Art. 23 Abs. 1a S. 2, 44 Abs. 1 S. 1, 45a Abs. 2 S. 2, 61 Abs. 1 S. 2 Var. 1 und 93 Abs. 1 Nr. 2 Var. 3 GG sowie ein Zehntel in Art. 42 Abs. 1 S. 2 HS. 1 Var. 1 GG. Die Minderheitenquoren stellen im Wesentlichen die Mitwirkungsmöglichkeit der Opposition durch parlamentarische Kontrolle ohne Mitgliedermehrheit sicher.

121

Die Begriffspaare relativ/absolut und einfach/qualifiziert können auch mit den Kriterien gesetzliche Mitgliederzahl bzw. abgegebene Stimmen **kombiniert** werden. Eine besondere Form der Kombination ist das **doppelte Quorum** wie in Art. 77 Abs. 4 S. 2 letzter Hs. GG – sie ist keine absolute (und) qualifizierte Mehrheit, sondern eine qualifizierte (aber) relative, die zugleich auch eine absolute (aber) einfache Mehrheit sein muss. Die Anforderungen sind daher etwas geringer.

122

Die **Wirkungen von Enthaltungen** bestimmen sich nach dem Begriffspaar relativ/absolut. Bei der absoluten Mehrheit der Mitglieder des Bundestags (sog. Kanzlermehrheit gemäß Art. 63 Abs. 2 S. 1 GG, so aber auch in der Bundesversammlung bei Art. 54 Abs. 6 S. 1 GG) wirken Stimmenthaltungen wie Nein-Stimmen. Bei relativen Mehrheiten fallen Enthaltungen heraus und wirken damit nicht bzw. sind neutral.

123

3. Wahlen

124 Die Wahlrechtsgrundsätze werden durch die Verfassung bestimmt (und vom Gesetzgeber insbes. durch das BWahlG konkretisiert und abgesichert). Wahlen müssen **allgemein, unmittelbar, frei, gleich** und **geheim** (geschrieben in Art. 38 Abs. 1 GG, Art. 28 Abs. 1 S. 2 GG; § 1 Abs. 1 S. 2 BWahlG) sowie **öffentlich** sein (ungeschrieben nach BVerfGE 123, 39 (68 ff.) – Wahlcomputer) und **periodisch** stattfinden. Wahlrechtsgrundsätze sind objektives Recht, enthalten aber auch zugunsten von Deutschen subjektive, grundrechts*gleiche* Rechte, die mit der Verfassungsbeschwerde geltend gemacht werden können (Art. 93 Abs. 1 Nr. 4a GG nennt Art. 38 GG). Über die Anknüpfung an Art. 38 Abs. 1 S. 1 GG hat das Bundesverfassungsgericht entschieden, dass das Demokratieprinzip insgesamt als „verfassungsbeschwerdefähig" (Recht auf Demokratie, s. o. Rn. 118) angesehen werden muss (s. dazu unten Rn. 151).

125 Der **Anwendungsbereich** des Art. 38 Abs. 1 GG erstreckt sich auf Wahlen zu allen Volksvertretungen und für politische Abstimmungen (BVerfGE 13, 54 (91 f.); 47, 253 (276 f.); 52, 222 (234)), auch für Wahlen zum Europäischen Parlament (vgl. BVerfGE 129, 300 (316 ff.) – Sperrklausel im EuWG; 135, 259 (280 ff.) – 3%-Sperrklausel im EuWG). Daneben gelten die Wahlrechtsgrundsätze auch für andere öffentlich-rechtliche Wahlen (BVerfGE 60, 162 (169) – Personalvertretung; 71, 81 (94 f.) – Arbeitnehmerkammer; Wahlen zu Studierendenvertretungen).

126 **Allgemeinheit** der Wahl (§ 12 BWahlG) bedeutet, dass das aktive (wählen) sowie passive (gewählt werden) Wahlrecht grundsätzlich allen Deutschen zustehen muss (vgl. BVerfGE 15, 165 (166) – Vorauswahl; 36, 139 (151) – Wahlrecht Auslandsdeutscher; 124, 1 (22) – Nachwahl). Es normiert damit einen Spezialfall des Diskriminierungsverbots. Der Grundsatz der Allgemeinheit der Wahl gilt nicht absolut, sondern kann aus Gründen der geistigen Gesundheit bzw. zum Schutz anderer Rechtsgüter mit Verfassungsrang eingeschränkt (vgl. die Regelungen § 12, 13, 15 BWahlG) werden (BVerfGE 36, 139 (141) – Wahlrecht Auslandsdeutscher; 42, 312 (341) – Inkompatibilität kirchliches Amt; 67, 146 (148)). Bereits die Verfassung beschränkt das aktive Wahlrecht auf Deutsche, die das 18. Lebensjahr vollendet haben und knüpft das passive an die einfachgesetzlich zu bestimmende Volljährigkeit (Art. 38 Abs. 2 S. 1 GG). Das passive Wahlrecht z.B. zum Bundespräsidenten als Staatsoberhaupt wird zudem in Art. 54 Abs. 1 S. 2 GG (u.a. durch Mindestalter) eingeschränkt.

127 Der Grundsatz der **Gleichheit der Wahl** (die *égalité* der Bürger) ist weitaus schärfer als der allgemeine Gleichheitssatz (Art. 3 Abs. 1 GG, s. Rn. 570 ff.) und verlangt die gleiche Behandlung der Stimmen auf Ebene des Zählwertes einerseits und des Erfolgswertes andererseits: Jedermann muss sein Wahlrecht in rechnerisch und formal möglichst gleicher Weise ausüben können. Differenzierungen im **Zählwert** der Stimmen wie in Fällen des Klassen- oder Zensuswahlrechts sind deshalb schlechthin unzulässig. Differenzierungen des **Erfolgswertes** sind hingegen in engen Grenzen zulässig, soweit zwingende Gründe (z.B. Praktikabilität von Wahlen, Funktionsfähigkeit des zu wählenden Parlaments) es gebieten. Verfassungsrechtlich bedeutsame zwingende Gründe sind oft die Notwendigkeit der Gewährleistung der Handlungsfähigkeit des Parlaments und der Bundesregierung sowie das Bedürfnis der Wahrung der politischen Chancengleichheit. Über den Erfolgswert einer Stimme entscheidet vor allem das dem Wahlrecht zugrundeliegende Wahlsystem (jeweilige Prinzipien der Mehrheitswahl und Verhältniswahl). Bei einem reinen Mehrheitswahlrecht hätten die Stimmen der Wahlverlierer rechtlich keine Bedeutung.

Die **mathematische Berechnung** des Wahlergebnisses zu ganzen Parlamentssitzen, welche eine Beeinträchtigung der Erfolgswertgleichheit bewirken kann, erfolgte zunächst durch das Höchstzahlverfahren nach *d'Hondt* und wurde 1970 durch das Proportionsverfahren nach *Hare/Niemeyer* ersetzt. Heute gilt das Verfahren nach *Sainte Laguë/Schepers*. Bisher ist kein Berechnungsverfahren als per se verfassungswidrig oder als verfassungsgemäß erklärt worden (s. dazu *Kloepfer*, Verfassungsrecht I, 2011, § 7 Rn. 165 ff.)

128

Sperrklauseln („5%-Hürde") sind nach Ansicht des BVerfG grundsätzlich mit dem Erfordernis der Gleichheit der Wahl vereinbar, weil sie die Bildung einer tragfähigen Regierungsmehrheit im Bundestag begünstigen und so die Funktionsfähigkeit des Bundestages und die Wahl einer Bundesregierung gewährleisten (vgl. BVerfGE 1, 208 (248) – 7,5%-Sperrklausel; 51, 222 (237) – 5%-Klausel; 82, 322 (338) – Gesamtdeutsche Wahl; 95, 408 (419 ff.) – Grundmandatsklausel; 120, 82 (111) – Sperrklausel Kommunalwahlen; BVerfGE 129, 300 (316 ff.) – Sperrklausel im EuWG; 135, 259 (280 ff.) – 3%-Sperrklausel im EuWG). Weil das Europäische Parlament keine Befugnisse zur Wahl einer echten europäischen Regierung hat und im europäischen Parlament bisweilen ohnehin über 150 Parteien vertreten sind, besteht nach – zweifelhafter – Ansicht des BVerfG kein Bedürfnis für eine 5%-Klausel im Recht bzgl. der Wahl zum Europäischen Parlament (BVerfGE 129, 300 (324 ff.)ff.) – Sperrklausel im EuWG und auch kein Bedürfnis für eine 3%-Klausel (BVerfGE 135, 259 (280 ff.) – 3%-Sperrklausel im EuWG). Die die Erfolgswertgleichheit ebenfalls beeinträchtigende **Grundmandatsklausel** des § 6 Abs. 3 S. 1 BWG (drei Direktmandate befreien von der 5%-Klausel, vgl. § 6 Abs. 3 S. 1 BWG) rechtfertigt das BVerfG mit dem Gedanken der effektiven Integration des Staatsvolkes (s. BVerfGE 95, 408 (420 ff.)). Mit derselben Begründung hält das BVerfG **Überhangmandate** grundsätzlich für verfassungsmäßig (BVerfGE 7, 63 (74 f.); 79, 169 (171); 120, 82 (111)). Für verfassungswidrig hält das Gericht aber Regelungen, die es ermöglichen, dass ein Zuwachs an Zweitstimmen zu einem Verlust an Sitzen der Landeslisten oder ein Verlust an Zweitstimmen zu einem Zuwachs an Sitzen der Landeslisten führen (sog. **negatives Stimmgewicht**, s. dazu BVerfGE 121, 266 (303 ff.) – Landeslisten; 131, 316 (334 ff.) – negatives Stimmengewicht), d.h. wenn sich eine Stimmabgabe für eine Partei im Ergebnis zu ihren Lasten auswirkt.

129

130 **Unmittelbar** ist eine Wahl nur dann, wenn die Abgeordneten durch die Stimmabgabe der Wähler selbst **ohne zwischengeschalteten Willensakt** eines anderen – wie z.B. bei Wahlmännergremien – bestimmt werden. Maßgeblich ist insoweit, dass keine fremde Willensentscheidung – außer der des Bewerbers – zwischen den Wahlakt und dem Wahlergebnis stattfindet (BVerfGE 7, 77 ff.). Wahlmänner sind daher unzulässig (BVerfGE 3, 45 (49); 47, 253 (279)) und alle Kandidaten auf Listenplätzen sowie nachrückende Stellvertreter müssen *vor* dem Wahlakt bestimmt sein (vgl. BVerfGE 3, 45 (49); 95, 335 (350); 97, 317 (324 ff.)).

131 Die **Freiheit** der Wahl ist nur gegeben, wenn es eine freie Auswahl zwischen verschiedenen Parteien oder Kandidaten (keine Einheitsliste von Parteien) gibt und jeder unmittelbare oder auch nur mittelbare Zwang oder Druck auf die **Entscheidungsfreiheit** des Wählers unterbleibt (BVerfGE 40, 11 (41); 44, 125 (139); 47, 253 (283 f.); 66, 369 (380); 95, 335 (350)). Sie betrifft nicht nur das *Wie*, sondern auch das *Ob* der Wahl (keine Wahlpflicht). Darüber hinaus erfordert die Freiheit der Wahl auch, dass die Wähler ihr Urteil in einem freien, offenen Prozess der Meinungsbildung gewinnen und fällen können. Die Wahlfreiheit enthält auch Schutzpflichten gegenüber Beeinträchtigungen durch Dritte (z.B. gegenüber Nötigungen oder subliminalen Beeinflussungen). Unterhalb der Schwelle der Ausübung von Druck oder Zwang, sind Private – dazu gehören auch die Religionsgemeinschaften, wenn sie nicht als Körperschaft des öffentlichen Rechts organisiert sind – in ihren Beeinflussungen frei (BVerfGE 103, 111 (132 f.) – Wahlprüfung Hessen). Arbeitgeberverbände und Gewerkschaften dürfen etwa bestimmte Wahlempfehlungen geben (BVerfGE 42, 133 (139)). Unzulässig ist dagegen z.B. die Drohung mit Kündigung durch den Arbeitgeber.

132 Die Freiheit der Wahl von Zwang oder Druck setzt notwendigerweise auch ihre **Geheimheit** (§ 33 BWahlG) voraus. Dieser Grundsatz schützt vor der Offenbarung, wie (und ob) jemand wählt, gewählt hat oder wählen will. Beschränkungen sind nur aus Gründen ordnungsgemäßer Wahldurchführung zulässig. Voraussetzung ist dabei stets, dass hinreichende Sicherungen gegen unbefugte Offenbarungen vorgenommen werden. Dies muss etwa bei der **Briefwahl** (vgl. BVerfGE 21, 200 (204 ff.)) oder bei der Überprüfung der Wahlvorschläge (BVerfGE 3, 19 (31); 12, 33 (35)) berücksichtigt werden.

133 Der ungeschriebene **Grundsatz der Öffentlichkeit der Wahl** aus Art. 38 i.V.m. Art. 20 Abs. 1 u. 2 GG gebietet, dass alle wesentlichen Schritte der Wahl **öffentlicher Überprüfbarkeit** unterliegen, soweit nicht andere verfassungsrechtliche Belange eine Ausnahme rechtfertigen (BVerfGE 123, 39 (68 ff.) – Wahlcomputer).

134 Art. 39 Abs. 1 S. 1, 69 Abs. 2 GG lässt sich schließlich auch der Wahlrechtsgrundsatz der **Periodizität** entnehmen (s. dazu auch *Kloepfer*, Verfassungsrecht I, 2011, § 7 Rn. 145 ff.). Demokratische Herrschaft ist (nur) **Herrschaft auf Zeit**. Die periodisch stattfindende Wahl soll sicherstellen, dass die Abgeordneten dem Volk verantwort-

lich bleiben. Der Vorrang des späteren Gesetzes gegenüber dem früheren Gesetz (Posterioritätsgrundsatz) gewährleistet, dass eine neue politische Mehrheit Rechtsänderungen für die Zukunft vornehmen kann. Ungeachtet der politischen Vorteile einer Herrschaft auf Zeit können die Periodizität und die damit verbundene Fixierung der Politiker auf die jeweils anstehende nächste Wahl hinderlich für die Wahrnehmung von Langzeitverantwortung, d.h. für die Nachhaltigkeit von Politik sein.

Das Grundgesetz schreibt kein bestimmtes **Wahlsystem** vor, sondern erlaubt sowohl eine Verhältniswahl (BVerfGE 1, 208 (248) – 7,5%-Sperrklausel; 95, 335 (352) – Überhangmandate II) als auch eine Mehrheitswahl (BVerfGE 6, 84 (90) – Sperrklausel) sowie eine Kombination der beiden Wahlsysteme (BVerfGE 97, 317 (323) – Überhang-Nachrücker). In Deutschland kommt bei Bundestagswahlen ein **personalisiertes Verhältniswahlsystem** zur Anwendung; dabei gilt der Grundsatz der Verhältniswahl (Zweitstimme), der mit Elementen der Mehrheitswahl (Erststimme) kombiniert wird. 135

4. Schutz der Opposition

Nach bundesdeutschem Verfassungsrecht ist die Opposition **kein eigenständiges Staatsorgan**, aber auch **kein verselbstständigter Organteil** des Bundestages (bzw. der Landtage). Einen **ausdrücklichen Schutz der parlamentarischen Opposition** sieht das Grundgesetz (s. dazu eingehend *Ingold*, Das Recht der Oppositionen, 2015, S. 170 ff.) im Gegensatz zu ausländischen Verfassungen und den meisten Landesverfassungen ebenfalls nicht vor. In Letzteren findet sich mit Ausnahme von Baden-Württemberg, Hessen, Nordrhein-Westfalen und dem Saarland jeweils eine Schutzbestimmung zugunsten der Opposition in Art. 16a LV-Bay, Art. 38 Abs. 3 LV-Ber, Art. 55 Abs. 2 LV-Bbg, Art. 78 LV-Bre, Art. 24 LV-Hbg, Art. 26 LV-MV, Art. 19 Abs. 2 LV-Nds, Art. 85b LV-RP, Art. 40 LV-Sac, Art. 48 LV-LSA, Art. 12 LV-SH sowie Art. 59 LV-Thür. Zwar enthält das Grundgesetz den konkretisierten allgemeinen verfassungsrechtlichen **Grundsatz effektiver Opposition**, hieraus lässt sich nach Auffassung des Bundesverfassungsgerichts aber nicht die Begründung spezifischer Oppositionsrechte ableiten (BVerfG, Urteil vom 3. Mai 2016 – 2 BvE 4/14, Ls. 1 u. 2). Überdies würde der Einführung spezifischer **Oppositionsfraktionsrechte** gegen die Gleichheit der Abgeordneten nach Art. 38 Abs. 1 S. 2 GG (BVerfG, Urteil vom 3. Mai 2016 – 2 BvE 4/14, Ls. 3) verstoßen. 136

Das demokratische System lebt unterdessen maßgeblich auch von der **Minderheitenchance** der Opposition, d.h. der Möglichkeit, dass die Opposition nach künftigen Wahlen einmal die Regierungsmehrheit stellt (s.a. Rn. 108). Minderheiten, insbes. parlamentarische, werden speziell durch **Minderheitenquoren** bei bestimmten Entscheidungen geschützt. So verfügen sie über besondere Untersuchungsrechte (Art. 44 Abs. 1 S. 1 GG; siehe etwa zum verfassungsrechtlichen Informationsanspruch BVerfGE 124, 78 ff. – BND-Untersuchungsausschuss; dazu auch *Papier/Krönke*, Öffentliches Recht 1, 2. Aufl. 2015, Rn. 354 ff.) wie auch Frage- und Intepellations- 137 recht und prozessuale Befugnisse (Art. 93 Abs. 1 Nr. 1 GG) zur Durchsetzung ihrer Rechte. In allgemeiner Hinsicht dient der Grundsatz der Öffentlichkeit gerade auch den politischen Minderheiten. Minderheitenrechte werden so maßgeblich (aber nicht zwingend) zu Oppositionsrechten.

138 Beachtenswert ist, dass eine parlamentarische Opposition in einem (gleichwohl demokratischen) sog. **Konkordanzdemokratiesystem** (wie z.B. der Schweiz) nicht zwingend existieren muss. Regierungsverantwortung tragen dabei – im Gegensatz zum Konkurrenzdemokratiesystem in Deutschland – alle bedeutsamen im Parlament vertretenen Parteien gemeinsam durch eine gleichzeitige Beteiligung an der Regierung (in der Schweiz: Bundesratsmitglieder). In Deutschland mit seinem seit langem geltenden Konkurrenzsystem ist die Opposition aber unverzichtbar. Gleichwohl sind auch hier in Notzeiten All-Parteien-Regierungen vorstellbar. Zwar besteht auch in Zeiten Großer Koalitionen verfassungsrechtlich keine Verpflichtung, Oppositionsrechte im Sinne des Minderheitenschutzes auszubauen, dennoch kann aus verfassungspolitischen Erwägungen eine solche Notwendigkeit bestehen (vgl. *Kloepfer*, FAZ. v. 1.11.2013, S. 7; *Hölscheidt*, ZG 2015, 246 ff.).

5. Parteiendemokratie

139 Die **politischen Parteien wirken bei der Willensbildung** des Volkes **mit** (Art. 21 Abs. 2 S. 1 GG). Sie sind mit dieser Zielrichtung einerseits frei gebildete, auf Dauer gerichtete und im gesellschaftlich-politischen Bereich wurzelnde Gruppen (zum Begriff s. sogleich auch Rn. 140); andererseits werden sie nicht in den systematischen Bereich der Grundrechte, sondern in den der Staatsorganisation gestellt, obwohl sie keine Staatsorgane sind. Das BVerfG hat die Parteien in den Rang einer **verfassungsrechtlichen Institution** erhoben, die ihre Rechte aus dem Grundgesetz als eine solche verfassungsrechtliche Institution im Organstreitverfahren vor dem BVerfG (Art. 93 Abs. 1 Nr. 1 GG) geltend machen können (BVerfGE 4, 27 (30) – Politische Parteien im Organstreit; 85, 264 (284) – Parteienfinanzierung). Das Parteiengesetz beruht als verfassungskonkretisierendes Gesetz auf Art. 21 Abs. 3 GG. Rechte einer Partei, die nicht auf Art. 21 GG beruhen – z.B. Eigentum an Parteigebäuden –, sind hingegen nur auf anderen Wegen rügefähig (BVerfGE 7, 99 (103); 69, 257 (266)). Letztlich agieren die Parteien in einem Übergangsbereich zwischen Staat und Gesellschaft.

140 Art. 21 GG definiert den **Parteibegriff** nicht, knüpft aber sowohl bestimmte Rechte und Privilegien als auch Verpflichtungen an die Parteieigenschaft. Deshalb ist der Begriff der politischen Partei gegenüber anderen Organisationsformen abzugrenzen. Die einfachgesetzliche **Legaldefinition in § 2 Abs. 1 S. 1 PartG** stellt nicht nur auf den politischen Willen, sondern auf die Dauerhaftigkeit und Zielsetzung ab. Nach dieser verfassungskonformen (BVerfGE 24, 260 (263); 79, 379 (384); 89, 266 (270)), wenn auch nicht zwingend verfassungsgebotenen Legaldefinition sind ad hoc gegründete Wählervereinigungen oder Bürgerinitiativen folglich keine politischen Parteien gemäß Art. 21 GG.

Das **Gebot der demokratischen Binnenstruktur** in Art. 21 Abs. 1 S. 3 GG ist Ausdruck der Anerkennung der Parteien als Institutionen des Verfassungslebens. Ausprägungen der demokratischen Struktur von Parteien sind insbes. die Willensbildung von unten nach oben, das Verbot des Führerprinzips, das Recht der Mitglieder auf Mitwirkung und die freie Meinungsäußerung innerhalb einer Partei sowie schließlich auch das Recht auf eine innerparteiliche Opposition (s. dazu *Kloepfer*, Verfassungsrecht I, 2011, § 7 Rn. 247 ff.). Die innere Parteienfreiheit ist eine Vorfeldsicherung der Demokratie durch eine entsprechende Strukturvorgabe für die Parteien. Auch die bundesstaatliche Aufteilung findet sich in den Parteien wieder. Sie gliedert die Parteien in von einander grundsätzlich nicht abhängige Landes- und Bundesverbände.

141

Zu den ausdrücklich von der Verfassung eingeräumten Rechten der Parteien gehört – wie bei den Vereinigungen nach Art. 9 Abs. 1 GG – ihre **Gründungsfreiheit** (Art. 21 Abs. 1 S. 2 GG, s. dazu Rn. 621 ff.). Ebenfalls verfassungsrechtlich geschützt wird auch die **Betätigungsfreiheit** der Parteien nicht nur bei der Wahlkampfführung. Schließlich lässt sich dem Art. 21 GG das Erfordernis der **Chancengleichheit** politischer Parteien entnehmen, z.B. bei der Zuteilung von Wahlsendungszeiten im öffentlich-rechtlichen Rundfunk (s. dazu BVerfGE 14, 121 ff –Wahlsendezeit FDP; 47, 198 (225) – Wahlwerbespot). Modifikationen des Grundsatzes der Chancengleichheit sind nicht per se unzulässig, bedürfen aber hinreichend gewichtiger Gründe. Insbes. darf die Öffentlichkeitsarbeit der Regierung oder einzelner Regierungsmitglieder – die als Verfassungsorgan trotz personeller Verflechtung strikt von der Partei zu trennen ist – nicht die Chancengleichheit der politischen Parteien verletzen (BVerfGE 44, 125 ff. – Öffentlichkeitsarbeit der Bundesregierung).

142

Der doppelten Natur der politischen Parteien als gesellschaftliche wie auf die Staatsorganisation bezogene Verbände entspricht die **duale Parteienfinanzierung**: Sollen die Parteien nicht in Abhängigkeit vom Staat geraten, müssen sie sich zunächst in erster Linie **aus eigenen Mitteln** finanzieren. Auf der anderen Seite nehmen sie staatliche Aufgaben wahr, was nach h. M. zumindest eine teilweise **staatliche Finanzierung** rechtfertigen soll. Diese Finanzierung erfolgt einmal als unmittelbare Finanzierung in Form von Zuwendungen und als mittelbare Finanzierung v. a. in Form von steuerlichen Vergünstigungen für Beiträge und Spenden. Die Parteienfinanzierung ist Gegenstand einer ausgedehnten und in sich nicht widerspruchsfreien Rechtsprechung des BVerfG (vgl. z.B. BVerfGE 8, 51 ff.; 20, 56 ff.; 85, 264 ff.) und detaillierter gesetzlicher Regelungen (§§ 18 ff. PartG). Die Mittelverwendung sowie die Mittelherkunft unterliegen einem finanziellen **Transparenzgebot**, das die Parteien der öffentlichen Kontrolle v. a. durch den Bundestagspräsidenten unterwirft (s. dazu *Kloepfer*, Verfassungsrecht I, 2011, § 7 Rn. 270 ff.). Sowohl Einflüsse von außen als auch von innen sollen damit aufgedeckt werden können.

143

Politische Parteien genießen gegenüber anderen Formen politischer Zusammenschlüsse zahlreiche **Privilegien** (*Kloepfer*, Verfassungsrecht I, 2011, § 7 Rn. 276 ff.).

144

Dazu gehört insbes., dass sie nur vom Bundesverfassungsgericht und nur unter den von Art. 21 Abs. 2 GG genannten Voraussetzungen verboten werden können (= Parteienprivileg i.e.S.). Dafür sind zudem nach § 15 Abs. 4 S. 1 BVerfGG Zwei-Drittel-Mehrheits-Entscheidungen beim Bundesverfassungsgericht nötig (also 6 von 8 Richtern eines Senats).

145 Bislang hat das Bundesverfassungsgericht lediglich zwei **Parteiverbote** ausgesprochen: einmal 1953 gegen die Sozialistische Reichspartei (SRP, s. BVerfGE 2, 1 ff.) und ein weiteres Mal 1956 gegen die Kommunistische Partei Deutschlands (KPD, s. BVerfGE 5, 85 ff.). Ein Verbotsverfahren gegen die NPD scheiterte 2003, weil V-Leute des Verfassungsschutzes im Vorstand der Partei tätig waren (vgl. BVerfGE 107, 339 ff.). Derzeit läuft allerdings auf Antrag des Bundesrates ein erneutes Verbotsverfahren gegen die NPD. Das Bundesverfassungsgericht hat bei seiner Maßstabsbildung für die Voraussetzungen eines Parteiverbots die einschlägige Rechtsprechung des EGMR zu beachten. Nach der Rechtsprechung des EGMR greift ein Parteiverbot in Art. 10 u. 11 EMRK ein und ist grundsätzlich dann gerechtfertigt, wenn hierfür ein dringendes soziales Bedürfnis besteht und im Rahmen der Abwägung die Gründe für ein Verbot überwiegen (vgl. dazu *Wolter*, EuGRZ 2016, 92 ff.; *Shirvani*, JZ 2014, 1074 ff.).

146 Die Realität des Verfassungslebens in Deutschland ist durch eine dominante **Stellung der politischen Parteien** bei der politischen Willensbildung gekennzeichnet. Parteilose Spitzenpolitiker sind im Bund nahezu gar nicht und in den Ländern eher selten vertreten. Eine gewisse Rolle spielen parteiungebundene Funktionsträger aber v. a. auf kommunaler Ebene, da dort lokale Interessen oft durch einzelne Personen oder kleine Parteien (Rathausparteien) vertreten werden können.

147 Aus der Bundesrepublik Deutschland ist ein **Parteienstaat** (aber kein *Ein*parteienstaat) geworden, der die Begrenzung der politischen Parteien nach Art. 21 Abs. 1 S. 1 GG auf bloße *Mitwirkungs*befugnisse bei der politischen Willensbildung des Volkes missachtet. Dieser dominante Parteieneinfluss kontrastiert mit dem zurückgehenden Rückhalt der Parteien in der Bevölkerung und hat die traditionellen demokratischen und bundesstaatlichen Verfassungsstrukturen stark verändert (s. dazu auch *Kloepfer*, Verfassungsrecht I, 2011, § 7 Rn. 326 ff.).

148 Das unverbundene Nebeneinander der Parteiengarantie in Art. 21 GG und der institutionellen Strukturen einer repräsentativen Demokratie (insbes. Art. 38 Abs. 1 S. 2 GG) gehört zu den prinzipiellen Strukturproblemen des Grundgesetzes. Der starke Einfluss der politischen Parteien schwächt insbes. das Prinzip der parlamentarischen Verantwortung der Regierung, weil in der politischen Realität häufig der Machtblock Regierung und Regierungsfraktionen der Opposition gegenübersteht. Auch der Bundestaat ist durch das Wirken der politischen Parteien (Parteienbundesstaat, s.o. Rn. 59) verändert worden.

Die bei allen Parteien verbreitete **Ämterpatronage** im öffentlichen Dienst ist evident verfassungs- und rechtswidrig. Ihr kann faktisch aus Beweisgründen oft nur schwer begegnet werden. Das – selbst maßgeblich von der Parteienpatronage (Rn. 297) geprägte – BVerfG ist dem bisher nicht wirksam entgegengetreten. Entsprechend kritisch muss auch der Einfluss der Parteien auf den öffentlich-rechtlichen Rundfunk gesehen werden (vgl. dazu BVerfGE 136, 9 (30 ff.) – ZDF-Staatsvertrag).

149

6. Demokratiesicherung

Das Grundgesetz bekennt sich wegen der Erfahrungen der inneren Zerstörung der Weimarer Republik zum Konzept der „**wehrhaften Demokratie**", d.h. zum (freilich faktisch sehr stark relativierten) Grundsatz: „Keine Freiheit den Feinden der Freiheit." Es geht um Demokratiesicherung durch Demokratielimitierung. Sicherungsobjekt ist die freiheitlich demokratische Grundordnung (s. dazu BVerfGE 2, 1 (12)). Zur Bekämpfung verfassungsfeindlicher Aktivitäten kennt die Verfassung daher die Möglichkeit der **Grundrechtsverwirkung** (Art. 18 GG), des **Parteiverbots** (Art. 21 Abs. 2 GG) sowie einschlägige **Grundrechtsbegrenzungen** (z.B. Art. 5 Abs. 3 S. 2, 9 Abs. 2 GG) und das **Widerstandsrecht** (Art. 20 Abs. 4 GG, s. dazu Rn. 685 f.)). Der „Extremistenbeschluss" zu den sog. Verfassungsfeinden im öffentlichen Dienst (BVerfGE 34, 339 ff.) war u.a. der – in sich aber nicht konsequente – Versuch, Angehörige verfassungsfeindlicher Parteien vom öffentlichen Dienst fernzuhalten, ohne die bereits betroffene Parteien selbst zu verbieten.

150

Die Demokratiesicherung erfolgt nicht nur durch die Instrumente der wehrhaften Demokratie, sondern auch durch eine kritische Öffentlichkeit und maßgeblich auch **durch die Rechtsprechung des Bundesverfassungsgerichts**. Gemeint sind hier weniger die – ebenfalls bedeutsamen – Judikate zu demokratierelevanten Freiheitsrechten wie Art. 5, 8, 9, 17 GG als vielmehr die Entscheidungen des Bundesverfassungsgerichts zu Art. 38 Abs. 1 GG. Da das Bundesverfassungsgericht zahlreiche Gehalte des nur objektiv wirkenden Demokratieprinzips nicht nur in Art. 20 Abs. 1, 2 GG, sondern auch in Art. 38 Abs. 1 GG verankert sieht, ist das Demokratieprinzip zu weiten Teilen „verfassungsbeschwerdefähig" geworden (s. dazu *Tomuschat*, EuGRZ 1993, 489 (490); *Bethge*, in: Maunz/Schmidt-Bleibtreu/Klein/ders., BVerfGG, § 90 Rn. 45). Die diesbezügliche Rechtsprechung des Bundesverfassungsgerichts hat insbes. dazu geführt, dass im Bereich der europäischen Integration in Verfassungsbeschwerdeverfahren gerügt werden konnte, dass z.B. der Vertrag von Lissabon oder die Beteiligung Deutschlands an der Europäischen Finanzstabilisierungsfazilität (EFSF) gegen das Demokratieprinzip verstoße (vgl. BVerfGE 123, 267 (329 ff.) – Vertrag von Lissabon; BVerfGE 129, 124 (167 ff.) – Euro-Rettungsschirm; 134, 360 (380 f.) – OMT-Beschluss; BVerfG, Urteil vom 21. Juni 2016 – 2 BvR 2728/13 – OMT-Programm, Rn. 133 s.a. schon BVerfGE 89, 155 (171) – Maastricht). Systematisch ist ein solches subjektives **Recht auf Demokratie** höchst problematisch, da die Abgrenzung zur Popularklage zusehends verwischt. Die Geltendmachung einer Verletzung

151

des Demokratieprinzips ist auch im Rahmen des durch einzelne Abgeordnete betriebenen Organstreitverfahrens möglich, weil Bundestagsabgeordnete mit diesem Verfahren die Verletzung von Art. 38 Abs. 1 S. 2 GG geltend machen können (vgl. etwa BVerfGE 130, 318 (329) – Sondergremium EFSF; s.a. unten Rn. 378).

IV. Rechtsstaat

1. Gesetzmäßigkeitsprinzip

152 Der Rechtsstaat (Art. 28 Abs. 1 S. 1 und 20 Abs. 3 GG) ist formal geprägt durch die Bindung der Staatsgewalt an die Gesetze (**formaler Rechtsstaat**) und materiell durch den Auftrag zur Verwirklichung materieller Gerechtigkeit (**materieller Rechtsstaat**, s. dazu *Kloepfer*, Verfassungsrecht I, 2011, § 10 Rn. 269 ff.). Rechtssicherheit einerseits und materielle Gerechtigkeit andererseits sowie die Verwirklichung von Grundrechten sind die zentralen Anliegen des Rechtsstaats. Er gewährleistet maßgeblich – insoweit in einer gewissen Spannung zur Demokratie – gerade einer Minderheit (öfter auch sogar einem Einzelnen) den Schutz vor der (demokratisch legitimierten) bestimmenden Mehrheit (s. dazu Rn. 108, 134).

153 Art. 20 Abs. 3 GG verankert die **Gesetzesbindung der Exekutive und der Judikative**. Die Bindung an die Entscheidungen des Parlaments, die **Legalität**, wird so zum politischen Steuerungsmittel. Die Rechtsprechung ist an formelle nachkonstitutionelle (nach Inkrafttreten des Grundgesetzes – 23. Mai 1949 – geschaffene) Gesetze gebunden. Sie darf die Verfassungswidrigkeit nachkonstitutioneller formeller Gesetze nicht selbst feststellen, sondern muss formelle nachkonstitutionelle Gesetze nach Art. 100 Abs. 1 GG dem Bundesverfassungsgericht vorlegen, wenn das in laufenden Gerichtsverfahren notwendig ist (s. Rn. 389 ff.). Die Gesetzesbindung der Verwaltung wird traditionell als ein Bestandteil des Grundsatzes der Gesetzmäßigkeit der Verwaltung verstanden, zu dem der Vorrang des Gesetzes einerseits und der Vorbehalt des Gesetzes andererseits zählen.

154 Nach dem Grundsatz vom **Vorrang des Gesetzes** (s.a. BVerfGE 40, 237 (248 f.) – Justizverwaltungsakt) darf die Verwaltung bei ihrem Handeln nicht geltendes Recht verletzen (**kein Handeln gegen das Gesetz**). Bei Zweifeln an der Verfassungsmäßigkeit eines nachkonstitutionellen Gesetzes darf die Verwaltung das Gesetz nicht verwerfen. Diese Gesetzesbindung in Form des Vorrangs und Vorbehalts des Gesetzes ist ein notwendiger Bestandteil der mittelbaren demokratischen Legitimation der Verwaltung und begründet neben der personellen Legitimationskette die zweite, **sachliche Legitimationskette** (s. Rn. 114).

155 Die Gesetzesbindung schließt aber **Ermessensvorschriften** für die Verwaltung (§ 40 VwVfG oder § 114 VwGO) und **unbestimmte Rechtsbegriffe** keinesfalls aus (BVerfGE 8, 274 (326) – Preisgesetz; 49, 89 ff. – Kalkar I; 54. 143 (144 f.) – Taubenfütterungsverbot; s. *Kloepfer*, Verfassungsrecht I, 2011, § 10 Rn. 109 f.), obwohl das Ermessen grundsätzlich entgegengesetzte Entscheidungen – z.B. Erteilung oder

Verweigerung eines Dispenses – erlaubt. Auch **Beurteilungsspielräume** können unter dem Prinzip der Gesetzmäßigkeit der Verwaltung gewährt werden. Gesetzesvollzug würde missverstanden werden, wenn man jedes Tun der Verwaltung als aus dem Gesetz eindeutig deduzierbar erachten würde. Noch deutlicher wird dies bei Elementen der Gewaltenverzahnung, wie der (parlaments-)gesetzesgebundenen Schaffung von Rechtsverordnungen (Ar. 80 GG), die kein bloßer-der Gesetzmäßigkeit der Verwaltung unterliegender-Ermächtigungsnormvollzug ist (s. dazu Rn. 322 ff.). Auch eine Rechtsverordnung – weil sie materielles Gesetz ist – bietet eine Grundlage zur Einhaltung des Gesetzesvorbehalts des Verwaltungshandelns (vgl. BVerfGE 78, 214 (227)), nicht aber zur Einhaltung der Wesentlichkeitstheorie (s. Rn. 160).

Der andere Bestandteil der Gesetzmäßigkeit der Verwaltung ist der sog. **Vorbehalt des Gesetzes** (s. dazu BVerfGE 40, 237 (248) – Justizverwaltungsakt). Hiernach darf die Verwaltung nur handeln, wenn sie durch ein (formelles und/oder materielles) Gesetz hierzu ermächtigt ist (**kein Handeln ohne Gesetz**) – jedenfalls bei den Bürger belastenden Staatsaktivitäten (vgl. auch BVerfGE 98, 218 (251 ff.) – Rechtschreibreform; 101, 1 (34) – Hennenhaltungsverordnung). Dieser Vorbehalt des Gesetzes gilt heute auch in besonderen freiheitsreduzierten Verhältnissen wie im Strafvollzug (BVerfGE 33, 1 ff.) und in Schulen (BVerfGE 47, 46 ff.). Die dort früher angenommenen grundrechtsfreien „besonderen Gewaltverhältnisse" gibt es nicht (mehr). Sie sind gleichsam grundrechtsgebundene **Sonderstatusverhältnisse** (s. dazu unten Rn. 522), die besonders intensive Freiheitsbegrenzungen erlauben.

156

Der Gesetzesvorbehalt gilt jedenfalls für **Eingriffe** in die Rechte der Bürger. Stärkere Grundrechtseingriffe (z.B. im Abgabenrecht) führen zu einer besonders rigiden Anwendung des Vorbehalts des Gesetzes. Insbesondere im Strafrecht gilt ein besonders strenger Gesetzesvorbehalt gemäß Art. 103 Abs. 2 GG (s.a. BVerfGE 73, 206 ff. – Sitzblockaden I).

157

Der Gesetzesvorbehalt gilt aber nach heute wohl überwiegender Meinung nicht nur für Eingriffe in die Rechte der Bürger, sondern **auch für Leistungen** an den Bürger (s. *Kloepfer*, Verfassungsrecht I, 2011, § 10 Rn. 114 ff.). Leistungsverweigerungen und -rücknahmen sind ohnehin Eingriffe. Im Übrigen können Leistungen an einen Bürger oft als Eingriff gegenüber Dritten (z.B. Konkurrenten) wirken. Eine Ermächtigung zu existenzwichtigen Leistungen allein durch Satzung oder gar durch Verwaltungsvorschriften (Normen unterhalb formeller Gesetze) reicht *nicht* aus.

158

Umstritten ist, ob bzw. wann auch „bloßes" staatliches **Informationshandeln** (z.B. Warnungen des Staates) unter den Vorbehalt des Gesetzes fällt (s. dazu etwa BVerfGE 105, 252 ff. – Glykol; 105, 279 ff. – Osho). Für die Erstreckung des Gesetzesvorbehalts auch auf informationelles Staatshandeln sprechen dessen eingriffsähnliche Wirkungen, zumal auch eine allgemeine Auflösung der traditionellen Eingriffsfigur im Grundrechtsbereich erkennbar wird (s. dazu Rn. 494 ff.).

159

160 Nach der sog. „**Wesentlichkeitstheorie**" (oder Wesentlichkeitsrechtsprechung) müssen die *wesentlichen* staatlichen Entscheidungen durch das Parlament *selbst* erfolgen (in dem Fall also: **kein Handeln ohne Parlamentsentscheidung**). Die Parlamentsentscheidungen können durch formelle Gesetze, aber auch durch einfache Parlamentsbeschlüsse (z.B. bei Auslandseinsätzen der Bundeswehr, s. Rn. 211) ergehen. Rechtsverordnungen werden der Wesentlichkeitstheorie nicht gerecht. In „wesentlichen" Bereichen darf keine Delegation an andere staatliche Entscheidungsträger erfolgen. Wesentliche Entscheidungen sind solche, die für das Zusammenleben der Menschen bzw. für die Verwirklichung ihrer Grundrechte wichtig sind (vgl. dazu *Lerche*, in: Merten/Papier, HGR, Bd. III, 2009, § 62). Das Bundesverfassungsgericht hält u.a. Regelungen zu Berufsordnungen (BVerfGE 33, 125 ff.), zu Lehrplänen der Schulen (BVerfGE 47, 46 ff.), zur zivilen Kernkraftnutzung (BVerfGE 49, 89 ff.), zu Auslandseinsätzen der Bundeswehr (BVerfGE 90, 286 (388)), zur Akkreditierung von Studiengängen (BVerfG, Beschluss vom 17. Februar 2016 – 1 BvL 8/10) und zur Einführung des Privatrundfunks (BVerfGE 57, 295 ff.) für „wesentlich". Aus der Wesentlichkeitstheorie ergibt aber nicht nur, ob überhaupt ein bestimmter Gegenstand gesetzlich zu regeln ist. Sie ist vielmehr auch dafür maßgeblich, wie genau diese Regelungen im Einzelnen sein müssen (BVerfG, NVwZ 2015, 1279 (1280)).

2. Gewaltenteilungsprinzip

161 Der **Gewaltenteilungsgrundsatz** (Art. 20 Abs. 2 S. 2 GG) trennt funktionell und organisatorisch die Staatsgewalten, d.h. Legislative, Exekutive und Judikative (z.B. Art. 94 Abs. 1 S. 3, 137 Abs. 1 GG), primär um Machtkonzentrationen zu verhindern. Der Ansatz der Gewaltentrennung wird allerdings in der Gegenwart durch den Gedanken der Gewaltenverschränkung bzw. -verzahnung („**checks and balances**") ergänzt und kann ohne diesen nicht vollständig erfasst werden (s. Rn. 221). Auch der Gedanke der Gewaltenverschränkung und -verzahnung dient der Verhinderung von Machtkonzentration; er begrenzt Macht durch Schaffung wechselseitiger Abhängigkeiten der Gewalten. Beispiele finden sich bei der Wahl und Kontrolle der Regierung durch das Parlament (Art. 63 Abs. 1, 67 und 68 GG), der Richterwahl und Richterernennung durch Parlament und Regierung (vgl. zu Bundesrichtern Art. 94 Abs. 1 und 95 Abs. 2 GG), der fachrichterlichen Kontrolle des Verwaltungshandelns, der verfassungsgerichtlichen Kontrolle (auch) über Parlamentsgesetzgebung einerseits sowie der fachgerichtlichen Kontrolle (nur) über Rechtsverordnungsgebung andererseits. Es handelt sich um mehrstufig getrennte Funktionszuordnungen. Im Bereich der Planung eines Einzelfalls kann bei hinreichenden Gründen sogar der Gesetzgeber tätig werden (BVerfGE 95, 1 ff.).

162 Dem klassischen Grundsatz der funktionalen Gewaltenteilung (zwischen den Staatsgewalten) innerhalb einer Gebietskörperschaft (**horizontale Gewaltenteilung**) wird die Idee der bundesstaatlichen **vertikalen Gewaltenteilung** zwischen Bund und Ländern an die Seite gestellt (s. Rn. 36 ff. – Bundesstaat).

3. Bestimmtheitsprinzip

Der rechtsstaatliche Bestimmtheitsgrundsatz fordert die inhaltliche Bestimmtheit von Staatshandeln, d.h. er verlangt, dass der Bürger beim Erlass von Hoheitsakten erkennen können muss, was Staat und Recht von ihm verlangen (BVerfGE 113, 348 (375) – vorbeugende Telekommunikationsüberwachung; s.a. *Kloepfer*, Verfassungsrecht I, 2011, § 10 Rn. 142 ff.). Dies gilt nicht nur für Rechtsanwendungsakte, sondern auch für die Rechtsetzung selbst. Der Bestimmtheitsgrundsatz fordert also u.a. klare und verständliche sowie inhaltlich bestimmte Gesetze. Er **schließt** damit allerdings **weder** gesetzliche **Ermessensvorschriften** (§ 40 VwVfG oder § 114 VwGO) **noch unbestimmte Rechtsbegriffe aus** (vgl. BVerfGE 103, 21 (33) – genetischer Fingerabdruck; 21, 73 (78 ff.) – Grundstücksverkehrsgesetz). Unbestimmte Rechtsbegriffe (z.B. „gefährlich", „unzumutbar") ermöglichen eine schnelle Rechtsanpassung an veränderte Außenumstände, d.h. z.B. auch einen „dynamischen" Grundrechtsschutz, der sich schnell an technische und wissenschaftliche Veränderungen anpassen kann (BVerfGE 53, 30 ff. – Mülheim-Kärlich).

163

Art. 80 Abs. 1 S. 2 GG fordert eine besondere Bestimmtheit der **Ermächtigung für Rechtsverordnungen** in Form der sog. „**Bestimmtheitstrias**" aus Inhalt, Zweck und Ausmaß (s. dazu unten Rn. 324). Ein besonderes Bestimmtheitsgebot ergibt sich für Strafgesetze auch aus **Art. 103 Abs. 2 GG** (s. dazu unten Rn. 701). Aus dem Rechtsstaatsprinzip soll auch das **Gebot der Widerspruchsfreiheit** der Rechtsordnung folgen (BVerfGE 98, 106 (118 ff.) – Kommunale Verpackungssteuer).

164

4. Vertrauensschutzprinzip

Die rechtsstaatlich gebotene **Berechenbarkeit und Verlässlichkeit staatlichen Handelns** fordert eine Respektierung schutzwürdigen Vertrauens (**Vertrauensschutz**) und eine weitgehende Unzulässigkeit belastender rückwirkender Gesetze (**Rückwirkungsschutz**, s. etwa BVerfGE 95, 64 (86) – Mietpreisbindung; 101, 239 (263) – Stichtagsregelung; 109, 133 (181) – Langfristige Sicherungsverwahrung; *Kloepfer*, Verfassungsrecht I, 2011, § 10 Rn. 169 ff.). Nur ganz ausnahmsweise sind (echte) rückwirkende belastende Gesetze zulässig, bei denen in bereits abgeschlossene Sachverhalte rechtlich eingegriffen wird (**echte Rückwirkung** bzw. Rückbewirkung von Rechtsfolgen, s. BVerfGE 97, 67 (78) – Schiffbauverträge). Leichter zu realisieren sind Rückwirkungen, wenn die alte Rechtslage unklar, verworren oder verfassungswidrig war, da dann schon kein schutzwürdiges Vertrauen gebildet wurde.

165

Liegt (nur) eine belastende **unechte Rückwirkung** bzw. tatbestandliche Rückanknüpfung vor (bei Eingriffen in noch *nicht* abgeschlossene Sachverhalte, d.h. die zwar in der Vergangenheit begründet sind, aber zum Zeitpunkt der staatlichen Entscheidung noch nicht abgeschlossen sind), ergeben sich die Grenzen der Zulässigkeit aus dem Grundsatz des Vertrauensschutzes und dem Verhältnismäßigkeitsprinzip. Diese Grenzen sind überschritten, wenn die vom Gesetzgeber angeordnete unechte Rückwirkung zur Erreichung des Gesetzeszwecks nicht geeignet oder erforderlich ist oder

166

wenn die Bestandsinteressen der Betroffenen die Veränderungsgründe des Gesetzgebers überwiegen (vgl. z.B. BVerfGE 132, 302 (318) – Streubesitzbeteiligung).

167 Im **Strafrecht** gilt für strafbegründende bzw. strafverschärfende Gesetze ein **striktes Rückwirkungsverbot** (Art. 103 Abs. 2 GG – nulla poena sine lege praevia, s.a. *Kloepfer*, Verfassungsrecht I, § 10 Rn. 186 ff.). Dieses stärkere Rückwirkungsverbot gilt jedoch nur für strafbegründende oder -verschärfende Belastungen durch Recht*setzung*, hindert aber weder eine rückanknüpfende Verschärfung der Recht*sprechung* noch eine verschärfende Rechtsänderung (nur) für die Zukunft (kein schutzwürdiges Vertrauen auf künftigen Fortbestand des Rechts). Bei (nur) strafähnlichen Maßnahmen verdichtet sich das allgemeine Vertrauensschutzprinzip – mangels Einschlägigkeit des Art. 103 Abs. 2 GG – zu vergleichbarer Wirkung (s. BVerfGE 128, 326 (392) – Sicherungsverwahrung, s.a. Rn. 701).

168 Die **Bestandskraft von Verwaltungsakten oder Gerichtsentscheidungen** sind Ausprägungen der von der Rechtssicherheit gestalteten **Verlässlichkeit staatlicher Entscheidungen**. Die Verbindlichkeit kann sich dabei kontinuitätswahrend gegen den Grundsatz der Gesetzmäßigkeit des Verwaltungshandelns durchsetzen, d.h. auch rechtswidrige Verwaltungsakte werden bestandskräftig. Der Ausgleich des Gedankens der Verlässlichkeit staatlichen Handelns mit der Idee materieller Gerechtigkeit erfolgt über gesetzliche Sondervorschriften z.B. über die Möglichkeiten der **Rücknahme** von Verwaltungsakten (§ 48 VwVfG) oder des **Wiederaufgreifens** des Verwaltungsverfahrens (§ 51 VwVfG).

5. Übermaßverbot/Verhältnismäßigkeit

169 Für den Rechtsstaat gilt als weiteres Prinzip der Mäßigung der Staatsgewalt das **Verhältnismäßigkeitsprinzip** (s. etwa BVerfGE 23, 133 ff.), das auch als **Übermaßverbot** bezeichnet wird (ausführlich dazu Rn. 515 ff.). Dabei soll bei staatlichen Eingriffen letztlich eine maßvolle **Zweck-Mittel-Relation**, d.h. ein angemessenes Verhältnis zwischen dem Zweck (Gemeinwohl) und dem Mittel (Freiheitsbeeinträchtigung) des staatlichen Eingriffs sichergestellt werden. Zu fordern ist in Klausuren folgende Prüfungsabfolge:

a) die verfassungsrechtliche **Legitimität des Zwecks**, es darf also kein verfassungswidriger Zweck verfolgt werden, wie z.B. ein ausdrücklich verbotener Angriffskrieg – Art. 26 Abs. 1 GG. Allerdings ist eine weitgehende Zwecksetzungsfreiheit der Gesetzgebung anzuerkennen, wohingegen die Verwaltung eine solche grundsätzlich nicht hat (oder nur begrenzt).

b) die **Geeignetheit des Mittels**, d.h. das Verbot der evidenten Ungeeignetheit. Der Eingriff muss abstrakt geeignet sein, den vorgegebenen Zweck irgendwie zu erreichen, insbes. besteht keine Optimierungspflicht.

c) die **Geringsterforderlichkeit des Mittels**, also ein Interventionsminimum, d.h. zwischen mehreren im Wesentlichen gleich geeigneten Maßnahmen ist das geringer eingreifende zu wählen (BVerfGE 17, 306 ff.).

d) die **Proportionalität zwischen Mittel und Zweck** (Angemessenheit bzw. Zumutbarkeit, oder Verhältnismäßigkeit im engeren Sinne, d.h. kein krasses Missverhältnis zwischen Zweck und Mittel, demnach keine bloße Güterabwägung).

Eine besonders intensive Anwendung des Übermaßverbots erfolgt im Polizeirecht, d.h. im Bereich der **klassischen Eingriffsverwaltung**. Bei der seit 1949 sich entwickelnden Übertragung des Übermaßverbots auch auf die **Gesetzgebung** ist die besondere **gesetzgeberische Gestaltungsfreiheit** zu beachten. Der Richter darf bei Anwendung des Übermaßverbots die Abwägung von Verwaltung und Gesetzgebung nur auf Fehler überprüfen, aber nicht eine neue eigene Abwägung vornehmen und diese an deren Stelle setzen.   170

Soweit der Staat Grundrechte vor allem gegenüber Dritten zu verteidigen hat (grundrechtliche Schutzfunktion, s. Rn. 434 ff.), darf er ein notwendiges Mindestmaß an Schutz nicht unterschreiten (**Untermaßverbot**).   171

6. Rechtsschutzprinzip

Ohne **Rechtsschutzgewährleistung** (d.h. Schutz der Rechtsordnung durch unabhängige Gerichte) ist ein Rechtsstaat nicht vorstellbar (s.a. Rn. 687 ff.). Das Grundgesetz widmet der Rechtsprechung deswegen einen eigenen Abschnitt (IX., Art. 92 ff. GG) und weist dort die Rechtsprechung ausschließlich den Richtern zu (Art. 92 GG, s.a. Rn. 360 ff.). Es gewährleistet gemäß Art. 97 GG auch die richterliche Unabhängigkeit und zwar durch deren sachliche Unabhängigkeit (Weisungsfreiheit) und persönliche Unabhängigkeit (Unabsetzbarkeit).   172

Die umfassende **Rechtsschutzgarantie** für den Bürger **gegenüber der öffentlichen Gewalt** (Art. 19 Abs. 4 GG, s.a. Rn. 687 ff.) ist zutreffend als formeller „Schlussstein des Rechtsstaats" bezeichnet worden. Er umfasst nach überwiegender Auffassung grundsätzlich nur den Schutz vor der vollziehenden Staatsgewalt, nicht vor der Rechtsprechung (Rechtsschutz *durch* den Richter, nicht *gegen* den Richter) und auch nicht vor der Gesetzgebung. Beide Begrenzungen der Rechtsschutzgarantie werden aber zunehmend in Frage gestellt.   173

Der – aus dem Grundgesetz ableitbare, wenn auch nicht ausdrücklich erwähnte – **allgemeine Justizgewährungsanspruch** (Art. 20 Abs. 3 i.V.m. Art. 2 Abs. 1 GG) verankert vor allem den Zugang zu den Gerichten in den nicht von Art. 19 Abs. 4 GG erfassten Fällen (z.B. bei zivilrechtlichen Streitigkeiten, Fälle nötigen Rechtsschutzes *gegen* den Richter, s. Rn. 688).   174

Geschuldet wird sowohl in Art. 19 Abs. 4 GG als auch beim allgemeinen Justizgewährleistungsanspruch ein **effektiver Rechtsschutz**. Das bedeutet, dass eine richterliche Entscheidung sich noch tatsächlich auswirken, d.h. noch etwas faktisch Substan-   175 zielles bewirken können muss. Der Prozess ist in angemessener Zeit zu entscheiden (siehe dazu verschiedene entsprechende Prozessdauer-Beschwerden vor dem EGMR zu Art. 13 EMRK gegen die Bundesrepublik, z.B. EGMR, NJW 2015, 1433 (1437); EGMR, NJW 2015, 3359 (3360 f.)). Durch das Gerichtsverfahren muss grundsätzlich ein wirksames, insbes. vollstreckbares Ergebnis erreichbar sein. Die Rechtsschutzgarantie verbietet im Übrigen unzumutbare Kostenhindernisse für den (Grund-)Rechtszugang (sonst ist Prozesskostenhilfe zu leisten).

176 Neben dem aus Art. 19 Abs. 4 GG bzw. dem allgemeinen Justizgewährleistungsanspruch folgenden Recht auf Zugang *zum* Gericht hält das Grundgesetz auch Rechte *vor* Gericht bereit. Art. 101 ff. GG sehen zugunsten der Bürger eine Reihe wichtiger **Justizgrundrechte** vor (grundrechtsgleiche Rechte hinsichtlich und gegenüber der Rechtsprechung vor Gericht), z.B. Recht auf den **gesetzlichen Richter** oder Recht auf **rechtliches Gehör** (s. dazu Rn. 698 ff.). Das Grundgesetz sieht im Richter also nicht nur den Grundrechtsgaranten (z.B. Art. 13 Abs. 3 und 4, 104 Abs. 2 S. 1 GG), sondern auch einen Gefährder von grundrechtlichen Rechtspositionen (z.B. durch die Verletzung von Justizgrundrechten).

7. Weitere Gewährleistungen

177 Aus dem Rechtsstaatsprinzip wird auch das Prinzip der **Staatshaftung** (Art. 34 GG i.V.m. § 839 BGB) für rechtswidriges schuldhaftes Verhalten von Amtsträgern sowie i.V.m. Art. 14 Abs. 3 GG das Prinzip der **Entschädigungspflichtigkeit bei Enteignungen** (s. dazu *Kloepfer*, Verfassungsrecht I, 2011, § 10 Rn. 238 ff.; *Ossenbühl/Cornils*, Staatshaftungsrecht, 6. Aufl. 2013, S. 7 ff.) gefolgert.

178 Das – ursprünglich als naturrechtliche Idee formulierte – **Widerstandsrecht** (Art. 20 Abs. 4 GG) hat auch wesentliche rechtsstaatliche Wurzeln und wurde im Rahmen der Notstandsverfassungseinführung im Jahr 1968 formell in das Grundgesetz aufgenommen (s. Rn. 685 f.).

179 Auch die **Grundrechte** selbst (insbes. die Abwehrgrundrechte wie Art. 2 Abs. 1 oder 14 GG) entsprechen weitgehend rechtsstaatlichem (und demokratischem) Gedankengut (vgl. Art. 1 Abs. 2 GG). Sie dienen maßgebend auch – wie der Rechtsstaat selbst – der Mäßigung und Limitierung staatlicher Macht (s.a. *Kloepfer*, Verfassungsrecht I, 2011, § 10 Rn. 41 ff.). Zum Teil werden sie sogar als **wichtigster Bestandteil des Rechtsstaates** angesehen.

180 Aus dem Rechtsstaatsprinzip werden darüber hinaus u.a. auch das Gebot des **Schuldstrafrechts** (nulla poena sine culpa, s. BVerfGE 20, 323 (331)) und das Prinzip der **Unschuldsvermutung** (in dubio pro reo, s. BVerfGE 19, 342 (347)) abgeleitet.

V. Sozialstaat

181 Das Sozialstaatsprinzip (Art. 20 Abs. 1 und 28 Abs. 1 S. 1 GG) verankert die **Verantwortung des Staates für die Zustände in der Gesellschaft** (insbes. in der Wirtschaft)

und ermächtigt ihn zu Maßnahmen der Daseinsvorsorge und des sozialen Ausgleichs, also der sozialen Fürsorge (vgl. BVerfGE 5, 85 (198); 22, 180 (204) – Jugendhilfe), und damit auch – im Rahmen der grundrechtlichen Schranken – zu Eingriffen in Grundrechte (vgl. z.B. Art. 14 Abs. 2, 3 und 15 GG). Die Hauptaufgaben des Sozialstaats sind die Gewährleistung sozialen Schutzes in Form **sozialer Gerechtigkeit** und **sozialer Sicherheit** (s. *Kloepfer*, Verfassungsrecht I, 2011, § 11 Rn. 21 f. m.w.N.). Der sozialen Sicherung durch Sozialversicherungsträger (Art. 87 Abs. 2 GG) kommt für den Bürger heute meist eine existenzielle Bedeutung zu. Dem sozialen Ausgleich mit Elementen der Umverteilung dienen seit vielen Jahren der größte Teil der Staatsfinanzen in Deutschland.

Das Sozialstaatsprinzip kann anhand bestimmter Lebensbereiche und Sachverhalte konkretisiert werden. Aus ihm ergibt sich aber z.B. kein Recht auf Arbeit (s.a. Rn. 185, 630), da der Staat nicht über genügend Arbeitsplätze verfügt, sondern im Wesentlichen (nur) die Arbeitsbedingungen zwischen Privaten steuern kann. Eine wesentliche Aufgabe des Sozialstaats ist aber die Pflicht zu einer effektiven Beschäftigungspolitik und zur Gewährleistung sozial **gerechter** und **menschenwürdiger Arbeitsbedingungen** (s.a. *Kloepfer*, Verfassungsrecht I, 2011, § 11 Rn. 37) unter Achtung der Tarifautonomie (Art. 9 Abs. 3 GG, s. dazu Rn. 626 ff.). Der Staat kann daher z.B. beträchtliche Mitbestimmungsrechte für Arbeitnehmer in Unternehmen einführen (BVerfGE 50, 290 ff.). Zu den selbstverständlichen Verpflichtungen eines Sozialstaates gehört auch die **Fürsorge für Hilfsbedürftige** (BVerfGE 43, 13 (19)). Das Sozialstaatsprinzip gewährleistet (i.V.m. Art. 1 Abs. 1 und Art. 2 Abs. 2 S. 1 GG) damit, dass jedem Menschen diejenigen Mittel zur Verfügung stehen, die zur Aufrechterhaltung eines menschenwürdigen Daseins unbedingt erforderlich sind. Was das menschenwürdige **Existenzminimum** ausmacht, hängt allerdings von den gesellschaftlichen Anschauungen über das menschenwürdige Dasein, von der konkreten Lebenssituation des Hilfsbedürftigen sowie den jeweiligen wirtschaftlichen und technischen Gegebenheiten ab (BVerfGE 125, 175 (222 f.) – Hartz IV). Das gesamte System der sozialen Sicherheit steht dabei auch unter dem Vorrang der Selbsthilfe. Im Rahmen des (vor allem finanziell) Möglichen schützt der Sozialstaat über das Existenzminimum hinaus auch vor den existenziellen Risiken der Krankheit, des Unfalls, der Armut und des Alters (s. dazu *Kloepfer*, Verfassungsrecht I, 2011, § 12 Rn. 28 ff.).

182

Das maßgeblich am Gleichheitsgedanken orientierte Sozialstaatsprinzip steht in einem latenten **Spannungsverhältnis zum Rechtsstaatsprinzip**, welches maßgeblich an der Freiheitsidee orientiert ist (BVerfGE 88, 203 ff. – Schwangerschaftsabbruch II). Der Sozialstaat ist *kein* bloß unverbindlicher Programmsatz, sondern eine rechtsverbindliche Grundsatznorm, die freilich auf gesetzgeberische Ausgestaltung (BVerfGE 100, 271 ff., z.B. durch Sozialversicherungs- und Sozialleistungsgesetze) angelegt ist. Sozialstaatliche Einzelaspekte sind an mehreren Stellen der Verfassung

183

genannt (z.B. Art. 3 Abs. 2 S. 2 und Abs. 3 S. 2, Art. 6 Abs. 4, Art. 7 Abs. 4 S. 3 und 4 GG).

184 Dabei sind die **Grenzen der finanziellen Leistungsfähigkeit des Staates** zwar auch zu berücksichtigen (Vorbehalt des Möglichen, s. BVerfGE 33, 303 (331 ff.) – numerus clausus). Die Gewährleistung des Existenzminimums lässt aber finanzpolitische Erwägungen insoweit nicht zu, als der Mindestbedarf von Menschen zu ermitteln ist, der sich an der Menschenwürde orientiert (BVerfGE 125, 175 (222 f.) – Hartz IV). Auch können aufgrund migrationspolitischer Erwägungen etwa im Bereich des Asylbewerberleistungsgesetzes keine Absenkungen für ausländische Staatsangehörige mit Aufenthalt in der Bundesrepublik Deutschland hinsichtlich des physischen und soziokulturellen Existenzminimums vorgenommen werden (BVerfGE 132, 134 (173) – Asylbewerberleistungsgesetz), dies schließt indes aber keine Differenzierungen etwa aufgrund von Minderbedarfen bzw. auch Kürzungen für ausländische Staatsangehörige ohne Aufenthaltsrecht oder bei Missbrauch aus (s. auch *Dietz*, DÖV 2015, 727 ff.).

185 Das Sozialstaatsprinzip begründet **grundsätzlich keine unmittelbaren Leistungsansprüche** des Bürgers und auch keine **sozialen Grundrechte**. Es kann aber zur Ausbildung von Leistungsgehalten durch die Grundrechte führen; so wird aus Art. 1 Abs. 1 GG i.V.m. Art. 20 Abs. 1 GG ein Anspruch auf Sicherung des Existenzminimums hergeleitet (s. BVerfGE 115, 118 (153) – Luftsicherheitsgesetz; 125, 175 (221 ff.) – Hartz IV; 132, 134 (159 ff.) – Asylbewerberleistungsgesetz; siehe zum verfassungsunmittelbaren auf medizinische Versorgung bei lebensbedrohlichen bzw. regelmäßig tödlich verlaufenden Erkrankungen aus Art. 2 Abs. 1 GG in Verbindung mit dem Sozialstaatsgebot und Art. 2 Abs. 2 S. 1 GG BVerfGE 115, 25 – Alternativmedizin). Die Anerkennung dieses Anspruchs bedeutet indessen nicht, dass ein verfassungsunmittelbares subjektives Recht auf individuelle soziale Leistung besteht. Das BVerfG leitet aus dem Anspruch auf Sicherung des Existenzminimums grundsätzlich „nur" einen Anspruch auf einen gesetzlich geregelten Leistungsanspruch ab, dessen Höhe vom Gesetzgeber in einem tauglichen Berechnungsverfahren ermittelt worden sein muss (BVerfGE 125, 175 (226) – Hartz IV; 132, 134 (162 ff.) – Asylbewerberleistungsgesetz). Nur wenn der Gesetzgeber zur Sicherung des Existenzminimums gar nicht tätig geworden sei, könne aus Art. 1 Abs. 1 GG i.V.m. Art. 20 Abs. 1 GG ein Anspruch auf eine konkrete Leistung folgen (s.a. BVerfGE 52, 339 (346)). Darüber hinaus lassen sich aus dem Sozialstaatsprinzip zwar z.B. keine Ansprüche auf Arbeitsplätze oder Wohnung ableiten (darüber verfügt der Staat nur zu einem geringen Teil), wohl aber allgemeine Verpflichtungen zu einer Beschäftigungspolitik (BVerfGE 100, 271 ff. – Lohnabstandsklausel) oder zu einer hinreichenden Wohnungsversorgungspolitik des Staates. Wiederum ist nicht die Gewährung, sondern die Gewährleistung Aufgabe des Staates (s.o. Rn. 181).

186 Die **sozialen Besitzstände** etwa im Sozialversicherungsrecht, wenn sie (auch) auf Leistungen der Versicherungsnehmer beruhen, werden vom Sozialstaat (und von

Art. 14 GG, s. Rn. 643 ff.) grundsätzlich geschützt. Das schließt sozialversicherungsrechtliche Reformen für die Zukunft nicht aus, soweit keine unzulässige Rückwirkung (s. Rn. 165) oder eine Verletzung der Eigentumsgarantie vorliegt. Die demographischen (Fehl-)Entwicklungen in Deutschland und die Konflikte zwischen Arbeitsplätze Suchenden und Arbeitsplätze Besitzenden könnten aber den Schutz sozialer Besitzstände für die künftigen Generationen langfristig weiter relativieren.

VI. Umweltstaat

Mit dem 1994 in das Grundgesetz eingefügten Art. 20a GG hat das Grundgesetz den **Weg zum Umweltstaat** beschritten (str.), d.h. zu einem Staat, der den Umweltschutz zu einem maßgeblichen Maßstab und Ziel seines Handelns macht (s. *Kloepfer*, Verfassungsrecht I, 2011, § 12 Rn. 20 ff.; *Calliess*, Rechtsstaat und Umweltstaat, 2001, passim). Dieser Umweltstaat ist u. a. geprägt von den Phänomenen der **Langzeitverantwortung** (Nachhaltigkeit), der Notwendigkeit des **Handelns im Ungewissen** und den **ökologischen Gemeinschaftsverpflichtungen**. Im Umweltstaat soll der Umweltschutz Bestandteil *jeder* Politik sein und insgesamt ein hohes Umweltschutzniveau gewährleistet sein. Die tragenden umweltpolitischen Prinzipien sind das **Vorsorge**-, das **Verursacher**-, das **Kooperations**- und das **Integrationsprinzip** (s. dazu *Kloepfer*, Umweltschutzrecht, 2. Aufl. 2011, § 3). 187

Art. 20a GG ist eine verbindliche **Staatszielbestimmung**, die alle Staatsgewalten nach Maßgabe gesetzlicher Entscheidungen zum Handeln ermächtigt und verpflichtet, aber **keine einschlägigen Individualansprüche** (also kein Grundrecht auf Umweltschutz) der Bürger begründet (s. dazu BVerwGE 54, 211 (219); *Kloepfer*, Zum Grundrecht auf Umweltschutz, 1978, passim). Der Umweltschutz wird zum Verfassungsgut und kann u.U. auch Eingriffe in vorbehaltlose Grundrechte (z.B. Art. 5 Abs. 3 GG) rechtfertigen (*Kloepfer*, Verfassungsrecht I, § 12 Rn. 27; BVerwG, NJW 1995, 2648 ff.). Die Staatszielbestimmung verpflichtet den Staat sowohl zum Schutz der natürlichen als auch der menschlich gestalteten Umwelt, wobei Umweltgüter als die Lebensgrundlagen des Menschen auch in Verantwortung für die künftigen Generationen geschützt werden (vgl. BVerfGE 118, 79 (110) – Emissionshandel; 128, 1 (37) – Gentechnikgesetz). Durch Art. 20a GG wurden keine vom Menschen unabhängige ökozentrischen Ziele in das Grundgesetz eingeführt. Die Verfassung fordert nicht den Umweltschutz seiner selbst willen. Bei seiner Anwendung räumt Art. 20a GG dem Gesetzgeber eine **umweltpolitische Prärogative** über Ziele, Prinzipien und Instrumente und konkrete Maßnahmen ein, sodass konkrete umweltpolitische Einzelakte regelmäßig nicht aus der Verfassungsnorm deduziert werden können. 188

Durch eine Änderung in Art. 20a GG ist seit dem Jahr 2002 auch der **Schutz der Tiere** dem Staat verfassungsrechtlich aufgegeben, mit der Wirkung, dass der Tierschutz zum Verfassungsgebot, also zum Verfassungsgut, das im Wege praktischer Konkordanz mit anderen Gütern des Grundgesetzes in Einklang zu bringen ist, aber 189 nicht zu einer generellen Eingriffsgrundlage wird (s.a. *Kloepfer*, Verfassungsrecht I, 2011, § 12 Rn. 8 ff., 55 ff.).

190 Art. 20a GG bekennt sich zur **Nachweltverantwortung** („Verantwortung für die künftigen Generationen" – Nachhaltigkeit, **sustainable development**) und spricht das in der Verfassung bisher nur ganz unvollkommen gelöste Problem der sog. Rechte der zukünftigen Generationen an, die bei der Bekämpfung der globalen Umweltzerstörung wie auch bei anderen gesellschaftlichen Problemen, z.B. bei der wachsenden übermäßigen Staatsverschuldung, bei der Rentenkonstruktion (dem „Generationenvertrag"), beim Gesundheitswesen oder bei den Bildungsinvestitionen oft vernachlässigt werden. Sollten sich solche Rechte künftiger Generationen rechtlich konkretisieren, werden sie keine subjektiven Rechte, sondern vielmehr objektive Rechtsprinzipien darstellen.

VII. Kulturstaat?

191 Aus verschiedenen grundrechtlichen Bestimmungen (Art. 4 i.V.m. 140, 5 Abs. 1 und 3 oder 7 Abs. 4 GG) sowie einigen Kompetenztiteln (Art. 73 Abs. 1 Nr. 5a und 9 oder 74 Abs. 1 Nr. 13 und 33 GG) und anderen vereinzelten Normen wie Art. 29 Abs. 1 S. 2 oder 22 GG ließe sich theoretisch der Begriff der Kulturverfassung destillieren, sofern man die Pflege dieser Werte zur Staatsaufgabe zusammenfasst. Solange aber **keine** zumindest ansatzweise **zusammenhängende textliche Verankerung im Grundgesetz** erkennbar ist, ist dies wohl nur verfassungspolitisches Desiderat „de constitutione ferenda" (s. dazu *Kloepfer*, Verfassungsrecht I, 2011, § 13; *Lenski*, Öffentliches Kulturrecht, 2013, S. 55 ff.).

D. Teilordnungen des Grundgesetzes

Im Grundgesetz sind verschiedene Staats- und Lebensbereiche als spezifische Teilordnungen geregelt. Diese sind **spezielle Regelungen** im Grundgesetz, welche die allgemeinen Regeln der Verfassung modifizieren. Da diese verfassungsrechtlichen Teilordnungen keine abschließenden Regelungskomplexe darstellen, ist – soweit die Teilordnungen keine eigenen Regelungen enthalten – auf die allgemeinen Verfassungsnormen zurückzugreifen (*Kloepfer*, Verfassungsrecht I, 2011, § 24).

192

I. Wirtschaftsverfassung

Das Grundgesetz enthält **keine Wirtschaftsverfassung** im Sinne einer verbindlichen Entscheidung für ein bestimmtes Wirtschaftssystem („**wirtschaftspolitische Neutralität des Grundgesetzes**", BVerfGE 4, 7 (17 f.) – Investitionshilfe; 7, 377 (400) – Apothekenurteil; 50, 290 (336 ff.) – Mitbestimmung; im Schrifttum ist man teilweise anderer Ansicht, s. dazu *Kloepfer*, Verfassungsrecht I, 2011, § 25 Rn. 26 ff. m.w.N.). Die soziale Marktwirtschaft ist zwar zulässig, aber nicht vom Grundgesetz her geboten (BVerfGE 4, 7 (17 f.) – Investitionshilfe); sie ist mit anderen Worten verfassungsrechtlich also nicht „alternativlos". Der Gesetzgeber hat hier große Entscheidungsfreiheit. Bei seinen wirtschaftspolitischen Entscheidungen muss der Staat jedoch die wirtschaftsbezogenen Gesetzgebungszuständigkeiten (z.B. Art. 74 Abs. 1 Nr. 11 oder 109 Abs. 2 GG) und v. a. die Grundrechte (u. a. die Art. 2 Abs. 1, 9 Abs. 3, 12 und 14 GG) beachten. Diese kommen marktwirtschaftlichen Strukturen entgegen. Die verfassungsrechtlich gleichrangigen Gegenpositionen in Art. 15 GG oder auch in Art. 14 Abs. 2 GG haben bislang wenig praktische Bedeutung erfahren (s.a. Rn. 645, 649). Hinzu treten jedoch einschlägige europarechtliche Vorgaben, die die soziale Marktwirtschaft ausdrücklich nennen (Art. 3 Abs. 3 EUV, s. Rn. 979).

193

II. Finanz- und Haushaltsverfassung

Die im X. Abschnitt enthaltene föderale Finanzverfassung bildet einen zentralen, die Handlungsfähigkeit der verschiedenen Gebietskörperschaften (Bundesrepublik Deutschland, Länder, Gemeinden) unmittelbar berührenden Abschnitt der bundesdeutschen Verfassung (s. dazu *Kloepfer*, in: FS Wendt, 2015, S. 599 ff.). Abgabenhoheit, Abgabenverteilung und Haushaltsbefugnisse haben entscheidenden Einfluss auf die Machtverteilung im Staat, weil sie entweder politische Abhängigkeit oder Autonomie bewirken. Darüber hinaus kommt den Vorschriften über die Staatsfinanzen eine wichtige demokratisch-rechtsstaatliche Dimension zu, denn eine wirksame Wahrnehmung der Staatsaufgaben einschließlich des Schutzes individueller Freiheitsrechte ist ohne finanzielle Aufwendungen des Staates kaum denkbar (*Kloepfer*, Finanzverfassungsrecht, 2014, § 1 Rn. 15).

194

195 Systematisch regelt der X. Abschnitt des Grundgesetzes in Art. 104a–115 GG das **steuerbezogene Finanzwesen,** indem er die Steuergesetzgebung (Art. 105 GG), die Steuerertragshoheit (insbes. Art. 106 GG), die Steuerverwaltung (Art. 108 GG) bestimmt sowie die **Haushaltswirtschaft in Bund und Ländern** (Art. 109, 109a GG) und die **Haushaltsverfassung des Bundes** (Art. 110–115 GG). Die Art. 104a–109a GG regeln Verbandskompetenzen, die Art. 110–115 GG regeln die spezifischen Organzuständigkeiten auf Bundesebene. Zunehmende Bedeutung für die steuerliche Gesetzgebung erlangen im Zuge der europäischen Integration auch die europarechtlichen Regelungen (*Kloepfer*, Finanzverfassungsrecht, 2014, § 2 Rn. 1).

196 Die Art. 104a–108 GG normieren im Wesentlichen die formellen Voraussetzungen der Gesetzgebung, Verwaltung und Aufkommensverteilung von Steuern. Es handelt sich also um **Steuerverfassungsrecht.** Verfassungsrechtliche Vorgaben für **nichtsteuerliche öffentliche Abgaben** (Gebühren, Beiträge, Sonderabgaben) werden im X. Abschnitt nicht geregelt (s. hierzu *Kloepfer*, Verfassungsrecht I, 2011, § 26 Rn. 19 ff.; *ders.*, Finanzverfassungsrecht, 2014, § 2 Rn. 20 ff., 136 ff.). Das Fehlen von bereichsspezifischen Regelungen in der Finanzverfassung für nichtsteuerliche Abgaben erscheint aufgrund ihrer wachsenden Bedeutung bedenklich, zumal die Gefahr der Umgehung der Finanzverfassung mit nichtsteuerlichen Abgaben kaum auszuschließen ist. Insoweit sind nichtsteuerliche Abgaben nur zulässig, soweit sie nicht in unmittelbare Konkurrenz zu den im X. Abschnitt geregelten Steuern treten. Als verfassungsrechtlicher Maßstab zur Beurteilung nichtsteuerlicher Abgaben kommen die allgemeinen Normen des Grundgesetzes in Betracht, die sich außerhalb des X. Abschnitts befinden. Vor allem die Grundrechte spielen dabei neben den Staatsstrukturprinzipien eine wichtige Rolle, da die Abgaben in verfassungsrechtlich verbürgte Freiheitsräume des Einzelnen eingreifen.

197 Die Erhebung von Steuern und nichtsteuerlichen Abgaben kann nicht losgelöst von den Staatsstrukturprinzipien insbesondere von den **Grundrechten,** vor allem den Wirtschaftsfreiheiten (Art. 12, 14 GG) betrachtet werden, sondern muss sich in ihren Auswirkungen materiell an diesen messen lassen (*Kloepfer*, Finanzverfassungsrecht, 2014, § 2 Rn. 73). Das Vermögen wird nach bisheriger Ansicht des Bundesverfassungsgerichts nicht als solches von der Eigentumsfreiheit des Art. 14 Abs. 1 GG geschützt (vgl. BVerfGE 4, 7 (17) – Investitionshilfe; 95, 267 (300) – Altschulden), sodass die Auferlegung öffentlich-rechtlicher Geldleistungspflichten die **Eigentumsgarantie** grundsätzlich (bis auf übermäßige, erdrosselnde Eingriffe) unberührt lässt (vgl. BVerfGE 95, 267 (300) – Altschulden; 105, 17 (32) – Sozialpfandbrief; s. dazu eingehend *Kloepfer*, Finanzverfassungsrecht, 2014, § 2 Rn. 79 ff.). Abgaben stellen sich dann als Eingriff in die **Berufsfreiheit** nach Art. 12 GG dar, wenn sie in engem Zusammenhang mit der Ausübung des Berufs stehen und objektiv eine berufsregelnde Tendenz erkennen lassen (vgl. BVerfGE 37, 1 (17) – Weinwirtschaftsabgabe; 98, 106 (117) – Kommunale Verpackungsteuer; 110, 274 (288) – Ökosteuer). Eine solche berufsregelnde Tendenz ist dann nicht gegeben, wenn die Steuer alle Verbraucher

ungeachtet ihrer beruflichen Betätigung trifft (vgl. BVerfGE 110, 274 (288) – Ökosteuer; 137, 350 (376 f. Rn. 69) – Luftverkehrsteuer).

Dem allgemeinen **Gleichheitssatz** aus Art. 3 Abs. 1 GG kommt bei der grundrechtlichen Bewertung einer Abgabenerhebung erhebliche Bedeutung zu. Er fordert den Gesetzgeber dazu auf, **wesentlich gleiche Sachverhalte gleich und wesentlich ungleiche Sachverhalte ungleich** zu behandeln (s.u. Rn. 570 ff.). Eine Ungleichbehandlung wesentlich gleicher Sachverhalte bzw. eine Gleichbehandlung wesentlich ungleicher Sachverhalte führt allerdings noch nicht automatisch zu einem Verstoß gegen Art. 3 Abs. 1 GG, da sie durch einen hinreichend gewichtigen sachlichen Grund gerechtfertigt sein kann (vgl. BVerfGE 55, 72 (88) – Präklusion; 129, 49 (68 f.) – Mediziner-BAföG). Dies ist beispielsweise der Fall, wenn der Gesetzgeber das Verhalten des Steuerpflichtigen aus Gründen des Gemeinwohls fördern oder lenken will (vgl. BVerfGE 38, 61 (79 ff.) – Leberpfennig; 84, 239 (274) – Kapitalertragsteuer; 93, 121 (147) – Einheitswerte II; 137, 350 (367 ff.) – Luftverkehrsteuer). Grundsätzlich besitzt der Gesetzgeber im Bereich des Abgabenrechts weitgehende Gestaltungsfreiheit (*Kloepfer*, Finanzverfassungsrecht, 2014, § 2 Rn. 104). Bei seiner Entscheidung darf sich der Gesetzgeber von finanzpolitischen, volkswirtschaftlichen, sozialpolitischen und steuertechnischen Erwägungen leiten lassen (vgl. BVerfGE 74, 182 (200) – Einheitswerte I). Seine Gestaltungsfreiheit endet erst dort, wo die Abgabenlasten nicht mehr **gleichmäßig und gerecht** auf die Staatsbürger verteilt werden (vgl. BVerfGE 74, 182 (200) – Einheitswerte I; 126, 400 (417) – Erbschaft- und Schenkungsteuergesetz). Der Gleichheitssatz verlangt, alle Abgabepflichtigen in rechtlicher und tatsächlicher Hinsicht unter Berücksichtigung des Gebots der Folgerichtigkeit gleich zu belasten (**Grundsatz der Belastungsgleichheit**).

198

Für die Aussagen zum Finanzverfassungsrecht des X. Abschnitts des Grundgesetzes sind der **Trennungsgrundsatz** zwischen Bund und Ländern sowie die **Konnexität** zwischen Verwaltungsaufgabe (Art. 83 ff. GG) und Ausgaben maßgeblich (Art. 104a Abs. 1 GG); diese Grundsätze werden aber in Art. 104a Abs. 2–6 GG an mehreren Stellen modifiziert bzw. durchbrochen. Nur im Rahmen der Gemeinschaftsaufgaben (Art. 91a ff. GG, s.o. Rn. 97 ff.) ist eine **Mischfinanzierung** grundsätzlich möglich.

199

Die **Steuergesetzgebungshoheit** wird von Art. 105 GG zwischen Bund und Ländern aufgeteilt (näheres *Kloepfer*, Finanzverfassungsrecht, 2014, § 4). Der Bund hat die ausschließliche Gesetzgebungskompetenz über Zölle und Finanzmonopole (Art. 105 Abs. 1 GG) und die konkurrierende Gesetzgebungskompetenz über die meisten anderen Steuern (Art. 105 Abs. 2 GG). Den Ländern verbleibt nur noch die kleine Gesetzgebungskompetenz über die örtlichen Verbrauch- und Aufwandsteuern (Art. 105 Abs. 3 GG). Ein allgemeines Recht zur Erfindung neuer Steuern, über die in Art. 105 GG genannten Steuern hinaus, kennt das Grundgesetz nicht (str., vgl. *Kloepfer*, Finanzverfassungsrecht, 2014, § 4 Rn. 36).

200

201 Art. 108 GG regelt die **Steuerverwaltungshoheit** im Bundesstaat (s. *Kloepfer*, Finanzverfassungsrecht, 2014, § 6 Rn. 1 ff.), wobei den Ländern das Schwergewicht an den Verwaltungszuständigkeiten zukommt (Art. 108 Abs. 2 GG), während der Bund nur einzelne Steuern verwalten darf (Art. 108 Abs. 1 GG).

202 Die **Steuerertragshoheit** (Art. 108 GG) regelt die zentrale und häufig politisch umstrittene Frage, ob, Bund, Länder oder Gemeinden das Aufkommen einer Steuer zukommt. Mit der Frage nach der Steuerverteilung ist die wichtige und politisch relevante Frage nach dem **Finanzausgleich im Bundesstaat** gestellt (Art. 107 ff. GG, s. dazu *Kloepfer*, Verfassungsrecht I, 2011, § 26 Rn. 105 ff.; *ders.*, Finanzverfassungsrecht, 2014, § 5). Da die Einnahmen und Ausgaben im gesamten Bundesgebiet strukturell ungleich verteilt sind, stellt sich die Frage nach der Ausgleichsbedürftigkeit. Unter dem Begriff des bundesstaatlichen Finanzausgleichs versteht man die Verteilung der öffentlichen Einnahmen auf die einzelnen Gebietskörperschaften (vgl. BVerfGE 72, 330 (383) – Finanzausgleich I). Das Steuerverteilungs- und Ausgleichssystem des Grundgesetzes gliedert sich in den vertikalen und horizontalen Finanzausgleich. Unter **vertikalem Ausgleich** versteht man die Frage, welches Steueraufkommen Bund oder den Gliedstaaten zusteht. Unter dem **horizontalen Ausgleich** versteht man die Frage danach, was welchem Gliedstaat zusteht. Beide Ausgleichsmechanismen finden zweistufig (**primär und sekundär**) statt. Der primäre Vertikalausgleich (Art. 106–106b GG) weist zunächst die Steuererträge nach Trennungs- (ganze Steuerart an Bund oder Länder) oder Verbundsystem (Steuerart anteilig an Bund und Länder) zu. Der primäre Horizontalausgleich (Art. 107 Abs. 1 GG) teilt nach dem Prinzip des örtlichen Aufkommens (oder, da dies zum Teil grob verzerrend wirkt, bei gewissen Steuerarten „zerlegt" nach Wohnsitz- oder Betriebsstättenprinzip) die Ländersteuereinnahmen unter den Ländern auf. Der sekundäre (korrigierende) horizontale Ausgleich (Art. 107 Abs. 2 S. 1 und 2 GG) korrigiert sodann diese Verteilung, bevor der sekundäre Vertikalausgleich (Art. 107 Abs. 2 S. 3 GG) über Zuweisungen des Bundes an die Länder weitere Korrekturen insbes. durch Ergänzungszuweisungen (Art. 107 Abs. 3 S. 3 GG) vornimmt. Bund und Länder streben eine grundsätzliche Neuordnung des Finanzausgleichs an; die Verhandlungen ließen sich aber bis zur Jahresmitte 2016 noch nicht abschließen.

203 Art. 109 Abs. 1 GG bestimmt **für die Haushalte von Bund und Ländern eine klare Trennung,** jedoch nicht ohne diesen Grundsatz aus stabilitäts- und konjunkturpolitischen Gründen zu durchbrechen.

204 Ein zentrales Anliegen der Föderalismusreform II ist die „**Schuldenbremse**" in Form des Neuverschuldungsverbots in Art. 109 Abs. 3 S. 1 GG gewesen. Für Bund und Länder wurde damit die Pflicht zur Nullverschuldung eingeführt. Dieses Verbot ist für den Bund in Art. 115 Abs. 2 S. 2-5 GG, Art. 143d GG (Konsolidierungshilfen) sowie in dem sog. Artikel 115-Gesetz (Art. 2 d. G. v. 10.8.2009, BGBl. I, S. 2702) weiter ausgestaltet (s. dazu *Kloepfer*, Verfassungsrecht I, 2011, § 26 Rn. 192 ff., 303 ff.; *ders.*, Finanzverfassungsrecht, 2014, § 8 Rn. 125 ff.; 138 ff.; 151 ff.; 191 ff.).

Art. 109 Abs. 3 GG sieht vor, dass die Haushalte von Bund und Ländern grundsätzlich ohne Einnahmen aus Krediten auszugleichen sind (**Schuldenbremse**). Eine Neuverschuldung ist ausnahmsweise bei konjunkturellen Abweichungen von der Normallage (vgl. Art. 109 Abs. 3 S. 2 Var. 1 GG) sowie bei Naturkatastrophen oder außergewöhnlichen Notsituationen zulässig (vgl. Art. 109 Abs. 3 S. 2 Var. 2 GG). Die Haushalte der Länder sind in den Haushaltsjahren 2011 bis 2019 so aufzustellen, dass im Haushaltsjahr 2020 die Vorgabe aus Art. 109 Abs. 3 Satz 5 GG (**keine strukturelle Nettokreditaufnahme**) erfüllt wird (vgl. Art. 143d Abs. 1 S. 4 GG). Die Haushaltsgesetzgeber der Länder sind dabei gehalten, das Ziel der **Haushaltskonsolidierung** im Jahr 2020 im Blick zu behalten. Konkretere Verpflichtungen zur Erreichung dieses Ziels ergeben sich aus Art. 143d Abs. 1 S. 4 GG nicht. Zum vollständigen Abbau der Finanzierungsdefizite bis zum Jahr 2020 sind aber lediglich die Länder verpflichtet, die gemäß Art. 143d Abs. 2 S. 1 GG Konsolidierungshilfen aus dem Haushalt des Bundes erhalten (vgl. Art. 143d Abs. 2 S. 4 GG, vgl. BVerfG, NVwZ 2016, 223 (230)). Den Bund trifft die Schuldenbremse nicht in gleicher Schärfe. Insgesamt hat die Schuldenbremse ihre praktische Bewährungsprobe noch vor sich.

III. Staatskirchenrecht

Art. 140 GG inkorporiert als statische Verweisung die staatskirchenrechtlichen Bestimmungen der Art. 136–139 und Art. 141 der Weimarer Reichsverfassung (WRV) als vollwertiges Verfassungsrecht ins Grundgesetz. Diese Regelungen haben einen besonderen Bezug zu Art. 4, 3 Abs. 3, 7 Abs. 4 und 33 Abs. 3 GG. Diese Bereiche stehen aber relativ unverbunden zu Art. 140 GG. Das Konzept eines geschlossenen Religionsverfassungsrechts im Grundgesetz ist somit allenfalls teilweise verwirklicht. Im Grundgesetz ist das **Kooperationsmodell** zwischen Staat und Kirche normiert (s. dazu *Kloepfer*, Verfassungsrecht I, 2011, § 27 Rn. 9; siehe etwa zum Laizitätsmodell in Frankreich *Franzke*, DÖV 2004, 383 ff.). Dies verlangt zwar **religiöse Neutralität sowie Parität** vom Staat, verbietet hingegen nicht generell Verbindungen von Religion und Staatsgewalt (vgl. etwa BVerfGE 93, 1 (22) – Kruzifix). So sind in Deutschland eine Vielzahl an **Religionsgemeinschaften als juristische Personen des öffentlichen Rechts** gemäß Art. 140 GG i.V.m. Art. 137 Abs. 5 WRV organisiert, die hoheitliche Befugnisse besitzen und mit der Wahrnehmung öffentlicher Aufgaben betraut sind. Sie haben ein Steuererhebungsrecht nach Art. 140 GG i.V.m. Art. 137 Abs. 6 WRV und sind bei der Wahrnehmung ihrer hoheitlichen Befugnisse an die Grundrechte gebunden (s. dazu *Kloepfer*, Verfassungsrecht I, 2011, § 27 Rn. 84 ff.). Die Prüfung der Voraussetzungen des Anspruchs auf Verleihung des Status einer Körperschaft des öffentlichen Rechts aus Art. 4 Abs. 1, 2, Art. 140 GG iVm Art. 137 Abs. 5 S. 2 WRV obliegt den Ländern, wobei eine Verleihung aus Gründen der Gewaltenteilung nicht durch Parlamentsgesetz vorgenommen werden darf (BVerfG, NVwZ 2015, 1434 ff.).

205

206 Das Staatskirchenrecht sieht sich insbes. durch die neuen Religionen, vor allem aber durch das Vordringen des **Islams**, herausgefordert. So sieht der islamische Glauben keine Institutionalisierung durch „Kirchen" vor, die als öffentlich-rechtliche Körperschaften in die staatliche Struktur eingebunden werden könnten. Zudem entstehen insbes. durch den islamischen Glauben Spannungslagen (z.B. Kopftuch bei Beamten, Sport- und Sexualkundeunterricht für islamische Kinder, Vollverschleierung), die noch nicht völlig aufgearbeitet sind (vgl. dazu auch *Kloepfer*, Verfassungsrecht I, 2011, § 27 Rn. 27 ff.; *ders.*, DÖV 2006, 45 ff.).

IV. Notstandsverfassung

207 Das Grundgesetz wird für verschiedene ausnahmsweise eintretende Umstände modifiziert (vertiefend dazu *Kloepfer*, Verfassungsrecht I, 2011, § 28 Rn. 1 ff.). Auch im **Katastrophenfall** und in sonstigen Notfällen soll das Verfassungsrecht weiterbestehen. Die Verfassung akzeptiert nicht den Sinnspruch Not kennt kein Gebot. Spezifische Regelungen finden sich in Art. 11 Abs. 2, 17 Abs. 2, 35 Abs. 2 S. 2 und Abs. 3 GG. Im Falle **innenpolitischen Staatsnotstandes** werden durch Art. 87a Abs. 4, 91, 10 Abs. 2 und 37 GG spezifische Regelungen getroffen, und im Falle **äußerer Bedrohungen** (Spannungs- und Verteidigungsfall) sind die Art. 115a ff. (s. dazu Rn. 210 ff.), 53a, 80a und 87a Abs. 3 GG einschlägig. Die Bekämpfung von Katastrophen im Bundesstaat steht im engen Zusammenhang mit der Amtshilfe und stellt vor allem ein Verwaltungskompetenzproblem dar.

208 Die Maßnahmen im Fall des innenpolitischen Notstandes, d.h. bei einer Gefährdung der freiheitlichen demokratischen Grundordnung, können zu intensiven Eingriffen führen. Sie äußern sich in Ausprägungen der **„wehrhaften Demokratie"** wie bei Art. 18 oder 21 Abs. 2 und 9 Abs. 2 GG (s.a. *Kloepfer*, Verfassungsrecht I, 2011, § 28 Rn. 69 ff.). Das Grundgesetz begrenzt solche notstandsbekämpfenden Maßnahmen aber ausdrücklich in Art. 9 Abs. 3 S. 3 GG (s. Rn. 629) und 20 Abs. 4 GG (s. Rn. 685 f.).

209 Neben den Fällen, in denen „echte" Notstandssituationen im Sinne sachlicher Not auftreten, gibt es Fälle des finanzpolitischen **Haushaltsnotstandes** (Art. 109, 109a, 111 GG, s. dazu *Kloepfer*, Verfassungsrecht I, 2011, § 26 Rn. 285 ff.; *ders.*, Finanzverfassungsrecht, 2014, § 9 Rn. 7 ff.) und – „nur" mangels politisch tragender Parlamentsmehrheiten – des **Gesetzgebungsnotstandes** (Art. 81 i.V.m. 68 GG, s. *Kloepfer*, Verfassungsrecht I, 2011, § 21 Rn. 281 ff.).

V. Wehrverfassung

210 Bei äußeren Bedrohungslagen kennt das Grundgesetz seit 1968 mit dem **Spannungs-** (Art. 80a GG) und **Verteidigungsfall** (Art. 115a Abs. 1 S. 1 GG) zwei abgestufte „Zustände" des wahrscheinlichen bzw. des eingetretenen Kriegszustandes, wobei im Verteidigungsfall gemäß Art. 115d GG ein durch Geschäftsordnung näher geregeltes ab-

gekürztes Gesetzgebungsverfahren stattfindet. In diesem Zusammenhang spielen auch der **Zustimmungsfall** – so benannt wegen der nach Art. 80a Abs. 1 S. 1 Alt. 2 GG erforderlichen Zustimmung – und der **Bündnisfall** ein Rolle (s. zum Ganzen *Kloepfer*, Verfassungsrecht I, 2011, § 29 Rn. 36 ff.).

Die Bundeswehr als Teil der verfassungs- und gesetzesgebundenen Staatsgewalt (Art. 1 Abs. 3 und 20 Abs. 3 GG) wird oft als **Parlamentsarmee** bezeichnet. Sie untersteht unmittelbar jedoch stets der Regierung (Art. 65a, 115b GG), die ihrerseits parlamentarischer Kontrolle unterworfen ist (Art. 45a, 45b, 87a Abs. 1 S. 2, 115a Abs. 1 S. 1 GG). Bewaffnete **Auslandseinsätze** der Bundeswehr muss das Parlament mittragen (BVerfGE 90, 286 ff. – out-of-area-Einsatz). Der auf den Streitkräfteeinsatz bezogene Parlamentsvorbehalt wird dann ausgelöst, wenn die qualifizierte Erwartung besteht, dass die Soldaten in bewaffnete Unternehmen einbezogen werden (BVerfGE 121, 135 (164 f.) – AWACS-Einsatz; s. dazu *Greve*, VR 2010, 346 ff.; BVerfG, NVwZ 2015, 1593 ff. – Pegasus). Bei kurzfristig abgeschlossenen Evakuierungseinsätzen der Bundeswehr ist die Bundesregierung hingegen nicht verpflichtet, eine nachträgliche Beschlussfassung des Bundestages herbeizuführen (BVerfG, NVwZ 2015, 1593 ff. – Pegasus). Einzelheiten, etwa zum parlamentarischen Zustimmungsverfahren und dem Rückholrecht, bestimmt das Parlamentsbeteiligungsgesetz. Einen generellen Bundestagsvorbehalt im Sinne eines allgemeinen Parlamentsvorbehalts – etwa auch für Einsätze der Bundeswehr im Inland – gibt es hingegen nicht (BVerfGE 126, 55 (70 ff.) – G8-Gipfel Heiligendamm). Der Einsatz spezifischer militärischer Waffen in Fällen des Katastrophennotstandes im Inland gemäß Art. 35 Abs. 2 S. 2, Abs. 3 GG kommt nur als ultima ratio in Betracht (BVerfGE 132, 1 ff. – Bundeswehreinsatz im Inneren).

211

Wie schon angedeutet, ist das Wehrwesen durch das Grundgesetz **stark verrechtlicht** (s. dazu vertiefend *Kloepfer*, Verfassungsrecht I, 2011, § 29 Rn. 17 ff., 36 ff., 72 ff.). So ist ein **Angriffskrieg verboten** (Art. 26 Abs. 1 GG, s. Rn. 788 ff.). In **grundrechtlicher Hinsicht** ist sowohl die Verweigerung des Kriegsdiensts an der Waffe (Art. 4 Abs. 3 GG, s. Rn. 588) wie auch der (derzeit „ausgesetzte") Wehr- und Ersatzdienst (Art. 12a GG, s. Rn. 638) wesentlich. Überhaupt können im Wehr- und Ersatzdienst bestimmte Grundrechte (Meinungsfreiheit, Versammlungsfreiheit, Petitionsrecht) nach Maßgabe des Art. 17a Abs. 1 GG eingeschränkt werden (s. Rn. 522). Zudem können nach Art. 17a Abs. 2 GG die Grundrechte der Freizügigkeit und der Unverletzlichkeit der Wohnung durch Verteidigungs- und Zivilschutzgesetze (zusätzlich) eingeschränkt werden.

212

Bundesstaatliche Fragen sind mit der **Gesetzgebungszuständigkeit** des Bundes in Verteidigungssachen einschließlich des Zivilschutzes (Art. 73 Abs. 1 Nr. 1 GG), der **exekutiven Zuständigkeit** des Bundes für die Streitkräfte (Art. 87a GG) und die Bundeswehrverwaltung (Art. 87b GG) geregelt. Ferner gibt es Bundeszuständigkeiten für die Wehrstrafgerichtsbarkeit (Art. 96 Abs. 2 GG) und Wehrdisziplinargerichte (vgl. Art. 96 Abs. 4 GG). Zusammengenommen hat der Bund eine umfassende Verbands-

213

zuständigkeit über das Wehrwesen. Länderinteressen werden dabei nur mittelbar durch Art. 36 Abs. 2 GG berücksichtigt.

214 **Organbezogene Regelungen** auf der Ebene des Bundes bezüglich der bundeswehrbezogenen Zuständigkeit der Bundesorgane finden sich zur Befehls- und Kommandogewalt über die Streitkräfte (Art. 65a, Art. 115b GG), zum **Verteidigungsausschuss** des Bundestages (Art. 45a GG) und zum **Wehrbeauftragen** (Art. 45b GG).

215 Ob die recht ausführliche staatsorganisatorische Regelung des Verteidigungsfalls (Art. 115a–115l GG) **praktikabel** ist, lässt sich bislang – glücklicherweise – nicht beantworten. Der Wille der Verfassung, auch im Krieg (wenn auch reduziert) zu gelten, ist aber unverkennbar und zu begrüßen.

E. Landesverfassungsrecht

Die **doppelte Staatlichkeit** des Bundesstaates (s.a. oben Rn. 50 ff.) mit dem Gesamtstaat und den Gliedstaaten, die als Staaten über **Verfassungsautonomie** verfügen, sorgt dafür, dass es neben dem Grundgesetz als Bundesverfassung noch weitere 16 Landesverfassungen in Deutschland gibt. In diese Verfassungsautonomie wird jedoch von der Bundesverfassung durch Art. 1 Abs. 3, 20 Abs. 1 und 2, 28 Abs. 1 und 2, 31 sowie 142 GG eingegriffen.

216

Die **Entstehung der Landesverfassungen** beginnt bald nach dem Ende des Zweiten Weltkriegs, aber noch vor der Gründung beider deutscher Staaten im Jahre 1949. Die ersten Landesverfassungen entstanden in der sowjetischen Besatzungszone und in den südlichen Ländern Westdeutschlands sowie in Bremen (also der US-amerikanischen und französischen Besatzungszone). Danach verfassten sich in Westdeutschland auch alle übrigen Bundesländer der vorherigen britischen Besatzungszone, während die DDR im Jahr 1952 durch Auflösung der Länder und Schaffung der 14 Bezirke zum Einheitsstaat wurde. Die heutigen Verfassungen der neuen Bundesländer entstanden nach der deutschen Wiedervereinigung.

217

Das Grundgesetz kennt für die **staatliche Organisation** der Länder wenige Vorgaben, weshalb diese insoweit weitgehend frei ist und im Wesentlichen durch die Homogenitätsklausel in Art. 28 Abs. 1 GG begrenzt wird, die aber keine Konformität oder gar Uniformität von den Ländern verlangt (s.o. Rn. 51). Das **Landesverfassungsrecht im Bereich der Grundrechte** ist zusätzlich durch Art. 142 GG geschützt (s. Rn. 440 ff.). Die Bundesgrundrechte gelten auch in den Ländern und stellen insoweit ein Minimum dar. Darüber hinaus gewähren einige Landesverfassungen oft ein Mehr an subjektiven Rechten, mit mehr oder minder praktischer Relevanz – z.B. statuiert Art. 2 Abs. 2 LV-BW ein „Menschenrecht auf die Heimat"; Art. 106 Abs. 1 LV-Bay sowie Art. 14 S. 1 LV-Bre einen „Anspruch auf eine angemessene Wohnung"; ein „Recht auf Arbeit" findet sich in Art. 18 S. 1 LV-Ber, in Art. 8 S. 1 Hs. 2 LV-Bre, in Art. 28 Abs. 2 LV-He, in Art. 24 Abs. 1 S. 3 LV-NRW sowie in Art. 45 S. 2 LV-Saa; ein „Recht auf Bildung" ist hingegen in Art. 29 Abs. 1 LV-Bbg, in Art. 27 S. 1 LV-Bre, in Art. 4 Abs. 1 LV-Nds, in Art. 8 Abs. 1 S. 1 LV-NRW („Anspruch auf Bildung"), in Art. 25 Abs. 1 LV-LSA („Recht auf Erziehung und Ausbildung"), in Art. 6a Abs. 3 S. 2 LV-SH sowie in Art. 20 S. 1 LV-Thür geregelt. Auch darüber hinaus gerieren sich die Landesverfassungen rechtspolitisch oft als Impuls- und Innovationsgeber für Verfassungsentwicklungen (s. zu Oppositionsrechten Rn. 136 ff. und zur Volksgesetzgebung Rn. 335 f.).

218

Die Einhaltung des Landesverfassungsrechts wird durch 16 **Landesverfassungsgerichte**, nicht aber durch das Bundesverfassungsgericht gesichert. Nachdem als letztes Bundesland auch Schleswig-Holstein 2008 ein eigenes Landesverfassungsgericht eingerichtet hat, muss das Bundesverfassungsgericht nicht mehr im Wege der Organlei-

219

he nach Art. 99 GG als Landesverfassungsgericht tätig werden (s. dazu auch Rn. 104).

F. Verfassungsorgane des Bundes

Die Bundesrepublik Deutschland ist – organisationsrechtlich gesehen – eine juristische Person, genauer: eine Körperschaft des öffentlichen Rechts (mit deutschen Staatsbürgern als „Mitgliedern"). Sie benötigt Organe, um zu handeln. Die Handlungen der Organe sind Handlungen der juristischen Person selbst; es handelt sich also nicht um stellvertretendes Handeln. Ein zahlenmäßig bedeutender Teil der Organe der Bundesrepublik Deutschland sind die im Grundgesetz verfassten **Organe der Staatsleitung** – die Verfassungsorgane, ein Begriff den das Grundgesetz nicht kennt. Nach herkömmlicher Zählung gibt es sieben: Bundestag, Bundesrat, Bundesregierung, Bundespräsident, Bundesversammlung, Gemeinsamer Ausschuss – heute alle in Berlin – und das Bundesverfassungsgericht in Karlsruhe. Nach § 63 BVerfGG sind aber nur der Bundespräsident, der Bundestag, der Bundesrat und die Bundesregierung fähig, Partei im Organstreitverfahren zu sein (s.a. Rn. 378). Andere im Grundgesetz genannte Staatsorgane (z.B. Bundesbank, Art. 88 GG, Bundesrechnungshof, Art. 114 Abs. 2 GG, oder Wehrbeauftragter, Art. 45b GG) sind keine Verfassungsorgane, weil sie nicht zur Staatsleitung gehören.

220

Die vom Grundgesetz verfassten **Verfassungsorgane** (des Bundes) dürfen den **Staatsgewalten** nicht simplifiziert zugeordnet werden. Der Bundestag ist nicht einfach „die Legislative", die Bundesregierung ist nicht „die Exekutive". Jede staatliche Gewalt (im funktionalen Sinne) wird auf die verschiedenen Organe bereichsweise verteilt, wobei deutliche Schwerpunkte erkennbar sind, die jedoch nicht mit Deckungsgleichheit verwechselt werden dürfen. Der Bundesregierung werden (vor allem praxisrelevante) gesetzgebende Tätigkeiten durch Art. 80 GG übertragen (s. Rn. 161, 322 ff.), den Volksvertretungen obliegen z.B. ersatzweise Judikativakte nach Art. 10 Abs. 2 GG, der Bundestag erhebt Beweise in Einzelfällen nach Art. 44 Abs. 1 GG, prüft Wahlen nach Art. 44 Abs. 1 S. 1 GG und kontrolliert die Nachrichtendienste des Bundes nach Art. 45d GG, der mit Landesregierungsmitgliedern besetzte Bundesrat hat bedeutende Legislativfunktionen auf Bundesebene, der Bundespräsident wirkt an der Gesetzgebung mit, übt das Gnadenrecht aus (Art. 60 Abs. 2 GG) und prüft (zumindest formell) Bundesgesetze (s.a. Rn. 279), Gerichte sind auch als Ermittlungs- und Vollstreckungsbehörden tätig, das Bundesverfassungsgericht kann gesetzeswirksame Akte vornehmen u.v.m. Eine eindeutige Zuordnung einer ganzen Staatsgewalt zu einem konkreten Organ würde nicht die komplexe Verteilung der Staatsmacht widerspiegeln. Dies würde auch Gewaltenteilung fälschlicherweise als eine strikte Gewaltentrennung verstehen. Es ist anders. Dies wiederum ist Ausfluss des – schon erwähnten – Prinzips der „**checks and balances**" – „Gewaltenteilung" durch Gewaltenverzahnung und -verschränkung bzw. „Gewalten*auf*teilung" (s. Rn. 161).

221

Die Verfassungsorgane des Bundes sind regelmäßig mit **eigener Autonomie** ausgestattet, können also Unterorgane bilden und sich eine Geschäftsordnung geben (z.B. Art. 40 Abs. 1 S. 2 GG).

222

223 Die Verfassungsorgane des Bundes sind durch das Gebot der **Organtreue** zu gegenseitiger Rücksichtnahme und Loyalität verpflichtet (BVerfGE 36, 1 (15) – Grundlagenvertrag; 45, 1 (39) – Haushaltsüberschreitung; 89, 155 (191) – Maastricht; 90, 286 (337) – Bundeswehreinsatz; 97, 350 (374 f.) – Euro; 119, 96 (125) – Nachtragshaushalt). Eigene Zuständigkeiten finden damit ihre Grenzen an den jeweils unantastbaren Kernbereichen der Zuständigkeit anderer Verfassungsorgane („**Arkanbereiche**"). Dabei können **Unterorgane** – wie z.B. der Untersuchungsausschuss des Bundestages – nie mehr Kompetenzen besitzen als das Verfassungsorgan im Ganzen (Korollartheorie). Die verfassungsrechtlichen Rücksichtnahme- und Loyalitätspflichten können etwa auch eine Zustimmungspflicht von Bundestag und Bundesrat zu von der Exekutive ausgehandelten völkerrechtlichen Verträgen begründen. Ferner kann für den Gesetzgeber ein Normwiederholungsverbot bestehen, wenn das Bundesverfassungsgericht eine Norm für nichtig erklärt hat (vgl. BVerfGE 1, 14 (37) – Südweststaat; 20, 56 (87) – Parteienfinanzierung I; 112, 768 (277) – Kinderbetreuungskosten).

I. Bundestag

1. Legitimation und Kompetenz

224 Der Bundestag als das Bundesparlament ist das einzige von den Bürgern **unmittelbar demokratisch legitimierte** Verfassungsorgan des Bundes. Das faktisch politisch einflussreichste Organ ist im exekutivlastigen politischen System Deutschlands aber nicht der Bundestag, sondern die (nur mittelbar demokratisch legitimierte) Bundesregierung. Soweit der Bundestag in seiner vorrangingen Aufgabe (maßgeblich) an der Bundesgesetzgebung mitwirkt, ist er (nur) an die Verfassung gebunden (Art. 20 Abs. 3 Hs. 1 GG). Der Bundestag besitzt keine parlamentarische Allzuständigkeit (s. Rn. 221).

225 Die Bundestagsabgeordneten werden in **allgemeiner, unmittelbarer, freier, gleicher und geheimer Wahl** bestimmt (Art. 38 Abs. 1 S. 1 GG, s. dazu oben Rn. 124 ff.). Das vom Bundeswahlgesetz ausgestaltete Prinzip der **personalisierten Verhältniswahl** erfolgt durch eine personenbezogene Erststimme sowie durch die parteibezogene Zweitstimme. Modifikationen der Wahlrechtsgleichheit ergeben sich u. a. durch die sog. Überhangmandate und die 5 %-Klausel (s.o. Rn. 129).

226 Der Bundestag hat im Wesentlichen folgende **Funktionen:**
- Repräsentation des Volkes
- (Mit-)Träger der politischen Staatsleitung
- zentraler Akteur bei der Gesetzgebung (Art. 77 Abs. 1 S. 1 GG)
- Ausgabenermächtigung (Art. 110 Abs. 1 GG)

- Kreationsfunktion: Besetzung und Wahl anderer Verfassungsorgane (z.B. Art. 53a Abs. 1 S. 1, 54 Abs. 3, 63 Abs. 1 oder 94 Abs. 1 S. 2 GG) sowie von eigenen Organen (Art. 40 Abs. 1 S. 1 und 45b GG)
- Kontrollfunktion: insbes. Kontrolle der Exekutive, z.b. durch Rechte zum Herbeizitieren der Bundesregierung (Zitierrechte gemäß Art. 43 GG), Frage- und Informationsrechte (Art. 38 Abs. 1 S. 2 u. Art. 20 Abs. 2 S. 2 GG) und vor allem auch Untersuchungsausschüsse (Art. 44 GG)
- Wahlprüfung (Art. 41 Abs. 1 S. 1 GG)
- Öffentlichkeitsfunktion: Information und Erzeugung politischer Öffentlichkeit (z.B. Art. 42 Abs. 1 S. 1 GG).

Parallel zu seiner Funktionsvielfalt verfügt der Bundestag auch über eine **Vielzahl von Handlungsmöglichkeiten** wie z.B.:

227

- Rechtsetzende Beschlüsse (über Gesetze – Art. 76 Abs. 1 GG)
- Staatsleitende Beschlüsse, z.B. Entscheidung über Vertrauensfrage (Art. 68 Abs. 1 S. 1 GG) oder über Auslandseinsätze der Bundeswehr
- Organisationsinterne Beschlüsse, z.B. Einsetzung eines Untersuchungsausschusses (Art. 44 Abs. 1 S. 1 GG) oder Anrufung des Vermittlungsausschusses (Art. 77 Abs. 2 S. 1 GG)
- Schlichte Parlamentsbeschlüsse, z.B. Missbilligungserklärungen
- Kreationsakte, z.B. Wahl des Bundeskanzlers (Art. 63 Abs. 1 GG) oder einer Hälfte der Bundesverfassungsrichter (Art. 94 Abs. 1 S. 2 GG).

Der Bundestag hat anders als viele Parlamente in anderen Staaten **kein Selbstauflösungsrecht**. Allein in den Fällen des mehrheitslosen Bundeskanzler-Kandidaten bzw. Bundeskanzlers (Art. 63 Abs. 4 S. 3 und 68 Abs. 1 GG) kann der Bundespräsident den Bundestag auflösen (s. dazu auch Rn. 256 ff.). Dies ist der Fall bei der Wahl eines Kanzlers ohne Kanzlermehrheit und den Fall, bei dem einem Antrag des Bundeskanzlers, ihm das Vertrauen auszusprechen, nicht entsprochen wird. Zulässig ist aber auch eine sog. parakonstitutionelle **auflösungsgerichtete (unechte) Vertrauensfrage** des Bundeskanzlers, die darauf abzielt, die Voraussetzungen der Bundestagsauflösung herbeizuführen. In die Nähe eines Quasi-Selbstauflösungsrechts gerät danach eine vom Bundesverfassungsgericht wiederholt gebilligte – aber im Verfassungsrecht nicht vorgesehene – Staatspraxis, wonach der Bundeskanzler die auflösungsgerichtete Vertrauensfrage stellen darf, sobald aus seiner Sicht die Handlungsfähigkeit der Bundesregierung verloren gegangen ist (BVerfGE 62, 1 (34 ff.) – Bundestagsauflösung I; 114, 121 (149 ff.) – Bundestagsauflösung II). Voraussetzung ist dann aufgrund einer Einschätzungsprärogative des Bundeskanzlers kaum nachprüfbare „plausible Lage politischer Handlungsunfähigkeit" (s.a. Rn. 258).

228

2. Organisation und Arbeitsweise

229 Die regelmäßig **vierjährige Wahlperiode** des Bundestages endet mit Zusammentritt eines neuen Bundestages (Art. 39 Abs. 1 S. 2 GG). Die Wirkungen des Zusammentritts eines neuen Bundestages bestimmen sich nach dem Grundsatz der Diskontinuität. Zwischen dem neuen und dem alten Bundestag gilt der Grundsatz der personellen, sachlichen und institutionellen Diskontinuität (s. dazu *Kloepfer*, Verfassungsrecht I, 2011, § 15 Rn. 74 ff.). Die **sachliche Diskontinuität** ist in § 125 GOBT normiert. Dies bedeutet, dass alle bis zum Ende eines Bundestages noch nicht beschlossenen Gesetzesvorlagen in einen neuen Bundestag erneut eingebracht werden müssen, was in der Praxis jedoch eine relativ geringe Hürde darstellt. Trotz der Diskontinuität wird die Identität der gesetzgebenden Körperschaft (**Organkontinuität**) als solcher durch die Neuwahl seiner Mitglieder nicht berührt (vgl. BVerfGE 4, 144 (152) – Abgeordnetenentschädigung).

230 Der Bundestag verhandelt **öffentlich** (Art. 40 Abs. 1 S. 1 GG). Er entscheidet grundsätzlich mit einfacher relativer **Mehrheit** (Art. 42 Abs. 2 S. 1 GG), manchmal aber auch mit absoluter Mehrheit nach Art. 121 GG (z.B. Art. 63 Abs. 2 oder 68 Abs. 1 S. 2 GG) oder z.B. gem. Art. 79 Abs. 2, 86 Abs. 1 oder 115a Abs. 1 S. 2 GG mit qualifizierter Mehrheit (zu den Mehrheitsbegriffen s. Rn. 120 ff.).

231 Das Verfahren des Bundestages ist im Wesentlichen in seiner **Geschäftsordnung** – GOBT – (Art. 40 Abs. 1 S. 2 GG) als sog. **autonome Satzung** (Rechtsnatur umstritten, s. dazu *Kloepfer*, Verfassungsrecht I, 2011, § 15 Rn. 169 f.) geregelt. Sie konkretisiert die Arbeitsweise des Bundestages, da das Grundgesetz die Tätigkeitspraxis an den meisten Stellen nicht vorschreibt. Verstöße gegen sie sind grundsätzlich bloße Ordnungsverstöße und führen regelmäßig nicht zur Verfassungswidrigkeit des beschlossenen Parlamentsaktes.

232 Im Parteienstaat (s.o. Rn. 139 ff.) kommt den **Fraktionen** (oder – kleineren – Gruppen nach § 10 Abs. 4 GOBT) als parteipolitisch geprägte öffentlichrechtliche **Teilgliederungen des Bundestages** (§§ 10 ff. GOBT und §§ 45 ff. AbgG) eine zentrale Bedeutung in der Arbeit des Parlaments zu. Die Fraktionen sind sehr wesentlich für die Arbeit, die Willensbildung und die Struktur des Bundestages (s.a. *Kloepfer*, Verfassungsrecht I, 2011, § 15 Rn. 191 ff.). Sie werden in Art. 53a Abs. 1 S. 2 GG erwähnt und in den §§ 45 ff. AbgG geregelt. Den Fraktionen (oder einer Anzahl an Abgeordneten mit Fraktionsstärke, d.h. 5 % der Abgeordneten – § 10 Abs. 1 GOBT) behält die Geschäftsordnung des Bundestages sehr viele der wesentlichen Rechte in der Parlamentsarbeit vor (z.B. §§ 42, 76 oder 105 GOBT). Fraktionen – keinesfalls mit Parteien zu verwechseln – können als Organteile eigene Rechte oder die Rechte des Gesamtorgans Bundestag in **Prozessstandschaft** z.B. im Organstreitverfahren geltend machen (vgl. § 64 Abs. 1 BVerfGG, s.u. Rn. 378). Dies schützt vor allem die parlamentarische Opposition, die davon in der Praxis auch relativ häufigen Gebrauch macht. So rügten z.B. die Grünen als Oppositions*fraktion* (jedoch erfolglos) die Um-

gehung des (ganzen) Bundestages durch die schwarz-rote Bundesregierung der großen Koalition beim Bundeswehreinsatz im Jahr 2007 in Heiligendamm (s. dazu BVerfGE 126, 55 (67 ff.); s. zuletzt auch BVerfG, NVwZ 2015, 1593 ff. – Pegasus).

Mit der hervorgehobenen Bedeutung der Fraktionen wird die **Rechtsstellung des fraktionslosen Abgeordneten** (meistens nach Austritt aus einer Fraktion, s. BVerfGE 77, 39 ff.) entscheidend geschwächt. Er ist *kein* Organteil des Bundestages und ist zwar als „anderer Beteiligter" im Organstreitverfahren antragsberechtigt, kann aber nicht in Prozessstandschaft Rechte des gesamten Bundestages geltend machen (s. Rn. 378). Er hat aber gleichwohl in der Parlamentsarbeit ein **Rede- und Antragsrecht** und darf nicht generell aus der Ausschussarbeit ferngehalten werden. Ihm steht allerdings nicht automatisch ein Stimmrecht in einem Ausschuss zu, da dies ihn wiederum überproportionalen Einfluss gewähren würde (s. zur Stellung der Abgeordneten *Kloepfer*, Verfassungsrecht I, 2011, § 15 Rn. 89 ff.). 233

Andererseits werden auch die politischen Handlungsmöglichkeiten der **fraktionsangehörigen Abgeordneten** durch die Fraktionsmitgliedschaft zum Teil sehr stark eingeengt (s. zur sog. „Fraktionsdisziplin" Rn. 239). An dieser Untergliederung spiegelt sich die praktische Dominanz der Parteienstruktur in Deutschland erneut wider (s. dazu Rn. 139 ff.). 234

Der Bundestag wählt einen **Bundestagspräsidenten**, die stellvertretenden Präsidenten, die Schriftführer und einen Ältestenrat (Art. 40 Abs. 1 GG und §§ 2 f. und 5 f. GOBT). Der Präsident übt das Hausrecht und die Polizeigewalt in den Gebäuden des Bundestags (Reichstag und eine Vielzahl an Nebengebäuden) aus (Art. 40 Abs. 2 S. 1 GG). 235

Die **Parlamentsausschüsse** (§§ 54 ff. GOBT) sind die eigentlichen Träger der politischen Arbeit des Bundestages. Sie werden als kleine **spiegelbildliche Abbildungen** des Plenums besetzt (s. dazu auch BVerfGE 112, 118 (133) – Vermittlungsausschuss; 130, 318 (353 f.) – Sondergremium EFSF). Ihre parteipolitische (besser: fraktionspolitische) Zusammensetzung entspricht also der des gesamten Bundestags. Sie verhandeln grundsätzlich nicht öffentlich (§ 69 Abs. 1 S. 1 GOBT). Der Bundestag bildet kraft seiner inneren Autonomie seine Ausschüsse selbst (s. etwa BVerfGE 80, 188 (219) – Wüppesahl), teilweise sind diese aber auch durch die Verfassung vorgegeben (z.B. Art. 45, 45a und 45d GG). Ein besonderer **Ausschuss für die Angelegenheiten der Europäischen Union** kann ermächtigt werden, die Rechte des Bundestages gemäß Art. 23 GG gegenüber der Bundesregierung wahrzunehmen (Art. 45d S. 2 GG). Verfassungsrechtliche Grenzen für die Einrichtung und Entscheidungsbefugnisse von Ausschüssen und parlamentarischen Sondergremien können sich insbesondere aus dem Demokratieprinzip und den Statusrechten der Abgeordneten ergeben (s. dazu zuletzt BVerfGE 130, 318 (353 f.) – Sondergremium EFSF; s.a. Rn. 151). 236

Besonders wichtige Ausschüsse sind auch **Untersuchungsausschüsse** (Art. 44 GG, s. dazu *Kloepfer*, Verfassungsrecht I, 2011, § 15 Rn. 233 ff.; *Papier/Krönke*, Öffentli- 237 ches Recht 1, 2. Aufl. 2015, Rn. 353 ff.). Einzelheiten hierzu werden durch das Gesetz zur Regelung des Rechts der Untersuchungsausschüsse des Deutschen Bundestages (PUAG) geregelt. Ein Untersuchungsausschuss muss auf Antrag mindestens eines Viertels der Bundestagsmitglieder (**Minderheitenenquete**) eingesetzt werden (Art. 44 Abs. 1 GG und § 2 Abs. 1 PUAG). Der Untersuchungsgegenstand wird durch den Einsetzungsbeschluss festgelegt und darf nur mit Willen der Antragsteller verändert werden. Der Untersuchungsausschuss hat ähnliche Beweisverfahren wie Strafgerichte (Art. 44 Abs. 2 S. 1 GG und §§ 17 ff. PUAG). Für Streitigkeiten nach dem PUAG ist gemäß § 36 Abs. 1 PUAG der BGH zuständig, für genuin verfassungsrechtliche Streitigkeiten ist hingegen das Bundesverfassungsgericht im Wege des Organstreitverfahrens gemäß Art. 93 Abs. 1 Nr. 1 GG, §§ 13 Nr. 5, 63 ff. BVerfGG zuständig (vgl. BVerfGE 124, 78 (104) – BND-Untersuchungsausschuss). Grenzen des parlamentarischen Untersuchungsrechts können sich im Übrigen nur aus der Verfassung ergeben. Hierbei kommen insbesondere der Kernbereich exekutiver Eigenverantwortung, das Staatswohl als auch Grundrechte Dritter in Betracht (vgl. BVerfGE 67, 100 (139 ff.) – Flick-Untersuchungsausschuss; 124, 78, (120 ff.) – BND-Untersuchungsausschuss). Gleichermaßen wird auch der Informationsanspruch des Bundestages und der einzelnen Abgeordneten durch das Gewaltenteilungsprinzip, das Staatswohl und Grundrechte Dritter begrenzt (vgl. BVerfGE 137, 185 (233 ff.) – Kriegswaffenexportkontrolle; s.a. *Voßkuhle*, BayVBl. 2016, 289 (291 ff.)).

238 Spezielle **parlamentarische Beauftragte**, insbes. der Wehrbeauftragte (Art. 45b GG) und der Bundesdatenschutzbeauftragte (§§ 22 ff. BDSG), nehmen wichtige Hilfsfunktionen für das Parlament wahr (s. vertiefend dazu *Kloepfer*, Verfassungsrecht I, 2011, § 15 Rn. 336 ff.).

239 Für den Status des einzelnen Abgeordneten verankert Art. 38 Abs. 1 S. 2 GG das traditionelle **freie Mandat,** das in einer Parteiendemokratie allerdings gewisse Abstriche erfährt (s. dazu auch *Kloepfer*, Verfassungsrecht I, 2011, § 15 Rn. 103 ff.). Keinesfalls führt der Wechsel der Parteizugehörigkeit bzw. der Parteiaustritt aber zum Mandatsverlust. Ein mit Sanktionen bewehrter Zwang (echter **Fraktionszwang** z.B. mit Rechtssanktionen, Blanko-Mandatsverzichtserklärungen etc.) ist verfassungswidrig (BVerfGE 10, 4 (15) – Redezeit; 11, 266 (273) – Wählervereinigung; 112, 118 (135) – Vermittlungsausschuss). Demgegenüber ist nach h.M. eine weniger einschneidende **Fraktionsdisziplin**, die nur das Eintreten für z.B. beschlossene Fraktionsauffassungen erwartet, verfassungsmäßig (s. dazu etwa BVerfGE 80, 188 (222 ff.)). Die Verletzung der Fraktionsdisziplin durch einen Abgeordneten kann in der Realität faktisch zur Folge haben, bei der nächsten Bundestagwahl von der Partei nicht mehr aufgestellt zu werden. Die Fraktionsdisziplin offenbart das grundsätzliche Strukturproblem des Grundgesetzes, das darin besteht, dass es die klassischen Strukturen der weitgehend repräsentativen Demokratie (z.B. Art. 38 Abs. 1 S. 2 GG) unverbunden neben die **Parteiengewährleistung** des Art. 21 GG stellt (s.a. Rn. 148).

Der Abgeordnete kann *seine* Statusrechte vor dem Bundesverfassungsgericht im **Organstreitverfahren** (Art. 93 Abs. 1 Nr. 1 GG) und seine sonstigen Rechte auch mit der **Verfassungsbeschwerde** (Art. 93 Abs. 1 Nr. 4a GG) verteidigen (s.a. Rn. 378). 240

Die **Immunität** als zeitlich an das Mandat geknüpftes Strafverfolgungshindernis für Straftaten (Art. 46 Abs. 2 GG) und die **Indemnität** als dauerhafter Strafausschließungsgrund für (nicht verleumderische) Äußerungen im Parlament (Art. 46 Abs. 1 GG) dienen vorrangig der Sicherung der Funktionsfähigkeit des Parlaments sowie der Freiheit der Rede und der Abstimmung im Parlament und nur nachrangig dem Mandatsträger persönlich (vgl. BVerfGE 104, 310 (332 f.) – Pofalla II). Die Immunität bezieht sich auf alle Formen der Strafverfolgung und kann vom Bundestag aufgehoben werden, was inzwischen in der Regel auch praktisch geschieht. Während die Indemnität dauerhaft vor Strafe bewahrt, verliert der Abgeordnete mit seinem Ausscheiden aus dem Bundestag seine Immunität. 241

Die Abgeordneten besitzen ein **Zeugnisverweigerungsrecht**, aus dem auch ein **Beschlagnahmeverbot** resultiert (Art. 47 GG). Damit wird vor allem das Verhältnis des Abgeordneten zu Dritten geschützt. Die Abgeordneten haben außerdem **Stimm-, Rede- und Abstimmungsrechte** sowie **Frage- und Informationsrechte**. Sie können nur ausnahmsweise von der Ausschussarbeit ausgeschlossen werden. 242

Die teilweise recht großzügig bemessenen **persönlichen Rechte des Abgeordneten** (insbes. auf Entschädigung – Diäten – und Versorgung) sind auf der Grundlage von Art. 48 GG im Abgeordnetengesetz näher geregelt. Der Abgeordnete erhält eine steuerpflichtige Abgeordnetenentschädigung, eine steuerfreie Aufwandsentschädigung und ein Übergangsgeld, eine Altersentschädigung, Krankheitsbeihilfen (Art. 48 Abs. 3 S. 1 GG, §§ 11–28 AbgG) und andere Vorteile, z.B. Freifahrtberechtigung (Art. 48 Abs. 3 S. 2 GG, § 16 AbgG). **Mandatsbewerber** haben einen Urlaubsanspruch und dürfen nicht gehindert werden, das Abgeordnetenmandat zu übernehmen (Art. 48 Abs. 2 GG). 243

Diese Rechte tragen vor allem dem Umstand Rechnung, dass die Wirtschafts- und Industriegesellschaft der Gegenwart hoch komplex ist und dem Abgeordneten bei seiner politischen Tätigkeit mehr als eine nebenamtliche Tätigkeit abverlangt wird. Abgeordnete werden daher heute regelmäßig als **Berufspolitiker** tätig, die von ihrer Entschädigung leben müssen. Die beruflich-existenzielle Bindung an das befristete Mandat, welches faktisch an die Parteizugehörigkeit geknüpft ist, birgt Gefahren für die Unabhängigkeit des Abgeordneten. 244

Die Unabhängigkeit der Abgeordneten kann durch entlohnte Tätigkeiten und sonstige Nebentätigkeiten von Abgeordneten gefährdet werden. Den Abgeordneten treffen deshalb **Pflichten zur Offenlegung ihrer Nebentätigkeiten und Nebeneinkünfte** (BVerfGE 118, 277 ff.), welche bisher aber noch recht unvollkommen sind. 245

Die Abgeordneten müssen den Anforderungen der **persönlichen Integrität** genügen. Daraus ergeben sich vielfältige integrationssichernde Pflichten (siehe z.B. §§ 44a– 246

II. Bundesrat

247 Der Bundesrat besteht aus Mitgliedern der Länderregierungen (Art. 51 Abs. 1 S. 1 GG). Er ist ein oberstes **Verfassungsorgan des Bundes,** durch das die Länder an der Bundesgesetzgebung und -verwaltung mitwirken (Art. 50 Abs. 1 GG) sowie in Angelegenheiten der EU ein Mitspracherecht erhalten (s. insbes. Art. 23 Abs. 4 GG, s. dazu Rn. 956 ff.). Anders als der Bundestag unterliegt er nicht dem Grundsatz der an den Bundestagswahlen anknüpfenden Diskontinuität, sondern er erneuert sich als kontinuierliches Organ mit den nach Landtagswahlen neu zu bestimmenden Bundesratsmitgliedern.

248 Besonders wichtig sind im Parteienbundesstaat (gerade für die Opposition) die **Mitwirkungsbefugnisse** des Bundesrates bei der Bundesgesetzgebung mit **Initiativ-, Einspruchs- und Zustimmungsbefugnissen** (s. dazu unten Rn. 311 ff.). Die angestiegenen Mitwirkungsbefugnisse des Bundesrates stellen die (unzureichenden) Kompensationen für die weitgehenden Kompetenzverluste der Länder in den vergangenen Jahrzehnten dar.

249 Der Bundesrat ist nicht unmittelbar demokratisch legitimiert, sondern besteht aus – weisungsgebundenen – Mitgliedern der Landesregierungen (**imperatives Mandat** als Gegenstück zum freien Mandat der Bundestagsabgeordneten, s. dazu oben Rn. 239). Durch seine Mitwirkung an der Gesetzgebung werden nicht nur allgemeine Landesinteressen, sondern auch Landesregierungsinteressen in die (Bundes-)Gesetzgebung integriert. Der Bundesrat ist **keine echte Zweite Kammer** der Gesetzgebung. Seine Beteiligung ist im Verhältnis zum Bundestag nicht gleichwertig, aber trotzdem oft (mit-)entscheidend.

250 Die – sehr grob nach Einwohnerzahl gestuften (Art. 51 Abs. 2 GG) – **Stimmen** eines Landes im Bundesrat können nur **einheitlich abgegeben** werden (Art. 51 Abs. 3 S. 2 GG). Die uneinheitliche Abgabe der Stimmen eines Landes führt zur Ungültigkeit der Stimmen dieses Landes, nicht aber zur Ungültigkeit der gesamten Abstimmung (BVerfGE 106, 310 (330) – Zuwanderungsgesetz), was freilich kritisiert wird. Eine zum Teil erhebliche **Ungleichgewichtung der Stimmenzahl** im Vergleich der dahinter „vertretenen" Einwohner eines Bundeslandes (rechnerisch vertreten im Vergleich zu Bremen nur doppelt so viele Bundesratsmitglieder Nordrhein-Westfalens dessen über dreißigmal so zahlreiche Bevölkerung) ist in Anbetracht der Gleichwertigkeit der Länder als Gliedstaaten zueinander hinzunehmen, zumal der Bundesrat als „Gesandtenkongress" gerade nicht die Funktion einer zweiten Kammer mit Volksvertretungscharakter besitzt, sondern die föderale Mitgestaltung der Länder bei der Gesetzgebung und Verwaltung des Bundes sichert.

Der Bundesrat verfügt als Verfassungsorgan über **innere Autonomie** mit der Befugnis, sich u. a. eine Geschäftsordnung zu geben, einen Präsidenten zu bestimmen (zugleich Vertreter des Bundespräsidenten, Art. 57 GG), und gemäß Art. 52 GG Ausschüsse zu bilden (s. dazu auch *Kloepfer*, Verfassungsrecht I, 2011, § 16 Rn. 40). Das Präsidentenamt wechselt jährlich zum 1. November gemäß dem Königsteiner Abkommen unter den Ländern in der Reihenfolge absteigender Bevölkerungszahl. 251

Die **Europakammer des Bundesrates** nach Art. 52 Abs. 3a GG kann auf Aufgabengebieten der EU für den Bundesrat selbst handeln (*Kloepfer*, Verfassungsrecht I, 2011, § 16 Rn. 140 f.), um diesen bei der Wahrnehmung seiner vielfältigen Mitwirkungsbefugnisse nach Art. 23 GG zu entlasten (s. Rn. 956 ff.). 252

Eine gewisse Kontrollfunktion gegenüber der Bundesregierung übt auch der Bundesrat durch **Zitier- und Informationsrechte** nach Art. 53 GG aus, wobei Mitglieder der Bundesregierung gleichwohl auch Zutritts- und Anhörungsrechte besitzen. Darüber hinaus verfügen Bundesratsmitglieder auch über Zutritts- und Anhörungsrechte gegenüber dem Bundestag (Art. 43 Abs. 2 GG). Entsprechende Rechte für Bundestagsabgeordnete auf Zutritt zu Sitzungen des Bundesrates auf Anhörung kennt das Grundgesetz nicht. 253

III. Bundesregierung

1. Legitimation und Kompetenz

Die aus dem Bundeskanzler und den Bundesministern bestehende Bundesregierung (Art. 62 GG, auch Bundeskabinett genannt) ist ein **Verfassungsorgan**, das nicht nur die Spitze der vollziehenden Gewalt (**Exekutive**) darstellt, sondern auch maßgeblichen Anteil an der Staatsleitung (**government**) und an der häufig entscheidenden *Vor*formulierung von Gesetzen durch Gesetzesentwürfe hat. Sie ist wahrscheinlich das wichtigste – weil einflussreichste – Verfassungsorgan des politischen Systems der Bundesrepublik Deutschland, das dadurch freilich immer exekutivlastiger wird. 254

Die **Kernbereiche** der Regierungsaufgaben stehen der Bundesregierung als dem zur Staatsleitung berufenen Organ ausschließlich zu und sind vor Überwachung des Parlaments, insbes. durch Untersuchungsausschüsse, geschützt. Der Bundesregierung steht ein „Kernbereich exekutiver Eigenverantwortung" zu (BVerfGE 67, 100 (139) – Flick-Untersuchungsausschuss). 255

Der Bundeskanzler wird gemäß Art. 63 Abs. 1 GG auf Vorschlag des Bundespräsidenten gewählt. Im ersten Wahlgang bedarf es zur **Wahl des Bundeskanzlers** einer absoluten Mehrheit der Bundestagsabgeordneten („**Kanzlermehrheit**"). Erreicht er diese Stimmenanzahl, so ist der gewählte Kandidat vom Bundespräsidenten zu ernennen (Art. 63 Abs. 1 und 2 GG). Kommt im ersten Wahlgang eine solche Mehrheit nicht zustande, so findet ein **zweiter Wahlgang** (Initiative beim Bundestag ohne Vorschlagsrecht des Bundespräsidenten) statt (Art. 63 Abs. 3 GG), nach dem der Gewählte zu ernennen ist, wenn er die Kanzlermehrheit erreicht hat. Kommt dagegen 256 auch im zweiten Wahlgang eine solche Kanzlermehrheit nicht zustande, kann in einem **dritten Wahlgang** der Kanzler mit den meisten auf sich vereinten Stimmen (also u. U. auch ein **Minderheitenkanzler**) gewählt werden (Art. 63 Abs. 4 S. 1 GG). Der Bundespräsident kann im Falle eines solchen Minderheitenkanzlers diesen ernennen oder aber den Bundestag auflösen (Art. 63 Abs. 4 S. 3 GG). Jenseits der verfassungsrechtlichen Zuständigkeiten wird die Entscheidung über die Person(en) des Bundeskanzlers (und der Bundesminister) faktisch durch Koalitionsvereinbarungen bzw. Parteienentscheidungen entscheidend präjudiziert. Im Gegensatz zum Bundespräsidenten (Art. 54 Abs. 2 S. 2 GG) ist der Bundeskanzler unbegrenzt **wiederwählbar**, wenn er von dem jeweils neuen Bundestag wiedergewählt wird (s. dazu auch *Kloepfer*, FAZ vom 18. Februar 2016, S. 6).

257 Nach dem grundgesetzlichen Prinzip der **Regierungsstabilität** kann der Bundeskanzler vom Bundestag nur durch die Neuwahl eines Nachfolgers – mit Kanzlermehrheit – „abgewählt" werden (**konstruktives Misstrauensvotum** nach Art. 67 Abs. 1 GG, s. dazu *Kloepfer*, Verfassungsrecht I, 2011, § 18 Rn. 106 ff.). Ein entsprechendes Misstrauensvotum gegen einen einzelnen Bundesminister ist nicht zulässig, wohl aber etwa (juristisch an sich folgenlose) **Missbilligungsanträge**.

258 Eine **missglückte Vertrauensfrage** nach Art. 68 GG führt nicht automatisch zur Erledigung des Amtes des Bundeskanzlers, sondern ermächtigt nur den Bundespräsidenten, (auf Vorschlag des Bundeskanzlers) den Bundestag aufzulösen. Auch hier kann der Bundespräsident zwischen Duldung einer Minderheitenregierung und Parlamentsauflösung entscheiden. Die Abstimmung über die Vertrauensfrage kann mit einer Abstimmung über eine Sachfrage (z.B. Gesetzesentwurf) verbunden werden (vgl. Art. 81 Abs. 1 S. 2 GG). In der Variante der **auflösungsgerichteten (unechten) Vertrauensfrage** (BVerfGE 62 1 ff. – Bundestagsauflösung I; 114, 121 ff. – Bundestagsauflösung II) hat sich die Vertrauensfrage in der politischen Realität als ein (nach wohl herrschender Meinung zulässiges) Surrogat für das (im Grundgesetz fehlende) parakonstitutionelle **Selbstauflösungsrecht des Parlaments** erwiesen (s.a. Rn. 228). Verfassungsrechtlich zulässig ist eine auflösungsgerichtete (unechte) Vertrauensfrage nach Auffassung des Bundesverfassungsgerichts nur, wenn eine instabile politische Lage besteht (BVerfGE 62, 1 (42 ff.) – Bundestagsauflösung I; BVerfGE 114, 121 (154 ff.) – Bundestagsauflösung II). Ob aber eine solche Lage gegeben ist, unterfällt dem Einschätzungs- und Beurteilungsspielraum des Bundeskanzlers und kann vom Bundesverfassungsgericht nur auf einen eventuellen Missbrauch rechtlich überprüft werden (BVerfGE 62, 1 (50) – Bundestagsauflösung I; 114, 121 (155) – Bundestagsauflösung II).

259 Erfolgt eine solche Auflösung nicht, ermöglicht die Regelung über den **Gesetzgebungsnotstand** (Art. 81 GG), der vom Bundespräsidenten zu erklären ist, einer Minderheitenregierung zusammen mit dem Bundesrat eine – befristete – **Gesetzgebung durch Minderheiten ohne den Bundestag** (s. dazu *Kloepfer*, Verfassungsrecht I, § 21 Rn. 280 ff.). Diese Gesetze basieren dann allein auf dem Willen der deutschen Regierungen im Bund und in den Ländern. Als Gegenkonzept zum historischen Negativbeispiel der Regelungen in Art. 48 Abs. 2 S. 1 und S. 2 WRV zum Notverordnungsrecht des Reichspräsidenten begrenzen Art. 81 Abs. 3 S. 2 und Abs. 4 GG (vgl. auch Art. 115e Abs. 2 S. 1 GG für den Gemeinsamen Ausschuss) die Reichweite dieser Notstandsermächtigung, von der in der Praxis bisher niemals Gebrauch gemacht worden ist.

2. Organisation und Arbeitsweise

Die maßgeblichen internen Organisationsprinzipien der Bundesregierung sind das Kanzlerprinzip, das Ressortprinzip und das Kollegialprinzip (s. dazu *Kloepfer*, Verfassungsrecht I, 2011, § 18 Rn. 250 ff.). Das **Kanzlerprinzip** gibt dem Bundeskanzler eine Vorrangstellung. Der Bundeskanzler bestimmt die allgemeinen Richtlinien der Politik der Bundesregierung (Art. 65 S. 1 GG), die Regierungsorganisation und das Schicksal der Bundesminister (Rn. 264) und führt die Geschäfte der Bundesregierung (Art. 65 S. 1 GG). Das **Ressortprinzip** beschreibt die Selbstständigkeit und Eigenverantwortlichkeit des Ministers bei der Wahrnehmung seines Ressorts (Art. 65 S. 2 GG, Rn. 250). Das **Kollegialprinzip** beschreibt die Entscheidungsfindung im Kollegialorgan Bundesregierung, die grundsätzlich ihre „Kabinettsbeschlüsse" – etwa auch bei Konflikten zwischen Bundesministern (Art. 65 S. 3 GG) – mit Mehrheit trifft (s.a. Rn. 262).

260

Die Bundesregierung hat eine eigene **Geschäftsordnung** (GOBReg nach Art. 65 S. 4 GG). Diese ist aber im Gegensatz zu den Geschäftsordnungen von Bundestag und Bundesrat nicht alleiniger Ausfluss der Autonomie als Verfassungsorgan, sondern muss von einem anderen Verfassungsorgan, nämlich dem Bundespräsidenten, genehmigt werden.

261

Als **Kollegialorgan** entscheidet die Bundesregierung grundsätzlich in gemeinschaftlicher Sitzung oder im sog. Umlaufverfahren (§ 20 GOBReg) und zwar mit einfacher Mehrheit. Die Verfassung kennt neben Kollegialzuständigkeiten der Bundesregierung insgesamt (z.B. Art. 84 Abs. 2 und 85 Abs. 2 GG) in besonderen Fällen auch Einzelzuständigkeiten von Bundesministern (z.B. Art. 65a oder 112 S. 1 GG).

262

Politisch und verfassungsrechtlich wichtigster Teil ist trotz der Kollegialität der Bundesregierung der **Bundeskanzler**. Nach dem grundgesetzlichen Konzept der „Kanzlerdemokratie" wird er als einziges – zentrales – Regierungsmitglied vom Bundestag gewählt. Der jeweilige Bundestag trägt ihn, sodass die Amtszeit des Kanzlers mit dem Zusammentritt eines neuen Bundestages endet. Das Amt des Bundeskanzlers endet u.a. auch mit Rücktritt, Tod, Amtsunfähigkeit bzw. mit Neuwahl eines Nachfolgers im Fall eines erfolgreichen konstruktiven Misstrauensvotums (s. dazu Rn. 257). Die Beendigung des Amtes des Bundeskanzlers führt im Übrigen zur Beendigung der Ämter aller Bundesminister (Art. 69 Abs. 2 GG). Der Bundeskanzler wird im Verhinderungsfall durch den von ihm ernannten Stellvertreter (**Vizekanzler**) vertreten (Art. 69 Abs. 1 GG, § 8 GOBReg). Im Kabinett dominiert er die politischen

263

Leitlinien im Rahmen seiner **Richtlinienkompetenz** (Art. 65 S. 1 GG). Seine besondere politische Stärke beruht auch darauf, dass er häufig zugleich Parteivorsitzender der großen Regierungspartei ist.

264 Die **Bundesminister** werden auf Vorschlag des Bundeskanzlers vom Bundespräsidenten ernannt (Art. 64 Abs. 1 GG). Sie führen ihre Ressorts in eigener Verantwortung (**Ressortkompetenz**). Der Bundeskanzler (faktisch aber meistens die Parteien) entscheidet im Rahmen seines Kabinettsbildungsrechts über die Zahl und den Zuschnitt der einzelnen Ressorts, wobei das Grundgesetz drei Ministerien explizit vorgibt (Verteidigung: Art. 65a GG, Justiz: 96 Abs. 2 S. 4 GG und Finanzen: 108 Abs. 3 S. 2, 112 S. 1 und 114 Abs. 1 GG). Die Rechtsstellung der Bundesminister und des Bundeskanzlers im Einzelnen sind im Bundesministergesetz (BMinG) geregelt. Wie erwähnt (s. Rn. 263), beendet jede Erledigung des Amts des Bundeskanzlers (insbesondere durch Rücktritt, Entlassung, Tod) die Ämter aller Bundesminister (Art. 69 Abs. 2 GG).

265 Durch die Organisationsgewalt der Regierung beruft der Bundeskanzler auch sog. **beamtete** und **parlamentarische Staatssekretäre**, die nicht mit Bundesministern zu verwechseln sind, letztere können auch als Staatsminister berufen werden (§§ 1 und 8 ParlStG). Beamtete Staatssekretäre gehören zur traditionellen Struktur eines Ministeriums und stehen (oft auch als Stellvertreter) direkt hinter dem Minister und bilden dessen administrative Schnittstelle zum Ministerium. Parlamentarische Staatssekretäre sind Abgeordnete und bilden eine politische Verbindung des Ministers zum Parlament. Ihre Sonderposition ergibt sich insbes. aus dem Gesetz über die Rechtsverhältnisse der parlamentarischen Staatssekretäre (ParlStG). Sie verwischen aber die Aufgabengrenzen zwischen Parlament und Regierung und sollten daher abgeschafft werden (s.a. *Kloepfer*, Verfassungsrecht I, 2011, § 18 Rn. 306 f.).

266 Daneben bestehen aufgrund der Organisationsgewalt **verschiedene Beauftragte der Bundesregierung sowie Beratungsgremien** (s. dazu *Kloepfer*, Verfassungsrecht I, 2011, § 18 Rn. 238 ff., 244 ff.). Zu nennen sind bspw. die Beauftragte für Kultur und Medien, Integration, Behinderte sowie Drogen und Sucht. Als Beratungsgremien stehen z.B. der Deutsche Ethikrat oder der Nationale Normenkontrollrat der Bundesregierung zur Seite.

267 **Personelle Inkompatibilitäten** bestehen zwischen Mitgliedern der Bundesregierung und dem Amt des Bundespräsidenten sowie dem Richteramt am Bundesverfassungsgericht (Art. 55 Abs. 1, 94 Abs. 1 S. 3 GG). Die Mitglieder der Bundesregierung unterliegen zudem einem grundsätzlichen Berufsausübungsverbot (Art. 66 GG, § 5 BMinG), dürfen aber zugleich (und sind es traditionell oft) Bundestagsabgeordnete sein. Politisch wird dies u. a. mit der Forderung nach Trennung von Amt und Mandat bekämpft (s.a. *Kloepfer*, Verfassungsrecht I, 2011, § 18 Rn. 306). Im Bundesministergesetz und zum Teil auch auf Länderebene sind zur Verhinderung von Interessenkonflikten mittlerweile nachamtliche Tätigkeitsbeschränkungen (Karenzzeitrege-

lungen) für politische Amtsträger geregelt worden (vgl. §§ 6a ff. BMinG), die zu einer Beeinträchtigung der Berufsfreiheit aus Art. 12 GG führen (s. dazu *Grzeszick/ Limanowski*, DÖV 2016, 313 ff.).

Die vielfältigen **Zuständigkeiten** der Bundesregierung sind insbes. in Regierungs- und Verwaltungskompetenzen aufgeteilt. Die Ministerien haben deshalb neben hochpolitischen Aufgaben maßgeblich auch administrative Funktionen. Dazu werden auch die Befugnisse zu öffentlichen Informationen und Warnungen im Rahmen der Staatsleitung gezählt (vgl. BVerfGE 105, 252 ff. – Glykol; 105, 279 ff. – Osho). Neben die exekutiven Zuständigkeiten treten auch Rechtsetzungszuständigkeiten etwa im Bereich der Rechtsverordnungsgebung nach Art. 80 GG (s.u. Rn. 322 ff.) oder bei der Erarbeitung von Gesetzesentwürfen durch die Bundesregierung (Art. 76 Abs. 1 GG, s. Rn. 310).

268

Die **parlamentarische Verantwortung** der Regierung wird durch den Bundestag unmittelbar nur vom Bundeskanzler eingefordert (Art. 65 S. 1 GG), der (allein) durch konstruktives Misstrauensvotum (Art. 67 GG) gestürzt werden kann (s.o. Rn. 257). Bundesminister können hingegen nicht abgewählt, sondern nur vom Bundespräsidenten auf Vorschlag des Bundeskanzlers entlassen werden. Das schließt missbilligende Beschlüsse gegen einzelne Bundesminister im Bundestag nicht aus, weil solche Beschlüsse keine Rechtswirkungen entfalten.

269

Die Bundesregierung unterliegt dem Prinzip der parlamentarischen Kontrolle der Regierung. Alle Regierungsmitglieder unterliegen aber wohl einer **Kontrolle** z.B. durch **Zitierrechte** von Bundestag (Art. 43 Abs. 1 GG) und Bundesrat (Art. 53 S. 1 Var. 2 GG). Andererseits haben Regierungsmitglieder auch **Anwesenheitsrechte** und **Anhörungsrechte** gegenüber diesen Körperschaften (Art. 43 Abs. 2 GG im Bundestag und Art. 53 S. 1 Var. 1 und S. 2 GG im Bundesrat).

270

IV. Bundespräsident/Bundesversammlung

Der **Bundespräsident** ist das **Staatsoberhaupt der Bundesrepublik Deutschland**. Gleichwohl ist Deutschland keine präsidentielle oder präsidiale Republik bzw. hat kein Präsidialsystem, da für die Positionen des Regierungschefs und des Staatsoberhauptes keine Personalunion besteht (wie z.B. in den USA). Auch ist die Bundesrepublik Deutschland keine semi-präsidentielle Republik, in der zwar zwischen Staatsoberhaupt und Regierungschef unterschieden wird, aber faktisch das Schwergewicht auf Seiten des Präsidenten liegt (wie z.B. in Frankreich, Russland oder historisch in der Weimarer Republik). In Deutschland dominiert seit 1949 das parlamentarische Regierungssystem mit einem machtpolitisch wenig einflussreichen Staatsoberhaupt (insoweit vergleichbar mit dem Vereinigten Königreich – wenngleich dort das Staatsoberhaupt ein Monarch und kein Präsident ist).

271

So beschränken sich die – relativ schwachen – Zuständigkeiten des Bundespräsidenten (anders als die des Weimarer Reichspräsidenten) im Wesentlichen auf die Funk-

272

tionen der neutralen politischen **Integration** nach innen und der **Repräsentation** nach außen (vgl. Art. 59 Abs. 1 GG). Er steht symbolisch *über* den Staatsgewalten und kann nur sehr begrenzt als Teil der vollziehenden Gewalt bezeichnet werden.

273 Der Bundespräsident übt gleichwohl **Staatsgewalt** im Sinne von Art. 20 Abs. 2 GG aus und ist an die Grundrechte nach Art. 1 Abs. 3 GG sowie Recht und Gesetz gemäß Art. 20 Abs. 3 GG gebunden, sodass er in keinerlei Hinsicht „über dem Gesetz" steht (vgl. BVerfGE 136, 323 (333 Rn. 27) – Äußerungsbefugnis Bundespräsident). Die vom Bundesverfassungsgericht entwickelten **Grundsätze zulässiger Öffentlichkeitsarbeit** der Bundesregierung sind aber nicht auf den Bundespräsidenten übertragbar, sondern gesondert zu bestimmen, da Äußerungen des Bundespräsidenten kraft seiner Stellung ein besonderes Gewicht zukommt und eine öffentliche Auseinandersetzung mit dem Bundespräsidenten anderen Gegebenheiten als die mit direkten politischen Konkurrenten oder einer von ihnen getragenen Bundesregierung folgt (BVerfGE 136, 323 (334 f. Rn. 30) – Äußerungsbefugnis Bundespräsident). Dem Bundespräsident steht es daher weitgehend frei, darüber zu entscheiden, bei welcher Gelegenheit und in welcher Form er sich äußert und in welcher Weise er auf die jeweilige Kommunikationssituation eingeht. Auch eine spitze Wortwahl bis an die Grenze der Schmähkritik ist ihm nicht verwehrt, sofern er dies für opportun hält (BVerfGE 136, 323 (335 f. Rn. 32) – Äußerungsbefugnis Bundespräsident).

274 Gewählt wird der Bundespräsident nicht direkt vom Volk (wie z.B. in Frankreich oder Österreich), sondern von der allein zum Zwecke seiner Wahl zusammentretenden **Bundesversammlung** (als selbstständiges und nicht perpetuierliches Verfassungsorgan, vgl. Art. 54 Abs. 1 S. 1 GG). Die Bundesversammlung besteht hälftig aus **allen Bundestagsabgeordneten** einerseits und einer entsprechenden Zahl von durch die **Landesparlamente** bestimmten Mitgliedern andererseits (Art. 54 Abs. 3 GG). Letztere sind zum Teil Landesparlamentsmitglieder selbst oder auch bisweilen populäre Persönlichkeiten aus der Mitte der Gesellschaft eines Bundeslandes. Die Bundesversammlung konstituiert sich also letztlich auf der Grundlage aller 17 deutschen Volksvertretungen zur Wahl des deutschen Staatsoberhauptes. Mitglieder der Bundesversammlung sind aber nicht berechtigt, die Wahl der von anderen Ländern in die Bundesversammlung entsandten Delegierten zu rügen, um die ordnungsgemäße Zusammensetzung der Bundesversammlung vom Bundesverfassungsgericht überprüfen zu lassen (vgl. BVerfGE 138, 125 ff. – Bundesversammlung). Von einer Direktwahl des Staatsoberhauptes durch das Volk hat das Grundgesetz Abstand genommen. Gleichwohl taucht die verfassungspolitische Forderung einer Bundespräsidentenwahl durch das Volk immer wieder auf.

275 Der Bundespräsident wird auf **fünf Jahre** mit einer (ausschließlichen) Wiederwahlmöglichkeit gewählt (Art. 54 Abs. 2 GG). Die Wahl der Bundesversammlung verläuft ähnlich wie die Wahl des Bundeskanzlers in **drei Wahlgängen**, von denen die Wahl in den beiden ersten eine absolute Mehrheit voraussetzt und der dritte Wahlgang lediglich die meisten Stimmen, d.h. die relative Mehrheit erfordert (wodurch

dann letztlich auch eine Minderheit zur Wahl des Bundespräsidenten genügt, was bislang bei den Bundespräsidenten *Gustav Heinemann* und *Roman Herzog* der Fall war). Anschließend kann der Gewählte die Wahl annehmen. Er leistet dann nach Art. 56 GG vor den Mitgliedern des Bundestages und des Bundesrates seinen Amtseid.

Die **persönliche Rechtsstellung** des Bundespräsidenten ist u. a. durch die Prinzipien der **Inkompatibilität** (Art. 55 GG) bzw. der **Immunität** (Art. 60 Abs. 4 GG) geprägt. Für ihn gelten sehr weitreichende Inkompatibilitäten. Art. 55 Abs. 2 GG erlaubt ihm im Gegensatz zu Art. 66 GG für Regierungsmitglieder neben Berufsverboten auch nicht eine vom Bundestag genehmigte Aufsichtsratstätigkeit. Durch die **Präsidentenanklage** vor dem Bundesverfassungsgericht kann der Bundespräsident wegen vorsätzlicher Verfassungs- oder Bundesrechtsverletzung seines Amtes für verlustig erklärt werden (Art. 61 GG). 276

Der **Vertreter des Bundespräsidenten** ist im Fall seiner Verhinderung (z.B. Krankheit/Urlaub) gemäß Art. 57 GG der Präsident des Bundesrats (s. dazu oben Rn. 251). Im Fall der Verhinderung des Bundespräsidenten tritt der Präsident des Bundesrates in die Rechte und Pflichten des Bundespräsidenten ein. Er kann deshalb u.a. auch die Befugnisse des Bundespräsidenten zur Auflösung des Bundestages wahrnehmen und nach Art. 61 GG angeklagt werden. 277

Der Bundespräsident **vertritt völkerrechtlich** die Bundesrepublik Deutschland (Art. 59 Abs. 1 S. 1 GG, s. dazu Rn. 806 ff.). Er schließt formal völkerrechtliche Verträge der Bundesrepublik Deutschland ab (Art. 59 Abs. 1 S. 2 GG). Zudem empfängt und beglaubigt er ausländische Gesandte (Art. 59 Abs. 1 S. 3 GG). Diese verfassungsrechtliche Aussage ist funktionell verzahnt mit entsprechenden völkerrechtlichen Rechtssätzen über die Stellung von Staatsoberhäuptern und hat eine lange verfassungsrechtliche Tradition. 278

Der Bundespräsident hat im Wesentlichen nur „**quasi-notarielle**" Funktionen z.B. bei der Ausfertigung von Gesetzen (Art. 82 Abs. 1 S. 1 GG) oder bei der Ernennung bzw. Entlassung von Mitgliedern der Bundesregierung (Art. 63 Abs. 2 S. 2 und 64 Abs. 1 GG) und bestimmten Bundesbediensteten. Ihm kommt dabei insbes. bei Gesetzen ein **formelles Prüfungsrecht** (über die Zuständigkeit des Bundesgesetzgebers und die Einhaltung des Gesetzgebungsverfahrens) zu. Daneben steht ihm – wenn überhaupt – aber nur ein äußerst begrenztes **materielles Prüfungsrecht** (Evidenzkontrolle) zu, wobei die Kontrollgrenzen umstritten sind (s. dazu etwa *Kloepfer*, Verfassungsrecht I, 2011, § 17 Rn. 127 ff. m.w.N.). Ob dem Bundespräsidenten auch ein unions- und völkerrechtliches Prüfungsrecht im Rahmen der Ausfertigung von Gesetzen zukommt, ist umstritten (s. dazu *Schladebach/Koch*, Jura 2016, 355 ff.). Hinzu kommen die politisch wichtigen **Integrations-** und **Repräsentationsfunktionen** des Bundespräsidenten. 279

280 **Politisches Ermessen** hat der Bundespräsident **nur in Ausnahmefällen**, insbes. bei der Bundestagsauflösung im Falle eines Minderheitenkanzlers (Art. 63 Abs. 4 S. 3 und 68 Abs. 1 S. 1, 81 Abs. 1 GG). Auch an anderen Stellen werden einige **Reservefunktionen in politischen Krisen** wahrgenommen. Der Bundespräsident kann so in Zeiten politischer Krisen zum (relativ) „starken Mann" werden.

281 Die Verfassung hebt im Übrigen das grundsätzliche und gerichtlich nicht überprüfbare **Begnadigungsrecht** des Bundespräsidenten für den Bund (Art. 60 Abs. 2 GG) hervor. Die Begnadigung ist die Anordnung des vollständigen Vollzugsverzichts einer rechtskräftig festgestellten Strafe oder sonstigen Sanktion auf Bundesebene. Das Begnadigungsrecht des Bundespräsidenten wird damit nur in den – seltenen – Fällen relevant, in denen ausnahmsweise ein Bundesgericht erster Instanz prinzipiell zuständig ist. Das sind nur noch die Fälle des Art. 96 Abs. 5 GG, weil hier Landesgerichte in Organleihe die Strafgerichtsbarkeit des Bundes ausüben. In den allermeisten Fällen liegt das Begnadigungsrecht bei den Staatsoberhäuptern der Länder (Ministerpräsidenten).

282 Der Bundespräsident verfügt noch über mehrere **ungeschriebene Kompetenzen**. Dazu zählen z.B. Ordensverleihungen oder die Bestimmung von Bundessymbolen und von nationalen Feiertagen. Außerdem sind verschiedentlich Zuständigkeiten des Bundespräsidenten in einfachen Gesetzen bzw. Anordnungen geregelt (z.B. die Feststellung des Tages der Bundestagswahl nach § 16 BWahlG und die Ernennung der Wahlkreiskommission gemäß § 3 Abs. 2 S. 1 BWahlG oder des Wissenschaftsrats).

283 Die Anordnungen und Verfügungen des Bundespräsidenten (wohl aber nicht seine Reden) bedürfen der **Gegenzeichnung durch Mitglieder der Bundesregierung** (Art. 58 S. 1 GG). Dadurch soll die fehlende parlamentarische Verantwortlichkeit des Bundespräsidenten durch die parlamentarische Verantwortlichkeit der notwendig zu beteiligenden Bundesregierung kompensiert werden. Letztlich geht es aber um den politischen Vorrang der Bundesregierung gegenüber dem Bundespräsidenten, der keine eigene (mit der Bundesregierung nicht abgestimmten) Politik betreiben können soll.

284 Da die **Bundesländer** ebenfalls (allerdings nicht souveräne) Staaten sind, haben auch sie eigene Staatsoberhäupter. Dort sind diese die jeweilig amtierenden Ministerpräsidenten bzw. der Regierende Bürgermeister (Berlin) oder Erste Bürgermeister (Hamburg) oder schlicht der Bürgermeister (Bremen). Diese sind durchweg **zugleich Regierungschefs** der Bundesländer. Insoweit haben alle Bundesländer ein Präsidialsystem.

V. Gemeinsamer Ausschuss

285 Der Gemeinsame Ausschuss (Art. 53a GG) ist ein **selbstständiges Verfassungsorgan**, nicht aber ein gemeinsames Unterorgan von Bundesrat und Bundestag (s. dazu *Kloepfer*, Verfassungsrecht I, 2011, § 29 Rn. 38 ff., 60 ff.). Er besteht zu zwei Dritteln aus Mitgliedern des Bundestages und zu einem Drittel aus Mitgliedern des Bundesrates (Art. 53 Abs. 1 S. 1 GG). Seine für das Verfahren bedeutsame Geschäftsord-

nung gibt er sich gemäß Art. 53a Abs. 1 S. 4 GG jedoch nicht selbst, sondern sie wird vom Bundestag beschlossen und bedarf der Bundesratszustimmung. Er ist nicht mit dem Vermittlungsausschuss, der Teil des regulären Gesetzgebungsverfahrens ist, zu verwechseln, obgleich dessen Geschäftsordnung auf gleiche Weise zustande kommt (Art. 77 Abs. 2 S. 2 GG, s. dazu Rn. 316 ff.).

Der Gemeinsame Ausschuss nimmt für die Dauer eines **Verteidigungsfalles** (nur) im Falle der **Verhinderung des Bundestages** die Aufgaben eines **Notparlaments** als Einheit von Bundestag und Bundesrat wahr (Art. 115e Abs. 1 GG). Im Verteidigungsfall gilt zunächst das reguläre Gesetzgebungsverfahren weiter, wird unterdessen aber (lediglich) zeitlich durch Wegfall bestimmter Zwischenphasen gestrafft (Art. 115d GG). Der Gemeinsame Ausschuss ist damit nur **Bestandteil der Wehrverfassung** für den Fall sich bereits auf die Funktion des Bundestages auswirkender äußerer Bedrohungen (s.a. Rn. 207). 286

Im Verteidigungsfall vom Gemeinsamen Ausschuss **erlassene Gesetze** stehen nach Art. 115l Abs. 1 S. 1 GG stets **zur Disposition von Bundestag und Bundesrat**. 287

VI. Bundesverfassungsgericht

1. Legitimation und Kompetenz

Das Bundesverfassungsgericht (BVerfG) hat für das politische System, für die Verfassungsdurchsetzung und für die Verfassungsentwicklung in Deutschland eine **herausragende Bedeutung**. Die Eigenständigkeit und Bedeutung des Bundesverfassungsgerichts verdeutlicht auch Art. 115g GG. Die praktisch wichtigsten Vorgaben für das Verfahren sind im Bundesverfassungsgerichtsgesetz (BVerfGG) geregelt. 288

Das Bundesverfassungsgericht ist ein **Verfassungsorgan**, denn es leitet sowohl seine Existenz (Art. 92 GG) als auch seine grundlegenden Zuständigkeiten (Art. 93 GG, aber auch bspw. Art. 100, 21, 18, 61 GG) unmittelbar aus dem Grundgesetz ab. In seinen grundlegenden Entscheidungen nimmt es durchaus auch staatsleitende Interessen wahr. Als Verfassungsorgan argumentiert es häufig – legitimerweise – „politischer" als z.B. die obersten Gerichtshöfe des Bundes. 289

Das Bundesverfassungsgericht ist gleichwohl auch ein **Gericht**, also ein dauerhaft eingerichteter Spruchkörper, der nach einem gesetzlich festgelegten Verfahren (im Wesentlichen) am Maßstab des Rechts (des Verfassungsrechts) und in richterlicher Unabhängigkeit verbindliche Entscheidungen trifft. Es übt gemäß Art. 92 GG rechtsprechende Gewalt aus, obwohl seine Bindung an das Gesetz gemäß Art. 20 Abs. 3 GG nicht dem der übrigen Gerichte entspricht. Es verfügt durch Verfassungsrecht über das **Verwerfungsmonopol für** (formelle, nachkonstitutionelle, Rn. 389) **Gesetze**. 290

Die Entscheidungen des Bundesverfassungsgerichts erwachsen in **Rechtskraft** und sind für alle staatlichen Organe verbindlich (§ 31 Abs. 1 BVerfGG). Entscheidungen über Normenkontrollen sowie u. U. über Verfassungsbeschwerden erwachsen in **Ge-** 291 setzeskraft (Art. 94 Abs. 2 S. 1 GG, § 31 Abs. 2 BVerfGG), sind also allgemeinverbindlich. Bestandskräftige Entscheidungen, die auf einer später vom Bundesverfassungsgericht für nichtig erklärten gesetzlichen Norm beruhen, bleiben gleichwohl regelmäßig unberührt (§ 79 Abs. 2 S. 1 BVerfGG), da sich die Bestandskraft aus Vertrauensschutzaspekten gegen die Bedeutung der Verfassungswidrigkeit durchsetzt (s. dazu Rn. 165 ff.).

292 Das Bundesverfassungsgericht kann nach § 32 BVerfGG in laufenden Verfahren oder in damit einzuleitenden Verfahren (einstweiliger Rechtsschutz) **einstweilige Anordnungen** erlassen (s. dazu Rn. 400 ff.), wenn dies zur Abwehr schwerer Nachteile, zur Verhinderung drohender Gewalt oder aus anderen wichtigen Gründen erforderlich ist. Es erfolgt dabei materiellrechtlich typischerweise eine zweipolige Abwägung zwischen den Nachteilen einerseits, die sich ergeben können, wenn die einstweilige Anordnung nicht ergeht, die Hauptsache aber erfolgreich sein würde, mit den Nachteilen andererseits, die daraus folgen können, dass eine einstweilige Anordnung ergeht, die Hauptsache aber nicht erfolgreich sein würde (**Doppelhypothese**, s. dazu BVerfGE 34, 341 (342)). Dem Weg mit den geringeren nachteiligen Folgen wird sodann gefolgt.

293 Die **Bundesverfassungsgerichtsbarkeit** und die **Landesverfassungsgerichtsbarkeit** sind voneinander **unabhängig**. Selbst soweit Grundgesetz und Landesverfassungen gleichlautend sind (s.a. auch Art. 142 GG), haben beide Gerichtsbarkeiten rechtlich unterschiedliche Verfahrensgegenstände. Kontrollmaßstab des Bundesverfassungsgerichts ist das Grundgesetz. Kontrollmaßstab des Landesverfassungsgerichts ist das Verfassungsrecht des jeweiligen Landes, wobei aber auch Normen des Grundgesetzes auf Landesverfassungsgerichte Anwendung finden. Will das Verfassungsgericht eines Landes bei der Auslegung des Grundgesetzes von der Entscheidung des Bundesverfassungsgerichts oder eines anderen Landesverfassungsgerichts abweichen, so ist die Entscheidung des Bundesverfassungsgerichts einzuholen (Art. 100 Abs. 3 GG). Einen Vorrang, im Verfassungsrechtsschutzweg zunächst das Landesverfassungsgericht anzurufen, gibt es bei der Kommunalverfassungsbeschwerde (§ 91 S. 2 BVerfGG). Bei der Individualverfassungsbeschwerde stehen die Wege zum BVerfG sowie zu den Landesverfassungsgerichten hingegen unabhängig nebeneinander offen (§ 90 Abs. 3 BVerfGG).

294 In zunehmende **Konkurrenz** tritt das Bundesverfassungsgericht mit dem in Luxemburg ansässigen Gerichtshof der EU, insbes. mit dem **EuGH** (s.a. Rn. 448), der für die EU über die Einhaltung des Primärrechts der europäischen Verträge (EUV, AEUV, GRCh) wacht und insoweit maßgebliche Rechtsprechung zu allen auf europäische Ebene verlagerten Sachmaterien ausübt – auch soweit sie verfassungsrechtlich Bedeutung haben können (s.a. Rn. 857 ff.). Der Prüfungsumfang wird durch ein **Kooperationsverhältnis** bestimmt (BVerfGE 89, 155 (174 f.) – Maastricht; 102, 147 (164) – Bananenmarktordnung; 134, 366 (385, Rn. 27) – OMT-Beschluss; dazu *Kloepfer*, Finanzverfassungsrecht, 2014, § 8 Rn. 42b). Des Weiteren ist die Recht-

sprechung des **Europäischen Gerichtshofs für Menschenrechte (EGMR)** in Straßburg relevant, der über die Einhaltung der Europäischen Menschenrechtskonvention (EMRK) in all ihren Mitgliedstaaten judiziert, wobei die EMRK zwar nur einfaches Bundesrecht darstellt, aber die Urteile des EGMR insbesondere unter Beachtung des Grundsatzes der Völkerrechtsfreundlichkeit des Grundgesetzes maßgebliche, jedenfalls faktische Einflüsse auf rechtsstaatliche Gehalte des Grundgesetzes haben und damit die Auslegung der Grundrechte und rechtsstaatlichen Grundsätze des Grundgesetzes beeinflussen (BVerfGE 111, 307 (317 ff.) – EGMR-Entscheidungen; 128, 326 (367 ff.) – Sicherungsverwahrung s.a. Rn. 453 f.). Insoweit kommt der EGMR-Rechtsprechung eine Leit- und Orientierungsfunktion zu. Die Gewährleistungen der EMRK und ihrer Zusatzprotokolle sind allerdings in der deutschen Rechtsordnung kein unmittelbarer verfassungsrechtlicher Prüfungsmaßstab (BVerfGE 111, 307 (317) – EGMR-Entscheidungen; 128, 326 (367) – Sicherungsverwahrung; 138, 296 (356) – Lehrerin mit Kopftuch II).

2. Organisation und Arbeitsweise

Aus der Qualität des Bundesverfassungsgerichts als Verfassungsorgan folgt die Befugnis, sich eine – vom Plenum zu beschließende – **Geschäftsordnung** zu geben (GOBVerfG), obwohl diese – anders als die Geschäftsordnungen anderer Verfassungsorgane und sogar die Geschäftsordnungen von Nichtverfassungsorganen nach Art. 77 Abs. 2 S. 2 oder 115d Abs. 2 S. 4 GG – *nicht* im Grundgesetz selbst erwähnt wird, sondern „nur" in § 1 Abs. 3 BVerfGG.

295

Das **Bundesverfassungsgerichtsgesetz** (BVerfGG) zeichnet sich durch mehrere Umstände als besonderes Gesetz aus. Trotz seiner formalen Eigenschaft als reguläres Parlamentsgesetz ordnet es eine Bindungswirkung für Verfassungsorgane (§ 31 Abs. 1 BVerfGG) und die Gesetzeskraft von Nichtgesetzen an (§ 31 Abs. 2 S. 1, 2 und 4). Die besondere Stellung des BVerfGG wird auch durch Art. 115g S. 2 GG verdeutlicht.

296

Die **16 Richter des Bundesverfassungsgerichts** (zwei Senate mit je acht Richtern) werden je zur Hälfte vom Bundestag und vom Bundesrat gewählt (Art. 94 Abs. 1 S. 2 GG). Die Amtszeit eines Richters dauert zwölf Jahre, längstens jedoch bis zur Altersgrenze von 68 Jahren; eine Wiederwahl ist unzulässig (§ 4 Abs. 1 u. 2 BVerfGG). Während der Bundesrat die Richter in unmittelbarer Wahl mit Zwei-Drittel-Mehrheit bestimmt (§ 7 BVerfGG), werden die vom Bundestag zu bestimmenden Richter seit einer am 30. Juni 2015 in Kraft getretenen Änderung des § 6 BVerfGG mit Zwei-Drittel-Mehrheit oder mit mindestens der Mehrheit der Stimmen der Mitglieder des Bundestages auf Vorschlag des Richterwahlausschusses des Parlaments ohne Aussprache mit verdeckten Stimmzetteln direkt gewählt (§ 6 Abs. 1 BVerfGG; die zuvor bestehende Ausgestaltung als indirekte Wahl durch einen Richterwahlausschuss des Bundestages wurde vom Bundesverfassungsgericht (BVerfGE 131, 230 ff. – Richterwahlausschuss) aber nicht beanstandet). Unabhängig von die-

297

sem Verfahren erfolgt die Besetzung der Richterstellen in der Praxis nach Absprache unter den politischen Parteien, wodurch es zu einer problematischen Parteiendominanz kommt, es aber andererseits vermieden wird, dass eines der großen Parteienlager sich das Gericht „einverleibt". Im Wesentlichen stellen bisher die CDU/CSU und die SPD mit Parteimitgliedern oder politisch wenigstens nahestehenden Personen die Richterposten. Die „kleineren" Parteien haben gerade in letzter Zeit jedoch ebenfalls einzelne Posten stellen können, wenn die „großen" ihnen einzelne Richterposten „abtraten". Das im Grunde immer noch geltende Prinzip der Postenverteilung zwischen Union und SPD ist in einem Fünf-Parteien-System längst überholt und muss als verfassungswidrig bewertet werden (str.). Deshalb und wegen des ungefilterten Parteieneinflusses (Rn. 149) sowie wegen völlig unzureichender Transparenz der Entscheidungsfindung ist das Wahlverfahren für Bundesverfassungsrichter dringend reformbedürftig (s. *Kloepfer*, Verfassungsrecht I, 2011, § 19 Rn. 42 ff.).

298 Eine Besonderheit weist das Bundesverfassungsgericht im Verhältnis zu anderen Gerichten in Deutschland auf, weil es einzelnen Richtern erlaubt ist, **Sondervoten** als Abweichung von der Meinung im Senat zu veröffentlichen (§ 30 Abs. 2 S. 1 BVerfGG i.V.m. § 56 GOBVerfGG), was maßgeblich auf das Vorbild, den US-amerikanischen Supreme Court, zurückzuführen ist. Diese Sondervoten können die Aussagekraft der verfassungsrechtlichen Entscheidung relativieren.

299 Wichtigste **Spruchkörper** am Bundesverfassungsgericht sind die **zwei Senate** mit je acht Richtern, die personell und organisatorisch fast völlig unabhängig voneinander agieren (§ 14 BVerfGG – „**Zwillingsgericht**"). Über die Zulässigkeit der Mehrheit von Vorlagebeschlüssen eines Gerichts im konkreten Normenkontrollverfahren sowie über die Annahme von Verfassungsbeschwerden entscheiden in einem Vorverfahren **Kammern** des Bundesverfassungsgerichts, die aus je drei Richtern eines Senats gebildet werden (§ 15a BVerfGG). Ausnahmsweise entscheidet als Spruchkörper auch das gesamte **Plenum** aus allen 16 Richtern des Bundesverfassungsgerichts (§ 16 BVerfGG), wenn ein Senat von der Rechtsprechung des jeweils anderen Senats abweichen will.

300 Gelegentlich werden auch die **wissenschaftlichen Mitarbeiter des BVerfG** – übertrieben – als „**Dritter Senat**" bezeichnet, da sie einen wesentlichen Umfang der Arbeitslast des BVerfG tragen (s. hierzu *Kloepfer*, Verfassungsrecht I, 2011, § 19 Rn. 67 ff.). Derzeit kann jeder Richter über bis zu vier Mitarbeiter verfügen.

301 Das Bundesverfassungsgericht ist nur in den ausdrücklich im Grundgesetz oder gesetzlich (Art. 93 Abs. 3 GG) angeordneten **Verfahrensarten** zur Entscheidung befugt (**Enumerationsprinzip**). Zu den wichtigsten Verfahrensarten vor dem BVerfG (s. dazu Rn. 374 ff.) zählen die Verfassungsbeschwerde (Art. 93 Abs. 1 Nr. 4a GG), die konkrete und die abstrakte Normenkontrolle (Art. 100 Abs. 1 GG bzw. Art. 93 Abs. 1 Nr. 2 GG), das Organstreitverfahren (Art. 93 Abs. 1 Nr. 3 GG) sowie die Bund-/Länderstreite nach Art. 93 Abs. 1 Nr. 3 u. 4 GG.

Das **Verfahren** vor dem Bundesverfassungsgericht (s. dazu *Kloepfer*, Verfassungsrecht I, 2011, § 19 Rn. 80 ff.) wird in allgemeiner Hinsicht im I. und II. Teil des BVerfGG normiert. Für die einzelnen Verfahren sind im III. Teil des BVerfGG besondere Vorgaben zu beachten. Das Bundesverfassungsgericht wird grundsätzlich nur auf Antrag tätig (§ 23 Abs. 1 BVerfGG, Ausnahme: § 105 Abs. 2 BVerfGG; teilweise umstritten bei § 32 BVerfGG). Die Senate des Gerichts entscheiden regelmäßig aufgrund mündlicher Verhandlung (§ 25 Abs. 1 BVerfGG), unter Beachtung des Untersuchungsgrundsatzes (§ 26 BVerfGG) und mit einfacher relativer Mehrheit (§ 15 Abs. 4 S. 2 – bei Stimmgleichheit gilt § 15 Abs. 4 S. 3 BVerfGG). Qualifizierte Mehrheiten gibt es nur in bedeutsamen Ausnahmefällen (§ 15 Abs. 4 S. 1 BVerfGG, s. z.B. zum Parteiverbotsverfahren Rn. 144 f.). Die Vollstreckung wird in § 35 BVerfGG nur unzureichend geregelt.

302

In den Verfahren vor dem Bundesverfassungsgericht wird typischerweise erst **nach Prüfung der Zulässigkeit** (Sachentscheidungsvoraussetzungen je nach Verfahrensart) über die **Begründetheit** (inhaltliche Entscheidung zur Sache, meist Grundgesetzkonformität) eines Antrags entschieden.

303

Ausnahmsweise können unzulässige oder auch offensichtlich unbegründete Anträge an das Gericht „**a limine**" verworfen werden (§ 24 BVerfGG). Damit reguliert das BVerfG auf verfassungsrechtlich fragwürdiger Gesetzesgrundlage seine eigenen Aufgaben durch Abweisungen im Vorfeld und gegebenenfalls ohne weitere Begründung. Eine entsprechende Funktion der Reduzierung der Arbeitsbelastung des Gerichts hat das Annahmeverfahren bei Verfassungsbeschwerden gem. §§ 93a–93d BVerfGG. Gegen eine Flut von Verfassungsbeschwerden kann auch die Möglichkeit des Auferlegens einer Missbrauchsgebühr helfen (§ 34 Abs. 2 BVerfGG, s. dazu etwa *Zuck*, NJW 1986, 2093 ff.; *Küchenhoff*, NJ 2011, 92 ff.).

304

VII. Oberste Bundesorgane

Neben den Verfassungsorganen des Grundgesetzes gibt es auch (bloße) **oberste Staatsorgane des Bundes**. Sie werden zwar im Grundgesetz erwähnt und unterstehen nicht den Sachentscheidungen anderer Organe, ihre Aufgaben und Befugnisse werden aber zu einem Großteil erst durch Parlamentsgesetz geregelt und ergeben sich typischerweise nicht schon im Wesentlichen aus dem Grundgesetz selbst. Die fünf obersten Gerichtshöfe des Bundes in den jeweiligen Gerichtsbarkeiten (Art. 95 Abs. 1 GG) einschließlich ihres Gemeinsamen Senats (Art. 95 Abs. 3 GG), die Bundesbank (Art. 88 S. 1 GG) und der Bundesrechnungshof (Art. 114 Abs. 2 GG) sind beispielsweise solche obersten Staatsorgane des Bundes, aber *nicht* (organstreitbefugte) Verfassungsorgane. **Kein Staatsorgan** ist ferner das (deutsche Staats-)Volk selbst (str.), von dem nach Art. 20 Abs. 2 GG alle Staatsgewalt ausgeht (s.a. BVerfGE 13, 54 (81 ff.) – Neugliederung Hessen). Es ist Grundlage des Staates und auch im Grundgesetz nicht als Organ verfasst.

305

G. Staatsfunktionen

I. Gesetzgebung

1. Parlamentarische Gesetzgebung

306 Ist nach den Art. 70–74 GG die Gesetzgebungskompetenz des Bundes (als Verbandszuständigkeit) gegeben (s. dazu Rn. 66 ff.), regeln die Art. 76–78, 82 GG, die **Organzuständigkeiten auf Bundesebene**, also die Frage, welche Bundesorgane wie und in welchen Verfahrensformen zusammenwirken müssen, um ein Bundesgesetz wirksam entstehen zu lassen. Die zuständigen Verfassungsorgane der Bundesländer ergeben sich aus den jeweiligen Landesverfassungen.

307 **Sinn des Gesetzgebungsverfahrens** ist die Verabschiedung allgemein verbindlicher staatlicher Entscheidungen durch demokratisch legitimierte Vertreter des Volkes und durch ein geregeltes und transparentes Beratungsverfahren. Das ordnungsgemäße Gesetzgebungsverfahren ermöglicht u.a. eine tragfähige Informationsverarbeitung für die gesetzgeberische Entscheidung, einen weitgehenden Ausgleich der beteiligten Interessen, die Unterrichtung der Allgemeinheit, die Erhöhung der politischen Integrationswirkung, die Konstituierung von Rechtssicherheit sowie insgesamt die politische Legitimierung einer staatlichen Entscheidung durch eine Mehrheitsentscheidung des Parlaments und anderer Verfassungsorgane (s.a. *Kloepfer*, Verfassungsrecht I, 2011, § 21 Rn. 170 ff.).

308 Wesentliche Vorschriften über das Gesetzgebungsverfahren sind nicht nur in der Verfassung, sondern auch in den **Geschäftsordnungen** der Verfassungsorgane (insbes. in den §§ 75 ff. GOBT sowie in der GOBR, in der „Gemeinsamen Geschäftsordnung des Bundestages und des Bundesrates für den Ausschuss nach Artikel 77 GG", in der GOBReg und in der GGO) enthalten. Die Verletzung von Geschäftsordnungen hat aber grundsätzlich keine Folgen für die Wirksamkeit von Gesetzen, wenn in ihr nicht zugleich ein Verfassungsverstoß liegt. Auch von einer separaten Geschäftsordnung geprägt ist das vereinfachte Gesetzgebungsverfahren im Verteidigungsfall nach Art. 115d GG, das automatisch im Verteidigungsfall angewandt wird und wofür die folgenden Aussagen folgerichtig nicht vollumfänglich zutreffen.

309 Die wichtigsten in der Verfassung geregelten **Stufen des Gesetzgebungsverfahrens** sind die Gesetzesinitiative (Rn. 310, Gesetzesentwurf wird zur Gesetzesvorlage), die Behandlung im Bundestag (Rn. 313, Gesetzesvorlage wird zum Gesetzesbeschluss), die mehrstufige Behandlung im Bundesrat (Rn. 311, 314 ff.), das Zustandekommen (Rn. 318), die Ausfertigung sowie Verkündung (Rn. 319) und das Inkrafttreten (Regelung des Art. 82 Abs. 2 GG ersetzt eine etwaig fehlende Regelung des Inkrafttretens, s. Rn. 321).

310 Mit ihrer Regelung in Art. 76 Abs. 1 GG über das **Einbringen von Gesetzesvorlagen** setzt die Verfassung politisch sehr spät, d.h. im politischen Raum nach Erarbeitung vollständiger Gesetzesentwürfe (mit informellen Vorabstimmungen z.B. in Koaliti-

onsausschüssen oder zwischen den Ressorts) an. Art. 76 Abs. 1 GG kennt einen Numerus clausus der **drei Initiativberechtigten** (Bundesregierung, Bundestag und Bundesrat). Dabei ist die Vielzahl an – kollegial beschlossenen – Gesetzesentwürfen der Bundesregierung praktisch am bedeutsamsten (zu den Verfahren vgl. §§ 40 ff. GGO und §§ 16 f., 26, 28 GOBReg). In Ausnahmefällen, d.h. bei Zustimmungsgesetzen nach Art. 59 Abs. 2 S. 1 GG (s. dazu Rn. 763 f.) und bei Haushaltsgesetzen gemäß Art. 110 Abs. 2 S. 1 GG (s. dazu *Kloepfer*, Verfassungsrecht I, 2011, § 26 Rn. 243 ff.) besteht ein Initiativmonopol der Bundesregierung.

Bei Entwürfen von Gesetzesvorlagen der Bundesregierung findet nach Art. 76 Abs. 2 GG der sog. „**erste Durchgang**" **im Bundesrat** statt, bei dem dieser eine Stellungnahme abgeben kann, bevor der Entwurf an den Bundestag geleitet wird (d.h. exekutivgeprägte Standpunkte). Eine vergleichbare Rückkopplung von Bundesregierung und Bundesrat vor dem Gang in das Parlament sieht Art. 76 Abs. 3 GG für Vorlagen des Bundesrates vor. Zur Umgehung des ersten Durchgangs werden bisweilen Bundesregierungsvorlagen von den Regierungsfraktionen aus der Mitte des Bundestags eingebracht. Der Bundestag macht sich in diesem Fall den Regierungsentwurf „zu eigen". Solche Umgehungen des Art. 76 Abs. 2 GG haben keine Auswirkungen auf die Verfassungsmäßigkeit eines Gesetzes. 311

Auch kommt der Fall der sog. **Paralleleinbringung** vor, in dem ein Entwurf sowohl als Regierungsentwurf beim Bundesrat, als auch (zeitgleich) als Fraktionsentwurf beim Bundestag eingebracht wird. Die Beratungen im Bundestag können in diesem Fall unverzüglich beginnen. 312

Der Bundestag berät den Gesetzesentwurf nach den §§ 79 ff. GOBT regelmäßig in **drei Lesungen**. Die erste Lesung dient primär der Überweisung an die Ausschüsse, die zweite Lesung vornehmlich der Stellung von Änderungsanträgen und die dritte Lesung v. a. der Schlussabstimmung als Beschluss gemäß Art. 77 Abs. 1 S. 1 GG. Eine Abkürzung der parlamentarischen Befassung kann im Einzelfall erfolgen. 313

Das beschlossene Gesetz wird unverzüglich dem **Bundesrat** (bei Initiativen der Bundesregierung zum „**zweiten Durchgang**") zugeleitet. Der Bundesrat kann eine Beratung stets im unabhängigen Vermittlungsausschuss (s. dazu Rn. 316 f.) verlangen (Art. 77 Abs. 2 S. 1 GG), der Bundestag und die Bundesregierung nur im Falle von Zustimmungsgesetzen (Art. 77 Abs. 2 S. 4 GG). Während bei Einspruchsgesetzen vor der Einlegung eines Einspruchs das Durchlaufen des Verfahrens vor dem Vermittlungsausschuss obligatorisch ist (Art. 77 Abs. 3 S. 1 GG), ist dies bei Zustimmungsgesetzen anders (Art. 77 Abs. 2a GG). Hier können Bundesrat, Bundestag und Bundesregierung den Vermittlungsausschuss anrufen. Tun sie es nicht, kann der Bundesrat gleichwohl über die Zustimmung entscheiden. 314

Die verfassungsrechtliche Regel sind **Einspruchsgesetze**, während die Zustimmungsbedürftigkeit von Gesetzen, d.h. die Existenz von Zustimmungspflichten, sich jeweils ausdrücklich aus einer Einzelbestimmung des Grundgesetzes ergeben muss (Enume- 315 rationsprinzip). Einspruchsgesetze können im Ergebnis nach Beteiligung des Bundesrats vom Bundestag – bei Erreichung entsprechender Mehrheiten – auch *gegen* den Willen des Bundesrats durch Überstimmung zustande kommen (Art. 77 Abs. 4 GG). **Zustimmungsgesetze** kommen hingegen ohne Zustimmung des Bundesrats *nie* zustande. Nur in letzterem Fall hat dieser demnach eine entscheidende Blockadeposition inne.

316 Der aus jeweils 16 (ohnehin weisungsfreien) Mitgliedern des Bundestags und 16 (hier ausnahmsweise nach Art. 77 Abs. 2 S. 3 GG weisungsfreien) Mitgliedern des Bundesrats bestehende **Vermittlungsausschuss** besitzt selbst eine relativ starke und unabhängige Stellung. Er hat eine eigene, vom Bundestag (mit Zustimmung des Bundesrats) verabschiedete **Geschäftsordnung**, Art. 77 Abs. 2 S. 2 GG, ist aber anders als der Gemeinsame Ausschuss nach Art. 53a GG **kein Verfassungsorgan**. Er kann weitgehende Änderungen eines Gesetzentwurfes, aber kein völlig neues Gesetz vorschlagen. Der Bundestag muss darüber erneut Beschluss fassen (Art. 77 Abs. 2 S. 5 GG). Auch erfolgt danach eine erneute Befassung des Bundesrats.

317 Der Vermittlungsausschuss hat im Gesetzgebungsverfahren zwar keine Letztentscheidungskompetenz, wohl aber eine den **Kompromiss** vorbereitende, ihn aushandelnde und ihn faktisch häufig definitiv gestaltende Gestaltungsmacht. Soweit der Vermittlungsausschuss nicht angerufen wird oder der angerufene Vermittlungsausschuss keine Änderung vorschlägt, muss der Bundesrat bei Zustimmungsgesetzen in angemessener Zeit über die Zustimmung entscheiden (Art. 77 Abs. 2a GG). Bei Einspruchsgesetzen kann in diesen Fällen der Bundesrat gemäß Art. 77 Abs. 3 GG Einspruch einlegen, der aber vom Bundestag mit (dem Einspruch angepassten Mehrheiten) zurückgewiesen werden kann (Art. 77 Abs. 4 GG).

318 Insgesamt kommt gemäß Art. 78 GG ein vom Bundestag beschlossenes Gesetz in folgenden fünf Fällen zustande:

(1) der Bundesrat stimmt zu (bei Zustimmungsgesetzen oder irrtümlicherweise auch bei bloßen Einspruchsgesetzen),

(2) der Bundesrat ruft (bei Einspruchsgesetzen) den Vermittlungsausschuss nicht an,

(3) der Bundesrat legt nach Durchlauf des Verfahrens vor dem Vermittlungsausschuss einen Einspruch nach Art. 77 Abs. 3 GG nicht ein (bei Einspruchsgesetzen),

(4) der Bundesrat nimmt den Einspruch (bei Einspruchsgesetzen) zurück oder

(5) der Einspruch des Bundesrats wird nach Art. 77 GG mit erforderlicher Mehrheit vom Bundestag (bei Einspruchsgesetzen) überstimmt.

319 Das gemäß Art. 78 GG zustande gekommene Gesetz muss nach Art. 82 Abs. 1 S. 1 GG vom Bundespräsidenten nach Gegenzeichnung **ausgefertigt** werden und ist dann – aus Gründen notwendiger Publizität – im Bundesgesetzblatt zu **verkünden**. Inzwischen wurde auf Landesebene vereinzelt die elektronische Verkündung von Gesetzen ermöglicht. Der Bundespräsident hat jedenfalls ein **formelles Prüfungsrecht** bei der

Ausfertigung. Im Übrigen ist seine materielle Prüfkompetenz umstritten, und wird – wenn überhaupt – wohl nur evidente Fälle erfassen können (s. dazu Rn. 279).

Einige Gesetze bedürfen nach Art. 113 Abs. 1 S. 1 oder S. 2 GG wegen ihrer Haushaltswirksamkeit auch der (positiven) **Zustimmung der Bundesregierung**. Das Verfahren nach Art. 113 GG berührt nicht das Zustandekommen des Gesetzes (s. Art. 113 Abs. 3 S. 1 GG). Diese Zustimmung ist daher nicht mit der Zustimmung des Bundesrates zu vergleichen. 320

Das Gesetz regelt meistens den Zeitpunkt des **Inkrafttretens**. Soweit das Gesetz keine Inkrafttretensregelung enthält, tritt es grundsätzlich 14 Tage nach Verkündung in Kraft (Art. 82 Abs. 2 S. 2 GG). Eine Ausnahme gilt allein für Gesetze, die auf dem Gebiet der materiellen Abweichungsgesetzgebung erlassen worden sind; diese treten erst sechs Monate nach Verkündung in Kraft (Art. 72 Abs. 2 S. 3 GG). Die Inkrafttretens*regelung* gehört nicht zum Gesetzgebungsverfahren, sondern ist eine Frage des materiellen Gesetzesinhalts. 321

2. Rechtsverordnungserlass

Rechtsverordnungen nach Art. 80 GG – nicht zu verwechseln mit EU-Verordnungen (s. dazu Rn. 832, 884) – sind **Rechtssätze („materielle Gesetze") der Regierung**, also abstrakt-generelle Regelungen, die im Rahmen einer gesetzlichen Ermächtigung nicht vom Parlament geschaffen wurden. Sie sind wohl zahlreicher als parlamentarische (formelle) Gesetze und dienen der Entlastung des parlamentarischen Gesetzgebers durch den Erlass konkretisierender Normen durch den personell weitaus stärker aufgestellten Regierungsapparat. Der Erlass solcher Rechtsverordnungen ist **exekutive Gesetzgebung**. Mit dem ermächtigenden Gesetz hat das Parlament eine Normsetzungsdelegation vorgenommen. Diese Befugnis für die Regierung ist aber vom Parlament abgeleitet und inhaltlich vorbestimmt. Es erfolgt insoweit für die Legislative letztlich eine Gewalten(auf)teilung auf verschiedene Verfassungsorgane (s. Rn. 161, 221). Die Kontrolle über Rechtsverordnungen obliegt der gesamten Fachgerichtsbarkeit und nicht nur der Verfassungsgerichtsbarkeit (*kein* Verwerfungsmonopol des Bundesverfassungsgerichts, s. Rn. 333). Rechtsverordnungen genügen als normative Grundlage für Rechtseingriffe z.B. dem Gesetzesvorbehalt der Verwaltung. Der Name eines Gesetzes drückt nicht immer seine Rechtsqualität aus, so ist die StVO eine Rechtsverordnung, die StPO hingegen ein Parlamentsgesetz. 322

Art. 80 GG ermöglicht die (konservierende, rückholbare) **Delegation von Rechtsetzungsmacht** vom Parlament (Delegatar) auf die Regierung als Delegationsempfänger (Bundesregierung, einzelne Bundesminister, Landesregierung – nicht: Landesminister – Art. 80 Abs. 1 S. 1 GG, s. zum Ganzen *Kloepfer*, Verfassungsrecht I, 2011, § 21 Rn. 301 ff.). Dort, wo nach der **Wesentlichkeitsrechtsprechung** des Bundesverfassungsgerichts das Parlament selbst entscheiden muss (s. Rn. 160), darf nicht durch Rechtsverordnung vorgegangen werden. Das parlamentarische Gesetz geht der Rechtsverordnung als ranghöhere Norm vor und kann die Verordnung auch aufhe- 323 ben. Gesetzesvertretende Verordnungen sind verfassungswidrig (siehe dazu Art. 129 Abs. 3 GG). **Rechtsverordnungen der Länder** aufgrund bundesgesetzlicher Ermächtigung sind im Ergebnis stets Landesrecht, nicht Bundesrecht (str.).

324 Die Verfassung stellt spezifische **Anforderungen an ein Ermächtigungsgesetz** für Rechtsverordnungen. Der Gesetzgeber eines Ermächtigungsgesetzes muss nicht nur die allgemeinen Anforderungen der Verfassung an das Gesetz erfüllen (Kompetenz, Verfahren, materielle Verfassungsnormen), er muss zusätzlich **Inhalt, Zweck und Ausmaß** der gesetzlichen Ermächtigung bestimmen (**Bestimmtheitstrias**), d.h. die wesentlichen Entscheidungen des Normprogramms (für den Bürger) vorhersehbar selbst festlegen (s. dazu BVerfGE 1, 14 (60) – Südweststaat; 19, 354 (361 f.); 23, 62 (72); 58, 257 (277) – Schulentlassung; s.a. *Kloepfer*, Verfassungsrecht I, 2011, § 21 Rn. 316 ff.). Art. 80 Abs. 1 S. 2 GG ist damit Maßstab für das ermächtigende Gesetz selbst, welches – wenn es dieser Bestimmtheitstrias nicht entspricht und damit keine gültige Ermächtigung bereitstellen kann – verfassungswidrig ist. Entsprechend den Wertungen der Wesentlichkeitsrechtsprechung des Bundesverfassungsgerichts steigen die Anforderungen an die Bestimmtheit i.S.d. Art. 80 Abs. 1 S. 1 GG je schwerwiegendere Grundrechtseingriffe durch den Verordnungsgeber ermöglicht werden (vgl. BVerfGE 41, 251 (266) – Speyer-Kolleg; 58, 257 (277) – Schulentlassung).

325 Eine Rechtsverordnung aufgrund eines verfassungswidrigen Gesetzes ist selbst verfassungswidrig. Das rechtsverordnungsspezifische Bestimmtheitsgebot ist eine Spezialregelung gegenüber dem allgemeinen rechtsstaatlichen Bestimmtheitsgebot (s. dazu Rn. 162 f.). Es **gilt für Ermächtigungen zu Landesverordnungen** entsprechend (str., vgl. BVerfGE 73, 388 (400) – Kirchgeld; s. auch BVerfGE 107, 1 (15) – kommunale Verwaltungsgemeinschaften; BVerfG, NVwZ 2015, 1279 (1280 f.)).

326 Bei **Überprüfung einer Rechtsverordnung** wird nicht nur die Verfassungsmäßigkeit des Ermächtigungsgesetzes überprüft, sondern auch, ob sich die Rechtsverordnung im Rahmen des Ermächtigungsgesetzes hält und schließlich, ob die übrigen Voraussetzungen der Verfassung (z.B. Grundrechte) eingehalten sind.

327 Grundsätzlich steht es im politischen **Ermessen des Delegationsempfängers**, ob (und wie) er von der Rechtsverordnungsermächtigung Gebrauch macht. Eine **Pflicht zum Erlass von Rechtsverordnungen** kann sich allerdings aus dem ermächtigenden Gesetz selbst oder aus dem besonderen Umstand ergeben, dass es ohne eine Rechtsverordnung unvollziehbar wäre (str., s. dazu *Kloepfer*, Verfassungsrecht I, 2011, § 21 Rn. 362 f. m.w.N.).

328 Soweit im ermächtigenden Gesetz vorgesehen, können die Ermächtigungsempfänger ihre Ermächtigung durch Rechtsverordnung weiter übertragen (**Subdelegation** – Art. 80 Abs. 1 S. 4 GG).

329 Rechtsverordnungen sind – wie auch Gesetze selbst – **nicht begründungspflichtig**. Die Rechtsverordnung muss aber ihre **Ermächtigungsgrundlage zitieren** (Art. 80 Abs. 1 S. 3 GG), von der erlassenden Stelle ausgefertigt und – regelmäßig – im Bun-

desgesetzblatt **verkündet** werden (Art. 82 Abs. 1 S. 2 GG). Das Inkrafttreten (auch) von Verordnungen ist in Art. 82 Abs. 2 GG geregelt.

Eine **Bundesratszustimmung** zum Erlass der Rechtsverordnung muss in den Fällen des Art. 80 Abs. 2 GG ausnahmsweise – insbes. bei ermächtigenden Zustimmungsgesetzen – vorliegen. Der Bundesrat ist in diesem Bereich auch zur Verordnungsregelung **initiativberechtigt** (Art. 80 Abs. 3 GG). 330

Soweit der Bundesgesetzgeber Landesregierungen zur Verordnungsregelung ermächtigt, kann auch der Landesgesetzgeber statt der Regierung handeln (Art. 80 Abs. 4 GG). Durch solche **verordnungsvertretende Landesgesetze** sollen die Landesparlamente in ihren Einflussmöglichkeiten gestärkt werden (s. dazu *Helms*, Das verordnungsvertretende Gesetz, 2008, S. 137 ff., 141 ff.). 331

Auch der **Bundestag** kann selbst **Rechtsverordnungen durch spätere Gesetze ändern**, sich aber auch nur **Zustimmungsvorbehalte** in der Ermächtigungsgrundlage einräumen (s. dazu *Kloepfer*, Verfassungsrecht I, 2011, § 21 Rn. 356 ff.; *Ossenbühl*, in: Isensee/Kirchhof, HbStR, 3. Aufl. 2007, § 103 Rn. 57; vgl. auch BVerfGE 8, 274 (321) – Preisgesetz). Nicht möglich ist aber ein Aufhebungs- und Änderungsvorbehalt in Form eines einfachen Parlamentsbeschlusses. Ein im ermächtigenden Gesetz vorgesehener Zustimmungsvorbehalt führt dazu, dass eine Verordnung nicht ohne Zustimmung des Bundestages wirksam werden kann. 332

Die **Verwerfungskompetenz** über Rechtsverordnungen liegt auch bei den Fachgerichten. Hält ein Gericht eine Rechtsverordnung für rechts- oder verfassungswidrig, darf es die Verordnung selbst unangewendet lassen (vgl. BVerfGE 1, 184 (188 ff.) – Normenkontrolle I; 1, 202 (206) – Normenkontrolle II). Ein Verwerfungsmonopol des Bundesverfassungsgerichts besteht nicht. Art. 100 GG greift hier nicht, da es sich (nur) um materielle exekutive Normsetzung durch die Regierung handelt, also nicht um formelle Gesetze des Parlaments selbst. Die Überprüfung materieller Gesetze kann inzident oder (bei Landesverordnungen) auch als prinzipale Kontrolle nach § 47 Abs. 1 Nr. 2 VwGO erfolgen (s.a. *Kloepfer*, Verfassungsrecht I, 2011, § 21 Rn. 364 ff.). 333

Anders als Rechtsverordnungen der Regierung nach Art. 80 GG, die eine gesetzliche Regelung gegenüber dem Bürger ersetzen können, stellen sog. **Verwaltungsvorschriften** nur administrative Regelungen innerhalb der Verwaltungen für eine Mehrzahl von Fällen dar, welche die Verwaltung, aber nicht den Bürger binden. Diese Verwaltungsvorschriften fallen ebenso wenig unter Art. 80 GG (s. BVerfGE 78, 214 (227) – Unterhaltsleistung ins Ausland) wie **Satzungen**, die ihrerseits im Rahmen der Autonomie juristischer Personen des Öffentlichen Rechts erlassen werden (z.B. Satzungen von Gemeinden oder Universitäten etc., s. dazu BVerfGE 97, 332 (343) – Kindergartenbeiträge). 334

3. Volksgesetzgebung

335 Trotz der Erwähnung in Art. 20 Abs. 1 S. 2 GG sind (**Volks-)Abstimmungen** nur bei einer **Neugliederung des Bundesgebiets** (Art. 29 Abs. 2 GG) und je nach Umsetzung bei einer **Verfassungsneuschöpfung** nach Art. 146 GG im Grundgesetz vorgesehen. Die Bundesverfassung hat sich also grundsätzlich für den Typ der repräsentativen Demokratie entschieden (BVerfGE 44, 308 (315 f.) – Beschlussfähigkeit; 56, 396 (405) – Agent; 80, 188 (217) – Wüppesahl; s. auch oben Rn. 112). Allerdings lässt Art. 20 Abs. 2 S. 2 GG mit der Erwähnung von „Abstimmungen" die Einführung plebiszitärer Elemente ausdrücklich zu. Da allerdings das Grundgesetz in Art. 76 ff. GG ausdrücklich festlegt, wer Gesetze beschließen darf und in welchem Verfahren dies geschieht, steht eine Ausweitung der Volksgesetzgebung auf Bundesebene unter dem **Vorbehalt einer Verfassungsänderung** (*Kielmansegg*, JuS 2006, 323 (324); *Kloepfer*, Verfassungsrecht I, 2011, § 7 Rn. 191 ff.).

336 In den **Landesverfassungen** gibt es unterdessen flächendeckend ausgedehnte Möglichkeiten der Bürger, direkt mittels Volksinitiativen, Volksbegehren und Volksentscheiden an der Gesetzgebung mitzuwirken (vgl. dazu die Art. 59 und 60 LV-BW; Art. 71-74 LV-Bay; Art. 59, 62 und 63 LV-Ber; Art. 22 und 76-79 LV-Bbg; Art. 69-74 LV-Bre; Art. 48 und 50 LV-Hbg; Art. 71, 116 und 124 LV-He; Art. 59 und 60 LV-MV; Art. 42 und 47-49 LV-Nds; Art. 2 und 67a-69 LV-NRW; Art. 107-109, 114 und 115 LV-RP; Art. 99 und 100 LV-Saa; Art. 70-74 LV-Sac; Art. 77, 80 und 81 LV-LSA; Art. 37 und 40-42 LV-SH; Art. 45, 47 und 80-83 LV-Thür). Davon wird teilweise rege, wenn auch oft erfolglos Gebrauch gemacht. Zum Teil sind in den Bundesländern aber auch bereits Verfassungsänderungen aufgrund von Abstimmungen vorgenommen worden (vgl. etwa für Bayern *Huber*, BayVBl. 2014, 741 ff.).

II. Vollziehende Gewalt

337 Der Begriff „**Exekutive**" (lat.: *executio* = Ausführung) lässt sich rechtlich (nur negativ) definieren als diejenige Staatstätigkeit, die *nicht* der Gesetzgebung (Legislative) oder der Rechtsprechung (Judikative) zugeordnet werden kann. Er umfasst damit den eigentlichen Gesetzesvollzug durch die Verwaltung sowie die nicht gesetzesakzessorische („gesetzesfreie") Verwaltung einerseits, aber auch die Staatsführung und die Regierungstätigkeit einschließlich der Staatsleitungsfunktionen (Gubernative) andererseits (s. dazu auch *Schröder*, in: Isensee/Kirchhof, HbStR, 3. Aufl. 2007, § 106 Rn. 1 ff., 16 ff.). Insoweit kann grundsätzlich das systematische Konzept der vollziehenden Gewalt im Grundgesetz (Art. 20 Abs. 2 S. 2 GG) schwerlich als geglückt bezeichnet werden.

1. Verwaltung

338 Die Verteilung der **Verwaltungskompetenzen beim Vollzug von Bundesrecht** zwischen Bund und Ländern folgt nicht der Verteilung der Gesetzgebungszuständigkei-

ten, sondern bestimmt sich nach Art. 83 ff. (s. dazu Rn. 85 ff.). Die Gesetzgebungszuständigkeiten des Bundes beschreiben dabei die äußersten Grenzen der Verwaltungszuständigkeit des Bundes, weil das Grundgesetz eigene Verwaltungszuständigkeiten des Bundes (s. Art. 86 ff. GG) nur im Bereich des Vollzugs von Bundesrecht, niemals aber beim Vollzug des Landesrechts vorsieht. Der **Vollzug von Landesrecht** ist nach Art. 30 GG stets reine Landesangelegenheit. Die Verfassung kennt das grundsätzliche **Verbot der Mischverwaltung** zwischen Bund und Ländern (Ausnahmen sind insbes. die Gemeinschaftsaufgaben und die Verwaltungszusammenarbeit in Art. 91a–91e GG, s.a. Rn. 97 ff.).

Eine Zusammenarbeit zwischen Bund und Ländern ist auch durch die Vorschriften in Art. 35 GG über die **Rechts- und Amtshilfe** bzw. **Nothilfe** vorgesehen. Beim **Bundeszwang** (Art. 37 GG) kann der Bund ein Land mit Zwangsmitteln zur Erfüllung seiner Pflichten anhalten. Letzteres Verfahren wurde bisher noch nie angewendet. 339

Art. 36 GG enthält föderalistische Vorgaben für die **Personal- und Organisationsstrukturen** der obersten Bundesbehörden und der Bundeswehr. Hiernach müssen insbes. Beamte aus allen Bundesländern im angemessenen Verhältnis verwendet werden. 340

Soweit die Länder Bundesgesetze ausführen, obliegt den Ländern grundsätzlich die **Organisationsgewalt** über ihre eigene Verwaltung. Die Organisationsgewalt der Länder umfasst gem. Art. 84 Abs. 1 S. 1 und 85 Abs. 1 S. 1 GG v. a. die Errichtung und Ausstattung der Behörden sowie Regelung des Verwaltungsverfahrens (s. dazu oben Rn. 89, 91). Unter bestimmten Voraussetzungen kann aber der Bund solche Regelungen vornehmen (s. Rn. 342). Zudem gebühren dem Bund allgemeine Ingerenzrechte, d.h. exekutive Eingriffsrechte in die Verwaltung der Länder. So kann der Bund etwa mit Zustimmung des Bundesrats allgemeine (nur behördenintern verbindliche) Verwaltungsvorschriften erlassen (Art. 84 Abs. 2 und 85 Abs. 2 S. 1 GG, s.o. Rn. 89, 91). 341

Trotz des grundsätzlichen Rechts der Länder, bei der Ausführung von Bundesgesetzen die **Einrichtung der Behörden und das Verwaltungsverfahren** zu regeln, kann – wie erwähnt (s.o. Rn. Rn. 89, 91) – auch der Bund entsprechende Regelungen für Landesbehörden erlassen. Dabei ist zwischen der Aufsichtsverwaltung (Art. 84 GG) und der Auftragsverwaltung (Art. 85 GG) zu unterscheiden: 342

- In der **Aufsichtsverwaltung** von Bundesgesetzen durch die Länder können diese die Einrichtung der Behörden regeln (Art. 84 Abs. 1 S. 1 GG). Der Bund kann hier freilich etwas anderes bestimmen (Art. 84 Abs. 1 S. 2 GG). Dabei verbleibt aber den Ländern nach Art. 84 Abs. 1 S. 2 GG die Möglichkeit, von derartigen Regelungen des Bundes ihrerseits landesrechtlich abzuweichen (Sonderfall der Abweichungsgesetzgebung nach Art. 72 Abs. 3 GG, s. dazu Rn. 75 f.). Allein für das Verwaltungsverfahren kann der Bund hingegen – mit Zustimmung des Bundesrats – abweichungsfeste Regelungen treffen, sofern ein „besonderes Bedürfnis" für eine bundeseinheitliche Regelung besteht und der Bundesrat zustimmt (Art. 84 Abs. 1 S. 5 und 6 GG). Dies wird regelmäßig etwa für den Vollzug von Umweltrecht des Bundes angenommen.

- In der **Auftragsverwaltung** kann der Bund mit Zustimmung des Bundesrats eigene Regelungen zur Errichtung der Verwaltungsbehörden schaffen (Art. 85 Abs. 1 S. 1 GG). Ob der Bund Regelungen zum Verwaltungsverfahren ohne Zustimmung des Bundesrates erlassen kann, ist umstritten (s. dazu BVerfGE 126, 77 ff. – Privatpilot Zuverlässigkeitsprüfung; *Kloepfer*, Verfassungsrecht I, 2011, § 22 Rn. 77).

343 Die **Bundesaufsicht** beschränkt sich – wie erwähnt (s.o. Rn. 88) – bei dem Regelfall der Aufsichtsverwaltung auf die Überprüfung der Rechtmäßigkeit des Landesvollzugs (bloße **Rechtsaufsicht** – Art. 84 Abs. 3 S. 1 GG). Bei der Auftragsverwaltung erstreckt sie sich darüber hinaus auch auf die Zweckmäßigkeit (zusätzlich auch **Fachaufsicht** – Art. 85 Abs. 4 S. 1 GG), so dass z.B. Ermessensentscheidungen der Länder auch bei Einhaltung der rechtlichen Ermessensgrenzen sachlich durch Weisungen des Bundes korrigiert werden können.

344 Stellt der Bund im Rahmen seiner Rechtsaufsicht bei der **Aufsichtsverwaltung** der Länder Rechtsverletzungen fest, kann er – was bisher kaum praktiziert wurde – eine **Mängelrüge** (Art. 84 Abs. 4 GG) erheben. Hilft das Land dieser Rüge nicht ab, entscheidet der Bundesrat auf Antrag der Bundesregierung oder des betreffenden Landes über das Vorliegen einer Rechtsverletzung, wogegen dann das Bundesverfassungsgericht angerufen werden kann (Art. 84 Abs. 4 S. 2 GG). Beseitigt das Land einen vom Bundesrat festgestellten Mangel nicht, kann äußerstenfalls Bundeszwang (Art. 37 GG) angewandt werden. Bei der **Auftragsverwaltung** des Landes ist ein solches Mängelrügeverfahren nicht vorgesehen, weil die Landesbehörden stets den Weisungen der obersten Bundesbehörden unterstehen (Art. 85 Abs. 3 GG).

345 Im Bereich der **Aufsichtsverwaltung** der Länder sind nach Art. 84 Abs. 5 S. 1 GG **Einzelweisungen** des Bundes wegen ihres Eingriffs in die Organisationsfreiheit der Länder nur ausnahmsweise zulässig (und in der Praxis überaus selten). Sie bedürfen einer gesetzlichen Ermächtigung, wobei das ermächtigende Gesetz zudem der Zustimmung des Bundesrats bedarf (s.a. Rn. 88 f.). Die Weisungen sind nur in besonderen Einzelfällen zulässig und müssen regelmäßig an die obersten Landesbehörden gerichtet werden (Art. 84 Abs. 5 S. 1 GG). Ein Durchgriff auf nachgelagerte Landesbehörden ist hingegen nur bei Dringlichkeit zulässig.

346 Im Bereich der **Auftragsverwaltung** der Länder (s.a. Rn. 90 f.) hat der Bund ein umfangreiches allgemeines **Weisungsrecht** (Art. 85 Abs. 3 GG), wobei er sich regelmäßig an die obersten Landesbehörden zu richten hat. Der Bund zieht durch die Weisung die **Sachkompetenz** für die Verwaltungsentscheidung an sich. Die **Wahrnehmungskompetenz** (Handeln und Verantwortlichkeit nach außen) bleibt auf jeden Fall bei den Ländern. Die verfassungsrechtlichen Anforderungen an eine Bundeswei-

sung sind relativ gering, solange der Bund sich im begrenzenden äußeren Rahmen der entsprechenden Bundesgesetzgebungskompetenz hält (BVerfGE 102, 167 ff. – Bundesstraße B75), dem Land Gelegenheit zur Stellungnahme gibt und die Weisung hinreichend klar und bestimmt ist (BVerfGE 81, 310 (336 ff.) – Kalkar II; 102, 167 (172 f.) – Bundesstraße B75). Eine etwaige Gesetzwidrigkeit des Weisungsinhalts ist grundsätzlich unschädlich für die verfassungsrechtliche Bewertung der Weisung, da alleiniger verfassungsrechtlicher Maßstab Art. 85 GG ist und nie das einfache Gesetz. Die Weisung des Bundes muss nur dann nicht befolgt werden, wenn das mit der Weisung verlangte Tun oder Unterlassen eine Gefahr für den Bestand des Staates oder eine kollektive Existenzgefährdung herbeiführt (s. BVerfGE 81, 310 (334) – Kalkar II).

Das Grundgesetz gestattet dem Bund in einigen Vorschriften, seine Gesetze selbst zu vollziehen. Diese **bundeseigene Verwaltung** wird in Art. 87 GG beschrieben und ist an bestimmte Sachbereiche geknüpft. Sie ist von der Verfassung entweder zwingend vorgeschrieben (**obligatorische bundeseigene Verwaltung:** z.B. Art. 86, 87 Abs. 1 S. 1 GG) oder dem Bund als Option eingeräumt (**fakultative bundeseigene Verwaltung:** z.B. Art. 87 Abs. 1 S. 2 GG). 347

In jedem Fall ist bei der bundeseigenen Verwaltung – wie erwähnt (s. Rn. 93) – zwischen der bundesunmittelbaren Verwaltung und der mittelbaren Bundesverwaltung zu unterscheiden (Art. 86 S. 1 GG „oder"). Während der Bund bei der **bundesunmittelbaren Verwaltung** durch (nicht rechtsfähige) **Behörden des Bundes** tätig wird, handelt er bei der **mittelbaren Bundesverwaltung** durch (rechtsfähige) selbstständige juristische Personen des öffentlichen (Bundes-)rechts, nämlich durch Körperschaften, Anstalten oder Stiftungen des öffentlichen Rechts. Weil Träger dieser juristischen Personen des Bundes die Bundesrepublik Deutschland ist, spricht man von *mittelbarer* Bundesverwaltung durch bundes*unmittelbare* Körperschaften, Anstalten oder Stiftungen. Welche Form der Bundesverwaltung zulässig ist, bestimmt sich nach Art. 87 GG (s.a. Rn. 93). 348

Zu unterscheiden ist weiterhin zwischen bundeseigener unmittelbarer Verwaltung *mit* und *ohne* **Verwaltungsunterbau**. Die bundeseigene Verwaltung mit Unterbau (obligatorisch nach Art. 87 Abs. 1 S. 1 GG, fakultativ nach Art. 87 Abs. 3 S. 2 GG) ist durch Bundesober-, Bundesmittel- und Bundesunterbehörden gekennzeichnet. Bei der bundeseigenen Verwaltung ohne Unterbau wird **eine Zentralbehörde** des Bundes für das gesamte Bundesgebiet tätig. **Neue selbstständige Bundesoberbehörden** können vom Bund für die Bereiche errichtet werden, für die ihm die Gesetzgebungskompetenz zusteht (Art. 87 Abs. 3 S. 1 GG). Neue mittlere und untere Verwaltungsbehörden des Bundes können nur bei dringendem Bedarf und mit Zustimmung des Bundesrats sowie der absoluten Mehrheit des Bundestags errichtet werden (Art. 87 Abs. 3 S. 2 GG). 349

1. Teil: Staatsorganisationsrecht

350 Aus der Verfassung lassen sich verschiedene inhaltliche **Grundsätze für die Verwaltungstätigkeit** ableiten, z.b. der Grundsatz der Gesetzmäßigkeit der Verwaltung (Gesetzesvorrang und Gesetzesvorbehalt, s. Rn. 152 ff.), Transparenz und Fairness des Verwaltungsverfahrens mit Anhörung und Partizipation der Bürger. Aus der Bindung der Verwaltung an die Staatsstrukturprinzipien und an die Grundrechte (s. dazu 2. Teil) folgen eine Fülle weiterer Anforderungen, z.B. die Selbstbindung der Verwaltung aus Art. 3 Abs. 1 GG (s. dazu auch Rn. 578).

2. Kommunale Selbstverwaltung

351 Ausdruck einer – auch in nicht föderalen Staaten existierenden – Dezentralisation ist das **Selbstverwaltungsrecht der Gemeinden und Gemeindeverbände** (z.B. Landkreise). Art. 28 Abs. 2 S. 1 GG sichert ihnen das verfassungsstarke Recht (nicht: *Grund*recht), alle Angelegenheiten der örtlichen Gemeinschaft im Rahmen der Gesetze (also Einschränkungen unterworfen) in eigener Verantwortung zu regeln (**kommunalrechtliches Universalitätsprinzip**, s. dazu *Kloepfer*, Verfassungsrecht I, 2011, § 9 Rn. 299 ff.). Die institutionelle Garantie kommunaler Selbstverwaltung in Art. 28 Abs. 2 GG garantiert den Kernbestand des existierenden Kommunalrechts und ist maßgeblich historisch auszulegen sowie gesetzlich auszugestalten und damit auch grundsätzlich begrenzbar. Die kommunale Rechtsetzung erfolgt im Rahmen grundgesetzlicher **Autonomie** in Form von **gemeindlichen Satzungen**, die gleichsam als Norm unterer Stufe für den Bürger verbindlich sind und nicht in Art. 80 GG wurzeln.

352 In prozessualer Hinsicht sind die durch Art. 28 Abs. 2 GG gewährleisteten Rechte durch die Möglichkeit der **Kommunalverfassungsbeschwerde** abgesichert (Art. 93 Abs. 1 Nr. 4b GG sowie §§ 13 Nr. 8b und 91 ff. BVerfGG, s.u. Rn. 399). Auf **Grundrechte** können sich die Gemeinden dagegen als Gebietskörperschaften des öffentlichen Rechts grundsätzlich nicht berufen (BVerfGE 61, 82 ff. – Sasbach, s. Rn. 471,643).

353 In Art. 28 GG wird die öffentlich-rechtliche **Institution „Gemeinde"** als solche (s.a. *Kloepfer*, Verfassungsrecht I, 2011, § 9 Rn. 287 ff.) gewährleistet. Geschützt wird aber **nicht der Bestand** der jeweilig einzelnen Körperschaft – Neugliederungen oder Zusammenlegungen sind also freilich möglich und teilweise durch gesellschaftliche Veränderungen auch nötig (z.B. durch Landflucht der Bevölkerung). Es wird bei einer kommunalen Neugliederung der Gemeinden lediglich ein prozessuales Anhörungsrecht gewährt sowie eine Anknüpfung an Gründen des öffentlichen Wohls gefordert.

354 Art. 28 Abs. 2 GG garantiert den Gemeinden substanzielle **Entscheidungskompetenzen** für alle Angelegenheiten der örtlichen Gemeinschaft. Nach verfassungsgerichtlicher Rechtsprechung sind Angelegenheiten der örtlichen Gemeinschaft im Sinne von Art. 28 Abs. 2 S. 1 GG solche Aufgaben, die das Zusammenleben und -wohnen der Menschen vor Ort betreffen oder einen spezifischen Bezug darauf haben (vgl. etwa

BVerfG 110, 370 (400) – Klärschlamm; die Trägerschaft von Grund- und Hauptschulen ist als historisch gewachsene Gemeindeaufgabe auch eine Angelegenheit der örtlichen Gemeinschaft (BVerfGE 138, 1 ff. – Mitentscheidungsrecht von Gemeinden). Allerdings gilt dies nur „im Rahmen der Gesetze", insbes. der Kommunalgesetze. Der Gesetzgeber muss hier aber die institutionelle **Garantie der gemeindlichen Selbstverantwortung** beachten. Die Gewährleistung der gemeindlichen Selbstverantwortung erfasst auch die **Grundlagen der finanziellen Eigenverantwortung der Gemeinden** (Art. 28 Abs. 2 S. 3 GG).

Nach der Föderalismusreform II dürfen Bundesgesetze Aufgaben an Gemeinden und Gemeindeverbände nicht mehr übertragen (Art. 84 Abs. 1 S. 7 und 85 Abs. 2 S. 2 GG). Diese **Aufgabenübertragung** an die Gemeinden und Gemeindeverbände ist grundsätzlich alleinige Sache der Länder, nicht des Bundes (BVerfGE 119, 331 ff. – Hartz-IV-Arbeitsgemeinschaften). Eine Durchbrechung gewährt der im Anschluss an diese Entscheidung des Bundesverfassungsgerichts eingeführte Art. 91e GG für die sog. Jobcenter (s. o. Rn. 101).

355

3. Öffentlicher Dienst

Art. 33 Abs. 4 GG enthält einen **Funktionsvorbehalt für Beamte** und Art. 33 Abs. 5 GG eine **institutionelle Garantie des Berufsbeamtentums** (s. *Kloepfer*, Verfassungsrecht I, 2011, § 9 Rn. 168 ff.). Dadurch wird der Kern des geltenden Beamtenrechts geschützt, ohne allerdings Änderungen des Beamtenrechts auszuschließen. Die hoheitsrechtlichen Befugnisse sollen nach dem Funktionsvorbehalt des Art. 33 Abs. 4 GG grundsätzlich von Angehörigen des öffentlichen Dienstes ausgeübt werden, die in einem **besonderen Dienst- und Treueverhältnis** zum Staat stehen. Nach Art. 33 Abs. 5 GG sind die hergebrachten Grundsätze des Berufsbeamtentums in Form einer institutionellen Garantie (relativ) verfassungsgeschützt („zu regeln und fortzuentwickeln"). Dazu gehören u.a. der Grundsatz der Lebenszeitanstellung, das Leistungsprinzip, das Recht auf angemessene Alimentation (zuletzt BVerfGE 130, 263 ff. – W2-Professur; BVerfG, NJW 2015, 1935 ff. – Richterbesoldung; BVerfG, NVwZ 2016, 223 ff. – Beamtenbesoldung), die politische Treuepflicht der Beamten und das Streikverbot (inwieweit das Streikverbot für Beamte mit der Vereinigungsfreiheit nach Art. 11 EMRK kollidiert und möglicherweise aufgrund konventionskonformer Auslegung eingeschränkt werden muss, beschäftigt derzeit das Bundesverfassungsgericht, vgl. BVerwGE 149, 117 ff.; s. auch *Battis*, Streikverbot für Beamte, 2013; *Wißmann*, ZBR 2015, 294 ff.).

356

Im Wesentlichen wird das Beamtenverhältnis einfachgesetzlich durch das **Bundesbeamtengesetz** (BBG vornehmlich für Bundesbeamte), das **Beamtenstatusgesetz** (BeamtStG nur für Landesbeamte), das **Beamtenrechtsrahmengesetz** (BRRG, altes Rahmengesetz, das noch übergangsweise gilt) und das **Beamtenversorgungsgesetz** (BeamtVG) geregelt. Den Ländern kommt seit dem Jahr 2006 auf Grund von Art. 74 Abs. 1 Nr. 27 GG die alleinige Gesetzgebungskompetenz für das Besoldungs-, Lauf-

357

bahn- und Versorgungsrecht der Landesbeamten zu, sodass auf Länderebene bereits zahlreiche Regelungen im Landesbeamtenrecht entstanden sind.

358 Der **Zugang** zu öffentlichen Ämtern muss nach Eignung, Befähigung und fachlicher Leistung erfolgen (Art. 33 Abs. 2 GG). Dahinter verbirgt sich das **Leistungsprinzip** bzw. Prinzip der Bestenauslese. Eignung umfasst insbes. die persönlichen und charakterlichen Eigenschaften mit Bedeutung für ein bestimmtes Amt. Unter Befähigung fallen die für die dienstliche Verwendung wesentlichen Kenntnisse, Fertigkeiten und sonstigen Fähigkeiten. Unter fachlicher Leistung sind schließlich Arbeitsergebnisse, die praktische Arbeitsweise, das Arbeitsverhalten und – für Beamte, die bereits Vorgesetzte sind – das Führungsverhalten zu verstehen. Diese Bestimmung des Art. 33 Abs. 2 GG ist als grundrechts*gleiches* Recht durch Art. 93 Abs. 1 Nr. 4a GG mit der Verfassungsbeschwerde prozessual rügefähig (s. Rn. 395 ff.). Die weitverbreitete Sitte der Parteiprotektion im öffentlichen Dienst (Rn. 149) macht Art. 33 Abs. 2 GG in der Praxis häufig zur Makulatur.

359 Eine rechtsstaatlich wichtige Vorschrift im Hinblick auf den öffentlichen Dienst enthält die Vorschrift über die Haftung bei vorsätzlicher oder fahrlässiger Amtspflichtverletzung in Art. 34 GG, die im Zusammenhang mit § 839 BGB die rechtliche Grundlage für die **Staatshaftung** bei Amtspflichtverletzung vorsieht (s. dazu *Kloepfer*, Verfassungsrecht I, 2011, § 10 Rn. 246 ff.). Diese leitet die Haftung des Ausführenden auf den Staat über, um den Beamten vor Schadensersatzansprüchen der Bürger zu schützen. Dadurch soll u.a. die Entscheidungsfreude des Amtsträgers gefördert werden. Durch die mit der Föderalismusreform I geschaffene Bundesgesetzgebungskompetenz für die Staatshaftung (Art. 74 Nr. 25 GG) sind die Chancen für ein Staatshaftungsgesetz des Bundes gestiegen, auch wenn ein solches bisher noch nicht vorliegt.

III. Rechtsprechung

1. Allgemeine Rechtsprechung

360 Die Rechtsprechung ist eine der von Art. 20 Abs. 2 S. 2 GG vorausgesetzten drei Staatsgewalten. Das „**Rechtsprechungsrecht**" **des Grundgesetzes** bezieht sich nur auf staatliche Gerichte und ist insbes. im IX. Abschnitt (Art. 92–104 GG) geregelt. Dieser unübersichtlich gegliederte Abschnitt enthält übergreifende Regelungen zu Rechtsprechungsprinzipien und zur Rechtsstellung von Richtern (Art. 92, 97 und 98 Abs. 2 GG), zu Justizgrundrechten (Art. 101–104 GG, s.a. Rn. 698 ff.), zu Gesetzgebungszuständigkeiten im Justizwesen (Art. 93 Abs. 3, 95 Abs. 3 S. 2 sowie 98 Abs. 1 und 3–5 GG), zu Gerichten des Bundes (Art. 95 Abs. 1 und 96 GG) sowie zum Bundesverfassungsgericht (Art. 93, 94, 99 und 100 GG). Wesentliche Vorschriften zur Rechtsprechung befinden sich allerdings auch außerhalb des IX. Abschnitts (z.B. Art. 19 Abs. 4 GG, Justizvorbehalte bei den Grundrechten oder in Art. 74 Abs. 1 Nr. 1 und 108 Abs. 6 GG).

361 Rechtsprechung ist die potenziell endgültige autoritative Feststellung des Rechtsstaats in einem geordneten Verfahren durch unabhängige Richter (zum Begriff s.a. *Wilke*, in: Isensee/Kirchhof, HbStR, 3. Aufl. 2007, § 112 Rn. 3 ff.). Die **Aufgabe der Rechtsprechung** besteht in der Wahrung der Rechtsordnung und des Rechtsfriedens. Diese Funktionen kann sie nur dann erfüllen, wenn sie in besonderem Maße unabhängig, objektiv und sachverständig arbeitet. Die Anforderungen an den Maßstab der Unabhängigkeit müssen auch deshalb hoch sein, weil gerichtliche Entscheidungen schwere Eingriffe in die Rechtssphäre des Bürgers bedeuten können. Die in Art. 1 Abs. 3 GG statuierte Grundrechtsbindung (auch) der Rechtsprechung ist daher folgerichtig.

362 Das Grundgesetz sieht in der Rechtsprechung allerdings nicht nur eine grundrechtsgefährdende, sondern auch eine **grundrechtsschützende Staatsgewalt**. In diesem Sinne gibt es spezielle Richtervorbehalte in Art. 13 Abs. 1–4 GG oder 104 Abs. 2 und 3 GG, die auch Ausdruck des Vertrauens des Grundgesetzes in die freiheitsschützende Kraft der Richterschaft ist.

363 Das Grundgesetz geht davon aus, dass die **Unabhängigkeit und die Objektivität** gerichtlicher Entscheidungen in einem Staatswesen nicht garantiert werden können, ohne sie vor äußeren und inneren Einflussnahmen und Gefahren zu schützen. Die Verfassung enthält daher eine Reihe von Regelungen, die als Schutzmechanismen gegen solche Gefährdungen der richterlichen Unabhängigkeit zu verstehen sind. Einige dieser Regelungen sind als (grundrechtsgleiche) Justizgrundrechte (Art. 101, 103 und 104 GG) von den Bürgern vor dem Bundesverfassungsgericht als grundrechtsgleiche Rechte einklagbar (vgl. Art. 93 Abs. 1 Nr. 4a GG, s.a. Rn. 395 ff.).

364 Einige dieser Schutzmechanismen (insbes. die Justizgrundrechte) sind also ausdrücklich auf das **Verhältnis zwischen Rechtsprechung und Bürger** bezogen:

- Das grundrechtsgleiche Recht auf den **gesetzlichen Richter** in Art. 101 Abs. 1 S. 2 enthält vor allem das Recht auf den zuständigen, d.h. im Voraus (durch Gesetz bzw. Geschäftsverteilungspläne) eindeutig und nach generellen Kriterien bestimmten Richter (s.a. Rn. 699). Es erfasst auch die Richter am EuGH, EuG bzw. an den europäischen Fachgerichten.
- Art. 103 Abs. 1 GG bestimmt das **Recht auf rechtliches Gehör**: Den Verfahrensbeteiligten muss im Prozess Gelegenheit zur Äußerung gegeben werden (s. Rn. 700) und ihre Äußerung muss vom Gericht – erkennbar – gewürdigt werden.
- Art. 19 Abs. 4 GG garantiert als formelles Handlungsgrundrecht einen **effektiven Rechtsschutz gegen den Staat** bei Verletzung subjektiver Rechte durch Hoheitsträger (s.a. Rn. 687 ff.). Die Vorschrift bezieht sich allerdings nur auf den Gerichtsschutz des Bürgers gegen die „öffentliche Gewalt". Nach der Rechtsprechung des Bundesverfassungsgerichts fällt unter den Begriff der öffentlichen Gewalt in Art. 19 Abs. 4 GG (anders derselbe Begriff in § 90 Abs. 1 BVerfGG) nicht

die Gesetzgebung und regelmäßig auch nicht die Justiz (Rechtsschutz durch den Richter, nicht gegen ihn, s. Rn. 697).

- Aus dem Rechtsstaatsprinzip wird – wie bereits erwähnt – ein **allgemeiner Justizgewährleistungsanspruch** (v.a. für Zivilstreitigkeiten und den Rechtsschutz vor dem Richter, s. Rn. 174) und das – insbes. im Strafprozess relevante – **Recht auf ein faires Verfahren** und die „**Unschuldsvermutung**" (in dubio pro reo) sowie das **Schuld-Strafrecht** (nulla poena sine culpa) abgeleitet.

365 Gemäß Art. 92 GG ist die rechtsprechende Gewalt **den Richtern anvertraut**. Die Formulierung „anvertraut" ist hierbei im Sinne von „vorbehalten" zu verstehen, d.h. die Vorschrift bestimmt eine ausschließliche Zuweisung der (staatlichen) Rechtsprechung an die Richter bzw. an die Gerichte (Richtervorbehalt). Es gibt z.B. unter dem Grundgesetz keine Strafgewalt von Verwaltungsbehörden zur Ahndung von Kriminalunrecht, wohl aber ordnungswidrigkeitenrechtliche Befugnisse (Bußgelder) zur Ahndung von Verwaltungsunrecht. Die Verhängung von Bußgeldern oder von Disziplinarmaßnahmen ist keine Gerichtsbarkeit, sondern reguläre Verwaltungstätigkeit. Sonst häufig anzutreffende Verzahnungen der Staatsgewalten und ihrer Tätigkeitsbereiche sind bei der Rechtsprechung eher selten. Die Rechtsprechung wird deutlicher von den anderen Staatsgewalten abgegrenzt. Rechtsprechung geschieht folglich in rechtsstaatlicher Distanz zu den anderen Staatsgewalten.

366 Art. 97 GG statuiert die **richterliche Unabhängigkeit**; die Richter sind demnach „nur dem Gesetze unterworfen". Diese Gesetzesbindung folgt schon aus Art. 20 Abs. 3 GG, wobei dort noch die Bindung an „Recht" daneben tritt. Die Rechtsstellung der Richter wird durch ihre **persönliche Unabhängigkeit (Unabsetzbarkeit)** und ihre **sachliche Unabhängigkeit (Weisungsfreiheit)** garantiert (s.a. *Kloepfer*, Verfassungsrecht I, 2011, § 23 Rn. 47 ff.). Dass diese Unabhängigkeit der Richter ein hohes Gut ist, zeigt auch die Regelung in Art. 98 Abs. 2 GG, wonach nur das Bundesverfassungsgericht (in schwerwiegenden Fällen) eine Versetzung oder Entlassung von Bundesrichtern anordnen kann (entsprechend für Landesrichter: Art. 98 Abs. 5 GG).

367 **Ausnahmegerichte** sind unzulässig und die Errichtung von **Gerichten für besondere Sachgebiete** steht unter zwingendem Gesetzesvorbehalt (Art. 101 Abs. 1 S. 1 bzw. Abs. 2 GG, s.a. Rn. 699).

368 Als staatliche Einrichtungen für die Rechtsprechung existieren **Gerichte des Bundes** – hierzu gehören die in Art. 95 Abs. 1 GG und Art. 96 GG genannten Gerichte sowie das Bundesverfassungsgericht – und **Gerichte der Länder** (einschließlich der Landesverfassungsgerichte). In den Gerichten des Bundes entscheiden Bundesrichter (einschließlich Bundesverfassungsrichter), in den Gerichten der Länder arbeiten Landesrichter (einschließlich Landesverfassungsrichter). Die allgemeinen Rechtsschutzbestimmungen des Grundgesetzes (z.B. Richtervorbehalt, Richterunabhängigkeit, Rechtsschutzgarantie, Justizgrundrechte) gelten für die Bundesgerichte und die Landesgerichte gleichermaßen.

Als Bundesverfassung enthält das Grundgesetz allerdings organisationsspezifische Regelungen zu den Gerichten des Bundes (besonders Art. 95, 96 GG). Art. 95 GG gewährleistet die Organisation der **fünf obersten Gerichtshöfe des Bundes**. Die Vorschrift regelt die verbindliche Errichtung des Bundesgerichtshofes (BGH in Karlsruhe, 5. Strafsenat des BGH in Leipzig), des Bundesverwaltungsgerichts (in Leipzig), des Bundesfinanzhofes (in München), des Bundesarbeitsgerichts (in Erfurt) und des Bundessozialgerichts (in Kassel) als solche obersten Gerichtshöfe und die Einrichtung der dazugehörigen Fachgerichtsbarkeiten. Hinzu tritt der darüber stehende, nicht ständige **Gemeinsame Senat** der obersten Gerichtshöfe des Bundes (Art. 95 Abs. 3 GG). Dieser ist jedoch nicht mit den **sechs Großen Senaten** innerhalb der einzelnen obersten Bundesgerichtshöfe (zwei beim BGH, je einer für Zivil- und Strafsachen) oder dem **Vereinigten Großen Senat beim BGH** zu verwechseln (vgl. § 132 GVG, § 45 ArbGG, § 11 VwGO, § 41 SGG und § 11 FGO). Der Gemeinsame Senat soll Divergenzen zwischen den obersten Gerichtshöfen lösen. Die Großen Senate zielen auf Divergenzbereinigung innerhalb der einzelnen obersten Gerichtshöfe des Bundes ab.

369

Einfache Gerichte des Bundes (unterhalb der obersten Gerichtshöfe des Bundes) können nach Art. 96 GG errichtet werden. Das praktisch wichtigste Gericht ist dabei das Bundespatentgericht in München (Art. 96 Abs. 1 GG). In (hochpolitischen) Strafverfahren nach Art. 96 Abs. 5 GG „leiht" sich der Bund bei den Ländern ein Oberlandesgericht quasi als erstinstanzliches Bundesgericht (§ 120 Abs. 6 GVG), das insoweit Rechtsprechung des Bundes ausübt.

370

Art. 95 Abs. 2 GG bestimmt Verfahrensvorgaben für die **Berufung der Bundesrichter**: Die Auswahl für die obersten Gerichtshöfe des Bundes obliegt dem zuständigen Bundesminister und einem Richterwahlausschuss (hälftig aus den Landesjustizministern und einer gleichen Zahl von Bundestagsabgeordneten). Die Richter der „einfachen" Bundesgerichte (Art. 96 GG) werden vom zuständigen Bundesminister der Justiz bestimmt. Die Richter der Gerichte der Länder werden von den Landesjustizministern (und u.U. gemeinsam mit Richterwahlausschüssen der Länder gem. Art. 98 Abs. 4 GG) ausgewählt.

371

Die verfassungsrechtlichen Grundlagen für das **Dienstrecht der Richter** von Bund und Ländern sind in Art. 74 Abs. 1 Nr. 27, 98 Abs. 1 und 2 GG geregelt. Das insoweit praktisch wichtigste Gesetz ist das Deutsche Richtergesetz (DRiG).

372

Das **Organisationsrecht der Gerichte** (auch der unterinstanzlichen Gerichte) ist auf der Ebene des einfachen Rechts geregelt, insbes. im Gerichtsverfassungsgesetz (GVG) sowie z.B. für den Verwaltungsrechtsweg in der Verwaltungsgerichtsordnung (VwGO). Dabei handelt es sich um Bundesgesetze; die Zuständigkeit des Bundes hierfür ergibt sich aus Art. 74 Abs. 1 Nr. 1 GG (konkurrierende Gesetzgebung).

373

2. Verfassungsgerichtsbarkeit des Bundes

374 Die Verfassungsgerichtsbarkeit des Bundes wird vom **Bundesverfassungsgericht** wahrgenommen. Das Bundesverfassungsgericht ist **Verfassungsorgan und Gericht zugleich**. Seine Stellung ist hier deshalb näher bei den Verfassungsorganen des Bundes behandelt worden (s.o. Rn. 288 ff.). Im Weiteren werden die prozessualen Aspekte, d.h. die wesentlichen Verfahrensarten vor dem Bundesverfassungsgericht dargestellt, soweit diese in staatsrechtlichen Klausuren von großer Bedeutung sind.

375 Die **Zuständigkeiten** des Bundesverfassungsgerichts werden in Art. 93 GG und in § 13 BVerfGG aufgezählt (**Enumerationsprinzip**). Ein verfassungsbezogenes Anliegen ist häufig in mehreren Verfahrensarten verfassungsgerichtlich verfolgbar. Das Bundesverfassungsgericht entscheidet grundsätzlich mit einfacher Mehrheit (§ 15 Abs. 4 S. 2 BVerfGG). Mit der bei acht Richtern pro Senat durchaus möglichen Stimmengleichheit (4:4) kann ein Verstoß gegen das Grundgesetz oder sonstige Rechtsverstöße nicht festgestellt werden (§ 15 Abs. 4 S. 3 BVerfGG). In besonders brisanten Fällen (§ 15 Abs. 4 S. 1 i.V.m. § 13 BVerfGG: Grundrechtsverwirkung, Parteiverbot, Bundespräsidentenanklage und Richteranklage) sind Zwei-Drittel-Mehrheiten erforderlich, die sich in einem Achtpersonensenat mathematisch tatsächlich sogar als Drei-Viertel-Mehrheit darstellt.

376 Die im Folgenden dargestellten **wichtigen Verfahrensarten** vor dem Bundesverfassungsgericht bilden den **Kern der staatsrechtlichen Klausuren**. Sie sind bezüglich ihrer prozessualen Zulässigkeitsvoraussetzungen zwingend zu beherrschen. Die materiellen Inhalte ergeben sich aus den einzelnen Normgehalten und fragen regelmäßig nach der Verfassungsmäßigkeit.

a) Organstreitverfahren

377 Das **Organstreitverfahren** ist in Art. 93 Abs. 1 Nr. 1 GG aufgeführt. Weitere Bestimmungen finden sich in den §§ 13 Nr. 5 und 63 ff. BVerfGG. Das Verfahren dient der Schlichtung von Streitigkeiten zwischen zwei Verfassungsorganen um ihre wechselseitigen Rechte und Pflichten aus dem Grundgesetz.

378 Die wichtigsten **Zulässigkeitsvoraussetzungen** des Organstreitverfahrens sind:
(1) **Beteiligtenfähigkeit von Antragsteller und Antragsgegner**: Oberste Bundesorgane (Verfassungsorgan) oder „andere Beteiligte" (Art. 93 Abs. 1 Nr. 1 GG), etwas anders: § 63 BVerfGG (Organe und Organ*teile*). Andere Beteiligte bzw. Organteile müssen mit eigenen Rechten aus dem Grundgesetz oder aus der Geschäftsordnung eines obersten Bundesorgans ausgestattet sein. Solche Teile eines obersten Bundesorgans sind z.B. Fraktionen oder einzelne Bundesminister. Politische Parteien und einzelne Bundestagsabgeordnete sind zwar *keine* Teile des Bundestags, aber als „andere Beteiligte" beteiligtenfähig.

(2) **Zulässiger Streitgegenstand**: (verfassungsrechtsbezogene) „Streitigkeit über den Umfang von Rechten und Pflichten" von Verfassungsorganen, Art. 93 Abs. 1 Nr. 1 GG i.V.m. § 64 BVerfGG.

(3) **Antragsbefugnis**: § 64 BVerfGG, Möglichkeit der Verletzung von *eigenen* verfassungsrechtlichen Rechten, nicht von Grundrechten. Die als verletzt geltend gemachte Rechtsposition muss darüber hinaus in einem Verfassungsrechtsverhältnis gründen. Ein Verfassungsrechtsverhältnis liegt vor, wenn auf beiden Seiten des Streits Verfassungsorgane stehen und um verfassungsrechtliche Positionen streiten (BVerfGE 118, 277 (318) – Nebeneinkünfte von Abgeordneten). Als Organteil sind Rechte des Gesamtorgans in Prozessstandschaft rügefähig. Nichtorganteile können nur die ihnen zustehenden Rechte geltend machen, Parteien (s. dazu etwa BVerfGE 109 275 (278) – Hamburger Wahlkampf) oder einzelne Abgeordnete (s. dazu etwa BVerfGE 114, 121 (146) – Bundestagsauflösung III; BVerfGE 130, 318 (340) – Sondergremium EFSF) also nur ihre Rechte aus z.B. Art. 21 bzw. 38 Abs. 1 oder 44 GG.

(4) **Rechtsschutzbedürfnis**: ist nur zu prüfen, wenn Anhaltspunkte für ein fehlendes Rechtsschutzbedürfnis vorliegen, z.B. bei Erledigung.

(5) **Form und Frist**: § 23 Abs. 1 BVerfGG (schriftlicher, begründeter Antrag in deutscher Sprache, § 17 BVerfGG i.V.m. § 184 GVG) und innerhalb von **sechs Monaten** seit die beanstandete Maßnahme oder Unterlassung dem Antragsteller bekannt geworden ist – § 64 Abs. 3 BVerfGG.

Die **Begründetheitsprüfung** im Organstreitverfahren umfasst die Frage, ob die vom den Antrag stellenden Organ gerügte Maßnahme des Antragsgegners gegen die geltend gemachten verfassungsmäßigen Rechte des Antragstellers verstößt. Diesen Verstoß stellt das Bundesverfassungsgericht sodann fest (§ 67 BVerfGG).

b) Bund-Länder-Streit

Der **Bund-Länder-Streit** (Art. 93 Abs. 1 Nr. 3 GG) betrifft verfassungsrechtliche Streitigkeiten im föderalen Verhältnis von Bund und Ländern um Rechte und Pflichten aus dem Bundesstaatsverhältnis. Die bei der Zulässigkeit zu prüfenden Voraussetzungen dieses Verfahrens sind näher in den §§ 13 Nr. 7 und 68 ff. BVerfGG geregelt. Ebenso wie beim Organstreitverfahren endet das Verfahren mit einer Feststellung des Bundesverfassungsgerichts, ob die angegriffene Maßnahme gegen eine Bestimmung des Grundgesetzes verstößt (§§ 69 i.V.m. 67 BVerfGG). Damit wird der Gegenstand der **Begründetheitsprüfung** beschrieben, der zu denselben Fragen wie im Organstreitverfahren führt.

Das Bund-Länder-Streitverfahren weist erhebliche **Parallelen zum Organstreitverfahren** auf (vgl. daher § 69 BVerfGG). Jenem (horizontalen) Streitverfahren auf Bundesebene stellt es ein (vertikales) Streitverfahren zwischen den Ebenen der föderal aufgebauten Bundesrepublik zur Seite: der Bundesebene einerseits und der Landesebene andererseits.

382 *Nicht*verfassungsrechtliche Bund-Länder-Streitigkeiten, in denen es nicht um Rechte aus dem Grundgesetz selbst geht, werden nicht von Art. 93 Abs. 1 Nr. 3 GG, sondern von §§ 40 Abs. 1, 50 Abs. 1 Nr. 1 VwGO erfasst und sind vor dem BVerwG auszutragen. Daneben ist noch die subsidiäre Zuständigkeit des Bundesverfassungsgerichts nach Art. 93 Abs. 1 Nr. 4 GG zu nennen. Diese betraf z.B. Streitigkeiten aus dem Einigungsvertrag.

383 Die wichtigsten **Zulässigkeitsvoraussetzungen des Bund-Länder-Streits** nach Art. 93 Abs. 1 Nr. 3 GG sind:

(1) **Beteiligtenfähigkeit von Antragsteller und Antragsgegner**: gemäß § 68 BVerfGG nur Bundesregierung und Landesregierungen (Prozessstandschaft für den Bund bzw. das Land).

(2) **Zulässiger Streitgegenstand**: gemäß Art. 93 Abs. 1 Nr. 3 GG „Meinungsverschiedenheiten über (verfassungsrechtliche) Rechte und Pflichten" des Bundes und der Länder.

(3) **Antragsbefugnis**: vgl. § 69 i.V.m. 64 Abs. 1 BVerfGG (mögliche Verletzung *eigener* verfassungsrechtlicher Rechte, nicht Grundrechte).

(5) **Rechtsschutzbedürfnis**: nur prüfen, wenn Anhaltspunkte für fehlendes Rechtsschutzbedürfnis, z.B. das Bestehen einfacherer Rechtsbehelfe.

(4) **Form und Frist**: wie beim Organstreitverfahren, § 69 BVerfGG.

c) Abstrakte Normenkontrolle

384 Um ein objektives Beanstandungsverfahren von großer Bedeutung handelt es sich bei der abstrakten Normenkontrolle nach Art. 93 Abs. 1 Nr. 2 GG, die auch als **prinzipale Normenkontrolle** bezeichnet wird. Ihre einzelnen Voraussetzungen sind in den §§ 13 Nr. 6, 76 ff. BVerfGG geregelt. Der **objektiv-rechtliche** Charakter des Verfahrens wird daran deutlich, dass (im Gegensatz etwa zum Organstreitverfahren oder zur Verfassungsbeschwerde) als Zulässigkeitsvoraussetzung keine besondere *subjektive* Antragsbefugnis nötig ist: Unabhängig von einer Betroffenheit des Antragstellers in subjektiven Rechtspositionen oder Kompetenzbereichen kann die Verfassungsmäßigkeit einfachen Bundes- und Landesrechts zur Überprüfung gestellt werden. Das Verfahren dient somit *nicht* in erster Linie der Wahrung von subjektiven Rechten, sondern dem objektiven rechtsstaatlichen Interesse an der Einhaltung der Verfassung. Aus diesem Grund darf auch nur ein kleiner Kreis von Berechtigten das Verfahren einleiten.

385 Die wichtigsten **Zulässigkeitsvoraussetzungen** für das Verfahren der **abstrakten Normenkontrolle** sind:

(1) **Antragsberechtigung**: Gemäß Art. 93 Abs. 1 Nr. 2 GG i.V.m. § 76 BVerfGG ist (nur) die Bundesregierung, Landesregierung oder ein Viertel der Bundestagsmit-

glieder berechtigt. Da es sich um ein objektives Beanstandungsverfahren und kein kontradiktorisches Verfahren handelt, gibt es hier keinen Antragsgegner.

(2) **Zulässiger Prüfungsgegenstand**: gemäß Art. 93 Abs. 1 Nr. 2 GG i.V.m. § 76 BVerfGG Bundesrecht oder Landesrecht jeden Ranges, aber nicht EU-Recht. Der **Prüfungsmaßstab** divergiert hingegen: bei Bundesrecht Vereinbarkeit mit dem Grundgesetz, bei Landesrecht Vereinbarkeit mit dem Grundgesetz *und* dem sonstigen Bundesrecht.

(3) **Objektive Antragsbefugnis**: „Meinungsverschiedenheiten oder Zweifel" über die Vereinbarkeit mit dem Grundgesetz bzw. sonstigem Bundesrecht – vgl. Art. 93 Abs. 1 Nr. 2 GG und den abweichenden § 76 Abs. 1 BVerfGG (letzterer ist seinem – folglich wohl verfassungswidrigen – Wortlaut nach enger bzw. zu eng: Antragsteller müsse die Norm *für nichtig halten*). Da es sich um ein objektives Beanstandungsverfahren handelt, ist eine besondere Antragsbefugnis im Sinne der Betroffenheit in *eigenen* Rechten (wie dies sonst bei jedem kontradiktorischen Verfahren geprüft wird) nicht erforderlich.

(4) **Klarstellungsinteresse**: Es reicht ein objektives Klarstellungsinteresse, das nur in ganz wenigen Ausnahmefällen zu verneinen ist (wie ein Rechtsschutzbedürfnis).

(5) **Form (und Frist)**: zur Schriftform und Begründetheit in deutscher Sprache vgl. § 23 Abs. 1 und § 17 BVerfGG i.V.m. § 184 GVG. Es gelten keine Antragsfristen.

Die **Prüfung** des Gesetzes ist in **formelle und materielle Verfassungsmäßigkeit** aufgeteilt. Eine Überprüfung der **formellen Verfassungsmäßigkeit** umfasst stets die drei Fragen: Hatte das Organ die *Kompetenz* für die Maßnahme, hat es das *Verfahren* für eine solche Maßnahme eingehalten und ist dabei die korrekte *Form* gewählt worden? Die Frage nach der Kompetenz kann in eine nach dem zuständigen Verband (Bundes- oder Landesebene) und in eine nach dem zuständigen Organ (Auswahl auf der jeweiligen Ebene) unterteilt werden. Nach Prüfung der formellen Verfassungsmäßigkeit des Gesetzes ist die **materielle Verfassungsmäßigkeit** zu prüfen, in der Verstöße gegen bestimmte Einzelnormen des Grundgesetzes (Strukturbestimmungen, Grundrechte, etc.), die im Fall in Frage kommen, vorliegen. Die Gehalte und Reichweite der jeweiligen Verfassungsnorm stellen dabei regelmäßig Schwerpunkte der Prüfung dar.

Hält das Bundesverfassungsgericht im Rahmen der Prüfung der **Begründetheit** (formelle und materielle Verfassungsmäßigkeit) einer abstrakten Normenkontrolle das Bundesrecht für grundgesetzwidrig oder das Landesrecht für grundgesetz- oder sonstig bundesrechtswidrig, so erklärt es als **Rechtswirkung** das Gesetz nach § 78 Abs. 1 BVerfGG (in der Regel) als vom Zeitpunkt der Entscheidung an (ex nunc) für **nichtig**. Das Bundesverfassungsgericht kann die Verfassungsmäßigkeit des zu prüfenden Rechts umfassend prüfen und ist nicht an das Vorbringen der Antragsteller gebunden. Diese Entscheidung hat **Gesetzeskraft** (§ 31 Abs. 2 BVerfGG). In Ausnahmefällen (z.B. Funktionsgefährdung des Staates durch Rechtsvakuum oder aus Rücksicht auf mehrere zur Verfügung stehende Gestaltungsmöglichkeiten des Gesetzgebers zur Erstellung verfassungsmäßiger Lösungen) kann die Nichtigkeitserklärung aber entfallen. Das Bundesverfassungsgericht verpflichtet dann regelmäßig den Gesetzgeber, eine neue verfassungskonforme Regelung bis zu einem bestimmten Stichtag vorzulegen (s.a. Rn. 577 sowie *Kloepfer*, Verfassungsrecht I, 2011, § 19 Rn. 112 f.).

388 Im (besonderen) abstrakten Normenkontrollverfahren kann bei der **Prüfung der Erforderlichkeit einer bundesgesetzlichen Regelung** nach Art. 93 Abs. 1 Nr. 2a GG, §§ 13 Nr. 6a, 76 ff. BVerfGG geprüft werden, ob ein Bundesgesetz die Erforderlichkeitsvoraussetzungen des Art. 72 Abs. 2 GG (s. dazu Rn. 74) erfüllt. Der Antrag kann abweichend von den Voraussetzungen der (normalen) abstrakten Normenkontrolle vom Bundesrat, von einer Landesregierung oder von einem Landesparlament gestellt werden. Die übrigen Voraussetzungen sind identisch (vgl. die Parallelität der Vorschriften des zehnten Abschnitts im III. Teil des BVerfGG).

d) Konkrete Normenkontrolle

389 Von der abstrakten Normenkontrolle (s. Rn. 384 ff.) ist die **konkrete Normenkontrolle** nach Art. 100 Abs. 1 GG, §§ 13 Nr. 11, 80 ff. BVerfGG zu unterscheiden, die aus Anlass eines (konkreten) Gerichtsverfahrens erfolgt. Bei der konkreten Normenkontrolle handelt es sich zwar ebenfalls um die Überprüfung der Vereinbarkeit von einfachen Gesetzen mit der Verfassung durch das Bundesverfassungsgericht, aber nur als Vorfrage zur Entscheidung eines Gerichtsverfahrens. Bei der abstrakten Normenkontrolle (als prinzipale Normenkontrolle, d.h. die Gültigkeit einer Norm ist selbst Verfahrensgegenstand) geht es aber nur um die Verfassungsmäßigkeit des Gesetzes. Anders als bei der abstrakten Kontrolle wird es hierbei jedoch durch ein „einfaches" (Fach-)Gericht eingeschaltet, wenn dieses von der Verfassungswidrigkeit des anzuwendenden Gesetzes im Rahmen des laufenden Gerichtsverfahrens *überzeugt* ist und eine (inzidente) Entscheidung hierbei im laufenden Verfahren *benötigt*, diese aber wegen der Gesetzesbindung der Rechtsprechung (Art. 20 Abs. 3 GG) und dem daraus resultierenden **Verwerfungsmonopol des Bundesverfassungsgerichts für Parlamentsgesetze** nicht selbst herbeiführen kann. Vorausgesetzt wird also die Entscheidungsrelevanz der Verfassungsfrage für das Ausgangsverfahren. Das Fachgericht setzt dann das laufende Verfahren aus und legt das Gesetz dem Bundesverfassungsgericht zur Überprüfung vor. Nach der Entscheidung kann das vorlegende Gericht das Verfahren unter Anwendung des als verfassungsmäßig bestätigten oder unter Nichtanwendung des als verfassungswidrig verworfenen Gesetzes fortführen.

390 Hält ein Gericht ein **formelles vorkonstitutionelles Gesetz** (d.h. vor Inkrafttreten des Grundgesetzes geschaffenen) oder ein **nur materielles Gesetz** (z.B. Rechtsverordnung nach Art. 80 GG) für verfassungswidrig, entfällt die Vorlagepflicht an das Bundesverfassungsgericht und das Gericht entscheidet **inzident und selbst** über die Verfassungswidrigkeit im laufenden Verfahren.

Die wichtigsten **Zulässigkeitsvoraussetzungen** für das Verfahren der **konkreten Normenkontrolle** sind: 391

(1) **Vorlageberechtigung:** Nur „Gerichte" gemäß Art. 100 Abs. 1 GG, § 80 Abs. 1 BVerfGG dürfen vorlegen. Maßstab sind also Art. 92 ff. und 101 GG – also auch Landesverfassungsgerichte oder speziell eingerichtete Berufs- und Ehrengerichte (z.B. Ärzte- oder Rechtsanwaltskammern, s.a. BVerfGE 48, 300 (315) – Ehrengerichte).

(2) **Zulässiger Vorlagegegenstand:** Nur formelle und nachkonstitutionelle Gesetze (deckungsgleich mit der Bindungsgrenze aus Art. 20 Abs. 3 GG) dürfen von Gerichten vorgelegt werden.

(3) **Vorlagebefugnis:** Nach Art. 100 Abs. 1 GG muss das Gericht das **Gesetz für verfassungswidrig halten**. Das Äußern bloßer Zweifel an der Verfassungsmäßigkeit reicht nicht aus. Hinzu kommt die Frage der **Entscheidungsrelevanz:** Die Gültigkeit des fraglichen Gesetzes muss für die konkrete gerichtliche Entscheidung erheblich sein, d.h. das Gericht hätte bei Gültigkeit einer Norm anders zu entscheiden als bei ihrer Ungültigkeit, vgl. Art. 100 Abs. 1 GG, § 80 Abs. 2 BVerfGG. Auch hier ist eine weitere besondere (subjektive) Befugnis im Sinne einer Betroffenheit in *eigenen* Rechten wegen der Objektivität des Verfahrens nicht nötig (s. Rn. 384).

(4) **Form (und Frist):** Das vorlegende Gericht entscheidet über die Vorlage durch schriftlichen Beschluss. Dieser muss begründet werden (§§ 23 Abs. 1, 80 Abs. 2 BVerfGG) und ist in deutscher Sprache abzufassen (§ 17 BVerfGG i.V.m. § 184 GVG). Fristen gelten nicht.

In der **Begründetheitsprüfung** der Vorlage ist die Verfassungsmäßigkeit des vorgelegten Gesetzes wie in der abstrakten Normenkontrolle formell und materiell zu untersuchen (s.a. Rn. 379). 392

Ebenfalls wie bei der abstrakten Normenkontrolle (s.o. Rn. 387) wird im Rahmen einer konkreten Normenkontrolle ein verfassungswidriges Gesetz (regelmäßig) **für nichtig erklärt** – § 82 Abs. 1 i.V.m. § 78 S. 1 BVerfGG. Die Entscheidung des Bundesverfassungsgerichts hat auch hier **Gesetzeskraft** (§ 31 Abs. 2 BVerfGG). 393

Durch einstimmige **Kammerentscheidung** (dazu § 15a BVerfGG) im Rahmen eines konkreten Normenkontrollverfahrens kann die Unzulässigkeit einer Vorlage in einem Vorverfahren festgestellt werden (§ 81a S. 1 BVerfGG). Bei Vorlagen durch Landesverfassungsgerichte oder oberste Bundesgerichte kann ein solcher Beschluss nur vom Senat gefasst werden (§ 81a S. 2 BVerfGG). 394

e) Verfassungsbeschwerde

Die Verfassungsbeschwerde dient als **Individualverfassungsbeschwerde** (Art. 93 Abs. 1 Nr. 4a GG, §§ 13 Nr. 8a, 90, 92 ff. BVerfGG) der Verteidigung der Grundrechte sowie der grundrechtsgleichen Rechte des Bürgers. Mit der **Kommunalverfas-** 395 sungsbeschwerde (Art. 93 Abs. 1 Nr. 4b GG, §§ 13 Nr. 8b, 91 ff. BVerfGG) können Beeinträchtigungen des in Art. 28 Abs. 2 GG gewährleisteten Selbstverwaltungsrechts von Gemeinden und Gemeindeverbänden geltend gemacht werden.

396 Verfassungsbeschwerden stellen seit ihrer Einführung den zahlenmäßig größten Teil der Rechtsschutzersuchen vor dem Bundesverfassungsgericht dar, wobei die Erfolgsquote sehr gering ist (ca. 2 %). Um dem großen Ansturm von Verfassungsbeschwerden Rechnung zu tragen, wurde ein spezielles **Annahmeverfahren** eingeführt (§§ 93a ff. BVerfGG), in dem in relativ geringer Transparenz das Bundesverfassungsgericht praktisch weitgehend nach seinem Ermessen über die Annahme entscheidet (s.a. Rn. 304).

397 Die wichtigsten **Zulässigkeitsvoraussetzungen** der **Individualverfassungsbeschwerde** sind:

(1) **Beschwerdefähigkeit**: „Jedermann", der Träger des jeweiligen Grundrechts bzw. des grundrechtsgleichen Rechts sein kann. Die Beschwerdefähigkeit folgt der Grundrechtsfähigkeit. Die Prozessfähigkeit, d.h. die Fähigkeit, wirksame Prozesshandlungen vornehmen zu können, folgt grundsätzlich aus der Grundrechtsmündigkeit.

(2) **Beschwerdegegenstand**: Verfassungsbeschwerden können sich gegen alle Staatsakte (Parlamentsgesetze, §§ 93 Abs. 3, 94 Abs. 4, 95 Abs. 3 BVerfGG oder Rechtsvorschriften, Satzungen, Verwaltungsakte, funktionales Verwaltungshandeln, gerichtliche Entscheidungen, §§ 94 Abs. 3, 95 Abs. 2 BVerfGG) richten. Im ersten Fall spricht man von sog. **Rechtssatzverfassungsbeschwerden** und in letzterem von sog. **Urteilsverfassungsbeschwerden**. Eine Verfassungsbeschwerde kann auch verfassungswidrige Unterlassungen rügen (§§ 92, 95 Abs. 1 S. 1 BVerfGG).

(3) **Beschwerdebefugnis**: (bloße) **Möglichkeit der Verletzung eines Grundrechts** bzw. eines grundrechtsgleichen Rechts; d.h. die Grundrechtsverletzung darf nicht von vornherein ausgeschlossen sein (weil der Beschwerdeführer z.B. als Nichtdeutscher gar nicht Träger des gerügten Deutschengrundrechts sein kann). Erforderlich ist, dass der Beschwerdeführer gemäß seinem Vorbringen **selbst, gegenwärtig und unmittelbar betroffen** ist. Eine „unmittelbare" Betroffenheit fehlt regelmäßig, wenn z.B. noch ein (hinnehmbarer) Vollzugsakt für den Grundrechtseingriff erforderlich ist. „Selbst" bedeutet, dass nur eigene Rechtspositionen gerügt werden dürfen. „Gegenwärtig" muss die Betroffenheit sein, um Verfassungsbeschwerden gegen virtuelle Beeinträchtigungen in ungewisser Zukunft auszuschließen.

(4) **Rechtswegerschöpfung und Subsidiarität der Verfassungsbeschwerde** (s.a. BVerfGE 107, 395 (414) – Rechtsschutz gegen den Richter I): Eine Verfassungsbeschwerde ist nur zulässig, wenn vorher der zulässige Rechtsweg ausgeschöpft ist (§ 90 Abs. 2 S. 1 BVerfGG i.V.m. Art. 94 Abs. 2 S. 2 GG). Ausnahme: sofortige Vorabentscheidung nach § 90 Abs. 2 S. 2 BVerfGG. Die notwendige Erschöp-

fung eines Rechtswegs erfasst nicht die vorherige Erhebung von Verfassungsbeschwerden vor den Landesverfassungsgerichten (§ 90 Abs. 3 BVerfGG). Aus der geschriebenen Notwendigkeit der Rechtswegerschöpfung wird der darüber liegende ungeschriebene Grundsatz der Subsidiarität der Verfassungsbeschwerde abgeleitet. Diese Subsidiarität fordert nicht nur einen Vorrang der fachrichterlichen Abhilfe einer Grundrechtsverletzung, sondern auch die Nutzung von zumutbaren Abhilfemöglichkeiten außerhalb eines möglichen Rechtswegs (z.B. nach Art. 10 Abs. 2 S. 2 GG, aber wohl nicht Art. 17 GG). Der Verfassungsbeschwerdeführer muss das ihm Mögliche tun, damit eine Grundrechtsverletzung unterbleibt oder beseitigt wird (BVerfGE 107, 395 (414) – Rechtsschutz gegen den Richter I). Deswegen kann es je nach Fallgestaltung zumutbar sein, dass der Beschwerdeführer Vollzugsakte eines Gesetzes abwartet, um hier eine Kontrolle der Verfassungsmäßigkeit inzident herbeizuführen.

(5) **Form und Frist**: schriftlich und begründet, § 23 Abs. 1 BVerfGG, in deutscher Sprache, § 17 BVerfGG i.V.m. § 184 GVG – z.B. sind Verwaltungsakte und Urteile zu benennen, durch die die Grundrechte des Beschwerdeführers verletzt sein sollen. Bei **Rechtsanwendungsakten** beträgt die **Frist einen Monat** (§ 93 Abs. 1 S. 1 BVerfGG); regelmäßig beginnt die Monatsfrist mit Zustellung der letztinstanzlichen Gerichtsentscheidung. Sie beträgt bei **Rechtssatzbeschwerden ein Jahr** nach Inkrafttreten eines Gesetzes (§ 93 Abs. 3 BVerfGG).

Die **Begründetheitsvoraussetzungen** ergeben sich aus Art. 93 Abs. 1 Nr. 4a GG: (tatsächliche) Verletzung eines Grundrechts oder grundrechtsgleichen Rechts des Beschwerdeführers. Diese werden in den Stufen Schutzbereich (sachlich und persönlich), Eingriff und Rechtfertigung (durch formell und materiell verfassungsmäßiges Gesetz) geprüft (s. dazu Rn. 487 ff.). Bei Urteilsverfassungsbeschwerden ist die Begründetheit einer Verfassungsbeschwerde nur bei Verletzung spezifischen Verfassungsrechts möglich (BVerfGE 18, 85 (92) – spezifisches Verfassungsrecht); die einfache Gesetzwidrigkeit wird *nicht* geprüft. Das Bundesverfassungsgericht ist daher *keine Superrevisionsinstanz* (Röhl, JZ 1957, 105 (106)). Die Prüfung von Verfassungsbeschwerden gegen Verwaltungs- oder Gerichtsentscheidungen unterteilt sich im materiellen Teil in eine Prüfung des Einzelaktes und in eine Prüfung der zugrunde gelegten Norm. | 398

Bei der **Kommunalverfassungsbeschwerde** ändern sich einige Aspekte, so gilt der § 91 BVerfGG statt die §§ 90, 92 ff. BVerfGG bei der Individualverfassungsbeschwerde. Die **Beschwerdeberechtigung** knüpft an die Eigenschaft an, eine Gemeinde oder ein Gemeindeverband (z.B. Landkreis) zu sein, die eine Verletzung des Art. 28 GG rügen. **Beschwerdegegenstand** kann nur ein Gesetz sein (es gibt also nur Rechtsatzkommunalverfassungsbeschwerden). Die **Beschwerdebefugnis** begrenzt sich auf das kommunale Selbstverwaltungsrecht aus Art. 28 GG. Eine **Subsidiarität** zu Landesverfassungsgerichtsverfahren besteht ausdrücklich (§ 91 S. 2 BVerfGG). | 399

f) Einstweiliger Rechtsschutz

400 Von großer praktischer Bedeutung (und gelegentlich auch in Klausuren vorkommend) ist auch das **einstweilige Rechtsschutzverfahren** bzw. Eilrechtsschutzverfahren vor dem Bundesverfassungsgericht (s.a. Rn. 292). § 32 BVerfGG ermöglicht es, einstweilige Anordnungen zu treffen, um einen Zustand vorläufig zu regeln, weil ein Hauptsacheverfahren zu spät käme (z.B. bei Versammlungsverboten gelegentlich der Fall). Zu *jedem* oben erörtertem Hauptverfahren ist ein einstweiliges Verfahren denkbar. Die Zulässigkeitsvoraussetzungen werden ihrem Inhalt her den Voraussetzungen des jeweiligen Hauptsacheverfahrens entlehnt. Die Prüfung im einstweiligen Rechtsschutz ist aber *nicht* mit der Prüfung im Hauptsacheverfahren identisch. In laufenden Verfahren ordnet das Gericht oft selbst und ohne vorherigen Antrag an. Im Klausurfall wird hingegen regelmäßig nach dem Erfolg eines Antrags des Belasteten im Sachverhalt gefragt, der dann auf Zulässigkeit und Begründetheit hin zu untersuchen ist. Ein solcher Antrag kann ein einstweiliges Rechtsschutzverfahren auch einleiten.

401 Die wichtigsten **Zulässigkeitsvoraussetzungen** eines Antrags im einstweiligen Rechtschutz vor dem Bundesverfassungsgericht sind:

(1) **Antragstellung:** Diese ist jedenfalls dann nötig, wenn ein Hauptsacheverfahren noch nicht anhängig ist.

(2) **Antragsberechtigung:** Berechtigt ist jeder, der im jeweiligen Hauptsacheverfahren antrags- oder beschwerdeberechtigt ist.

(3) **Zulässiger Antragsgegenstand:** Im einstweiligen Rechtsschutz kann stets nur eine **vorläufige Regelung** erlangt werden. Es darf grundsätzlich *nicht* zu einer **Vorwegnahme der Hauptsache** kommen. Ausnahmsweise ist dies unter zwei Voraussetzungen aber unumgänglich:

  (a) die Hauptsacheentscheidung käme zu spät und andere Rechtsschutzmöglichkeiten sind nicht gegeben *und*

  (b) das Abwarten der Hauptsacheentscheidung führt zu einem irreparablen Schaden am Rechtsgut.

(4) **Im Übrigen keine evidente Unzulässigkeit des Hauptsacheverfahrens:** Es wird im einstweiligen Rechtsschutz zwar keine Prüfung der Zulässigkeit der Hauptsache vorgenommen, wenn diese aber z.B. offensichtlich verfristet ist, darf das Eilrechtsschutzverfahren nicht dazu benutzt werden, diese Voraussetzungen rechtsmissbräuchlich zu umgehen.

(5) **Form (und Frist):** § 23 Abs. 1 BVerfGG gilt auch hier, sodass der Antrag schriftlich und begründet gestellt werden muss. Eine spezielle Frist für den Antrag gilt nicht. Die Verfristung des Hauptverfahrens lässt den Antrag schon evident unzulässig werden.

Begründet ist der Antrag, wenn die Nachteile eines Nichterlasses trotz hypothetischem Erfolg in der Hauptsache schwerer wiegen als die Nachteile des Erlasses bei hypothetischem Unterliegen in der Hauptsache (**Doppelhypothese**, s. dazu BVerfGE 34, 341 (342)). Die Verfassungsfrage in der Hauptsache selbst (dortiger Erfolg oder Nichterfolg) wird folglich inhaltlich im Eilrechtsschutzverfahren *nicht* geprüft, sondern nur die jeweiligen Ergebnisse sind als Hypothese anzunehmen. Geprüft und abgewogen werden also nur die sich ergebenden Nachteile aus beiden denkbaren „Fehlurteilsszenarien".

402

g) Sonstige Verfahren

Das Bundesverfassungsgericht kann nach Art. 100 Abs. 2 GG, §§ 13 Nr. 12, 83 f. i.V.m. 80 und 82 Abs. 3 BVerfGG auch durch Richtervorlage mit der Frage befasst werden, ob eine **allgemeine Regel des Völkerrechts** durch Art. 25 GG Bestandteil des Bundesrechts ist (s. Rn. 814). Erforderlich ist auch hier, dass die vorgelegte Frage für das Ausgangsverfahren entscheidungserheblich ist. Es ähnelt insoweit stark dem Verfahren der konkreten Normenkontrolle (Rn. 389 ff.).

403

Das Bundesverfassungsgericht wird zudem im Falle der sog. **Divergenzvorlagen** bei Fragen potenzieller Abweichung der Rechtsprechung eines Landesverfassungsgerichts von den Entscheidungen anderer Landesverfassungsgerichte oder von einer Entscheidung des Bundesverfassungsgerichts nach Art. 100 Abs. 3 GG tätig. Das Landesverfassungsgericht hat in solchen Fällen das Verfahren auszusetzen und eine entsprechende Entscheidung des BVerfG einzuholen.

404

Einen Überblick über die sonstigen Verfahren des Bundesverfassungsgerichts geben die Zuständigkeitskataloge in Art. 93 GG und vor allem in § 13 BVerfGG. Der Katalog der verfassungsgerichtlichen Verfahren ist allerdings weder im Grundgesetz noch im Bundesverfassungsgerichtsgesetz abschließend geregelt (Art. 93 Abs. 3 GG, § 13 Nr. 15 BVerfGG), vgl. z.B. § 36 Abs. 2 PUAG.

405

Das Bundesverfassungsgericht ordnet die **Vollstreckung seiner Entscheidung** selbst in personeller und sachlicher Hinsicht an; es kann also selbst die Art und Weise der Vollstreckung regeln (§ 35 BVerfGG). Ein bestimmtes Vollstreckungsregime existiert im BVerfGG jedoch nicht. Die Vollstreckung der Entscheidungen des Bundesverfassungsgerichts spielt bisher nur eine untergeordnete Rolle (*Kloepfer*, Verfassungsrecht I, 2011, § 19 Rn. 20), weil die Entscheidungen des Bundesverfassungsgerichts in der Regel aus der Einsicht in ihre Notwendigkeit und ihre Legitimität befolgt werden.

406

2. Teil: Grundrechte

A. Allgemeine Grundrechtslehren

I. Geschichte und Perspektiven der Grundrechte

Impulse für die **ersten Grundrechtskodifizierungen** gingen nicht von Deutschland, sondern vor allem von England, Frankreich und deren ehemaligen Kolonien in Nordamerika aus. Wichtige Schritte auf dem Weg zur Entwicklung von Grundrechten waren: 407

- 1215: Magna Charta Libertatum (große Urkunde der Freiheiten)
- 1679: Habeas-Corpus-Act (vor allem prozedurale Garantien bei Freiheitsentziehungen)
- 1689: Bill of Rights von England (grundlegende Rechte des Parlaments und einzelne Individualrechte)
- 1776: Bill of Rights von Virginia, Constitution of the Commonwealth of Pennsylvania (gilt als erste Grundrechtserklärung im modernen Sinne)
- 1789: Déclaration des droits de l'homme et du citoyen (Menschen- und Bürgerrechtserklärung)
- 1791: Federal Bill of Rights (zehn Amendments der US-Bundesverfassung)

In Deutschland wurden Grundrechte zunächst in den **Landesverfassungen** normiert (Bayern, Baden, Württemberg 1818/19). Mangels Bindung der Gesetzgebung an die Grundrechte und aufgrund unzureichenden Rechtsschutzes blieben diese Kodifizierungen jedoch ohne große praktische Bedeutung. 408

Einen umfassenden Grundrechtekatalog sah der Entwurf für eine Reichsverfassung vom 28.3.1849 (**Paulskirchenverfassung**) vor, die allerdings nicht in Kraft treten konnte, nachdem der preußische König Friedrich Wilhelm IV. seine Wahl zum deutschen Kaiser abgelehnt hatte. Gleichwohl waren sowohl der Grundrechtekatalog als auch der staatsorganisatorische Teil der Paulskirchenverfassung von großer ideengeschichtlicher Bedeutung für die weitere Verfassungsentwicklung in Deutschland. 409

Die **Verfassung des Norddeutschen Bundes** von 1867 und die **Verfassung des Deutschen Reiches** von 1871 waren reine Organisationsstatute und enthielten – mit Ausnahme einer Art Gewerbe- und Niederlassungsfreiheit – keine grundrechtlichen Gewährleistungen. Der Schutz der Grundrechte wurde den Landesverfassungen (z.B. der Preußischen Verfassung) und der Gesetzgebung überlassen. 410

Die **Weimarer Reichsverfassung** von **1919** enthielt in ihrem zweiten Hauptteil „Grundrechte und Grundpflichten der Deutschen" einen ausführlichen Grundrechtekatalog. Neben den „klassischen" liberalen Freiheitsrechten (Freiheit der Person, Freizügigkeit, Auswanderungsfreiheit, Religionsfreiheit, Gleichheitssatz, Meinungs-, Versammlungs- und Vereinigungsfreiheit etc.) regelte die WRV auch eine soziale und 411 ökonomische Funktion der Grundrechte. Ob neben der Verwaltung und Justiz auch die Gesetzgebung an die Grundrechte gebunden sein sollte, war während der Weimarer Republik stark umstritten. Häufig wurde angenommen, dass die Grundrechte für den Gesetzgeber lediglich Programmsätze seien.

412 Während des **Nationalsozialismus** wurde die WRV faktisch außer Kraft gesetzt, wenngleich sie formal in Kraft blieb. Das Ermächtigungsgesetz von 1933, die auf Art. 48 Abs. 2 WRV gestützten Notverordnungen des Reichspräsidenten und die Aufhebung der Gewaltenteilung führten zur Bedeutungslosigkeit auch der grundrechtlichen Gewährleistungen. Dies führte zu schwerwiegenden Verletzungen der Menschenwürde im „Dritten Reich". Insgesamt war die Grundrechtsfeindlichkeit des NS-Regimes regimetypisch.

413 Entsprechendes galt – wenn auch nicht in gleicher Intensität – für die **SBZ/DDR**. Ihr Konzept der „sozialistischen Grundrechte" führte im Ergebnis zu keinerlei effektiven Abwehrrechten gegenüber dem Staat. Menschenwürdeverletzungen (z.B. durch Stasi-Bespitzelungen oder das Grenzregime) waren strukturprägend.

414 Die im Grundgesetz verankerten Grundrechte sind **subjektiv-öffentliche Rechte** des Einzelnen gegen den Staat. Sie binden die gesamte deutsche Staatsgewalt einschließlich der Legislative (Art. 1 Abs. 3 GG). Darüber hinaus kann die deutsche Staatsgewalt auch an die im Unionsrecht gewährleisteten Grundrechte und Grundfreiheiten gebunden sein (s. Rn. 909). Die menschenrechtlichen Standards des Völkerrechts werden gemäß Art. 1 Abs. 2 GG inkorporiert. Die Gewährleistungen der Europäischen Menschenrechtskonvention (EMRK) sind gemäß Art. 1 Abs. 2 i.V.m. Art. 59 Abs. 2 GG auch bei der Anwendung der deutschen Grundrechte in ihrer konkreten Ausgestaltung als Auslegungshilfe heranzuziehen (BVerfGE 128, 326 (369) – Sicherungsverwahrung). Dagegen binden die Grundrechte des Grundgesetzes die EU-Organe nicht.

415 Obwohl es auch in der **Bundesrepublik Deutschland** immer wieder einzelne Grundrechtsverletzungen gab und gibt, ist – nicht zuletzt dank des Bundesverfassungsgerichts – das **effektive Grundrechtsniveau** auch im internationalen Vergleich relativ hoch. Zwar gab es weitgehende grundrechtseinschränkende Verfassungsänderungen (vgl. z.B. Art. 16a, 13 GG), die Rechtsprechung des Bundesverfassungsgerichts wie auch eine dynamische Verfassungsrechtswissenschaft führten jedoch gleichzeitig zu erheblichen Bedeutungs- und Geltungszuwächsen für die Grundrechte. Dabei wurden nicht nur bestehende Grundrechte mit Inhalt gefüllt, sondern auch neue Grundrechte – wie z.B. das allgemeine Persönlichkeitsrecht, das Recht auf informationelle Selbstbestimmung und das Recht auf Vertraulichkeit und Integrität informationstechnischer Systeme (s.a. Rn. 566 ff.) oder das Recht auf Demokratie (s. Rn. 118) – geschaffen. Verbesserungswürdig erscheinen nach wie vor u.a. die grundrechtliche Absicherung von sozialstaatlichen Leistungen (s.a. Rn. 546) sowie der Grundrechtsstatus von Minderheiten, z.B. der Migranten in Deutschland.

Die Geschichte der Grundrechte ist bei aller – teilweise berechtigten – Kritik eine Erfolgsgeschichte. Der Grundrechtsintention, den Staat primär vom Bürger her, d.h. verfassungsrechtlich von seinen Grundrechten her zu konzipieren und zu begründen, ist in der mittlerweile über 60 Jahre dauernden Grundrechtsgeschichte oft entsprochen worden.

416

Dies ist auch der erwähnten „**Grundrechtseuphorie**" geschuldet, welche sowohl die Staatsrechtswissenschaft als auch das Bundesverfassungsgericht erfasste und die – freilich in abgeschwächter Form – bis heute anhält. Die „Grundrechtseuphorie" führte neben der „Entdeckung" neuer Grundrechte (s.o. Rn. 415) z.B. dazu, dass den Grundrechten nicht nur abwehrrechtlicher, d.h. eingriffsabwehrender Charakter, sondern auch leistungsrechtliche Dimensionen zugesprochen wurden und dass den Grundrechten auch objektivrechtliche sowie institutionelle Gehalte entnommen wurden. Beim Bundesverfassungsgericht bewirkte die Grundrechtseuphorie insbes., dass das Gericht Art. 2 Abs. 1 GG als umfangreiches Auffanggrundrecht deutete (BVerfGE 6, 32 (36 f.) – Elfes) und dass es in deutlicher Abkehr von der Weimarer Zeit den Anspruch der Grundrechte als unmittelbar geltendes Recht (Art. 1 Abs. 3 GG) wirksam in die Tat umsetzte.

417

Die Ausdifferenzierung der Grundrechtsdogmatik, die „Entdeckung" bzw. „Innovation" neuer Grundrechte sowie die Heranziehung von Art. 2 Abs. 1 GG als umfassendes Auffanggrundrecht bewirkten einen **Grundrechtsexpansionismus**, welcher überwiegend positive, vereinzelt aber auch negative Auswirkungen hat und hatte. Durch den Grundrechtsexpansionismus konnten die Grundrechte einerseits zum **Motor der Modernisierung** (z.B. Abbau standesähnlicher Wirtschaftshemmnisse, Abbau vormoderner Ungleichbehandlungen von Frauen und Männern, Abschaffung besonderer Gewaltverhältnisse, Siegeszug der Meinungsfreiheit, Ermöglichung von Privatrundfunk und die Durchsetzung der informationellen Selbstbestimmung) und zum **Bollwerk gegenüber autoritären Übergriffen des Staates** werden (vgl. BVerfGE 12, 205 (243 f.) – Deutschland-Fernsehen; BVerfGE 20, 162 (179 f.) – Spiegel). Andererseits vermag der Grundrechtsexpansionismus paradoxerweise zu einer Entwertung der Grundrechte zu führen: wenn alles zum Grundrechtsanwendungsfall wird, droht die Gefahr der **Banalisierung der Grundrechte** (vgl. BVerfGE 80, 137 ff.; hierzu erging ein Sondervotum von *Grimm* s. BVerfGE 80, 164 ff.) sowie des „**Abwägungsstaates**" (s. dazu etwa *Leisner*, Der Abwägungsstaat, 1997), in dem vor allem die Richter des Bundesverfassungsgerichts Gefahr laufen, als maßgeblicher Grundrechtsanwender im Wesentlichen nur noch (subjektiv gefärbte) Abwägungsentscheidungen zu treffen.

418

Abgesehen von den vereinzelt negativen Folgen des Grundrechtsexpansionismus hat die Erfolgsgeschichte der Grundrechte einige weitere **Schwachstellen**. Einige Grundrechte sind z.B. gar nicht ausdrücklich normiert (z.B. Ausreisefreiheit, Grundrecht auf Datenschutz, Grundrecht auf Zugang zu staatlichen Informationen) und deshalb nur nach Art. 2 Abs. 1 GG geschützt. Zudem besteht nur unzureichender Schutz ge-

419

genüber der staatlichen Informationsmacht (bspw. Warnungen) sowie gegenüber der staatlichen Abgabengewalt. Auch haben die Grundrechte Grundrechtsgefährdungen durch staatliche Beeinflussung des Grundrechtsumfelds bzw. der Grundrechtsvoraussetzungen (z.B. durch staatliche Konjunktur- und Beschäftigungspolitik) nicht verhindern können. Wirtschafts-, Steuer-, Familien- und Bildungspolitik, aber auch die Politik der inneren Sicherheit und die Umweltpolitik u.v.a.m. treffen regelmäßig zu spät auf effektive grundrechtliche Reaktionen. Auswärtige Politik und etwa Auslandseinsätze der Bundeswehr werden nicht oder kaum als grundrechtsrelevante Probleme wahrgenommen (z.B. Kundus-Zwischenfall in Afghanistan), obwohl sie in ihrer Konsequenz zu schwersten Grundrechtsbeeinträchtigungen führen können. Es gibt insgesamt so etwas wie die **Grundrechtsferne der Staatsleitung**.

420   Bisher ist es des Weiteren nicht gelungen, den Grundrechten eine relevante Rolle bei der **Kontrolle und Steuerung sozialer Macht** zuzuweisen. Der Umstand, dass Grundrechte Private nicht unmittelbar binden, hat in mehrpoligen Grundrechtsverhältnissen häufig zur Folge, dass sich wirtschaftsstarke Akteure hinsichtlich ihrer Tätigkeit auf Grundrechte berufen können (z.B. Art. 12 Abs. 1, Art. 14 Abs. 1 GG), während die – u.U. wirtschaftsschwachen – Träger der von den wirtschaftsstarken Akteuren beeinträchtigten Schutzgüter grundrechtlich allenfalls durch die Schutzpflichtendimension der Grundrechte geschützt sind (s. dazu zuletzt *Greve*, in: FS Kloepfer, 2013, S. 665 ff.; *Poscher*, Grundrechte als Abwehrrechte, 2003, S. 89 ff. spricht von der „Asymmetrie des grundrechtlichen Status"). Hier bedarf es behutsamer Fortentwicklungen der Verfassung. Ohne eine grundsätzliche Lösung der **Drittwirkungsproblematik** (s.u. Rn. 481 ff.) wird es freilich keinen Durchbruch geben können. Einfache Lösungen sind allerdings nicht zu erwarten.

421   Problematisch sind auch die zunehmende **Ökonomisierung** und **Entindividualisierung** der Grundrechte (s.a. *Lepsius*, in: Roggan, Online-Durchsuchungen, 2008, S. 48 f.). Die ökonomisch relevanten Grundrechte (insbes. Art. 12, 14, 2 Abs. 1 GG) haben einen überproportionalen Bedeutungsanstieg errungen, nicht zuletzt weil die großen Unternehmen und Unternehmensverbände ihre Fälle erfolgreich vor den Verfassungsgerichten vertreten können. Die Ökonomisierung der Grundrechte geht Hand in Hand mit ihrer **Entindividualisierung**. Insbesondere mit der Grundrechtsfähigkeit (inländischer) juristischer Personen des Privatrechts (Art. 19 Abs. 3 GG, s.u. Rn. 469 ff.), aber auch dank der Gesetzmäßigkeit eines politischen Systems der Repräsentation kollektiver Interessen werden Unternehmen, Organisationen und Verbände zu entscheidenden Akteuren beim Kampf um die Grundrechte und ihre Grenzen. In vielen Verfahren vor dem Bundesverfassungsgericht geht es damit typischerweise um die Verteidigung kollektiver Interessen mithilfe der Grundrechte. „Man versus state" erscheint heute eher eine nostalgische Funktionsbestimmung der Grundrechte, die zunehmend verdrängt wird durch „organization versus state".

422   Nicht zuletzt sind die **Schwächen des Verfassungstexts** zu kritisieren. Was den Grundrechtstext des Grundgesetzes betrifft, bleibt das Diktum vom **Schrankenwirr-**

warr (so *Bettermann*, Grenzen der Grundrechte, 2. Aufl. 1976, S. 3) berechtigt, wobei manche hierdurch verursachte Schwierigkeit von der Dogmatik inzwischen eingeebnet werden konnte. Unerfreulich ist der (**schlechte**) **neue Verfassungsstil**, insbes. in Art. 13 Abs. 3–6, 16a Abs. 2–5 GG, der in seiner formellen und geistigen Kleinteiligkeit gegenüber den klassischen Grundrechtsformulierungen ausgesprochen kurzatmig wirkt und der einer fortbildenden Verfassungsinterpretation, insbes. auch durch das Bundesverfassungsgericht, weitgehend den Boden entzieht. Verfassungsidentifikation wird mit solchen Ausführungsbestimmungen in Verfassungsform in schlechtem Sachbearbeiterdeutsch ohnehin nicht erzeugt.

Aus dem Grundrechtsbereich verbleiben damit noch zahlreiche **Zukunftsaufgaben**. Es sind nicht nur die bisher angesprochenen Defizite zu beseitigen oder wenigstens zu entschärfen. Darüber hinaus harren etwa auch das Problem der **kumulierenden Grundrechtseingriffe** oder der **Verwischungen der Grenzen zwischen Staat und Gesellschaft** (z.B. durch Public Private Partnership) wie auch der Herausforderung der Digitalisierung einer umfassenden grundrechtsdogmatischen Bearbeitung und Lösung. Es sei angemerkt, dass hierbei sowie in der Grundrechtsdogmatik generell mehr „über den Tellerrand" geblickt werden könnte. Manche Übertreibung oder Verirrung der deutschen Grundrechtsdogmatik ließe sich vielleicht mithilfe der **Grundrechtsvergleichung** vermeiden (s.a. *Sommermann*, in: Merten/Papier, HbGR, Bd. 1, 2004, § 16 Rn. 88). Damit ist nicht einer internationalen Grundrechtsnivellierung oder etwa einer Vereinigung der Grundrechte im Mehrebenensystem das Wort geredet (vgl. dazu *Thym*, JZ 2015, 53 ff.). Eher geht es darum, für die Grundrechtssysteme anderer Staaten offen und gedanklich andockbar zu sein. Auch die Politik ist bezüglich der grundrechtlichen Defizite in die Pflicht zu nehmen. Sie sollte insbes. auf die **Harmonisierung der Grundrechtswirklichkeit** in den Mitgliedstaaten der EU hinwirken, um etwa das Problem der transnationalen Verwaltungsakte (Wirkung eines Verwaltungsaktes in mehreren Staaten) zu entschärfen.

II. Geltungsgrund

Der Geltungsgrund der Grundrechte liegt in der, namentlich auf den Theorien von *John Locke* beruhenden, **naturrechtlichen Idee einer vorgegebenen menschlichen Freiheit**. Wie auch in Art. 1 Abs. 2 GG festgehalten wird, sind die Grundrechte damit – unabhängig von ihrer Normierung im Grundgesetz – unveräußerlich. Unter der Geltung des Grundgesetzes spielt der naturrechtliche Geltungsgrund allerdings **keine praktische Rolle**. Die überpositiven Forderungen des Naturrechts sind vielmehr weitgehend durch das Grundgesetz positiviert worden (z.B. Widerstandsrecht nach Art. 20 Abs. 4 GG, s. Rn. 685), weshalb für eine unmittelbare naturrechtliche Ableitung der Grundrechte kaum Raum bleibt.

III. Grundrechtsarten und -funktionen, Einrichtungsgarantien

425 Nach ihrer Stellung im Grundgesetz lassen sich **Grundrechte und grundrechtsgleiche Rechte** unterscheiden. Die Grundrechte sind im ersten Abschnitt des Grundgesetzes geregelt; zu den grundrechtsgleichen Rechten gehören Art. 20 Abs. 4, 33 Abs. 1–3 u. Abs. 5, 38 Abs. 1 S. 1 u. Abs. 2 GG sowie die Justizgrundrechte (Art. 101, 103, 104 GG). Grundrechte und grundrechtsgleiche Rechte sind gleichrangig. Sie können im Wege der Verfassungsbeschwerde gemäß Art. 93 Abs. 1 Nr. 4a GG i.V.m. §§ 13 Nr. 8a, 90 ff. BVerfGG geltend gemacht werden.

426 Die Aufzählung der Grundrechte und grundrechtsgleichen Rechte in Art. 93 Abs. 1 Nr. 4a GG ist abschließend. Neben den Grundrechten und grundrechtsgleichen Rechten gibt es im Grundgesetz noch **grundrechtsähnliche Bestimmungen**. Solche Normen sind zwar in materieller Hinsicht mit den Grundrechten vergleichbar, sie können jedoch nicht unmittelbar mit der Verfassungsbeschwerde geltend gemacht werden. Grundrechtsähnliche Bestimmungen sind etwa Art. 21 Abs. 1 S. 2 GG (Freiheit der Parteigründung), Art. 48 GG (Ansprüche von Abgeordneten), Art. 102 GG (Unzulässigkeit der Todesstrafe) und Art. 140 GG (Glaubensbestimmungen der WRV, s. Rn. 205 f., 458).

427 **Staatszielbestimmungen** (s.a. Rn. 47 ff., z.B. Art. 20a GG) sind keine Grundrechte. Ihnen kommt gleichwohl eine grundrechtsmodifizierende Wirkung zu. Sie können zum einen Eingriffe in Grundrechte rechtfertigen, d.h. freiheitsbegrenzend wirken, zum anderen können sie grundrechtliche Freiheiten erweitern. So kann etwa das Sozialstaatsprinzip eigentumsbeschränkende staatliche Maßnahmen rechtfertigen. Zugleich ergibt sich aus Art. 1 Abs. 1 GG i.V.m. dem Sozialstaatsprinzip ein Anspruch auf die Gewährleistung eines Existenzminimums.

428 Der erste Abschnitt des Grundgesetzes über die Grundrechte enthält auch **nicht grundrechtsbegründende Vorschriften**. So richtet Art. 7 Abs. 1 GG die staatliche Schulaufsicht ein, Art. 7 Abs. 3 S. 1 GG macht Religionsunterricht zum ordentlichen Lehrfach, Art. 7 Abs. 6 GG hebt die Vorschulen auf. Andere Regelungen im Grundrechtsabschnitt normieren ihrer Funktion nach keine Grundrechte, sondern bestimmen – wie Art. 18 und 19 Abs. 1 und 2 GG – Voraussetzungen und Grenzen der Beschränkung von Grundrechten, sind also „Normen über Grundrechte", begründen aber keine Grundrechte.

429 Im Hinblick auf ihre inhaltliche Gewährleistung sind **Freiheits- und Gleichheitsgrundrechte** zu unterscheiden, welche in allgemeiner und in spezieller Form vom Grundgesetz gewährleistet werden. Die allgemeine Handlungsfreiheit wird von Art. 2 Abs. 1 GG geschützt, das allgemeine Gleichheitsrecht ist in Art. 3 Abs. 1 GG verankert; spezielle Gleichheitsrechte sind in Art. 3 Abs. 2 und 3, 33, 38 GG geregelt. Die Differenzierung zwischen Freiheitsrechten einerseits und Gleichheitsrechten andererseits findet sich schon in zwei der drei Parolen der Französischen Revolution („liberté" und „égalité"). Freiheitsrechte sollen dem Bürger Freiheit von staatlichem

Zwang gewährleisten, Gleichheitsrechte dagegen die Gleichbehandlung der Bürger durch den Staat. Dementsprechend schließen Freiheits- und Gleichheitsrechte einander nicht aus, sondern sind stets nebeneinander zu prüfen. Trotz ihrer grundsätzlichen Unabhängigkeit voneinander, sind Freiheits- und Gleichheitsrechte durch inhaltliche Wechselbeziehungen miteinander verknüpft. Beide ergänzen, aber gefährden auch einander. Wer nur frei sein darf wie die anderen, ist nur begrenzt frei.

Den Grundrechten kommen verschiedene Funktionen zu, die sich deskriptiv mit den Begriffen „**status negativus**" (Freiheit vor dem Staat), „**status positivus**" (Freiheit durch den Staat) und „**status activus**" (Freiheit im und für den Staat) umschreiben lassen (*Georg Jellinek*). Die Unterscheidung der einzelnen Zustände ist immer noch hilfreich, sie erfasst aber nicht alle Grundrechte. Insbesondere die Gleichheitsrechte und die prozessualen Grundrechte passen kaum in das Einteilungsschema G. Jellineks. Der von ihm noch beschriebene status subjectionis (Status der Unterordnung) kann spätestens mit der Überwindung der besonderen Gewaltverhältnisse (s. Rn. 522) als überholt gelten.

430

Als subjektive öffentliche Rechte kommt den Grundrechten in erster Linie eine **Abwehrfunktion** zu. Dies kommt etwa in Art. 4 Abs. 1, 10 Abs. 1, 13 Abs. 1 GG besonders deutlich zum Ausdruck, in denen die jeweils geschützten Rechtsgüter als „unverletzlich" bezeichnet, d.h. vor Eingriffen durch den Staat geschützt werden. Darüber hinaus lassen sich z.T. **originäre und derivative Leistungs- und politische Teilhabefunktionen sowie Verfahrensgehalte** ableiten. Eine originäre Leistungsfunktion wird Art. 6 Abs. 4 GG sowie Art. 7 Abs. 5 GG zugesprochen. Ferner kann das aus Art. 1 Abs. 1 GG i.V.m. dem Sozialstaatsprinzip abgeleitete Recht auf ein Existenzminimum (s. Rn. 178, 537) u.U. auch einen Anspruch auf Leistung begründen. Ein Recht auf gleiche Teilhabe an staatlich bereits vorgesehenen Leistungen (derivatives Leistungsrecht) ergibt sich dagegen aus Art. 3 Abs. 1 GG i.V.m. den Freiheitsrechten und dem Sozialstaatsprinzip. Politische Teilhaberechte, verstanden als Mitwirkungsrechte an staatlichen Entscheidungen, ergeben sich aus Art. 33, 38 GG. Ausdrückliche Verfahrensgarantien sind in Art. 19 Abs. 4 GG, 101 Abs. 1 S. 2 GG und in Art. 103 Abs. 1 GG verankert. Darüber hinaus, spricht das Bundesverfassungsgericht zu Recht allen Grundrechten eine verfahrensgarantierende Wirkung zu (**Grundrechtsschutz durch Verfahren**).

431

Grundrechte sind **subjektiv-öffentliche Rechte** des Bürgers und verpflichten den Staat als **objektiv-rechtliche Regelungen**. In ihrer subjektiv-rechtlichen Funktion sind sie individuelles Rechtserzwingungsrecht, das durch die Rechtsschutzgarantie des Art. 19 Abs. 4 GG abgesichert wird. Wie das Bundesverfassungsgericht in seiner Lüth-Entscheidung erstmals festgestellt hat, verkörpern die Grundrechte aber auch eine objektive Wertordnung, die als verfassungsrechtliche Grundentscheidung für alle Bereiche des Rechts gilt (BVerfGE 7, 198 (Ls. 1)).

432

433 Die objektivrechtliche Bedeutung der Grundrechte begründet **Pflichten des Staates zur Grundrechtsverwirklichung**. Sie verpflichtet zur **grundrechtskonformen Ausgestaltung** der gesamten Rechtsordnung. Außerdem lassen sich dem objektiven Charakter der Grundrechte **institutionelle Garantien** (Garantie öffentlich-rechtlicher Einrichtungen, z.B. der Wissenschaft nach Art. 5 Abs. 3 GG, der Schulen gemäß Art. 7 GG, der Religions- und Weltanschauungsgemeinschaften nach Art. 140 GG i.V.m. Art. 136 ff. WRV und des Berufsbeamtentums nach Art. 33 Abs. 5 GG) und **Institutsgarantien** (Garantie privatrechtlicher Regelungen etwa der Ehe und der Familie nach Art. 6 Abs. 1 GG oder des Eigentums gemäß Art. 14 Abs. 1 GG) entnehmen.

434 Zum Teil werden aus den objektiven Gehalten der Grundrechte **Schutzpflichten des Staates** abgeleitet. Textlicher Anknüpfungspunkt für eine solche Grundrechtswirkung ist insbes. Art. 1 Abs. 1 S. 2 GG. Die Grundrechte können als Schutzpflichten vor allem gegenüber Dritten (also in mehrpoligen Grundrechtsverhältnissen, d.h. Grundrechtskollisionen, s.a. Rn. 533), aber auch bei Selbstgefährdungen der Bürger und gegen fremde Staaten und internationale Organisationen Schutzwirkung entfalten. Sie können auch bei Notfällen, wie z.B. Naturkatastrophen wichtig werden. Aus den grundrechtlichen Schutzpflichten folgt die Pflicht des Staates, positive Vorkehrungen zum Schutz der Grundrechte zu treffen, er wird zum Garanten der Freiheit. Bei hinreichender Individualisierung und Konkretisierung können die Schutzpflichten des Staates zu subjektiv-rechtlichen Gewährleistungsansprüchen führen, die von schutzsuchenden Bürgern mit der Verfassungsbeschwerde geltend gemacht werden können. Die Schutzpflichtendimension der Grundrechte spielt insbes. für den Schutz des Lebens und der Gesundheit eine Rolle (vgl. BVerfGE 39, 1 (41 ff.); 88, 203 (251 ff.) jeweils zur Regelung des das Leben des nasciturus beeinträchtigenden Schwangerschaftsabbruchs; s. BVerfGE 49, 89 (141 f.); 53, 30 (57) jeweils zu möglichen Lebens- und Gesundheitsgefährdungen durch Kernkraftwerke; s. BVerfGE 56, 54 (73 ff.) und BVerfG-K, NVwZ 2009, 1494 (1494 f.) zu Fluglärm; BVerfGE 79, 174 (201 f.) zu Verkehrslärm und BVerfG-K, NJW 2002, 1638 (1639) zu „Elektrosmog"). Darüber hinaus begründen auch andere Grundrechte (z.B. Eigentum) Schutzpflichten.

435 Die grundrechtlichen **Schutzpflichten geraten häufig** – jedenfalls wenn es um den Schutz der Grundrechtsträger vor Beeinträchtigungen Dritter geht – **mit der Freiheitsausübung Privater in Konflikt** (z.B. private Umweltbelastungen, Verkehrslärm, Fluglärm, Datenverarbeitung zu ökonomischen Zwecken). Dies führt nach h.M. indessen nicht dazu, dass die Schutzbereiche der Abwehrrechte des „Störers" begrenzt werden, sondern lediglich dazu, dass sich staatliche Eingriffe in seine Rechte aus dem Schutzpflichtgedanken rechtfertigen lassen.

436 Grundrechtlich abgeleitete **Schutzpflichten** des Staates **treffen in erster Linie die Legislative**, indem sie deren Entschließungsermessen („ob" einer Regelung) und u.U. sogar deren Auswahlermessen („wie" einer Regelung) begrenzen können. Das Auswahlermessen ist nach gefestigter Rechtsprechung des Bundesverfassungsgerichts

nur dann verletzt, wenn der Gesetzgeber völlig unzulängliche oder gänzlich ungeeignete Schutzregelungen erlassen hat (vgl. BVerfGE 56, 54 (81) – Fluglärm; 77, 381 (405) – Atommüllzwischenlager; 79, 174 (202) – Straßenverkehrslärm). Dies kann auch als **Untermaßverbot** bezeichnet werden. Die Schutzpflichten können insbes. durch Regelungen zu staatlichen Informations- und Beratungspflichten erfüllt werden. Aus den grundrechtlichen Schutzpflichten ergibt sich dagegen ebenso wenig eine staatliche **Verpflichtung zum Strafen** (so allerdings BVerfGE 39, 1 (47)) wie ein „**Grundrecht auf Sicherheit**" (so aber insbes. *Isensee*, Grundrecht auf Sicherheit, 1983; *Robbers*, Sicherheit als Menschenrecht, 1987). Die Grundrechte sind nicht Grund, sondern Grenzen staatlichen Handelns. Auch kann aus den grundrechtlichen Schutzpflichten nicht abgeleitet werden, dass Freiheitsausübung solange verfassungswidrig ist, wie es an einer gesetzgeberischen Regelung fehlt (so jedoch VGH Kassel, NJW 1990, 336 ff. in Bezug auf Forschung im Bereich Gentechnik).

IV. Räumliche und zeitliche Grenzen des Grundrechtsschutzes

Die Grundrechte binden **nur die deutsche Staatsgewalt** (vgl. Art. 1 Abs. 3 GG, s.a. Rn. 475 ff.). Auch wenn das deutsche Grundgesetz in den meisten Fällen in Deutschland angewandt werden wird, ist die Geltung der Grundrechte gegenüber deutscher Staatsgewalt in räumlicher Hinsicht gleichwohl grundsätzlich unbegrenzt. Hierbei ist insbes. die Grundrechtsbindung der Bundeswehr bei Auslandseinsätzen ein bedeutsamer Anwendungsfall. Der Anwendung der Grundrechte **im Ausland** sind allerdings **völkerrechtliche Grenzen** gesetzt. So entfaltet etwa die Schutzpflichtendimension der Grundrechte (s.o. Rn. 434 ff.) wegen der aus der souveränen Gleichheit aller Staaten folgenden Prinzipien des Interventionsverbots und der Staatssouveränität anderer Staaten eine weitaus geringere Wirkung als im Inland. 437

Die **zeitliche Geltung** der Grundrechte **beginnt** am **Zeitpunkt des Inkrafttretens des Grundgesetzes** (23. Mai 1949). Die Grundrechte entfalten jedoch **keine Rückwirkung** für die Zeit davor. Sie stehen somit nicht als Maßstab für Maßnahmen deutscher Hoheitsgewalt zur Verfügung, die vor dem Inkrafttreten des Grundgesetzes vollzogen wurden. Vorkonstitutionelles deutsches Recht (d.h. vor dem 23. Mai 1949 in Kraft getretenes Recht) gilt gemäß **Art. 123 Abs. 1 GG** freilich nur fort, wenn es nicht gegen das Grundgesetz, insbes. nicht gegen die Grundrechte verstößt. Die zeitliche Geltung der Grundrechte **endet mit dem Zeitpunkt des Inkrafttretens einer neuen Verfassung** (vgl. Art. 146 GG). Dies könnte beim Ausbau der EU zur politischen Union aktuell werden, wenn und weil diese nicht mehr unter dem Grundgesetz realisiert werden könnte (s. Rn. 28 ff., 989). 438

V. Grundrechte außerhalb des Grundgesetzes

Grundrechte folgen nicht nur aus dem Grundgesetz, d.h. aus dem Rechtserzeugungssystem der Bundesrepublik Deutschland, sondern auch **aus einer Vielzahl von ande**- 439 ren Rechtserzeugungssystemen (Länder, EU, Völkerrecht, s. 1. - 4.). Teilweise erlangen durch Art. 140 GG auch Grundrechte und grundrechtsähnliche Bestimmungen aus der Weimarer Zeit noch heute eine Bedeutung (s.u. 5.).

1. Bundesländer

440 Neben dem Grundgesetz weisen auch die Verfassungen der Bundesländer Grundrechtskataloge auf. Diese **gehen zum Teil** erheblich **über den Grundrechtekatalog des Grundgesetzes hinaus**. So ist in den Landesverfassungen teilweise auch ein Grundrecht auf Umweltschutz oder ein Grundrecht auf Datenschutz verankert.

441 Die Landesgrundrechte und die Grundrechte des Grundgesetzes gelten grundsätzlich nebeneinander. Allerdings gilt auch hier der Vorrang des Bundesrechts (Art. 31 GG). In Modifizierung des Art. 31 GG bestimmt **Art. 142 GG**, dass die in den Landesverfassungen verbrieften Grundrechte aber insoweit in Kraft bleiben, als sie in Übereinstimmung mit den Artikeln 1 bis 18 GG Grundrechte gewährleisten. Eine *Unter*schreitung des grundgesetzlichen Freiheitsstandards durch die Landesverfassungen ist damit verfassungsrechtlich unzulässig, eine *Über*schreitung nicht. Landesverfassungsrechtliche Grundrechtsgewährleistungen, die über die des Grundgesetzes hinausgehen und diesem nicht widersprechen, werden damit als gültig angesehen. Das Grundgesetz enthält insoweit einen Minimalstandard, nicht aber einen Maximalstandard.

442 Neben diesem grundsätzlich getrennten Verhältnis von Landes- und Bundesgrundrechten gibt es auch Fälle, in denen es zur **Vermischung der materiellen Gehalte** der einzelnen Grundrechtsgewährleistungen kommt. So wurden einerseits schon einzelne Landesgrundrechte zur systematischen Interpretation der grundgesetzlichen Grundrechte herangezogen (BVerfGE 2, 237 (262) – Hypothekensicherungsgesetz; 27, 71 (80 f.) – Leipziger Volkszeitung). Andererseits hat etwa der BerVerfGH ein grundgesetzliches Grundrecht herangezogen, um so Schutzlücken in der Landesverfassung zu schließen. In der sog. Honecker-Entscheidung entschied das Gericht, dass die Berliner Verfassung in systematischer Zusammenschau mit dem Grundgesetz auch den Schutz der Menschenwürde garantiere, obwohl die Verfassung des Landes Berlin keine ausdrückliche Menschenwürdegarantie enthielt (BerVerfGH, NJW 1993, 515 (516)).

2. Europäische Union

443 Neben der auf Völkervertragsrecht beruhenden Europäischen Menschenrechtskonvention (EMRK, s.u. Rn. 449 ff.) hat sich auf supranationaler Ebene im Bereich der europäischen Integration ein engmaschiges Grundrechtssystem entwickelt. Dieses supranationale System des Grundrechtsschutzes hat sich seit der Gründung der Europäischen Gemeinschaften (1952 bzw. 1957) und später der Europäischen Union (durch den Vertrag von Maastricht im Jahr 1992) stetig weiterentwickelt. Eine besondere Rolle spielte dabei der Europäische Gerichtshof, der noch vor 1970 begann,

Grundrechte als – ungeschriebene – allgemeine Rechtsgrundsätze des europäischen Primärrechts anzuerkennen (EuGH, Rs. 29/69, Slg. 1969, 419 ff. – Stauder; s.a. EuGH, Rs. 44/79, Slg. 1979, 3727 ff. – Hauer) und der seitdem einen nicht unbedeutenden **ungeschriebenen Grundrechtekatalog** geschaffen hat (s.a. Rn. 831, 930 ff.). Zur Herleitung dieses ungeschriebenen Grundrechtekatalogs stützte sich der Gerichtshof auf die gemeinsamen Verfassungsüberlieferungen der Mitgliedstaaten und die Gewährleistungen der EMRK. Durch den Vertrag von Maastricht wurde diese Anknüpfungsmöglichkeit ausdrücklich im Primärrecht verankert (vgl. Art. 6 Abs. 2 EUV a.F.). Seit dem Inkrafttreten des Vertrags von Lissabon im Dezember 2009 ist Entsprechendes in Art. 6 Abs. 3 EUV geregelt, der zugleich eine Verzahnung mit den Grundrechten der EMRK vorsieht.

Daneben enthielt das Gemeinschaftsrecht zunächst lediglich Vorschriften, die in materieller Hinsicht Grundrechtsgewährleistungen nahekommen. Zu nennen sind hier insbes. die primär die Mitgliedstaaten verpflichtenden **Grundfreiheiten** der Warenverkehrsfreiheit, der Arbeitnehmerfreizügigkeit, der Kapital- und Zahlungsverkehrsfreiheit sowie der Niederlassungs- und der Dienstleistungsfreiheit. Hierzu sind auch das **allgemeine Diskriminierungsverbot** aus Gründen der Staatsangehörigkeit (Art. 12 EGV/Art. 18 AEUV), der **Grundsatz des gleichen Entgelts für Männer und Frauen** (Art. 141 EGV/Art. 157 AEUV) sowie die 1992 neu eingeführten **Rechte der Unionsbürger** (Freizügigkeit, Wahlrecht, Petitionsrecht, seit Inkrafttreten des Vertrags von Lissabon auch Bürgerinitiativrecht, s. Art. 17 bis 22 EGV/Art. 20-25 AEUV) zu zählen.

444

Schon seit den späten 80er Jahren des 20. Jahrhunderts gab es Bestrebungen, darüber hinaus einen umfassenden geschriebenen Grundrechtekatalog für die Europäischen Gemeinschaften zu schaffen. Diese Entwicklung gipfelte erstmals in der **Erklärung der Grundrechte und Grundfreiheiten des Europäischen Parlaments vom 12. April 1989**, welche allerdings keine unmittelbare rechtliche Bindungswirkung entfalten konnte. Das gleiche Schicksal teilte zunächst die in den Jahren 1999/2000 erarbeitete und am 7. Dezember 2000 feierlich proklamierte **Charta der Grundrechte der Europäischen Union (GRCh)**. Diese konnte vom Europäischen Gerichtshof zunächst allenfalls als Auslegungshilfe zur Ermittlung der gemeinsamen Verfassungsüberlieferungen der Mitgliedstaaten herangezogen werden.

445

Der Grundrechtsschutz in der EU ist durch das **Inkrafttreten des Vertrags von Lissabon** am 1. Dezember 2009 bedeutsamen Änderungen unterworfen (s.a. Rn. 831, 904 ff., 930 ff.). Zum Einen ist die GRCh – freilich in der am 12. Dezember 2007 leicht angepassten Fassung – nun verbindliches Primärrecht geworden (vgl. Art. 6 Abs. 1 UAbs. 1 EUV-Lissabon); das Primärrecht enthält nun also einen umfassenden Grundrechtekatalog. Zum Zweiten ist die EU gemäß Art. 6 Abs. 2 EUV-Lissabon zum Beitritt zur EMRK verpflichtet. Vollzieht die EU diesen Beitritt, wird der Grundrechtsschutz in der EU – wegen der Fortgeltung der Grundrechte als allgemeine Rechtsgrundsätze nach Art. 6 Abs. 3 EUV-Lissabon (s.o. Rn. 443) – **dreifach ab-**

446

gesichert sein (ungeschriebener Grundrechtekatalog, GRCh, EMRK). Der Beitritt dürfte nach dem EuGH-Gutachten (EuGH, Stellungnahme vom 18. Dezember 2014 – C 2/13), das den geplanten der Union zur EMRK in zentralen Punkten für unionsrechtswidrig erklärt hat (siehe dazu *Tomuschat*, EuGRZ 2015, 133 ff.; *Wendel*, NJW 2015, 921 ff.), allerdings noch einige Zeit auf sich warten lassen.

447 Die **GRCh enthält** vor allem die **klassischen Freiheitsrechte**: die Menschenwürde (Art. 1 GRCh), das Recht auf Leben (Art. 2 GRCh), Gedanken-, Gewissens- und Religionsfreiheit (Art. 10 GRCh), Meinungsäußerungs- und Informationsfreiheit (Art. 11 GRCh), Versammlungs- und Vereinigungsfreiheit (Art. 12 GRCh), Freiheit der Kunst und Wissenschaft (Art. 13 GRCh), Berufsfreiheit (Art. 15 GRCh), Eigentumsrecht (Art. 17 GRCh) und Asylrecht (Art. 18 GRCh). Daneben wird aber auch der Schutz personenbezogener Daten erwähnt (Art. 8 GRCh). Die Grundrechtecharta enthält in Art. 52 GRCh eine Schrankenregelung, die für alle in der Charta gewährleisteten Freiheiten gilt.

448 Seit der Schaffung der Europäischen Gemeinschaften und der EU wird darüber gestritten, ob dem EuGH oder dem Bundesverfassungsgericht das Letztentscheidungsrecht bezüglich des **gerichtlichen Grundrechtsschutzes** gegenüber Maßnahmen der europäischen Organe und der europäisches Recht vollziehenden Mitgliedstaaten zukommt (s.a. Rn. 930 ff.). Das Bundesverfassungsgericht, das zum EuGH in einem **Kooperationsverhältnis** steht, übt seine Gerichtsbarkeit – und damit sein Letztentscheidungsrecht – solange nicht aus, wie die EU, insbes. der EuGH, einen Grundrechtsschutz gegenüber der Hoheitsgewalt der EU und der das europäische Recht vollziehenden deutschen Behörden gewährleistet, der dem vom Grundgesetz als unabdingbar gebotenen Grundrechtsschutz im Wesentlichen gleichzuachten ist (BVerfGE 73, 339 (Ls. 2, 340) – Solange II, bestätigend BVerfGE 89, 155 (174 f.) – Maastricht; 102, 147 (164) – Bananenmarkt; s.a. BVerfGE 123, 267 (334) – Vertrag von Lissabon). Für den Anwendungsbereich der Menschenwürde nach Art. 1 Abs. 1 S. 1 GG hat das Bundesverfassungsgericht den Solange-Ansatz im Rahmen der Identitätskontrolle relativiert und eine Grundrechtskontrolle von Unionsrecht eröffnet (BVerfG, NJW 2016, 1149 (1156) – Europäischer Haftbefehl II; kritisch hierzu *Sauer*, NJW 2016, 1134 ff.). Unter Berücksichtigung der auch unionsrechtlich abgesicherten Menschenwürdegarantie nach Art. 4 GRCh dürfte für eine Identitätskontrolle am Maßstab der Menschenwürdegarantie nach Art. 1 Abs. 1 S. 1 GG grundsätzlich nur wenig Raum bestehen (s. auch EuGH, Rs. C-404/15 – Pál Aranyosi u. C-659/15 PPU – Robert Căldăraru). Der Anwendungsbereich der Identitätskontrolle könnte aber etwa dann eröffnet sein, wenn einer Beschwer durch EU-Grundrechte nicht abgeholfen wird (vgl. *Nettesheim*, JZ 2016, 424 (428)).

3. Regionales Völkerrecht – insbesondere EMRK, ESC

449 Der Grundrechtsschutz wird **auf fast allen Kontinenten und in zahlreichen Regionen** auch durch regionales Völkerrecht – teilweise freilich hier nur auf dem Papier – ge-

A. Allgemeine Grundrechtslehren

währleistet. Für Europa sind hier insbes. die Europäische Konvention zum Schutz der Menschenrechte und der Grundfreiheiten (EMRK) sowie die Europäische Sozialcharta (ESC) zu nennen. Für Afrika gilt etwa die Afrikanische Charta der Rechte der Menschen und Völker (AfrCMR), für Amerika die Amerikanische Konvention der Menschenrechte (AMRK) und für einige arabische Staaten die Arabische Charta der Menschenrechte (ArCMR). In Asien gibt es kein vergleichbares regionales Völkerrecht.

Der **EMRK** vom 4. November 1950 sind bisher 47 Staaten beigetreten; zu ihnen zählen neben den Mitgliedstaaten der EU auch Staaten wie Russland, die Türkei, die Schweiz oder die Ukraine. Die EMRK garantiert wie die GRCh die **klassischen Freiheitsrechte**. In der Praxis bedeutsam sind insbes. das Folterverbot (Art. 3, s. etwa EGMR, NJW 2010, 3145 ff. – Fall Gäfgen), das Recht auf ein faires Verfahren (Art. 6; zur überlangen Verfahrensdauer s. etwa EGMR, NJW 1979, 477 ff.; EGMR, EuGRZ 1988, 20 ff.; EGMR, NJW 2001, 213 f.; EGMR NVwZ 2010, 1015 (1017)), das strafrechtliche Rückwirkungsverbot (Art. 7, s. dazu EGMR, NJW 2010, 2495 (2495 ff.) – nachträgliche Anordnung der Sicherungsverwahrung) sowie Kommunikationsfreiheiten (Art. 10, 11 EMRK) und der Schutz des Privatlebens (Art. 8 EMRK).

450

Den Rechtsschutz der Menschenrechte der EMRK soll der **Europäische Gerichtshof für Menschenrechte** (EGMR) mit Sitz in Straßburg gewährleisten. Dieser kann durch eine Individualbeschwerde (Art. 34 EMRK) oder eine Staatenbeschwerde (Art. 33 EMRK) mit einer behaupteten, von einem Vertragsstaat ausgehenden Menschenrechtsverletzung befasst werden. Der EGMR entscheidet gemäß Art. 27 Abs. 1 EMRK in Ausschüssen (3 Richter), in Kammern (7 Richter) oder in der Großen Kammer (17 Richter).

451

Ergänzt wird die Europäische Menschenrechtskonvention nicht nur durch eine Reihe von zum Teil bedeutenden **Zusatzprotokollen** (das 1. Zusatzprotokoll enthält z.B. das Eigentumsrecht, das 13. Zusatzprotokoll das Verbot der Todesstrafe), sondern auch durch die **Europäische Sozialcharta** (ESC) vom 18. Oktober 1961. Diese normiert eine Vielzahl von Menschenrechten aus dem Arbeits- und Sozialbereich, etwa ein Recht auf Arbeit (Art. 1), auf gerechte, sichere und gesunde Arbeitsbedingungen (Art. 2 u. 3) und auf ein gerechtes Arbeitsentgelt (Art. 4). Die Effektivität dieser Gewährleistungen der ESC ist freilich zweifelhaft.

452

In der innerstaatlichen Normenhierarchie – durch einfaches Gesetz gem. Art. 59 Abs. 2 S. 1 GG (s.u. Rn. 766 f.) in der Bundesrepublik Deutschland transformiert – stehen die Regelungen der EMRK (und der ESC) auf dem **Rang eines einfachen Gesetzes** (s.a. Rn. 766 f., 815). Sie sind dagegen keine allgemeinen Regeln des Völkerrechts i.S.d. Art. 25 S. 1 GG und gehen daher auch nicht den deutschen Gesetzen gemäß Art. 25 S. 2 GG vor (s. dazu Rn. 748). Der deutsche Gesetzgeber ist daher – anders als die deutsche Judikative und Exekutive – grundsätzlich nicht an die EMRK

453

145

gebunden. Aus dem Gebot des völkerrechtsfreundlichen Verhaltens ergibt sich allerdings für den deutschen Gesetzgeber die Pflicht zur EMRK-schonenden Gesetzgebung. Das Bundesverfassungsgericht schließt aus diesem Gebot außerdem auf die staatliche Pflicht, die Menschenrechte der EMRK und deren Auslegung durch den EGMR bei der Anwendung und Auslegung der Grundrechte „zu berücksichtigen" (BVerfGE 111, 307 (317 ff.) – EGMR-Entscheidungen, s.a. Rn. 815).

454 Rechtlich sind der Grundrechtsschutz durch das Grundgesetz einerseits und die EMRK andererseits voneinander unabhängig. Folglich gilt entsprechendes für die Rechtsprechung des **Bundesverfassungsgerichts** einerseits und die des **EGMR** andererseits. Deshalb kann es auch zu unterschiedlichen bzw. auch inhaltlich widersprüchlichen Judikaten beider Gerichte kommen (z.B. zur Vereinbarkeit der nachträglichen Anordnung der Sicherungsverwahrung mit den Grundrechten, s. BVerfGE 109, 133 (167 ff.) – langfristige Sicherungsverwahrung; 109, 190 (217) – nachträgliche Anordnung der Sicherungsverwahrung; BVerfGE 128, 326 (366 ff.) – Sicherungsverwahrung; EGMR, NStZ 2010, 263 (264 f.); *Windoffer*, DÖV 2011, 590 ff.; s.a. Rn. 701). Faktisch hat sich bisher der EGMR durchgesetzt. In dem Maße wie die EMRK zum Bestandteil des Rechts der EU wird, steht sie aufgrund der Rücknahme der Prüfungskompetenz des Bundesverfassungsgerichts (s. Rn. 448, 930 ff.) faktisch zudem über den Grundrechten des Grundgesetzes.

4. Universelles Völkerrecht

455 Auch im universellen, d.h. im grundsätzlich für alle Staaten geltenden Völkerrecht finden sich menschenrechtsschützende Regelungen. Hierzu zählt zuvörderst die **Allgemeine Erklärung der Menschenrechte (AEMR)** vom 10. Dezember 1948. Diese wurde von der Generalversammlung der UN beschlossen und ist daher **nicht unmittelbar rechtsverbindlich**. Ihr kommt als Grundstein des universellen Menschenrechtsschutzes gleichwohl eine große politische Bedeutung zu, da ihre Gehalte Eingang in zahlreiche andere völkerrechtliche Vereinbarungen (insbes. IPbpR, IPwskR, EMRK) und nationale Verfassungen gefunden haben. Darüber hinaus wird angenommen, dass wichtige Menschenrechte (wie z.B. das Recht auf Leben, Art. 3 AEMR) oder menschenrechtsähnliche Bestimmungen (wie z.B. das Verbot der Sklaverei nach Art. 4 AEMR) der AEMR mittlerweile als Völkergewohnheitsrecht (s. dazu Rn. 729) gelten.

456 Daneben sind der **Internationale Pakt über bürgerliche und politische Rechte (IPbpR)** und der **Internationale Pakt über wirtschaftliche, soziale und kulturelle Rechte (IPwskR)** von 1966 für den völkerrechtlichen Menschenrechtsschutz von großer politischer Bedeutung. Die Pakte unterscheiden sich vornehmlich dadurch, dass der IPbpR primär „klassische" **Abwehrrechte** normiert – dies sind etwa das Recht auf Leben (Art. 6), auf persönliche Freiheit und Sicherheit (Art. 9), die Gewissens- und Religionsfreiheit (Art. 18), Meinungsfreiheit (Art. 19) etc. –, während der IPwskR überwiegend **soziale Teilhaberechte** wie das Recht auf Arbeit (Art. 6), das Recht auf

soziale Sicherheit (Art. 9) und das Recht auf Bildung (Art. 13) enthält. Die Rechte der IPwskR werden zudem – anders als die des IPbpR – lediglich als politische Programmsätze verstanden (vgl. Art. 2 Abs. 1 IPwskR). Beide Pakte erkennen **kollektive Menschenrechte** wie das Selbstbestimmungsrecht der Völker (Art. 1 Abs. 1 IPbpR, Art. 1 Abs. 1 IPwskR) und das Verfügungsrecht über ihre Ressourcen (Art. 1 Abs. 2 IPbpR, Art. 1 Abs. 2 IPpwskR) an, die im deutschen Verfassungsrecht schwerlich als Grundrechte zu fassen sind.

Der **Rechtsschutz** in Bezug auf die verbindlichen Menschenrechtsgewährleistungen kann auf völkerrechtlicher und auf nationaler Ebene erfolgen. Die **völkerrechtliche Durchsetzung** der in den Pakten genannten Rechte soll etwa durch periodische und obligatorische Berichtspflichten (Art. 40 Abs. 1 IPbpR, Art. 16 Abs. 1 IPwskR) sowie – jedenfalls für die Rechte des IPbpR – durch Staatenbeschwerden (Art. 41 IPbpR) und Individualbeschwerden (Fakultativprotokoll zum IPbpR) gesichert werden. **In der Bundesrepublik Deutschland** besteht Rechtsschutz gegen die Verletzung von Rechten des IPbpR durch deutsche staatliche Gewalt vor deutschen Gerichten (vgl. Art. 19 Abs. 4 GG, s.a. Rn. 690).

457

5. Sonderfall: Art. 140 GG i.V.m. Art. 136 ff. WRV

Das Staatskirchenrecht des Grundgesetzes ist gewissermaßen von der Weimarer Republik geistig „ausgeliehen" worden (s.o. Rn. 205). Da Art. 140 GG die Bestimmungen der Art. 136–139, 141 WRV in das Grundgesetz inkorporiert, entfalten diese **vorkonstitutionellen Normen der WRV** – soweit sie grundrechtsähnliche oder grundrechtsrelevante Regelungen enthalten – Wirkungen für den Grundrechtsschutz in Deutschland. Insbesondere Art. 136 und Art. 137 WRV werden zur Bestimmung des sachlichen und persönlichen Schutzbereichs der Glaubensfreiheit aus Art. 4 Abs. 1, 2 GG herangezogen (s. dazu vor allem Rn. 582 ff.). Art. 139 WRV wird von der h.M. vor allem als Rechtfertigungsgrund für Grundrechtseingriffe z.B. in die Berufsfreiheit herangezogen (z.B. BVerwGE 79, 188 (126 f.) – Beschränkung der Ladenöffnungszeiten). Ob aus Art. 4 Abs. 1, 2 GG i.V.m. Art. 140 GG i.V.m. Art. 139 WRV auch ein subjektives Recht der Religionsgemeinschaften auf Sonntagsruhe folgt ist umstritten; das Bundesverfassungsgericht hat dies zuletzt bejaht (BVerfGE 125, 39 ff. – Ladenöffnungszeiten am Adventssonntag).

458

VI. Grundrechtsberechtigung

Die Grundrechte berechtigen in erster Linie **natürliche Personen,** unter den Voraussetzungen des Art. 19 Abs. 3 GG aber auch (**inländische**) **juristische Personen** (des Privatrechts). Diese materielle Grundrechtsberechtigung (Grundrechtsfähigkeit) liegt Art. 93 Abs. 1 Nr. 4a GG, § 90 Abs. 1 BVerfGG zu Grunde: „Jedermann" ist jeder, der fähig ist, Träger von Grundrechten zu sein. Ob auch juristische Personen des Privatrechts, die von ausländischen Staaten beherrscht werden, grundsätzlich eine Grundrechtsberechtigung zukommt, ist bislang umstritten. Dafür spricht, dass hier

459

das Konfusionsargument (der deutsche Staat ist zugleich Berechtigter und Verpflichteter) nicht vorgebracht werden kann, denn ein ausländischer Staat ist nicht grundrechtsverpflichtet nach dem Grundgesetz. Es können Zweifel bestehen, ob es nicht am personellen Substrat, das hinter der juristischen Person steht, als Grundlage für die Grundrechtsberechtigung fehlt (vgl. zur Diskussion BVerfG, NVwZ 2010, 373 (374); NJW 2011, 1339 (1339 f.); *Ludwigs*, NVwZ 2016, 1 (2)).

1. Pränataler und postmortaler Grundrechtsschutz

460 Wann die Grundrechtsberechtigung natürlicher Personen **vor der Geburt** beginnt, ist umstritten. Nach Auffassung des Bundesverfassungsgerichts partizipiert der „nasciturus" (Leibesfrucht) spätestens vom Zeitpunkt der Nidation (Einnistung des befruchteten Eies in die Gebärmutter) am Schutz der Grundrechte – insbes. des Art. 1 Abs. 1 GG und Art. 2 Abs. 2 S. 1 GG (BVerfGE 39, 1 (37) – Schwangerschaftsabbruch I; 88, 203 (251 f.) – Schwangerschaftsabbruch II). Früher leitete das Bundesverfassungsgericht den pränatalen Lebensschutz unmittelbar aus Art. 2 Abs. 2 S. 1 GG ab, später griff es auf Art. 1 Abs. 1 GG zurück. Die Frage, ob der Lebensschutz darüber hinaus auch schon ab der Fertilisation (Befruchtung des Eies durch die Samenzelle, Zellverschmelzung) greift, wurde vom Bundesverfassungsgericht bisher nicht entschieden, ist aber insbes. für die verfassungsrechtliche Beurteilung der in-vitro-Fertilisation von entscheidender Bedeutung (Überblick bei *Müller-Terpitz*, in: Isensee/Kirchhof, 3. Aufl. 2009, HbStR, § 147 Rn. 10 ff.).

461 Art. 1 Abs. 1 GG gebietet **nach dem Tod** einen sog. postmortalen Persönlichkeitsschutz (BVerfGE 30, 173 (194) – Mephisto). Ein postmortaler Grundrechtsschutz kann sich aber auch im Zusammenhang mit anderen Grundrechten ergeben. Der Tote kann in Bezug auf Organentnahmen z.B. mit Blick auf seine von Art. 2 Abs. 1 GG geschützte Entscheidungsfreiheit oder um seiner von Art. 4 Abs. 1 und 2 GG geschützten Glaubens- bzw. Gewissensfreiheit willen grundrechtlich schützenswert sein. Das Erbrecht aus Art. 14 Abs. 1 S. 1 GG gewährleistet den (durch letztwillige Verfügung über sein Vermögen) geäußerten Willen des Erblassers über den Tod hinaus. Der hier gewährleistete Schutz führt indessen nicht dazu, dass Angehörige des Toten dessen postmortal wirkende Grundrechte „treuhänderisch" geltend machen können. Die objektivrechtliche Dimension der Grundrechte (s.o. Rn. 433 ff.) verpflichtet den Staat lediglich dazu, den aus den postmortalen Grundrechtswirkungen folgenden Schutzpflichten gerecht zu werden (s. dazu *Kloepfer*, Verfassungsrecht II, 2010, § 49 Rn. 9).

2. Jedermann- und Deutschengrundrechte

462 Das Grundgesetz kennt **keine einheitliche Grundrechtsberechtigung**. Das Grundgesetz kennt Grundrechte, die allen Personen zustehen – Jedermanngrundrechte – z.B. Art. 1–7, 10, 13, 14, 16a, 17 GG, und solche, die nur Deutsche – Deutschengrundrechte – berechtigen (Art. 8, 9, 11, 12, 16, 20 Abs. 4 GG, Art. 38 Abs. 1 GG). Dies-

bezüglich ist auch die terminologische Unterscheidung von Menschen- und Bürgerrechten gebräuchlich. Durch die Bezeichnung als Menschenrechte besteht allerdings die Gefahr einer Verwechselung mit den völkerrechtlich normierten Menschenrechten (s. dazu oben Rn. 449 ff.).

In Bezug auf ein **Deutschengrundrecht** ist ein Mensch grundrechtsberechtigt, wenn er **Deutscher i.S.d. Art. 116 GG,** also Inhaber der deutschen Staatsangehörigkeit oder sog. Statusdeutscher ist. Für die Privilegierung der Deutschen gibt es unterschiedliche Gründe. Bei dem Wahlrecht, dem Widerstandsrecht, der Vereins- und Versammlungsfreiheit geht es etwa um staatsbürgerliche Rechte und Pflichten, also um Rechte, die mit der Ausübung staatlicher Gewalt oder der politischen Willensbildung im engen Zusammenhang stehen und die das Grundgesetz deshalb den Staatsbürgern vorbehält (beachte aber das Kommunalwahlrecht für EU-Ausländer gem. Art. 28 Abs. 1 S. 3 GG). Die Beschränkung des Freizügigkeitsrechts (Art. 11 GG) und der Berufsfreiheit (Art. 12 Abs. 1 GG) auf Deutsche ist dagegen primär wirtschaftspolitischen Gründen geschuldet: Dem Staat soll die Möglichkeit der intensiveren wirtschaftsbezogenen Lenkung, Leitung und Kontrolle gegenüber Ausländern eröffnet bleiben.

463

Ausländer sind – was die sachlichen Gewährleistungen der Deutschengrundrechte angeht – nicht grundrechtslos, sondern auf Art. 2 Abs. 1 GG (mit seinem sehr weiten Einschränkungsvorbehalt, s. Rn. 565) verwiesen. Aufgrund des in der EU geltenden Diskriminierungsverbots aus Gründen der Staatsangehörigkeit (Art. 18 Abs. 1 AEUV) muss die Differenzierung zwischen Menschen- und Deutschengrundrechten für EU-Ausländer erheblich modifiziert werden. EU-Bürgern wird daher über Art. 2 Abs. 1 GG ein „qualifizierter" Schutz gewährleistet, wenn Deutsche einen solchen verstärkten Schutz über die Deutschengrundrechte erhalten. Konkret bedeutet dies, dass für EU-Ausländer im Rahmen des Art. 2 Abs. 1 GG die Schrankenbestimmungen der speziellen Deutschengrundrechte angewandt werden müssen (vgl. auch BVerfG, NJW 2016, 1436 (1436 f.)). Nach Ansicht des Bundesverfassungsgerichts können sich auch ausländische Personen des Privatrechts aus der EU jedenfalls auf Jedermanngrundrechte berufen (BVerfGE 129, 78 (95 ff.) – Le Corbusier), s.a. Rn. 473).

464

Teilweise wird angenommen, dass die grundrechtliche **Privilegierung der Deutschen überholt** sei. Der Verweis auf Art. 1 Abs. 1 i.V.m. Art. 19 Abs. 2 GG, nach denen der Wesensgehalt i.S. eines Menschenwürdegehalts eines jeden Grundrechts in seinem Kern für unantastbar erklärt wird, bedeutet gleichwohl nicht, dass sich Ausländer auf diese Kerngehalte der Deutschengrundrechte berufen könnten.

465

Bei zwei Grundrechten bestehen in Bezug auf die Unterscheidung von Deutschen- und Jedermanngrundrechten **Besonderheiten.** So sind vom Schutzbereich des Art. 16 Abs. 1 GG (s.u. Rn. 661 ff.) nur Deutsche geschützt, welche die deutsche Staatsangehörigkeit haben; die Eigenschaft als Statusdeutscher reicht mithin nicht aus. Das

466

Asylrecht (s.u. Rn. 664) aus Art. 16a Abs. 1 GG steht demgegenüber nur Ausländern und Staatenlosen offen, schließt Deutsche also – inhaltlich folgerichtig – von der Grundrechtsberechtigung aus.

3. Grundrechtsmündigkeit

467 Von der Grundrechtsfähigkeit ist die Grundrechtsmündigkeit zu unterscheiden. Letztere bezeichnet die **Fähigkeit, selbst und eigenverantwortlich von seinen Grundrechten Gebrauch zu machen.** Die Prozessfähigkeit im Verfassungsprozessrecht ist an die Grundrechtsmündigkeit gebunden. In zivil- und verwaltungsgerichtlichen Verfahren setzt die Prozessfähigkeit grundsätzlich volle Geschäftsfähigkeit und damit Volljährigkeit voraus (vgl. § 52 ZPO, § 62 Abs. 1 Nr. 1 VwGO).

468 Bei näherer Bestimmung der Grundrechtsmündigkeit sollte gleichwohl nicht auf starre Altersgrenzen, d.h. insbesondere nicht pauschal auf die Volljährigkeit nach § 2 BGB, abgestellt werden. Die Volljährigkeit spielt ausdrücklich nur bei Art. 38 Abs. 2 Hs. 1 GG eine Rolle. Entscheidend ist die Einsichtsfähigkeit der Betroffenen in die Tragweite eines grundrechtlichen Schutzgutes. Zur Bestimmung der Grundrechtsmündigkeit ist daher **nach einzelnen Grundrechten zu differenzieren.** In Bezug auf Achtung der Menschenwürde, Persönlichkeitsrecht, Leben und körperliche Unversehrtheit sowie hinsichtlich der Rechtsgarantien bei Freiheitsentziehung ist grundsätzlich jedes größere Kind oder jeder Jugendliche altersunabhängig als grundrechtsmündig anzusehen. Bei anderen Grundrechten kann zur Beurteilung der Grundrechtsmündigkeit zwar wegen der Normenhierarchie nicht unmittelbar, jedoch immerhin mittelbar auf Wertungen des einfachen Gesetzgebers zurückgegriffen werden. So legt § 5 S. 1 des RelKErzG die Religionsmündigkeit des Kindes (bzw. des Jugendlichen) auf das vollendete 14. Lebensjahr fest. Hierzu tendiert auch das Bundesverfassungsgericht (BVerfGE 1, 87 (89)). Ab 12 Jahren kann das Kind nicht gegen seinen Willen in einem anderen Bekenntnis erzogen werden (§ 5 S. 2 RelKErzG). Bei Grundrechten, deren Ausübung mit privatrechtlichen Rechtsgeschäften verbunden ist, insbes. also bei der Berufs- und der Eigentumsfreiheit, ist die Grundrechtsmündigkeit sinnvollerweise entsprechend der Regelung der Altersgrenzen für die Geschäftsfähigkeit im BGB (§§ 104 ff.) zu ziehen. Dagegen hat das Bundesverfassungsgericht Minderjährigen die Prozessfähigkeit in Bezug auf die Geltendmachung von Art. 4 Abs. 3 GG zuerkannt (BVerfGE 28, 243 (254 f.) – Dienstpflichtverweigerung).

4. Juristische Personen und Personenvereinigungen

469 Art. 19 Abs. 3 GG sieht auch die Grundrechtsfähigkeit von **inländischen juristischen Personen des Privatrechts** vor, allerdings nur, wenn die Grundrechte wesensgemäß auf juristische Personen anwendbar sind (s.u. Rn. 474). Diese Verfassungsbestimmung ermöglicht nicht nur den juristischen Personen des Privatrechts, sondern auch nicht rechtsfähigen bzw. teilrechtsfähigen Zusammenschlüssen des Privatrechts, wie z.B. der OHG und der KG oder dem nicht rechtsfähigen Verein Grundrechtsfähig-

keit. Rein informelle Personenvereinigungen wie kurzlebige Bürgerinitiativen oder gar Stammtischrunden sind dagegen nicht grundrechtsberechtigt.

Eine differenzierende Betrachtung der Grundrechtsfähigkeit juristischer Personen des Privatrechts ist allerdings dort geboten, wo sich der Staat zum Zwecke der Gewinnerzielung (**erwerbswirtschaftliche Tätigkeit des Staates**) oder aber auch zur Erfüllung öffentlicher Aufgaben (**Verwaltungsprivatrecht**) an juristischen Personen des Privatrechts beteiligt oder sogar Inhaber aller Anteile ist. Ist Letzteres der Fall (hier liegt regelmäßig eine Eigengesellschaft vor), so besteht für die juristische Person des Privatrechts keine Grundrechtsberechtigung (BVerfGE 45, 63 (80) – Stadtwerke Hameln). Wie in Bezug auf die fehlende Grundrechtsberechtigung juristischer Personen des öffentlichen Rechts (s. Rn. 471) lässt sich dies u.a. auch mit dem Konfusionsargument begründen: **Der Staat** ist nach Art. 1 Abs. 3 GG Grundrechtsverpflichteter und **kann** daher in einem konkreten Fall **nicht gleichzeitig Grundrechtsberechtigter sein**. Dem kann er sich auch nicht dadurch entziehen, dass er sich hinter einer juristischen Person des Privatrechts „versteckt". Hält der Staat nur einen Teil der Anteile an einer juristischen Person des Privatrechts (hier spricht man von einem gemischtwirtschaftlichen Unternehmen), so ist die juristische Person dagegen nur dann von der Grundrechtsberechtigung ausgeschlossen, wenn der Staat eine beherrschende Stellung in der Gesellschaft inne hat (vgl. BVerfG-K, NJW 1990, 1783; BVerfG-K, NJW 2009, 1282 (1283); BVerfGE 128, 226 (244 ff.) – Fraport). 470

Juristische Personen des öffentlichen Rechts sind regelmäßig zwar grundrechtsverpflichtet (s. Art. 1 Abs. 3 GG u. unten Rn. 475 ff.), aber **nicht grundrechtsberechtigt**. Der Staat als potenzieller Widersacher und Adressat der Grundrechte kann nicht zugleich deren Nutznießer und Destinär sein (**Konfusionsargument**; s.a. BVerfGE 15, 256 (262) – Universitäre Selbstverwaltung). Diese Auffassung negiert nicht, dass es zwischen verschiedenen staatlichen Hoheitsträgern zu rechtlichen Auseinandersetzungen, d.h. behördlichen In-sich-Konflikten, kommen kann. Allerdings sind dies regelmäßig Kompetenzkonflikte, für deren Auflösung es eigene materielle Bestimmungen im Grundgesetz und in der sonstigen Rechtsordnung gibt. Das Bundesverfassungsgericht nimmt an, dass auch keine Grundrechtsberechtigung besteht, wenn juristische Personen des öffentlichen Rechts im nicht-hoheitlichen Bereich agieren; dementsprechend kann sich eine **Gemeinde** gegenüber Risiken aus eine Atomkraftanlage nicht auf Art. 14 Abs. 1 S. 1 GG berufen (BVerfGE 61, 82 (108 f.) – Sasbach, s.a. Rn. 643). 471

Allerdings gibt es **Ausnahmen von der grundsätzlichen Versagung der Grundrechtsberechtigung für juristische Personen des öffentlichen Rechts**. Zum einen ist anerkannt, dass sich juristische Personen des öffentlichen Rechts auf die als objektive Verfahrensgrundsätze wirkenden **Justizgrundrechte** (vgl. Art. 101 Abs. 1 S. 2 und Art. 103 Abs. 1) berufen können (BVerfGE 39, 302 (312) – AOK; 62, 354 (369) – Kassenärztliche Vereinigung; 75, 192 (200) – Sparkassen; dies gilt sogar für andere Staaten s. BVerfG-K, NJW 2006, 2907 ff. – Argentinien; BVerfGE 138, 64 (82 f.) – 472

Planungsschadenrecht). Zum anderen sind für **öffentlich-rechtliche Rundfunkanstalten** in Bezug auf die Rundfunkfreiheit (Art. 5 Abs. 1 S. 2 GG, s. dazu BVerfGE 59, 231 (255) – Freie Mitarbeiter; 78, 101 (102 f.) – Eigentumsrecht der Rundfunkanstalten) und **Universitäten** hinsichtlich der Wissenschaftsfreiheit aus Art. 5 Abs. 3 GG (s. BVerfGE 15, 256 (262) – Universitäre Selbstverwaltung) die persönlichen Schutzbereiche der jeweiligen Grundrechte eröffnet. Noch weiter geht der grundrechtliche Schutz der nach Art. 140 GG i.V.m. Art. 137 Abs. 5 WRV als Körperschaften des öffentlichen Rechts organisierten **Religionsgemeinschaften** (s. dazu BVerfGE 21, 362 (374) – Sozialversicherungsträger). Solange sie im kirchlichen Bereich handeln und nicht vom Staat verliehene Hoheitsgewalt ausüben (z.B. Kirchensteuer erheben), sind sie nicht nur von Art. 4 Abs. 1, 2 GG geschützt, sondern z.B. auch von Art. 14 Abs. 1 GG.

473 Art. 19 Abs. 3 GG bezieht sich nur auf „inländische juristische Personen" des Privatrechts. Es ist deshalb anerkannt, dass **ausländische juristische Personen des Privatrechts** grundsätzlich nicht von den Grundrechten geschützt werden. Zur Entscheidung, ob eine juristische Person ausländisch ist, wird nach einer Auffassung auf den tatsächlichen Sitz der juristischen Person – und zwar unabhängig von der Rechtsform – abgestellt. Nach anderer Ansicht kommt es auf den effektiven Sitz an (so wohl BVerfG-K, NVwZ 2000, 1281 (1281); BVerfG, NVwZ 2008, 670 (671)); nur wenn der Mittelpunkt der Tätigkeit einer juristischen Person im Inland liegt, soll sie demnach auch grundrechtsberechtigt sein. Auf die **Justizgrundrechte** können sich aber auch ausländische juristische Personen des Privatrechts wie des öffentlichen Rechts (z.B. BVerfG-K, NJW 2006, 2907 ff. – Argentinien) berufen. Die grundsätzliche Versagung des grundrechtlichen Schutzes für ausländische juristische Personen ist aufgrund der Eindeutigkeit des Wortlauts zwar zwingend. Aus der Versagung des Grundrechtsschutzes ergeben sich gleichwohl nur bedingt schwerwiegende tatsächliche Nachteile, denn ausländische Unternehmen, die den Hauptteil der juristischen Personen ausmachen, sind häufig aufgrund völkerrechtlicher Vereinbarungen und vor allem durch EUV und AEUV den inländischen juristischen Personen weitgehend gleichgestellt. Das Bundesverfassungsgericht hat trotz des eindeutigen Wortlauts des Art. 19 Abs. 3 GG gleichwohl juristischen Personen des Privatrechts aus dem EU-Ausland die Grundrechtsberechtigung zugesprochen (BVerfGE 129, 78 (95 ff.) – Le Corbusier). Ob sich diese ausländischen juristischen Personen des Privatrechts infolgedessen auch auf Deutschengrundrechte berufen können, wird noch zu klären sein.

474 Inländische juristische Personen des Privatrechts i.S.d. Art. 19 Abs. 3 GG können sich allerdings nur auf solche Grundrechte berufen, die **ihrem Wesen nach auf** die inländische **juristische Person** auch **anwendbar** sind. Damit können sich juristische Personen jedenfalls nicht auf Grundrechte mit ausschließlich personalem Bezug auf den Menschen als Individuum berufen. Zu diesen Grundrechten zählen etwa die Menschenwürdegarantie (Art. 1 Abs. 1 GG), das Recht auf Leben und auf körperliche Unversehrtheit (Art. 2 Abs. 2 S. 1 GG), die körperliche Bewegungsfreiheit (Art. 2

Abs. 2 S. 2, 104 GG) sowie das Recht auf Ehe und Familie aus Art. 6 Abs. 1 GG. Darüber hinaus gilt dies für Art. 4 Abs. 3, 12 Abs. 3, 16 GG. Wie bei allen anderen Grundrechten hinsichtlich der Grundrechtsberechtigung einer juristischen Person zu differenzieren ist, ist umstritten. Nach der Theorie vom personalen Substrat ist der personelle Schutzbereich der Grundrechte nur dann eröffnet, wenn Bildung und Betätigung Ausdruck der Freiheitsentfaltung hinter der juristischen Person stehenden natürlichen Personen sind (BVerfGE 21, 362 (369) – Sozialversicherungsträger). Die h.M. im Schrifttum hält dagegen die „grundrechtstypische Gefährdungslage" für maßgeblich und vergleicht damit die potenzielle Freiheitsbedrohung von natürlichen und juristischen Personen (s. *Kloepfer*, Verfassungsrecht II, 2010, § 49 Rn. 68). Entscheidend ist dieser Streit etwa bzgl. der Grundrechtsberechtigung von **Stiftungen**, die als rechtsfähig organisiertes Vermögen gerade kein personales Substrat aufweisen; das Bundesverfassungsgericht hat ihnen gleichwohl eine Grundrechtsberechtigung zugesprochen (vgl. BVerfGE 46, 73 (83) – Stiftungen).

VII. Grundrechtsverpflichtete

1. Staatliche Gewalt

Aus Art. 1 Abs. 3 GG ergibt sich die unmittelbare **Grundrechtsbindung *aller*** (deutschen) **Staatsgewalt** auf Bundes-, Landes- und Gemeindeebene einschließlich der auf diesen Ebenen jeweils angesiedelten juristischen Personen des öffentlichen Rechts. Damit sieht sich das Grundgesetz insbes. von den Regelungen der WRV als emanzipiert, in der die Gesetzgebung nur bedingt an die Grundrechte gebunden war und die Grundrechte teilweise als bloße Programmsätze charakterisiert worden waren (s.o. Rn. 411). Unter dem Grundgesetz ist die Bindung aller Staatsgewalten (Gesetzgebung, vollziehende Gewalt, Rechtsprechung) zwar auch nicht gleichförmig, aber jedenfalls gleichwertig. Alle staatlichen Gewalten sind grundrechtsgebunden, wirken aber auch grundrechtsgestaltend.

475

Die drei in Art. 1 Abs. 3 GG genannten **Gewalten** sind dabei in einem **institutionellen Sinne** zu verstehen. Würde man hier ein funktionelles Verständnis zugrunde legen, wären u.U. auch nichtstaatliche Akteure grundrechtsgebunden. Als „Gesetzgebung" könnte dann – wegen der allgemeinverbindlichen, steuerungsintensiven Wirkung der Bestimmungen – etwa auch der Erlass von Normen durch das (privatrechtliche) Deutsche Institut für Normung (DIN) qualifiziert werden; auch von außerstaatlichen Instituten festgesetzte Sprachregelungen (z.B. Duden-Kommission) wären ein solcher Fall. Darüber hinaus könnten dann auch Tarifvertragsparteien beim Abschluss von Tarifverträgen an die Grundrechte gebunden sein. Das Bundesarbeitsgericht hat den Abschluss von Tarifverträgen in der Tat schon als „Gesetzgebung" i.S.d. Art. 1 Abs. 3 GG bezeichnet (BAGE 1, 258 (262 ff.); 1, 348 (353); 1, 133 (136); 4, 240 (251 f.)). Begründet wurde dies mit dem Umstand, dass das Tarifvertragsgesetz Normsetzungsbefugnis auf Private übertrage. Ein solch funktionelles Verständnis bei

476

der Bestimmung der Grundrechtsverpflichteten ist indessen abzulehnen, da auch bei dem mit Art. 1 Abs. 3 GG in systematischem Zusammenhang stehenden Art. 20 Abs. 2, 3 GG die drei Gewalten in einem institutionellen Sinne verstanden werden. Im Fall des Tarifvertragsabschlusses ist daher lediglich der Staat bei der von ihm vorgenommenen Allgemeinverbindlichkeitserklärung einer tariflichen Einigung gemäß § 5 TVG grundrechtsgebunden, nicht aber die Tarifvertragsparteien.

477 Die Funktion der drei „klassischen" Gewalten bleibt allerdings für Art. 1 Abs. 3 GG nicht ohne Bedeutung. Durch sie kann eine **funktionsspezifische Differenzierung** zwischen den staatlichen Gewalten vorgenommen werden. Differenzierungen können auch an den Handlungsformen (Einzelakt/Norm) ansetzen. Im Ergebnis ist etwa die Bindung der durch Verwaltungsakt handelnden Exekutive an das Übermaßverbot weitaus intensiver als die entsprechende Bindung der Gesetzgebung.

478 Die nach Art. 1 Abs. 3 GG angeordnete Grundrechtsbindung der „**Gesetzgebung**" beschränkt die Souveränität der Parlamente von Bund und Ländern. Die Grundrechtsbindung der Gesetzgebung kann auch durch Unterlassen verletzt werden. Die Parlamente sind nicht nur bei der Rechtsetzung, sondern auch bei der sonstigen parlamentarischen Tätigkeit grundrechtsgebunden (z.B. Beschlüsse eines Untersuchungsausschusses, s. BVerfGE 67, 100 (142) – Flick-Untersuchungsausschuss).

479 „**Vollziehende Gewalt**" sind Regierung, Verwaltung und Bundeswehr. Ihr Handeln wird in jeder Hinsicht von Art. 1 Abs. 3 GG erfasst; die vollziehende Gewalt ist sowohl bei formalem, imperativem wie auch beim sog. informalen, influenzierenden Staatshandeln (zum staatlichen Informationshandeln s. etwa BVerfGE 105, 252 ff. – Glykol; 105, 279 ff. – Osho) an die Grundrechte gebunden. Die Sicherung der Grundrechtskonformität des Handelns der vollziehenden Gewalt erfolgt darüber hinaus grundsätzlich auch durch die aus Art. 20 Abs. 3 GG folgende Bindung an die Gesetze, bei deren Erlass der Gesetzgeber seinerseits an die Grundrechte gebunden ist. Bei der „gesetzesfreien" (d.h. nicht gesetzesvollziehenden) Verwaltung (insbes. Leistungsverwaltung) bzw. beim schlichten (d.h. nicht rechtsförmliches) Verwaltungshandeln wirkt die Grundrechtsbindung dagegen unmittelbar. Handelt die Verwaltung privatrechtlich, d.h. unter Rückgriff auf juristische Personen des Privatrechts im Eigentum des Staates, ist sie – spiegelbildlich zur Grundrechtsberechtigung (s. Rn. 459 ff.) – jedenfalls bei der privatrechtlichen Erfüllung öffentlicher Aufgaben (**Verwaltungsprivatrecht**) an die Grundrechte gebunden, wenn die juristische Person des Privatrechts eine Eigengesellschaft des Staates ist (BVerfGE 45, 63 (80) – Stadtwerke Hameln). Eine juristische Person des Privatrechts, welche als **sog. gemischtwirtschaftliches Unternehmen** geführt wird, ist dagegen nur grundrechtsgebunden, wenn der Staat in der Gesellschaft eine beherrschende Stellung inne hat (vgl. BVerfG-K, NJW 1990, 1783; BVerfG-K, NVwZ 2009, 1282 (1283); BVerfGE 128, 226 (244 ff.) – Fraport). Jedenfalls ist die Verwaltung in Bezug auf den Erwerb der Anteile an einem gemischtwirtschaftlichen Unternehmen und hinsichtlich der Ausübung der Anteilsrechte grundrechtsgebunden. Zur vollziehenden Gewalt zählt auch

die sog. Justizverwaltung (z.B. im Bereich des Strafvollzugs oder bei juristischen Staatsprüfungen).

Unter „**Rechtsprechung**" i.S.v. Art. 1 Abs. 3 GG versteht man die gesamte gesetzesverfahrensförmige Streiterledigung und sonstige justizförmige Entscheidungstätigkeit, die von Bundes- und Landesgerichten in richterlicher Unabhängigkeit ausgeübt werden. Die Gerichte sind bei der Handhabung des gerichtlichen Verfahrens grundrechtsgebunden (insbes. auch durch die sog. Justizgrundrechte: Recht auf gesetzlichen Richter, Recht auf richterliches Gehör), aber auch hinsichtlich des Entscheidungsinhalts (Grundrechte als Entscheidungsmaßstab). Rechtsprechung kann dabei Grundrechtssicherung, aber auch Grundrechtsgefährdung sein. Deshalb kann das Bundesverfassungsgericht im Rahmen einer Verfassungsbeschwerde Entscheidungen anderer Gerichte auch darauf überprüfen, ob deren Entscheidungen spezifisches Verfassungsrecht (d.h. insbes. Grundrechte) verletzen. Das Bundesverfassungsgericht ist bei einer Verfassungsbeschwerde auf diese Rolle beschränkt – es ist eben keine „Superrevisionsinstanz" mit umfassender Sachverhaltsermittlungsbefugnis (s. BVerfGE 18, 85 (92) – Spezifisches Verfassungsrecht, s.a. Rn. 398). Wie bei der vollziehenden Gewalt erfolgt auch bei der Rechtsprechung eine mittelbare Grundrechtsbindung über die Bindung der Judikative an Recht und Gesetz nach Art. 20 Abs. 3 GG. Dies führt dazu, dass z.B. im Zivilrecht die Gerichte bei der Anwendung der zwischen Privaten geltenden Regelungen (bspw. im Verhältnis Mieter, Vermieter) grundrechtsgebunden sind (s. sogleich Rn. 481 ff.). 480

2. Drittwirkung von Grundrechten?

Art. 1 Abs. 3 GG bindet alle staatlichen Gewalten Deutschlands. Die Frage nach der Drittwirkung von Grundrechten ist demgegenüber die Frage danach, ob auch **Private durch die Grundrechte verpflichtet** werden. Dies ist jedenfalls für solche Grundrechte ausgeschlossen, die ihrem Inhalt nach auf das Verhältnis zwischen Privaten nicht von Einfluss sein können; zu diesen Grundrechten sind etwa Art. 4 Abs. 3 S. 1 GG (Wehrpflicht bei Gewissensnot) und Art. 16 Abs. 1 S. 1 GG (Staatsangehörigkeitsentzug und -verlust) zu zählen. Auch grundrechtsrelevante Staatsorganisationsnormen wie Art. 7 Abs. 1 GG oder Art. 33 Abs. 5 GG sind **drittwirkungsunfähig**. 481

Weil die Grundrechte als Rechte gegen den Staat entwickelt wurden und die Grundrechtsbindung Privater eine Freiheitsbegrenzung darstellen würde, **scheidet eine unmittelbare Drittwirkung von Grundrechten aus** (h.M.). Verfassungsrechtlich ist es also grundsätzlich nicht möglich, dass etwa der grundrechtsberechtigte Vermieter die Grundrechte des Mieters, der grundrechtsberechtigte Betreiber einer umweltbelastenden Anlage die Grundrechte des Anlagenanrainers (z.B. Leben, körperliche Unversehrtheit, Eigentum) oder der grundrechtsberechtigte Wissenschaftler die Grundrechte seiner menschlichen Probanden verletzt. Eine unmittelbare Drittwirkung eines Grundrechts, nämlich der Koalitionsfreiheit, ist aber **ausnahmsweise in Art. 9 Abs. 3** 482

S. 2 GG angeordnet. Darüber hinaus besteht eine unmittelbare Grundrechtsverpflichtung von Privaten, wenn Private als **Beliehene** öffentliche Gewalt ausüben.

483 Da die Rechtsbeziehungen zwischen Privaten aber durch **Privatrechtsnormen** rechtlich geregelt sind (z.B. Kaufrecht, Mietrecht, Arbeitsrecht, Familienrecht, Erbrecht etc.) und der Privatrechtsgesetzgeber wie der richterliche Interpret des Zivilrechts an die Grundrechte gebunden ist, ergibt sich nach h.M. eine *mittelbare* **Drittwirkung von Grundrechten** zwischen Privaten insbes. über die Interpretation und den konkretisierenden Vollzug der unbestimmten Rechtsbegriffe und Generalklauseln des Zivilrechts (z.B. §§ 138, 242, 826 BGB), die insofern Einfallstore für die Grundrechte bei der Zivilrechtsanwendung darstellen (s. dazu *Canaris*, Grundrechte und Privatrecht, 1999; *Ruffert*, Vorrang der Verfassung und Eigenständigkeit des Privatrechts, 2001). Voraussetzung für eine mittelbare Drittwirkung von Grundrechten ist dementsprechend – *erstens* –, dass es sich um zwingende Privatrechtsnormen handelt, welche wie Generalklauseln wertauslegungsfähig und wertauslegungsbedürftig sind. *Zweitens* bedarf es als Anknüpfungspunkt eines staatlichen Aktes, etwa eines richterlichen Urteils. Im Ergebnis erzeugt die mittelbare Grundrechtsbindung Privater geringere Grundrechtsbindungen als die unmittelbare Grundrechtsbindung des Staates. Soziale Ungleichgewichte, die aus der geringen Bindungswirkung der Grundrechte für Private resultieren, können durch grundrechtsgewährleistende Gesetze wie das Arbeitsrecht, das Deliktsrecht sowie das Miet- und das Familienrecht abgemildert werden. Die mittelbare Drittwirkung ermöglicht insgesamt eine freiheitssichernde Abwehr erdrückender sozialer Übermacht durch Unternehmen, Verbände und Arbeitgeber.

484 Die nur beschränkte Einwirkung der Grundrechte auf das Privatrecht spiegelt sich auch in dem **Prüfungsmaßstab des Bundesverfassungsgerichts** wider. Es überprüft die Auslegung und Anwendung der Vorschriften des Privatrechts nur daraufhin, ob die ordentlichen Gerichte bzw. die Arbeitsgerichte die Ausstrahlungswirkung der Grundrechte hinreichend beachtet oder ob sie ihren Entscheidungen dabei eine unrichtige Auffassung von der Wirkkraft der Grundrechte zugrunde gelegt haben (BVerfGE 73, 261 (269) – Sozialplan). Dabei hängt die Intensität der verfassungsgerichtlichen Kontrolle wiederum von der Intensität der Grundrechtsbeeinträchtigung ab (BVerfGE 42, 143 (148 f.) – Deutschland-Magazin; BVerfGE 128, 226 (246 ff.) – Fraport; s. dazu *Greve*, in: FS Kloepfer, 2013, S. 665 (671 ff.)). Je nachhaltiger ein zivilgerichtliches Urteil im Ergebnis die Grundrechtssphäre des Unterlegenen trifft, desto strengere Anforderungen werden an die Begründung des Eingriffs zu stellen sein und weiterreichenden Nachprüfungsmöglichkeiten von Gerichten unterliegen.

485 Eine mittelbare Drittwirkung von Grundrechten folgt auch aus den **grundrechtlichen Schutzpflichten** (s. dazu Rn. 434 ff.). Beeinträchtigen Private die durch die Grundrechte geschützten Güter anderer (Leben, körperliche Unversehrtheit, körperliche Bewegungsfreiheit, Eigentum etc.), so können sie hierdurch – mangels unmittelbarer Drittwirkung der Grundrechte – zwar nicht die entsprechenden Grundrechte verlet-

zen. Ihr (gefährdendes oder verletzendes) Verhalten löst allerdings die aus den Grundrechten resultierende Schutzpflicht des Staates aus, der gegen die Beeinträchtigungen vorgehen muss. Auch hier besteht – wie bereits erwähnt – indessen nur eine zurückgenommene Prüfungsbefugnis des Bundesverfassungsgerichts, welches nur überprüft, ob der Staat (insbes. der Gesetzgeber) überhaupt tätig geworden ist und wenn ja, ob er nicht lediglich völlig unzulängliche oder gänzlich ungeeignete Schutzregelungen erlassen hat (vgl. BVerfGE 56, 54 (81) – Fluglärm; 77, 381 (405) – Atommüllzwischenlager; 79, 174 (202) – Straßenverkehrslärm; s. a. *Voßkuhle*, NVwZ 2013, 1 (6 ff.)). Dies kann auch als **Untermaßverbot** (Rn. 436) bezeichnet werden.

3. Ausländische Staatsgewalt, EU

Ausländische Staatsgewalt sowie die Organe der EU sind **nicht an die deutschen Grundrechte gebunden**. Unter bestimmten Voraussetzungen behält sich das Bundesverfassungsgerichts gleichwohl eine Überprüfung der Maßnahmen von EU-Organen vor (s. dazu Rn. 930 ff.). Soweit deutsche staatliche Stellen in die Vollziehung ausländischen bzw. europäischen Rechts (z.B. Richtlinien der EU) eingeschaltet sind, bleiben für sie die deutschen Grundrechte ohnehin verbindlich (arg. Art. 1 Abs. 3 GG). Nach der Rechtsprechung des Bundesverfassungsgerichts werden **Maßnahmen der EU** sowie die deutschen Umsetzungs- und Vollziehungsmaßnahmen von EU-Maßnahmen (jedenfalls, wenn kein Umsetzungsspielraum für die deutschen Organe besteht) grundsätzlich nicht am Maßstab der deutschen Grundrechte geprüft. Dies gilt jedenfalls, solange die EU, insbes. die Rechtsprechung des Gerichtshofs der EU, einen wirksamen Grundrechtsschutz gegenüber der Hoheitsgewalt der EU generell gewährleistet, der dem vom Grundgesetz als unabdingbar gebotenen Grundrechtsschutz im Wesentlichen gleich zu achten ist (BVerfGE 73, 339 (Ls. 2, 340) – Solange II, bestätigend BVerfGE 89, 155 (174 f.) – Maastricht; 102, 147 (164) – Bananenmarkt; s.a. BVerfGE 123, 267 (334) – Vertrag von Lissabon, s.a. Rn. 933; einschränkend BVerfG, NJW 2016, 1149 ff. – Europäischer Haftbefehl II, s. o. Rn. 448).

486

VIII. Schutzbereich, Eingriff, Grundrechtsschranken, Schranken-Schranken

Die Grundrechtsgewährleistungen des Grundgesetzes bestehen aus den übergreifenden **Konstruktionsmerkmalen**:

a) Schutzbereich (s.u. 1.)
b) Eingriff (s.u. 2.)
c) Grundrechtsschranken (s.u. 3.)
d) Schranken-Schranken (s.u. 4.)

487

Damit wird die für Grundrechtskonflikte typische Konfliktlage zwischen Individualinteressen und Gemeinwohlinteressen mit Mäßigungsgeboten für den Staat verfassungsrechtlich abgebildet. Bei dem materiellen Teil einer Grundrechtsklausur sind

488

die in den Rn. 489 ff. genannten Einzelpunkte regelmäßig (nacheinander) zu prüfen. Das Grundrechtsprüfungsmodell dient der Vervollständigung und Disziplinierung des grundrechtlichen Denkens bei der Lösung von Einzelfällen. Es gilt für alle Grundrechte – entgegen der h.M. auch für die Menschenwürdegarantie (s. dazu unten Rn. 548) und für den allgemeinen Gleichheitssatz (s.u. Rn. 571).

1. Schutzbereich

489 Ob ein Schutzbereich durch staatliches Handeln betroffen ist, hängt davon ab, ob

a) der Betroffene für dieses Grundrecht grundrechtsberechtigt ist (**persönlicher Schutzbereich**) und

b) der **sachliche Schutzbereich** dieses Grundrechts einschlägig ist.

490 In **persönlicher Hinsicht** ist der Schutzbereich eröffnet, wenn eine Person grundrechtsberechtigt ist (s. dazu oben Rn. 459 ff.) und die spezifischen personellen Voraussetzungen eines Grundrechts erfüllt sind (z.B. „Mutter" – Art. 6 Abs. 4 GG, „politisch Verfolgte" – Art. 16a Abs. 1 GG). Die Eröffnung des **sachlichen Schutzbereichs** ist vom Schutzgut des jeweiligen Grundrechts abhängig. Je nach Grundrecht wird entweder an Verhaltensweisen (z.B. Art. 2 Abs. 1 GG, Art. 5 Abs. 1 S. 1 GG, Art. 8 Abs. 1, Art. 12 Abs. 1 GG), Rechtsgüter (z.B. Art. 1 Abs. 1, Art. 2 Abs. 2 S. 1, Art. 14 GG) oder an bestimmte Eigenschaften von Menschen (Art. 3 Abs. 2 GG) angeknüpft. Teilweise fallen unter die genannten Grundrechte auch solche Rechte, deren Schutzbereich normgeprägt, d.h. deren Schutzumfang erst durch den Gesetzgeber geschaffen wird (z.B. Art. 5 Abs. 1 S. 2 Alt. 2 GG, Art. 14 Abs. 1 S. 1 GG). Der sachliche Schutzbereich findet seine **schutzbereichsimmanenten Grenzen** dort, wo seine sachliche Reichweite endet. Die Bestimmung dieser Reichweite ist nicht immer einfach. Teilweise enthalten die Grundrechtsbestimmungen selbst weitere normative Anordnungen. In Art. 4 Abs. 3 GG wird etwa das Grundrecht auf Kriegsdienstverweigerung auf die Verweigerung des Kriegsdienstes aus Gewissensgründen beschränkt und Art. 8 Abs. 1 GG gewährt bspw. die Versammlungsfreiheit nur für „friedliche" Versammlungen.

491 Soweit das Grundgesetz bezüglich der Weite der grundrechtlichen Schutzbereiche unklar bleibt, bedarf es der **Schutzbereichsinterpretation**. So hat z.B. das Bundesverfassungsgericht in ständiger Rechtsprechung entschieden, dass die Ehe nach Art. 6 Abs. 1 GG die Vereinigung von Mann und Frau zu einer Lebensgemeinschaft ist (vgl. BVerfGE 105, 313 (345) – Lebenspartnerschaftsgesetz m.w.N.; s. a. Rn. 675). Des weiteren hat es etwa entschieden, dass die Schutzbereiche von Grundrechten wie Art. 12 Abs. 1 GG oder Art. 4 Abs. 1, 2 GG unter gewissen Voraussetzungen nicht vor staatlichem Informationshandeln schützten (BVerfGE 105, 252 (265 ff.) – Glykol; BVerfGE 105, 279 (293 ff.) – Osho – str. –). In Bezug auf Art. 12 Abs. 1 GG wurde teilweise der Beruf als *erlaubte* Tätigkeit, die der Schaffung und Erhaltung einer Lebensgrundlage dient, definiert (vgl. z.B. BVerfGE 7, 377 (397) – Apotheken-Urteil; 78, 179 (193) – Heilpraktikergesetz). Würde man diesem Verständnis folgen,

so könnte der Gesetzgeber den Umfang des Schutzbereichs von Art. 12 Abs. 1 GG selbst festlegen. Im Schrifttum werden immer wieder Anstrengungen zu einer engeren Fassung der grundrechtlichen Schutzbereiche unternommen (vgl. *Rusteberg*, Der grundrechtliche Gewährleistungsgehalt, 2009, passim; *Stemmler*, Das Neminem-laedere-Verbot, 2005, passim und m.w.N.).

Sind die Grundrechte also auf bestimmte Lebensbereiche bezogen, so scheint dies den Schluss nahezulegen, dass es auch Lebensbereiche gibt, in denen kein grundrechtlicher Schutz besteht. Dies ist aber nach der – freilich problematischen – Rechtsprechung des Bundesverfassungsgerichts zu Art. 2 Abs. 1 GG nicht der Fall, nach der durch Art. 2 Abs. 1 GG jedes menschliche Verhalten erfasst wird (BVerfGE 6, 32 (36) – Elfes, s.a. Rn. 548), was freilich zu dem Vorbehalt fast unbeschränkter Einschränkbarkeit (durch die „verfassungsmäßige Ordnung") führen soll. Damit steht im Bereich der Freiheitsrechte mit Art. 2 Abs. 1 GG ein **Auffanggrundrecht** zur Verfügung, an dem jedes von den speziellen Freiheitsrechten nicht geschützte Verhalten grundrechtlich gemessen wird. Das Konzept eines Auffanggrundrechts lässt sich auch auf die Gleichheitsrechte übertragen (s. u. Rn. 570 ff.). Auch dort gibt es neben den speziellen Gleichheitsrechten (s. Art. 3 Abs. 2 u. 3, Art. 33 Abs. 1 u. 2, Art. 38 Abs. 1 S. 1, Art. 6 Abs. 5 GG) einen allgemeinen Gleichheitssatz (Art. 3 Abs. 1 GG).

492

Die grundrechtlichen Schutzbereiche zielen in erster Linie auf die Ermöglichung einer **aktiven Freiheitsbetätigung** durch die jeweiligen Grundrechtsträger. Die Grundrechtsträger sollen durch die Grundrechte also z.B. dazu befähigt werden, einen Glauben auszuüben, eine Meinung zu äußern, an einer Versammlung teilzunehmen, einen Verein zu gründen, einem Beruf nachzugehen etc. Daneben wird bei den Freiheitsgrundrechten regelmäßig neben der positiven Freiheit auf aktives Handeln auch die **negative Freiheit** des Unterlassens dieses Handelns geschützt, verstanden als die Freiheit zum Freiheitsnichtgebrauch. Die Glaubensfreiheit des Art. 4 Abs. 1 und 2 GG umfasst daher auch, einen Glauben nicht zu haben (s. etwa BVerfGE 93, 1 (15 f.) – Kruzifix), und Art. 5 Abs. 1 S. 1 GG, eine Meinung nicht zu äußern. Auch gibt die Versammlungsfreiheit (Art. 8 Abs. 1 GG) das Recht, einer Versammlung fernzubleiben (vgl. BVerfGE 69, 315 (343) – Brokdorf). Die Erstreckung des grundrechtlichen Schutzes auf die sog. negativen Freiheiten ist nicht für alle Grundrechte anerkannt, z.B. nicht für das Recht auf Leben, aus dem kein Recht auf Selbsttötung folgt. Für den Bereich der Vereinigungsfreiheit (Art. 9 Abs. 1 GG) gilt zwar grundsätzlich, dass sie auch das Recht umfasst, einer Vereinigung nicht beizutreten (BVerfGE 50, 290 (354) – Mitbestimmung) bzw. aus ihr auszutreten. Dies enthält aber keinen Schutz vor einem Zwangszusammenschluss zu öffentlich-rechtlichen Vereinigungen (BVerfGE 10, 89 (102) – Erftverband; s.a. Rn. 622), weil aus diesem Grundrecht (Art. 9 Abs. 1 GG) auch kein Recht auf Bildung einer öffentlich-rechtlichen Vereinigung folgt. Aus der Gewährleistung auch negativer Freiheiten folgt, dass staatliche Verpflichtungen zu einem entsprechenden Verhalten als Schutzbereichseingriffe qualifiziert werden müssen, die somit der verfassungsrechtlichen Rechtferti-

493

gung bedürfen. Der grundrechtliche Schutz vor der Zwangsmitgliedschaft in öffentlich-rechtlichen Körperschaften wird vom Auffanggrundrecht des Art. 2 Abs. 1 GG gewährleistet (vgl. BVerfGE 10, 89 (102) – Erftverband; BVerfG, NVwZ 2007, 808 (811)).

2. Eingriff

494 Ist der Schutzbereich eines Grundrechts eröffnet, ist ein Grundrecht also „thematisch" einschlägig, so muss geprüft werden, ob auch ein Eingriff des Staates in diesen Schutzbereich vorliegt. Funktionell ermöglicht die Eingriffsprüfung die Feststellung, *vor wem* und *wogegen* das konkrete Grundrecht schützt. Die Frage nach dem *„Vor wem"* wird durch Art. 1 Abs. 3 GG beantwortet; ein Eingriff setzt also zunächst einmal das **Handeln eines Grundrechtsverpflichteten** voraus (s. dazu VII.).

495 Was das *„Wogegen"* anbelangt, sind die Einzelheiten umstritten. Ein Eingriff liegt nach dem **„klassischen" Eingriffsbegriff** jedenfalls vor, wenn das staatliche Handeln erstens eine finale (zweckgerichtete), zweitens eine unmittelbare (keines weiteren Akts bedürftige) und drittens eine imperative (ge- oder verbietende) staatliche Belastung des Grundrechtstatbestands darstellt. Mit der sog. „Auflösung der Eingriffsfigur" (*Peter Lerche*), welche insbes. der Ausweitung des indirekten und informalen Verwaltungshandelns geschuldet ist, wird zunehmend auf einzelne dieser Voraussetzungen verzichtet. Würde man dagegen das klassische Eingriffsverständnis beibehalten, so könnten etwa Maßnahmen der indirekten Verhaltenssteuerung (z.B. Anreize durch Subventionen), das Informationshandeln der Regierung und bloße faktische Maßnahmen (z.B. Abhören von Telefonen) kaum als Eingriff qualifiziert werden.

496 Um auch in solchen Fällen eine Überprüfung des Staatshandelns am Maßstab der Grundrechte zu ermöglichen, wird mittlerweile von einem **weiten Eingriffsbegriff** ausgegangen, welcher die konstituierenden Merkmale des klassischen Eingriffsbegriffs zwar aufgreift, jedoch nur, um sie – jedenfalls in bestimmten Fallkonstellationen – für bedeutungslos zu erklären. Ein Eingriff ist demnach jedes staatliche Handeln, das dem Einzelnen ein Verhalten, das in den Schutzbereich eines Grundrechts fällt, unmöglich macht oder doch erheblich erschwert, gleichgültig ob diese Wirkung final oder unbeabsichtigt, unmittelbar oder mittelbar, rechtlich oder tatsächlich (faktisch, informal), mit oder ohne Befehl oder Zwang, d.h. imperativ oder nur influenzierend erfolgt. Es reicht aus, dass die Wirkung von einem ursächlichen und zurechenbaren Verhalten der öffentlichen Gewalt ausgeht. Grundrechtsgefährdungen können ebenfalls den Eingriffsbegriff erfüllen (s. etwa BVerfGE 115, 118 (139) – Luftsicherheitsgesetz). Völlig geringfügige Belastungen (Bagatellbeeinträchtigungen) bleiben ohne grundrechtliche Konsequenz.

3. Schranken

497 Liegt ein staatlicher Eingriff in einen grundrechtlichen Schutzbereich vor, so folgt daraus nicht notwendigerweise die Verfassungswidrigkeit der staatlichen Maßnahme.

A. Allgemeine Grundrechtslehren

Vielmehr unterliegen die Grundrechte bestimmten verfassungsrechtlichen oder verfassungsrechtlich ermöglichten Schranken, innerhalb derer hoheitliche Eingriffe **gerechtfertigt** sind, sodass der Grundrechtsberechtigte die jeweilige staatliche Maßnahme dulden muss. Nur wenn der Eingriff nicht von den Grundrechtschranken gedeckt ist oder die – im Wesentlichen immanenten – Grenzen dieser Grundrechtschranken, die sogenannten Schranken-Schranken (s.u. Rn. 508 ff.), überschreitet, ist das betreffende Grundrecht verletzt.

Bezüglich der Schranken verwendet das Grundgesetz **keine einheitliche Terminologie**. Deshalb, aber auch wegen systematischer Mängel der Grundrechtsschrankenarchitektur wird bisweilen auch vom „Schrankenwirrwarr" im Grundgesetz gesprochen (*Bettermann*, Grenzen der Grundrechte, 2. Aufl. 1976, S. 3). Art. 2 Abs. 2 S. 3 GG spricht etwa davon, dass in Rechte „eingegriffen" werden dürfe, nach Art. 5 Abs. 2 GG werden Rechten „Schranken" gesetzt, gemäß Art. 8 Abs. 2 GG werden Rechte „beschränkt" und nach Art. 11 Abs. 2 GG „eingeschränkt". Auch findet man die Termini „Eingriffe und Beschränkungen" in einem Satz nebeneinander gestellt (Art. 13 Abs. 7 GG), ohne dass zwischen „Eingriffen" und „Beschränkungen" ein rechtlich greifbarer Unterschied auszumachen wäre. 498

Verschärft werden die terminologischen Unsicherheiten dadurch, dass es neben den Grundrechtsschranken auch Grundrechtsausgestaltungen sowie inhaltliche Regelungen zu Grundrechten (Grundrechtsregelungen) gibt. Zahlreiche Grundrechte sind, um ihnen zur Wirksamkeit zu verhelfen, der gesetzlichen **Ausgestaltung** (**Grundrechtsausgestaltung**) bedürftig; es handelt sich um **normgeprägte Grundrechte**. Zu ihnen zählen etwa Art. 6 Abs. 1 GG, Art. 14 Abs. 1 GG sowie Art. 5 Abs. 1 S. 2 Alt. 2 GG. Die Grenzziehung der Grundrechtsausgestaltung zur Grundrechtsschranke ist fließend und nicht immer einfach. Soweit grundrechtsermöglichende Ausgestaltungen auch zu Belastungen anderer führen, müssen die Grundrechtsausgestaltungen (wie Grundrechtsbeeinträchtigungen) dem Übermaßverbot genügen (vgl. BVerfGE 84, 372 (378) – Lohnsteuerhilfeverein). Vergleichbares gilt in Bezug auf gesetzliche **Grundrechtsregelungen**. Solche sieht das Grundgesetz für Grundrechte und grundrechtsgleiche Rechte bisweilen ausdrücklich vor („das Nähere regelt ein Gesetz" etc.), so hinsichtlich des Rechts auf Kriegsdienstverweigerung (Art. 4 Abs. 3 S. 2 GG) und der Ausgestaltung des Ersatzdienstes (Art. 12a Abs. 2 S. 3 GG) sowie hinsichtlich bestimmter (grundgesetzlich angeordneter) Beschränkungen des Rechtsschutzes im Asylverfahren (Art. 16a Abs. 4 S. 2 GG), des Wahlrechts (Art. 38 Abs. 3 GG) und der Zulässigkeit und Fortdauer einer Freiheitsentziehung (Art. 104 Abs. 2 S. 4 GG). Derartige konkretisierende gesetzliche Regelungen der Grundrechte ermöglichen häufig erst den Grundrechtsgebrauch, sind aber auch dann am Übermaßverbot zu messen, wenn sie belastende Wirkung für den Grundrechtsträger entfalten. 499

500 Demgegenüber kommen „echte" Grundrechtsschranken vor als
a) **einfache Gesetzesvorbehalte** („durch Gesetz" oder „aufgrund eines Gesetzes"; s.u. Rn. 502)
b) **qualifizierte Gesetzesvorbehalte** (mit besonderen Tatbestandsvoraussetzungen für eine Beschränkung; s.u. Rn. 503 f.)
c) **verfassungsimmanente Schranken** (ungeschriebene Beschränkungen der an sich ohne Einschränkungsvorbehalt gewährleisteten Grundrechte durch andere Verfassungswerte; s.u. Rn. 505 ff.).

501 Die grundrechtlichen Gesetzesvorbehalte dürfen nicht mit dem **allgemeinen rechtsstaatlich-demokratischen Vorbehalt des Gesetzes** gleichgesetzt werden. Der allgemeine Vorbehalt des Gesetzes gilt (mindestens) für alle belastenden Handlungen der Verwaltung, also insbes. auch für den Eingriff in einfachgesetzlich begründete subjektive öffentliche Rechte. Die grundrechtlichen Gesetzesvorbehalte sind enger und gelten nur für Eingriffe in die Grundrechte, erfassen dort aber auch Eingriffe durch die Rechtsprechung. Mit der **Wesentlichkeitsrechtsprechung** des Bundesverfassungsgerichts (st. Rspr. s. BVerfGE 20, 150 (157 f.) – Sammlungsgesetz; 34, 165 (192) – Förderstufe; 108, 282 (312) – Kopftuch; s. auch Rn. 160) ist die Systematisierung noch schwieriger geworden. Aus der Wesentlichkeitsrechtsprechung folgt jedenfalls, dass es zur Rechtfertigung staatlicher Maßnahmen, die wesentlich für die Realisierung von Grundrechten sind, stets eines förmlichen Gesetzes bedarf, das die für die Verwirklichung der Freiheit wesentlichen Fragen selbst (und nicht durch Rechtsverordnung) regelt (s. dazu *Kloepfer*, JZ 1984, 685 ff.).

502 Den meisten Grundrechten ist ein **einfacher Gesetzesvorbehalt** beigefügt worden. „Durch Gesetz" (z.B. Art. 14 Abs. 1 S. 2 GG), „durch Gesetz oder aufgrund eines Gesetzes" (z.B. Art. 8 Abs. 2, Art. 12 Abs. 1 S. 2 GG) oder auch nur „aufgrund eines Gesetzes" (z.B. Art. 2 Abs. 2 S. 3, Art. 10 Abs. 2 S. 1 GG) können den Grundrechten Schranken gezogen werden. Der „Soweit-Vorbehalt" des Art. 2 Abs. 1 GG wird ebenfalls als einfacher Gesetzesvorbehalt verstanden (s.u. Rn. 565). Im Falle der Beschränkung „**durch Gesetz**" nimmt der Gesetzgeber die Beschränkung selbst vor, ohne dass es zur Realisierung noch eines Vollzugsaktes bedürfte. Im Fall der Beschränkung „**aufgrund eines Gesetzes**" normiert der Gesetzgeber die Voraussetzungen, unter denen die Organe der vollziehenden oder der rechtsprechenden Gewalt die Einschränkung durch gesetzesvollziehenden Akt (z.B. Rechtsverordnung, Verwaltungsakt oder Urteil) vornehmen dürfen oder müssen. Aus der Wesentlichkeitsrechtsprechung des Bundesverfassungsgerichts (s. Rn. 160) folgt dabei, dass das förmliche Gesetz Regelungen der für die Freiheitsverwirklichung wesentlichen Fragen enthalten muss.

503 Daneben kennt das Grundgesetz sog. **qualifizierte und besondere Gesetzesvorbehalte**. Sie stellen an die gesetzlichen Beschränkungen unterschiedlichste Anforderungen, sei es, dass die grundrechtsbeschränkende Regelung an bestimmte Situationen an-

knüpfen, bestimmten Zwecken dienen oder bestimmte Mittel benutzen muss. Sie sind letztlich zusätzliche Begrenzungen des grundrechtseinschränkenden Gesetzgebers. Solche qualifizierten Gesetzesvorbehalte sind etwa Art. 6 Abs. 3 GG, der die zwangsweise Trennung der Kinder von ihren Eltern aufgrund Gesetzes auf bestimmte familiäre Sondersituationen beschränkt, und Art. 11 Abs. 2 GG, wonach die Freizügigkeit nur durch Gesetz oder aufgrund eines Gesetzes und nur für die Fälle eingeschränkt werden darf, die in Art. 11 Abs. 2 GG ausdrücklich aufgeführt sind. Auch Art. 5 Abs. 2 GG enthält bezüglich der Vorschriften zum Schutz der Jugend und das Recht der persönlichen Ehre einen qualifizierten Gesetzesvorbehalt. Einen solchen qualifizierten Gesetzesvorbehalt stellt letztlich auch das Erfordernis eines „allgemeinen Gesetzes" als Schranke für die in Art. 5 Abs. 1 GG genannten Rechte dar, da das „allgemeine Gesetz" im Unterschied zu den einfachen Gesetzesvorbehalten zusätzliche Anforderungen an das beschränkende Gesetz (kein Sonderrecht gegen die Kommunikationsfreiheiten) stellt (s. dazu Rn. 599).

Eine häufige Qualifizierung von grundrechtlichen Gesetzesvorbehalten besteht in dem sogenannten **Richtervorbehalt**, nach dem das Gesetz nur abstrakt-generell die Eingriffsmöglichkeit vorsieht, die für den konkret-individuellen Fall aber vom Richter angeordnet werden muss. Ein solcher Vorbehalt gilt vor allem bei freiheitsbeschränkenden Maßnahmen nach Art. 2 Abs. 2 S. 3 i.V.m. Art. 104 Abs. 2 und 3 GG sowie nach Art. 13 Abs. 2, 3 und 4 GG sowie nach der Rechtsprechung des Bundesverfassungsgerichts auch beim Recht auf Gewährleistung der Vertraulichkeit und Integrität informationstechnischer Systeme (BVerfGE 120, 274 (331 f.) – Online-Durchsuchung; s. dazu Rn. 568). 504

Verschiedene Grundrechte enthalten weder einen einfachen noch einen qualifizierten Gesetzesvorbehalt; sie sind vom Text der Verfassung her als **„schrankenlose Grundrechte"** gewährleistet. Zu diesen Grundrechten zählen etwa die Grundrechte des Art. 4 Abs. 1 und 2 GG (Glaubens-, Gewissens- und Bekenntnisfreiheit), die Grundrechte des Art. 5 Abs. 3 GG (Freiheit von Wissenschaft und Kunst), das Grundrecht auf Versammlung in geschlossenen Räumen (Art. 8 Abs. 1 GG) und das in Art. 17 GG verankerte Petitionsrecht. Da anerkannt ist, dass eine Freiheitsbetätigung (in einer Rechtsgemeinschaft mit Freiheitsbetätigung vieler anderer) nicht schrankenlos sein kann, werden solche Grundrechte **verfassungsimmanenten Schranken** unterworfen (grundlegend: BVerfGE 30, 173 (193) – Mephisto). Beschränkungen von vorbehaltlos gewährleisteten Grundrechten können sich danach nur aus der Verfassung selbst ableiten, d.h. zum Schutz anderer Verfassungsgüter gerechtfertigt sein. Dabei darf nicht jeder Rechtswert, der sich textlich nicht in der Verfassung belegen lässt, als Grundrechtsschranke herangezogen werden. Bedenklich erscheint es etwa, allgemein auf das „Menschenbild des Grundgesetzes" abzustellen (so aber BVerfGE 32, 98 (107 f.) – Gesundbeter). Überzeugender ist es, den Kreis der potenziellen verfassungsimmanenten Schranken eng zu halten und auf kollidierende Grundrechte Dritter einerseits und andere mit Verfassungsrang ausgestattete Rechts- 505 werte (hierzu zählen etwa der Jugendschutz – s. Art. 5 Abs. 1, 11 Abs. 2, 13 Abs. 7 GG –, die freiheitliche demokratische Grundordnung – s. Art. Art. 18, 21 Abs. 2, 9 Abs. 2 GG – sowie wegen Art. 20a GG der Umwelt- und Tierschutz) andererseits zu beschränken. Aus Kompetenzbestimmungen ergeben sich indessen keine verfassungsimmanenten Schranken (so aber wohl BVerfGE 28, 243 (261) – Dienstpflichtverweigerung).

506 Für die Rechtfertigung eines Eingriffs in ein vorbehaltlos gewährleistetes Grundrecht muss die Beschränkung nicht nur dem Schutz von Grundrechten Dritter oder eines sonstigen Verfassungsgutes dienen, sondern auch **durch oder aufgrund eines formellen Gesetzes** vorgenommen werden. Dies folgt aus dem allgemeinen Gesetzesvorbehalt sowie aus der Wesentlichkeitsrechtsprechung des Bundesverfassungsgerichts (s. Rn. 160).

507 Zur Eingriffsrechtfertigung ist darüber hinaus auch notwendig, dass das Schutzgut des Grundrechts hinter den Grundrechten Dritter und/oder anderen Verfassungsgütern zurücktreten muss. Es kommt also zur **Abwägung** zwischen zwei Verfassungsgütern. Diese Abwägung wird in der Regel auf zwei Stufen erfolgen. Zunächst ist an dem zum Eingriff ermächtigenden Gesetz in abstrakt-genereller Hinsicht das Verhältnis zwischen dem eingeschränkten Grundrecht und dem anderen Verfassungswert zu bestimmen. Sofern das Gesetz die eigentliche Entscheidung den gesetzesanwendenden Gewalten überlässt oder so unterschiedliche Fälle erfasst, dass nur eine Abwägung im Einzelfall die wesentlichen Abwägungselemente erfassen kann, so ist eine entsprechende Abwägung am konkret-individuellen Fall, d.h. bei der Rechtsanwendung vorzunehmen.

4. Schranken-Schranken

508 Selbst wenn sich der staatliche Grundrechtseingriff im Rahmen der einschlägigen Grundrechtsschrankenregelung hält, ist er rechtswidrig, wenn er nicht die allgemeinen **Begrenzungen von Grundrechtsschranken** („Schranken-Schranken") einhält. Dem Grundgesetz sind formelle (s. Rn. 509) und materielle (inhaltliche; s. Rn. 510 ff.) Schranken-Schranken zu entnehmen.

509 Eine Schrankenregelung muss, soll die Eingriffsrechtfertigung gelingen, zunächst **formell verfassungsmäßig** sein. Dabei müssen die Verbandszuständigkeit (s. Rn. 66 ff.), die Organzuständigkeit (s. Rn. 306) und die Verfassungsmäßigkeit des Gesetzgebungsverfahrens (s. Rn. 306 ff.) gegeben sein. Das Gesetz muss außerdem formgerecht ergangen (z.B. ordnungsgemäß verkündet) sein.

510 Als spezifische **materielle Schranken-Schranken** kennt das Grundgesetz in Bezug auf besondere Grundrechte etwa das Zensurverbot aus Art. 5 Abs. 1 S. 3 GG für die Grundrechte aus Art. 5 Abs. 1 GG sowie das Verbot der Todesstrafe nach Art. 102 GG für Art. 2 Abs. 2 S. 3 GG. Daneben sind insbes. die allgemeinen Anforderungen des Art. 19 Abs. 1 und 2 GG, konkret also das Zitiergebot (s. Rn. 511), das Verbot von Einzelfallgesetzen (s. Rn. 512) und die Wesensgehaltsgarantie (s. Rn. 513), zu

nennen. Hinzu treten das aus dem Rechtsstaatsgebot abgeleitete allgemeine Bestimmtheitsgebot (s. Rn. 514) und das Übermaßverbot (s. Rn. 515 ff.).

Grundrechtseinschränkende Gesetze müssen das Grundrecht unter Angabe des Artikels nennen (**Art. 19 Abs. 1 S. 2 GG**). Der Sinn dieses **Zitiergebots** ist es, zu verhindern, dass neue, dem bisherigen Recht fremde Möglichkeiten des Eingriffs in Grundrechte geschaffen werden, ohne dass der Gesetzgeber darüber Rechenschaft ablegt und dies ausdrücklich zu erkennen gibt (**Warn- und Besinnungsfunktion**). Umstritten ist, ob die Verletzung des Zitiergebots zur Nichtigkeit eines Gesetzes führt (befürwortend BVerfGE 113, 348 (367) – Vorbeugende Telekommunikationsüberwachung; 120, 274 (343 f.) – Online-Durchsuchung). Um die Warn- und Besinnungsfunktion nicht durch zu häufige Anwendung des Art. 19 Abs. 1 S. 2 GG zu gefährden, legt das Bundesverfassungsgericht den Anwendungsbereich der Norm eng aus. Weder soll sich das Zitiergebot auf grundrechtseinschränkendes vorkonstitutionelles Recht (BVerfGE 5, 13 (16) – Blutgruppenuntersuchung) noch auf solche Gesetze, die bereits bestehende Grundrechtseinschränkungen lediglich wiederholen bzw. geringfügig modifizieren, anwendbar sein (BVerfGE 35, 185 (189); strenger aber nun BVerfGE 113, 348 (366) – Vorbeugende Telekommunikationsüberwachung). Im Übrigen wendet das Bundesverfassungsgericht das Zitiergebot nur auf solche Grundrechte an, die aufgrund ausdrücklicher Ermächtigung vom Gesetzgeber eingeschränkt werden können (BVerfGE 83, 130 (154) – Josephine Mutzenbacher), etwa Art. 2 Abs. 2 S. 3, 8 Abs. 2, 11 Abs. 2, 13 Abs. 2, 3 GG. Nicht erfasst werden z.B. Berufsausübungsregelungen nach Art. 12 Abs. 1 S. 2 GG (s. Rn. 633) oder die Regelungen i.S.d. verfassungsmäßigen Ordnung nach Art. 2 Abs. 1 GG (s. Rn. 565).

Gemäß Art. 19 Abs. 1 S. 1 GG muss das **grundrechtseinschränkende Gesetz allgemein und nicht nur für den Einzelfall** gelten. Diese Schranken-Schranke ist nicht nur eine Konkretisierung des allgemeinen Gleichheitssatzes, sondern auch des Gewaltenteilungsprinzips. Mit ihm soll verhindert werden, dass der Gesetzgeber konkret-individuelle Regelungen trifft; solche Maßnahmen sind nämlich der Verwaltung und der Rechtsprechung vorbehalten und bergen ein erhebliches Diskriminierungspotential. Ob die Voraussetzungen des Art. 19 Abs. 1 S. 1 GG beim sog. Rettungsübernahmegesetz (es ermögliche die Enteignung der Anteilsigner der Hypo Real Estate-Bank) noch gewahrt waren, kann bezweifelt werden (s. dazu *Kloepfer*, Verfassungsrecht II, 2010, § 51 Rn. 75; *Engels*, BKR 2009, 365 (371); allgemein zu Art. 19 Abs. 1 S. 1 GG s. BVerfGE 13, 225 (228 f.) – Bahnhofsapotheke; 25, 371 (399) – lex Rheinstahl; 85, 360 (374) – Akademie-Auflösung). Ein weiterer problematischer Fall ist der Atomausstieg bei dem das AtG für einzelne Kernkraftwerke konkrete Abschaltdaten und Restlaufzeiten festgelegt hat (s. dazu *Bruch/Greve*, DÖV 2011, 794 (799)).

Art. 19 Abs. 2 GG normiert eine unübersteigbare Grenze der Grundrechtsbeschränkungen: In keinem Fall darf nämlich durch den grundrechtsbeschränkenden Gesetzgeber der **Wesensgehalt** der Grundrechte angetastet werden. Von der Ewigkeitsgarantie des Art. 79 Abs. 3 GG (s. Rn. 26, 33) unterscheidet sich Art. 19 Abs. 2 GG insofern, als die Wesensgehaltsgarantie den grundrechtsbeschränkenden (einfachen) Gesetzgeber begrenzt, während Art. 79 Abs. 3 GG den verfassungsändernden Gesetzgeber limitiert. Die Konkretisierung des in Art. 19 Abs. 2 GG normierten Wesensgehalts ist schwierig. Zu Recht wird angenommen, dass der Wesensgehalt – erstens – generell zu bestimmen ist. Wäre er demgegenüber individuell zu bestimmen, so wäre etwa eine lebenslange Freiheitsstrafe unzulässig. Außerdem könnte etwa in das Recht auf Leben (Art. 2 Abs. 2 S. 1 GG) unter keinen Umständen eingegriffen werden, obwohl Art. 2 Abs. 2 S. 3 GG eine solche Möglichkeit gerade vorsieht. Ob der generell bestimmte Wesensgehalt für die einzelnen Grundrechte dagegen – zweitens – absolut oder relativ verstanden werden soll, ist nach wie vor umstritten. Nach den Anhängern einer relativen Theorie soll der Wesensgehalt eines Grundrechts im Rahmen der Übermaßverbotsprüfung gegenüber dem Schutzzweck des Eingriffs abgewogen werden und im Einzelfall zurücktreten. Dies ist freilich abzulehnen, da sonst Art. 19 Abs. 2 GG gegenüber dem Übermaßverbot keine eigenständige Bedeutung zukäme. Angesichts der zahlreichen Anwendungsprobleme der Wesensgehaltsgarantie verwundert es nicht, dass sie bisher kaum relevante Wirkungen in der Grundrechtspraxis entfaltet hat.

514 Grundlage einer Grundrechtsbeschränkung kann aus Gründen der Grundrechtssicherheit nur ein **bestimmtes und normklares Gesetz** sein (s. dazu Rn. 163). Für den Bereich der Strafgesetze ist dies in Gestalt des alten Satzes „nulla poena sine lege clara" anerkannt und hat seinen verfassungsrechtlichen Niederschlag in Art. 103 Abs. 2 GG gefunden (s. dazu Rn. 701). Fehlt es an einer solchen Regelung, so verletzt der konkrete staatliche Eingriff das einschlägige Grundrecht.

515 Zuletzt ist für die Eingriffsrechtfertigung erforderlich, dass der Grundrechtseingriff nicht gegen das **Übermaßverbot** verstößt (s. dazu eingehend *Lerche*, Übermaß und Verfassungsrecht, 2. Aufl. 1999). Das Übermaßverbot (teilweise auch „**Verhältnismäßigkeitsprinzip**" i.w.S. genannt) setzt Zweck und Mittel in verfassungsrechtliche Relation miteinander (s. dazu auch Rn. 169 ff.). Dieses Verbot, das zunächst im Polizeirecht als eine allgemeine Grenze des Einschreitens der Exekutive im Falle einer Gefahr für die öffentliche Sicherheit und Ordnung entwickelt worden ist, wurde nach der Überwindung des NS-Unrechtsregimes auf den Gesetzgeber ausgedehnt und gilt heute als elementares Kennzeichen des Rechtsstaats auch und gerade im Bereich der Grundrechte. Es ist gewissermaßen zur **Super-Schranken-Schranke** mit eminenter Bedeutung für die Praxis geworden. Während die Geltung des Übermaßverbots gegenüber der Exekutive und Legislative in der Rechtspraxis intensiv entfaltet wurde, wird seine Geltung gegenüber der Judikative (z.B. bei der richterlichen Strafzumessung) bisher nur selten explizit erkennbar (vgl. dazu *Kaspar*, Verhältnismäßigkeit und Grundrechtsschutz im Präventionsstrafrecht, 2014; *Frisch*, NStZ 2013, 249 ff.).

Das Übermaßverbot fordert vom staatlichen Grundrechtseingriff 516
a) **Ziellegitimität** (verfassungsmäßige Zielsetzung)
b) **Geeignetheit** (Verbot krasser Ungeeignetheit)
c) **(Geringst)Erforderlichkeit** (unter mehreren im wesentlichen gleich geeigneten Mitteln ist das geringst belastende zu wählen)
d) **Zumutbarkeit** – oder Proportionalität – (kein krasses Missverhältnis zwischen Zweck und Belastung).

Diese logische Abfolge ist stets einzuhalten. Sie stellt gewissermaßen eine „**Prüfungs-** 517 **leiter**" dar, bei der die einer Stufe folgende Stufe nur beschritten werden kann, wenn die vorangegangene Stufe auch „trägt", d.h. deren Voraussetzungen vorliegen. So kann z.B. ein ungeeignetes Mittel niemals erforderlich und zumutbar sein.

Zunächst muss bei der **Ziellegitimität** nach der Legitimität des Gesetzeszwecks ge- 518 fragt werden. Das umfasst zunächst das Verbot der Verfolgung verfassungswidriger Zwecke. Danach ist zu unterscheiden zwischen Gesetzen, die Grundrechte mit Gesetzesvorbehalt beschränken und solchen, die ein vorbehaltlos gewährleistetes Grundrecht beschränken. Bei Grundrechten mit einfachem Gesetzesvorbehalt reicht i.d.R. ein vernünftiger, am Gemeinwohl orientierter Gesetzeszweck aus; hier können insbes. auch die Bestimmungen des Grundgesetzes über die Gesetzgebungskompetenzen ausreichen, um zulässige Gesetzgebungsziele zu benennen. Soweit qualifizierte Gesetzesvorbehalte an den Zweck der beschränkenden Regelung anknüpfen (vgl. etwa Art. 11 Abs. 2 GG), ist maßgebend, ob das beschränkende Gesetz diesen Zwecken dient. Geht es um „schrankenlose" Grundrechte, so muss das beschränkende Gesetz dem Schutz eines Verfassungsgutes dienen, das in der Lage ist, grundrechtseinschränkend zu wirken.

Das Mittel muss zur Erreichung des (legitimen) Zieles **geeignet** sein. Dies ist bereits 519 dann der Fall, wenn mit seiner Hilfe der gewünschte Erfolg gefördert werden kann. Nicht erforderlich ist dagegen, dass das benutzte Mittel zur Zweckverwirklichung führt bzw. das optimale ist (was sich ohnedies nur selten eindeutig bestimmen lassen wird), es genügt, wenn das Mittel nicht krass ungeeignet ist (**Verbot krasser Ungeeignetheit**). Insbesondere in Bezug auf gesetzliche Maßnahmen besteht also ein weiter Einschätzungsspielraum des Gesetzgebers bzgl. der Eignung einer Maßnahme.

Das Gesetz muss zur Zweckerreichung ferner erforderlich sein (**Erforderlichkeit**, 520 oder genauer: Geringsterforderlichkeit), d.h. es darf kein milderes, weniger eingreifendes Mittel mit in etwa gleicher Wirksamkeit existieren. Auch hier ist allerdings von einem grundsätzlich weiten Einschätzungsspielraum des Gesetzgebers auszugehen. Genau genommen besteht das Merkmal der Erforderlichkeit aus **zwei einzelnen Kriterien**: Zunächst ist – erstens – zu fragen, ob es mehrere zur Zielerreichung im Wesentlichen gleich geeignete Maßnahmen gibt. Hier kann eine Schwierigkeit bei staatsrechtlichen Klausuren liegen, weil dem Jurastudenten die Fantasie abverlangt wird, in etwa gleich geeignete Mittel zu finden. Sodann ist – zweitens – zu prüfen, ob es unter den im Wesentlichen gleich geeigneten Mitteln ein die Grundrechte weniger beeinträchtigendes Mittel als das tatsächlich gewählte gibt.

521 Schließlich muss die Maßnahme **zumutbar bzw. proportional** sein. Die Terminologie ist insofern nicht einheitlich, zum Teil wird auch von der **Verhältnismäßigkeit i.e.S.** oder der Angemessenheit gesprochen. Alle diese Bezeichnungen zielen auf eine angemessene Relation zwischen der Schwere des Eingriffs und dem Gewicht und der Dringlichkeit der ihn rechtfertigenden Gründe ab. Konkret bei Grundrechtseingriffen stehen sich an dieser Stelle die **individuellen Interessen** des Grundrechtsträgers den **öffentlichen Interessen** des Gemeinwohls gegenüber. Eine belastende staatliche Maßnahme ist allerdings nur dann nicht zumutbar bzw. nicht proportional, wenn ein *krasses* Missverhältnis zwischen Zweck und Belastung besteht. Je empfindlicher der Betroffene in seinen Grundrechten beeinträchtigt wird, desto stärker müssen die Interessen des Gemeinwohls gefährdet sein, um den Eingriff rechtfertigen zu können.

IX. Grundrechte in besonderen Statusverhältnissen

522 Grundrechtsfreie „besondere Gewaltverhältnisse" gibt es unter dem Grundgesetz nicht mehr. Auch staatliche (belastende) Maßnahmen in **Sonderstatusverhältnissen** (z.B. für Strafgefangene, Schüler, Studierende, Beamte u. Soldaten) können sich als Eingriff in entsprechende Grundrechte darstellen und sind deshalb an den Grundrechten der Betroffenen zu messen (Leitentscheidung: BVerfGE 33, 1 (10 ff.) – Strafgefangene). Solche Sonderstatusverhältnisse rechtfertigen aber die zu ihrer Aufrechterhaltung notwendigen Grundrechtsbeschränkungen, die aber den allgemeinen Voraussetzungen für solche Beschränkungen genügen müssen (insbes. Gesetzesvorbehalt; vgl. z.B. Art. 17a GG).

X. Grundrechtsverzicht

523 Grundrechte geben – wie erwähnt (s.o. Rn. 493) – regelmäßig auch die Freiheit, von ihnen keinen Gebrauch machen zu müssen (sog. negative Freiheiten, Grundrechtsnichtgebrauch). Hiervon zu unterscheiden ist der Grundrechtsverzicht, der eine **rechtlich verbindliche Aufgabe** grundrechtlich gewährleisteter Rechtspositionen (z.B. Einwilligung in einen Grundrechtseingriff) darstellt. Was die verfassungsrechtliche Bewertung solcher Grundrechtsverzichte betrifft, so ist zu differenzieren zwischen den Grundrechten, die sich ausdrücklich zu der Möglichkeit eines Verzichts äußern, und denjenigen, die solche Aussagen nicht enthalten.

524 Zu den **Grundrechten mit expliziten Aussagen zum Grundrechtsverzicht** sind Art. 16 Abs. 1 S. 2 GG und Art. 9 Abs. 3 S. 2 GG zu zählen. So lässt sich dem Art. 16 Abs. 1 S. 2 GG entnehmen, dass ein Deutscher bei entsprechendem Einverständnis seine Staatsangehörigkeit verlieren kann, wobei die genauen Modalitäten einfachgesetzlich normiert sind. Umgekehrt enthält die Koalitionsfreiheit ein ausdrückliches Verbot, auf dieses Grundrecht zu verzichten: Abreden und Vereinbarungen, die dieses

Recht einschränken oder zu behindern suchen, sind gemäß Art. 9 Abs. 3 S. 2 GG nichtig.

Bei **Grundrechten ohne Aussagen zum Grundrechtsverzicht** ist die grundsätzliche Möglichkeit eines **Grundrechtsausübungsverzichts** im Sinne eines Verzichts auf die Möglichkeit, sich für eine bestimmte Gelegenheit und für einen bestimmten Zeitraum auf das Recht zu berufen, anzuerkennen. Der allgemeine, quasi grundrechtseleminierende Totalverzicht auf ein oder mehrere Grundrechte, ist dagegen verfassungsrechtlich immer unzulässig. 525

Das Bundesverfassungsgericht hat im Volkszählungsurteil den Einzelnen für befugt erklärt, grundsätzlich selbst über die **Preisgabe und Verwendung seiner personenbezogenen Daten** zu bestimmen (BVerfGE 65, 1 (43) – Volkszählungsurteil). Eine Einwilligung des Betroffenen ermöglicht die Weitergabe bzw. Verarbeitung der ihn betreffenden Daten. 526

Ein **wirksamer Grundrechtsausübungsverzicht** schließt – gegenüber staatlichen Maßnahmen – regelmäßig das Vorliegen eines Grundrechtseingriffs aus. Nicht zuletzt deshalb sind an den Grundrechtsausübungsverzicht sehr hohe Anforderungen zu stellen. Zunächst einmal wird ein **bei voller Einsichtsfähigkeit getroffener freiwilliger Entschluss** vorauszusetzen sein (vgl. BVerfG, NStZ 1981, 446 (447) – Verwendung eines Lügendetektors), insbes. auch, dass sich der Betroffene über Tragweite und Konsequenzen seiner Entscheidung im Klaren ist. Nach Auffassung des Bundesverfassungsgerichts stellt die Menschenwürdegarantie des Art. 1 Abs. 1 GG eine **absolute Grenze** dar, jenseits derer ein Grundrechtsausübungsverzicht unzulässig und nichtig ist. Weil nach hier vertretener Ansicht – entgegen der h.M. – auch die Menschenwürdegarantie einschränkbar und abwägbar ist (s.u. Rn. 541), dürfte es indessen unmöglich sein, diese Grenzlinie exakt zu ziehen, so dass letztlich der konkrete Einzelfall entscheidend sein wird. In einer solchen Einzelfallbeurteilung müssen dann auch andere Gesichtspunkte berücksichtigt werden, etwa die Schwere und Dauer des Eingriffs und der Charakter einer frei widerruflichen oder dauerhaft bindenden Verzichtserklärung. 527

XI. Grundrechtsverwirkung

Die in **Art. 18 GG** vorgesehene Verwirkung von Grundrechten ist ein Element des Konzepts der wehrhaften Demokratie des Grundgesetzes. Die Möglichkeit der Verwirkung besteht nur für die ausdrücklich in Art. 18 GG aufgeführten Grundrechte. Art. 18 GG hat bisher nur **geringe praktische Wirkungen** entfaltet. Dies mag damit zusammenhängen, dass für eine Verwirkung von Grundrechten hohe Anforderungen gestellt werden. So müssen die genannten Grundrechte zum Kampf gegen die freiheitliche demokratische Grundordnung missbraucht werden. Die Verwirkung kann zudem nur auf Antrag des Bundestages, der Bundesregierung oder von einer Landes- 528 regierung durch das Bundesverfassungsgericht ausgesprochen werden (vgl. § 36 BVerfGG).

529 Liegt eine solche Entscheidung vor – bisher gab es nur zwei erfolglose Anträge (s. BVerfGE 11, 282 f. – Zweiter Vorsitzender der SRP; 38, 23 ff. – Herausgeber der Deutschen National-Zeitung), so **führt** diese **nicht zu einem Grundrechtsverlust** für den Betroffenen, sondern „nur" dazu, dass dieser sich gegenüber staatlichen Eingriffen nicht auf entsprechende Grundrechte berufen kann. Die Entscheidung des Bundesverfassungsgerichts wirkt ex-nunc und kann gemäß § 39 Abs. 1 S. 2 BVerfGG befristet werden.

XII. Konkurrenzen, Konzertierungen, Kollisionen von Grundrechten

530 Auf einen grundrechtsrelevanten Sachverhalt können mehrere Grundrechte anwendbar sein. Dabei ist Folgendes zur **Terminologie** zu beachten: Beziehen sich diese Grundrechte auf denselben Grundrechtsträger – ein staatlicher Eingriff berührt mehrere Grundrechte *eines* Bürgers – spricht man von Grundrechtskonkurrenzen (Rn. 531). Sind Grundrechte *verschiedener* Grundrechtsträger betroffen, ist der gleichgerichtete Grundrechtsgebrauch mehrerer, die Grundrechtskonzertierung (Rn. 532), von dem entgegengesetzten Grundrechtsgebrauch mehrerer, der Grundrechtskollision (Rn. 533) zu unterscheiden. Es können auch Grundrechte mehrerer Rechtsordnungen einschlägig sein (Rn. 534).

531 Sind Verhaltensformen oder Rechtsstellungen eines Bürgers durch mehrere Grundrechte geschützt, liegt eine **Grundrechtskonkurrenz** vor. Dabei sind die Grundrechte grundsätzlich kumulativ nebeneinander anwendbar (Idealkonkurrenz). Dies gilt insbes. im Verhältnis von Freiheits- und Gleichheitssätzen zueinander. Sind mehrere Freiheitsrechte (oder aber auch Gleichheitsrechte) an sich nebeneinander für einen Lebenssachverhalt einschlägig, sind die Grundrechte nur dann nebeneinander anwendbar, wenn nicht ein Grundrecht erkennbar sachnäher ist oder kraft seiner Spezialität die anderen (allgemeinen) Grundrechte verdrängt. Ist kein spezielles Freiheits- oder Gleichheitsrecht einschlägig, so kommt die allgemeine Handlungsfreiheit bzw. der allgemeine Gleichheitssatz zur Anwendung (s.a. Rn. 492). Bei kumulativer Anwendbarkeit mehrerer Grundrechte nebeneinander sind Grundrechtseingriffe nur verfassungsmäßig, wenn sie sich im Rahmen der Beschränkungsmöglichkeiten *aller* Grundrechte halten.

532 In einem Lebenssachverhalt können Grundrechte mehrerer Berechtigter gleichgerichtet nebeneinander anwendbar sein (**Grundrechtskonzertierung**). Dabei ist die kollektive gleichgerichtete Grundrechtsausübung des *gleichen Grundrechts* (Art. 4 GG oder Art. 8 GG bei Gottesdiensten oder Versammlungen) von der gleichgerichteten (entsprechungsrechtlichen) Grundrechtsausübung *verschiedener Grundrechte* (bzw. grundrechtsgleicher Rechte) zu unterscheiden, etwa die entsprechungsrechtlich verbundene Ausübung von Lehrfreiheit (durch den Professor) und von Lernfreiheit

(durch die Studierenden) bei einer Vorlesung (vertiefend dazu *Kloepfer*, in: FS Stern, 2012, S. 405 ff.).

Hiervon zu unterscheiden ist die **Grundrechtskollision**, bei der entgegengesetzte Grundrechtserwartungen verschiedener Grundrechtsträger bestehen (z.B. bei Demonstrationen und Gegendemonstrationen). Mangels unmittelbarer Grundrechtsdrittwirkung kommt es bei der Grundrechtskollision regelmäßig nicht zu unmittelbaren Grundrechtskonflikten zwischen den Bürgern, sondern zu kollidierenden Grundrechtserwartungen verschiedener Personen an den Staat (z.B. abwehrrechtliche Unterlassungsverpflichtungen kontra schutzrechtliche Handlungspflichten des Staates). Diese Kollisionen sind vor allem vom Gesetzgeber schonend zu lösen (praktische Konkordanz).

533

Auf einen Lebenssachverhalt können **Grundrechte verschiedener Rechtsordnungen** (Völkerrecht, Europäisches Primärrecht, Grundgesetz, Landesverfassungen) nebeneinander anwendbar sein. Ihre Geltendmachung ist dann regelmäßig unterschiedlichen Gerichten überantwortet (EuGH, EGMR, BVerfG, LVerfG; s. dazu Rn. 439 ff., 930 ff.). Parallelgewährleistungen in den Landesverfassungen werden nicht verdrängt (Art. 142 GG, s. Rn. 440 ff.).

534

XIII. Grundpflichten

Die **Weimarer Reichsverfassung** sprach Grundpflichten noch recht akzentuiert an. So war der zweite Hauptteil der WRV mit „Grundrechte und Grundpflichten" überschrieben; er enthielt etwa die Pflicht zur Übernahme von Ehrenämtern (Art. 132 WRV), die Pflicht des Grundbesitzers zur Bearbeitung und Nutzung des Bodens (Art. 155 Abs. 3 S. 1 WRV) sowie die Pflicht jedes Deutschen, seine geistigen und körperlichen Kräfte so zu betätigen, wie es das Wohl der Gesamtheit erfordert (Art. 163 Abs. 1 WRV). In der Dichotomie aus Grundrecht und Grundpflicht kam und kommt der Gedanke zum Ausdruck, dass in einem Gemeinwesen den Grundrechten auch bestimmte Grundpflichten gegenüberstehen müssen.

535

Das **Grundgesetz** enthält lediglich – auch und gerade im Grundrechtsteil – vereinzelte **Normen, denen ein Pflichtgedanke innewohnt**. So normiert Art. 6 Abs. 2 GG die Pflicht der Eltern zur Pflege und Erziehung der Kinder. Art. 12 Abs. 2 GG lässt unter bestimmten Voraussetzungen eine allgemeine Dienstleistungspflicht zu, Art. 14 Abs. 2 S. 2 GG formuliert knapp: „Eigentum verpflichtet". Art. 12a GG erlaubt es, Männer zum Dienst in den Streitkräften einzuziehen. Aus allen genannten Verfassungsbestimmungen (auch) mit Pflichtgehalten resultiert aber in keinem Fall der verfassungsunmittelbare Charakter von Grundpflichten, sondern nur die verfassungsrechtliche Zulässigkeit entsprechender verpflichtender gesetzlicher Ausgestaltungen. Die eigentliche Bedeutung dieser Normen liegt dementsprechend nicht in einer unmittelbaren Verpflichtung der jeweiligen Adressaten, sondern in einer **Eingriffsermächtigung** des Staates.

536

537　Wie auch in ausländischen Verfassungen (ItalVerf, TürkVerf), finden sich indessen auch in den **Verfassungen der Bundesländer** unterschiedliche Grundpflichten. Hierzu zählen etwa ökologische Grundpflichten (Art. 141 LV-Bay, Art. 39 LV-Bbg, Art. 12 LV-MV, Art. 59a Abs. 1 LV-Saa, Art. 10 Abs. 1 S. 1 LV-Sac, Art. 35 Abs. 2 LV-LSA, Art. 31 LV-Thür), die Dienstpflicht gegenüber Staat und Gemeinden (Art. 21 LV-RP, Art. 25 S. 1 LV-He, Art. 19 LV-Saa), die Pflicht zum Widerstand gegen verfassungswidrig ausgeübte öffentliche Gewalt (Art. 147 LV-He, Art. 19 LV-Bre) oder eine Wahlpflicht (Art. 26 Abs. 2 LV-BW).

B. Einzelne Grundrechte

I. Menschenwürde (Art. 1 Abs. 1 GG)

Die Unantastbarkeit der Menschenwürde ist ein oberstes und „ewiges" (Art. 79 Abs. 3 GG) **Leitprinzip des Grundgesetzes**. Es soll Menschenverachtung und Menschenvernichtung durch den Staat wie sie insbes. im Dritten Reich allgegenwärtig waren, unter allen Umständen verhindern. Die Unantastbarkeit der Menschenwürde offenbart damit in hohem Maße den Charakter des Grundgesetzes als eine aus der Vergangenheit lernenden Verfassung.

538

Als Leitprinzip des Grundgesetzes ist die Menschenwürdegarantie ein **Zentralpunkt des Wertesystems der Verfassung**. Für das Verhältnis vom Staat zum Menschen ist die systematische Stellung des Art. 1 Abs. 1 GG grundlegend: Entsprechend der vom Herrenchiemseer Entwurf des Grundgesetzes gewählten Formulierung wird deutlich, dass der Staat um des Menschen willen da ist, nicht der Mensch um des Staates willen. Art. 1 GG ist Grundrechtsgrund und Grundrechtssinn, wie auch Art. 1 Abs. 2 GG deutlich macht („darum"). Die Menschenwürde ist die Basis, auf der die meisten Grundrechte bauen. Die Menschenwürdegarantie hat auch einen **objektiven Wert** und konstituiert in besonderem Maße staatliche Schutzpflichten (vgl. Art. 1 Abs. 1 S. 2 GG).

539

Darüber hinaus hat Art. 1 Abs. 1 GG auch **Grundrechtscharakter** mit Abwehr- und Leistungsgehalten. Dies ist heute ganz herrschende Meinung (a.A. etwa *Herdegen*, in: Maunz/Dürig, GG, Art. 1 Abs. 1 Rn. 4 ff.). Gegen den Grundrechtscharakter der Menschenwürdegarantie könnte man zwar den Wortlaut des Art. 1 Abs. 3 GG anführen, wonach die staatlichen Gewalten an die „nachfolgenden Grundrechte" gebunden sind. Ein solches Verständnis würde allerdings nicht dem Charakter des Art. 1 Abs. 1 GG als menschenrechtliche Fundamentalnorm entsprechen.

540

Eine hinreichend klare, allgemeine und scharfe **Abgrenzung des Grundrechtstatbestandes** („Würde") ist bislang noch nicht gefunden. Gerade wegen der besonderen Bedeutung der Menschenwürde für die gesamte Wert- und Verfassungsordnung und wegen der „Unantastbarkeit" der Menschenwürde wird jeder Eingriff in den Schutzbereich von der Rechtsprechung und der bisher h.M. im Schrifttum zugleich als Verletzung des Grundrechts behandelt (anders *Kloepfer*, in: FG 25 Jahre BVerfG, S. 405 ff., *ders.*, Verfassungsrecht II, 2010, § 55 Rn. 5 ff., 72 ff.). Nach der h.M. markiert also die Reichweite des Schutzbereichs zugleich die Verletzungsgrenze. Weil damit ein recht starrer und absoluter Maßstab vorgegeben ist, wird der Schutzbereich häufig eng ausgelegt, weil sonst das **„Dogma der Uneinschränkbarkeit"** der Menschenwürde nicht durchhaltbar ist. Solche engen Interpretationen können – entgegen ihrer Intention – im Ergebnis zu einer weitgehenden praktischen Wertlosigkeit des Grundrechts aus Art. 1 Abs. 1 GG führen. Innerhalb dieses Spannungsfeldes kann versucht werden, die Menschenwürde positiv oder eingriffsbezogen, abstrakt oder anhand von Einzelfallbeispielen zu definieren.

541

542 Versuche einer **positiven Umschreibung** der Menschenwürde reichen regelmäßig nicht über die Auflistung einzelner Dimensionen hinaus, deren gemeinsamer Nenner der Schutz eines engeren Bereichs der persönlichen Selbstbestimmung, die Gewährleistung seelischer und körperlicher Integrität und der soziale Geltungsanspruch des Einzelnen ist. Die verschiedenen Ansätze zur positiven Bestimmung des Würdebegriffs unterscheiden sich dabei vor allem in der Frage, ob die Würde dem Menschen von Natur aus mitgegeben ist oder ob er diese erst erlangen muss. Aufgrund des Charakters der Menschenwürdegarantie als grundrechtliche Fundamentalnorm sollte der Würdeschutz als solcher indessen auf keinen Fall von den konkreten Fähigkeiten des Einzelnen abhängen, sondern jedem Menschen, ohne Rücksicht auf seine Eigenschaften, seinen körperlichen oder geistigen Zustand, seine Leistungen und seinen sozialen Status zukommen. Es darf unter dem Grundgesetz kein menschenwürdeloses Leben geben.

543 Aufgrund der Unbestimmtheit des positiven Schutzbereichsbegriffs wird versucht, den Schutzumfang der Menschenwürdegarantie **eingriffsbezogen** zu definieren. Danach wird bestimmt, welches (staatliche) Verhalten als Eingriff in die Menschenwürde des Einzelnen angesehen werden kann. Dies richtet sich nach h.M. nach der auf G. *Dürig* zurückgehenden sog. „**Objektformel**". Eine Beeinträchtigung der Menschenwürde liegt danach vor, „wenn der konkrete Mensch zum Objekt, zu einem bloßen Mittel, zur vertretbaren Größe herabgewürdigt wird" (*Dürig*, AöR 81 (1956), 117 (127)). In der Rechtsprechung des Bundesverfassungsgerichts, das sich der Objektformel regelmäßig bedient (vgl. z.B. BVerfGE 45, 187 (228) – lebenslange Freiheitsstrafe; 87, 209 (228) – Tanz der Teufel; 115, 118 (153) – Luftsicherheitsgesetz), wird diese Formel zum Teil durch das zusätzliche Kriterium der **Erniedrigung** konkretisiert. Danach setzt die Verletzung der Menschenwürde voraus, dass der Einzelne einer Behandlung ausgesetzt wird, „die dessen Subjektqualität, seinen Status als Rechtssubjekt, grundsätzlich in Frage stellt" (z.B. BVerfGE 30, 1 (26) – Abhörurteil; 96, 375 (399) – Sterilisation), indem sie „die Achtung des Wertes vermissen lässt, der jedem Menschen um seiner selbst willen, kraft seines Personseins, zukommt" (z.B. BVerfGE 30, 1 (26) – Abhörurteil). Da dieser Maßstab relativ unbestimmt ist, seien nach Ansicht des Bundesverfassungsgerichts die Voraussetzungen des Vorliegens einer die Menschenwürde des Einzelnen beeinträchtigenden Behandlung „im Einzelfall mit Blick auf die spezifische Situation zu konkretisieren, in der es zum Konfliktfall kommen kann" (BVerfGE 30, 1 (25) – Abhörurteil; 115, 118 (153) – Luftsicherheitsgesetz). Fest steht aber immerhin, dass Art. 1 Abs. 1 GG über das Verbot krasser, regelmäßig eher historischer Menschenwürdeverachtungen (z.B. Folter, Schandpfahl, Sklaverei etc.) hinausgeht, andererseits aber nicht bloße Bagatellbeeinträchtigungen erfasst (s. dazu *Greve*, ZIS 2014, 236 (241 f.)).

544 Art. 1 Abs. 1 GG schützt die Würde des Menschen. **Grundrechtsträger** ist demnach jede natürliche Person, und zwar ohne Rücksicht auf ihre Staatsangehörigkeit, ihre Eigenschaften, ihre Leistungen und ihren sozialen Status. Unerheblich ist ebenfalls,

ob sich der Träger der Würde bewusst ist oder sie selbst zu wahren weiß (BVerfGE 39, 1 (41) – Schwangerschaftsabbruch I; 74, 102 (124 f.) – Erziehungsmaßregeln; 79, 51 (63) – Sorgerechtsprozess; BGHZ 35, 1 (8) – Geisteskrankheit). Dagegen ist Art. 1 Abs. 1 GG seinem Wesen nach auf juristische Personen ebenso wenig anwendbar wie auf Personengruppen oder -vereinigungen. Im Einzelfall kann sich die unwürdige Behandlung einer Gruppe aber als Beeinträchtigung der Menschenwürde einzelner Mitglieder dieser Gruppe darstellen.

Die **zeitlichen Grenzen der Menschenwürdegarantie** sind im Einzelnen umstritten. Da die Menschenwürde an die Existenz menschlichen Lebens anknüpft (BVerfGE 39, 1 (41) – Schwangerschaftsabbruch I; 88, 203 (252) – Schwangerschaftsabbruch II), stellen sich für den zeitlichen Beginn sowie für das Ende des Menschenwürdeschutzes die gleichen Fragen wie für den Beginn und das Ende der Grundrechtsträgerschaft von Art. 2 Abs. 2 S. 1 GG (s. dazu Rn. 460 f.). Damit besteht nicht nur postnataler, sondern auch **pränataler Menschenwürdeschutz**. Wie erwähnt wird angenommen, dass es sich vom Abschluss der Einnistung des befruchteten Eies in der Gebärmutter (Nidation) bis zum Beginn der Geburt um individuelles Leben im Prozess des Wachsens und Sich-Entfaltens nicht erst zum Menschen, sondern als Mensch handele. Wo aber menschliches Leben existiere, komme ihm auch Menschenwürde zu (vgl. BVerfGE 88, 203 (251 f.) – Schwangerschaftsabbruch II). Menschenwürdeschutz besteht außerdem auch nach dem Tod (**postmortaler Menschenwürdeschutz**). Ob dieser allerdings eine abwehrrechtliche Wirkung entfaltet, auf die sich z.B. die Angehörigen des Toten berufen können, ist fraglich. Jedenfalls besteht eine Schutzpflicht des Staates bzgl. der Menschenwürde des Toten. (s. BVerfGE 30, 173 (194) – Mephisto). Bedeutsam ist der postmortale Menschenwürdeschutz vor allem für den Leichnam sowie für den postmortalen Persönlichkeitsschutz. Wie der lebende Mensch darf der Tote nicht zum Objekt staatlichen Handelns gemacht werden. Daraus folgt konkret, dass z.B. postmortale Organentnahmen und Forschungen am Leichnam der vorherigen Einwilligung des Betroffenen bzw. der Zustimmung seiner Angehörigen bedürfen. Der postmortale Persönlichkeitsschutz, welcher mit dem Gedanken begründet werden kann, dass die „Ehrung des Andenkens derjenigen, die einmal unter uns oder vor uns waren, zur eigenen, wechselseitig anzuerkennenden Identität und Selbstachtung gehört" (*Hofmann*, AöR 118 (1993), 353 (375)), verblasst grundsätzlich mit zunehmendem zeitlichen Abstand und verliert namentlich gegenüber der Meinungsfreiheit an Intensität.

545

Der **Schutzumfang** von Art. 1 Abs. 1 GG umfasst zahlreiche Einzelaspekte. Art. 1 Abs. 1 GG ist zunächst Abwehrrecht gegen staatliche Maßnahmen wie Folter, erniedrigende Strafen, Menschenversuche, Sklaverei, Leibeigenschaft, Deportation, Brandmarkung und Stigmatisierung. Bedeutsam ist auch die Schutzpflichtendimension, die Schutzwirkung in Bezug auf Menschenwürdebeeinträchtigungen durch Dritte entfaltet (s. BVerfGE 39, 1 (41 ff.) – Schwangerschaftsabbruch I; 88, 203 (251 f.) – Schwangerschaftsabbruch II) sowie die Funktion als soziales Teilhaberecht bzw.

546

Leistungsrecht. Aus Art. 1 Abs. 1 GG i.V.m. Art. 20 Abs. 1 GG leitet das Bundesverfassungsgericht etwa ein soziales Teilhaberecht bzw. Leistungsrecht auf Gewährleistung eines menschenwürdigen Existenzminimums ab (s. BVerfGE 132, 134 (159 ff.) – Asylbewerberleistungsgesetz; BVerfGE 125, 175 (221 ff.) – Hartz IV unter Verweis auf BVerfGE 40, 121 (133) – Waisenrente; 45, 187 (228) – lebenslange Freiheitsstrafe; 82, 60 (85) – steuerfreies Existenzminimum, s.a. Rn. 185). Darüber hinaus entfaltet Art. 1 Abs. 1 GG auch Wirkungen im Verhältnis zu anderen Grundrechten. Zum einen reichert das BVerfG die Schutzbereiche der besonderen Grundrechte häufig durch die Menschenwürdegarantie an, um ihnen ein höheres Schutzniveau zukommen zu lassen (z.B. Schutz des allgemeinen Persönlichkeitsrechts aus Art. 2 Abs. 1 GG i.V.m. Art. 1 Abs. 1 GG, s.u. Rn. 566). Zum anderen dient Art. 1 Abs. 1 GG als absolute verfassungsimmanente Schranken-Schranke für alle Beeinträchtigungen von anderen Grundrechten (s. etwa BVerfGE 75, 369 (380) – Strauß-Karikatur; 115, 118 (152) – Luftsicherheitsgesetz).

547 Noch mehr als bei anderen Grundrechten lassen sich bei der Menschenwürdegarantie Schutzbereich und **Eingriff** nur schwer voneinander unterscheiden. Dies gilt vor allem, wenn man den Schutzbereich von Art. 1 Abs. 1 GG *eingriffsbezogen* definiert (s. dazu Rn. 543). Ein Eingriff in die Menschenwürdegarantie erfordert jedenfalls das Handeln eines Grundrechtsverpflichteten (s. dazu Rn. 475 ff.), eine Beeinträchtigung der Schutzpflichtendimension oder der sozialen Teilhabefunktion bzw. der Leistungspflicht oder das Unterlassen eines Grundrechtsverpflichteten. Darüber hinaus gelten folgende Einzelheiten: Ein Eingriff in Art. 1 Abs. 1 GG liegt über die oben genannten Fälle hinaus (s.o. Rn. 543) z.B. vor bei staatlichen Maßnahmen wie grausamen und unangemessenen Strafen, der zwangsweisen Verabreichung von Brechmitteln (s. dazu aus der Perspektive der EMRK EGMR, NJW 2006, 3121) oder dem finalen Rettungsschuss (a.A. BVerfGE 115, 118 (160) – Luftsicherheitsgesetz). Kein Eingriff wird angenommen bei der lebenslangen Freiheitsstrafe (BVerfGE 45, 187 (238)) oder bei Anordnung einer befristeten Kontaktsperre (s. BVerfGE 49, 24 (64) – Kontaktsperre-Gesetz). Auch die allgemeine Wehrpflicht (s. dazu BVerfGE 12, 45 (50)) und eine militärische Dienstpflicht bis zur Anerkennung als Kriegsdienstverweigerer (s. dazu BVerfGE 28, 243 (263 f.)) ist mit der Menschenwürde zu vereinbaren; die Unterscheidung zwischen Jedermann- und Deutschengrundrechten ist ebenfalls kein Eingriff in Art. 1 Abs. 1 GG. Umstritten ist, ob das Dasein eines Kindes als Schaden begriffen werden darf (s. dazu BVerfGE 88, 203 (204, 296) – Schwangerschaftsabbruch II) und – obwohl der Grundrechtsausübungsverzicht für grundsätzlich zulässig erachtet wird (s.o. Rn. 523 ff.) – eine Einwilligung des Grundrechtsträgers in die Menschenwürdebeeinträchtigung gegen einen Eingriff spricht (dies ablehnend BVerwGE 64, 274 (280) – Peep Show). Weitere umstrittene Fälle sind die Präimplantationsdiagnostik (PID), die Pränataldiagnostik (PND), das therapeutische Klonen, heimliche Vaterschaftstests und die Nutzung der Möglichkeiten der Humangenetik.

Wie erwähnt, geht die h.M. davon aus, dass ein Eingriff in Art. 1 Abs. 1 GG zugleich eine Verletzung von Art. 1 Abs. 1 GG darstellt. Eingriffe in die Menschenwürdegarantie können nach h.M. nicht gerechtfertigt werden. Nach dieser Auffassung ist die Menschenwürde also unbeschränkbar. Dies führt im Ergebnis zwar zu halbwegs praktikablen Ergebnissen, zugleich aber auch zu einer restriktiven Auslegung des Schutzbereichs von Art. 1 Abs. 1 GG und damit zu einer Schwächung der Menschenwürdegarantie. Zur Vermeidung dieses Zwangs zur Tatbestandsbeschränkung sind daher entgegen der h.M. und entsprechend der allgemeinen Grundrechtsdogmatik **Grundrechtsschranken** und **Schranken-Schranken** (s. dazu oben 487 ff.) auch im Bereich des Art. 1 Abs. 1 GG anzuerkennen. Allerdings sind wegen des herausgehobenen Gewichts der Menschenwürde (vgl. Art. 79 Abs. 3 GG) die Anforderungen durch das Übermaßverbot hier besonders hoch. Dies ermöglicht zum einen eine weitere Fassung des Schutzbereichs von Art. 1 GG und zum anderen einen schonenden Ausgleich dieses Grundrechts mit anderen Verfassungsgütern (z.B. in der Biotechnik) sowie eine erhebliche Verbesserung der Transparenz der Menschenwürdeargumentation. Das Folterverbot bleibt als politische Entscheidung des Gesetzgebers und der Völkerrechtsgemeinschaft im Sinne einer Schranken-Schranke unberührt. Der Abschuss von durch Terroristen entführten Passagierflugzeugen ist bei hinreichender gesetzlicher Grundlage zulässig, auch wenn dadurch die unbeteiligten Passagiere getötet werden (a. A. BVerfGE 115, 118 (152 f.) – Luftsicherheitsgesetz). Der Ansatz der Einschränkbarkeit der Menschenwürdegarantie wird im Übrigen auch dem Umstand besser gerecht, dass grundrechtliche Schutzgehalte häufig aus anderen Grundrechten „i.V.m. Art. 1 Abs. 1 GG" abgeleitet werden (insbes. Art. 2 Abs. 1 i.V.m. Art. 1 Abs. 1 GG), ohne hier aber zur Unbeschränkbarkeit der einschlägigen Grundrechte zu führen (z.B. beim Recht auf informationelle Selbstbestimmung, s. Rn. 567).

548

II. Recht auf Leben und körperliche Unversehrtheit (Art. 2 Abs. 2 S. 1 GG)

Das **Grundrecht auf Leben** (Art. 2 Abs. 2 S. 1 Alt. 1 GG) schützt das Leben als die **vitale Voraussetzung aller Grundrechte**. Das Recht aller Menschen zu leben gilt unabhängig vom Geschlecht, der Abstammung, der Rasse oder der körperlichen Konstitution. Es gibt kein lebensunwertes menschliches Leben. Das Lebensgrundrecht beginnt mit der Verschmelzung von Samenzelle und Ei (s. Rn. 460) und endet (nach h.M.) mit dem endgültigen Erlöschen aller Hirnströme. Juristische Personen werden von Art. 2 Abs. 2 S. 1 GG nicht geschützt.

549

Das **Grundrecht auf körperliche Unversehrtheit** (Art. 2 Abs. 2 S. 1 Alt. 2 GG) schützt die **äußere Integrität** der biologisch festgelegten Körpersphäre des Menschen und die **Gesundheit** im biologisch-physiologischen Sinne als das ungestörte Funktionieren der biologischen, einschließlich der hirnelektrischen Lebensvorgänge. Auch das Freisein von Schmerzen, die auf äußere Einwirkungen zurückgehen, wird vom Schutzbe-

550

reich des Art. 2 Abs. 2 S. 1 GG umfasst. Das Bundesverfassungsgericht hat bisher offen gelassen, ob damit auch der ganze geistig-seelische Bereich oder sogar auch das soziale Wohlbefinden des Menschen geschützt ist (vgl. hierzu BVerfGE 56, 54 (73 ff.) – Fluglärm). Mag Art. 1 Abs. 1 GG auch vor psychischem Terror durch staatliche Stellen schützen, so ist gleichwohl vor einer zu weiten Ausdehnung des Schutzbereichs von Art. 2 Abs. 2 S. 1 GG zu warnen. Gerade im Zusammenhang mit den aus Art. 2 Abs. 2 S. 1 GG abgeleiteten Schutzpflichten des Staates würde die Einbeziehung auch des psychischen Wohlbefindens des Menschen zwangsläufig zu einem entsprechenden Anspruch des Einzelnen gegenüber dem Staat führen, der den allgemeinen gesetzgeberischen Gestaltungsspielraum sehr stark verengen würde. Juristische Personen werden vom Grundrecht auf körperliche Unversehrtheit nicht geschützt.

551 Art. 2 Abs. 2 S. 1 GG bietet als **Abwehrrecht** umfassenden Schutz vor staatlichen Beeinträchtigungen der Schutzgüter. Das Recht auf Leben gewährleistet – anders als das Recht auf körperliche Unversehrtheit – keine negative Freiheit (s.a. Rn. 493). Aus Art. 2 Abs. 2 S. 1 GG folgt daher kein Recht auf Selbsttötung. Das Recht zur ungesunden bzw. riskanten Lebensführung ist demgegenüber vom Schutzbereich des Art. 2 Abs. 2 S. 1 Alt. 2 GG umfasst. Ein gegenteiliger Ansatz könnte in eine „Gesundheitsdiktatur" führen.

552 Art. 2 Abs. 2 S. 1 GG ist nicht nur ein Abwehrrecht, sondern begründet – wie viele andere Grundrechte auch – **Schutzpflichten** (mit Untermaßverbot, s. Rn. 171). Aus Art. 2 Abs. 2 S. 1 GG lassen sich etwa die staatliche Pflicht zum Schutz von Dritteinwirkungen beim Schutz des nasciturus vor Abtreibungen (vgl. BVerfGE 39, 1 (36) – Schwangerschaftsabbruch I; BVerfGE 88, 203 (251) – Schwangerschaftsabbruch II) oder von in vitro erzeugten Embryonen vor Eingriffen Dritter oder der Schutz von Menschen vor Umweltbelastungen (vgl. VGH Kassel, NJW 1990, 336 ff.) oder vor Risiken der Atomenergienutzung ableiten (vgl. BVerfGE 49, 89 (130 ff., 142 ff.) – Kalkar; 53, 30 (57 ff.) – Mühlheim-Kärlich). Für die Erfüllung der Schutzpflicht reicht es nach h.M. allerdings aus, dass der Gesetzgeber überhaupt tätig wird und keine völlig unzulänglichen oder gänzlich ungeeigneten Regelungen erlässt (s.a. Rn. 434). Der Schutzpflicht kann der Gesetzgeber auch durch die Regelung von Verfahrensvorschriften nachkommen, die dem Schutz der Grundrechte dienen (Grundrechtsschutz durch Verfahren, s. BVerfGE 49, 89 (130 ff., 142 ff.) – Kalkar; 53, 30 (57 ff.) – Mühlheim-Kärlich; 65, 1 (52 ff.) – Volkszählung). In Extremfällen vermag die aus Art. 2 Abs. 2 S. 1 GG folgende staatliche Schutzpflicht auch einen **Leistungsanspruch** zu begründen; z.B. Anspruch gegen den Staat auf Sicherung des Existenzminimums aus Art. 2 Abs. 2 S. 1 GG i.V.m. Art. 1 Abs. 1 GG, wenn die Vorenthaltung lebensnotwendiger Lebensmittel zum Tode führen würde und der Staat zur Lebenserhaltung fähig wäre (BVerwGE 1, 159 (161 f.); 52, 339 (346)).

553 Ein – die abwehrrechtliche Seite des Grundrechts aktivierender – **Eingriff** ist jede staatliche Beeinträchtigung der Schutzgüter des Art. 2 Abs. 2 S. 1 GG. Ein Eingriff in das Recht auf Leben ist deshalb jedenfalls bei der staatlichen Verursachung des To-

des eines Menschen anzunehmen (finaler „Rettungsschuss", staatliche Verpflichtung zum Einsatz des Lebens in öffentlichrechtlichen Dienstverhältnissen etwa bei der Feuerwehr oder der Bundeswehr). Eingriffe in das Recht auf körperliche Unversehrtheit sind z.B. vom Staat durchgeführte Menschenversuche, Zwangssterilisationen und -kastrationen, Körperstrafen einschließlich Zwangsimpfungen (vgl. BVerwGE 9, 78 (79)), körperliche Zwangsuntersuchungen sowie strafprozessuale Eingriffe wie Blutentnahme (BVerfGE 5, 13 (15)) und Liquorentnahme (BVerfGE 16, 194 (198)). Eine wirksame Einwilligung stellt einen Grundrechtsausübungsverzicht im Einzelfall dar und schließt deshalb grundsätzlich einen Eingriff in das Recht auf körperliche Unversehrtheit aus (s.a. Rn. 523 ff.). Für die Annahme eines Eingriffs in Art. 2 Abs. 2 S. 1 GG kann es ausreichen, wenn staatliche Handlungen eine **Gefährdung** der Schutzgüter des Art. 2 Abs. 2 S. 1 GG darstellen (vgl. BVerfGE 51, 324 (346) – Verhandlungsfähigkeit des Angeklagten; BVerfG-K, NJW 2004, 49 f. – Zwangsversteigerung einer Wohnung trotz Gesundheitsgefährdung; BVerfGE 77, 170 (214 ff.) – Lagerung chemischer Waffen). Das **Unterlassen einer staatlichen Handlung** kann einen Eingriff darstellen, wenn eine staatliche Schutzpflicht besteht und Beeinträchtigungen von Seiten Dritter zu befürchten sind (vgl. vor allem BVerfGE 39, 1 (42 ff.) – Schwangerschaftsabbruch I; 53, 30 (65 f.) – Mühlheim-Kärlich; 88, 203 (251 ff.) – Schwangerschaftsabbruch II). Art. 2 Abs. 2 S. 1 GG ist in solchen Fällen nur bei gleichzeitiger Verletzung des Untermaßverbots verletzt. Im Bereich der Schutzpflichten kann eine Beeinträchtigung aus Kapazitätsgründen zulässig sein (zur Verfassungsmäßigkeit einer infektionsschutzrechtlichen Triage, d.h. der Auswahl der zu behandelnden Patienten im Falle einer Pandemie s. *Kloepfer/Deye*, DVBl. 2009, 1208 ff.)

Grundrechtsbeschränkungen sind nach dem Wortlaut des Art. 2 Abs. 2 S. 3 GG „aufgrund eines Gesetzes" zulässig, also an sich aufgrund hinreichend bestimmter gesetzlicher Ermächtigung durch untergesetzliche Norm bzw. durch Verwaltungsakt.

Für in das Recht auf Leben oder das Recht auf körperliche Unversehrtheit eingreifende staatliche Maßnahmen gelten die **allgemeinen Schranken-Schranken** (s.o. Rn. 508 ff.), insbes. die Wesensgehaltsgarantie aus Art. 19 Abs. 2 GG (diese ist vor allem bei staatlichen lebensentziehenden Maßnahmen bedeutsam; s. z.B. BVerfGE 115, 118 (165) – Luftsicherheitsgesetz) und das Übermaßverbot; in Art. 2 Abs. 2 S. 1 GG eingreifende Gesetze müssen zudem das Zitiergebot aus Art. 19 Abs. 1 S. 2 GG und das Bestimmtheitsgebot einhalten und die Wesentlichkeitsrechtsprechung des Bundesverfassungsgerichts beachten. Als **spezielle Schranken-Schranken** gelten für das Grundrecht auf Leben Art. 102 GG (Verbot der Todesstrafe) und für den Schutzbereich des Art. 2 Abs. 2 S. 1 GG insgesamt Art. 104 Abs. 1 S. 2 GG (Verbot der seelischen und körperlichen Misshandlung bei Festgehaltenen).

III. Freiheit der Person (Art. 2 Abs. 2 S. 2 GG)

556 Art. 2 Abs. 2 S. 2 GG verbürgt als Grundrechtsnorm und Wertentscheidung die **körperliche Bewegungsfreiheit** (Freiheit der Person). Geschützt wird die Freiheit aller natürlichen Personen, sich von einem bestimmten Ort wegzubewegen (**positive Freiheit**), aber auch die Freiheit des Verbleibens an einem Ort (**negative Freiheit**).

557 Als **Abwehrrecht schützt** Art. 2 Abs. 2 S. 2 GG vor staatlichen Beeinträchtigungen der körperlichen Bewegungsfreiheit. Art. 2 Abs. 2 S. 2 GG enthält auch eine objektive Wertentscheidung, aus der **Schutzpflichten** des Staates gegenüber dem Bürger folgen. Damit verpflichtet Art. 2 Abs. 2 S. 2 GG den Staat, die Grundrechtsträger etwa vor einschlägigen Beeinträchtigungen Privater zu schützen, beispielsweise vor Geiselnahme, Straßenblockaden oder sonstigen (relevanten) Behinderungen. Auch müssen staatliche Verfahren, die zu einer Freiheitsbeschränkung führen können (z.B. strafprozessuales Hauptverfahren, Vollstreckungsverfahren), so ausgestaltet sein, dass ein faires, rechtsstaatliches Verfahren gewährleistet ist (Grundrechtsschutz durch Verfahren; s.a. BVerfGE 70, 297 (308) – Fortdauer der Unterbringung).

558 Ein **Eingriff** in Art. 2 Abs. 2 S. 2 GG liegt – unter Anknüpfung an die Differenzierung in Art. 104 GG (s. dazu auch Rn. 703 f.) – bei jeder Freiheitsentziehung (z.B. Untersuchungshaft, zwangsweise Unterbringung etc.) oder Freiheitsbeschränkung (z.B. Sistierungen, Vorführung beim Amtsarzt) vor. Gemeinsam ist diesen Eingriffsarten, dass sie eine Beschränkung der Bewegungsfreiheit des Betroffenen auf einen sehr eng begrenzten Raum darstellen, der durch besondere Sicherungen gegen das Verlassen geschützt ist. Die **Freiheitsentziehung** beschreibt länger andauernde Eingriffe, die **Freiheitsbeschränkung** ist durch eine nur kurzfristige Aufhebung der physischen Bewegungsfreiheit charakterisiert. Eine Freiheitsbeschränkung liegt nur dann vor, wenn jemand durch die öffentliche Gewalt gegen seinen Willen gehindert wird einen Ort oder Raum aufzusuchen oder sich dort aufzuhalten, der ihm an sich (tatsächlich und rechtlich) zugänglich ist (BVerfGE 94, 166 (198) – Flughafenverfahren). Ein Platzverweis sowie die Ausweisung und Abschiebung von Ausländern stellen demgegenüber keinen Eingriff in die Freiheit nach Art. 2 Abs. 2 S. 2 GG dar. Bei einem Platzverweis besteht für den Betroffenen keine rechtliche Zugänglichkeit, zudem verbleibt für ihn weiterhin die Möglichkeit, sich an anderen Orten beliebig aufzuhalten. Bei einer Abschiebung oder Ausweisung fehlt es ebenfalls an der Eingriffsqualität, da der Betroffene sich im Ausland grundsätzlich frei bewegen kann und etwaige Einschränkungen der Bewegungsfreiheit nicht der deutschen Staatsgewalt zuzurechnen sind (vgl. BVerfGE 94, 166 (198 f.) – Flughafenverfahren; kritisch EGMR, NVwZ 1997, 1102 ff.). Bei der elektronischen Fußfessel liegt es aufgrund der faktischen Belastungswirkung nahe, ihr im Hinblick auf Art. 2 Abs. 2 S. 2 GG Eingriffsqualität beizumessen (s. dazu *Lorenz*, in: Kahl/Waldhoff/Walter, Bonner Kommentar zum GG, Art. 2 Abs. 2 S. 2 Rn. 707). Eine wirksame Einwilligung zum Tragen einer Fußfessel stellt einen Grundrechtsausübungsverzicht im Einzelfall dar (s.o. Rn. 523 ff.)

und schließt deshalb grundsätzlich einen Eingriff in das Recht auf körperliche Bewegungsfreiheit aus.

Zur Eingriffsrechtfertigung bedarf es zunächst einer den **Schrankenbestimmungen** entsprechenden Regelung. Auch für Art. 2 Abs. 2 S. 2 GG gilt zunächst einmal Art. 2 Abs. 2 S. 3 GG und das hierzu Gesagte (s. Rn. 554 f.). Darüber hinaus sind Freiheitsentziehungen und Freiheitsbeschränkungen nach Art. 104 Abs. 1 S. 1 GG nur aufgrund eines förmlichen Gesetzes verfassungsmäßig und müssen den sonstigen Anforderungen des Art. 104 Abs. 2–4 GG entsprechen (s. dazu Rn. 504, 703f.). Dabei kommt dem Richtervorbehalt (Art. 104 Abs. 2, 3 GG) eine wesentliche freiheitssichernde Funktion zu. 559

Als **Schranken-Schranke** ist bei der Freiheit der Person anerkannt, dass in diese Freiheit nur aus besonders gewichtigen Gründen und unter strenger Beachtung des Übermaßverbots eingegriffen werden darf. Abgesehen von den Voraussetzungen des Art. 104 Abs. 3 GG gilt deshalb für die Untersuchungshaft das Beschleunigungsgebot und dass das Verfahren der Haftprüfung und der Haftbeschwerde so ausgestaltet sein muss, dass nicht die Gefahr einer Entwertung der materiellen Grundrechtspositionen des Art. 2 Abs. 2 S. 2 GG besteht. Bei Freiheitsstrafen folgt aus dem Übermaßverbot, dass der Freiheitsentzug und die Schwere der zu ahndenden Tat in angemessener Relation zueinander stehen müssen. In Verbindung mit der Menschenwürdegarantie setzt das Übermaßverbot auch dem Instrument der lebenslangen Freiheitsstrafe eine Grenze. Es wird verlangt, dass für den Verurteilten eine realisierbare Chance verbleibt, die Freiheit in einem späteren Zeitpunkt wieder zu erlangen (s. dazu BVerfGE 45, 187 (245); 64, 261 (272); 72, 105 (113); 86, 288 (310 ff.)). An diesen Grenzen muss sich auch die Sicherungsverwahrung messen lassen (vgl. BVerfGE 109, 190 (236 ff.) - nachträgliche Sicherungsverwahrung). Die nachträgliche Anordnung der Sicherungsverwahrung ist zwar – anders als dies der EGMR für Art. 7 Abs. 1 EMRK entschieden hat (s. EGMR, NStZ 2010, 263 (264 f.), s.a. Rn. 454, 701) – nicht am strafrechtlichen Rückwirkungsverbot aus Art. 103 Abs. 2 GG zu messen. Aus Art. 2 Abs. 2 S. 1, 104 Abs. 1 S. 1 GG folgt jedoch, dass die Sicherheitsverwahrung wegen ihres präventiven Charakters und aus Vertrauensschutzgesichtspunkten nur unter hohen Voraussetzungen zulässig ist (BVerfGE 128, 326 (365 ff.)). 560

Die körperliche Bewegungsfreiheit bei bestimmten Tätigkeiten der Bürger kann gleichzeitig mit anderen Freiheitsrechten einschlägig sein. Hier stellen sich **Konkurrenzprobleme**. Im Verhältnis zur Versammlungsfreiheit kann die Freiheit der Person als allgemeinere Norm zurücktreten, wenn es um die Behinderung der Bewegungsfreiheit Dritter durch Demonstrationszüge geht. Das Verhältnis zu Art. 11 GG ist umstritten. Sofern es um eine Freiheitsentziehung durch physisches Festhalten oder Einsperren (insbes. Festnahme, Haft oder Anstaltsunterbringung) geht, sind die Art. 2 Abs. 2 S. 2 und Art. 104 GG leges speciales. Dies gilt erst recht gegenüber Art. 2 Abs. 1 GG. 561

IV. Freiheit der Persönlichkeitsentfaltung (Art. 2 Abs. 1 GG)

562 Mit dem Grundrecht auf freie Entfaltung der Persönlichkeit (Art. 2 Abs. 1 GG) werden nach h.M. insbes. vier Rechte verbürgt:
a) Allgemeine Handlungsfreiheit (s. Rn. 563 ff.)
b) Allgemeines Persönlichkeitsrecht (s. Rn. 566)
c) Recht auf informationelle Selbstbestimmung (s. Rn. 567)
d) Recht auf Vertraulichkeit und Integrität informationstechnischer Systeme (s. Rn. 568).

563 Soweit Art. 2 Abs. 1 GG (für natürliche wie juristische Personen) die **allgemeine Handlungsfreiheit** verbürgt, ist diese allgemeine grundrechtliche Verbürgung als Auffanggrundrecht nur subsidiär anwendbar, wenn nicht spezielle Grundrechte einschlägig sind, d.h. deren Schutzbereich nicht eröffnet ist (vgl. BVerfGE 6, 32 (36 ff.) – Elfes; vgl. auch Rn. 492 ff.). Der **Schutzbereich** der allgemeinen Handlungsfreiheit umfasst in sachlicher Hinsicht jedes menschliche Verhalten (einschließlich Unterlassungen) sowohl im persönlichen wie z.B. auch im wirtschaftlichen Bereich. Dieses weite Schutzbereichsverständnis führt dazu, dass nach h.M. etwa auch das Trinken von Alkohol, das Füttern von Tauben, das Reiten im Wald (s. BVerfGE 80, 137 ff.), ja sogar die Schädigung fremden Eigentums (Aufsprühen von Graffiti) vom Schutzbereich umfasst werden (sollen). Insgesamt werden von Art. 2 Abs. 1 GG undifferenziert existentielle wie auch nebensächliche Handlungen erfasst. Wegen der Weite des Schutzbereichs und der hiermit verbundenen Möglichkeit einer Rechtsverletzung ist Art. 2 Abs. 1 GG insbes. für die Klage- bzw. Beschwerdebefugnis bei verwaltungsgesetzlichen Klagen und Verfassungsbeschwerden bedeutsam. Träger der allgemeinen Handlungsfreiheit sind zunächst natürliche Personen. Juristische Personen können unter den Voraussetzungen des Art. 19 Abs. 3 GG Träger der allgemeinen Handlungsfreiheit in Form der wirtschaftlichen Betätigungsfreiheit sein.

564 Als **Eingriff** in die allgemeine Handlungsfreiheit wird jede verhaltenssteuernde unmittelbare staatliche Belastung angesehen. Ob auch faktische oder mittelbare Beeinträchtigungen als Grundrechtseingriff zu qualifizieren sind, muss anhand des Einzelfalls beurteilt werden. Es kann jedenfalls nicht Sinn und Zweck der allgemeinen Handlungsfreiheit sein, vor jeder tatsächlichen Belastung durch irgendeinen, vom Rechtskreis des Einzelnen noch so entfernten staatlichen Akt zu schützen.

565 Die sehr weite Verbürgung der allgemeinen Handlungsfreiheit bedingt eine ebenso weite **Beschränkungsmöglichkeit** durch die sog. **Schrankentrias** des Art. 2 Abs. 1 GG (Rechte anderer, verfassungsmäßige Ordnung, Sittengesetz). Da die h.M. unter der **verfassungsmäßigen** Ordnung die Gesamtheit aller formell und materiell verfassungsmäßigen Rechtsnormen versteht und eine Einschränkung der allgemeinen Handlungsfreiheit im Ergebnis zumeist verfassungsrechtlich gerechtfertigt ist, reduziert sich die Grundrechtsgarantie der allgemeinen Handlungsfreiheit praktisch zum bloßen Recht auf Rechtmäßigkeit; Art. 2 Abs. 1 GG gewährt also Freiheit vor gesetzlosem Zwang, nicht aber vor Zwang überhaupt (*Di Fabio*, in: Maunz/Dürig, GG, Art. 2 Rn. 64). Als Schranken-Schranke ist bei der allgemeinen Handlungsfreiheit insbes. das Übermaßverbot zu berücksichtigen. Das Zitiergebot des Art. 19 Abs. 1 S. 2 GG gilt für Art. 2 Abs. 1 GG nicht.

Die in Art. 2 Abs. 1 GG (i.V.m. Art. 1 Abs. 1 GG) verbürgte Grundrechtsgarantie des (ursprünglich im Zivilrecht entwickelten) **allgemeinen Persönlichkeitsrechts** (s. dazu BVerfGE 6, 32 (41) – Elfes; 6, 389 (433) – Homosexuelle; 27, 1 (6) – Mikrozensus; 32, 373 (378) – Ärztliche Schweigepflicht; 34, 238 (245 ff.) – Tonband) ist nicht subsidiär anwendbar, sondern kann als spezielles Freiheitsrecht qualifiziert werden. Der lückenschließende Schutz des allgemeinen Persönlichkeitsrechts greift regelmäßig dann ein, wenn die selbstbestimmte Entwicklung und Wahrung der Persönlichkeit spezifisch gefährdet ist (BVerfG, Urteil vom 19. April 2016 – 1 BvR 3309/13, Rn. 32). Das allgemeine Persönlichkeitsrecht schützt in sachlicher Hinsicht mit zunehmender Intensität die **Sozialsphäre** (wenig geschützt), die **Privatsphäre** (streng geschützt) und die **Intimsphäre** bzw. den **Kernbereich privater Lebensgestaltung** (absolut geschützt) natürlicher Personen und sichert dabei u.a. das Recht am eigenen Bild, die Ehre und das Personengeheimnis von Menschen. Es besteht also das **Recht am eigenen Persönlichkeitsbild**. Zum besonders geschützten Kernbereich privater Lebensgestaltung gehört die Möglichkeit, innere Vorgänge wie Empfindungen und Gefühle sowie Überlegungen, Ansichten und Erlebnisse höchstpersönlicher Art zum Ausdruck zu bringen (BVerfG, Urteil vom 20. April 2016 – 1 BvR 966/09 u.a., Rn. 121 – BKA-Gesetz). Aufgrund des Menschenwürdebezugs des allgemeinen Persönlichkeitsrechts ist eine Anwendung des Rechts auf juristische Personen nur auf Grundlage von Art. 2 Abs. 1 GG i.V.m. Art. 19 Abs. 3 GG möglich (s. etwa BVerfGE 106, 28 (43 f.) – Mithörvorrichtung; BGH, NJW 2016, 56 (59)). Zusammenfassend ist jede staatliche Maßnahme, die das allgemeine Persönlichkeitsrecht unmittelbar oder mittelbar, rechtlich oder tatsächlich beeinträchtigt, als Eingriff zu qualifizieren. Beeinträchtigungen des allgemeinen Persönlichkeitsrechts durch private Dritte sind hingegen nicht als Eingriffe anzusehen. Es bleibt insofern bei den Grundsätzen über die mittelbare Drittwirkung von Grundrechten. Bei den **Schranken** führt der Menschenwürdebezug des allgemeinen Persönlichkeitsrechts dazu, dass die Schrankentrias des Art. 2 Abs. 1 GG nur eingeschränkt anwendbar ist. So gilt sie jedenfalls nicht für die absolut geschützte Intimsphäre bzw. für den Kernbereich privater Lebensgestaltung, wo jeder Eingriff zugleich eine Verletzung des allgemeinen Persönlichkeitsrechts darstellt. Auch wird man wegen der besonderen Bedeutung des allgemeinen Persönlichkeitsrechts für die Rechtfertigung intensiver Eingriffe ein formelles Gesetz fordern müssen. Als Schranken-Schranke ist insbes. das Übermaßverbot zu berücksichtigen.

Das vom Bundesverfassungsgericht aus Art. 2 Abs. 1 GG (i.V.m. Art. 1 Abs. 1 GG) abgeleitete – insbes. für den **Datenschutz** elementare – **Recht auf informationelle Selbstbestimmung** gibt vom Schutzbereich her der einzelnen natürlichen Person die

Befugnis, grundsätzlich selbst zu bestimmen, ob und inwieweit persönliche Lebenssachverhalte weitergegeben, offenbart und bearbeitet werden (s. dazu grundlegend BVerfGE 65, 1 (41 f.) – Volkszählung sowie z.B. BVerfGE 113, 29 (46) – Anwaltsdaten; 115, 320 (341) – Rasterfahndung II; 117, 202 (228) – Vaterschaftsfeststellung; 118, 168 (184) – Kontostammdaten). Es gewährt deshalb Schutz gegen Erhebung, Speicherung, Verwendung und Weitergabe von persönlichen Daten. Vom Recht auf informationelle Selbstbestimmung sind wegen des Menschenwürdebezugs nach h.M. nur natürliche Personen geschützt (de contitutione ferenda für die ausdrückliche Verankerung eines auch auf juristische Personen anwendbaren Datenschutzgrundrechts *Kloepfer/Schärdel*, JZ 2009, 453 ff.). Juristische Personen des Privatrechts können sich auf das Recht auf informationelle Selbstbestimmung berufen, soweit dieses Grundrecht auf Art. 2 Abs. 1 GG gestützt ist (vgl. BVerfGE 118, 168 (203) – Kontostammdaten). Die staatliche Erhebung, Preisgabe und Verarbeitung (Speicherung, Verwendung u. Weitergabe) personenbezogener Daten sind als Eingriffe in das Recht auf informationelle Selbstbestimmung anzusehen (s. z.B. BVerfGE 120, 378 (397 ff.) – automatische Kennzeichenerfassung; BVerfG-K, NVwZ 2007, 688 (690) – Videoüberwachung). Die Anforderungen an die Nutzung und Übermittlung staatlich erhobener Daten richten sich nach den verfassungsrechtlichen Grundsätzen der Zweckbindung und Zweckänderung und den damit einhergehenden Anforderungen des Übermaßverbots (BVerfG, Urteil vom 20. April 2016 – 1 BvR 966/09 u.a., Rn. 276 ff. – BKA-Gesetz). Private sind durch das Recht auf informationelle Selbstbestimmung nicht verpflichtet. Der Staat muss sich aber schützend und fördernd vor dieses Recht stellen (vgl. zuletzt BVerfGE 125, 260 (339 f.) – Vorratsdatenspeicherung, s.a. Rn. 569). Bezüglich der Schranken und Schranken-Schranken gilt das zum allgemeinen Persönlichkeitsrecht Gesagte entsprechend (s.o. Rn. 566).

568 Das allgemeine Persönlichkeitsrecht umfasst nach der jüngsten Rechtsprechung des Bundesverfassungsgerichts zur Online-Durchsuchung zudem das **Grundrecht auf Gewährleistung der Vertraulichkeit und Integrität informationstechnischer Systeme** (BVerfGE 120, 274 ff. – Online Durchsuchung). Das Recht wird auch als IT-Grundrecht, Computer-Grundrecht oder Recht an der eigenen Festplatte bezeichnet und fußt gleich dem Recht auf informationelle Selbstbestimmung auf Art. 2 Abs. 1 i.V.m. Art. 1 Abs. 1 GG; es bewahrt den persönlichen und privaten Lebensbereich der Grundrechtsträger „im Computer" vor staatlichem Zugriff auch insoweit, als auf das informationstechnische System insgesamt zugegriffen wird und nicht nur auf einzelne Kommunikationsvorgänge (bspw. Kommunikation im Internet oder Kommunikation im Rahmen internetbasierter sozialer Netzwerke) oder gespeicherte Daten (z.B. Speicherung auf einen privaten Comupter oder ggf. auf einen externen Server). Es schützt die Integrität und Vertraulichkeit informationstechnischer Systeme (z.B. gegenüber dem Einsatz von Staats-Trojanern). Geschützt ist also das Interesse des Nutzers, dass die von einem vom Schutzbereich erfassten informationstechnischen System erzeugten, verarbeiteten und gespeicherten Daten vertraulich bleiben.

Ein Eingriff liegt dementsprechend vor, wenn die Integrität und Vertraulichkeit solcher Systeme durch staatliche Maßnahmen aufgehoben wird (z.B. Überwachung, Ausspähung und Manipulation informationstechnischer Systeme). Das Recht ist grundsätzlich beschränkbar; als Schranken-Schranke ist insbes. das Übermaßverbot zu beachten. Da die Intimsphäre absoluten Schutz genießt (s.o. Rn. 566), sind staatliche Zugriffe auf solche in informationstechnischen Systemen gespeicherte intime Daten stets als Verletzung des Grundrechts auf Gewährleistung der Vertraulichkeit und Integrität informationstechnischer Systeme anzusehen. Wegen der oft höchstpersönlichen Natur der betroffenen Daten ist ein Eingriff in dieses Grundrecht von besonderer Intensität und ist seinem Gewicht nach mit dem Eingriff in die Unverletzlichkeit der Wohnung (Art. 13 Abs. 1 GG) vergleichbar (BVerfG, Urteil vom 20. April 2016 – 1 BvR 966/09 u.a., Rn. 210 – BKA-Gesetz). Da es erhebliche Überschneidungen mit dem Recht auf informationelle Selbstbestimmung gibt und sonstige Abgrenzungsprobleme existieren, bleibt abzuwarten, ob das Recht auf Gewährleistung der Vertraulichkeit und Integrität informationstechnischer Systeme dauerhaft Bestand haben wird.

Wie anderen Grundrechten auch, kommen den durch Art. 2 Abs. 1 GG (ggf. i.V.m. Art. 1 Abs. 1 GG) entnommenen Grundrechtsgewährleistungen auch **objektivrechtliche Gehalte** zu. Insbes. muss sich der Staat schützend und fördernd vor das allgemeine Persönlichkeitsrecht, das Recht auf informationelle Selbstbestimmung sowie das Recht auf Integrität und Vertraulichkeit informationstechnischer Systeme stellen. Diese **staatliche Schutzpflicht** ist hier deshalb von besonderer Bedeutung, weil in der heutigen Zeit Beeinträchtigungen des durch diese Grundrechte sachlich gewährleisteten Persönlichkeitsschutzes in nicht unerheblichem Maße von Privaten oder auch im Hinblick auf elektronische Kommunikation von Nachrichtendiensten ausländischer Staaten ausgehen (Beeinträchtigung des allgemeinen Persönlichkeitsrechts durch Presse, privaten Rundfunk, Film und Kunst; Beeinträchtigung des Rechts auf informationelle Selbstbestimmung durch private „Datensammler"; Beeinträchtigung des Rechts auf Integrität und Vertraulichkeit informationstechnischer Systeme durch Ausspähung elektronischer Kommunikation).

V. Allgemeiner Gleichheitssatz (Art. 3 GG)

Der allgemeine Gleichheitssatz (Art. 3 Abs. 1 GG) ist Ausdruck des materiellen Gerechtigkeitsgedankens der rechtlichen Gleichheit aller Bürger. Er steht **zum Freiheitssatz in einer Spannungs-, aber auch Ergänzungslage**. Art. 3 Abs. 1 GG hat abwehrrechtliche, aber auch teilhaberechtliche Gehalte. Grundrechtsberechtigt ist jede natürliche und (inländische) juristische Person des Privatrechts. Verpflichtet ist die deutsche Staatsgewalt in allen ihren Gliederungen.

Die **Struktur des allgemeinen Gleichheitssatzes** ist umstritten. Die Rechtsprechung des Bundesverfassungsgerichts gibt diesbezüglich einige Anhaltspunkte. Das Gericht nähert sich in seiner Rechtsprechung zum Gleichheitssatz des Art. 3 Abs. 1 GG der allgemeinen Grundrechtssystematik, wie sie für Freiheitsrechte anerkannt ist (Grundrechtstatbestand, Schranken, Schranken-Schranken) an. Dies gilt zumindest insoweit, als das Gericht nunmehr davon ausgeht, dass auch Ungleichbehandlungen unter dem Gebot der Verhältnismäßigkeit stehen (sog. „neue Formel", vgl. BVerfGE 82, 126 (146) – Kündigungsfristen für Arbeiter). Darüber hinaus ist entgegen der h.M. anzunehmen (s. dazu Rn. 573 f.), dass der auf Freiheitsrechte anwendbare Grundrechtsaufbau insgesamt – mit geringen Modifikationen – auf die Prüfung von Gleichheitsrechten übertragen werden kann (s. dazu schon *Kloepfer*, Gleichheit als Verfassungsfrage, 1980, S. 62). Danach ist folgendermaßen zu prüfen: Zunächst müssen zwei Vergleichsgruppen gebildet werden; diese müssen entweder wesentlich gleich oder wesentlich ungleich sein. Ein Eingriff in den Gleichheitssatz erfordert, dass wesentlich gleiche Sachverhalte durch staatliche Maßnahmen ungleich oder dass wesentlich ungleiche Sachverhalte gleich behandelt werden. Der Gleichheitseingriff muss aber dem Übermaßverbot entsprechen, insbes. darf kein Missverhältnis zwischen der Ungleichbehandlung und dem hierfür maßgeblichen Zweck bestehen.

572 Der allgemeine Gleichheitssatz bindet den Staat in all seinen Funktionsebenen und Handlungsformen. Bei der Gesetzgebung geht es um staatsgewaltspezifische Gleichheitsgehalte, d.h. die **Rechtsetzungsgleichheit** (s. Rn. 573 ff.), bei der Justiz und Verwaltung steht die (striktere) **Rechtsanwendungsgleichheit** (s. Rn. 577) im Vordergrund. Jeder Hoheitsträger ist grundsätzlich nur in seinem jeweiligen Zuständigkeitsbereich an Art. 3 Abs. 1 GG gebunden, so dass z.B. unterschiedliche Regelungen in den verschiedenen Bundesländern (oder in verschiedenen Gemeinden) zulässig sind. Art. 3 Abs. 1 GG bindet keine Privaten. Allerdings besteht eine mittelbare Drittwirkung, d.h. der Staat hat z.B. bei der Anwendung von zivilrechtlichen Generalklauseln gleichheitsrechtliche Aspekte zu beachten.

573 Die **Rechtsetzungsgleichheit** hat die politische Gestaltungsfreiheit des Gesetzgebers grundsätzlich zu respektieren. Deshalb denkt die h.M. den Gleichheitssatz als **bloßes Willkürverbot**. Dieses gebietet, dass der Gesetzgeber wesentlich gleiche Fälle nicht ohne sachlichen Grund ungleich und wesentlich ungleiche Fälle nicht ohne sachlichen Grund gleich behandeln darf. Deswegen ist der Gesetzgeber grundsätzlich gehalten, das von ihm gewählte System in einem Gesetz durchzuhalten (Gebot der **Systemgerechtigkeit**). Aus sachlichen Gründen darf der Gesetzgeber aber auch von dem von ihm gewählten System in einem Gesetz abweichen. Mit dem reinen Willkürverbot wandelt Art. 3 Abs. 1 GG sich im Kern zum bloßen Grundrecht auf Gerechtigkeit, während die traditionellen egalitären Gehalte des Gleichheitssatzes verblassen. Deswegen ist entgegen der (noch?) h.M. stets das oben skizzierte Grundrechtsprüfungsmodell (s.o. Rn. 571) anzuwenden.

574 Mit der schon erwähnten „neuen Formel" möchte das Bundesverfassungsgericht die Prüfung des Gleichheitssatzes stärker konturieren. Hiernach ist eine Ungleichbehandlung zwischen (im Wesentlichen gleichen) Gruppen nur dann mit Art. 3

Abs. 1 GG vereinbar, wenn die Unterschiede von solcher Art und solchem Gewicht sind, dass sie die Ungleichbehandlung rechtfertigen können (vgl. BVerfGE 130, 240 (253) – Bayerisches Landeserziehungsgeldgesetz; 132, 72 (81 Rn. 21) – Elterngeld für Ausländer). Dabei gilt ein stufenloser, am Grundsatz der Verhältnismäßigkeit orientierter verfassungsrechtlicher Prüfungsmaßstab, dessen Inhalt und Grenzen sich nicht abstrakt, sondern nur nach den jeweils betroffenen unterschiedlichen Sach- und Regelungsbereichen bestimmen lassen (vgl. BVerfGE 129, 49 (69) – Mediziner-BAföG). Damit werden u.a. Elemente des Übermaßverbots für den Gleichheitssatz erschlossen. Laut Bundesverfassungsgericht müsse zwischen Ungleichbehandlung und rechtfertigendem Grund ein angemessenes Verhältnis bestehen, ebenso wie zwischen Differenzierungskriterium und gesetzgeberischem Ziel. Nach der h.M. ergeben sich dabei aus dem allgemeinen Gleichheitssatz des Art. 3 Abs. 1 GG je nach Regelungsgegenstand und Differenzierungsmerkmalen unterschiedliche Grenzen für den Gesetzgeber, die vom bloßen Willkürverbot bis zu einer strengen Bindung an Verhältnismäßigkeitserfordernisse reichen. Kommt das Willkürverbot zur Anwendung, reichen für die Rechtfertigung der Ungleichbehandlung sachliche Gründe jeder Art aus. Besteht eine Bindung an das Übermaßverbot, so ist zu fragen, ob Gründe von solcher Art und solchem Gewicht bestehen, dass sie die ungleichen Rechtsfolgen rechtfertigen können. Den strengeren Maßstab des Übermaßverbots nimmt das Bundesverfassungsgericht (vgl. BVerfGE 129, 49 (69) – Mediziner-BAföG; siehe auch *Britz*, NJW 2014, 346 ff.; *Osterloh*, in: FS Kloepfer, 2013, S. 139 ff.) bei zwei Fallgruppen an: Erstens bei der Ungleichbehandlung von Personengruppen und zweitens bei starker Beeinträchtigung der Ausübung grundrechtlich geschützter Freiheiten. Nach der hier vertretenen Ansicht (s.o. Rn. 571) ist das Übermaßverbot als Schranken-Schranke bei Gleichheitseingriffen stets zu berücksichtigen.

Um die Prüfung des allgemeinen Gleichheitssatzes weiter zu konturieren, können Fallgruppen bzw. **bereichsspezifische Gleichheitsgehalte** entwickelt werden. So ist der Gleichheitssatz im Bereich eingreifenden Staatshandelns strikter als bei gewährender Staatstätigkeit, bei Ungleichbehandlungen gleicher Fälle strikter als bei der Gleichbehandlung ungleicher Fälle. Wichtig für die Konkretisierung des Gleichheitssatzes ist insbes. dessen Typisierung nach Lebensbereichen, z.B. 575

- die Abgabengleichheit
- die Wehrgleichheit
- die Prüfungsgleichheit.

Die **Chancengleichheit** bedeutet eine Vorverlagerung des Gleichheitssatzes durch Gewährleistung möglichst gleicher faktischer Startchancen. Sie spielt eine große Rolle z.B. im Bildungswesen und im Wahlrecht (s. dazu auch Rn. 124 ff.). 576

Liegt ein **Verstoß gegen die Rechtssetzungsgleichheit** vor, stellt das Bundesverfassungsgericht lediglich den Gleichheitsverstoß fest, überlässt es aber dem Gesetzgeber (im Hinblick auf dessen Gestaltungsfreiheit), die Gleichheit wieder herzustellen (z.B. 577

entweder durch Aufhebung oder durch Ausweitung einer – bisher gleichheitswidrigen – gesetzlichen Begünstigung, s.a. Rn. 387). Der Gleichheitssatz setzt hier nicht nur am Bildungsabschluss bzw. Wahlergebnis an, sondern entfaltet seine Wirkung bereits auf dem Weg zum Bildungsabschluss bzw. zum Wahlergebnis (z.B. durch Zuweisung von Sendezeiten beim öffentlich-rechtlichen Rundfunk).

578 Die für die Exekutive und die Justiz wichtige **Rechtsanwendungsgleichheit** spielt dort eine praktisch wichtige Rolle, wo den rechtsanwendenden Organen Entscheidungsspielraum verbleibt (insbes. beim Ermessen). Art. 3 Abs. 1 GG kann hier zur „**Selbstbindung**" der Verwaltung führen, wenn sich durch längere Übung oder Verwaltungsvorschriften eine Entscheidungspraxis der Verwaltung in bestimmten Fällen herausgebildet hat (s. dazu *Kloepfer*, Verfassungsrecht II, 2010, § 59 Rn. 53 f. sowie *Pietzcker*, NJW 1981, 2087 ff.).

VI. Besondere Gleichheitssätze

579 Neben dem allgemeinen Gleichheitssatz des Art. 3 Abs. 1 GG enthält das Grundgesetz eine Reihe **spezieller Gleichheitssätze** (Art. 3 Abs. 2 und 3, 6 Abs. 5, 33 Abs. 1 und 2, 38 Abs. 1 S. 1 GG). Sie sind als Rechtsgebote schärfer als der allgemeine Gleichheitssatz.

580 Art. 3 Abs. 2 und 3 GG enthalten grundsätzliche Differenzierungsverbote. Die **Gleichberechtigung zwischen Mann und Frau** ist als Diskriminierungsverbot bei Art. 3 Abs. 2 S. 1 und Abs. 3 GG geregelt und als Gebot zur Erstellung faktischer Chancengleichheit zwischen den Geschlechtern in Art. 3 Abs. 2 S. 2 GG (die von der Verfassung aufgegebene „tatsächliche Durchsetzung der Gleichberechtigung" und die „Beseitigung bestehender Nachteile" kann mit der „Frauenquote" und kompensierender Bevorzugung der Frauen angestrebt werden). Vom Unionsrecht (insbes. Art. 151 AEUV, 23 GRCh) gehen weitere wesentliche Impulse für die Durchsetzung der Gleichberechtigung aus. Art. 3 Abs. 2 S. 3 GG verpflichtet den Staat auf eine aktive Gleichstellungspolitik und soll insbes. die Chancengleichheit von Frauen stärken.

581 Die **Differenzierungsverbote** nach **Art. 3 Abs. 3 GG** verbieten eine Diskriminierung, aber auch Privilegierung nach den dort enthaltenen Kriterien. Sie schließen aber bei entsprechend schwerwiegenden Gründen nicht jede gesetzliche Rechtsfolgenanknüpfung an die dort genannten Kriterien aus. Das in Art. 3 Abs. 2 S. 2 GG genannte **Verbot der Benachteiligung** von Behinderten zielt besonders auf den Abbau tatsächlicher Benachteiligungen und verbietet gerade nicht entsprechende Bevorzugungen.

VII. Glaubens- und Gewissensfreiheit (Art. 4 GG)

582 Die vom Wortlaut des Art. 4 GG vorgegebene Unterscheidung zwischen insgesamt sechs verschiedenen Freiheiten (Freiheit des Glaubens, Freiheit des Gewissens, Freiheit des religiösen Bekenntnisses, Freiheit des weltanschaulichen Bekenntnisses, Ge-

währleistung ungestörter Religionsausübung, Recht der Kriegsdienstverweigerung) wird heute überwiegend zugunsten umfassenderer verstandener Grundrechte aufgegeben oder zumindest modifiziert: **Art. 4 GG verbürgt nach h.M. drei Grundrechte:** die Religions- und Weltanschauungsfreiheit (Glaubensfreiheit, s. Rn. 584 ff.), die Gewissensfreiheit (s. Rn. 587) und das Recht der Kriegsdienstverweigerung (s. Rn. 588).

Der Schwerpunkt der Schutzbereichsbestimmung des Art. 4 GG liegt heute nicht mehr allein in der Zuordnung zum Schutzobjekt (Glauben, Gewissen), sondern vornehmlich in den Ausprägungen (modi), die das jeweilige Schutzobjekt durch den einzelnen Grundrechtsträger erfährt: Glaubens- und Gewissensüberzeugungen zu bilden und zu haben (**forum internum**) sowie diese zu äußern und entsprechend zu handeln, z.B. durch kultische Handlungen bei der Religionsausübung (Art. 4 Abs. 3 GG, **forum externum**). Art. 4 GG verankert insoweit also auch eine glaubens- oder gewissensorientierte spezielle Handlungsfreiheit. Art. 4 GG schützt neben der positiven Freiheit auch die negative Freiheit (nicht zu glauben bzw. aus einer Kirche auszutreten), vgl. auch Art. 136 Abs. 3 S. 1, Abs. 4, 141 WRV i.V.m. Art. 140 GG. Bei der Frage, welchen Grad an Bedeutung eine Glaubensgemeinschaft einer Glaubensregel zumisst, handelt es sich grundsätzlich um eine genuin religiöse, die als solche der selbständigen Beurteilung durch die staatlichen Gerichte entzogen ist (BVerfG, Beschluss vom 9. Mai 2016 – 1 BvR 2202/13, Rn. 72 m.w.N.). Die Glaubens- und Gewissensfreiheit hat primär abwehrenden Charakter, hat aber (teilweise über Art. 3 Abs. 3 GG) auch teilhaberechtliche und objektivrechtliche Seiten.

583

Soll die **Glaubensfreiheit** (Religions- und Weltanschauungsfreiheit) effektiv geschützt werden, müssen die Begriffe Religion und Weltanschauung inhaltlich neutral definiert werden. Nach Bestimmungsversuchen des Bundesverfassungsgerichts und des BVerwG ist Glauben bzw. Weltanschauung „eine mit der Person des Menschen verbundene Gewissheit über bestimmte Aussagen zum Weltganzen sowie zur Herkunft und zum Ziel des menschlichen Lebens"; wobei **Religion** eine „den Menschen überschreitende und umgreifende (‚transzendente') Wirklichkeit" zugrunde liegt, während sich die **Weltanschauung** auf – areligiöse – „innerweltliche (‚immanente') Bezüge" beschränkt. Der Schutzbereich der Glaubensfreiheit muss immer im Zusammenhang mit den durch Art. 140 GG inkorporierten Vorschriften der Art. 136–139, 141 WRV gesehen werden. Diese Vorschriften bilden zusammen mit der Glaubensfreiheit das „**Religionsverfassungsrecht**" des Bundes. Nach der Rechtsprechung des Bundesverfassungsgerichts schützt Art. 4 GG nicht nur die **individuelle Glaubensfreiheit**, sondern auch die **kollektive Glaubensfreiheit** – im Sinne religiöser Vereinigungsfreiheit (vgl. Art. 140 GG i.V.m. Art. 137 Abs. 2 - 5 WRV). Grundrechtsträger der Glaubens- und Gewissensfreiheit sind nicht nur natürliche, sondern teilweise auch (inländische) juristische Personen des Privatrechts. Bestimmte juristische Personen des öffentlichen Rechts (z.B. Körperschaften des öffentlichen Rechts nach Art. 140 GG

584

i.V.m. Art. 137 Abs. 5 WRV) sind ebenfalls geschützt. Minderjährige ab 14 Jahren sind partiell religionsmündig.

585 **Eingriffe** in die Glaubensfreiheit sind jedenfalls staatliche Verbote der Religionsausübung und sonstige auf die Bildung und die Ausübung zielgerichtet einwirkende staatliche Maßnahmen. Inwiefern faktische und mittelbare Beeinträchtigungen als Eingriff zu qualifizieren sind, hängt letztlich von der Schwere der Beeinträchtigung im Einzelfall ab; im Zweifel ist ein Eingriff zu bejahen. Die Ausstattung staatlicher Gebäude mit religiösen Symbolen oder die staatliche Duldung religiöser Rituale wurde teilweise ebenfalls als Eingriff angesehen (vgl. BVerfGE 35, 366 (375 f.) – Kreuz im Gerichtssaal; 93, 1 (17 f.) – Kruzifix; BVerwGE 68, 62 ff. – Glockenläuten; s.a. EGMR, NVwZ 2011, 737 ff. – Kruzifix im Klassenzimmer). Der Schutzbereich von Art. 4 Abs. 1, 2 GG schützt Religionsgemeinschaften nach (kritikwürdiger) Ansicht des Bundesverfassungsgerichts dagegen grundsätzlich nicht vor staatlichen Warnungen vor bestimmten Religionsgruppen, wenn diese Warnungen in sachlicher Weise und mit zutreffenden Behauptungen erfolgen (vgl. BVerfGE 105, 279 (292 ff.) – Osho).

586 Dem Wortlaut nach ist Art. 4 Abs. 1, 2 GG nicht beschränkbar. Eine **Eingriffsrechtfertigung** ist indessen – erstens – nach Art. 140 GG i.V.m. Art. 136 Abs. 3 S. 2 WRV (Glaubensoffenbarung) und Art. 137 Abs. 3 S. 1 WRV möglich. Auch ist – zweitens – wie bei allen anderen vorbehaltlos gewährleisteten Grundrechten anerkannt, dass der Schutzbereich durch **verfassungsimmanente Schranken** beschränkbar ist. Als solche sind etwa die staatliche Schulaufsicht (Art. 7 Abs. 1 GG) in Bezug auf die Befreiung von der Schulpflicht bzw. einzelnen Unterrichtsstunden aus religiösen Gründen (vgl. BVerfGE 47, 48 ff. – Sexualkundeunterricht; BVerwGE 94, 82 ff. – koedukativer Sportunterricht), der Tierschutz (Art. 20a GG) hinsichtlich evtl. tierquälender religiöser Praktiken (vgl. BVerfGE 104, 337 ff. – Schächten), das elterliche Erziehungsrecht aus Art. 6 Abs. 2 GG, das bis zur Grundrechtsmündigkeit des Kindes dessen Recht aus Art. 4 Abs. 1, 2 GG überlagert (s. BVerfGE 30, 415 (424 f.) – Kirchensteuerpflicht), die negative Religionsfreiheit aus Art. 4 Abs. 1, 2 GG bspw. im Hinblick auf Schüler (BVerfGE 108, 282 (299) – Lehrerin mit Kopftuch I) sowie das Recht auf Leben und körperliche Unversehrtheit (Art. 2 Abs. 2 S. 1 GG) mit Blick auf bestimmte religiöse Handlungen (s. BVerwGE 68, 62 (66 f.) – Glockenläuten; s. etwa zum Muezzinruf *Rademacher/Janz*, JuS 2002, 58 ff.) und Beschneidung (sehr strittig, s. dazu etwa *Isensee*, JZ 2013, 313 ff.; *Germann*, MedR 2013, 412 ff.) zu nennen. Auch kann die Glaubensfreiheit wegen dem aus Art. 3 Abs. 3, 33 Abs. 3 GG sowie aus 140 GG i.V.m. Art. 136 Abs. 1 und 4 WRV folgenden Grundsatz der **weltanschaulich-religiösen Neutralität des Staates** beschränkt werden (BVerfGE 108, 282 ff. – Lehrerin mit Kopftuch I), ggf. aber erst unter der Voraussetzung, dass eine konkrete Gefährdung der staatlichen Neutralität vorliegt (BVerfGE 138, 296 ff. – Lehrerin mit Kopftuch II; kritisch zu dieser von der ersten Kopftuchentscheidung des Bundesverfassungsgerichts abweichenden Entscheidung *Greve*, DVP 2015, 294 ff.;

Heinig, RdJB 2015, 217 ff.; s.a. das Sondervotum der Richter *Schluckebier* und *Hermanns*). Mit dem Vordringen des Islams werden wahrscheinlich Diskussionen um etwaige Grenzen der Glaubensfreiheit intensiver werden (vgl. zum Burkaverbot in Frankreich EGMR, NJW 2014, 2925 ff.; zur Problematik des Salafismus etwa *Körting*, DVBl 2014, 1028 ff.).

Die **Gewissensfreiheit** schützt die selbst wahrgenommene ethische Verantwortlichkeit eines Einzelnen für seine Handlungen und bezieht sich somit auf eine moralische Identität und Integrität. Dementsprechend lässt sich nur subjektiv für den Einzelnen und auch nur von dem Einzelnen bestimmen, was von ihm als Gewissensentscheidung erfahren wird. Die Gewissensfreiheit ist daher ihrem Wesen nach nicht auf juristische Personen anwendbar (vgl. BVerwGE 64, 196 (199); *Kloepfer*, Verfassungsrecht II, 2010, § 60 Rn. 45). Das Bundesverfassungsgericht definiert eine Gewissensentscheidung als „jede ernste, sittliche, d.h. an den Kriterien von Gut und Böse orientierte Entscheidung, die der Einzelne in einer bestimmten Lage als für sich bindend und unbedingt verpflichtend erfährt, so dass er gegen sie nicht ohne ernste Gewissensnot handeln könnte" (BVerfGE 12, 45 (55) – Kriegsdienstverweigerung). Die Gewissensfreiheit ist nur durch verfassungsimmanente Schranken beschränkt. Zur Eingriffsrechtfertigung bedarf es also eines Gesetzes, welches den Schutz von anderen Grundrechten oder sonstigen Verfassungsgütern bezweckt. Hier sind etwa die Funktionsfähigkeit der Bundeswehr als Wehrverband (vgl. z.B. BVerfGE 69, 1 (57 ff.) – Kriegsdienstverweigerung; BVerwGE 127, 302 ff. – Irak-Krieg) sowie die Grundsätze des Berufsbeamtentums (BVerwG, NJW 2000, 88 (89) – gewissensbedingte Weigerung des Postbeamten, Briefe von rechtsextremen Parteien auszuliefern; BVerwGE 56, 227 (228f.) – gewissensbedingte Weigerung des Polizeibeamten, eine Dienstwaffe zu tragen) bedeutsam.

587

Mit dem Recht der **Kriegsdienstverweigerung** (d.h. der Verweigerung eines „Kriegsdienst(s) mit der Waffe") normiert Art. 4 Abs. 3 GG eine spezielle Ausprägung der allgemeinen Gewissensfreiheit. Die Verweigerung des waffen*losen* Kriegsdienstes wie die situative (auf einen bestimmten Krieg bezogene) Kriegsdienstverweigerung unterfällt Art. 4 Abs. 3 GG ebenso wenig wie die Totalverweigerung (auch des Ersatzdienstes). Die Regelungsbefugnis des Art. 4 Abs. 3 S. 2 GG normiert keinen Gesetzes-, sondern (nur) einen Verfahrensvorbehalt. Auch Art. 4 Abs. 3 GG kann deshalb (wenn überhaupt – str.) nur durch verfassungsimmanente Schranken begrenzt werden. Mit der am 1. Juli 2011 in Kraft getretenen Aussetzung der Wehrpflicht ist das Grundrecht des Art. 4 Abs. 3 GG – jedenfalls vorerst – praktisch bedeutungslos geworden.

588

VIII. Meinungs-, Informations-, Presse- und Rundfunkfreiheit (Art. 5 Abs. 1, 2 GG)

Art. 5 Abs. 1 S. 1 GG schützt die Meinungsfreiheit (Rn. 590 f.) und die Informationsfreiheit als Formen der Individualkommunikation (Rn. 592); Art. 5 Abs. 1 S. 2 GG

589

garantiert die Pressefreiheit (Rn. 593 f.), die Rundfunkfreiheit (Rn. 595 ff.) und die Filmfreiheit (Rn. 598) als Formen der Massenkommunikation. Das Internet kombiniert nun in neuartiger Weise die Individualkommunikation mit der Massenkommunikation. Für alle genannten **Kommunikationsgrundrechte** enthält Art. 5 Abs. 2 GG eine einheitliche Schrankenbestimmung (Rn. 599). Die genannten Grundrechte haben **abwehrrechtliche Gehalte**, sind also auf die Abwehr von staatlichen Einflüssen gerichtet. Daneben ergeben sich aus ihnen als **objektivrechtliche Gehalte** auch staatliche Schutzpflichten. Darüber hinaus ist umstritten, ob die Presse- und die Rundfunkfreiheit auch **Einrichtungsgarantien** begründen (z.B. Schutz der freien Presse).

590 Der **Schutzbereich der Meinungsfreiheit** (Art. 5 Abs. 1 S. 1 GG) gewährt jedem Menschen – und jeder inländischen juristischen Person des Privatrechts – das Recht, Meinungen zu haben und zu äußern; auch die **negative Meinungsfreiheit**, d.h. die Freiheit, eine bestimmte Meinung nicht zu haben oder nicht zu äußern, ist vom Schutzbereich umfasst (vgl. BVerfGE 65, 1 (40 f.) – Volkszählung/Auskunftspflichten; 95, 173 (182) – Produkthinweispflicht). Kennzeichnend für eine „Meinung" ist das Element der Stellungnahme, des Dafürhaltens, des Meinens im Rahmen der geistigen Auseinandersetzung. Das Grundrecht ist prinzipiell inhaltsneutral, d.h. es erfasst grundsätzlich jede Meinung und ficht gegen ein staatliches Meinungsrichtertum. Geschützt werden z.B. auch die Satire sowie herabsetzende und polemische Äußerungen (BVerfGE 86, 1 (11 ff.) – Bezeichnung eines Menschen als „Krüppel"; 93, 266 (295) – „Soldaten sind Mörder"), die Verbreitung von rechtswidrig erlangten Informationen (BVerfGE 66, 116 (137) – Springer/Wallraff), emotionalisierte Äußerungen (BVerfG, Beschluss vom 10. März 2016 – 1 BvR 2844/13, Rn. 24) und grundsätzlich auch der Boykottaufruf (BVerfGE 25, 256 (264) – Blinkfüer; 62, 230 (244 f.) – „Hersteller-Denkzettel-Aktion"). Geschützt werden auch kommerzielle Meinungsäußerungen (z.B. Werbung). Die Meinungsäußerung ist zudem unabhängig von der Kundgabeform (Wort, Schrift, Bild, Musik etc.) geschützt (vgl. BVerfGE 71, 108 (113) – Tragen von Plaketten). Ob auch die Tatsachenkundgabe vom Schutzbereich des Art. 5 Abs. 1 S. 1 GG umfasst wird, ist nach wie vor umstritten. Obwohl auch das Bundesverfassungsgericht zu Recht davon ausgeht, dass zwischen wertenden und tatsächlichen Komponenten einer Äußerung nur schwer trennscharf unterschieden werden kann, beharrt es nach wie vor auf seinem Standpunkt, dass jedenfalls bewusst oder erwiesen unwahre Tatsachenbehauptungen nicht vom Schutzbereich der Meinungsfreiheit umfasst seien (BVerfGE 61, 1 (8) – „CDU: NPD-Europas"; 90, 241 (249 ff.) – Holocaust-Leugnung). Nicht von Art. 5 Abs. 1 S. 1 GG wird die Meinungserzwingung (zwangsweise Durchsetzung einer bestimmten Meinung, z.B. durch Besetzung von Verlagen) geschützt.

591 Ein **Eingriff in die Meinungsfreiheit** erfolgt durch jedes imperative Handeln der öffentlichen Gewalt, das die Meinungsäußerung oder -verbreitung verbietet, gebietet oder behindert. Als rechtliche Maßnahmen können etwa Vor-Zensurmaßnahmen, präventiv wirkende Verbote, die auf die Äußerung bestimmter Meinungen gerichtet sind, oder repressiv wirkende Bestrafungen, die wegen einer erfolgten Meinungsäußerung verhängt werden, aber auch Offenbarungspflichten genannt werden. Auch staatliche, faktische Maßnahmen wie das Übertönen von mündlichen Meinungsäußerungen durch Lärm (BayObLG, NJW 1969, 1127) oder das physische Einwirken auf schriftliche Meinungsäußerungen durch das Entfernen von Plakaten etc. sind als Eingriffe in Art. 5 Abs. 1 S. 1 GG zu qualifizieren.

Der Schutzbereich der **Informationsfreiheit** gewährleistet die ungehinderte Information aus allgemein (rechtlich und tatsächlich) zugänglichen Quellen. Der Staat darf den Zugang zu diesen Informationen nicht ver- oder behindern. Die Informationsfreiheit verpflichtet den Staat aber nicht, den Bürgern bestimmte Informationen zur Verfügung zu stellen. Er kann sich hierzu aber durch einfaches Gesetz – z.B. IFG – verpflichten. Tut er dies, führt die Informationszugangsfreiheit zur allgemeinen Zugänglichkeit der entsprechenden Informationsfreiheit. Zu den allgemein zugänglichen Quellen zählen insbes. sämtliche Hör- und Rundfunksendungen (BVerfGE 90, 27 (32) – Parabolantenne I) sowie das Internet. Ein verfassungsunmittelbarer Informationszugangsanspruch auf Eröffnung einer Informationsquelle ist der Informationsfreiheit nicht zu entnehmen (vgl. BVerfGE 103, 44 (59f.) – Gerichtsfernsehen; 119, 309 (319) – Fernsehberichterstattung; s.a. *Greve*, in: Dix u.a., Informationsfreiheit und Informationsrecht – Jahrbuch 2015, 2016, S. 133 (139)). Geschützt ist die passive Entgegennahme von Informationen, wie auch das aktive Handeln zur Beschaffung allgemein zugänglicher Informationen sowie die Schaffung und Nutzung der zum Empfang der Informationen erforderlichen technischen Anlagen. Ein Eingriff in die Informationsfreiheit wird durch jede die Informationsaufnahme verbietende, beschränkende oder behindernde staatliche Maßnahme begründet, also auch dann, wenn die Informationsannahme zeitlich verzögert wird (vgl. BVerfGE 27, 88 (98) – Zeitschrift „Der Demokrat"). 592

Die für das demokratische Gemeinwesen „schlechthin konstituierende" **Pressefreiheit** (Art. 5 Abs. 1 S. 2 GG) schützt (wie die Rundfunkfreiheit und die Filmfreiheit) die Massenkommunikation, während Art. 5 Abs. 1 S. 1 GG die Individualkommunikation gewährleistet, wobei insbes. im Internet (vor allem bei sozialen Netzwerken) die Grenzen von Individual- und Massenkommunikation zunehmend verschwimmen. Presse sind alle für die Öffentlichkeit bzw. Allgemeinheit bestimmten Druckerzeugnisse (einschließlich elektronischer Auftritte – s.u.) und zwar unabhängig von ihrem Inhalt und der Qualität der Druckerzeugnisse. Art. 5 Abs. 1 S. 1 GG schützt die Pressearbeit umfassend von der Beschaffung und Auswahl von Informationen über das Verfassen von Beiträgen, über die Redaktionsarbeit bis zum Pressevertrieb, mithin alle wesensmäßig mit der Pressearbeit zusammenhängenden Tätigkeiten (BVerfGE 20, 162 (176) – Spiegel). Die Meinungskundgabe durch die Presse unterfällt der Meinungsfreiheit (str. vgl. BVerfGE 85, 1 (12) – Bayer-Aktionäre). Geschützt durch die Pressefreiheit ist insbes. auch die Vertraulichkeit der gesamten Redaktionsarbeit als notwendige Bedingung einer freien Presse. Unter dem Stichwort 593

„innere Pressefreiheit" wird die Frage diskutiert, ob oder inwieweit der Journalist oder Autor gegen inhaltliche Vorgaben seines Verlegers geschützt wird. Im Kern handelt es sich hier um ein Problem der Drittwirkung von Grundrechten, welches nach den allgemeinen Aussagen hierzu gelöst wird (s. dazu oben Rn. 481 ff.). Insgesamt besteht ein Schutz für die positive als auch die negative Pressefreiheit (Freiheit der Presse, bestimmte Artikel oder Anzeigen nicht zu veröffentlichen). Die Pressefreiheit hat auch objektive Gehalte (institutionelle Garantien) und hat eine eminente Bedeutung für die Demokratie. Der investigative Journalismus ist geschützt. Die unbegrenzte, ethikblinde Macht der Presse kann freilich auch zu einem politischen und letztlich auch zu einem verfassungsrechtlichen Problem werden.

594 Ein **Eingriff in die Pressefreiheit** liegt bei imperativen staatlichen Maßnahmen (Verbote, Gebote, Vorzensur etc.), aber auch bei faktischen Beeinträchtigungen vor, welche die durch Art. 5 Abs. 1 S. 2 GG geschützten pressebezogenen Tätigkeiten verbieten oder auch nur behindern (z.B. BVerfGE 10, 118 (121 ff.) Berufsverbot I; 25, 88 (95) – Berufsverbot II; BVerfGE 20, 162 (174 ff.) – Spiegel/Durchsuchung von Presseräumen; 36, 193 (204) – Erzwingung von Aussagen von Journalisten; BVerfGE 117, 244 (258 ff.) – Cicero/Beschlagnahme von Redaktionsmaterial; BVerfG, StV 2016, 65 ff. – Durchsuchung von Pressräumen). Auch staatliche Begünstigungen bestimmter Presseorgane können sich als Eingriff in die Pressefreiheit von hierdurch benachteiligten Presseerzeugnissen darstellen (BVerfGE 80, 124 (131 ff.) – Postzeitungsdienst).

595 Die für natürliche und inländische juristische Personen geltende – und für die Demokratie sehr wichtige – **Rundfunkfreiheit** (Art. 5 Abs. 1 S. 2 GG) schützt die durch elektrische Schwingungen erfolgende Massenkommunikation einschließlich der technischen und organisatorischen Voraussetzungen. Der verfassungsrechtliche Rundfunkbegriff ist zwar technisch entwicklungsoffen (z.B. für die sog. neuen Medien), darf aber nicht in den Bereich der von Art. 5 Abs. 1 S. 1 GG geschützten Individualkommunikation drängen. Unabhängig von der konkreten Verbreitungsart fallen das Fernsehen und diverse neue Dienste wie z.B. Bildschirm- und Videotext ebenso unter den Rundfunkbegriff wie die neueren Mediendienste auf Abruf. Auch Internetangebote können – zumindest in ihren auf die Öffentlichkeit gerichteten Teilen – dem Schutzbereich der Rundfunkfreiheit unterfallen (s.a. *v. Lewinski*, RW 2011, 70 (85 f.); *Greve*, Access-Blocking, 2012, S. 58 ff.). Wie bei der Pressefreiheit reicht auch der Schutz der Rundfunkfreiheit von der Beschaffung der Informationen bis zur Verbreitung der Nachricht. Er erstreckt sich auch auf die medienspezifische Form der Berichterstattung und die Verwendung der dazu erforderlichen technischen Vorkehrungen (BVerfGE 91, 125 (134 f.) – Fernsehaufnahmen im Gerichtssaal; 95, 220 (234) – Aufzeichnungspflicht). Schließlich werden auch die Vertraulichkeit der Redaktionsarbeit und das Verhältnis zu Informanten von der Rundfunkfreiheit geschützt (BVerfGE 77, 65 (74 f.) – Beschlagnahme von Filmmaterial).

B. Einzelne Grundrechte

Die Rundfunkfreiheit entfaltet sich innerhalb einer insbes. vom Bundesverfassungsgericht und vom Gesetzgeber determinierten **Rundfunkordnung**, die von einer Sondersituation des Rundfunks im Bereich der Massenmedien ausgeht. Die derzeitige duale Rundfunkordnung (öffentlich-rechtlicher und privater Rundfunk) fordert von den öffentlich-rechtlichen Rundfunkanstalten insbes. Staatsfreiheit, Programmautonomie, Meinungsvielfalt und die Sicherung der Grundversorgung und gewährleistet eine hinreichende Finanzierung der Anstalten (s. a. BVerfGE 136, 9 (28 ff.) – ZDF-Staatsvertrag). Das Bundesverfassungsgericht leitet aus Art. 5 Abs. 1 S. 2 GG eine Bestands- und Entwicklungsfreiheit für den öffentlich-rechtlichen Rundfunk ab (vgl. BVerfGE 74, 297 (342); 78, 101 (103 f.); 83, 238 (298); 87, 181 (198); 89, 144 (153)). So sollen auch Internetdienste der öffentlich-rechtlichen Rundfunkanstalten geschützt sein, wobei von öffentlich-rechtlichen Online-Angeboten Verdrängungseffekte und damit auch Freiheitsgefährdungen privater Anbieter ausgehen können, sodass die Expansion öffentlich-rechtlicher Rundfunkveranstalter engen Grenzen unterliegt (vgl. *Kühling*, in: Gersdorf/Paal, BeckOK Informations- und Medienrecht, 2016, Art. 5 GG Rn. 85).

596

Ein **Eingriff in die Rundfunkfreiheit** liegt grundsätzlich bei einer staatlichen Maßnahme vor, die die zur Veranstaltung des Rundfunks geschützten Tätigkeiten imperativ verhindert oder faktisch behindert. Die Rundfunkfreiheit ist allerdings ein **ausgestaltungsbedürftiges Grundrecht**. Die Abgrenzung einer ausgestaltenden Regelung zu einer eingreifenden Regelung kann dabei im Einzelfall Schwierigkeiten bereiten (s. etwa zur Zusammensetzung der Aufsichtsgremien der öffentlich-rechtlichen Rundfunkanstalten BVerfGE 136, 9 (28 ff.) – ZDF-Staatsvertrag).

597

Die **Filmfreiheit** schützt (Art. 5 Abs. 1 S. 2 GG) wie die Presse- und die Rundfunkfreiheit ebenfalls die Massenkommunikation, umfasst also nur die für die Allgemeinheit bestimmten Filme. Als Film wird üblicherweise die Übermittlung von Gedankeninhalten durch bewegte Bilderreihen, die zur Verbreitung bestimmt sind, geschützt. Dabei sind das Speichermedium der Bilderreihen und die konkrete Art der Verbreitung für den Schutz der Filmfreiheit ohne Belang. Daher können auch Bild-Ton-Träger wie Videobänder, Bildplatten, CDs und elektronische Speicher unter den Schutzbereich des Art. 5 Abs. 1 S. 2 GG fallen. Die Filmfreiheit ist inhaltsneutral. Die Filmfreiheit wird häufig von der Rundfunkfreiheit oder von der Kunstfreiheit verdrängt. Staatliche Verbote, aber auch jede faktische Behinderung der geschützten Tätigkeiten sind als Eingriff in die grundrechtlich geschützte Filmfreiheit zu qualifizieren. Das gilt insbes. für einen staatlichen Genehmigungsvorbehalt von Filmvorführungen. Die grundsätzlich zulässige staatliche Förderung von Filmen kann in die Filmfreiheit der nicht geförderten Filmhersteller eingreifen. Dies ist dann der Fall, wenn die nicht geförderten Personen in ihren grundrechtlich geschützten Tätigkeiten erheblich behindert werden oder gar vom Markt verdrängt werden. Die Einstufung von Filmen im Rahmen der freiwilligen Selbstkontrolle (FSK) ist nach h.M. allein

598

privatrechtlich zu beurteilen. Das Grundrecht der Filmfreiheit kann insofern nur durch seine Ausstrahlungswirkung auf das Privatrecht Bedeutung haben.

599 Alle Grundrechte des Art. 5 Abs. 1 GG finden ihre **Schranken gem. Art. 5 Abs. 2 GG** in den allgemeinen Gesetzen, den gesetzlichen Bestimmungen zum Schutze der Jugend (z.B. §§ 11 ff. JuSchG) und dem Schutz der persönlichen Ehre (z.B. §§ 185 ff. StGB; §§ 823 ff. BGB). Es handelt sich hierbei um einen **qualifizierten Gesetzesvorbehalt**. Allgemeine Gesetze werden nach der Sonderrechtstheorie bzw. nach der Abwägungstheorie bestimmt. Sie sind nach h.M. solche Rechtsnormen, die sich nicht gegen die Meinungsäußerungsfreiheit als solche richten (Sonderrechtstheorie) und höherwertigen Rechtsgütern dienen (Abwägungstheorie). Weil die h.M. – anders als Mindermeinungen – hiermit die zwei genannten Kriterien kumulativ zur Anwendung bringt, wird sie als Kombinationslehre bezeichnet. Eine Ausnahme von den Erfordernissen der Kombinationslehre, insbes. vom Verbot des Sonderrechts, nimmt das Bundesverfassungsgericht – unzutreffenderweise – für Vorschriften an, welche „auf die Verhinderung einer propagandistischen Affirmation der nationalsozialistischen Gewalt- und Willkürherrschaft zwischen den Jahren 1933 und 1945 zielen" (BVerfGE 124, 300 (328) – Wunsiedel, hier geht es um § 130 Abs. 4 StGB; siehe auch EGMR, Urteil vom 22. Oktober 2015 – Nr. 25239/13 zur Schutzbereichsbeschränkung des Art. 10 EMRK i.V.m. Art. 17 EMRK bei antisemitischen Äußerungen). Das Bundesverfassungsgericht begründet seine Ansicht nicht mit einem (nicht existierenden) antinationalsozialistischen Grundprinzip des Grundgesetzes, sondern mit dem friedensbedrohenden Potenzial einer solchen propagandistischen Affirmation (vgl. BVerfGE 124, 300 (329) – Wunsiedel). Diese Auffassung des Bundesverfassungsgerichts überzeugt rechtlich nicht.

600 Neben der Schrankenbestimmung des Art. 5 Abs. 2 GG gilt für die Meinungsfreiheit auch **Art. 17a Abs. 1 GG**; danach können Gesetze über den Wehr- und Ersatzdienst die Meinungsfreiheit für die Angehörigen der Streitkräfte und des Ersatzdienstes während der Zeit des Wehr- oder Ersatzdienstes beschränken. Ob für die Schutzgehalte des Art. 5 Abs. 1 GG auch **verfassungsimmanente Schranken** bestehen, ist umstritten (bejahend: BVerfGE 66, 116 (136) – Springer/Wallraff). Auf diese Weise ließen sich z.B. menschenwürdewidrige oder staatsgeheimnisverletzende Medienberichte verfassungsmäßig beschränken.

601 Als **besondere Schranken-Schranke** gilt für die Kommunikationsfreiheiten aus Art. 5 Abs. 1 GG das **Zensurverbot** gem. Art. 5 Abs. 1 S. 3 GG. Der Begriff Zensur wird eng verstanden als Maßnahme, welche sich gegen die Herstellung oder Verbreitung eines Geisteswerkes, insbes. durch Abhängigmachen von behördlicher Vorprüfung, wendet (sog. „Vorzensur"; vgl. BVerfGE 33, 52 (71 ff.) – Zensur). Vor dem Hintergrund der spezifischen Gefährdungslagen elektronischer Kommunikation könnte eine Ausweitung des Zensurbegriffs etwa dann in Betracht kommen, wenn staatliche Maßnahmen aufgrund ihrer Breitenwirkung zur Lähmung des Informationsflusses führen würden (s. dazu *Greve*, Access-Blocking, 2012, S. 260 ff.). Eine weitere be-

sondere Schranken-Schranke ist Art. 42 Abs. 3 GG, wonach wahrheitsgetreue **Berichte über öffentliche Sitzungen des Bundestages** und seiner Ausschüsse keinerlei Beschränkungen unterliegen.

Zu den **allgemeinen Schranken-Schranken** für die Kommunikationsfreiheiten zählt insbesondere das **Übermaßverbot**. Dabei ist die vom Bundesverfassungsgericht konzipierte **Wechselwirkungslehre** – Schutzbereich und Beschränkung wirken wechselseitig aufeinander ein – (vgl. BVerfGE 7, 198 (208) – Lüth) letztlich eine Ausformung des Übermaßverbots. Die allgemeine Schranken-Schranke des Art. 19 Abs. 1 S. 2 GG (**Zitiergebot**) gilt grundsätzlich für die Grundrechte des Art. 5 Abs. 1 GG; in „allgemeinen Gesetzen" i.S.d. Art. 5 Abs. 2 GG müssen die beschränkten Grundrechte freilich nicht zitiert werden; dies gilt selbst dann, wenn die Gesetze formal auf Art. 17a GG gestützt werden (BVerfGE 28, 282 (289) – Soldatengesetz).

602

IX. Freiheit von Kunst und Wissenschaft (Art. 5 Abs. 3 GG)

Die **Kunstfreiheit** i.S.d. Art. 5 Abs. 3 GG ist primär ein individuelles Grundrecht und zwar ein Abwehrrecht. Außerdem stellt sie eine objektive, kulturstaatliche Wertentscheidung dar, aus der sich auch die Verpflichtung des Staates zur Pflege und Förderung der Kunst ergeben kann. So muss der Staat z.B. Maßnahmen zum Schutz der Urheberrechte von Künstlern oder der Ausgestaltung der Sozialversicherung für Künstler ergreifen. Aus Art. 5 Abs. 3 GG folgt aber kein unmittelbarer subjektiver Anspruch auf staatliche Förderung der Kunst (vgl. BVerwG, NJW 1980, 718).

603

Was „Kunst" ist, lässt sich nicht abschließend definieren. Die für die Erschließung des **Schutzbereichs** gleichwohl notwendige Definition der „Kunst" ist nicht generell zu leisten. Das Bundesverfassungsgericht bedient sich zwar **dreier verschiedener Kunstbegriffe**, welche es in Zweifelsfällen auch nebeneinander zur Anwendung bringt (vgl. BVerfGE 30, 173 (188) – Mephisto; 83, 130 (138) – Josephine Mutzenbacher): dem materialen (schöpferisch wertbezogenen), dem formalen (am Werktyp – z.B. Malerei, Gesang – anknüpfenden) und dem offenen (auch neue Ausdrucksformen erfassenden) Kunstbegriff (vgl. auch BVerfGE 119, 1 (20 f. – Esra). Letztlich hilft im Einzelfall aber nur die Rückbesinnung auf Sinn und Zweck der Kunstfreiheit, um über die Eröffnung des Schutzbereichs der Kunstfreiheit zu entscheiden. Dieser liegt darin, die auf der Eigengesetzlichkeit der Kunst beruhenden, von ästhetischen Rücksichten bestimmten Prozesse, Verhaltensweisen und Entscheidungen von jeglicher Ingerenz öffentlicher Gewalt oder gar von staatlichen Kunststrukturen frei zu halten (vgl. BVerfGE 119, 1 (21) – Esra). Niveau, Inhalt und Zweck von Kunst bleiben für die Eröffnung des Schutzbereichs jedenfalls unbeachtlich. Damit bewegt sich zunächst jedes künstlerische Wirken im Schutzbereich von Art. 5 Abs. 3 S. 1 GG (vgl. BVerfG, Urteil vom 31. Mai 2016 – 1 BvR 1585/13, Rn. 90 – Sampling). Karikaturen, Satire (vgl. BVerfGE 86, 1 (9) – TITANIC), aber auch Pornographie (vgl. BVerfGE 83, 130 (138 f.) – Josephine Mutzenbacher) können dementsprechend als

604

Kunst zu qualifizieren sein. In diesen Fällen sind jedoch regelmäßig die spezielleren Grundrechte der Presse- und Filmfreiheit vorrangig zu prüfen. Auch kommerzialisierte Kunst (z.B. Werbung) wird durch Art. 5 Abs. 3 S. 1 GG geschützt. Die bloße Ermöglichung künstlerischer Tätigkeit fällt dagegen noch nicht in den Schutzbereich der Kunstfreiheit. Die Rechtsprechung klammert z.B. den Klavierstimmer (BAG, NZA 1996, 720), den Tonmeister einer Rundfunkanstalt (BGH, NJW 1984, 1110 ff.), den Restaurator (BayObLG, NVwZ 1987, 837 ff.), aber auch den Zauberkünstler (BFH, NJW 1990, 2024 ff.) oder den Feuerschlucker (FG Düsseldorf, NJW 1993, 1496 ff.) aus dem Schutzbereich der Kunstfreiheit aus. Auch die „Kochkunst" wird nicht erfasst. Da die Kunstfreiheit nicht nur den **Werkbereich** (künstlerischer Schaffensprozess), sondern auch den **Wirkbereich**, d.h. insbes. die Zugänglichmachung bzw. die Vermittlung des Kunstwerkes an Dritte schützt, können sich auch solche Personen auf Art. 5 Abs. 3 GG berufen, welche die Kunst von anderen Personen verbreiten (z.B. Verleger, s. BVerfGE 30, 173 (191) – Mephisto – und Verlage) oder sie bewerben (vgl. BVerfGE 77, 240 (251) – Hernburger Bericht). Kunstkritiker sind nach h.M. nicht von der Kunstfreiheit geschützt (*Pernice*, in: Dreier, GG, 2. Aufl. 2004, Art. 5 Abs. 3 (Kunst) Rn. 28).

605 Ein **Eingriff in die Kunstfreiheit** liegt vor, wenn der Staat den jeweiligen Grundrechtsträger durch Verbote, Sanktionen oder ähnliches in seinem Werk- und Wirkbereich behindert. Aus der totalitären Vergangenheit Deutschlands sind Formen der Kunstzensur, Mal- oder Veröffentlichungsverbote bekannt. Auch faktische oder mittelbar wirkende Beeinträchtigungen sind denkbar, etwa durch Lärm von (staatlichen) Hubschraubern über Freiluft-Konzerten oder durch Veranstaltungen in unmittelbarer Umgebung eines Kunstwerks, denn aus Art. 5 Abs. 3 S. 1 GG kann ein „Umgebungsschutz im Sinne einer örtlichen und geistigen Bannmeile folgen." (Vgl. z.B. VG Berlin, NJW 1995, 2651 f.). Staatliche Kunstschmähungen (z.B. Bücherverbrennungen) sind unzulässig. Die Versagung einer Kunstförderung ist aber kein Eingriff.

606 Die kulturstaatliche **Wissenschaftsfreiheit**, d.h. die Forschungs- und Lehrfreiheit (Art. 5 Abs. 3 GG) schützt als individuelles Grundrecht die freie wissenschaftliche Betätigung des Einzelnen gegenüber staatlichen Eingriffen. Die objektiv-rechtlichen Gehalte der Wissenschaftsfreiheit haben erhebliche Bedeutung u.a. für die Hochschulorganisation und -finanzierung, aber auch für staatsgerichtete Schutzansprüche gegenüber Vorlesungsstörungen. Insbesondere im Hinblick auf wissenschaftsrelevante Entscheidungen im Bereich der Hochschulorganisation ergeben sich aus der Wissenschaftsfreiheit Mitwirkungsrechte von Wissenschaftlerinnen und Wissenschaftlern im wissenschaftsorganisatorischen Gesamtgefüge einer Hochschule (vgl. BVerfGE 136, 338 (363 ff.) – Hochschulorganisation). Das BVerfG beschreibt Wissenschaft dabei regelmäßig als „einen nach Inhalt und Form ernsthaften und planmäßigen Versuch zur Ermittlung der Wahrheit" (vgl. BVerfGE 35, 79 (111 f.) – Hochschulurteil. Im Schrifttum wird diese Definition aufgenommen und zum Teil

um das Erfordernis eines „methodisch geordneten und kritisch reflektierenden Denkens" erweitert (*Pernice*, in: Dreier, GG, 2. Aufl. 2004, Art. 5 Abs. 3 (Wissenschaft) Rn. 27 ff.), zum Teil aber auch auf einen offenen Wissenschaftsbegriff reduziert (*Pieroth/Schlink/Kingreen/Poscher*, Staatsrecht II, 31. Aufl. 2015, Rn. 671). Jedenfalls scheidet eine staatliche Niveaukontrolle der Wissenschaft aus. Hilfreich für die Frage, ob ein Verhalten unter den Schutz der Wissenschaftsfreiheit fällt, mag auch die Zuordnung zu den Unterbereichen Forschung und Lehre sein, die beide von dem Oberbegriff Wissenschaft umfasst werden. **Forschung** ist die methodische und systematische Suche nach Wahrheit. Da die **Lehre** als „wissenschaftlich fundierte Übermittlung der durch die Forschung gewonnenen Erkenntnisse" verstanden wird (vgl. BVerfGE 35, 79 (113) – Hochschulurteil), umfasst die Lehrfreiheit nur die Lehre an Universitäten und Fachhochschulen, die im Zusammenhang mit der Forschung des Lehrenden steht und auch die Weitergabe fremder Forschungen einschließt. Die Wissenschaftsfreiheit schützt hierbei auch den Erlass von Studien- und Prüfungsordnungen (vgl. BVerfGE 93, 85 (93) – Universitätsgesetz NRW; BVerfG, DÖV 2015, 888 ff.). Hingegen begründet Art. 5 Abs. 3 GG keine Beteiligungsrechte der Hochschulen, Fakultäten oder einzelner Wissenschaftlerinnen und Wissenschaftler beim Zustandekommen eines Gesetzes zur Fusion zweier Hochschulen (BVerfG, NVwZ 2015, 1370 ff.). Für die Lehre an allgemein bildenden Schulen ist wegen des dominierenden staatlichen Erziehungsauftrags grundsätzlich allein Art. 7 Abs. 1 GG, nicht aber Art. 5 Abs. 3 GG einschlägig.

Grundrechtsträger der Wissenschaftsfreiheit sind zum einen natürliche Personen, die eigenverantwortlich in wissenschaftlicher Weise tätig sind oder werden wollen, also neben den Hochschullehrern und Assistenten z.B. auch Studierende, wenn und soweit sie eigenverantwortlich wissenschaftlich tätig sind (vgl. BVerfGE 55, 37 (67 f.) – Bremer Modell). Zum anderen schützt die Wissenschaftsfreiheit auch die häufig als Körperschaften des öffentlichen Rechts organisierten „staatlichen" Universitäten (vgl. BVerfGE 15, 256 (262) – Universitäre Selbstverwaltung) und erst recht die privaten Universitäten. Auch bei Fakultäten und Fachbereichen wird mehrheitlich eine Grundrechtsberechtigung angenommen (vgl. BVerfGE 93, 85 (93) – Universitätsgesetz NRW; 111, 333 (352) – Brandenburgisches Hochschulgesetz; s. auch *Britz*, in: Dreier, GG, 3. Aufl. 2013, Art. 5 Abs. 3 (Wissenschaft) Rn. 66).

607

Jede staatliche Einwirkung auf den Prozess der Gewinnung und Vermittlung wissenschaftlicher Erkenntnisse stellt einen **Eingriff in den Schutzbereich der Wissenschaftsfreiheit** dar. Vorstellbar sind neben Verboten (z.B. im Bereich der Bioforschung, Tierschutz etc.) etwa Vorgaben des Inhalts, der Fragestellungen oder der Methoden von wissenschaftlichen Arbeiten. Auch eine völlige paritätische Mitbestimmung von Studierenden ist ein funktionsinadäquater Eingriff in die Wissenschaftsfreiheit (BVerfGE 35, 79 (109) – Hochschulurteil). Ansonsten steht dem Staat ein weiter Gestaltungsraum für die Hochschulorganisation zu.

608

609 Trotz des Fehlens einer Schrankenbestimmung wird angenommen, dass die **Kunstfreiheit und die Wissenschaftsfreiheit nicht schrankenlos** gewährleistet werden. Art. 5 Abs. 2 GG ist aber nicht anwendbar. Auch Art. 5 Abs. 3 S. 2 GG hat bisher keine praktische Relevanz erlangt, weil es seit 1949 keine relevante Verfassungsverhöhnung von Hochschullehrern gibt. Wie die meisten vorbehaltlos gewährleisteten Grundrechte, finden sie ihre Schranken aber in anderen Grundrechten oder Verfassungsgütern (**verfassungsimmanente Schranken**). Solche Schranken ergeben sich für die Kunstfreiheit insbes. aus dem allgemeinen Persönlichkeitsrecht (s. dazu BVerfGE 7, 198 (205) – Lüth; 30, 173 (193 ff.) – Mephisto; 119, 1 (23 f.) – Esra), aus dem Jugendschutz und Art. 20a GG (vgl. BVerwG, NJW 1995, 2648 (2649 f.) – Baukunst) oder der Eigentumsgarantie (vgl. BVerfG, Urteil vom 31. Mai 2016 – 1 BvR 1585/13, Rn. 69 ff. – Sampling). Für die Wissenschaftsfreiheit können sich Schranken vor allem aus Art. 2 Abs. 2 S. 1 und Art. 1 Abs. 1 GG (Forschung im Bereich der Gentechnologie, Forschung im Bereich der Kerntechnik, Stammzellenforschung, Präimplantationsdiagnostik, Klonen) sowie aus Art. 20a GG (ebenfalls Forschung im Bereich der Gen- und Biotechnologie, Tierversuche) ergeben. Der allgemeine Gesetzesvorbehalt sowie die Wesentlichkeitsrechtsprechung des Bundesverfassungsgerichts müssen für Eingriffe in die Freiheiten des Art. 5 Abs. 3 S. 1 GG stets beachtet werden.

610 Die in Art. 5 Abs. 3 GG geschützten Grundrechte müssen mit den verfassungsimmanenten Schranken zum optimalen Ausgleich gebracht werden. Da es bei der **allgemeinen Schranken-Schranke** des Übermaßverbots letztlich auch um die optimale Abwägung der widerstreitenden Interessen geht – und zwar bei der Proportionalitäts- bzw. Angemessenheitsprüfung – spielt das Übermaßverbot bei der Prüfung der Immanenzbeschränkung von Art. 5 Abs. 3 GG praktisch nur eine untergeordnete Rolle.

611 Die Kunstfreiheit und die Wissenschaftsfreiheit gehen bei **Grundrechtskonkurrenzen** (Rn. 531) regelmäßig der Meinungsfreiheit nach Art. 5 Abs. 1 S. 1 GG vor.

X. Versammlungsfreiheit (Art. 8 GG)

612 Die Versammlungsfreiheit schützt die **Zusammenkunft** mehrerer (mindestens zwei) Menschen **zum Zwecke** gemeinschaftlicher, auf Kommunikation angelegter Entfaltung (vgl. BVerfGE 69, 315 (143) – Brokdorf; 104, 92 (104) – Blockadeaktion). Sie ist inzwischen als Element unmittelbar-demokratischer Offenheit ein wichtiges Korrektiv des demokratischen Systems geworden. Die öffentliche Kundgabe eines gemeinsamen Anliegens muss also Zweck der Zusammenkunft sein. Die bloße Ansammlung von Menschen (z.B. public viewing), die nicht auf die öffentliche Kundgabe eines gemeinsamen Interesses gerichtet ist, reicht nicht aus. Auch Versammlungen auf privaten Grundstücken werden geschützt, soweit diese für die Öffentlichkeit geöffnet sind (z.B. Flughäfen, vgl. BVerfGE 128, 226 (250 ff.) – Fraport).

B. Einzelne Grundrechte

Der Schutzbereich von Art. 8 Abs. 1 GG wird **grundsätzlich unabhängig vom kommunikativen Inhalt** des Versammlungszwecks (vgl. BVerfGE 124, 300 (341 ff.) – Wunsiedel) oder der kommunikativen Ausdrucksform eröffnet; auch Schweigemärsche, Mahnwachen und Sitzblockaden sind also geschützt (vgl. zu Sitzblockaden BVerfGE 73, 206 (231 ff.); 87, 399 (406 ff.); 92, 1 (13 ff.)). Weil das Bundesverfassungsgericht betont, dass der Zweck einer grundrechtlich geschützten Versammlung in der Teilhabe an der öffentlichen Meinungsbildung liegen müsse (vgl. BVerfG-K, NJW 2001, 2459 (2460) – Loveparade), ist umstritten, ob auch Musik- und Tanzveranstaltungen von Art. 8 Abs. 1 GG geschützt sind (grds. verneinend BVerfG-K, NJW 2001, 2459 ff. – Loveparade; a. A. BVerwGE 129, 42 ff. – „Fuckparade"); der Sache nach geht es meistens darum, die Privilegien für politische Versammlungen (z.B. des Abfall- und Straßenrechts) zu erhalten. Jedoch können auch private Belange zum Thema einer Versammlung gemacht werden.

613

Nur **friedliche Versammlungen ohne Waffen** werden vom Schutzbereich des Art. 8 Abs. 1 GG erfasst. Die Auflösung unfriedlicher Versammlungen ist folglich kein Eingriff in die Versammlungsfreiheit. „Waffen" sind solche im technischen Sinne (z.B. Pistole), können aber auch Waffen im untechnischen Sinne (z.B. Spazierstock, Hockeyschläger) bei entsprechendem Gebrauch sein. Unfriedlich bedeutet gewalttätig, nicht schon gesetzeswidrig. Auch bei einer hinreichend belegten Prognose, dass ein gewalttätiger Verlauf unmittelbar bevorsteht, ist der Schutzbereich des Art. 8 Abs. 1 GG nicht eröffnet. Ausschreitungen einzelner Teilnehmer begründen in der Regel nicht die Unfriedlichkeit einer ganzen Versammlung (BVerfGE 69, 315 (361) – Brokdorf, m.w.N.) und rechtfertigen keine Auflösung der Gesamtversammlung. Gewalttätige Meinungsdurchsetzungen (z.B. Verlagsbesetzungen) werden von der Versammlungsfreiheit nicht erfasst.

614

Geschützt wird auch die **negative** Versammlungsfreiheit (Recht an einer Versammlung nicht teilnehmen zu müssen). Aus Art. 8 Abs. 1 GG werden auch **Schutzansprüche** gegen den Staat (z.B. gegenüber gewalttätigen Gegendemonstranten) abgeleitet. Umstritten ist, ob aus Art. 8 Abs. 1 GG auch Leistungsansprüche (z.B. auf Bereitstellung öffentlicher Versammlungsräume bzw. von öffentlichen Straßen) folgen. **Grundrechtsberechtigt** sind in Bezug auf das Teilnahmerecht sowie das Recht, Versammlungen zu organisieren und zu veranstalten, deutsche natürliche Personen. (Inländische) juristische Personen des Privatrechts (i.S.d. Art. 19 Abs. 3 GG) können als Versammlungsveranstalter und -organisator von Art. 8 Abs. 1 GG geschützt sein.

615

Die Praxis der Versammlungsfreiheit ist zunehmend von **Differenzierungen im Versammlungstyp** geprägt (z.B. Eilversammlungen und vor allem Großdemonstrationen – dazu BVerfGE 69, 315 (347) – s.a. Rn. 618).

616

Typische **Eingriffe** in den Schutzbereich der Versammlungsfreiheit sind die von Art. 8 Abs. 1 GG genannten Anmeldungs- oder Erlaubnisvorbehalte sowie staatliche Maßnahmen wie Verbote, Auflösungen und belastende Auflagen. Ob auch faktische

617

Maßnahmen wie z.B. polizeiliche Behinderungen von Fahrten zu Demonstrationen oder erkennbare Überwachungsmaßnahmen während einer Versammlung als Eingriff in die Versammlungsfreiheit anzusehen sind, ist umstritten. Wenn die Überwachungsmaßnahmen eine Intensität entwickeln, die den Einzelnen dazu veranlassen könnte, aus Angst vor staatlicher Überwachung und Registrierung auf die Grundrechtsausübung, also die Teilnahme an der Versammlung zu verzichten (z.B. anlasslose polizeiliche Bildaufnahmen des gesamten Versammlungsgeschehens, vgl. dazu BVerfGE 122, 342 (368 ff.) – einstweilige Anordnung zum bayerischen Versammlungsgesetz), wird man einen Eingriff annehmen können. Kostenerstattungsansprüche für Polizeieinsätze können jedenfalls dann Eingriffe in die Versammlungsfreiheit sein, wenn eine Versammlung gesetzmäßig ablaufen soll bzw. abgelaufen ist und die Kostenerstattungspflicht die Grundrechtsausübung faktisch be- oder gar verhindert.

618 Trotz ihres hohen Ranges ist die Versammlungsfreiheit nicht vorbehaltlos gewährleistet. Als **Schranke** sieht Art. 8 Abs. 2 GG allerdings nur einen ausdrücklichen (einfachen) Gesetzesvorbehalt für **Versammlungen unter freiem Himmel** vor. **Versammlungen in geschlossenen Räumen** können dagegen allein durch verfassungsimmanente Schranken begrenzt werden; eine Ausnahme stellt **Art. 17a Abs. 1 GG** für Versammlungen von Angehörigen der Streitkräfte und des Ersatzdienstes dar. Ein allgemeines **antinationalsozialistisches Grundprinzip**, welches die Versammlungsfreiheit als verfassungsimmanente Schranke beschränken könnte, gibt es nach Auffassung des Bundesverfassungsgerichts nicht (vgl. BVerfGE 124, 300 (330) – Wunsiedel; a. A. *Battis/Grigoleit*, NVwZ 2001, 121 (123 ff.)). Die Versammlungsfreiheit wird durch das Versammlungsgesetz des Bundes und – nach der Übertragung der bisherigen Gesetzgebungskompetenz des Bundes auf die Länder im Jahr 2008 – durch die **Versammlungsgesetze** der Bundesländer, die **Bannmeilengesetze** der Länder sowie das **Gesetz über befriedete Bezirke für Verfassungsorgane** des Bundes beschränkt. Die allgemeinen Gesetze sind einzuhalten. Wegen der besonderen verfassungsrechtlichen Bedeutung von Art. 8 GG sind (organisierte) **Eilversammlungen** und (nichtorganisierte) **Spontanversammlungen** bei entsprechender Eilbedürftigkeit auch dann zulässig, wenn die nach § 14 Abs. 1 VersG erforderliche 48-stündige Mindestfrist für Anmeldungen nicht eingehalten werden kann (s. dazu BVerfGE 85, 69 (75) – Eilversammlung). Bei **Großdemonstrationen** sind die Vorschriften des Versammlungsgesetzes nicht uneingeschränkt anwendbar (s. BVerfGE 69, 315 (357 f.) – Brokdorf); es bestehen hier Kooperationsobliegenheiten zwischen Veranstaltern und Behörden bei der Vorbereitung und Durchführung von Großdemonstrationen.

619 Die Befugnis des Gesetzgebers, Versammlungen unter freiem Himmel gem. Art. 8 Abs. 2 GG einzuschränken, unterliegt den üblichen **Schranken-Schranken** (s. dazu Rn. 508 ff.). Dementsprechend muss das formelle Gesetz als unmittelbare oder mittelbare Eingriffsgrundlage hinreichend bestimmt sein und den Anforderungen des Art. 19 Abs. 1 GG genügen. Auch muss das Übermaßverbot gewahrt bleiben. Das führt dazu, dass Beschränkungen der Versammlungsfreiheit nur zum Schutz wichti-

ger Gemeinschaftsgüter zulässig sind. Bei Versammlungen mit rechtsextremem Inhalt kann nach letztlich widersprüchlicher und verfassungsrechtlich nicht überzeugender Auffassung des Bundesverfassungsgerichts bei der Beurteilung der Vereinbarkeit von versammlungsbeeinträchtigenden staatlichen Maßnahmen mit dem Übermaßverbot insbes. das „friedensbedrohende Potential" der „propagandistischen Affirmation der nationalsozialistischen Gewalt- und Willkürherrschaft zwischen den Jahren 1933 und 1945" berücksichtigt werden (vgl. BVerfGE 124, 300 (327 ff., 341 ff.) – Wunsiedel; s.a. Rn. 599, 618).

Grundrechtskonkurrenzen bezüglich der Versammlungsfreiheit können sich vor allem mit Art. 5 Abs. 1 GG (sowie auch mit Art. 4 Abs. 1 GG) ergeben. Die einschlägigen Grundrechte sind grundsätzlich nebeneinander anwendbar. | 620

XI. Vereinigungsfreiheit und Koalitionsfreiheit (Art. 9 GG)

Der **Schutzbereich der Vereinigungsfreiheit** (Art. 9 Abs. 1 GG) schützt den freiwilligen Zusammenschluss mehrerer Personen mit gemeinsamer Zweckrichtung und organisatorischer Mindeststabilität unabhängig von der Rechtsform und von ihrer Größe. Die genannten Voraussetzungen erfüllen eine Vielzahl verschiedener Rechtsformen, bspw. Personengesellschaften wie die BGB-Gesellschaft, die OHG und die KG, gleichfalls aber auch der eingetragene und nicht-eingetragene Verein sowie Kapitalgesellschaften, etwa die GmbH und die Aktiengesellschaft. Auch politische Parteien werden nach dieser weiten Definition von Art. 9 Abs. 1 GG geschützt; sie unterliegen aber weitgehend den Sonderregeln des Art. 21 GG. Art. 9 Abs. 1 GG schützt die **individuelle Vereinigungsfreiheit des Bürgers** (Gründung, Beitritt und Betätigung) durch den Bürger wie die **kollektive Vereinigungsfreiheit** der Vereinigung selbst (Entstehung und Existenz der Vereinigung sowie – nur – Kernbereich der Vereinsbetätigung). Die Vereinigungsfreiheit umfasst auch die **negative Vereinigungsfreiheit**, d.h. die Freiheit, eine Vereinigung nicht zu gründen, ihr nicht beizutreten, aus ihr auszutreten oder sich in ihr nicht zu betätigen bzw. das Recht der Vereinigung, sich aufzulösen oder sich nicht zu betätigen. Art. 9 Abs. 1 GG enthält vor allem abwehrende Gehalte gegenüber dem Staat. **Grundrechtsträger** der individuellen Vereinigungsfreiheit sind nur Deutsche. Art. 9 Abs. 1 GG schützt inländische Vereinigungen unmittelbar – i.S.d. kollektiven Vereinigungsfreiheit (vgl. BVerfGE 13, 174 (175) – DFD-Verbot; 50, 290 (353) – Mitbestimmung); der Rückgriff auf Art. 19 Abs. 3 GG ist nicht erforderlich. Die Vereinigungsfreiheit von Ausländern sowie ausländische Vereinigungen werden über Art. 2 Abs. 1 GG (mit seinem weiten Einschränkungsvorbehalt, s.o. Rn. 565) geschützt. Jedenfalls bei Vereinigungen aus dem EU-Ausland bzw. deren Mitglieder mehrheitlich Staatsangehörige der EU sind, ist freilich die Schranke des Art. 9 Abs. 2 GG entsprechend zur Anwendung zu bringen (s.o. Rn. 464). | 621

622 Art. 9 Abs. 1 GG schützt nicht die Bildung von und den Beitritt zu öffentlich-rechtlichen Vereinigungen und folgerichtig auch nicht die spezifische negative Freiheit, öffentlich-rechtlichen Vereinigungen nicht angehören zu müssen (wichtig z.B. für die Zwangsmitgliedschaft in öffentlichrechtlichen Kammern wie Rechtsanwalts-, Ärzte-, Industrie- und Handelskammern; vgl. BVerfGE 10, 89 (102) – Erftverband; BVerfGE 115, 24 (42 f.) – gesetzliche Krankenversicherung; BVerfG-K, NJW 1995, 514 (515) – Umwandlung der Hamburger Feuerkasse; BVerfG-K, NVwZ 2002, 335 (336) – Industrie- und Handelskammer; BVerwGE 59, 231 (233 ff.) – Studentenschaft als öffentlich-rechtliche Vereinigung; s.a. oben Rn. 493). Allerdings darf die Tätigkeit öffentlich-rechtlicher Zwangskörperschaften nicht das freie Verbandswesen beliebig unterlaufen.

623 Die Vereinigungsfreiheit ist ein ausgestaltungsbedürftiges Grundrecht (vgl. BVerfGE 50, 290 (354) – Mitbestimmung). Ausgestaltungen erfolgen etwa durch das zivilrechtliche Vereins- und Gesellschaftsrecht. Es stellt sich mithin die Frage, wann eine gesetzliche Regelung noch als Ausgestaltung und wann schon als (rechtfertigungsbedürftiger) Eingriff zu qualifizieren ist. Als Eingriffe, die grundsätzlich vom Gründungs- bis zum Auflösungsstadium einer Vereinigung denkbar sind, müssen etwa die präventive Vereinskontrolle durch ein Konzessionssystem, die staatliche Verhinderung des Beitritts bzw. des Verbleibens in einem Verein oder – als schwerwiegendste Maßnahme – das im Vereinsgesetz geregelte Verbot einer Vereinigung (durch die Innenminister) betrachtet werden. Zu beachten ist, dass auch Ausgestaltungen am Übermaßverbot zu messen sind (s.o. Rn. 499). Auch faktische Maßnahmen des Staates (z.B. staatliche Warnungen vor Vereinen) können Eingriffe in die Vereinigungsfreiheit darstellen.

624 Die Vereinigungsfreiheit nach Art. 9 Abs. 1 GG steht nicht ausdrücklich unter einem Gesetzesvorbehalt. Für Vereinigungsverbote (s. dazu etwa BVerwGE 61, 218 (220) – Wehrsportgruppe Hoffmann; BVerwG, NVwZ 1997, 66 ff. – „Deutsche Alternative") gilt Art. 9 Abs. 2 GG. Danach sind Vereinigungen, welche sich gegen die Strafgesetze, die verfassungsmäßige Ordnung oder den Gedanken der Völkerverständigung richten, verboten. Strafgesetz im Sinne dieser Schrankenbestimmung müssen solche Strafgesetze sein, die kein gegen die Vereinigungsfreiheit gerichtetes Sonderstrafrecht enthalten; die „verfassungsmäßige Ordnung" wird als freiheitliche demokratische Grundordnung (s. Art. 10 Abs. 2 S. 2, Art. 11 Abs. 2, Art. 18, Art. 21 Abs. 2 und Art. 91 Abs. 1 GG) und nicht als verfassungsmäßige Ordnung im Sinne der gesamten Rechtsordnung wie bei Art. 2 Abs. 1 GG (s.o. Rn. 565) verstanden (vgl. etwa BVerwGE 37, 344 (354 ff.) – „Bund für Gotterkenntnis"; 47, 330 (351 f.) – MSB Spartakus; 61, 218 (220) – Wehrsportgruppe Hoffmann). Da Art. 9 Abs. 1, 2 GG für ausländische Vereinigungen, deren Mitglieder oder Leiter auch nicht sämtlich oder überwiegend ausländische Staatsangehörige eines Mitgliedstaates der Europäischen Union sind, nicht gilt, können solche ausländischen Vereinigungen auch nach anderen Gründen verboten werden (vgl. dementsprechend § 14 VereinsG;

s. dazu etwa BVerwG, NVwZ 1995, 587 ff. – PKK). Eingriffe in Art. 9 Abs. 1 GG, welche nicht als Vereinigungsverbot zu qualifizieren sind, können durch **verfassungsimmanente Schranken** gerechtfertigt sein. Hier wie dort ist wegen des allgemeinen Gesetzesvorbehalts sowie der Wesentlichkeitsrechtsprechung des Bundesverfassungsgerichts i.d.R. ein formelles Gesetz erforderlich. Verfassungsfeindliche Parteien können nur über Art. 21 Abs. 2 GG vom Bundesverfassungsgericht verboten werden, sonstige verfassungsfeindliche Vereinigungen durch die Innenminister des Bundes oder der Länder (§ 3 Abs. 2 VereinsG).

Beschränkungen der Vereinigungsfreiheit müssen die allgemein geltenden **Schranken-Schranken** beachten. Sie müssen insbes. dem Übermaßverbot genügen, also zur Förderung des durch die Beschränkung geschützten Rechtsgutes geeignet, erforderlich und proportional sein (vgl. BVerfGE 30, 227 (243 ff.) – Vereinsname). 625

Die **Koalitionsfreiheit** (Art. 9 Abs. 3 GG) ist die Spezialfreiheit für diejenigen Vereinigungen, deren Zweck in der Wahrung der Arbeitsbedingungen und der Wirtschaftsbedingungen liegt (insbes. Gewerkschaften und Arbeitgeberverbände). Sie erfasst z.B. nicht Vorlesungs-„Streiks". Voraussetzung für die Eröffnung des **Schutzbereichs** ist, dass derartige Vereinigungen **gegnerfrei und unabhängig** (s BVerfGE 18, 18 (28) – katholische Haushaltsgehilfinnen; 58, 233 (247) – DAV; 50, 290 (368) – Mitbestimmung; 100, 214 (223) – Gewerkschaftsausschluss), **nicht aber zwingend arbeitskampfbereit und tariffähig** sind (s. BVerfG-K, NJW 1995, 3377 (3377) – DAV). Geschützt werden alle Verhaltensweisen, die koalitionsspezifisch sind (s. BVerfGE 93, 352 (358) – Mitgliederwerbung II), hierzu gehört etwa das Aushandeln von Tarifverträgen (Tarifautonomie), die Werbung von Mitgliedern aber auch auf den Abschluss von Tarifverträgen gerichtete Arbeitskampfmaßnahmen (vgl. *Papier/Krönke*, Öffentliches Recht 2, 2. Aufl. 2015, Rn. 349 m.w.N.). Die Koalitionsfreiheit kommt allen Menschen und inländischen Vereinigungen zu und entfaltet als einziges Grundrecht **unmittelbare Drittwirkung** (s. Art. 9 Abs. 3 S. 2 GG). Ähnlich wie bei der Vereinigungsfreiheit gibt es neben der individuellen Koalitionsfreiheit des Bürgers auch eine kollektive Koalitionsfreiheit der Koalitionen selbst. Die Koalitionsfreiheit sichert auch die Betätigung in (und von) Koalitionen, wozu auch der Arbeitskampf (mit Streiks und Aussperrungen) gehört. Die Koalitionsfreiheit enthält neben subjektrechtlichen Inhalten auch objektrechtliche Elemente (z.B. Garantie des Tarifvertragssystems bzw. der tarifautonomen Parität der Tarifpartner). Das Grundrecht hat auch eine hohe wirtschaftliche Bedeutung. Die Koalitionsfreiheit ist – anders als die Vereinigungsfreiheit – als Jedermanngrundrecht, nicht als Deutschengrundrecht ausgestaltet. 626

Die Koalitionsfreiheit bedarf wie die Vereinigungsfreiheit der gesetzlichen **Ausgestaltung** (vgl. BVerfGE 50, 290 (368) – Mitbestimmung). Die Abgrenzung zwischen rechtfertigungsbedürftigen Eingriffen und Ausgestaltungen (welche gleichwohl am Übermaßverbot zu messen sind) ist nicht immer einfach. Deutlich überschritten wird die Grenze zum **Eingriff** jedenfalls bei Koalitionsverboten, bei Behinderungen des 627

Beitritts zu (oder des Verbleibs in) einer Koalition sowie bei staatlichen Interventionen in Arbeitskämpfe zugunsten einer der daran beteiligten Parteien. Eingriffe können etwa der Einsatz von nicht streikberechtigten Beamten auf bestreikten Arbeitsplätzen, (vgl. BVerfGE 88, 103 (113 ff.) – Beamte als Streikbrecher), Tariföffnungsklauseln (BVerfG-K, NZA 2005, 153 ff.), staatlich vorgegebene Mindestlöhne (s. dazu etwa *Zeising/Weigert*, NZA 2015, 15 ff.), Lohnabstandsklauseln (s. BVerfGE 100, 271 (283)) und Regelungen zur Urlaubsanrechnung (s. BVerfGE 103, 293 (305)) oder öffentlich-rechtliche Lohnersatzzahlungen bei Arbeitskämpfen darstellen. Tariftreueregelungen im Vergaberecht sollen nicht als Eingriff zu qualifizieren sein (BVerfGE 116, 202 (218) – Berliner Vergaberecht). Inwieweit sich das Tarifeinheitsgesetz als Eingriff oder Ausgestaltung der Koalitionsfreiheit darstellt, ist umstritten (s. etwa *Engels*, ZG 2016, 24 ff.; *Krönke*, DÖV 2015, 788 ff.) und dürfte vom Bundesverfassungsgericht bald entschieden werden (s. dazu auch BVerfG, NZA 2015, 1271 ff.).

628 Die **Koalitionsfreiheit** ist vorbehaltlos gewährleistet. Sie ist deshalb nur zum Schutze anderer Grundrechte oder Verfassungsgüter beschränkbar; sie **unterliegt** also **nur verfassungsimmanenten Schranken**. So wird das fehlende Streikrecht von Beamten durch die übergeordneten und in Art. 33 Abs. 5 GG verfassungsrechtlich verankerten hergebrachten Grundsätze des Berufsbeamtentums gerechtfertigt (vgl. z.B. BVerfGE 8, 1 (17); 44, 249 (264)). Denkbar sind auch Einschränkungen der Koalitionsfreiheit aus Gründen des Schutzes von Leben und Gesundheit (Art. 2 Abs. 2 S. 1 GG; s. z.B. BVerfGE 92, 26 (43) – Zweitregister, bspw. im Falle eines Streiks der Angestellten eines Krankenhauses), des Eigentums (Art. 14 GG) oder auch der Umwelt (Art. 20a GG), wenn etwa die Angestellten der Müllabfuhr streiken. Auch ist die Beschränkung der Koalitionsfreiheit zum Schutze der Wissenschaftsfreiheit aus Art. 5 Abs. 3 GG möglich (s. etwa BVerfGE 94, 268 (282 ff.) – wissenschaftliche Mitarbeiter). Zur Rechtfertigung von gesetzlichen Mindestlöhnen, Regelungen zur Urlaubsanrechnung, Lohnabstandsklauseln kann das Sozialstaatsprinzip i.V.m. Art. 1 Abs. 1, 2 Abs. 1 GG und Art. 109 Abs. 2 GG als Rechtfertigungsgrund angeführt werden (vgl. z.B. BVerfGE 100, 271 (284 f.) – Lohnabstandsklauseln; BVerfGE 103, 293 (306) – Urlaubsanrechnung). Wegen des allgemeinen Gesetzesvorbehalts sowie der Wesentlichkeitsrechtsprechung des Bundesverfassungsgerichts bedarf es zur Beschränkung der Koalitionsfreiheit i.d.R. eines formellen Gesetzes. Gleichwohl wird in der Realität das kollektive Arbeitsrecht im Wesentlichen von der höchstrichterlichen Rechtsprechung geprägt.

629 Die in Art. 9 Abs. 3 GG geschützte Koalitionsfreiheit muss bei Bestimmung des Verlaufs der verfassungsimmanenten Schranken mit den anderen Verfassungsgütern zum optimalen Ausgleich gebracht werden. Da es bei der **allgemeinen Schranken-Schranke** des Übermaßverbots letztlich auch um die Abwägung der widerstreitenden Interessen geht – und zwar bei der Proportionalität bzw. Angemessenheitsprüfung – spielt das Übermaßverbot bei der Prüfung von Beschränkungen des Art. 9 Abs. 3 GG in der Rechtspraxis – neben der Prüfung der Immanenzbeschränkung – nur eine untergeordnete Rolle. Wichtige Immanenzbeschränkungen erfolgen durch die Koalitionsfreiheit Dritter (z.B. durch Verbot der „closed shops"). **Notstandsmaßnahmen** des Staates dürfen sich nicht gegen Arbeitskämpfe richten (Art. 9 Abs. 3 S. 3 GG).

XII. Berufsfreiheit (Art. 12 Abs. 1 GG)

Die Berufsfreiheit hat primär individualrechtliche und auch persönlichkeitsentfaltende Bedeutung, aber sekundär auch objektivrechtliche Bedeutung (z.B. Schutz des Arbeitsmarkts) mit erheblicher Relevanz für die Wirtschaftsverfassung. Art. 12 Abs. 1 GG schützt die Berufsfreiheit (**Berufswahl, -ausbildung und -ausübung**) **als einheitliches Grundrecht**, u.a. weil die Berufsausübung die Bestätigung der Berufswahl enthält. Beruf i.S.d. Art. 12 Abs. 1 GG ist jede sozialverträgliche (d.h. nicht krass sozialschädliche), auf Dauer angelegte Tätigkeit zur Schaffung oder Erhaltung einer Lebensgrundlage. Erfasst werden selbstständige wie unselbstständige, traditionelle wie neue, dauerhafte wie vorläufige Tätigkeiten zu Erwerbszwecken einschließlich Nebentätigkeiten. Die staatlich gebundenen Berufe (z.B. Notare) und der öffentliche Dienst unterliegen Sonderregelungen (vgl. insbes. Art. 33 GG). Geschützt wird auch der Berufswechsel und die Berufsbeendigung sowie – wenn auch nicht mit gleicher Wertigkeit – die negative Berufsfreiheit (Recht, nicht arbeiten zu müssen). Art. 12 Abs. 1 GG schützt nicht nur die freie Wahl des Berufs vor staatlichen Eingriffen, sondern auch die des **Arbeitsplatzes** und die der **Ausbildungsstätte**. Im letzten Fall sind auch leistungsrechtliche Gehalte (z.B. der Ausbildungsförderung oder der Bereitstellung von Studienplätzen) vorstellbar. Art. 12 Abs. 1 GG gibt aber **kein Recht auf Arbeit** und schützt auch nicht vor dem Verlust des Arbeitsplatzes. Das Grundgesetz fordert aber eine Politik der Vollbeschäftigung (u.a. wegen Art. 109 Abs. 2 GG). Durch Art. 12 Abs. 1 GG in Verbindung mit dem allgemeinen Gleichheitssatz (Art. 3 Abs. 1 GG) und dem Sozialstaatsprinzip (Art. 20 Abs. 1 GG) wird eine gerechte Teilhabe an staatlichen (bzw. staatlich geförderten) Ausbildungsplätzen gewährleistet. Art. 12 GG gewährleistet auch die Entscheidung des Arbeitnehmers über den Arbeitgeber und über die Arbeitsbedingungen sowie die Unternehmensfreiheit. Art. 12 GG **schützt deutsche natürliche und (inländische) juristische Personen des Privatrechts**. EU-Ausländer sind in Bezug auf die Berufsfreiheit zwar nicht durch Art. 12 Abs. 1 GG geschützt. Aufgrund des in der EU geltenden Diskriminierungsverbots aus Gründen der Staatsangehörigkeit (Art. 18 Abs. 1 AEUV) können sie sich aber mit der Maßgabe auf Art. 2 Abs. 1 GG berufen, dass die Wertungen und Schrankenregelungen des Art. 12 Abs. 1 GG auch auf sie angewandt werden (s.o. Rn. 464). Die berufliche Tätigkeit von Nicht-EU-Ausländern wird ebenfalls von Art. 2 Abs. 1 GG geschützt.

Eingriffe in die Berufsfreiheit können grundsätzlich durch Regelungen oder sonstige Rechtsakte sowie durch Realakte erfolgen. Allerdings lassen die Rechtsprechung des

Bundesverfassungsgerichts und das Schrifttum bei der Annahme von Eingriffen im Rahmen des Grundrechts von Art. 12 Abs. 1 GG eine restriktive Tendenz erkennen. Eine **imperative Maßnahme** stellt einen Eingriff in die Berufsfreiheit dar, wenn sie die Berufswahl oder die Berufsausübung mit hoheitlichen Mitteln reglementiert oder beeinträchtigt. Dabei reicht jedoch nicht jede Auswirkung auf die Berufstätigkeit aus. Vielmehr ist es erforderlich, dass eine Regelung gerade auf die berufliche Betätigung abzielt, also mit **berufsregelnder Tendenz** erfolgt (s. hierzu etwa BVerfGE 13, 181 (185) – Schankerlaubnissteuer). Die Feststellung der berufsregelnden Tendenz ist bei beabsichtigten Effekten von Regelungen eines Berufs relativ einfach. Schwieriger gestaltet sich dies bei unbeabsichtigten Regelungseffekten. Hier wird ein Eingriff angenommen, wenn die Vorschriften die Rahmenbedingungen der Berufsausübung verändern und infolge ihrer Gestaltung in einem engen Zusammenhang mit der Ausübung des Berufs stehen (Eingriff z.B. bejaht: BVerfGE 13, 181 (187) – Schankerlaubnissteuer; 38, 61 (79) – Straßengüterverkehrsteuer; 111, 191 (213) – Notarkassen; 121, 317 (344 ff.) – Rauchverbot; 135, 90 (110 Rn. 55) – Anwalts-GmbH; 137, 350 (376 f. Rn. 69) – Luftverkehrsteuer). Kein Eingriff wurde angenommen bei: BVerfGE 95, 267 (302) – Altschulden; 98, 218 (258) – Rechtschreibreform; 110, 274 (288) – Ökosteuer. Auch Realakte (z.B. faktische Behinderungen) können Eingriffe in die Berufsfreiheit darstellen. Ob auch einschlägiges **staatliches Informationshandeln** in den Schutzbereich der Berufsfreiheit eingreifen kann, ist hingegen umstritten (s. dazu z.B. *Murswiek*, NVwZ 2003, 1 ff.). Das Bundesverfassungsgericht geht – zweifelhafterweise – davon aus, dass schon der Schutzbereich von Art. 12 Abs. 1 GG nicht vor staatlichen Informationen schützt, wenn die Informationstätigkeit in Ausübung einer staatlichen Aufgabe und unter Wahrung der Zuständigkeitsordnung erfolgt und die Anforderungen an die Richtigkeit und Sachlichkeit von Informationen berücksichtigt werden (vgl. BVerfGE 105, 252 (268 ff.) – Glykol).

632 Aus dem Konzept des Art. 12 Abs. 1 GG als einheitliches Grundrecht (Rn. 630) folgt, dass der gesetzliche Beschränkungsvorbehalt für die Berufsausübung in Art. 12 Abs. 1 S. 2 GG auch für die Phase der Berufswahl gilt. Der Schutzbereich des Art. 12 Abs. 1 GG steht also unter einem **einfachen, wenngleich differenzierenden Gesetzesvorbehalt**, wobei letztlich eine Rückführung auf ein formelles Gesetz erforderlich ist; Satzungen reichen als Grundlage für Eingriffe in die Berufsfreiheit regelmäßig nicht aus. Staatliche Eingriffe in die Berufsausübung sowie in die Berufswahl sind also nur durch und aufgrund eines Gesetzes möglich. Die Abgrenzung zwischen gesetzlichen Grundrechtsbeschränkungen und Grundrechtsausgestaltungen ist dabei oft schwierig.

633 Weil Eingriffe in die Berufswahl für den Bürger regelmäßig sehr viel schwerer wirken als Eingriffe in die Berufsausübung, sind nach der sog. **Drei-Stufen-Theorie** des Bundesverfassungsgerichts die Rechtfertigungsanforderungen für Eingriffe in die einzelnen Phasen beruflicher Betätigung unterschiedlich (s. grundlegend dazu BVerfGE 7, 377 (405 ff.) – Apothekenurteil):

a) Bloße **Berufsausübungsregeln** werden durch vernünftige Gemeinwohlerwägungen legitimiert;

b) **subjektive Berufswahlvoraussetzungen** (hierbei handelt es sich um Regelungen, die an Eigenschaften der Person des Grundrechtsträgers ansetzen, also etwa Normen die den Eintritt in einen Beruf, aber auch die Voraussetzungen regeln, ob und wie lange ein Beruf fortgesetzt werden darf, z.B. Prüfungen und Lebensalter) sind zum Schutz wichtiger Gemeinschaftsgüter zulässig;

c) **objektive Berufswahlvoraussetzungen** (Voraussetzungen, die nicht in der individuellen Lebens- und Risikosphäre des Grundrechtsträgers begründet sind, z.B. Monopole und Kontingentierung) sind nur zur Abwehr nachweisbarer und höchstwahrscheinlicher, schwerer Gefahren für überragend wichtige Gemeinschaftsgüter erlaubt.

Im Grunde stellt die Drei-Stufen-Theorie eine **typisierende, generalisierende Anwendung des Übermaßverbots** dar, was dessen zusätzliche Prüfung im konkreten Fall nicht überflüssig macht. Denn zum einen wird die schärfste Eingriffsform (Berufsverhinderungen durch Staatsmonopole) von der Drei-Stufen-Theorie überhaupt nicht erfasst. Zum anderen sind Fälle denkbar, in denen sich z.B. auch Berufsausübungsregelungen für den Einzelnen faktisch als Berufswahlregelungen darstellen können (z.B. hohe, kostenintensive Sicherheitsanforderungen für ein bestimmtes Berufsfeld). Die zusätzliche Prüfung des Übermaßverbots stellt insofern eine Verfeinerung der schematischen Drei-Stufen-Theorie dar. In einer Klausur empfiehlt es sich, zunächst zu prüfen, ob auf der „richtigen" Stufe gehandelt wurde und sodann, ob auf dieser Stufe das Übermaßverbot eingehalten wurde. Berufsregelnde Vorschriften sind nicht an das Zitiergebot (Art. 19 Abs. 1 S. 2 GG) gebunden. 634

Die Berufsfreiheit kennt viele **Grundrechtskonkurrenzen**. Nach h.M. schützt Art. 12 GG den Erwerb von Eigentum, Art. 14 GG dagegen das Erworbene. Die Tätigkeit z.B. von Journalisten ist sowohl von Art. 5 GG wie von Art. 12 GG geschützt. 635

XIII. Freiheit vor Arbeitszwang und Zwangsarbeit (Art. 12 Abs. 2, 3 GG), Wehr- und Ersatzdienst (Art. 12a GG)

Die Berufsfreiheit des Art. 12 Abs. 1 GG wird durch das Verbot des Arbeitszwangs (Art. 12 Abs. 2 GG) und der Zwangsarbeit (Art. 12 Abs. 3 GG) ergänzt. Mit diesem letztlich einheitlichen Grundrecht will das Grundgesetz vor allem Arbeitsversklavungen und herabwürdigende Arbeitsverpflichtungen verhindern, wie sie etwa das „Dritte Reich" (Arbeitsdienst, Arbeit in Konzentrationslagern etc.) kannte. Das **Verbot des Arbeitszwangs** aus Art. 12 Abs. 2 GG schützt davor, zu einer *bestimmten* Arbeit gezwungen zu werden. Allerdings fällt nicht schon jeder Zwang zu einer mit der Berufsausübung in Beziehung stehenden Tätigkeit unter den besonderen Regelungsbereich von Art. 12 Abs. 2 GG. Bei der Bestimmung des Schutzbereichs gilt es zu beachten, dass Art. 12 Abs. 2 GG Ausdruck der bewussten Abkehr von Methoden to- 636 talitärer Herrschaftssysteme ist, welche den einzelnen Menschen zum Objekt herabwürdigen. Daher schützt Art. 12 Abs. 2 GG lediglich vor einer herabwürdigenden Verpflichtung zu einer menschenunwürdigen, diskriminierenden Tätigkeit, nicht aber vor einer herkömmlichen allgemeinen und für alle gleichen **Dienstleistungspflicht** (vgl. BVerfGE 92, 91 (111 f.) – Feuerwehrdienstpflicht). Solche Dienstleistungspflichten sind etwa die Feuerwehrpflicht und die Deichschutzpflicht (vgl. BVerfGE 74, 102 (116 ff.) – Erziehungsmaßregeln). Wegen der Wesentlichkeitstheorie ist eine Anordnung durch ein formelles Gesetz erforderlich. Auch richterlich angeordnete, begrenzte Arbeitspflichten im Rahmen der Fürsorgeerziehung als erzieherische Maßnahmen in Reaktion auf Jugendstrafen werden von Art. 12 Abs. 2 und Abs. 3 GG nicht untersagt (vgl. BVerfGE 74, 102 (122 ff.) – Erziehungsmaßregeln). Auch die staatliche Indienstnahme von Unternehmen für öffentliche Zwecke (z.B. Abführung der Lohnsteuer) wird von Art. 12 Abs. 2, 3 GG nicht erfasst. Das **Verbot von Zwangsarbeit** aus Art. 12 Abs. 3 GG schützt vor noch schwerwiegenderen Eingriffen des Arbeitszwangs, also nicht nur vor der Pflicht zur Ausführung einer bestimmten Tätigkeit, sondern vor der Pflicht zur Bereitstellung der gesamten Arbeitskraft einer Person für eine grundsätzlich unbegrenzte Anzahl von Tätigkeiten.

637 Eine **Schranke von Art. 12 Abs. 2 und Abs. 3 GG** stellt der gerichtlich angeordnete **Freiheitsentzug** dar (s. dazu BVerfGE 98, 169 (209 ff.) – Arbeitspflicht im Strafvollzug). Sie ist aber nur zum Zweck der Resozialisierung zulässig. Auch hier bedarf es freilich eines Parlamentsgesetzes als Rechtsgrundlage. Auch die Fürsorgeerziehung wird durch Art. 12 Abs. 3 GG erfasst (BVerfGE 74, 102 (122) – Erziehungsmaßregeln). Wichtigste **Schranken-Schranke** im Rahmen von Art. 12 Abs. 2 u. 3 GG ist das **Übermaßverbot**. Daneben ist auch das Zitiergebot aus Art. 19 Abs. 1 S. 2 GG zu beachten.

638 Art. 12a GG normiert keine Grundrechte, sondern lediglich die verfassungsrechtliche Ermächtigung zu **wehr- bzw. verteidigungsbezogenen Grundrechtseinschränkungen**, nämlich durch Gesetze die Wehrpflicht (Abs. 1), die Ersatzdienstpflicht (Abs. 2) sowie Dienstpflichten im Verteidigungsfalle (Abs. 3-6) zu regeln. Art. 12a GG knüpft grundrechtlich an Art. 12 Abs. 3 GG sowie (in seinem Abs. 2) an Art. 4 Abs. 3 GG an und formt verselbstständigte Grundrechtseinschränkungen aus. Mit der Aussetzung der Wehrpflicht (und der Ersatzdienstleistungspflicht) im Jahr 2011 laufen Art. 12a Abs. 1-3 GG und Art. 4 Abs. 3 GG derzeit faktisch leer. Die verfassungsrechtliche Grundlage für die Wehrpflicht besteht aber weiterhin fort, sodass Wehrpflicht und ziviler Ersatzdienst rekonstitutionsfähig sind.

XIV. Freizügigkeit (Art. 11 GG)

639 Der **Schutzbereich** der Freizügigkeit schützt die Möglichkeit, an jedem Ort innerhalb des Bundesgebiets **Aufenthalt** und **Wohnsitz** zu nehmen, d.h. überall im Bundesgebiet seinen Lebensmittelpunkt zu wählen. Unter Wohnsitz wird unter Rückgriff auf

§ 7 Abs. 1 BGB die ständige Niederlassung verstanden; Aufenthalt ist das nur vorübergehende (aber nicht ganz kurze) Verweilen. In Abgrenzung zur körperlichen Bewegungsfreiheit geht es bei Art. 11 GG nicht um die Freiheit um der (Nicht-)Bewegung willen (hierfür ist Art. 2 Abs. 2 S. 2 GG einschlägig), sondern um des Aufenthalts willen. Indizien hierfür sind die Dauer des Aufenthalts und dessen Bedeutung. Die positive Freizügigkeit schützt auch die Freiheit (der Deutschen) zur Einreise und Einwanderung (vgl. BVerfGE 2, 266 (273) – Notaufnahme); nicht aber die Freiheit zu Ausreise und Auswanderung (vgl. BVerfGE 6, 32 (34) – Elfes; 72, 300 (345) – Einkommensteuerrecht – str.), die aktuell durch Reiseverbote z.B. für Hooligans oder sog. Dschihadisten (*Kloepfer*, FAZ vom 29. Oktober 2014) beschränkt wird. In negativer Hinsicht gewährleistet der Schutzbereich von Art. 11 GG auch die Freiheit, einen Ortswechsel nicht vorzunehmen, sondern an dem Ort seiner Wahl zu verbleiben (Bleibefreiheit, z.B. Schutz vor Umsiedelung; vgl. Bbg LVerfG, ZfB 2002, 45 ff.). Der Schutz vor Ausweisungen und Abschiebungen wird allerdings von Art. 16 Abs. 2 GG als lex specialis garantiert. Art. 11 Abs. 1 GG schützt nur Deutsche und inländische juristische Personen. Die Freizügigkeit von EU-Ausländern und juristischen Personen aus dem EU-Ausland innerhalb Deutschlands wird vom europäischen Recht (insbes. Art. 21, 45 ff., 49 ff., 49 ff. AEUV) sowie von Art. 2 Abs. 1 GG mit der Maßgabe gewährleistet, dass die Wertungen und Schrankenregelungen des Art. 11 GG wegen Art. 18 AEUV bei der Handlungsfreiheit angewendet werden müssen.

Unter welchen Voraussetzungen man einen **Eingriff** in das Grundrecht der Freizügigkeit hinzunehmen hat, ist umstritten. Nach einer Ansicht ist ein weiter Eingriffsbegriff anzuwenden, wonach jede staatliche, das freie Ziehen nicht nur vorläufig – imperativ oder faktisch – behindernde oder beeinträchtigende Maßnahme als Eingriff anzusehen ist. Danach sind allenfalls polizeiliche Platzverweise nicht als Eingriffe in die Freizügigkeit anzusehen. Nach einer anderen Ansicht sollen nur finale, d.h. auf die Beschränkung der Freizügigkeit abzielende Maßnahmen, als Eingriff zu qualifizieren sein. Das Bundesverfassungsgericht prüft im Einzelfall, ob von der staatlichen Maßnahme eine Wirkung ausgeht, die in ihrer Zielsetzung und Wirkung einem normativen und direkten Eingriff gleichkommt (vgl. BVerfGE 110, 177 (191) – Streichung von Unterstützungsleistungen). Dem ist beizupflichten, denn das Grundgesetz bindet den Schutz vor Grundrechtsbeeinträchtigungen nicht an den Begriff des Eingriffs oder gibt diesen inhaltlich vor (BVerfGE 110, 177 (191) – Streichung von Unterstützungsleistungen).

Die **Schranken** der Freizügigkeit ergeben sich aus Art. 11 Abs. 2 GG sowie aus Art. 17a Abs. 2 GG. Die Freizügigkeit darf nach **Art. 11 Abs. 2 GG** nur durch ein formelles Gesetz oder aufgrund eines formellen Gesetzes eingeschränkt werden, das einem der fünf Gründe dient, die in der Vorschrift enumerativ aufgezählt sind. Art. 11 Abs. 2 GG enthält also einen qualifizierten Gesetzesvorbehalt. Als besondere Beschränkungsvorbehalte kennt Art. 11 Abs. 2 GG den Sozialvorbehalt, den politischen Notstand, den Katastrophenvorbehalt, den Jugendschutzvorbehalt sowie den Kriminalitätsvorbeugungsvorbehalt. Nach **Art. 17a Abs. 2 GG** darf die Freizügigkeit durch Gesetze eingeschränkt werden, die der Verteidigung einschließlich des Schutzes der Zivilbevölkerung dienen. Auf der Grundlage von Art. 17a Abs. 2 GG einschränkbar ist insbes. die Freizügigkeit von Wehrpflichtigen (vgl. hierzu § 48 Abs. 1 Nr. 5b WPflG) und Zivildienstleistenden.

642 Bei der Beschränkung der Freizügigkeit muss nicht nur das Zitiergebot des Art. 19 Abs. 1 S. 2 GG als **Schranken-Schranke** beachtet werden, sondern vor allem auch das Übermaßverbot und die Wesensgehaltsgarantie (Art. 19 Abs. 2 GG).

XV. Eigentum und Erbrecht (Art. 14 GG), Sozialisierung (Art. 15 GG)

643 Eigentum ermöglicht in einem marktwirtschaftlichen System die faktische Entfaltung vieler Grundrechte und hat deshalb eine große Bedeutung. Die **Eigentumsgarantie** ist ein **abwehrendes Individualrecht,** das zugleich eine **objektive Garantie** mit hoher wirtschaftsverfassungsrechtlicher Relevanz enthält. Das Eigentumsgrundrecht soll einerseits die Privatnützigkeit von Eigentum sichern, andererseits aber auch seine Sozialbindung betonen und wird ganz entscheidend **vom Gesetzgeber geprägt.** Die Eigentumsgarantie schützt alle **vermögenswerten Rechte,** d.h. nicht nur das Eigentum im sachenrechtlichen Sinne, sondern z.B. auch vermögenswerte schuldrechtliche Forderungen sowie Urheberrechte und sogar solche öffentlich-rechtlichen Forderungen, die maßgeblich auf Leistungen der Bürger beruhen (z.B. Renten). Die Eigentumsgarantie erfasst Produktionseigentum wie persönliches Eigentum. Das Grundrecht schützt auch den eingerichteten und ausgeübten Gewerbebetrieb (str., s. dazu *Kloepfer*, Verfassungsrecht II, 2010, § 72 Rn. 42) sowie z.B. das Geldeigentum. Nicht geschützt werden von Art. 14 GG bloße Erwerbschancen. Auch das Vermögen als solches wird nicht geschützt, weil sonst jede – das Vermögen vermindernde – Steuerforderung des Staates an den Bürger in Art. 14 Abs. 1 GG eingreifen würde (und dann u.U. Entschädigungspflichten auslösen könnte). Art. 14 Abs. 1 GG schützt als individuelles Grundrecht u.a. den Erwerb (str.; anders die h.M.), das Innehaben, das Nutzen und das Veräußern von Eigentum. Außerdem garantiert Art. 14 GG das Recht des einzelnen, sein Eigentum in Verwaltungs- und Gerichtsverfahren zu verteidigen. Als Institutsgarantie schützt Art. 14 GG den Kernbestand der zivilrechtlichen Eigentumsordnung (z.B. das Sachenrecht), was einschlägige punktuelle Rechtsänderungen des eigentumsbezogenen Zivilrechts jedoch nicht ausschließt. Außerdem lassen sich aus Art. 14 GG Vertrauensschutzpositionen ableiten. Grundrechtsträger des Art. 14 GG sind alle natürlichen Personen und die inländischen juristischen Personen des Privatrechts (regelmäßig nicht des öffentlichen Rechts; vgl. BVerfGE 61, 82 (100 ff.) – Sasbach).

644 Der **Eingriffsbegriff** bei Art. 14 GG ist weit. Maßnahmen der Legislative, Exekutive sowie der Judikative, welche die Nutzung des (gesetzliche bestimmten) Eigentums er-

schweren oder unmöglich machen, wird man als Eingriff in die Eigentumsfreiheit ansehen können. Dazu können Realakte wie der Bau von Straßen (BGHZ 45, 150 (158 f.)) oder mittelbare Eingriffe (z.B. BVerwGE 50, 282 (287)) zählen. Weil die Eigentumsfreiheit ein normgeprägtes Grundrecht und eine Institutsgarantie ist (s.a. oben Rn. 433), kann im Einzelfall allerdings die Feststellung schwierig sein, ob es sich bei einer gesetzlichen Regelung um eine gesetzliche Ausgestaltung oder um einen Eingriff des Gesetzgebers handelt. Der Gesetzgeber kann eben nach Art. 14 Abs. 1 S. 2 GG „Inhalt und Schranken" zugleich bestimmen. Wegen der individualrechtsschützenden Funktion der Eigentumsfreiheit können allerdings allenfalls grundrechtserweiternde Inhaltsbestimmungen als eine nicht am Maßstab der Eigentumsfreiheit zu messende Ausgestaltung angesehen werden (s. *Kloepfer*, Verfassungsrecht II, 2010, § 72 Rn. 99).

Die an die **Rechtfertigung** von gesetzgeberischen Eigentumseingriffen zu stellenden Anforderungen sind davon abhängig, ob es sich um eine **Inhalts- und Schrankenbestimmungen** i.S.d. Art. 14 Abs. 1 S. 2 GG (insbes. auch zur Aktualisierung der sog. Sozialbindung des Art. 14 Abs. 2 GG) oder um eine **Enteignung** i.S.d. Art. 14 Abs. 3 GG handelt (s.a. *Kingreen*, Jura 2016, 390 (396 ff.). Zur Trennung beider eigentumsrelevanten Eingriffsformen sind u.a. die Sonderopfertheorie und die Zumutbarkeitstheorie entwickelt worden. Heute wird ein enger Enteignungsbegriff vertreten und eine Enteignung als völlige oder teilweise Entziehung von Eigentumspositionen (oder deren Privatnützigkeit) begriffen (s. BVerfGE 58, 300 (331) – Nassauskiesung; 70, 191 (199 f.) – Fischereibezirke). Eine Enteignung liegt vor allem bei der zwangsweisen Entziehung von Eigentum an beweglichen Sachen oder an Grundstücken vor. Die Trennung zwischen entschädigungsloser Schrankenbestimmung (Sozialbindung) und entschädigungspflichtiger Enteignung wird durch das Institut der ausnahmsweise ausgleichspflichtigen Inhalts- und Schrankenbestimmungen nach Art. 14 Abs. 1 S. 2 GG relativiert und verunklart (vgl. etwa BVerfGE 58, 137 (147 ff.) – Pflichtexemplar; 83, 201 (212 f.) – Bundesberggesetz; 100, 226 (244 ff.) – Denkmalschutz). Ein neuerer Ansatz, der die Enteignung stärker als Eigentumsverschaffungsvorgang sieht und die Schrankenbestimmung auf sonstige Eigentumsminderungen bzw. -belastungen anwendet, schafft hier mehr Klarheit (vgl. BVerfGE 104, 1 (9 f.) – Baulandumlegung). Rechtswidrige Schrankenbestimmungen führen nicht (mehr) zu sog. enteignungsgleichen Eingriffen, sondern sind vor Gericht zu bekämpfen.

645

Inhalts- und Schrankenbestimmungen sind als Schranken der Eigentumsfreiheit gerechtfertigt, wenn sie nicht gegen die allgemeinen verfassungsrechtlichen **Schranken-Schranken** verstoßen. Hier ist das **Übermaßverbot** von großer Bedeutung. Mit dessen Hilfe können die Privatnützigkeit des Eigentums und die Sozialbindung des Eigentums (s. Art. 14 Abs. 2 GG) in einen gerechten Ausgleich zueinander gebracht werden (vgl. etwa BVerfGE 58, 137 (147 f.) – Pflichtexemplar). Vergleichbares gilt für das Verhältnis zwischen Art. 14 Abs. 1 GG und Art. 20a GG. Unter Berufung auf die

646

Privatnützigkeit hat das Bundesverfassungsgericht insbes. die Zustandsverantwortlichkeit des Eigentümers für Altlasten – eher zu weitgehend – begrenzt (BVerfGE 102, 1 (20) – Altlasten).

647 Bei den **Enteignungen** ist zwischen Legalenteignungen (durch Parlamentsgesetze) und Administrativenteignungen (Verwaltungsentscheidungen aufgrund von Gesetzen) schon wegen des Rechtswegs zu unterscheiden. Die Schranken-Schranken für Enteignungen ergeben sich insbes. aus Art. 14 Abs. 3 GG. Danach sind Enteignungen **nur zum Wohle der Allgemeinheit** (Verbot fremdnütziger Enteignungen) und nur **gegen Entschädigung** zulässig. Die Entschädigung für Enteignungen ist in dem Gesetz zu regeln, das Grundlage der Enteignung ist (sog. **Junktimklausel** – Art. 14 Abs. 3 S. 2 GG). Ihre Höhe kann bei gerechter Abwägung (Art. 14 Abs. 3 S. 3 GG) auch unter dem Marktpreis liegen und im ordentlichen Rechtsweg überprüft werden. Neben Art. 14 Abs. 3 GG muss bei Enteignungen auch das **Übermaßverbot** als Schranken-Schranke berücksichtigt werden (vgl. dazu BVerfGE 45, 297 (335); 53, 336 (349)). Art. 14 Abs. 3 S. 4 GG eröffnet für Streitigkeiten wegen der Entschädigungshöhe den Rechtsweg vor den ordentlichen Gerichten.

648 Die **Erbrechtsgarantie** (Art. 14 Abs. 1 S. 1 GG) schützt als Individualrecht für alle natürlichen Personen u.a. die Testierfreiheit, aber auch die Freiheit des Erbens (sowohl in gewillkürter wie in gesetzlicher Erbfolge), wobei auf letztere sich auch inländische juristische Personen berufen können. Als Institutsgarantie sichert die Erbrechtsgarantie den Kernbestand der zivilrechtlichen Erbrechtsnormen. Durch die Alterung unserer Gesellschaft hat die Erbrechtsgarantie heute regelmäßig nicht mehr die Funktion, der jungen Generation eine Existenz zu sichern. Gleichwohl kann so etwa noch das Familienvermögen über den Tod hinaus zusammengehalten werden. Ein Eingriff in das grundrechtlich geschützte Erbrecht liegt in jeder hoheitlichen Regelung, die sich in relevanter Weise belastend auf den genannten Schutzumfang auswirkt. Grundsätzlich sind solche staatlichen Maßnahmen zulässig; insbes. kann der Gesetzgeber gem. Art. 14 Abs. 1 S. 2 GG Inhalt und Schranken des Erbrechts bestimmen. Der Wertungs- und Gestaltungsspielraum des Gesetzgebers ist erheblich und reicht nach Ansicht des Bundesverfassungsgerichts sogar weiter als bei der Eigentumsgarantie. Eine Inhalts- und Schrankenbestimmung ist z.B. auch die Erbschaftsteuer (vgl. BVerfGE 93, 165 (172 ff.) – Erbschaftssteuer). Art. 14 Abs. 1 S. 1 GG ist dann verletzt, wenn die Steuerbelastung das Vererben vom Standpunkt eines wirtschaftlich denkenden Eigentümers als ökonomisch sinnlos erscheinen lässt (BVerfGE 93, 165 (172) – Erbschaftssteuer; BVerfG, WM 2015, 1121). Bei der gesetzlichen Ausgestaltung der Erbschaftsteuer ist im besonderen Maße der Gleichheitssatz des Art. 3 Abs. 1 GG zu beachten. So bedarf insbesondere die steuerliche Verschonung von betrieblichem Vermögen eines hinreichenden Sachgrundes und muss ferner dem Gebot der Folgerichtigkeit entsprechen (vgl. BVerfGE 138, 136 ff. – Erbschaftssteuer; s.o. Rn. 198). Als Schranken-Schranke der Erbrechtsgarantie ist erneut vor allem das Übermaßverbot zu berücksichtigen.

Die **Sozialisierung** nach Art. 15 GG ist die abstrakte und generelle Entziehung von Grund und Boden oder des Produktionseigentums ganzer Wirtschaftszweige. Nicht darunter fällt der Erwerb von Aktienmehrheiten von Einzelunternehmen durch den Staat. Auch staatliche Maßnahmen zur Rettung von Unternehmen sind grundsätzlich keine Sozialisierungen, wenn und weil die Übernahmen im Einvernehmen mit den Unternehmen erfolgen. Art. 15 GG enthält keinen Auftrag zur Sozialisierung (und auch kein Privatisierungsverbot). Dementsprechend wurde Art. 15 GG aus wirtschaftspolitischen Erwägungen wie auch wegen der enormen Kostenfrage einer Entschädigungspflicht nach Art. 15 S. 2 GG (Marktpreis!) noch nie angewandt. Der Staat kann sich heute (z.B. durch wirtschaftsgestaltende Gesetze) in weitaus kostengünstigerer Form Einfluss auf Teile der Unternehmenspolitik sichern. Die großen Banken- und Finanzkrisen der letzten Jahre haben dazu geführt, dass der Gedanke der Sozialisierung (von Banken) in die allgemeine politische Diskussion zurückgekehrt ist.

649

XVI. Unverletzlichkeit der Wohnung (Art. 13 GG)

Mit der „Unverletzlichkeit der Wohnung" schützt Art. 13 GG nicht das Besitzrecht an einer Wohnung, sondern deren Privatheit. **Schutzgut** ist die räumliche Lebenssphäre, in der sich das Privatleben entfalten kann. Entsprechend dieser Schutzrichtung fallen „alle Räume, die der allgemeinen Zugänglichkeit durch eine räumliche Abschottung entzogen sind (objektives Kriterium) und zur Stätte privaten Lebens und Wirkens gemacht sind (subjektives Kriterium)" unter den Begriff der Wohnung i.S.d. Art. 13 GG. Der Bereich der „Wohnung" ist nach der Rechtsprechung des BVerfG weit auszulegen und umfasst **neben** der **Wohnung** im engeren Sinne **auch Arbeits-, Betriebs- und Geschäftsräume** (vgl. BVerfGE 32, 54 (69 ff.) – Betriebsbetretungsrecht). So unterliegen bspw. auch Amtsräume von Beamten und Richtern dem Schutz von Art. 13 Abs. 1 GG, sofern diese Räume der „räumlichen Privatsphäre" des Grundrechtsträger zuzurechnen sind (vgl. BVerfGK 2, 310 (314); BVerfGE 115, 166 (196 f.) – Telekommunikationsüberwachung). Der persönliche Schutzbereich von Art. 13 GG berechtigt alle Menschen und gemäß Art. 19 Abs. 3 GG alle inländischen juristischen Personen des Privatrechts.

650

Ein **Eingriff** in Art. 13 Abs. 1 GG liegt vor allem vor, wenn staatliche Stellen in die Wohnung eindringen oder sogar darin verweilen (z.B. BVerfGE 76, 83 (89) – Zwangsvollstreckung). Darüber hinaus verdeutlichen die Abs. 3 bis 5 von Art. 13 GG, dass ein Eingriff nicht zwingend das physische Betreten einer Wohnung verlangt. Entscheidend ist eine Beeinträchtigung des Schutzguts der räumlichen Privatsphäre, z.B. durch staatliche Lausch- und Spähmaßnahmen. Im Übrigen ist Art. 13 Abs. 7 GG die grundsätzliche Offenheit des Eingriffsbegriffs („Eingriffe und Beschränkungen") bei Art. 13 GG zu entnehmen. Wird durch eine staatliche Maßnahme die grundsätzliche Verfügungs- und Benutzungsbefugnis des Inhabers über

651

Wohnräume betroffen, liegt regelmäßig kein Eingriff in Art. 13 Abs. 1 GG, sondern in Art. 14 Abs. 1 GG vor.

652 In Anknüpfung an die Art des Eingriffs normieren die Abs. 2–7 des Art. 13 GG **unterschiedliche Schranken.** Zu unterscheiden ist zwischen der Zulässigkeit von Wohnungsdurchsuchungen (Art. 13 Abs. 2 GG, s. Rn. 653), den Voraussetzungen für den Einsatz technischer Mittel (Art. 13 Abs. 3–5 GG, s. Rn. 654) und den Anforderungen an sonstige Maßnahmen (Art. 13 Abs. 7 GG, s. Rn. 655). Art. 17a GG sieht darüber hinaus vor, dass die Privatheit der Wohnung auch durch Gesetze beschränkt werden kann, die der Verteidigung einschließlich des Schutzes der Zivilbevölkerung dienen.

653 Die **Durchsuchung,** verstanden als ziel- und zweckgerichtetes Suchen staatlicher Organe nach Personen oder Sachen oder zur Ermittlung eines Sachverhalts, steht nach Art. 13 Abs. 2 GG nicht nur unter qualifiziertem Gesetzesvorbehalt, sondern im konkreten Fall auch unter vorbeugendem Richtervorbehalt. Der Durchsuchungsbeschluss hat die rechtliche Grundlage der konkreten Maßnahme zu schaffen und muss Rahmen, Grenzen und Ziel der Durchsuchung definieren. Entsprechendes ist z.B. in den §§ 102 ff. StPO umgesetzt.

654 Der **Einsatz technischer Mittel** bei der Überwachung von Wohnungen wird in Art. 13 Abs. 3 bis 5 GG unterschiedlichen Zulässigkeitsvoraussetzungen unterworfen. Dieser Differenzierung liegt der jeweilige Zweck der staatlichen Maßnahme zugrunde: Zum Zweck der **Strafverfolgung** ermöglicht Abs. 3 den Einsatz technischer Mittel (nur) zur akustischen Überwachung von Wohnungen. Zum Zweck der **Abwehr dringender Gefahren** normiert Abs. 4 Voraussetzungen für den Einsatz technischer Mittel bei der (visuellen oder akustischen) Wohnungsüberwachung. Schließlich enthält Abs. 5 Regelungen über den Einsatz technischer Mittel zum ausschließlichen Zweck des **Schutzes von Ermittlungspersonen.** Abs. 6 dient einer wirksamen **parlamentarischen Kontrolle** des Einsatzes technischer Mittel zur Überwachung von Wohnungen.

655 Trotz seines subsidiären Charakters normiert Art. 13 Abs. 7 GG die Zulässigkeit **sonstiger Eingriffe und Beschränkungen** nicht generalklauselartig, sondern differenziert zwischen Eingriffen zur Abwehr einer gemeinen Gefahr bzw. einer Lebensgefahr (zulässig ohne spezialgesetzliche Ermächtigung) und Eingriffen zur Verhütung dringender Gefahren für die öffentliche Sicherheit und Ordnung, insbes. zur Behebung der Raumnot, zur Bekämpfung von Seuchengefahr oder zum Schutze gefährdeter Jugendlicher (zulässig nur aufgrund spezialgesetzlicher Ermächtigung). Ob Art. 13 Abs. 1 GG darüber hinaus auch durch **verfassungsimmanente Schranken,** also vor allem durch Grundrechte Dritter oder andere Werte von Verfassungsrang begrenzt werden kann, ist umstritten. Mit der h.M. ist aber grundsätzlich davon auszugehen, dass auch Grundrechte mit qualifiziertem Gesetzesvorbehalt durch verfas-

sungsimmanente Werte eingeschränkt werden können, solange der Sinn der Qualifizierung des Vorbehalts nicht unterlaufen wird.

Als **Schranken-Schranke** sind etwa das **Übermaßverbot** und das **Zitiergebot** aus Art. 19 Abs. 1 S. 2 GG zu berücksichtigen. Als Schranken-Schranke wirkt auch das **allgemeine Persönlichkeitsrecht** aus Art. 2 Abs. 1 GG i.V.m. Art. 1 Abs. 1 GG der sich in der Wohnung aufhaltenden Personen. Deshalb dürfen Eingriffe in die Unverletzlichkeit der Wohnung (insbes. Durchsuchungen und der Einsatz technischer Mittel) in keinem Fall in den „unantastbaren Bereich der privaten Lebensgestaltung vordringen" (BVerfGE 109, 279 (318) – großer Lauschangriff; ähnlich SächsVerfGH, NVwZ 2005, 1310 (1314)). Dies bewirkt keinen (absoluten) Schutz der Wohnung, wohl aber Schutz des privaten Verhaltens innerhalb der Wohnung vor Ausspähung. Insofern kann man in Art. 13 GG auch das Recht erblicken, innerhalb der Wohnung in Ruhe gelassen zu werden (vgl. BVerfGE 109, 279 (326) – großer Lauschangriff).

656

XVII. Brief-, Post- und Fernmeldegeheimnis (Art. 10 GG)

Das Brief-, Post- und Fernmeldegeheimnis (Art. 10 GG) dient der Sicherung der Privatsphäre und schützt die Vertraulichkeit individueller Kommunikation, soweit sie schriftlich oder fernmeldetechnisch übertragen wird. Es dient maßgeblich auch der inhaltlichen Freiheit der Individualkommunikation. Es ist individuelles Abwehrrecht und objektive Wertsicherung. Die dem Wortlaut zu entnehmende Dreiteilung (Brief-, Post- und Fernmeldegeheimnis) wird von der h.M. zugunsten einer einheitlichen Interpretation des grundrechtlichen **Schutzbereichs** aufgegeben oder doch relativiert. Das **Briefgeheimnis** schützt den schriftlichen Verkehr der einzelnen untereinander gegen eine Kenntnisnahme der öffentlichen Gewalt von dem Inhalt des Briefes. Zu dieser öffentlichen Gewalt gehörte ursprünglich gerade auch die hoheitlich organisierte Post. Durch die Privatisierung der Post veränderte sich die Ausrichtung des **Postgeheimnisses** entscheidend: Die privatisierte Post ist heute nicht mehr Grundrechtsverpflichtete des Postgeheimnisses. Heute gewährleistet Art. 10 GG Schutz für den durch die Post vermittelten Verkehr vor staatlichem Zugriff. Das Post- und Fernmeldegeheimnis erstreckt sich nicht nur auf den Inhalt der übermittelten Sendung, sondern auch schon auf die Tatsache der Vertraulichkeit des Postverkehrs an sich. Das **Fernmeldegeheimnis** schützt die Vertraulichkeit einzelpersonengerichteter Telekommunikation, d.h. aller Mitteilungen, die mit Mitteln des Fernmeldeverkehrs übertragen werden (Telefongespräche, Telefax, Telegramm- und Fernschreibverkehr) sowie elektronische und heute besonders wichtig – die Internetkommunikation (insbes. E-Mail, internetgestützte Messenger-Dienste wie Skype, Whatsapp etc.). Nicht dem Schutz der Individualkommunikation unterliegen Daten, die etwa auf einer Homepage bzw. Webforen oder in sozialen Netzwerken frei abrufbar sind und damit einem nicht individuell abgrenzbaren Personenkreis zur Verfügung gestellt werden (vgl. *Greve*, Access-Blocking, 2012, S. 292 ff.; *Schenke*, in: Stern/Becker, Grundrech-

657

te-Kommentar, 2. Aufl. 2016, Art. 10 Rn. 43). Im Hinblick auf die technische Entwicklung des Fernmeldeverkehrs entfaltet es einen dynamischen Schutz. Der Schutzbereich des Art. 10 Abs. 1 GG umfasst nicht nur den Kommunikationsinhalt, sondern grundsätzlich auch die Vertraulichkeit der näheren Umstände des Kommunikationsvorgangs (vgl. in Bezug auf das Briefgeheimnis: BVerfGE 85, 386 (396) – Fangschaltungen; s. auch BVerfGE 125, 260 (309) – Vorratsdatenspeicherung; 130, 151 (179) – Bestandsdatenspeicherung). Dazu gehört beim Fernmeldegeheimnis auch die Tatsache, ob und wann zwischen welchen Personen und Fernmeldeanschlüssen Fernmeldeverkehr stattgefunden hat oder versucht worden ist (sog. Verbindungsdaten; vgl. BVerfGE 67, 157 (172) – G 10; 85, 386 (396) – Fangschaltungen; 100, 313 (359) – Telekommunikationsüberwachung; 107, 299 (312 f.) – Telekommunikationsüberwachung II; BVerfGE 125, 260 (310 f.) – Vorratsdatenspeicherung; 130, 151 (179) – Bestandsdatenspeicherung). Soweit die Verbindungsdaten allerdings im Herrschaftsbereich des Kommunikationsteilnehmers gespeichert sind, ist nicht Art. 10 GG, sondern das Recht auf informationelle Selbstbestimmung einschlägig (s. BVerfG 115, 166 (183) – Kommunikationsverbindungsdaten; BVerfGE 124, 43 (58) – E-Mail-Beschlagnahme). Ebenso verhält es sich, wenn eingeschaltete Mobiltelefone zur Standortbestimmung einer Person benutzt werden (vgl. *Nachbaur*, NJW 2007, 335 (336 f.)). Bei Sachverhalten mit Auslandsbezügen können Modifikationen und Differenzierungen des Grundrechtsschutzes zulässig oder sogar geboten sein (vgl. BVerfGE 100, 313 (363) – Telekommunikationsüberwachung). Die gilt insbesondere für nachrichtendienstliche Tätigkeiten im Ausland, die nur zum Teil der Grundrechtsbindung unterliegen sollen (s. dazu *Gärditz*, Die Verwaltung 2015, 463 ff.; kritisch *Bäcker*, K&R 2014, 556 (560 f.)). **Grundrechtsträger** sind alle natürlichen Personen (auch Minderjährige) und alle (inländischen) juristischen Personen. Den ausländischen juristischen Personen bleibt insoweit nur der Schutz des Art. 2 Abs. 1 GG oder die Gründung inländischer Tochtergesellschaften.

658 Ein **Eingriff** in Art. 10 Abs. 1 GG liegt vor, wenn staatliche Stellen sich ohne Zustimmung der Kommunikationsteilnehmer Kenntnis von dem Inhalt oder den Umständen der geschützten Übermittlungsvorgänge verschaffen oder die so gewonnenen Informationen nutzen (vgl. BVerfGE 85, 386 (398) – Fangschaltungen). Die Eingriffsqualität von staatlichen Maßnahmen fehlt, wenn der Kommunikationsteilnehmer in die jeweilige Maßnahme eingewilligt hat (zum Grundrechtsausübungsverzicht s. Rn. 523 ff.). Dabei ist allerdings zu beachten, dass Eingriffe in Art. 10 Abs. 1 GG regelmäßig zwei (u.U. auch mehrere) Kommunikationspartner treffen, sodass ein Eingriff nur dann zu verneinen ist, wenn beide ihre Einwilligung erteilt haben.

659 Als **Schranke** sieht Art. 10 Abs. 2 S. 1 GG einen allgemeinen Gesetzesvorbehalt vor. Dieser Gesetzesvorbehalt wird neben post- und telekommunikationsrechtlichen Regelungen vor allem durch die StPO und das StVollzG ausgefüllt. Daneben gestattet die sog. Staatsschutzklausel des Art. 10 Abs. 2 S. 2 GG zum Schutz der freiheitlich-demokratischen Grundordnung Eingriffe in das Brief-, Post- und Fernmeldegeheim-

nis. Insbesondere im Hinblick auf den hier möglichen Ausschluss des Rechtswegs wird Art. 10 Abs. 2 S. 2 GG z.T. für verfassungswidrig gehalten, weil der Anspruch auf rechtliches Gehör, die Rechtsweggarantie und die Gewaltenteilung verletzt seien. Deshalb wurde die Klausel z.T. als „verfassungswidrige Verfassungsnorm" charakterisiert. Das auf Art. 10 Abs. 2 S. 1 GG gestützte G-10-Gesetz (Neufassung v. 26.6.2001, BGBl. I, S. 1254) konkretisiert u.a. auch die Staatsschutzklausel des Abs. 2 S. 2 GG (zur Verfassungsmäßigkeit und verfassungskonformen Auslegung des G-10 Gesetzes s. BVerfGE 67, 157 (172 ff.)).

Sowohl Eingriffe in Art. 10 Abs. 1 GG als auch die Geheimhaltung von Eingriffen nach Art. 10 Abs. 2 S. 2 GG sind nur unter Beachtung allgemeiner **Schranken-Schranken**, wozu insbes. das Übermaßverbot gehört, zulässig. Eingriffe zum Zwecke der allgemeinen Strafverfolgung müssen sich auf Delikte bestimmter Schwere und Bedeutung richten. Auch an den Grad eines Tatverdachts sind **strenge Anforderungen** zu stellen (vgl. BVerfGE 107, 299 (321 ff.) – Telekommunikationsüberwachung II).

660

XVIII. Schutz vor Ausbürgerung (Art. 16 Abs. 1 GG) und Auslieferung (Art. 16 Abs. 2 GG)

Mit dem Schutz vor Ausbürgerung in Art. 16 Abs. 1 GG und dem Auslieferungsverbot in Art. 16 Abs. 2 GG sind zwei Grundrechte systematisch zusammengefasst, die an **besondere Lagen im Hinblick auf grenzüberschreitende Sachverhalte** zwischen Personen und Staat anknüpfen. In historischer Hinsicht sind die Grundrechte teilweise auch als Reaktion auf NS-Unrecht zu verstehen.

661

Art. 16 Abs. 1 GG schützt vor **Ausbürgerung**, die sich formal als Verlust der deutschen Staatsangehörigkeit darstellt. Dagegen wird der Erwerb der Staatsangehörigkeit von Art. 16 Abs. 1 GG vorausgesetzt, er richtet sich grundsätzlich nach den einfach-gesetzlichen Vorschriften des StAG. Dementsprechend sind Grundrechtsträger des Art. 16 Abs. 1 GG nicht alle Deutschen i.S.d. Art. 116 GG (s. dazu Rn. 111), sondern nur deutsche Staatsangehörige, nicht aber sog. Statusdeutsche. Als etwaige Eingriffe in Art. 16 Abs. 1 GG sind die **Entziehung** (Art. 16 Abs. 1 S. 1 GG) und der **Verlust** (Art. 16 Abs. 1 S. 2 GG) der deutschen Staatsangehörigkeit voneinander abzugrenzen. Nach überwiegender Meinung beschreibt die Entziehung einen Spezialfall des Verlustes, nämlich den vom betroffenen Bürger unvermeidbaren Verlust der deutschen Staatsangehörigkeit, den der Betroffene also nicht beeinflussen kann. Die Rücknahme einer durch Täuschung erwirkten Einbürgerung nach § 48 VwVfG stellt nach Ansicht des Bundesverfassungsgerichts keine Entziehung dar und ist damit als verfassungsmäßiger Verlust zu behandeln (vgl. BVerfGE 116, 24 (44 ff.) – erschlichene Einbürgerung). Auch der Verlust der deutschen Staatsangehörigkeit bei Erwerb einer ausländischen Staatsangehörigkeit nach §§ 17 Abs. 1 Nr. 2, 25 Abs. 1 StAG ist keine Entziehung nach Art. 16 Abs. 1 S. 1 (BVerfG, NJW 1990, 2193). Der Staatsan-

662

gehörigkeitsverlust kann gesetzlich geregelt werden. Der Schutz vor Ausbürgerung kennt also einen allgemeinen Gesetzesvorbehalt. Die (vom Betroffenen nicht beeinflusste) Entziehung der Staatsangehörigkeit ist hingegen unter keinen Umständen rechtfertigbar (vgl. BVerfGE 135, 48 (58 ff.) – behördliche Vaterschaftsanfechtung). Als besondere **Schranken-Schranke** ist zu berücksichtigen, dass der Verlust der Staatsangehörigkeit nicht zur Staatenlosigkeit führen darf. Allgemeine Schranken-Schranken stellen das Zitiergebot nach Art. 19 Abs. 1 S. 2 GG und das Übermaßverbot dar.

663 Art. 16 Abs. 2 S. 1 GG verbietet die **Auslieferung** eines Deutschen (nicht nur deutscher Staatsangehöriger, vgl. Art. 116 GG) an eine fremde Macht, d.h. die zwangsweise Entfernung aus Deutschland. Das Deutschenprivileg des Art. 16 Abs. 2 S. 1 GG gilt bei Auslieferung an Drittstaaten nicht für Unionsbürger, da der Auslieferungsverkehr mit Drittstaaten nicht in den Anwendungsbereich des Unionsrechts fällt (vgl. BVerfG; NJW 2014, 1945; a.A. LG Berlin, EuZW 2016, 400, das eine Vorlage an den EuGH initiiert hat). Art. 16 Abs. 2 S. 1 GG erstreckt sich auch auf die sog. Durchlieferung, wohingegen umstritten ist, ob auch die Rücklieferung unter das Verbot des Art. 16 Abs. 2 S. 1 GG fällt. Das Auslieferungsverbot gilt absolut und ist daher grundsätzlich nicht beschränkbar. Eine **Schranke** stellt allerdings der qualifizierte Gesetzesvorbehalt des Art. 16 Abs. 2 S. 2 GG dar. Darin heißt es: „Durch Gesetz kann eine abweichende Regelung für **Auslieferungen an einen Mitgliedstaat der Europäischen Union oder an einen internationalen Gerichtshof** getroffen werden, soweit rechtsstaatliche Grundsätze gewahrt sind". Durch Gesetz kann also vorgesehen werden, dass Deutsche auch an den IStGH und an Mitgliedstaaten der EU ausgeliefert werden können (s. dazu BVerfGE 113, 273 (292 ff.) – Europäischer Haftbefehl). Der zweite Halbsatz in Art. 16 Abs. 2 S. 2 GG kann als besondere **Schranken-Schranke** verstanden werden, wonach eine Auslieferung an den IStGH sowie an EU-Mitgliedstaaten stets nur bei Wahrung rechtsstaatlicher Grundsätze zulässig ist. Das Bundesverfassungsgericht hat in Anwendung dieses Zusatzes entschieden, dass nur dann in einen EU-Mitgliedsstaat ausgeliefert werden darf, wenn sichergestellt ist, dass rechtsstaatliche Voraussetzungen im Sinne der Strukturerwartung des Art. 23 Abs. 1 GG von der ersuchenden Stelle gewahrt werden (BVerfGE 113, 273 (308) – Europäischer Haftbefehl; Gründe für die Ablehnung der Vollstreckung können sich u.a. auch aus Art. 4 GRCh (Verbot der Folter etc.) ergeben, vgl. EuGH, Rs. C-404/15 – Pál Aranyosi u. C-659/15 PPU – Robert Căldăraru). Zu diesen Voraussetzungen zählen bspw. das Verbot rückwirkender Strafen, die Unschuldsvermutung, das Gebot rechtlichen Gehörs und die Gewährleistung einer effektiven Verteidigung.

XIX. Asylrecht (Art. 16a GG)

Das zunächst in Art. 16 Abs. 2 S. 2 GG vorbehaltlos gewährleistete **Asylrecht** ist seit der Änderung des Grundgesetzes aus dem Jahre 1993 in Art. 16a GG verankert. Mit den z.T. sehr detaillierten Regelungen hat der verfassungsändernde Gesetzgeber eine Grundlage zu schaffen versucht, die einer europäischen Gesamtregelung mit dem Ziel des Lastenausgleichs der beteiligten Staaten und der Steuerung der Ströme von Asylsuchenden Rechnung tragen soll. Auch nach der Verfassungsänderung werden Voraussetzungen und Umfang des politischen Asyls maßgeblich bestimmt von der Unverletzlichkeit der Menschenwürde (BVerfGE 54, 341 (357)). Durch die Etablierung des Gemeinsamen Europäischen Asylsystems auf Unionsebene hat Art. 16a GG mittlerweile erheblich an praktischer Bedeutung verloren (s. auch *Kluth*, in: Stern/Becker, Grundrechte-Kommentar, 2. Aufl. 2016, Art. 16a Rn. 19; *Jarass*, in: ders./Pieroth, GG, 14. Aufl. 2016, Art. 16a Rn. 3). Der Trend zur Vollharmonisierung des Asylrechts auf europäischer Ebene könnte den Anwendungsbereich von Art. 16a GG letztlich vollkommen minimieren (vgl. *Dörig/Langenfeld*, NJW 2016, 1 ff.). 664

Die sog. **Flüchtlingskrise** (ab etwa 2015) hat durch die massenhafte und teilweise unkontrollierte Zuwanderung sowohl das europäische, wie auch das deutsche Asylsystem vor eine schwere Belastungsprobe gestellt. Dabei wird sich noch zeigen müssen, ob das Konzept des deutschen und europäischen Asylrechts (insbes. das Konzept sicherer Drittstaaten – Rn. 668 – einschließlich Dublin-III-Verfahren) durchzuhalten ist und ob eine EU-weite Verteilung der Flüchtlinge rechtlich durchgesetzt werden kann. 665

Die **Struktur des Art. 16a GG** ist z.T. umstritten. Das Bundesverfassungsgericht begreift Abs. 1 als eigentliches Grundrecht, dessen persönlicher Geltungsbereich durch Abs. 2 S. 1 u. 2 zurückgenommen und dessen verfahrensbezogener Gewährleistungsinhalt durch Abs. 3 beschränkt wird. Abs. 2 S. 3 und Abs. 4 begrenzen die Wirksamkeit des einstweiligen Rechtsschutzes, während Abs. 5 verfassungsrechtlich eine europaweite Regelung des Flüchtlingsschutzes – insbes. die gegenseitige Anerkennung von Asylentscheidungen – absichert. 666

Der **Schutzbereich** von Art. 16a GG gewährt politisch Verfolgten das Asylrecht, nicht aber sog. Wirtschafts- und Umweltflüchtlingen bzw. sonstigen Zuwanderern. Das Merkmal des Politischen ist freilich nicht in einem engen Sinne zu verstehen. Die verfassungsgerichtliche Rechtsprechung knüpft bei der Ermittlung der asylerheblichen Merkmale an den Flüchtlingsbegriff in Art. 1 Absch. A Nr. 2 der Genfer Flüchtlingskonvention an (vgl. BVerfGE 54, 341 (357 ff.) – Wirtschaftsasyl; 76, 143 (157) – Ahmadiyya-Glaubensgemeinschaft). **Politisch verfolgt** ist jeder, der wegen seiner Rasse, Religion, Nationalität, Zugehörigkeit zu einer sozialen Gruppe oder wegen seiner politischen Überzeugung Verfolgungsmaßnahmen mit Gefahr für Leib und Leben oder Beschränkungen seiner persönlichen Freiheit ausgesetzt ist oder solche Verfolgungsmaßnahmen (begründet) befürchtet (s.a. *Ellerbrock/Hartmann*, ZJS 667

2016, 157 ff.). Dabei wird als Verfolgung grundsätzlich jede Beeinträchtigung von Rechtsgütern bezeichnet, die den Betroffenen in eine ausweglose Lage bringt. Die Verfolgung muss grundsätzlich zum Zeitpunkt der Ausreise bestehen. Eine strafrechtliche Verfolgung wegen allgemeiner Kriminalität ist keine politische Verfolgung i.S.d. Art. 16a GG. Für die Eigenschaft als politisch Verfolgter ist grundsätzlich der Zeitpunkt der Ein- und Ausreise bedeutsam. Es können aber auch objektive Nachfluchtgründe (z.B. Bürgerkrieg im Heimatland, nicht aber subjektive, selbst verursachte Nachfluchtgründe; s. BVerfGE 74, 51 (64 ff.) – Nachflucht) sowie Vorverfolgungsgründe ausreichen (BVerfGE 87, 52 (53)). Die (ungeschriebene) Voraussetzung, dass politische Verfolgung stets nur staatliche Verfolgung sein könne, ist vom Bundesverfassungsgericht immer weiter relativiert worden (s. etwa BVerfGE 9, 174 (180) – politisch Verfolgter; 54, 341 (358) – Wirtschaftsasyl; 80, 315 (336) – Tamilen). So soll die Verfolgung durch Bürgerkriegsparteien ausreichen. Anders als alle anderen Grundrechte steht Art. 16a GG nur Ausländern zu. Der Gesetzgeber hat inzwischen in Umsetzung des Art. 18 der europäischen Qualifikationsrichtlinie 2011/95/EU durch Krieg bedrohte Flüchtlinge den politisch Verfolgten teilweise gleichgestellt (vgl. § 4 Abs. 1 AsylG) und ihnen einen sog. subsidiären Schutz gewährt.

668 Wer aus einem **sicheren Drittstaat** im Sinne des Art. 16a Abs. 2 S. 1 GG in die Bundesrepublik Deutschland einreist, bedarf des Schutzes der grundrechtlichen Gewährleistung grundsätzlich nicht, weil er in dem verfolgungssicheren Drittstaat Schutz vor politischer Verfolgung hätte finden können. Damit sind alle auf dem Landweg einreisenden Ausländer vom Asylrecht ausgeschlossen (vgl. § 26a Abs. 1 S. 1 AsylVfG), weil alle Nachbarn Deutschlands verfolgungssicher sind. An die Stelle der Einzelfallprüfung tritt die Entscheidung des Gesetzgebers als Ausdruck eines Konzepts normativer Vergewisserung (vgl. BVerfGE 94, 49 (95 f.)). Allerdings hat das Bundesverfassungsgericht in einem Eilverfahren – politisch nachvollziehbar aber verfassungsrechtlich durchaus problematisch – entschieden, dass ein über Griechenland eingereister politisch Verfolgter nicht zurück nach Griechenland ausgewiesen werden dürfe, weil ihm dort wegen der Überlastung der Behörden und Gerichte möglicherweise die Geltendmachung seines Asylrechts unmöglich gemacht würde (BVerfG-K, NVwZ 2009, 1281; s. auch EuGH, NVwZ 2012, 417; EGMR, NVwZ 2011, 413). Von Überstellungen Asylsuchender nach Griechenland wird daher derzeit abgesehen (BVerfGE 128, 224 (226)). Aus den grundrechtlichen Schutzpflichten aus Art. 2 Abs. 2 S. 1 GG und Art. 6 Abs. 1 GG können sich insbesondere im Hinblick auf Familien mit Kleinstkindern erhöhte Anforderungen ergeben, wenn im aufnehmenden Staat das Asylsystem an erheblichen Mängeln leidet (vgl. für Italien BVerfG, NVwZ 2014, 1511 ff.; BayVBl. 2015, 744 f. u. EGMR, NVwZ 2015, 127 ff.). Hingegen ist die unkontrollierte Einreise von Asylbewerbern nicht mit verfassungsrechtlichen und einfachgesetzlichen Vorgaben des Asylrechts vereinbar (s. allgemein zur Thematik die Beiträge in *Depenheuer/Grabenwarter*, Der Staat in der Flüchtlingskrise, 2016; ferner *Peukert/Hillgruber/Foerste/Putzke*, ZAR 2016, 131 ff.; a.A. etwa *Becker/Kers-*

ten, NVwZ 2016, 580 (581)). Art. 16a Abs. 2 GG gewährleistet kein Recht auf Einreise für Zuwanderer. Im Unterschied zu diesen sicheren Drittstaaten nach Abs. 2 können nach Abs. 3 auch durch gesetzliche Feststellung **Herkunftsstaaten** bestimmt werden, in denen nach widerleglicher Vermutung keine politische Verfolgung stattfindet (als solche gelten derzeit Albanien, Bosnien und Herzegowina, Ghana, Kosovo, Mazedonien, Montenegro, Senegal und Serbien, s. Anlage II zu § 29a AsylVfG). Es gibt zudem die Absicht, den Kreis solcher verfolgungsfreier Staaten auszudehnen, z.B. auf nordafrikanische Staaten. Durch die gesetzliche Feststellung sicherer Herkunftsstaaten wird der Schutzbereich des Art. 16a Abs. 1 GG begrenzt.

Jegliche einreiseverweigernde, aufenthaltsverweigernde oder -beendende Maßnahme kann als **Eingriff** in das Asylrecht qualifiziert werden. Demgegenüber sind die Verfahrensregelungen über die Feststellung der Voraussetzungen des Art. 16a GG im Asylverfahrensgesetz nicht per se als Eingriff, sondern als bloße Grundrechtsausgestaltung zu werten, denn dieses Verfahren ist Voraussetzung für die Verwirklichung des Grundrechts (BVerfGE 56, 216 (236 f.); 65, 76 (93 f.); 70, 180 (189 f.)). 669

Das Asylgrundrecht kennt zwar Schutzbereichsbegrenzungen (insbes. Art. 16a Abs. 2, 3 GG), nicht aber einen gesetzlichen Beschränkungsvorbehalt. Es wird aber gleichwohl nur unter **verfassungsimmanenten Schranken** (bspw. Sicherheit des Staates, Sicherheit der Bevölkerung und Sozialstaatsprinzip) gewährt und steht unter dem Vorbehalt des Möglichen – str. – (vgl. *Kloepfer*, Tagesspiegel vom 4. Dezember 2015, abrufbar unter http://bit.ly/1X2R3lm; *Kluth*, ZAR 2016, 1 (3 ff.); *Hopfauf*, ZRP 2015, 226 ff.). Letztlich ist die gesamte Beschränkung des Asylrechts Ausdruck einer Abwägung zwischen Individualinteressen der Asylbewerber und den vielfältigen öffentlichen Interessen in Deutschland. 670

Beschränkungen des Asylrechts sind insbes. dann unzulässig, wenn das Übermaßverbot als **Schranken-Schranke** verletzt wird. Eine solche Verletzung kommt etwa dann in Betracht, wenn durch eine Abschiebung politisch Verfolgter deren Einkerkerung unter menschenunwürdigen Umständen, die Versklavung oder sonstige die Menschenwürde missachtende Maßnahmen (z.B. Zwangsbeschneidung) drohen. 671

Wie erwähnt genießen **Zuwanderer** einschließlich sog. Wirtschafts- und Umweltflüchtlinge nicht den Schutz des Asylgrundrechts, auch wenn sie sich (zu Unrecht) darauf berufen (vgl. BVerfGE 54, 341 (357) – Asylgewährung). Ihnen kommt aber der Schutz der Menschenwürde (Art. 1 Abs. 1 S. 1 GG), die allgemeine Handlungsfreiheit (Art. 2 Abs. 1 GG) und die Rechtsschutzgarantie (Art. 19 Abs. 4 GG) zu. Das Parlament hat (z.B. durch ein mögliches Einwanderungsgesetz) darüber zu entscheiden, ob, in welchem Ausmaß und unter welchen Bedingungen eine Zuwanderung politisch nicht Verfolgter zulässig sein soll. 672

XX. Schutz von Ehe und Familie (Art. 6 GG), schulische Grundrechte (Art. 7 GG)

673 Art. 6 GG formuliert Maßstäbe für den staatlichen Umgang mit Ehe, Familie, Eltern und Kindern. **Verschiedene grundrechtliche Funktionen** werden von Art. 6 GG umfasst, nämlich Freiheits- und Gleichheitsrechte, Institutsgarantien, Grundsatzentscheidungen, Gesetzgebungsaufträge und staatliche Schutzpflichten.

674 Unter **Ehe** wird das auf Dauer angelegte, staatlich beurkundete (monogame) Zusammenleben von Frau und Mann in einer grundsätzlich auf Dauer angelegten Lebensgemeinschaft verstanden. Kennzeichnend ist die Geschlechtsverschiedenheit: Gleichgeschlechtliche Verbindungen, nichteheliche heterosexuelle Lebensgemeinschaften („wilde Ehen"), Lebensabschnittsgemeinschaften, „Ehen auf Zeit" etc. werden nicht von Art. 6 GG, sondern von Art. 2 Abs. 1 GG geschützt, so dass diesen Partnerschaften kein Recht auf Eheschließung zusteht und ein weiter Beschränkungsvorbehalt besteht. Ebenso werden geschiedene Ehen nicht vom Schutzbereich des Art. 6 Abs. 1 GG erfasst. **Familie** ist die – maßgeblich auch vom Erziehungszweck bestimmte – Gemeinschaft der Eltern mit ihren (ehelichen oder nichtehelichen) Kindern, einschließlich Adoptiv-, Stief- und Pflegekindern. Es werden dabei aber nicht nur traditionelle Familien, sondern auch Ein-Eltern-Familien und sog. Patchwork-Familien erfasst.

675 Der allgemeine, für alle Menschen geltende Schutz von Ehe und Familie wird von Art. 6 Abs. 1 GG gewährleistet. Der Staat hat einerseits Ehe und Familie zu fördern und zu schützen (**objektivrechtlicher Gehalt**) und andererseits Störungen und Diskriminierungen zu unterlassen (**abwehrender Gehalt**). In Verbindung mit den Spezialvorschriften des Art. 6 Abs. 2 u. 3 GG wird ein Abwehrrecht gegen staatliche Eingriffe zur Sicherung des familiären Zusammenlebens gewährt. Geschützt werden die Freiheit der Eheschließung und des ehelichen Zusammenlebens einschließlich der negativen Freiheit, keine Ehe einzugehen. Geschützt ist auch die Freiheit der Familiengründung. Weiterhin sichert Art. 6 Abs. 1 GG als **Institutsgarantie** den grundsätzlichen Bestand (der zivilrechtlichen Regelungen) von Ehe und Familie. Der von Art. 6 Abs. 1 GG beschriebene „besondere Schutz" konstituiert nach überwiegender Praxis **kein Abstandsgebot** der Ehe gegenüber anderen Lebensgemeinschaften (BVerfGE 105, 313 (348) – Lebenspartnerschaftsgesetz; BVerfG-K, NJW 2008, 209 (211)). Solange staatliche Regelungen über nichteheliche (hetero- oder homosexuelle) Lebensgemeinschaften der Institution der Ehe keinen Nachteil zufügen (etwa durch Benachteiligungen im Steuerrecht), können diese Lebensgemeinschaften vom Gesetzgeber mit der Ehe gleichgestellt werden (vgl. BVerfGE 105, 313 (345 f.) – Lebenspartnerschaftsgesetz). Sofern die Förderung der Ehe mit einer Benachteiligung vergleichbarer Lebensgemeinschaften einhergeht, kann die bloße Verweisung auf das Schutzgebot der Ehe eine solche Differenzierung nicht rechtfertigen, denn aus Art. 6 Abs. 1 GG lässt sich kein Gebot herleiten, andere Lebensformen gegenüber der Ehe zu benachteiligen (vgl. BVerfGE 124, 199 (226) – Hinterbliebenenversorgung; 126, 400

(420) – Erbschaft- und Schenkungsteuergesetz; 132, 179 (191 f.) – Lebenspartnerschaft Grunderwerbsteuer). Eine förmliche Öffnung der Ehe für gleichgeschlechtliche Paare („Ehe für alle") bedarf wegen des verfassungsrechtlich vorausgesetzten Ehebegriffs im Sinne einer Verbindung einer Frau mit einem Mann zu einer auf Dauer angelegten Lebensgemeinschaft (vgl. BVerfGE 105, 313 (345) – Lebenspartnerschaftsgesetz) einer ausdrücklichen Verfassungsänderung (s. dazu etwa *Badura*, in: Maunz/Dürig, GG, Art. 6 Rn. 58; *Kotzur*, in: Stern/Becker, Grundrechte-Kommentar, 2. Aufl. 2016, Art. 6 Rn. 32; a.A. *Brosius-Gersdorf*, in: Dreier, GG, 3. Auf. 2013, Art. 6 Rn. 49 ff.). Art. 6 Abs. 1 GG begründet nach h.M. für Ausländer keinen Anspruch auf Aufenthalt oder Zuzug eines Ehepartners oder Familienmitglieds (vgl. BVerfGE 76, 1 (47) – Familiennachzug).

Art. 6 Abs. 2 S. 1 Hs. 1 GG garantiert das natürliche, d.h. letztlich naturrechtlich begründete **Recht der Eltern zur eigenverantwortlichen Pflege und Erziehung ihrer Kinder** als Individualrecht und als Institutsgarantie. Hs. 2 enthält eine entsprechende **Grundpflicht** der Eltern, die der Staat nach Art. 6 Abs. 2 S. 2 GG zu überwachen hat. Dabei sind die Grundrechte der Eltern und die der Kinder schonend untereinander auszugleichen. Das elterliche Erziehungsrecht hat abwehrrechtliche, aber auch leistungsrechtliche Gehalte. Art. 6 Abs. 2 GG setzt das in Art. 6 Abs. 1 GG verankerte Recht voraus, Kinder zu zeugen. Eine „Ein-Kind-Politik" wie sie in China bis vor kurzem noch verfolgt wurde, wäre in Deutschland verfassungswidrig. 676

Das in Art. 6 Abs. 2 S. 2 GG enthaltene **staatliche Wächteramt** wird u.a. in dem qualifizierten Gesetzesvorbehalt des Art. 6 Abs. 3 GG konkretisiert. Zugleich verbürgt Art. 6 Abs. 3 GG ein Abwehrrecht der Erziehungsberechtigten, insbes. der Eltern gegen eine staatlich **erzwungene Trennung der Kinder von ihren Erziehungsberechtigten**. Ausnahmen sind aufgrund einer gesetzlichen Grundlage zulässig, wenn die Erziehungsberechtigten versagen oder wenn die Kinder aus anderen Gründen zu verwahrlosen drohen. 677

Art. 6 Abs. 4 GG enthält als Wertentscheidung und als Konkretisierung des Sozialstaatsprinzips **ein Fürsorge- und Schutzgebot zugunsten von Müttern**. Im Zusammenhang zur Schwanger- und Mutterschaft stehende Nachteile sollen ausgeglichen werden. Allerdings besteht kein konkreter Anspruch aus Art. 6 Abs. 4 GG auf Förderungsmaßnahmen; die einfachgesetzliche Normierung ist hierfür notwendige Voraussetzung. 678

Der **Schutz der Chancengleichheit für nichteheliche Kinder** wird in Art. 6 Abs. 5 GG näher ausgestaltet. Diese Vorschrift spricht einerseits einen Gesetzgebungsauftrag aus und vermittelt andererseits – im Rahmen des Möglichen – einen Anspruch des nichtehelichen Kindes auf tatsächliche Gewährleistung von gleichen Chancen auf Entwicklung. 679

Art. 7 GG erfasst in Erfüllung eines kulturstaatlichen Auftrags vor allem die **grundrechtlichen Aspekte des Schulbesuchs**, vor allem im Hinblick auf religiöse Aspekte. 680

Neben institutionellen Garantien zugunsten der staatlichen Schulaufsicht (Art. 7 Abs. 1 GG), des Religionsunterrichts (Art. 7 Abs. 3 GG) und der Privatschulen (Art. 7 Abs. 4 GG) enthält Art. 7 GG **Freiheitsrechte**, nämlich das Recht auf Teilnahme am Religionsunterricht (Art. 7 Abs. 2), das Recht der Religionsgemeinschaften auf Erteilung von Religionsunterricht (Art. 7 Abs. 3 S. 1 u. 2 GG), das Abwehrrecht des Lehrers gegen die Verpflichtung zur Erteilung von Religionsunterricht als Ausdruck der negativen Bekenntnisfreiheit (Art. 7 Abs. 3 S. 3 GG) und das Recht zur Errichtung von Privatschulen (Art. 7 Abs. 4 S. 1 GG). Die staatliche Schulaufsicht dient auch der Sicherung der Grundrechte (insbes. der Schüler).

681 Dem **staatlichen Erziehungsauftrag** des Art. 7 Abs. 1 GG stehen das Erziehungsrecht der Eltern aus Art. 6 Abs. 2 GG, aber auch die Grundrechte der Schüler, grundsätzlich gleichrangig gegenüber. Aufgabe des Staates ist nicht nur die reine Wissensvermittlung, sondern die Gesamterziehung von Kindern und Jugendlichen zu deren Eingliederung in die Gesellschaft.

682 Das Recht der Erziehungsberechtigten, über die Teilnahme am **Religionsunterricht** (aller großen Religionen) zu entscheiden (Art. 7 Abs. 2 GG), stellt eine Konkretisierung des elterlichen Erziehungsrechts (Art. 6 Abs. 2 GG) und der Religionsfreiheit der Eltern (Art. 4 Abs. 1 u. 2 GG) dar. Eine Herausforderung stellt derzeit in Deutschland die Anwendung dieser Rechte vor allem bei islamischen Kindern dar. Diese müssen nach der grundgesetzlichen Werteordnung erzogen werden, wobei ihre Religionsfreiheit in vollem Umfang zu gewährleisten ist. Der Religionsunterricht ist gem. Art. 7 Abs. 3 S. 1 GG in öffentlichen Schulen – außer bei Bestandsschutz – ordentliches Schulfach, soweit nicht die „Bremer Klausel" nach Art. 141 GG greift.

683 Mit dem Recht zur **Errichtung von Privatschulen** (Art. 7 Abs. 4 S. 1 GG) wird klargestellt, dass kein staatliches Schulmonopol besteht. Anerkannte Privatschulen haben nach h.M. einen Anspruch auf finanzielle Förderung. Private Volksschulen sind nur ausnahmsweise (Art. 7 Abs. 5 GG), Vorschulen überhaupt nicht (Art. 7 Abs. 6 GG) zulässig.

XXI. Petitionsrecht (Art. 17 GG), Widerstandsrecht (Art. 20 Abs. 4 GG)

684 Das **Petitionsrecht** (Art. 17 GG) gibt allen natürlichen Personen das Recht – auch außerhalb formeller Rechtsschutzverfahren –, Bitten oder Beschwerden an die zuständigen Stellen – einschließlich Parlament (Petitionsausschüsse) – zu richten. Es hat Interessenwahrungs-, Integrations- und Partizipationsfunktionen. Es ist nicht nur ein Abwehrrecht (Freiheit vor verfassungswidrigen Eingriffen in Petitionshandlungen), sondern auch ein (vom Parlament einzulösendes) Leistungsrecht insbes. zur Sachprüfung und Bescheidung. Es tritt neben die Rechtsschutzgarantien (Rn. 687 ff.). Es gibt keinen Rechtsschutz gegen Feststellungen des Petitionsausschusses. Für Angehörige des Wehr- und Ersatzdienstes (Art. 17a Abs. 1 GG) wie für Beamte (Art. 33 Abs. 5 GG) kann es Beschränkungen des Petitionsrechts geben.

Das **Widerstandsrecht** aus Art. 20 Abs. 4 GG verleiht (nur) allen Deutschen das 685
Recht, im Widerstandsfall Maßnahmen gegen denjenigen zu ergreifen, der die verfassungsmäßige Ordnung (Art. 20 Abs. 3 GG) beseitigen will. Es entstand durch das Naturrechtsdenken und ist 1968 mit der Notstandsverfassung in das Grundgesetz eingefügt worden. Nur in Situationen des äußersten Verfassungsnotstandes greift das Widerstandsrecht ein, etwa wenn die verfassungsmäßige Ordnung insgesamt betroffen ist und nicht nur einzelne Verfassungsverletzungen drohen. Das Widerstandsrecht kann sich sowohl gegen staatliche Kräfte als auch gegen Private (Revolution) richten. Das Widerstandsrecht rechtfertigt nur Beeinträchtigungen der Rechte des Angreifers, nicht hingegen Übergriffe in Rechte Dritter. Es umfasst auch die Anwendung von Gewalt.

Durch die **Subsidiaritätsklausel** wird das Widerstandsrecht (Art. 20 Abs. 4 GG) sub- 686
stantiell begrenzt. Nur dann, wenn andere Abhilfe nicht zu erwarten ist, also wenn der Angriff auf die verfassungsmäßige Ordnung nicht durch die Staatsorgane (insbes. die Justiz) abgewendet werden kann, besteht das Widerstandsrecht. Es wird also schwer hier einen praktischen Anwendungsbereich zu finden.

XXII. Rechtsschutzgarantie (Art. 19 Abs. 4 GG), Justizgewährleistungsanspruch

Die **Rechtsschutzgarantie** des Art. 19 Abs. 4 GG stellt ein Verfahrensgrundrecht dar. 687
Sie gewährleistet einen lückenlosen gerichtlichen Schutz gegen den Staat zur Sicherung der subjektiven öffentlichen Rechte. Erst durch die Rechtsweggarantie werden die Individualrechte durchsetzbar („Schlussstein" des Rechtsstaats). Art. 19 Abs. 4 GG (s. Rn. 688 ff.) und der Justizgewährleistungsanspruch (s. Rn. 696 f.) sichern den Zugang zu Gerichten.

Vorausgesetzt wird bei der Rechtsschutzgarantie ein Akt der (deutschen) **öffentlichen** 688
Gewalt. Öffentliche Gewalt i.S.d. Art. 19 Abs. 4 GG ist nach überwiegender Ansicht nur die **vollziehende Gewalt** (einschließlich der Justiz- und Parlamentsverwaltung). Akte der Rechtsprechung werden nicht erfasst, weil Art. 19 Abs. 4 GG nur Schutz *durch*, nicht hingegen Schutz *vor* dem Richter bietet (Art. 19 Abs. 4 GG). Ebenfalls sind nach h.M. Legislativakte nicht Teil der öffentlichen Gewalt i.S.d. Art. 19 Abs. 4 GG. Rechtsschutz unmittelbar gegen Gesetze ist nur durch die Verfahren nach Art. 93 Abs. 1 Nrn. 2, 4a GG und Art. 100 Abs. 1 GG möglich. Neben diesen abschließend aufgeführten Verfahrensarten bleibt kein Raum für eine Überprüfung von nachkonstitutionellen Gesetzen durch die Instanzgerichte. Die Überprüfung der Verfassungsmäßigkeit von Gesetzen bleibt also dem Bundesverfassungsgericht vorbehalten.

Zu beachten ist, dass aber der allgemeine **Justizgewährleistungsanspruch** (s.a. 689
Rn. 696 f.) auch den effektiven (fachgerichtlichen) **Rechtsschutz gegen eine gerichtliche Entscheidung** gewährleisten kann. Voraussetzung dafür ist allerdings, dass die gerichtliche Entscheidung unter Verletzung eines Verfahrensgrundrechts (Art. 101

Abs. 1 GG und Art. 103 Abs. 1 GG) ergangen ist (vgl. BVerfGE 107, 395 (402 ff.) – Rechtsschutz gegen den Richter I; BVerfGE 108, 341 (347 ff.) – Rechtsschutz gegen den Richter II; zur Umsetzung dieser Urteile wurde § 152a VwGO eingeführt).

690 Als **Rechtsverletzung** i.S.d. Art. 19 Abs. 4 GG kommt nicht nur die Verletzung von Grundrechten, sondern die Verletzung sämtlicher subjektiver öffentlicher Rechte in Betracht, also auch solcher aus einfachgesetzlichen Normen und der EMRK. Rechtsschutz nach Art. 19 Abs. 4 GG besteht nur dann, wenn die Verletzung *eigener* Rechte substantiiert behauptet werden kann. Popular- und Verbandsklagen unterfallen nicht dem Schutzbereich des Art. 19 Abs. 4 GG, können freilich vom Gesetzgeber gleichwohl eingeführt werden.

691 Art. 19 Ab. 4 GG garantiert **effektiven Rechtsschutz**, d.h. einen Rechtsschutz der noch tatsächliche Wirksamkeit entfalten kann und z.B. nicht (wegen überlanger Prozessdauer) zu spät kommt. Ein Betroffener hat u.U. verfassungsrechtlichen Anspruch auf Prozesskostenhilfe, damit er Rechtsschutz tatsächlich in Anspruch nehmen kann.

692 **Grundrechtsberechtigt** sind alle natürlichen Personen sowie inländische und u.U. auch ausländische juristische Personen des Privatrechts (s. dazu *Kloepfer*, Verfassungsrecht II, 2010, § 74 Rn. 29 ff.), ggf. sogar grundrechtsfähige juristische Personen des öffentlichen Rechts (s. dazu etwa BVerfGE 12, 6, (8); 21, 362 (373)). Ausländische juristische Personen des öffentlichen Rechts (z.B. Staaten) können sich dagegen nicht auf Art. 19 Abs. 4 GG berufen (vgl. dazu BVerfG-K, NJW 2006, 2907 (2908) – Argentinien).

693 **Eingriffe** in die Rechtsschutzgarantie sind rechtliche oder tatsächliche Behinderungen des Zugangs zu Gerichten (s. dazu *Kloepfer*, Verfassungsrecht II, 2010, § 74 Rn. 32 ff.).

694 Art. 19 Abs. 4 GG kennt keinen Gesetzesvorbehalt, wohl aber **verfassungsimmanente Schranken** (z.B. Funktionsfähigkeit der Rechtsprechung u. Rechtssicherheit, s. dazu BVerfGE 33, 367 (383); 47, 239 (247); 51, 324 (343)) und Beschränkungen durch das Grundgesetz selbst (Art. 10 Abs. 2, 16a Abs. 4 GG).

695 Art. 19 Abs. 4 GG gibt ein Recht auf ein gerichtliches Rechtsschutzverfahren, gestaltet dieses aber nicht aus. Die **Gestaltung des Gerichtsverfahrens** bleibt dem Gesetzgeber (Kompetenz: Art. 74 Abs. 1 Nr. 1 GG) vorbehalten. Art. 19 Abs. 4 GG gebietet lediglich die Gewährleistung eines wirksamen Rechtsschutzes, nicht aber die Bereitstellung eines mehrstufigen Instanzenzuges. Da nur die Rechtmäßigkeit des Handelns der vollziehenden Gewalt und nicht auch die Zweckmäßigkeit überprüft werden kann, findet in solchen Bereichen, in denen die Verwaltung **Ermessens- und Beurteilungsspielraum** hat, nur eine eingeschränkte inhaltliche Kontrolle durch die Gerichte statt (vgl. insbes. zu Prüfungsentscheidungen BVerfGE 84, 34 (49 ff.) – Gerichtliche Prüfungskontrolle; 88, 40 (56 f.) – Private Grundschule).

696 Der **allgemeine Justizgewährleistungsanspruch** ist nicht im Grundgesetz ausdrücklich geregelt und wird aus dem Rechtsschutzprinzip abgeleitet. Er gewährt – außerhalb

des Anwendungsbereichs des Art. 19 Abs. 4 GG – ein Recht auf Zugang zu den Gerichten sowie auf eine tatsächliche und rechtliche Prüfung sowie auf eine verbindliche Prüfung durch die Richter (s. dazu *Kloepfer*, Verfassungsrecht II, 2010, § 74 Rn. 49 m.w.N.).

Nach Auffassung des Bundesverfassungsgerichts folgt aus dem Justizgewährleistungsanspruch – wie erwähnt (Rn. 689) – auch **Rechtsschutz gegen Gerichtsentscheidungen**, soweit diese ein Verfahrensgrundrecht verletzen. Es muss eine fachgerichtliche Kontrolle dieser Verfahrensverletzung möglich sein. Besondere (aber nicht alleinige) Bedeutung haben die Justizgrundrechte im Strafverfahren (vgl. BVerfGE 107, 395 (402 ff.) – Rechtsschutz gegen den Richter I; BVerfGE 108, 341 (347 ff.) s.a. Rn. 689).

697

XXIII. Justizgrundrechte (Art. 101 - 104 GG)

Die Justizgrundrechte (Art. 101, 103, 104 GG) sind **grundrechtsgleiche Rechte**, die einzelne Verfassungsvorgaben für gerichtliche Verfahren und für die Stellung der Bürger in ihnen enthalten. Jeder Prozessbeteiligte kann sich auf diese Grundrechte berufen, einschließlich ausländischer juristischer Personen des Privatrechts und inländischer juristischer Personen des öffentlichen Rechts (s.o. Rn. 472 f.).

698

Bei dem **Recht auf den gesetzlichen Richter** (Art. 101 Abs. 1 S. 2 GG) handelt es sich um eine besondere Ausprägung des rechtsstaatlichen Objektivitätsgebots. Richter in diesem Sinne ist jeder staatliche Richter, nicht hingegen „Richter" an privaten Gerichten (z.B. Vereinsgerichte, Schiedsgerichte, Sportgerichte). Die Zuständigkeit des Richters muss abstrakt-generell (etwa durch einen Geschäftsverteilungsplan) festgelegt und auf ein formelles Gesetz (z.B. GVG, ZPO) zurückzuführen sein. Ein Entzug des gesetzlichen Richters liegt vor, wenn ein anderer als der nach der abstrakt-generellen Festlegung zuständige Spruchkörper und/oder zuständige Richter in der Sache entscheidet. Gesetzlicher Richter i.S.d. Art. 101 Abs. 1 S. 2 GG ist auch der Richter am EuGH. Das Recht auf den gesetzlichen Richter beinhaltet zudem, dass das Gericht in jeder Hinsicht den Anforderungen des Grundgesetzes entsprechen muss, d.h. z.B. unabhängig und überparteilich zu sein. Auch die Verletzung verfahrensrechtlicher Vorschriften über die Gerichtszuständigkeiten kann einen Verstoß gegen Art. 101 Abs. 1 S. 2 GG darstellen, wenn die unrichtige Rechtsanwendung willkürlich erfolgt. Der Entzug des gesetzlichen Richters kann nicht gerechtfertigt werden. Das Recht auf den gesetzlichen Richter wird durch das **Verbot von Ausnahmegerichten** für einzelne Prozesse (Art. 101 Abs. 1 GG) ergänzt. **Sondergerichte** für bestimmte Sachgebiete können nur durch Gesetz errichtet werden (Art. 101 Abs. 2 GG).

699

Art. 103 Abs. 1 GG statuiert das (außerordentlich oft gerügte) **Recht auf rechtliches Gehör**. Vor einer Entscheidung ist einem Betroffenen die Gelegenheit zu geben, sich in tatsächlicher und rechtlicher Hinsicht zu äußern. Diese Äußerungen müssen vom Gericht zur Kenntnis genommen und erwogen werden. Hinzu kommt ein Anspruch

700

der Prozessbeteiligten auf Zugang zu verfahrensrechtlichen Informationen. Soweit wegen besonderer Eilbedürftigkeit der Entscheidung eine Anhörung unterblieben ist, muss diese unverzüglich nachgeholt werden. Trotz unterbliebener Anhörung liegt kein Eingriff in Art. 103 Abs. 1 GG vor, wenn das fehlende rechtliche Gehör nicht entscheidungserheblich war oder innerhalb desselben Verfahrens oder des Rechtsmittelverfahrens nachgeholt wird. Der Anspruch auf rechtliches Gehör ist vorbehaltlos gewährleistet. Immanente Schranken findet der Anspruch somit nur in kollidierendem Verfassungsrecht. Äußerungen von Prozessbeteiligten dürfen z.B. nicht das Persönlichkeitsrecht anderer Beteiligter verletzen.

701 Der Grundsatz „**nulla poena sine lege**" (keine Strafe ohne Gesetz) gem. Art. 103 Abs. 2 GG stellt eine Konkretisierung des Rechtsstaatsgebots im Bereich der Strafgewalt dar. Der Grundsatz fordert, dass eine Tat nur bestraft wird, wenn die Straftat gesetzlich bestimmt war, bevor die Tat begangen wurde. Art. 103 Abs. 2 GG umfasst also den Vorbehalt des (Straf-)Gesetzes (Gesetzmäßigkeitsprinzip), das Gebot der Gesetzesbestimmtheit und das Verbot einer (belastenden) rückwirkenden Bestrafung. Von diesem Rückwirkungsverbot werden nach h.M. die Strafbarkeit von DDR-Grenzern als Todesschützen an der Mauer (BVerfGE 95, 96 (130 ff.)) ebensowenig erfasst wie die rückwirkende verschärfende Rechtsprechungsänderung oder Maßnahmen der Sicherungsverwahrung (s. BVerfGE 109, 133 (167 ff.) – langfristige Sicherungsverwahrung; 109, 190 (217) – nachträgliche Anordnung der Sicherungsverwahrung; BVerfGE 128, 326 (392 f.) – Sicherungsverwahrung). Gesetze i.S.d. Art. 103 Abs. 2 GG sind formelle Parlamentsgesetze. Bei gesetzlichen Verweisungen auf andere Vorschriften untergesetzlicher Regelwerke sind strenge Anforderungen an die Bestimmtheit zu stellen. Das Bestimmtheitsgebot verlangt, dass jedermann von vornherein klar ist, welche Verhaltensweisen strafrechtlich sanktioniert sind und wie der Strafrahmen bemessen ist. Eine Bestrafung aufgrund Gewohnheitsrechts oder aufgrund (strafbegründender bzw. -verschärfender) Analogien zulasten des Täters ist unzulässig. Ein Eingriff in den Schutzbereich des Art. 103 Abs. 2 GG ist nicht rechtfertigbar.

702 Das in Art. 103 Abs. 3 GG enthaltene **Verbot der Doppelbestrafung** (ne bis in idem) verhindert die erneute Bestrafung, nachdem dieselbe Tat bereits Gegenstand eines Strafverfahrens war. Auch wenn dem Wortlaut des Art. 103 Abs. 3 GG nach nur das **Verbot der Doppelbestrafung** geregelt wird, schützt dieser Grundsatz auch die Rechtskraft des Freispruchs. Nach abschließender Entscheidung (Verurteilung oder Freispruch) eines inländischen Gerichts ist die Anstrengung eines neuen Strafverfahrens im Inland unzulässig. Hingegen ist eine Bestrafung in Deutschland zulässig, wenn der Täter vorher im Ausland verurteilt wurde. Art. 103 Abs. 3 GG ist **vorbehaltlos** gewährleistet. Schranken können sich somit ausschließlich aus kollidierendem Verfassungsrecht ergeben. Deshalb ist die Wiederaufnahme bei Einhaltung der einschlägigen gesetzlichen Voraussetzungen zulässig. Das Verbot der Doppelbestrafung erfasst nur Sanktionierungen nach den „allgemeinen Strafgesetzen", nicht aber zusätzliche Sanktionen nach dem Disziplinarrecht oder nach dem Ordnungswidrigkeitenrecht oder zivilrechtliche Rechtsfolgen.

Die (habeas-corpus-)Garantie des Art. 104 GG über **Freiheitsbeschränkungen und Freiheitsentziehungen** steht als Beschränkung der körperlichen Bewegungsfreiheit in einem untrennbaren Zusammenhang mit Art. 2 Abs. 2 S. 2 GG (s. dazu oben Rn. 556 ff.). Art. 104 GG regelt in seinem Abs. 1 die **Freiheitsbeschränkungen** generell und fordert für sie ein förmliches Gesetz und die Einhaltung der für die Bestrafung vorgegebenen Formen. Außerdem enthält Art 104 Abs. 2 S. 2 GG ein allgemeines **Verbot**, festgehaltene **Personen zu misshandeln**. 703

Für **Freiheitsentziehungen** als besonders intensive Freiheitsbeschränkungen enthalten Art. 104 Abs. 2-4 GG noch zusätzliche Schutzbestimmungen. Nach dem **Richtervorbehalt** des Art. 104 Abs. 2 S. 1 GG entscheidet nur der Richter – regelmäßig vorher – über Zulässigkeit und Fortdauer einer Freiheitsentziehung. Die Polizei darf nach Art. 104 Abs. 3 GG aus eigener Machtvollkommenheit niemanden länger als bis zum Ende des Tages nach der Ergreifung festhalten, also maximal 48 Stunden. Vorläufig Festgenommene, die einer Straftat verdächtigt werden, sind gem. Art. 104 Abs. 3 GG am Tage nach ihrer Festnahme dem Richter vorzuführen, der ihnen die Gründe der Festnahme mitzuteilen, sie zu vernehmen hat und ihnen Gelegenheit zu Einwänden geben muss und danach unverzüglich einen (zu begründenden) Haftbefehl erlassen oder eine Freilassung anordnen muss. Im Übrigen sind die Angehörigen des Festgehaltenen nach Art. 104 Abs. 4 GG von jeder richterlichen Entscheidung über eine Freiheitsentziehung unverzüglich zu benachrichtigen. Die aus Art. 104 Abs. 2-4 GG folgenden Vorgaben sind insbes. durch die StPO einfachgesetzlich normiert. 704

3. Teil: Staatsrechtliche Bezüge zum Völker- und Europarecht

A. Grundsätzliches

I. Außenbezüge der Verfassung

Die Bundesrepublik Deutschland **handelt nicht nur inlandsbezogen, sondern auch auslandsbezogen** (z.B. in internationalen Beziehungen, beim Abschluss völkerrechtlicher Verträge, bei der europäischen Integration, bei Auslandseinsätzen der Bundeswehr etc.). Zudem wird sie mit **auslandsbezogenen Sachverhalten** konfrontiert (z.B. Einwanderung, Asylgesuche, internationaler Terrorismus, internationaler Handel). Dies alles wird auch verfassungsrechtlich gesteuert.

705

Das Grundgesetz enthält zentrale **Regelungen zum Völkerrecht und den auswärtigen Beziehungen** (Art. 1 Abs. 2, 24, 25, 26, 32, 45a Abs. 1, 73 Abs. 1 Nr. 1, 87 Abs. 1, 115a Abs. 5 S. 1, 115e, 110 Abs. 2, 106 Abs. 5 GG) sowie **zur europäischen Integration** (Art. 23, 28 Abs. 1 S. 3, 45, 88 S. 2, 104a Abs. 6, 109 Abs. 5 GG). Darüber hinaus gibt es zahlreiche weitere verfassungsrechtliche Vorschriften, die auslandsbezogene Fragen regeln oder berühren. Dabei kann zwischen verfassungsrelevanten Inlandssachverhalten mit Auslandsberührung und verfassungsrelevanten Auslandssachverhalten mit Inlandsberührung differenziert werden (s. Rn. 707).

706

Das Grundgesetz enthält insbes. folgende verfassungsrelevante **Inlandssachverhalte mit Auslandsberührung**: Art. 3 Abs. 3 GG (Diskriminierungsverbot bezüglich – ausländischer – Heimat), Art. 16 GG (Ausbürgerung, Auslieferung), Art. 16a GG (Asylrecht), Art. 27 GG (Handelsflotte), Art. 28 Abs. 1 S. 3 GG (Wahlrecht für EU-Ausländer), Art. 73 Abs. 1 Nr. 1 (auswärtige Angelegenheiten), Nr. 2 (Staatsangehörigkeit), Nr. 3 (u.a. Ein- und Auswanderung), Nr. 5 (Zoll- und Handelsgebiet, Waren- und Zahlungsverkehr mit dem Ausland, Zoll- und Grenzschutz), Nr. 5a (Schutz deutscher Kulturgüter gegen Abwanderung ins Ausland), Nr. 6, 6a (grenzüberschreitender Luft- und Eisenbahnverkehr), Nr. 10 lit. c (Gefährdung auswärtiger Belange, internationale Verbrechensbekämpfung) GG, Art. 74 Abs. 1 Nr. 4 GG (Aufenthalts- und Niederlassungsrecht für Ausländer), Art. 87 Abs. 1 GG (Auswärtiges Amt), Art. 105 Abs. 1, 106 Abs. 1 Nr. 1, 106 Abs. 1 Nr. 1 GG (Zölle, EG-Abgaben), Art. 115a, 87a GG (verteidigungsbezogene Regelungen). Auch die Art. 23–26 und Art. 88 S. 2 GG sind benannte Inlandssachverhalte mit Auslandsberührung.

707

Als ausdrücklich im Grundgesetz geregelte **Auslandssachverhalte mit Inlandsberührung** sind zu nennen: Art. 96 Abs. 2 GG (Strafgerichtsbarkeit für deutsche Soldaten im Auslandseinsatz), Art. 116 GG (bezüglich der im Ausland ansässigen Statusdeutschen).

708

II. Völker- und Europarechtsfreundlichkeit des Grundgesetzes

709 Das Grundgesetz ist völker- und europarechtsfreundlich. Das ergibt sich **aus der Zusammenschau** einer Reihe **von Verfassungsbestimmungen**. Schon die Präambel des Grundgesetzes spricht von dem Willen, „als gleichberechtigtes Glied in einem vereinten Europa dem Frieden der Welt zu dienen". Weiterhin bekennt sich das Deutsche Volk gemäß Art. 1 Abs. 2 GG „zu unverletzlichen und unveräußerlichen Menschenrechten als Grundlage jeder menschlichen Gemeinschaft, des Friedens und der Gerechtigkeit in der Welt." Art. 9 Abs. 2 GG schützt u.a. die „Völkerverständigung". Die Völkerrechtsfreundlichkeit zeigt sich weiter vor allem in Art. 24, 25, Art. 59 Abs. 2 GG und Art. 16 Abs. 2 S. 2 GG. Die Europarechtsfreundlichkeit des Grundgesetzes ergibt sich primär aus der Präambel und vor allem aus Art. 23 GG, daneben z.B. aber auch aus Art. 28 Abs. 1 S. 3, Art. 16 Abs. 2 S. 2 GG und Art. 16a Abs. 2 GG.

710 Die Völker- und Europarechtsfreundlichkeit des Grundgesetzes ist nicht bloß ein unverbindlicher Programmsatz, sondern ein verfassungsrechtliches Prinzip, dem sich konkrete **Rechtsfolgen** entnehmen lassen. Es bewirkt insbes. die staatliche Pflicht zum völker- und europarechtskonformen Handeln. Nicht nur Gesetze sowie das Grundgesetz selbst (s. dazu BVerfGE 111, 307 (317) – EGMR-Urteile; BVerfGE 128, 326 (366 ff.) – Sicherungsverwahrung) müssen dementsprechend völker- und europarechtskonform gestaltet und ausgelegt werden, sondern es besteht eine umfassende Pflicht der deutschen Staatsorgane zum Respekt vor dem Völkerrecht (vgl. BVerfGE 112, 1 (26) – Bodenreform) und auch dem Europarecht.

B. Grundgesetz und Völkerrecht

I. Allgemeines

Das Grundgesetz enthält mehrere **Vorschriften zum Verhältnis der Verfassung zur Völkerrechtsordnung.** Hervorzuheben sind Art. 24 (Beitritt zu internationalen Einrichtungen), Art. 25 (allgemeine Regeln des Völkerrechts), Art. 32 (auswärtige Beziehungen) und Art. 59 (Abschluss völkerrechtlicher Verträge und Verwaltungsabkommen). 711

II. Völkerrecht

1. Rechtsnatur

Das Völkerrecht konnte lange Zeit als Recht verstanden werden, welches die Beziehungen zwischen souveränen Staaten regelt. In erster Linie war das Völkerrecht also **zwischenstaatliches Recht.** Durch die vermehrte Schaffung von internationalen Organisationen mit völkerrechtlich relevanten Aufgaben seit Beginn des 20. Jahrhunderts sowie durch die Normierung von menschenrechtlichen Regeln wurde der Anwendungsbereich des Völkerrechts indessen weiter ausgedehnt. Völkerrecht stellt heute damit das die **Beziehungen von Staaten** sowie **sonstigen anerkannten Völkerrechtssubjekten** regelnde Recht dar. 712

2. Völkerrechtssubjekte

a) Begriff

Der Begriff des Völkerrechtssubjekts bezeichnet die Fähigkeit, **Träger von völkerrechtlichen Rechten und Pflichten** zu sein. Als solche lassen sich Staaten (s. dazu Rn. 714 ff.), anerkannte Völkerrechtssubjekte (s. Rn. 717) und sonstige Völkerrechtssubjekte (s. Rn. 718 ff.) unterscheiden. Staaten werden häufig als ursprüngliche (geborene) Völkerrechtssubjekte bezeichnet. Sonstige Völkerrechtssubjekte werden als „gekorene" Völkerrechtssubjekte erst durch zwischenstaatliche Völkerrechtsverträge oder sonstige Regeln des Völkerrechts zu Trägern von völkerrechtlichen Rechten und Pflichten. Das frühere Dogma der fehlenden Völkerrechtssubjektivität von Individualpersonen beginnt zu bröckeln (Rn. 719). 713

b) Staaten

Staaten kommt als geborenen Völkerrechtssubjekten eine **allgemeine und absolute Völkerrechtsfähigkeit** zu. Ihre hervorgehobene Stellung unter den Völkerrechtssubjekten zeigt sich etwa in der Möglichkeit, Mitglied der Vereinten Nationen zu sein (Art. 3 und 4 SVN) und ihrer Befugnis, dort den Sicherheitsrat anzurufen (Art. 35 SVN) oder vor dem Internationalen Gerichtshof aufzutreten (Art. 34 IGH-Statut). Staaten sind – anders als viele andere Völkerrechtssubjekte – vor allem auch fähig, Völkerrecht aktiv zu gestalten und zu schaffen (z.B. völkerrechtliche Verträge) sowie 714 andere Völkerrechtssubjekte zu kreieren (z.b. internationale Organisationen). Staaten können deshalb als **„Herren des Völkerrechts"** bezeichnet werden.

715 Zur Definition eines „Staates" wird nach wie vor auf die **Drei-Elemente-Lehre** insbes. von *G. Jellinek* zurückgegriffen. Danach ist es Merkmal eines Staates, dass – erstens – Staatsgewalt effektiv – zweitens – über ein Staatsvolk und – drittens – auf einem Staatsgebiet ausgeübt wird. Bezüglich seines Staatsvolks besteht Personalhoheit, hinsichtlich des Staatsgebiets Gebietshoheit (s.u. Rn. 716). Die Anerkennung einer Regierung o.ä. durch die Völkerrechtsgemeinschaft ist kein konstitutives Merkmal der Staatlichkeit. Sie kann allenfalls ein Indiz für die Staatlichkeit eines Gebildes (z.B. Kosovo) sein. Das Völkerrecht lässt durch das formale Staatsverständnis Demokratien wie Diktaturen (und alle Zwischenformen) gleichermaßen an seiner Rechtsgemeinschaft teilhaben. Dies ist zur Erhaltung der Funktionsfähigkeit der in hohem Maße auf dem Prinzip der Gegenseitigkeit beruhenden Völkerrechtsordnung unabdingbar und verhindert die Diskriminierung einzelner Staaten, aber umgekehrt auch deren Freistellung von völkerrechtlichen Bindungen.

716 Das Vorliegen der Staatsmerkmale ist nicht immer einfach festzustellen. Ein **Staatsgebiet** erfordert die Existenz eines natürlichen Teils der Erdoberfläche. Problematisch war dieser Aspekt etwa beim „Fürstentum Sealand", das auf einer künstlich angelegten britischen Flakstellung auf hoher See ausgerufen wurde. Das **Staatsvolk** konstituiert sich zwar durch die Summe aller Staatsangehörigen. Ein Staatlichkeit beanspruchendes Gebilde erhält indessen nicht zwangsläufig dadurch ein Staatsvolk, dass es Staatsangehörigen fremder Staaten seine Staatsangehörigkeit verleiht. Ein solches Vorgehen kollidiert nämlich mit der Personalhoheit dieser Staaten, verstößt gegen die souveräne Gleichheit aller Staaten und ist damit i.d.R. völkerrechtswidrig. Die Feststellung des Vorliegens von **Staatsgewalt** kann problematisch sein, da sie nicht nur von tatsächlichen Gegebenheiten abhängt (z.B. Sezessionen), sondern eine veritable Machtfrage darstellt (z.B. bei einem failed state oder bei sog. Satellitenstaaten im früheren Ostblock). Theoretisch wird jedenfalls innere und äußere Souveränität von Staaten gefordert. Die Staatlichkeit der EU-Mitgliedstaaten wird bisher nicht bezweifelt, obwohl die staatlichen Handlungsbefugnisse durch Kompetenzverlagerungen auf die EU vermindert sind.

c) Anerkannte Völkerrechtssubjekte

717 Neben Staaten sind weitere Akteure traditionell als Völkerrechtssubjekte anerkannt. Hierzu zählt – erstens – der Papst als Oberhaupt der katholischen Kirche. Dieser ist unabhängig von der Völkerrechtssubjektivität des Vatikan-Staates anerkanntes Völkerrechtssubjekt, das im Völkerrechtsverkehr als **Heiliger Stuhl** bezeichnet wird. Obwohl dem **Malteserorden** kein eigenes Territorium mehr zusteht, ist auch dieser – zweitens – (partielles) Völkerrechtssubjekt. Drittens ist das **Internationale Komitee vom Roten Kreuz (IKRK)** trotz seiner Rechtsform als privatrechtliche Vereinigung ein traditionelles Völkerrechtssubjekt. Es ist vom Internationalen Roten Kreuz (IRK)

zu unterscheiden, dem als internationale Hilfsorganisation und damit als non-governmental organization (NGO, s. Rn. 721) keine Völkerrechtssubjektivität zukommt.

d) Sonstige Völkerrechtssubjekte

Zu den sonstigen Völkerrechtssubjekten zählen **internationale Organisationen** (z.B. VN, IWF, Weltbank, NATO, EU). Den internationalen Organisationen wird durch ursprüngliche Völkerrechtssubjekte (Staaten) die Völkerrechtssubjektivität verliehen; sie haben also nur eine abgeleitete Völkerrechtssubjektivität. Die Bundesrepublik Deutschland ist derzeit Mitglied von ca. 200 internationalen Organisationen. Internationale Organisationen sind lediglich **partiell völkerrechtsfähig**, können aber – ähnlich wie Staaten – selbst völkerrechtliche Verträge abschließen, d.h. aktiv-rechtsgestaltend am Völkerrechtsverkehr teilnehmen, wenn ihnen diese Befugnis durch ihre Mitgliedstaaten verliehen wurde (vgl. dazu etwa Art. 216 AEUV).

718

Nach der traditionellen Konzeption des Völkerrechts als zwischenstaatliche Rechtsordnung kann **Individuen** begriffsnotwendig an sich keine Völkerrechtssubjektivität zukommen. Mittlerweile hat sich aber die Auffassung durchgesetzt, dass das Völkerrecht, insbes. völkerrechtliche Verträge, völkerrechtliche Rechte und Pflichte Einzelner begründen können. Das gilt in Bezug auf Rechte namentlich für die **Menschenrechtsgarantien**, als Beispiel für völkerrechtliche Pflichten lässt sich die Völkermordkonvention anführen. Die Völkerrechtssubjektivität von Individuen hängt damit allerdings davon ab, ob und in welchem Umfang der Einzelne durch Völkerrecht berechtigt oder verpflichtet wird; wie internationale Organisationen sind Individuen mithin nur **partiell völkerrechtsfähig**. Anders als internationale Organisation und Staaten kann der Einzelne im Völkerrechtsverkehr indessen nicht aktiv-rechtsgestaltend tätig werden.

719

Immer häufiger nehmen international operierende **Unternehmen**, die in mehreren Staaten betriebliche Einheiten haben, welche alle unter zentraler, einheitlicher Leitung, Kontrolle und Strategie stehen (sog. transnationale Unternehmen), direkte Kontakte zu Staaten auf, um mit ihnen Konzessions- oder Investitionsverträge abzuschließen. Daneben treten sie etwa in Schiedsgerichtsverfahren den Staaten weitgehend als faktisch gleichberechtigt gegenüber. Trotz ihrer besonderen Stellung, die auf ihrer wirtschaftlichen Durchsetzungsmacht und dem Umstand basiert, dass diese Unternehmen sich nationaler Kontrolle – durch Sitzverlagerungen in einen anderen Staat – relativ leicht entziehen können, genießen diese Unternehmen **keine Völkerrechtssubjektivität**.

720

Das gleiche gilt grundsätzlich auch für sog. **non-governmental organizations** (NGOs, z.B. Greenpeace). Die Bedeutung dieser als nichtstaatliche Organisationen verstandenen Einheiten, die sich auf privatrechtlicher Grundlage der Durchsetzung bestimmter politischer Ziele verschrieben haben, liegt regelmäßig darin, dass es ihnen bisweilen gelingt, Konzerne, internationale Organisationen oder Staaten bei ihren Ent-

721

scheidungen zu beeinflussen. Es gilt allerdings zu beachten, dass einige völkerrechtliche Normen auch NGOs betreffen. So sieht z.B. Art. 71 SVN die formalisierte Beteiligung von NGOs beim Wirtschafts- und Sozialausschuss vor. Insoweit können NGOs als (partielle) Völkerrechtssubjekte bezeichnet werden.

3. Völkerrechtsquellen

722 Im Unterschied zu den staatlichen Rechtsordnungen wird das Völkerrecht nicht von einem zentralen Rechtsetzungsorgan erlassen. Vielmehr beruht das Völkerrecht grundsätzlich auf dem Konsens der Völkerrechtssubjekte, vor allem der Staaten. Man spricht deshalb in diesem Zusammenhang auch vom **Koordinationsrecht** (Gegensatz: Subordinationsrecht).

723 Bezüglich der Völkerrechtsquellen kann **primäres und sekundäres Völkerrecht** unterschieden werden. Anders als primäres Völkerrecht ist völkerrechtliches Sekundärrecht abgeleitetes Völkerrecht, also Völkerrecht, das aufgrund von entsprechenden Ermächtigungen im völkerrechtlichen Primärrecht erlassen wurde. Vor allem das von den Organen internationaler Organisationen erlassene Recht ist sekundäres Völkerrecht (s. Rn. 731).

724 Zur Bestimmung der möglichen Rechtsquellen des Völkerrechts wird vor allem auf **Art. 38 Abs. 1 IGH-Statut** zurückgegriffen. Streng genommen bezeichnet diese Norm zwar nur die Arten von Rechtssätzen, die der Internationale Gerichtshof bei seiner Entscheidung über Streitigkeiten des Völkerrechts anwenden darf. Es ist deshalb nicht ausgeschlossen, dass es neben den von Art. 38 Abs. 1 IGH-Statut genannten Rechtsquellen weitere gibt, die nicht normativ verankert sind. In Anlehnung an Art. 38 Abs. 1 IGH-Statut sind jedenfalls die völkerrechtlichen Verträge, das internationale Gewohnheitsrecht sowie die von den „Kulturvölkern" anerkannten allgemeinen Rechtsgrundsätze als Quellen des (primären) Völkerrechts anerkannt. Die in Art. 38 Abs. 1 lit. d IGH-Statut genannten richterlichen Entscheidungen und die Lehrmeinungen der fähigsten Völkerrechtler sind als Hilfsmittel zur Feststellung von Rechtsnormen heranzuziehen.

725 Aufgrund ihrer Abhängigkeit vom Willen der Völkerrechtssubjekte stehen die meisten völkerrechtlichen Normen zur Disposition der jeweils beteiligten Völkerrechtssubjekte, sie können also aufgehoben oder geändert werden (**ius dispositivum** – abdingbares Recht). Es gibt jedoch auch Normen, die der freien Disposition der Völkerrechtssubjekte entzogen sind (**ius cogens** – zwingendes Recht). Die Wiener Vertragsrechtskonvention (s. Rn. 728) beschreibt eine zwingende Norm des allgemeinen Völkerrechts als „eine Norm, die von der internationalen Staatengemeinschaft in ihrer Gesamtheit angenommen und anerkannt wird als eine Norm, von der nicht abgewichen werden darf und die nur durch eine spätere Norm des allgemeinen Völkerrechts derselben Rechtsnatur geändert werden kann" (Art. 53 S. 2 WVK). Zu denken ist hier insbesondere an das völkerrechtliche Gewaltverbot, das Interventionsverbot und heute wohl auch an die internationalen Menschenrechte.

B. Grundgesetz und Völkerrecht

Eine **Normenhierarchie** zwischen den Quellen des Völkerrechts existiert grundsätzlich zwischen ius cogens und ius dispositivum sowie zwischen primärem und sekundärem Völkerrecht. Darüber hinaus besteht auf der Ebene des primären Völkerrechts zwischen Völkervertragsrecht, Völkergewohnheitsrecht und allgemeinen Rechtsgrundsätzen keine Normenhierarchie. Kommt es hier dennoch zu einer Normenkollision, so sind die Normwidersprüche insbes. mithilfe des Spezialitätsgrundsatzes (Vorrang der spezielleren Regelung) und des Posterioritätsgedankens (Vorrang der späteren Norm) aufzulösen.

726

Die **völkerrechtlichen Verträge** sind die zahlenmäßig wichtigste Rechtsquelle im Völkerrecht. Ein völkerrechtlicher Vertrag ist die Willenseinigung zwischen zwei oder mehreren vertragsschlussfähigen Völkerrechtssubjekten (Staaten, internationale Organisationen), mit der Rechte und Pflichten der Beteiligten begründet oder geändert werden. Die Bezeichnung solcher Willenseinigungen als Abkommen, Satzung, Protokoll etc. wirkt sich grundsätzlich nicht auf ihre Rechtsnatur aus. Nach der Anzahl der beteiligten Vertragsstaaten lassen sich bilaterale und multilaterale völkerrechtliche Verträge unterscheiden.

727

Für alle völkerrechtlichen Verträge gilt universelles **Völkerrecht *über* Verträge**. Dieses enthält das Recht, das beim Abschluss, bei der Durchführung und der Auslegung von völkerrechtlichen Verträgen gilt. Das Recht über die Verträge ist größtenteils als Völkergewohnheitsrecht entstanden oder auf allgemeine Rechtsgrundsätze der Kulturnationen zurückzuführen. Mit der Wiener Konvention über das Recht der Verträge (WVK) vom 23. Mai 1969 (BGBl. 1985 II, S. 926) ist das Recht der Verträge nun aber größtenteils seinerseits völkervertraglich normiert. Für das Recht über Verträge zwischen Staaten und internationalen Organisationen und zwischen internationalen Organisationen wurde eine entsprechende Konvention konzipiert (vgl. BGBl. 1990 II, S. 1415), diese ist bislang jedoch nicht in Kraft getreten.

728

Das **Völkergewohnheitsrecht** ist für die Entwicklung des Völkerrechts von herausgehobener Bedeutung und wird deshalb z.T. als „**Urgestein der Völkerrechtsordnung**" bezeichnet (*Herdegen*, Völkerrecht, 14. Aufl. 2015, § 16 Rn. 1). Im Unterschied zu den völkerrechtlichen Verträgen kann Völkergewohnheitsrecht u.U. auch ohne Zustimmung eines betroffenen Staates entstehen. Nach der Beschreibung des Art. 38 Abs. 1 IGH-Statut handelt es sich bei internationalem Gewohnheitsrecht um einen „Ausdruck einer allgemeinen, als Recht anerkannten Übung." Diesem Passus lassen sich zwei Elemente entnehmen, die für die Bildung von Gewohnheitsrecht konstitutiv sind: In objektiver Hinsicht müssen Rechtssätze durch eine (lang andauernde) **allgemeine Übung** (consuetudo) angewendet worden sein, in subjektiver Hinsicht muss diese Anwendung von einer entsprechenden **Rechtsüberzeugung** (opinio iuris vel necessitatis) getragen worden sein. Dabei ist anerkannt, dass es neben universellem, also für die gesamte Staatengemeinschaft geltendem Völkergewohnheitsrecht auch regionales Völkergewohnheitsrecht geben kann – als Beispiel wird regelmäßig der menschenrechtliche Standard unter den Vertragsstaaten der EMRK angeführt. Ein

729

Staat kann der Bindung an Völkergewohnheitsrecht nur entgehen, wenn er sich von Anfang an, bspw. durch entsprechende Proteste, als „persistant objector" gegen die betreffende Regelung verwahrt hat. Wer sich erst später einer ihn bereits bindenden Norm entgegensetzt, begeht eine Völkerrechtsverletzung.

730 **„Die von den Kulturvölkern anerkannten allgemeinen Rechtsgrundsätze"** sind solche Rechtsprinzipien, die in allen Rechtsordnungen der Staaten (weitgehend) in gleicher Form vorhanden sind. Ihrem Ursprung nach handelt es sich also um staatliche, d.h. völkerrechtsfremde Normen, die über Art. 38 Abs. 1 IGH-Statut gleichwohl Bestandteil des Völkerrechts werden. Der Begriff der Kulturvölker diente ursprünglich der Abgrenzung von den „primitiven Rechtsordnungen", gilt aber inzwischen als überholt (noch Kolonialzeit) und umfasst heute alle existierenden Staaten. Zu den wichtigsten Beispielen von allgemeinen Rechtsgrundsätzen zählen das Prinzip der völkerrechtlichen Haftung, der Entschädigung, das Prinzip von Treu und Glauben sowie das sog. estoppel-Prinzip, also der Grundsatz venire contra factum proprium (vgl. hierzu ausdrücklich IGH, ICJ-Rep. 1961, 17; 1969, 97).

731 Zum **sekundären Völkerrecht** können Beschlüsse internationaler Organisationen gehören. Resolutionen der Generalversammlung der VN kommt mangels entsprechender Rechtsetzungsermächtigung in der SVN grundsätzlich allerdings nur empfehlender Charakter zu. Stimmen alle Mitgliedstaaten einer Resolution zu, kann dies aber immerhin zur Entstehung von Völkergewohnheitsrecht beitragen. Die Entscheidungen des Sicherheitsrates der Vereinten Nationen können dagegen bindende Wirkung haben (vgl. Art. 25 SVN; s. dazu *Krökel*, Die Bindungswirkung von Resolutionen des Sicherheitsrats der Vereinten Nationen gegenüber Mitgliedstaaten, 1977). Zu beachten ist jedoch, dass aus ihnen – wie bei den übrigen Rechtsquellen des Völkerrechts auch – keine unmittelbare Wirkung *innerhalb* der staatlichen Rechtsordnung folgt.

732 Nicht ohne Bedeutung ist im Völkerrechtsverkehr auch das sog. internationale **soft law**, worunter man insbes. die (nur) empfehlenden Beschlüsse internationaler Organisationen sowie die nicht verbindlichen Resolutionen von Staatenkonferenzen versteht. Das soft law trägt vor allem zur Entstehung von Völkergewohnheitsrecht bei, indem es eine bestimmte opinio iuris zum Ausdruck bringt (s. dazu *Kloepfer*, Verfassungsrecht I, 2011, § 33 Rn. 52 ff.). Die Bedeutung, die dem soft law sowohl in der Praxis der internationalen Beziehungen als auch für die Entwicklung des Völkerrechts zukommt, zeigt sich in besonderer Weise etwa an der KSZE-Schlussakte von Helsinki oder auch im Bereich des Umweltvölkerrechts (s. hierzu *Sands*, Principles of international environmental law, 2. Aufl. 2003, S. 140 ff.).

III. Völkerrecht und innerstaatliches Recht

733 Aus den eingangs erwähnten völkerrechtsbezogenen Regelungen des Grundgesetzes lassen sich Aussagen über das in der Bundesrepublik Deutschland herrschende **Ver-**

hältnis des Völkerrechts zum innerstaatlichen Recht ableiten. Unabhängig davon gibt es eine Vielzahl von Theorien über dieses Verhältnis, über die **Einbeziehungsmöglichkeiten von Völkerrecht in das innerstaatliche Recht** und über den **Rang von Völkerrecht** innerhalb der innerstaatlichen Rechtsordnung.

Gestritten wurde zunächst einmal lange darüber, ob das Völkerrecht und die innerstaatliche Rechtsordnung als Teile einer **einheitlichen Rechtsordnung** (monistische Theorien) oder als **zwei getrennte Rechtsordnungen** (dualistische Theorien) aufzufassen seien. 734

Dualistische Theorien sind maßgeblich auf *H. Triepel* (Völkerrecht und Landesrecht, 1899, passim) zurückzuführen. Danach sollen sich das Völkerrecht und das innerstaatliche Recht im Grundsatz zwar berühren, allerdings auf je eigenen und unterschiedlichen Rechtsquellen beruhen, sich je an unterschiedliche Normadressaten richten und je verschiedene Regelungsmaterien betreffen. 735

Die maßgeblich auf *Kelsen* (Das Problem der Souveränität und die Theorie des Völkerrechts, 1920) und *Verdross* (Die Einheit des Weltbildes auf Grundlage der Völkerrechtsverfassung, 1923) zurückgehenden **monistischen Theorien** begreifen das gesamte Recht als einheitliches System. Völkerrecht und innerstaatliches Recht seien nur Einzelelemente dieser Gesamtrechtsordnung und beruhten letztlich auf einem gemeinsamen Geltungsgrund. Kollisionen zwischen den Rechtssätzen des Völkerrechts einerseits und des innerstaatlichen Rechts andererseits sind so ohne Weiteres denkbar. Welches Recht dabei Vorrang genießen sollte, wurde von den Vertretern der monistischen Theorien unterschiedlich beurteilt. Nach der Lehre vom **Primat des Staatsrechts** setzt sich das Völkerrecht nur durch, wenn es von einem Staat als für sich verbindlich anerkannt worden ist. Demgegenüber wird nach der monistischen Lehre vom **Primat des Völkerrechts** das einzelstaatliche Recht als eine dem Völkerrecht untergeordnete Teilrechtsordnung angesehen, die vom Völkerrecht delegiert und eingeschlossen ist (vgl. *v. Arnauld*, Völkerrecht, 2. Aufl. 2014, Rn. 497 ff.). 736

In der **Rechtswirklichkeit** gilt mittlerweile wohl der **gemäßigte Dualismus**, der in seinen Wirkungen freilich weitgehend der monistischen Lehre in der Variante des Primats des innerstaatlichen Rechts gleicht. So gelten, mit Ausnahme einiger besonderer Staaten oder staatsähnlicher Gebilde, deren rechtliche Ordnung ihre Grundlage (auch) in völkerrechtlichen Prozessen findet (z.B. Kosovo, Autonomiegebiete der Palästinenser, s. *Herdegen*, Völkerrecht, 14. Aufl. 2015, § 22 Rn. 2), die innerstaatlichen Rechtsordnungen unabhängig vom Völkerrecht. Weiterhin kommt das Völkerrecht in den nationalen Rechtsordnungen grundsätzlich nur aufgrund einer entsprechenden innerstaatlichen Mediatisierung bzw. Umsetzung zur Geltung. Umgekehrt bestehen auch die völkerrechtlichen Verpflichtungen unabhängig von etwaigen nationalstaatlichen Rechtsnormen. Für den Bereich des Völkervertragsrechts normiert Art. 27 S. 1 WVK dazu ausdrücklich: „Eine Vertragspartei kann sich nicht auf ihr in- 737 nerstaatliches Recht berufen, um die Nichterfüllung eines Vertrages zu rechtfertigen."

738 Nach dem dualistischen Verständnis sowie nach der monistischen Lehre vom Primat des Staatsrechts gilt **Völkerrecht** nicht unmittelbar im innerstaatlichen Rechtsbereich, sondern **muss in das innerstaatliche Recht einbezogen werden**. Dies geschieht insbes. durch staatliche Transformation.

739 Die **Transformation** kann durch einen speziellen Akt des jeweiligen Staates erfolgen – danach wird jede einzelne Völkerrechtsnorm durch eine entsprechende gleichlautende Norm des innerstaatlichen Rechts transformiert (z.B. Zustimmungsgesetz, s.u. Rn. 752 ff.) – oder durch einen generellen Akt – durch ihn wird eine Vielzahl von Völkerrechtsnormen transformiert (vgl. z.B. Art. 25 S. 1 GG, s.u. Rn. 742 ff.). In beiden Fällen wenden die staatlichen Gewalten mit dem transformierten Recht nicht das Völkerrecht an, sondern innerstaatliches Recht, welches inhaltlich mit dem Völkerrecht identisch ist.

740 Allerdings muss eine völkerrechtliche Norm sachlich und strukturell **zur innerstaatlichen Anwendung überhaupt geeignet** sein. Hierfür müssen völkerrechtliche Normen insbes. hinreichend bestimmt sein. Nur solche völkerrechtliche Normen, die diese Voraussetzungen erfüllen, die also weder einer innerstaatlichen Konkretisierung bedürfen, noch eine solche anordnen, sind „**self-executing**", innerstaatlich also unmittelbar anwendbar (*Herdegen*, Völkerrecht, 14. Aufl. 2015, § 22 Rn. 5; *Kunig*, in: Vitzthum/Proelß, Völkerrecht, 6. Aufl. 2013, 2. Abschn. Rn. 41). Sind die Normen dagegen zu unbestimmt, um unmittelbar von innerstaatlichen Organen angewendet zu werden, etwa weil sie der Konkretisierung durch den nationalen Gesetzgeber bedürfen, so sind sie „**non-self-executing**".

741 Da sich die monistische Lehre in der Variante des Primats des Völkerrechts in der Praxis nicht durchgesetzt hat, wird angenommen, dass sich der **Rang des Völkerrechts innerhalb der innerstaatlichen Rechtsordnung** nach dem Verfassungsrecht der einzelnen Staaten richtet. Das Grundgesetz differenziert diesbezüglich zwischen allgemeinen Regeln des Völkerrechts und völkerrechtlichen Verträgen. Die allgemeinen Regeln des Völkerrechts nehmen nach Art. 25 S. 2 GG einen Rang zwischen den einfachen Gesetzen und der Verfassung ein (s.u. Rn. 747 ff.), während sich der Rang einer völkervertragsrechtlichen Norm und eines völkerrechtlichen Verwaltungsabkommens nach dem innerstaatlichen Rang des jeweiligen Zustimmungsaktes (Art. 59 Abs. 2 GG) bestimmt (s.u. Rn. 767).

IV. Allgemeine Regeln des Völkerrechts (Art. 25 GG)

1. Allgemeines

742 Art. 25 GG bestimmt: „Die allgemeinen Regeln des Völkerrechts sind Bestandteil des Bundesrechts. Sie gehen den Gesetzen vor und erzeugen Rechte und Pflichten unmittelbar für die Bewohner des Bundesgebietes." Hierdurch wird **Öffnung des inneren**

Souveränitätsbereichs gegenüber den allgemeinen Regeln des Völkerrechts erreicht, ohne dass sich das Grundgesetz an dieser Stelle für eine monistische oder dualistische Theorie entscheidet (*Streinz*, in: Sachs, GG, Art. 25 Rn. 19 f.). Die wesentliche Bedeutung der Vorschrift liegt in der unmittelbaren Verpflichtung aller Rechtspersonen und Staatsorgane in der Bundesrepublik Deutschland, bestimmte Völkerrechtssätze anzuwenden, ohne dass es eines konkreten deutschen Transformationsaktes bedürfte. Völkerrechtsverletzungen durch deutsche staatliche Gewalten sollen ausgeschlossen werden und es soll ein Gleichklang zwischen deutschem Recht und Völkerrecht gewährleistet werden (s. dazu auch BVerfGE 23, 288 (316) – Kriegsfolgelasten).

2. Anwendungsbereich

Art. 25 GG ist nur auf die „**allgemeinen Regeln des Völkerrechts**" anwendbar. Diese Normen sind keinesfalls mit den allgemeinen Rechtsgrundsätzen des Völkerrechts (vgl. Art. 38 Abs. 1 lit. c IGH-Statut; s. dazu oben Rn. 730) gleichzusetzen. Dies verbieten nicht nur die unterschiedlichen Begrifflichkeiten, sondern auch der Umstand, dass ein vom Grundgesetz verwendeter Begriff nicht vom Völkerrecht definiert werden kann.

Es ist vielmehr davon auszugehen, dass „**allgemeine Regeln**" i.S.d. Art. 25 GG (theoretisch) **aus allen drei Hauptquellen des Völkerrechts** fließen können (vgl. BVerfGE 15, 25 (34) – Jugoslawische Militärmission; 16, 27 (33) – Iranische Botschaft), also sowohl aus Völkervertragsrecht als auch aus Völkergewohnheitsrecht sowie aus den allgemeinen Rechtsgrundsätzen. Vorwiegend wird es sich allerdings um universell geltendes Völkergewohnheitsrecht (s. dazu Rn. 729) handeln (BVerfGE 15, 25 (33) – Jugoslawische Militärmission), während das Völkervertragsrecht als wohl wichtigste Quelle des Völkerrechts regelmäßig nicht über Art. 25 GG, sondern über die Spezialregelung des Art. 59 Abs. 2 GG in das nationale Recht inkorporiert wird (BVerfGE 100, 266 (269) – Kosovo).

Um von Art. 25 GG erfasst zu werden, müssen die völkerrechtlichen **Regelungen allgemeiner Natur** sein. Allgemein sind solche Regeln, die von allen Staaten oder der überwiegenden Mehrheit anerkannt werden (BVerfGE 15, 25 (34) – Jugoslawische Militärmission; 16, 27 (33) – Iranische Botschaft; *v. Arnauld*, Völkerrecht, 2. Aufl. 2014, Rn. 510). Ob durch diesen Gegensatz jegliche Einbeziehung **regionalen Gewohnheitsrechts** in den generellen Rechtsanwendungsbefehl des Art. 25 GG ausgeschlossen wird, ist umstritten. Nach zutreffender Auffassung impliziert das Erfordernis der Allgemeinheit eine (nahezu) weltweite Anerkennung und Anwendung der in Frage stehenden Regeln (vgl. BVerfGE 75, 1 (26) – Völkerrecht (ne bis in idem); 94, 315 (328) – Zwangsarbeit; *Rojahn*, in: v. Münch/Kunig, GG, 6. Aufl. 2012, Art. 25 Rn. 7; *Geck*, in: FG 25 Jahre BVerfG, 1976, S. 125 (127); a. A. z.B. *Pernice*, in: Dreier, GG, 2. Aufl. 2006 Art. 25 Rn. 20; *Streinz*, in: Sachs, GG, 7. Aufl. 2014, Art. 25 Rn. 26; *Wollenschläger*, in: Dreier, GG, 3. Aufl. 2015, Art. 25 Rn. 21). Für die Anwendung von Art. 25 GG ist allerdings gerade nicht unbedingt notwendig, dass die Regel **auch von der Bundesrepublik Deutschland ausdrücklich anerkannt** worden ist (*Kloepfer*, Verfassungsrecht I, 2011, § 35 Rn. 14 m.w.N.). Hat die Bundesrepublik Deutschland als „persistent objector" dem Entstehen einer Norm allerdings beharrlich widersprochen (s.o. Rn. 729), so kann auch keine Bindung über Art. 25 GG bestehen (*Pernice*, in: Dreier, GG, 2. Aufl. 2006, Art. 25 Rn. 17).

746 Als **Beispiele** für völkerrechtliche Normen, die über Art. 25 GG innerstaatliche Geltung erlangen, seien etwa das grundsätzliche Verbot der Vornahme deutscher staatlicher Hoheitsakte im Ausland und der Erstreckung inländischer Gerichtsbarkeit nicht ohne besondere Anknüpfungspunkte auf Sachverhalte im Ausland sowie das Gewaltverbot genannt. Auch die völkerrechtlichen Regeln über die Staatenimmunität sind allgemeine Regeln im Sinne des Art. 25 GG (s. dazu *Kloepfer*, Verfassungsrecht I, 2011, § 35 Rn. 15 f.).

3. Auswirkungen auf das deutsche Recht

747 Art. 25 S. 1 GG bestimmt, dass die allgemeinen Regeln des Völkerrechts **Bestandteil des Bundesrechts** sind. Sie entfalten also Rechtsbindung und sind von der vollziehenden und der rechtsprechenden Gewalt zu beachten. Dabei gewinnt das Gebot völkerrechtskonformer Auslegung des deutschen Rechts (s. dazu Rn. 710) an Bedeutung, das die Behörden und Gerichte verpflichtet, innerstaatliches Recht so auszulegen, dass die allgemeinen Regeln des Völkerrechts nicht verletzt werden (BVerfGE 75, 1 (19) – Völkerrecht (ne bis in idem)). Zum anderen folgt aus der Zuordnung zum Bundesrecht gemäß Art. 31 GG der Vorrang der allgemeinen Regeln des Völkerrechts vor dem gesamten Landesrecht (*Jarass*, in: ders./Pieroth, GG, 14. Aufl. 2016, Art. 25 Rn. 17).

748 Darüber hinaus bestimmt Art. 25 S. 2 GG, dass die allgemeinen Regeln des Völkerrechts den Gesetzen vorgehen. Dadurch erhalten die allgemeinen Regeln des Völkerrechts also einen **„übergesetzlichen"** Rang. Allgemeine Regeln des Völkerrechts genießen dabei Anwendungsvorrang und keinen Geltungsvorrang vor innerstaatlichem Recht (*Kloepfer*, Verfassungsrecht I, 2011, § 35 Rn. 20 ff.; *Streinz*, in: Sachs, GG, 7. Aufl. 2014, Art. 25 Rn. 93). Insoweit wird freilich der sonst geltende Vorrang des späteren Gesetzes verdrängt. Das spätere Gesetz darf sich nicht über die allgemeinen Regeln des Völkerrechts hinwegsetzen. Die Anordnung des Art. 25 S. 2 GG führt allerdings nicht zum „Überverfassungsrang" oder zum Verfassungsrang der allgemeinen Regeln des Völkerrechts (a. A. bzgl. Überverfassungsrang: *Pigorsch*, Die Einordnung völkerrechtlicher Normen in das Recht der Bundesrepublik, 1959, s. 25 ff.). Den allgemeinen Regeln des Völkerrechts kommt damit ein **Zwischenrang** unterhalb der Verfassung, aber oberhalb der einfachen Gesetze zu (vgl. BVerfG, DStR 2016, 359 (363) – Treaty Override; s.a. *Kloepfer*, in: GS Brandner, 2011, S. 93 ff.).

749 Art. 25 S. 2 GG bestimmt auch, dass die durch die allgemeinen Regeln des Völkerrechts erzeugten Rechte und Pflichten unmittelbar **für die Bewohner des Bundesge-**

bietes gelten. Die Bedeutung dieser Regelung ist umstritten. Einigkeit herrscht darüber, dass jedenfalls solche allgemeinen Regeln des Völkerrechts Rechte und Pflichten für die Bewohner des Bundesgebiets begründen, die gerade dem Individualrechtsschutz zu dienen bestimmt sind, namentlich also die allgemeinen Regeln des Völkerrechts im Bereich der Menschenrechte, etwa das Folterverbot. Da diese indessen schon nach Art. 25 S. 1 GG zum Bestandteil des Bundesrechts werden, erzeugen sie schon durch diese innerstaatliche Einbeziehung subjektive Rechte und Pflichten. Um zu vermeiden, dass Art. 25 S. 2 GG insoweit nur **deklaratorische Wirkung** zukommt, wird teilweise angenommen, dass Art. 25 S. 2 GG auch individuelle Rechte und Pflichten aus Normen zu begründen vermag, die unmittelbar nur Staaten verpflichten (z.B. *Streinz*, in: Sachs, GG, Art. 25 Rn. 75 ff.). Dies ist abzulehnen (s. *Kloepfer*, Verfassungsrecht I, 2011, § 35 Rn. 32 f.).

4. Verhältnis zum Völkervertragsrecht

Die allgemeinen Regeln des Völkerrechts werden über Art. 25 GG, Völkervertragsrecht wird über Art. 59 Abs. 2 GG in das deutsche Recht transformiert. **Art. 59 Abs. 2 GG** ist insofern **lex specialis zu Art. 25 GG**. Auch wenn aber das Völkervertragsrecht allgemeine Regeln des Völkerrechts enthält, kommt solchen Regelungen nur Gesetzesrang innerhalb der deutschen Rechtsordnung zu, wenn sie nach Art. 59 Abs. 2 GG in das innerstaatliche Recht inkorporiert werden.

750

In Fällen einer **Normenkollision** zwischen staatlich umgesetzten Völkerrechtsverträgen und allgemeinen Regeln des Völkerrechts darf das gem. Art. 59 Abs. 2 GG Völkervertragsrecht umsetzende Gesetz (Art. 59 Abs. 2 S. 1 GG) wegen Art. 25 S. 2 GG innerstaatlich nicht angewendet werden. Die völkerrechtliche Bindungswirkung eines entsprechenden völkerrechtlichen Vertrags entfällt indessen hierdurch nicht.

751

V. Völkerrechtliche Verträge (Art. 59 Abs. 2 GG)

1. Allgemeines

Sowohl der **Bund** als auch die **Bundesländer** können als staatliche Gebietskörperschaften im Rahmen ihrer Kompetenzen (zu den Kompetenzen im Bereich der auswärtigen Gewalt s. Rn. 800 ff.) völkerrechtliche Verträge abschließen (vgl. Art. 32 GG und Art. 59 Abs. 1 S. 2, Abs. 2 GG). Allerdings finden im kooperativen Föderalismus (s.o. Rn. 62) abgeschlossene Staatsverträge zwischen den Bundesländern (z.B. Rundfunkstaatsvertrag) und solche zwischen Bund und Ländern ihre Grundlage nicht im Völkerrecht, sondern im innerstaatlichen Verfassungsrecht. Sie sind keine völkerrechtlichen Verträge.

752

Anders als für die „allgemeinen Regeln des Völkerrechts" fehlt es im Grundgesetz an einer Vorschrift für die *generelle* Umsetzung von völkerrechtlichen Verträgen in das Recht der Bundesrepublik Deutschland. Stattdessen hat sich der Verfassungsgeber für die Einbeziehung solcher Verträge in die innerstaatliche Rechtsordnung im Wege

753

einer **speziellen Transformation** entschieden. Maßgebliche Vorschrift hierfür ist Art. 59 Abs. 2 GG.

754 Nach Art. 59 Abs. 2 GG sind nach ihrem Inhalt zwei unterschiedliche Arten völkerrechtlicher Verträge zu unterscheiden: **Staatsverträge**, also Verträge, welche die politischen Beziehungen des Bundes regeln oder sich auf Gegenstände der Bundesgesetzgebung beziehen (Art. 59 Abs. 2 S. 1 GG, s.u. Rn. 756 ff.), und **Verwaltungsabkommen** (Art. 59 Abs. 2 S. 2 GG – s.u. Rn. 768 ff.).

755 Die Differenzierung zwischen Staatsverträgen und Verwaltungsabkommen ist für das **Maß der parlamentarischen Mitwirkung bei der Transformation** der völkerrechtlichen Verträge im nationalen Recht von entscheidender Bedeutung. Nur Staatsverträge bedürfen der Mitwirkung der Legislative; Verwaltungsabkommen werden dagegen ohne deren Beteiligung umgesetzt.

2. Staatsverträge (Art. 59 Abs. 2 S. 1 GG)

a) Begriff des Staatsvertrags

756 Der Begriff des (völkerrechtlichen) Staatsvertrags hat sich als Oberbegriff für die von Art. 59 Abs. 2 S. 1 GG genannten **zwei Alternativen** durchgesetzt. Danach lassen sich Verträge, welche die politischen Beziehungen des Bundes regeln (s.u. Rn. 757), und solche, die sich auf Gegenstände der Bundesgesetzgebung beziehen (s.u. Rn. 758), unterscheiden.

757 Für Verträge, welche die **politischen Beziehungen des Bundes** regeln, ist der Begriff „politische Beziehungen" eng auszulegen. Zu den die politischen Beziehungen des Bundes regelnden Verträgen gehören daher nur solche völkerrechtlichen Vereinbarungen, welche die Existenz eines Staates, seine territoriale Integrität, seine Unabhängigkeit, seine Stellung und sein maßgebliches Gewicht in der Staatengemeinschaft berühren (vgl. BVerfGE 90, 286 (359) – Bundeswehreinsatz). Ein Völkerrechtsvertrag muss also **hochpolitische Aspekte** regeln. Hierzu gehören etwa Friedensverträge, Bündnis- und Abrüstungsverträge sowie im historischen Blick bspw. auch der Zwei-Plus-Vier-Vertrag.

758 Für Verträge, die sich auf **Gegenstände der Bundesgesetzgebung** beziehen, ist der Fokus – trotz des Wortlauts – nicht auf die Abgrenzung von Bundes- und Landeskompetenzen zu legen. Für die Anwendbarkeit des Art. 59 Abs. 2 S. 1 Alt. 2 GG ist also nicht erforderlich, dass dem Bund eine Gesetzgebungskompetenz für den durch den völkerrechtlichen Vertrag geregelten Sachbereich zusteht. Da der Bund nach Art. 32 Abs. 1 GG auch in solchen Bereichen Verträge schließen kann, in denen den Ländern die ausschließliche Landesgesetzgebung zusteht (s.u. Rn. 801 ff.), kommt es vielmehr darauf an, dass der Regelungsgegenstand des Vertrags nur durch ein formelles Gesetz und nicht durch bloß untergesetzliche Normen umgesetzt werden kann (vgl. BVerfGE 1, 372 (388) – Deutsch-Französisches Wirtschaftsabkommen; *Fastenrath*, Kompetenzverteilung im Bereich der auswärtigen Gewalt, 1986, S. 220 m.w.N.). Als

Maßstab hierfür kann insbes. die **Wesentlichkeitstheorie** des Bundesverfassungsgerichts (s. dazu *Kloepfer*, Verfassungsrecht I, 2011, § 10 Rn. 121 ff.) herangezogen werden; jedenfalls Völkerrechtsverträge mit „wesentliche" Sachverhalte regelnden Bestimmungen sind also Staatsverträge. In dieser Interpretation muss also in Art. 59 Abs. 2 S. 1 GG der Begriff „Bundesgesetzgebung" durch den Begriff förmliches Gesetz ersetzt werden.

b) Verfahren zum Abschluss von Staatsverträgen

Der wirksame Abschluss eines völkerrechtlichen Staatsvertrags erfordert i.d.R. Handlungen der Staatsorgane der Bundesrepublik Deutschland **auf der Ebene des Völkerrechts** und auf der **innerstaatlichen Ebene**. Dabei kann dieselbe Handlung eines Staatsorgans sowohl völkerrechtlich als auch für die innerstaatliche Transformationswirkung von Bedeutung sein (s. dazu sogleich Rn. 760 ff.). 759

Für das **völkerrechtliche Verfahren** zum Abschluss von Verträgen ist grundsätzlich keine besondere Form völkerrechtlich vorgeschrieben. Ganz allgemein sind einphasige Verfahren denkbar, wenn ein einzelnes Staatsorgan sowohl den Vertragstext bestimmt als auch dessen Verbindlichkeit herbeiführt. Gewöhnlich sind jedoch unterschiedliche Staatsorgane an dem Vertragsschlussverfahren beteiligt, so dass es insoweit mehrphasiger Verfahren bedarf. Regelmäßig entspricht ein mehrphasiges Vertragsschlussverfahren den Vorgaben im ersten Abschnitt des zweiten Teils des **Wiener Übereinkommens über das Recht der Verträge** (Art. 6–25 WVK). Maßgeblich für einen wirksamen Vertragsschluss ist gemäß der Art. 11–15 WVK die „Zustimmung eines Staates, durch einen Vertrag gebunden zu sein." Als solche kommen regelmäßig nicht nur die Unterzeichnung in Betracht (Art. 12 WVK), wie sie etwa der Bundespräsident nach Art. 59 Abs. 1 S. 2 GG vorzunehmen hat, sondern auch der Austausch von Vertragsurkunden (Art. 13 WVK), die Ratifikation (Art. 14 Abs. 1 WVK) bzw. die Annahme oder die Genehmigung (Art. 14 Abs. 2 WVK), der Beitritt (Art. 15 WVK) oder eine andere vereinbarte Art (Art. 11 WVK). Im Sinne des Art. 11 WVK bezeichnet der Begriff der **Ratifikation** die förmliche Zustimmungserklärung des Staatsoberhaupts (vgl. Art. 14 Abs. 1 WVK), wohingegen die Zustimmung i.S.d. Art. 14 Abs. 2 WVK bei der Annahme oder auch bei der Genehmigung von anderen nach der Verfassung berechtigten Staatsorganen ausgeht. Welche Form der Zustimmung erforderlich ist, können die Vertragspartner vereinbaren. 760

Wegen Art. 59 Abs. 2 S. 1 GG wird für die **Bundesrepublik Deutschland** der wirksame Vertragsschluss im völkerrechtlichen Verkehr i.d.R. **vom Abschluss des innerstaatlichen Umsetzungsverfahrens abhängig** gemacht. Völkerrechtliche Bindungswirkung entfaltet ein völkerrechtlicher Staatsvertrag für Deutschland deshalb regelmäßig erst dann, wenn der Bundespräsident das innerstaatliche Umsetzungsgesetz (Transformationsgesetz) nach Gegenzeichnung ausgefertigt hat (vgl. Art. 59 Abs. 2 S. 1; 82 Abs. 1 S. 1 GG). Da auf der völkerrechtlichen Ebene darüber hinaus aber regelmäßig auch die Unterschrift des Staatsoberhaupts auf einer entsprechenden (Rati- 761 fikations- bzw. Annahme-)Urkunde sowie deren Austausch oder deren Hinterlegung bei einem Verwahrer vorgesehen sind, entsteht die völkerrechtliche Bindungswirkung in diesen Fällen erst mit der Vollziehung dieser Erfordernisse (vgl. Art. 16 WVK). Hiervon ist wiederum das Inkrafttreten des völkerrechtlichen Vertrages zu unterscheiden.

762 Zwischen die Aushandlung des Vertragstextes und dessen Paraphierung durch die Bundesregierung einerseits und die förmliche Zustimmungserklärung des Bundespräsidenten andererseits tritt in der Bundesrepublik Deutschland mithin das **innerstaatliche Verfahren** nach dem Art. 59 Abs. 2 S. 1 GG. Nach Art. 59 Abs. 2 S. 1 GG bedürfen Staatsverträge „der Zustimmung oder der Mitwirkung der jeweils für die Bundesgesetzgebung zuständigen Körperschaften in der Form eines Bundesgesetzes" also eines Transformationsgesetzes: Ist das Transformationsgesetz ein Zustimmungsgesetz (Rn. 314) ist die Zustimmung des Bundesrates erforderlich. Stellt das Transformationsgesetz lediglich ein Einspruchsgesetz (Rn. 315) dar, genügt dagegen die bloße Mitwirkung.

763 Für **Gesetzgebungsverfahren** zur Transformation völkerrechtlicher Verträge sind die allgemeinen Vorschriften der Art. 76 ff. GG grundsätzlich anwendbar, werden hier aber modifiziert. Das gilt insbes. für das Recht zur Gesetzesinitiative. Trotz des eindeutigen Wortlauts von Art. 76 Abs. 1 GG sollen nach h.M. etwa weder aus der Mitte des Bundestages noch von Seiten des Bundesrates dem Vertragstext widersprechende Umsetzungsgesetze eingebracht werden dürfen (s. dazu *Streinz*, in: Sachs, GG, 7. Aufl. 2014, Art. 59 Rn. 55; *Wolfrum*, VVDStRL 56 (1997), 38 (48); vgl. auch BVerfGE 68, 1 (66) – Atomwaffenstationierung, m.w.N.). Es besteht insoweit ein Initiativmonopol der Bundesregierung. Insgesamt ist der Einfluss der gesetzgebenden Organe auf den Inhalt von völkerrechtlichen Verträgen faktisch relativ gering. Zudem dürfen Bundestag und Bundesrat zwar im Transformationsgesetzgebungsverfahren die Zustimmung zu einem Umsetzungsgesetz verweigern, werden dies aber nur ausnahmsweise tun, um einen empfindlichen Schaden für das außenpolitische Ansehen der Bundesrepublik Deutschland zu vermeiden.

764 Wie auch im rein innerstaatlichen Gesetzgebungsverfahren ist umstritten, welche **Prüfungs- und Verwerfungskompetenzen dem Bundespräsidenten** hinsichtlich des Transformationsgesetzes nach Art. 82 Abs. 1 S. 1 GG und seiner formellen Abschlusskompetenz nach Art. 59 Abs. 1 S. 2 GG zustehen. Es gelten regelmäßig die gleichen Grundsätze wie für die Prüfungs- und Verwerfungskompetenz des Bundespräsidenten im Gesetzgebungsverfahren (s. dazu Rn. 279, 319; s.a. *Kloepfer*, Verfassungsrecht I, 2011, § 17 Rn. 127 ff.). Das Bundesverfassungsgericht kann die Transformationsgesetze und damit mittelbar auch die völkerrechtlichen Verträge auf ihre Verfassungsmäßigkeit überprüfen.

765 Streit herrscht darüber, ob Art. 59 Abs. 2 S. 1 GG auch auf **inhaltliche Fortentwicklungen bestehender Verträge** und auf **einseitige völkerrechtliche Akte** (Kündigung,

Erklärung eines Vorbehalts) anwendbar ist (s. dazu *Kloepfer*, Verfassungsrecht I, 2011, § 35 Rn. 74 ff.). Nach verbreiteter Auffassung soll Art. 59 Abs. 2 S. 1 GG zur Herstellung von Rechtsklarheit grundsätzlich nur auf den Abschluss eines Vertrages angewendet werden. Allenfalls wenn wesentliche Strukturentscheidungen eines bereits geschlossenen und umgesetzten Vertrags durch die Exekutive außer Acht gelassen werden, bedarf es erneut eines Gesetzes nach Art. 59 Abs. 2 S. 1 GG (vgl. BVerfGE 90, 286 (357 ff.) – AWACS; 104, 151 (209 ff.) – NATO-Konzept; 118, 244 (263 ff.) – ISAF in Afghanistan).

c) Funktion des Transformationsgesetzes

Das Transformationsgesetz erfüllt primär die **allgemeine parlamentarische Kontrollfunktion**, die sich insbes. aus der unmittelbaren demokratischen Legitimierung des Bundestages herleiten lässt. Daneben hat ein Gesetz gemäß Art. 59 Abs. 2 S. 1 GG weitere Funktionen. Nach überwiegender Auffassung liegt erst in der parlamentarischen Zustimmung die Ermächtigung des Bundespräsidenten zur Ratifikation eines völkerrechtlichen Vertrages (**Ermächtigungsfunktion**). Dabei soll es aber der materiellen Entscheidungsberechtigung der Bundesregierung überlassen sein, den Zeitpunkt der Ratifikation zu bestimmen (*Streinz*, in: Sachs, GG, 7. Aufl. 2014, Art. 59 Rn. 59). Neben dieser Ermächtigungsfunktion kommt dem Vertragsgesetz insbes. die **Transformationsaufgabe** zu, das vertraglich vereinbarte Recht in das innerstaatliche Recht einzuführen. Der Vertrag selbst bleibt auch nach der Transformation eine Rechtsquelle des Völkerrechts. Schließlich ist das Vertragsgesetz auch für den Rang des in das innerstaatliche Recht eingeführten Völkerrechts maßgeblich (**Rangordnungsfunktion**).

766

Die nach Art. 59 Abs. 2 S. 1 GG einbezogenen **völkervertragsrechtlichen Normen stehen** damit **innerhalb der Rechtsordnung im Rang einfachen Gesetzesrechts**, d.h. unterhalb des Verfassungsrechts. Hieraus ergibt sich insbes. die Problematik, dass spätere Bundesgesetze aufgrund der Regel „lex posterior derogat legi priori" die innerstaatliche Geltung der Vertragsnorm beeinträchtigen können. Art. 59 Abs. 2 S. 1 GG schränkt die Geltung des lex-posterior-Grundsatzes (Vorrang des späteren Gesetzes) für völkerrechtliche Verträge nicht ein, vielmehr gebietet das Demokratieprinzip, dass spätere Gesetzgeber innerhalb der vom Grundgesetz vorgegebenen Grenzen Rechtsetzungsakte früherer Gesetzgeber revidieren können (vgl. BVerfG, DStR 2016, 359 (364) – Treaty Override). Solche späteren Gesetze sind mithin nicht verfassungswidrig und daher wirksam, führen aber dazu, dass die Bundesrepublik Deutschland völkerrechtswidrig handelt, wenn sie durch ein solches späteres Gesetz einen von ihr abgeschlossenen völkerrechtlichen Vertrag verletzt. Zur Minimierung dieser Problematik wird aus der Völkerrechtsfreundlichkeit des Grundgesetzes das Gebot der völkerrechtskonformen Auslegung abgeleitet (s. dazu oben Rn. 710), wonach deutsches Recht in größtmöglicher Übereinstimmung mit völkerrechtlichen

767

Vorgaben angewendet und ausgelegt werden muss. Das setzt freilich eine entsprechende Auslegungsfähigkeit des Rechts voraus.

3. Verwaltungsabkommen (Art. 59 Abs. 2 S. 2 GG)

768 Verwaltungsabkommen nach Art. 59 Abs. 2 S. 2 GG lassen sich gegenüber Staatsverträgen i.S.d. Art. 59 Abs. 2 S. 1 GG lediglich **negativ definieren**. Es handelt sich bei ihnen (bspw. Beitritt zu Sonderorganisationen der UN, Weltkulturerbekonvention, Regierungsabkommen über die finanzielle Zusammenarbeit mit Entwicklungsstaaten etc.) um völkerrechtliche Verträge, welche weder hochpolitische Fragen zum Gegenstand haben noch einer Regelung durch ein formelles Gesetz bedürfen.

769 Verwaltungsabkommen können entweder von der Bundesregierung als Kollegialorgan oder von einem einzelnen Bundesminister (nach ausdrücklicher oder konkludenter Ermächtigung durch den Bundespräsidenten) geschlossen werden. Diese Unterscheidung spiegelt sich terminologisch in den Bezeichnungen **Regierungsabkommen** bzw. **Ressortabkommen** wider. Die jeweilige Abschlusskompetenz bestimmt sich nach der internen Aufgabenverteilung der Bundesregierung.

770 Die innerstaatliche **Umsetzung** von Verwaltungsabkommen erfolgt **durch untergesetzliche Normen bzw. durch administrative Einzelakte**. Verwaltungsabkommen, die lediglich administrative Angelegenheiten regeln und keine Verpflichtung zu einer innerstaatlichen Rechtsetzung enthalten, können dabei durch Verwaltungsvorschriften, durch Ausführungsanweisungen oder sonstige Verwaltungsentscheidungen umgesetzt werden. Enthält ein Verwaltungsabkommen dagegen eine Verpflichtung zur Rechtsetzung (sog. normatives Verwaltungsabkommen), ohne jedoch ein formelles Gesetz zu fordern, so bedarf es einer entsprechenden Rechtsverordnung nach Art. 80 Abs. 1 GG. Diese muss aufgrund einer entsprechenden gesetzlichen Ermächtigung ergehen.

771 Die umsetzenden Akte haben vor allem **Transformations- und Rangordnungsfunktionen**. Die Umsetzungsakte verschaffen den Regeln des völkerrechtlichen Verwaltungsabkommens also innerstaatliche Geltung und einen Rang, der dem des Umsetzungsaktes entspricht. Durch Rechtsverordnung transformierte normative Verwaltungsabkommen erhalten innerstaatlich also den Rang einer Rechtsverordnung (*Streinz*, in: Sachs, GG, 7. Auf. 2014, Art. 59 Rn. 81).

VI. Beitritt zu internationalen Einrichtungen (Art. 24 GG)

772 Art. 24 GG ermöglicht zum Zwecke der Eingliederung der Bundesrepublik Deutschland in die Staatengemeinschaft den Beitritt zu internationalen Einrichtungen unter Übertragung von Hoheitsrechten (s. dazu allgemein *Bleckmann*, in: FS Doehring, 1989, S. 97 ff.). Je nach Art und Funktion der internationalen Einrichtung unterscheidet Art. 24 GG **vier Fallgestaltungen,** und zwar den Beitritt des Bundes zu zwischenstaatlichen Einrichtungen (Abs. 1, s.u. Rn. 773 ff.), die Übertragung von Ho-

heitsrechten durch die Länder auf grenznachbarschaftliche Einrichtungen (Abs. 1a, s.u. Rn. 778 ff.), den Beitritt des Bundes zu Systemen kollektiver Sicherheit (Abs. 2, s.u. Rn. 783 ff.) und zu einer internationalen Schiedsgerichtsbarkeit (Abs. 3, s.u. Rn. 787).

1. Zwischenstaatliche Einrichtungen (Art. 24 Abs. 1 GG)

Nach Art. 24 Abs. 1 GG kann der Bund „durch Gesetz Hoheitsrechte auf zwischenstaatliche Einrichtungen übertragen". Der **Anwendungsbereich** der Norm erstreckt sich damit auf alle Fälle, in denen durch völkerrechtliche Verträge zwischen Staaten internationale Organisationen gegründet werden, deren Organe oder Unterorganisationen dann „Hoheitsrechte" ausüben können (vgl. *Kloepfer*, Verfassungsrecht I, 2011, § 35 Rn. 81 ff.; *Streinz*, in: Sachs, GG, 7. Aufl. 2014, Art. 24 Rn. 12 ff., 19 ff.). Entscheidend ist damit das Verständnis des Begriffs „Hoheitsrechte". Gefordert wird hierfür, dass die zwischenstaatliche Einrichtung Aufgaben erfüllen können muss, die traditionell im Rahmen nationaler öffentlicher Gewalt ausgeübt werden (*Jarass*, in: ders./Pieroth, GG, 14. Aufl. 2016, Art. 24 Rn. 7). Maßgeblich ist damit vor allem, dass der Einrichtung eine Durchgriffskompetenz in den staatlichen Herrschaftsbereich zusteht (unklar BVerfGE 68, 1 (94) – Pershing), dass ihre Maßnahmen also neben die staatlichen Hoheitsakte treten können und – abgesehen von dem Gesetz nach Art. 24 Abs. 1 GG – nicht von der staatlichen Gewalt abgeleitet sind (*Kloepfer*, Verfassungsrecht I, 2011, § 35 Rn. 84).

773

Beispiele für derartige zwischenstaatliche Einrichtungen sind die Europäischen Gemeinschaften bzw. später die Europäische Union. Heute ist die Mitwirkung der Bundesrepublik Deutschland an der Entwicklung der Europäischen Union zwar nach Art. 23 GG n.F. (s. dazu Rn. 941 ff.) geregelt. Die Gründung der Europäischen Gemeinschaften und deren Weiterentwicklung wurden zunächst aber auf Art. 24 Abs. 1 GG gestützt, weil Art. 23 GG n.F. als Spezialvorschrift für die europäische Integration erst 1992 in das Grundgesetz eingeführt worden ist (s. Rn. 941 f.). Weitere Beispiele für zwischenstaatliche Einrichtungen sind etwa die Europäische Kernenergie-Agentur, die Moselkommission, die Zentralkommission für die Rheinschifffahrt und der Internationale Strafgerichtshof mit Sitz in Den Haag (s. dazu etwa *Kloepfer*, Verfassungsrecht I, 2011, § 35 Rn. 85; *Streinz*, in: Sachs, GG, 7. Aufl. 2014, Art. 24 Rn. 30 ff.). Umstritten ist, ob die NATO (s. dazu unten Rn. 783) und Eurocontrol (s. dazu *Streinz*, in: Sachs, GG, 7. Aufl. 2014, Art. 24 Rn. 30) als zwischenstaatliche Einrichtungen i.S.d. Art. 24 Abs. 1 GG qualifiziert werden können.

774

Formelle Voraussetzung für die Übertragung von Hoheitsrechten auf zwischenstaatliche Einrichtungen ist ein „**Gesetz**". Gemeint ist damit ein formelles Gesetz. Da die Übertragung von Hoheitsrechten auch immer die politischen Beziehungen des Bundes regelt, sind auch die **Anforderungen des Art. 59 Abs. 2 S. 1 GG** – etwa zur Beteiligung des Bundesrates (s.o. Rn. 762 f.) – zu erfüllen. Nach diesen Regeln richtet es sich dann auch, ob und in welcher Weise der Bundesrat zu beteiligen ist. In der Re-

775

gel wird bei der Übertragung von Hoheitsrechten auf zwischenstaatliche Einrichtungen nur ein Gesetz erlassen, dem dann in Bezug auf Art. 24 Abs. 1 GG und Art. 59 Abs. 2 S. 1 GG eine Doppelfunktion zukommt (*Rojahn*, in: v. Münch/Kunig, GG, 6. Aufl. 2012, Art. 24 Rn. 39).

776 Obwohl Art. 24 Abs. 1 GG – anders als Art. 23 GG – keine ausdrücklichen **materiellen Grenzen** für die Übertragung von Hoheitsrechten auf zwischenstaatliche Einrichtungen vorsieht, sind solche gleichwohl anerkannt. Der Gesetzgeber unterliegt danach jedenfalls den Vorgaben des Art. 79 Abs. 3 GG, deren Einhaltung in vergleichbarer Weise auch bei der zwischenstaatlichen Einrichtung gesichert sein muss (vgl. BVerfGE 73, 339 (375 f.) – Solange II). Zu diesen Vorgaben gehören damit Art. 1 GG und die Grundsätze des Art. 20 GG. Daneben müssen auch die Rechtsprinzipien eingehalten werden, welche dem Grundrechtsteil zugrunde liegen (BVerfGE 73, 339 (376) – Solange II).

777 Die **Verletzung der materiellen Grenzen** der Übertragbarkeit von Hoheitsrechten hat die innerstaatliche Unwirksamkeit der Übertragung zur Folge (*Kloepfer*, Verfassungsrecht I, 2011, § 35 Rn. 90). Wegen der generellen Völkerrechtsfreundlichkeit des Grundgesetzes (s.o. Rn. 710) gilt dies aber nur dann, wenn die zwischenstaatliche Einrichtung strukturelle Defizite aufweist und auch nur dann, wenn fehlende Sicherungen der zwischenstaatlichen Gemeinschaft innerstaatlich nicht kompensiert werden können (*Jarass*, in: ders./Pieroth, GG, 14. Aufl. 2016, Art. 24 Rn. 12). Ein fehlender ausreichender Grundrechtsschutz soll dann etwa durch einen Vorrang nationaler Grundrechte ausgeglichen werden. Die einmal eingetretene völkerrechtliche Bindung an die Übertragung von Hoheitsrechten durch den ihr zugrundeliegenden völkerrechtlichen Vertrag bleibt durch die Verletzung der materiellen Grenzen unberührt.

2. Grenznachbarschaftliche Einrichtungen (Art. 24 Abs. 1a GG)

778 Der im Jahr 1992 im Rahmen der Regelung des Art. 23 GG ebenfalls eingeführte Art. 24 Abs. 1a GG ermöglicht die Übertragung von **Hoheitsrechten der Länder**. Der Begriff der „Hoheitsrechte" entspricht dem von Art. 24 Abs. 1 GG (s. dazu Rn. 773). Diese sind als Hoheitsrechte *der Länder* zu qualifizieren, soweit das Grundgesetz die Ausübung dieser Rechte den Ländern übertragen hat. Art. 24 Abs. 1a GG erlaubt also z.B. auch die Übertragung des Vollzugs von Bundesrecht (s. dazu auch *Streinz*, in: Sachs, GG, 7. Aufl. 2014, Art. 24 Rn. 49) oder von judikativer Gewalt, wenn hierfür keine Bundeskompetenz besteht.

779 **Adressat der Übertragung** müssen „grenznachbarschaftliche Einrichtungen" sein. Diese müssen nicht notwendig Völkerrechtsfähigkeit besitzen (*Kloepfer*, Verfassungsrecht I, 2011, § 35 Rn. 91), aber jedenfalls einen Aufgabenbezug zu der Grenzregion haben (s. dazu *Streinz*, in: Sachs, GG, 7. Aufl. 2014, Art. 24 Rn. 43 f.).

780 **Hauptanwendungsgebiete** sind Einrichtungen im Schul- und Hochschulwesen, in der Abwasser- und Abfallbeseitigung, in der polizeilichen Zusammenarbeit bzw. im

Brand- und Katastrophenschutz (vgl. *Streinz*, in: Sachs, GG, 7. Aufl. 2014, Art. 24 Rn. 50).

Auch die Länder dürfen ihre Hoheitsrechte nur **durch Gesetz** (d.h. durch Landesgesetz) übertragen. Dies sieht der Wortlaut von Art. 24 Abs. 1a GG zwar nicht vor. Ein Grund für eine Suspendierung dieses Gebots für die Länder ist aber nicht ersichtlich. Darüber hinaus ist die vorherige **Zustimmung der Bundesregierung** erforderlich. Dabei ist der Bund grundsätzlich zur Zustimmung verpflichtet und darf die Übertragung von Hoheitsrechten der Länder nur aus schwerwiegenden rechtlichen oder außenpolitischen Gründen versagen (*Streinz*, in: Sachs, GG, 7. Aufl. 2014, Art. 24 Rn. 46).

781

Als **materielle Voraussetzungen** muss die Staatlichkeit der Länder gewahrt bleiben und die grenznachbarschaftliche Einrichtung muss die Grundstrukturen der Verfassungsordnung in vergleichbarer Weise sichern. Die grenznachbarschaftliche Einrichtung muss also insbes. an Rechtssätze gebunden sein, die nach Inhalt und Wirksamkeit dem Grundrechtsschutz, wie er nach dem Grundgesetz unabdingbar ist, im Wesentlichen gleichkommen.

782

3. System gegenseitiger kollektiver Sicherheit (Art. 24 Abs. 2 GG)

Nach Art. 24 Abs. 2 GG kann sich der Bund „zur Wahrung des Friedens einem System gegenseitiger kollektiver Sicherheit einordnen". Der **Begriff** des „Systems gegenseitiger kollektiver Sicherheit" beschreibt eine Organisation, deren Mitglieder sich zur Wahrung des Friedens verpflichten und gegenseitig Sicherheit gewähren; die Organisation muss insbes. defensiven Charakter haben (vgl. *Streinz*, in: Sachs, GG, 7. Aufl. 2014, Art. 24 Rn. 61). Nach h.M. reicht es aus, wenn sie auf die Abwehr von Angriffen von Nichtmitgliedstaaten gerichtet ist. Nicht erforderlich ist, dass das System gegenseitiger kollektiver Sicherheit dem Schutz vor wechselseitigen Angriffen der Teilnehmerstaaten dienen muss (BVerfGE 90, 286 (Ls. 5) – Awacs; *Kloepfer*, Verfassungsrecht I, 2011, § 35 Rn. 95 f.). Die wichtigsten **Beispiele** für unter Art. 24 Abs. 2 GG fallende Systeme sind die NATO und die VN.

783

Art. 24 Abs. 2 GG erlaubt dem Bund die Einwilligung in die „**Beschränkung seiner Hoheitsrechte**". Einige Vertreter des Schrifttums sind wegen dieser Formulierung der Ansicht, dass die Beschränkung von Hoheitsrechten nach Art. 24 Abs. 2 GG über die mit jedem völkerrechtlichen Vertrag verbundene Beschränkung von Hoheitsrechten hinausgehen müsse (vgl. *Streinz*, in: Sachs, GG, 7. Aufl. 2014, Art. 24 Rn. 65 f. m.w.N.). Aus der besonderen Formulierung des Art. 24 Abs. 2 GG lasse sich daher ablesen, dass sich der entsprechende (gesetzliche) Übertragungsakt – anders als ein Vertragsgesetz nach Art. 59 Abs. 2 S. 1 GG – einen Rang über den Gesetzen einnehme und infolgedessen nicht der lex-posterior-Regel ausgesetzt sei (*Rojahn*, in: v. Münch/Kunig, GG, 6. Aufl. 2012, Art. 24 Rn. 103). Mit Blick in Art. 25 S. 2 GG wird indessen deutlich, dass ein derartig schwerer Eingriff in die gewöhnliche Normenhierarchie und die Entscheidungsbefugnisse des formellen Gesetzgebers nur aus-

784

drücklich vom Grundgesetz angeordnet werden kann. Die Formulierung des Art. 24 Abs. 2 GG beschreibt mithin lediglich aus textlichen und systematischen Gründen die Beschränkung der Hoheitsrechte als Kehrseite der Übertragung der Hoheitsrechte (vgl. auch BVerfGE 90, 286 (346) – Awacs). Unstreitig ist, dass Art. 24 Abs. 2 GG nicht die Gründung eines Systems gegenseitiger kollektiver Sicherheit oder den Beitritt zu einem bestehenden System erlaubt, welches Rechtsakte mit Durchgriffswirkung auf die innerstaatliche Rechtsordnung erlaubt (BVerfGE 90, 286 (346 f.) – Awacs); hierfür sind Art. 24 Abs. 1 GG bzw. Art. 23 GG einschlägig.

785 Auch für die Einordnung in ein System gegenseitiger kollektiver Sicherheit gelten besondere **Anforderungen und Grenzen**. Der völkerrechtliche Vertrag zur Gründung eines solchen Systems oder zum Beitritt zu einem bestehenden System muss – weil Gegenstand des Vertrages hochpolitische Aspekte sind – durch **Vertragsgesetz** nach Art. 59 Abs. 2 S. 1 GG umgesetzt werden. Grundsätzlich stellen die Grundstrukturen der Verfassungsordnung wie auch bei Art. 24 Abs. 1 GG (s. dazu Rn. 776) **materielle Grenzen** dar.

786 In Bezug auf den **Einsatz der Bundeswehr im Ausland** kommt Art. 24 Abs. 2 GG eine besondere Bedeutung zu. Weil Art. 24 Abs. 2 GG nach h.M. auch zum tatsächlichen Einsatz der Streitkräfte im Rahmen der Systeme gegenseitiger kollektiver Sicherheit ermächtigt (vgl. nur BVerfGE 90, 286 (345, Ls. 1) – Awacs; 118, 244 (261 f.) – ISAF), stellt Art. 24 Abs. 2 GG i.V.m. den Regeln über eine derartige Organisation eine eigenständige Einsatzermächtigung i.S.d. Art. 87a Abs. 2 GG dar. Die Verwendung der Bundeswehr muss dabei selbstredend im Rahmen und nach den Regeln des Systems gegenseitiger kollektiver Sicherheit erfolgen. Darüber hinaus fordert das Bundesverfassungsgericht, dass der Bundestag jedem bewaffneten Einsatz der Bundeswehr zustimmen muss (vgl. BVerfGE 90, 286 (381 ff., Ls. 3) – Awacs; 121, 125 (154 ff.) – Luftraumüberwachung Türkei; s. dazu *Kloepfer*, Verfassungsrecht I, 2011, § 29 Rn. 77 ff.).

4. Internationale Schiedsgerichte (Art. 24 Abs. 3 GG)

787 Die verfassungsrechtliche Verpflichtung des Bundes in Art. 24 Abs. 3 GG, Vereinbarungen über eine Schiedsgerichtsbarkeit zur Beilegung internationaler (zwischenstaatlicher) Streitigkeiten beizutreten, ist an sehr enge Voraussetzungen geknüpft. Die Schiedsgerichtsbarkeit muss allgemein sein, d.h. die überwiegende Mehrheit der Staaten erfassen. Sie muss darüber hinaus umfassend sein, also alle Sachgebiete einschließen. Schließlich soll sie obligatorisch sein, also auch ohne Zustimmung des beklagten Staats angerufen werden können. **Eine solche Schiedsgerichtsbarkeit internationaler Art gibt es (noch) nicht**, so dass der Verpflichtung des Art. 24 Abs. 3 GG bislang nicht nachgekommen werden musste (*Mosler*, in: FS Doehring, S. 607 ff.). Der IGH in Den Haag ist nach Art. 92 SVN weder umfassend noch obligatorisch, seine Anerkennung durch die Bundesrepublik Deutschland war deshalb fakultativ und nicht von Art. 24 Abs. 3 GG vorgeschrieben. Auch der Europäische Gerichtshof

für Menschenrechte ist keine Schiedsgerichtsbarkeit im Sinne des Art. 24 Abs. 3 GG, da er nicht über zwischenstaatliche Streitigkeiten entscheidet. Das Gleiche gilt für den Internationalen Strafgerichtshof. Insgesamt erweist sich Art. 24 Abs. 3 GG als ein Versprechen für die Zukunft.

VII. Friedliches Zusammenleben der Völker (Art. 26 GG)

Das drei Jahre nach Ende des Zweiten Weltkriegs entstandene Grundgesetz ist noch ganz von dem Grauen des Kriegs geprägt. Es formuliert deshalb gewissermaßen den Frieden als einen wesentlichen **Verfassungszweck**, „dem Frieden der Welt zu dienen" (Präambel GG). Deshalb ermöglicht es Art. 24 Abs. 2 GG, „zur Wahrung des Friedens" einem System kollektiver Sicherheit beizutreten (Rn. 783 ff.), um eine „friedliche und dauerhafte Ordnung in Europa und zwischen den Völkern der Welt herbeizuführen und zu sichern". 788

Das Konzept des Friedens als Verfassungszweck wird durch Art. 26 GG breiter ausgestaltet. Die Pflicht der Bundesrepublik Deutschland zum friedlichen und kooperativen Handeln in internationalen Beziehungen kommt besonders in Art. 26 GG zum Ausdruck, der das friedliche Zusammenleben der Völker zum **innerstaatlichen Verfassungsgut** (vgl. im Übrigen auch Art. 9 Abs. 2 GG; s. Rn. 624) erklärt. Nach Art. 26 Abs. 1 GG sind Handlungen, die „geeignet sind und in der Absicht vorgenommen werden, das friedliche Zusammenleben der Völker zu stören, insbes. einen Angriffskrieg vorzubereiten", verfassungswidrig und deshalb unter Strafe zu stellen (s. Rn. 790 ff.). Zum Schutz des friedlichen Zusammenlebens der Völker unterstellt Art. 26 Abs. 2 GG die Herstellung, Beförderung und Verbreitung von zur Kriegsführung bestimmten Waffen außerdem einem Genehmigungsvorbehalt (s. Rn. 797 ff.). 789

1. Verbot des Angriffskrieges (Art. 26 Abs. 1 GG)

Das Verbot des Angriffskrieges in Art. 26 Abs. 1 GG ist nur einschlägig, wenn eine Handlung **objektiv** zur Friedensstörung geeignet und **subjektiv** auf die Friedensstörung gerichtet ist. 790

Die friedensstörende Eignung einer Handlung nimmt das Grundgesetz selbst im Falle des **Angriffskrieges** an. Dies ist eine gewaltsame Aggression, die sich völkerrechtlich nicht rechtfertigen lässt (s. etwa *Streinz*, in: Sachs, GG, 7. Aufl. 2014, Art. 26 Rn. 18 ff.; *Jarass*, in: ders./Pieroth, GG, 14. Aufl. 2016, Art. 26 Rn. 3). Diese völkerrechtliche Akzessorietät hat zur Folge, dass z.B. der Einsatz von Gewalt, der auf Art. 51 SVN (individuelle und kollektive Selbstverteidigung gegen bewaffnete Angriffe) gestützt werden kann, nicht von Art. 26 Abs. 1 GG verboten ist. 791

Grundsätzlich können auch logistische oder finanzielle Unterstützungen von **Kriegs**- bzw. **Bürgerkriegsparteien** als friedensstörende Handlungen angesehen werden. 792

In subjektiver Hinsicht muss die zur Friedensstörung geeignete Handlung mit „**Absicht**" vorgenommen werden. Nach h.M. bedarf es hierfür keines dolus directus 1. 793

Grades (Absicht), vielmehr reicht schon dolus eventualis (Eventualvorsatz) aus (vgl. *Herdegen*, in: Maunz/Dürig, GG, Art. 26 Rn. 36; *Wollenschläger*, in: Dreier, GG, 3. Aufl. 2015, Art. 26 Rn. 28).

794 Art. 26 Abs. 1 S. 1 GG **verpflichtet** nicht nur **den Staat**, sondern **auch Privatpersonen**, d.h. alle natürlichen und juristischen Personen sowie sonstige Vereinigungen (*Jarass*, in: ders./Pieroth, GG, 14. Aufl. 2016, Art. 26 Rn. 6). Der personale Geltungsbereich muss allerdings im Zusammenhang mit dem **räumlichen Geltungsbereich** betrachtet werden. Letzterer erstreckt sich jedenfalls auf das deutsche Territorium, so dass für alle in Deutschland vorgenommenen Handlungen Art. 26 Abs. 1 S. 1 GG unabhängig von der Staatsangehörigkeit bzw. dem effektiven Sitz der handelnden Person einschlägig sein kann. Aufgrund des Personalitätsprinzips greift Art. 26 Abs. 1 S. 1 GG darüber hinaus auch bei zur Friedensstörung geeigneten Handlungen von Deutschen und inländischen juristischen Personen sowie sonstigen Vereinigungen, die im Ausland vorgenommen werden (z.B. Handlungen deutscher Söldner; vgl. *Pernice*, in: Dreier, GG, 2. Aufl. 2006, Art. 26 Rn. 18).

795 Ein Verstoß gegen Art. 26 Abs. 1 S. 1 GG begründet als **Rechtsfolge** die Verfassungswidrigkeit der entsprechenden Handlung selbst. Art. 26 Abs. 1 S. 1 GG hat aber auch zur Folge, dass eine dienstliche Weisung oder ein militärischer Befehl zur Vornahme einer zur Friedensstörung geeigneten Handlung unwirksam ist (vgl. BVerwGE 127, 302 (314) – Irak-Krieg).

796 Ob Art. 26 Abs. 1 GG eine **Pflicht zur aktiven Friedenssicherung** und damit eine staatliche Pflicht zum Vorgehen gegen private Friedensstörungen begründet, ist umstritten (s. dazu etwa *Kloepfer*, Verfassungsrecht I, 2011, § 35 Rn. 106; *Streinz*, in: Sachs, GG, 7. Aufl. 2014, Art. 26 Rn. 32). Aus Art. 26 Abs. 1 S. 2 GG folgt jedenfalls die Pflicht, Handlungen, die geeignet sind und in der Absicht vorgenommen werden, das friedliche Zusammenleben der Völker zu stören, **unter Strafe** zu stellen.

2. Genehmigungsvorbehalt bei Kriegswaffen (Art. 26 Abs. 2 GG)

797 Art. 26 Abs. 2 S. 1 GG konstituiert einen repressiven Genehmigungsvorbehalt für die **Herstellung, Beförderung und Verbreitung** von zur Kriegsführung bestimmten Waffen. Der Genehmigungsvorbehalt bezieht sich lediglich auf **zur Kriegsführung bestimmte Waffen**. Es kommt darauf an, ob aus objektiver Sicht eine Eignung zur Kriegsführung vorliegt.

798 Liegen diese Voraussetzungen vor, so kann bei diesem repressiven Verbot mit Erlaubnisvorbehalt eine Genehmigung der Bundesregierung erklärt werden. Zur Erteilung der Genehmigung nach Art. 26 Abs. 2 S. 1 GG ist nur die **Bundesregierung als Kollegialorgan** ermächtigt (*Kloepfer*, Verfassungsrecht I, 2011, § 35 Rn. 107; *Streinz*, in: Sachs, GG, 7. Aufl. 2014, Art. 26 Rn. 46). § 11 Abs. 2 des Gesetzes über die Kontrolle von Kriegswaffen (KrWaffKontrG), welcher u.a. die Delegation der Befugnis zur Erteilung der Genehmigung auf einzelne Bundesministerien vorsieht, ist insoweit verfassungswidrig (*Kloepfer*, Verfassungsrecht I, 2011, § 35 Rn. 107). Eine

besondere Bedeutung im Bereich des Kriegswaffenexports spielt der – im Grundgesetz nicht geregelte – Bundessicherheitsrat (s. dazu *Kloepfer*, Verfassungsrecht I, 2011, § 29 Rn. 42), der die Sicherheitspolitik der Bundesregierung koordiniert. Art. 26 Abs. 2 S. 1 GG gewährt zwar keinen der parlamentarischen Verantwortung grundsätzlich entzogenen Raum gubernativen Entscheidens, dennoch soll hier insoweit eine Beschränkung parlamentarischer Informations- und Fragerechte gelten, wonach die Beratung und Beschlussfassung im Bundessicherheitsrat dem Kernbereich exekutiver Eigenverantwortung unterfallen (vgl. BVerfGE 137, 185 (236, Rn. 140 f.) – Kriegswaffenexportkontrolle).

Die Einzelheiten des Art. 26 Abs. 2 S. 1 GG werden gemäß Art. 26 Abs. 2 S. 2 GG in einem **Bundesgesetz**, dem KrWaffKontrG, geregelt. 799

VIII. Kompetenzen im Bereich der auswärtigen Gewalt

Das Grundgesetz enthält Aussagen über die Verteilung der **Verbandskompetenzen** zwischen Bund und Ländern im Bereich der auswärtigen Gewalt (s. dazu Rn. 801 ff.). Darüber hinaus enthält das Grundgesetz als Bundesverfassung für die Ebene des Bundes auch Regelungen über die **Organkompetenzen** auf Bundesebene (s. dazu Rn. 806 ff.). 800

1. Verbandskompetenzen im Bundesstaat (Art. 32 GG)

Während nach der grundsätzlichen Aufgabenverteilung im Bundesstaat die **Regelzuständigkeit** bei den Ländern liegt und nur die Ausnahmen dem Bund zukommen, kehrt Art. 32 GG diese Regel um. In Abweichung von Art. 30 GG regelt **Art. 32 Abs. 1 GG** die Zuordnung der auswärtigen Gewalt. Nach Art. 32 Abs. 1 GG „ist die Pflege der Beziehungen zu auswärtigen Staaten ... Sache des Bundes". **Der Bund hat also die Regelkompetenz in auswärtigen Beziehungen.** Für den Fall, dass der Bund völkerrechtliche Verträge schließt, welche die besonderen Verhältnisse eines Bundeslandes berühren, ist dieses Land aber gemäß Art. 32 Abs. 2 GG anzuhören. 801

Soweit die **Bundesländer** innerstaatlich für die Gesetzgebung zuständig sind, können sie zudem gemäß **Art. 32 Abs. 3 GG** völkerrechtliche Verträge, d.h. Staatsverträge und Verwaltungsabkommen, schließen. Art. 32 Abs. 3 GG fordert dabei jedoch immer die Zustimmung der Bundesregierung. Mit ihrer Zustimmung können die Bundesländer damit nicht nur im Bereich ihrer ausschließlichen Ländergesetzgebungskompetenzen (s.o. Rn. 82) völkerrechtliche Verträge schließen, sondern bei entsprechender Ermächtigung nach Art. 71 GG auch im Bereich der ausschließlichen Gesetzgebungskompetenz des Bundes. Im Bereich der konkurrierenden Gesetzgebung dürfen sie nur insoweit tätig werden, als der Bund von seinen Kompetenzen noch keinen Gebrauch gemacht hat (arg. Art. 72 Abs. 1 GG). 802

Streit herrscht darüber, ob aus Art. 32 Abs. 3 GG folgt, dass der **Bund auf dem Gebiet der ausschließlichen Gesetzgebungskompetenz der Länder** (z.B. Kultusbereich) 803 außenpolitisch **nicht tätig werden darf,** d.h. insbes. zum Abschluss von völkerrechtlichen Verträgen in diesen Sachbereichen nicht berechtigt ist. Überwiegend wird die Ansicht vertreten, dass der Bund zwar zum Abschluss völkerrechtlicher Verträge in allen Sachbereichen berechtigt ist, aus Art. 32 Abs. 3 GG für ihn jedoch keine Transformationskompetenz folgt. Die **Divergenz von Abschluss- und Transformationskompetenz** führt dann dazu, dass der Bund auf völkerrechtlicher Ebene Verträge schließen darf, für deren innerstaatliche Umsetzung er wegen seiner fehlenden Kompetenz keine Garantie geben kann.

804 Um den Streit um die Abschluss- bzw. die Transformationskompetenzen des Bundes im Bereich der ausschließlichen Landesgesetzgebungskompetenzen in der Praxis nicht ausufern zu lassen, haben der Bund und die Länder im Juli 1957 das **Lindauer Abkommen** abgeschlossen (s. dazu *Kloepfer*, Verfassungsrecht I, 2011, § 35 Rn. 121 ff.). Vereinfacht gesprochen sieht dieses Abkommen vor allem vor, dass beim Abschluss solcher Verträge, die nach Auffassung der Länder deren ausschließliche Kompetenzen berühren, der Bund verpflichtet ist, **vor Abschluss des Vertrages das Einverständnis der Länder herbeizuführen**. Hat der Bund dies geschafft, soll er nach der Konzeption des Lindauer Abkommens vertragliche Verpflichtungen auch in Bereichen der ausschließlichen Länderzuständigkeiten eingehen können.

805 Die **verfassungsrechtliche Zulässigkeit und Bedeutung des Lindauer Abkommens** ist allerdings umstritten. Nach verbreiteter Auffassung ist das Abkommen rechtlich unverbindlich (stellvertretend für viele: *Jarass*, in: ders./Pieroth, GG, 14. Aufl. 2016, Art. 32 Rn. 7 m.w.N.). Ihm soll nur eine **deklaratorische Wirkung** zukommen; das Abkommen würde danach nur die ohnehin bestehende Rechtslage bestätigen. Nach anderer, abzulehnender Ansicht begründet es konstitutiv die Bundesabschlusskompetenz im Bereich des Art. 32 Abs. 3 GG (s. z.B. *Nettesheim*, in: Maunz/Dürig, GG, Art. 32 Rn. 74). Inzwischen könnte es zu Verfassungsgewohnheitsrecht geworden sein.

2. Organkompetenzen auf Bundesebene (Art. 59 Abs. 1 GG)

806 Besteht die Verbandskompetenz des Bundes für eine auswärtige Angelegenheit, so stellt sich die Frage, welcher Gewalt bzw. **welchem Verfassungsorgan des Bundes** nach dem Grundgesetz die Pflege der auswärtigen Beziehungen in diesen Fällen obliegt. Das Grundgesetz nennt Kompetenzen des Bundespräsidenten, der Bundesregierung, des Bundestags und des Bundesrats. Hinzu kommen einzelne ausschließliche Befugnisse des Bundesverfassungsgerichts (s. Rn. 814 f.).

807 Art. 59 Abs. 1 GG ordnet dem **Bundespräsidenten** die umfassende formale völkerrechtliche Handlungsbefugnis für die Bundesrepublik Deutschland zu (vgl. *Kloepfer*, Verfassungsrecht I, 2011, § 35 Rn. 135 ff.). Diese Handlungsbefugnis umfasst nicht nur den Vertragsschluss (Abs. 1 S. 2), sondern erstreckt sich auch auf die Beziehungen Deutschlands zu allen anderen Völkerrechtssubjekten, den Empfang und die Beglaubigung von Gesandten (Abs. 1 S. 3). Der Bundespräsident erteilt schließlich auch

die Befugnis zur Abgabe und Entgegennahme aller rechtserheblichen Erklärungen des internationalen Verkehrs.

Im Bereich des Abschlusses von völkerrechtlichen Verträgen ordnet Art. 59 Abs. 1 S. 2 GG jedenfalls die **formelle Staatsrepräsentation** des Bundespräsidenten an; nur der Bundespräsident kann also die Bundesrepublik Deutschland völkervertragsrechtlich verpflichten. Die Entscheidungsbefugnis im Bereich der auswärtigen Beziehungen (**materielle Staatsrepräsentation**) liegt hingegen bei der Bundesregierung, die von der Mitwirkung der gesetzgebenden Körperschaften (Bundestag und Bundesrat) abhängig ist. 808

Auch daraus folgt, dass der Bundespräsident nicht in allen völkerrechtlichen Verfahrensschritten allein und persönlich handelt. Im Gegenteil: Stets sind es **Regierungsmitglieder**, welche die Verträge aushandeln und abschließen. Diese Praxis ist gemäß Art. 7 Abs. 2 lit. a WVK völkerrechtlich zulässig. Der Bundespräsident stellt in den meisten Fällen nur noch die **Verhandlungs- und Unterzeichnungsvollmachten** für die Regierungsmitglieder als tatsächliche Verhandlungspartner aus. Eine eigene Gestaltungsbefugnis kommt dem Bundespräsidenten im Bereich der Außenpolitik nicht zu (vgl. nur *Heun*, in: Dreier, GG, 3. Aufl. 2015, Art. 59 Rn. 21 m.w.N.). 809

Die eigentlich bewegende Kraft der auswärtigen Beziehungen ist somit die **Bundesregierung**. Sie definiert die auswärtige Politik Deutschlands und führt die internationalen Verhandlungen mit anderen Regierungen und in internationalen Organisationen (s.a. *Kloepfer*, Verfassungsrecht I, 2011, § 35 Rn. 126 ff.). 810

Demgegenüber fällt die Macht des **Bundestags** in auswärtigen Beziehungen deutlich ab. Die Transformationsgesetzgebungskompetenz in Art. 59 Abs. 2 GG gibt ihm immerhin wichtigen Einfluss. Die Hauptbedeutung des Bundestags in auswärtigen Angelegenheiten dürfte aber eher in seinen allgemeinen parlamentarischen Kontrollbefugnissen (vgl. BVerfGE 131, 152 (196) – Euro-Plus-Pakt; 137, 185 (235 Rn. 139) – Kriegswaffenexportkontrolle) und seinen haushaltspolitischen Befugnissen zum Ausdruck kommen. 811

Der **Bundesrat** wird über die ihm nach Art. 59 Abs. 2 GG eingeräumten Mitwirkungsbefugnisse im Gesetzgebungsverfahren beteiligt (s.o. Rn. 762 f.). 812

Die Verteilung der Organkompetenzen zum Abschluss völkerrechtlicher Verträge **auf Landesebene** richtet sich nach den jeweiligen Landesverfassungen. In der Regel ist dort der Ministerpräsident zur völkerrechtlichen Vertretung eines Bundeslandes befugt (vgl. z.B. Art. 47 Abs. 3 LV-Bay, Art. 77 Abs. 1 LV-Thür, Art. 58 Abs. 1 S. 1 LV-Ber, Art. 35 Abs. 1 LV-Nds). 813

IX. Völkerrecht in Verfahren vor dem Bundesverfassungsgericht

Im sog. **Völkerrechtsverifikationsverfahren** nach Art. 100 Abs. 2 GG i.V.m. §§ 13 Nr. 12, 83 f. BVerfGG kann vor dem Bundesverfassungsgericht geklärt werden, ob eine völkerrechtliche Norm als **allgemeine Regel des Völkerrechts** i.S.d. Art. 25 S. 1 814

GG anzusehen ist und ob diese Norm dabei unmittelbare Rechte und Pflichten für den Einzelnen erzeugt (s. dazu BVerfGE 18, 441 (450) – AG in Zürich; 23, 288 (317) – Lastenausgleichsabgaben II; 59, 63 (89) – Eurocontrol II; 94, 315 (328) – Zwangsarbeit; *Ruffert*, JZ 2001, 633 ff.). Bestehen in einem konkreten fachgerichtlichen Verfahren hierüber ernsthafte Zweifel, so besteht für das entsprechende Fachgericht eine Vorlagepflicht. Wenn das Fachgericht seiner Vorlagepflicht in nicht zu rechtfertigender Weise nicht nachkommt, liegt hierin eine Verletzung des Rechts auf den gesetzlichen Richter aus Art. 101 Abs. 1 S. 2 GG.

815 Das Völkerrecht kann auch in **anderen bundesverfassungsgerichtlichen Verfahren** relevant werden. Dabei sind völkerrechtliche Normen selbst zwar weder Verfahrensgegenstand noch Maßstab einer bundesverfassungsgerichtlichen Entscheidung. Eine solche Funktion kann indessen für das Völkervertragsrecht das parlamentarische Transformations- bzw. Zustimmungsgesetz zu völkerrechtlichen Verträgen einnehmen. Ein Völkervertragsrecht umsetzendes Gesetz kann etwa **Verfahrensgegenstand** bei der Verfassungsbeschwerde sowie bei einer abstrakten oder konkreten Normenkontrolle sein. Die völkerrechtliche Bindungswirkung vermag eine eventuelle Nichtigkeitserklärung des Transformationsgesetzes durch das Bundesverfassungsgericht allerdings nicht außer Kraft zu setzen. Als **Prüfungsmaßstab** kann das Transformationsgesetz des Bundes z.B. bei der abstrakten Normenkontrolle relevant werden, wenn Landesrecht auf seine Vereinbarkeit mit dem Bundesrecht hin untersucht wird. Auch sind nach Auffassung des Bundesverfassungsgerichts die EMRK sowie die Entscheidungen des EGMR bei der Auslegung der grundgesetzlichen Grundrechte zu berücksichtigen (s. dazu BVerfGE 111, 307 (317) – EGMR-Urteile; BVerfGE 128, 326 (366 ff.) – Sicherungsverwahrung). Dies führt dazu, dass im Rahmen der konventionsfreundlichen Auslegung des Grundgesetzes wie auch bei der Berücksichtigung von Entscheidung des EGMR alle staatlichen Organe die Auswirkungen auf die nationale Rechtsordnung in ihre Rechtsanwendung einzubeziehen und möglichst schonend in das vorhandene, dogmatisch ausdifferenzierte nationale Rechtssystem einzupassen haben (BVerfGE 128, 326 (371) – Sicherungsverwahrung).

816 Werden die **allgemeinen Regeln des Völkerrechts** als Bestandteil des Bundesrechts Teil der verfassungsmäßigen Ordnung i.S.d. Art. 2 Abs. 1 GG, kann jeder, der durch eine Norm in seiner allgemeinen Handlungsfreiheit betroffen ist, geltend machen, dass das eingreifende Gesetz gegen allgemeine Regeln des Völkerrechts verstößt (vgl. BVerfGE 23, 288 (300) – Lastenausgleichsabgaben II).

C. Grundgesetz und Europarecht

I. Europäische Union

1. Entwicklung

Im Jahr 1951 wurde die **Europäische Gemeinschaft für Kohle und Stahl** (EGKS, „Montanunion") gegründet und im Jahr 1957 die **Europäische Atomgemeinschaft** (EAG bzw. Euratom) sowie die **Europäische Wirtschaftsgemeinschaft** (EWG) durch die Römischen Verträge. Gründungsstaaten waren jeweils Belgien, die Bundesrepublik Deutschland, Frankreich, Italien, Luxemburg und die Niederlande. Wie die Montanunion konzentrierte sich die EAG dabei nur auf einen bestimmten Wirtschaftssektor. Die EWG sollte dagegen zu einer nicht mehr gegenständlich beschränkten wirtschaftlichen Integration der Mitgliedstaaten führen.

817

Die weitere Entwicklung der europäischen Integration war maßgeblich von zwei Aspekten geprägt. Zum Einen durch **Erweiterungen durch neue Mitgliedstaaten** und zum Anderen durch verschiedene Änderungsverträge. Die Erweiterungen der Gemeinschaften und (ab 1992) der Europäischen Union erfolgte phasenweise. Im Jahr 1973 traten Irland, Großbritannien und Dänemark den Gemeinschaften bei (**Norderweiterung**). Die **Süderweiterung** der Gemeinschaften vollzog sich in zwei Phasen: Griechenland trat 1981 bei, Spanien und Portugal folgten 1986. Die Mitgliedschaft dieser Staaten in der EG war auch die politische Prämie für ihre Demokratisierung wenige Jahre zuvor. Mit dem Beitritt von Österreich, Schweden und Finnland stieg die Zahl der Mitgliedstaaten 1995 auf 15; diese Erweiterungsrunde wurde **EFTA-Erweiterung** genannt, weil Österreich, Schweden und Finnland bis zu ihrem Beitritt zur Europäischen Union und zu den Gemeinschaften Mitglieder der Europäischen Freihandelsassoziation (EFTA) waren. Auch die **Osterweiterung** erfolgte zweiphasig: Am 1. Mai 2004 traten der mittlerweile gegründeten EU die Staaten Estland, Lettland, Litauen, Malta, Polen, die Tschechische Republik, die Slowakische Republik, Slowenien, Ungarn und Zypern bei. Auch hier wurden fundamentale Demokratisierungsleistungen mit der EU-Mitgliedschaft belohnt. Zum 1. Januar 2007 sind – diesem Muster folgend – auch Bulgarien und Rumänien beigetreten. Zum 1. Juli 2013 trat Kroatien der EU bei. Die EU zählt seitdem 28 Mitgliedstaaten und bildet einen politischen und ökonomischen Raum mit etwa 510 Millionen Einwohnern. Aufgrund des nahenden Austritts („Brexit") des Vereinigten Königreichs aus der Union und der erstmaligen Anwendung von Art. 50 EUV wird sich die Zahl der Mitgliedstaaten zunächst auf 27 reduzieren. Weitere Beitrittsverhandlungen laufen u.a. mit Island, Mazedonien, Montenegro und der Türkei. Als potenzielle Beitrittskandidaten gelten darüber hinaus etwa Albanien, Bosnien-Herzegowina sowie Serbien.

818

Wichtige **Änderungsverträge** waren u.a. der am 1. Juli 1967 in Kraft getretene **Fusionsvertrag**, der bewirkte, dass für alle drei Gemeinschaften *ein* Rat und *eine* Kommission zuständig waren sowie die 1970 beschlossene **Finanzreform**, welche für die Gemeinschaften ein System der finanziellen Eigenmittel einführte (s. *Rossi*, Europäi-

819

sches Parlament und Haushaltsverfassungsrecht, 1997, S. 246 ff.). Weiter wurde mit Geltung ab 1979 die **Direktwahl des Europäischen Parlaments** im Primärrecht verankert (s. heute Art. 20 Abs. 2 lit. b AEUV).

820 Eine ausschlaggebende Etappe der Fortentwicklung der europäischen Einigung war dann die **Einheitliche Europäische Akte** von 1986 (EEA), die am 1. Juli 1987 in Kraft trat. Mit ihr wurde durch die Einführung des Verfahrens der Zusammenarbeit die Stellung des Europäischen Parlaments im Rechtsetzungsverfahren gestärkt und es kam zu Erweiterungen der Zuständigkeiten der EWG (z.B. Umweltpolitik).

821 Ein besonderer Impuls für die Entwicklung der supranationalen Gemeinschaften ging von dem am 7. Februar 1992 unterzeichneten und am 1. November 1993 in Kraft getretenen **Vertrag von Maastricht** (s. dazu auch BVerfGE 89, 155 ff. – Maastricht) aus, mit dem nicht nur zahlreiche Änderungen in den existierenden Gemeinschaftsverträgen vorgenommen und die Währungsunion begründet wurde(n), sondern insbes. auch die **Europäische Union** gegründet wurde, eine Union, die die bestehenden wirtschafts- und sozialbezogenen Rechtsgemeinschaften um eine politische Dimension erweiterte. Die EWG wurde in EG umbenannt.

822 Zu weiteren Änderungen kam es durch den **Vertrag von Amsterdam** (1997) und den **Vertrag von Nizza** (2000), durch die jeweils die Kooperation zwischen den Mitgliedstaaten intensiviert wurde (s. dazu *Kloepfer*, Verfassungsrecht I, 2011, § 39 Rn. 39 ff., 44). Im Hinblick auf den anstehenden Beitritt weiterer Staaten (s. Rn. 818) waren die vertraglichen Änderungen insbes. im Vertrag von Nizza durch Offenheit gekennzeichnet. Zusammen mit dem Vertrag von Nizza wurde die – zunächst unverbindliche – **Grundrechte-Charta** (GRCh) proklamiert.

823 Mit dem lange Jahre diskutierten **Vertrag über eine Verfassung für Europa** (EVV) sollte eine grundlegende Überarbeitung und Neuausrichtung des Systems der Europäischen Gemeinschaften und der EU erfolgen. Der von einem Konvent unter Leitung des ehemaligen französischen Staatspräsidenten *Giscard d'Estaing* erarbeitete und am 29. Oktober 2004 von den Staats- und Regierungschefs der damals 25 Mitgliedstaaten unterzeichnete Vertrag über eine Verfassung für Europa **scheiterte** jedoch nach ablehnenden Volksabstimmungen in Frankreich und den Niederlanden **im Ratifikationsprozess**. Die Kritik gegen den Vertrag richtete sich vor allem gegen die vermeintliche Staatsähnlichkeit und das Demokratiedefizit der Europäischen Union (s. etwa *Pache*, EuR 2002, 767 ff.; *Schwarze*, EuR 2003, 535 ff.; *Galetta*, DÖV 2004, 828 ff.; *Rupp*, JZ 2005, 741 ff.).

824 Am 1. Dezember 2009 trat schließlich der bereits am 13. Dezember 2007 unterzeichnete **Vertrag von Lissabon** in Kraft (s. dazu auch BVerfGE 123, 267 ff.). Durch ihn kam es zu **bedeutenden Änderungen** der Struktur der Europäischen Union und sonstigen **Neuerungen** (s. dazu auch *Kloepfer*, Verfassungsrecht I, 2011, § 39 Rn. 53 ff.). So erhielt die Europäische Union eine Rechtspersönlichkeit (Art. 47 EUV) und die EU trat an die Stelle der erlöschenden EG (vgl. Art. 1 Abs. 3 S. 3 EUV). Die

EAG wurde wieder aus dem institutionellen Rahmen der EU ausgegliedert und besteht seitdem als selbstständige internationale Organisation. Der EGKSV war bereits am 23. Juli 2002 ausgelaufen (vgl. Art. 97 EGKSV). Darüber hinaus wurden die institutionelle Ordnung der Europäischen Union gestrafft, die Kompetenzordnung übersichtlicher gestaltet, die Stellung des Europäischen Parlaments gestärkt und den mitgliedstaatlichen Parlamenten Kontrollbefugnisse hinsichtlich der unionsrechtlichen Rechtsetzung eingeräumt (vgl. Art. 5 Abs. 3 UAbs. 2 S. 2 EUV). Die GRCh ist seit Inkrafttreten des Vertrags von Lissabon verbindliches Recht (s. Art. 6 Abs. 1 EUV). Infolge des Vertrags von Lissabon wurde der bisherige EGV in den Vertrag über die Arbeitsweise der Europäischen Union (AEUV) umbenannt und bezieht sich jetzt nicht mehr auf die EG, sondern auf die EU. Der EUV gilt in der Fassung des Vertrags von Lissabon fort. Vergleichbares gilt für den EAGV hinsichtlich der EAG.

Im Zuge der Zuspitzung der **Finanz- und Eurokrise** in den Jahren 2008 bis 2011 (und teilweise auch später) wurden relativ kurz nach Inkrafttreten des Lissabon-Vertrages wiederum fundamentale Änderungen der EU-Verträge diskutiert. Die EU soll zur Finanzunion bzw. zu einer umfassenden politischen Union ausgebaut werden. Das ist bisher nicht geschehen.

825

2. Gegenwärtiger Status der EU und Perspektiven

Die EU (und die Europäischen Gemeinschaften) ist zwar durch völkerrechtliche Verträge geschaffen worden. Die EU ist aber **mehr als eine herkömmliche internationale Organisation**. Wegen der umfangreichen Hoheitsrechtsübertragungen auf die EU, der zahlreichen Durchgriffskompetenzen auf das mitgliedstaatliche Recht sowie der Fähigkeit der EU, die Mitgliedstaaten auch gegen deren Willen an die Beschlüsse der EU-Organe zu binden und ihnen ggf. Sanktionen aufzuerlegen (vgl. Art. 7 EUV), ist die EU als **supranationale Organisationsform** zu qualifizieren. Die EU ist rechtsfähig (Art. 47 EUV) und hat die Qualität eines Völkerrechtssubjekts (s.a. oben Rn. 718).

826

Die EU ist nach wie vor **kein (Bundes)Staat**: Die EU leitet ihre Zuständigkeiten von den Mitgliedstaaten ab, ihr fehlen Zuständigkeiten in zentralen Handlungsbereichen von Staaten, sie hat keine Kompetenz-Kompetenz und ihr fehlt sowohl ein Staatsvolk mit dem Willen zu einer europäischen staatlichen Einheit wie auch eine funktionierende europäische Öffentlichkeit. Aufgrund ihres Charakters als supranationale Organisationsform ist sie aber auch **kein bloßer Staatenbund**. Ob es besser ist, das Phänomen der europäischen Integration als organisierte Supranationalität mit dem Begriff des **Staatenverbundes** zu bezeichnen (BVerfGE 89, 155 (181 ff.) – Maastricht; näher definiert in BVerfGE 123, 267 (348) – Vertrag von Lissabon), mag dahinstehen. Unstreitig ist jedenfalls, dass der EU ein singulärer Charakter zukommt, der teilweise schon verfassungsähnliche Strukturen aufweist.

827

3. Rechtsquellen des Europarechts
a) Allgemeines

828 Die Rechtsquellen des Europarechts lassen sich nach ihrem Urheber und damit zugleich nach ihrer Legitimation unterscheiden. Das sog. **primäre Unionsrecht** ist das von den Mitgliedstaaten gesetzte Recht (s. dazu Rn. 830 f.), während das von den Organen auf der Grundlage des Primärrechts erlassene Recht als **sekundäres Unionsrecht** bezeichnet werden kann (s. dazu 832). Das wiederum von den Organen auf der Grundlage von Sekundärrecht erlassene Unionsrecht wird als **tertiäres Unionsrecht** bezeichnet (s. dazu Rn. 833). Keiner dieser Kategorien eindeutig zurechenbar sind **völkerrechtliche Verträge** zwischen der EU und Drittstaaten sowie anderen Völkerrechtssubjekten (EU-Abkommen).

829 Die genannten Rechtsquellen stehen in einem **Rangverhältnis** zueinander. Das Primärrecht steht dabei an der Spitze der europarechtlichen Normenhierarchie. Darunter ist grundsätzlich das Sekundärrecht anzusiedeln, welches seinerseits dem tertiären Unionsrecht vorgeht. Sofern im Primärrecht vorgesehen, vermag sekundäres Unionsrecht das primäre Recht ausnahmsweise zu derogieren. So enthält bspw. Art. 252 Abs. 1 S. 2 AEUV die Ermächtigung, dass der Rat auf Antrag des Gerichtshofs die Zahl der Generalanwälte einstimmig erhöhen kann. Angelehnt an die Terminologie des deutschen Verfassungsrechts handelt es sich dabei korrekt gesprochen um **primärrechtsänderndes Sekundärrecht**.

b) Primäres Unionsrecht

830 Entsprechend der abstrakten Definition wird das Primärrecht in erster Linie von den **Gründungsverträgen** (früher EGKSV, EWGV, EAGV, heute EUV und AEUV) gebildet. Darüber hinaus zählen aber auch die jeweiligen **Änderungsverträge** sowie die **Beitrittsverträge** zum primären Unionsrecht. Das Gleiche gilt für die **Protokolle** (s. Art. 51 EUV).

831 Zum Primärrecht werden auch die **allgemeinen Grundsätze des Unionsrechts** gezählt. Diese hatte der EuGH in seiner frühen Rechtsprechung unter Hinweis auf Art. 288 Abs. 2 EGV (heute Art. 340 Abs. 2 AEUV) aus den gemeinsamen Verfassungsüberlieferungen der Mitgliedstaaten hergeleitet (st. Rspr. ausgehend von EuGH, Rs. 29/69 – Stauder). Als allgemeine Grundsätze des Unionsrechts gelten insbes. auch **Grundrechte**, für deren Herleitung aus den gemeinsamen Verfassungstraditionen der EuGH auch auf die EMRK zurückgegriffen hat (s. EuGH, Rs. 44/79 – Hauer). Seit dem Inkrafttreten des Vertrags von Lissabon sind im Unionsrecht allerdings Grundrechte auf der Rangebene des primären Unionsrechts verbindlich festgesetzt, wobei den gemeinsamen Verfassungsüberlieferungen über den Auslegungsgrundsatz des Art. 52 Abs. 4 GRCh oder etwa bei der Fortschreibung „ungeschriebener" Grundrechte weiterhin Bedeutung zukommt (vgl. *Mayer*, in: König/Uwer, Grenzen europäischer Normgebung, 2015, S. 95 ff.). Zum Einen schreibt Art. 6 Abs. 1 EUV die Geltung der GRCh fest; danach sind die GRCh und die Verträge

rechtlich gleichrangig. Zum anderen soll die EU der EMRK beitreten (vgl. Art. 6 Abs. 2 EUV), was sich aber aufgrund des ablehnenden Gutachtens des EuGH (Rs. C-2/13; siehe dazu etwa *Tomuschat*, EuGRZ 2015, 133 ff.; *Wendel*, NJW 2015, 921 ff.) noch erheblich verzögern dürfte und zum Dritten schreibt Art. 6 Abs. 3 EUV die Geltung der „Grundrechte, wie sie in der Europäischen Konvention zum Schutz der Menschenrechte und Grundfreiheiten gewährleistet sind und wie sie sich aus den gemeinsamen Verfassungsüberlieferungen der Mitgliedstaaten ergeben" als allgemeine Grundsätze des Unionsrechts – und damit als primäres Unionsrecht – vor.

c) Sekundäres Unionsrecht

Das sekundäre Recht ist das von den Unionsorganen auf der Grundlage des primären Rechts erlassene (und deshalb sekundäre) Recht. Die wichtigsten Akte werden von **Art. 288 AEUV** genannt (**Verordnungen, Richtlinien, Beschlüsse, Empfehlungen und Stellungnahmen**, s.u. Rn. 882 ff.). Diese Aufzählung ist jedoch nicht abschließend.

d) Tertiäres Unionsrecht

Der Kommission kann in „Gesetzgebungsakten" (vgl. Art. 289 Abs. 3 AEUV) des Sekundärrechts die Befugnis übertragen werden, „**Rechtsakte ohne Gesetzescharakter** mit allgemeiner Geltung zur Ergänzung oder Änderung bestimmter nicht wesentlicher Vorschriften des betreffenden Gesetzgebungsaktes zu erlassen" (Art. 290 Abs. 1 AEUV). Von diesen „**delegierten Rechtsakten**" (Art. 290 Abs. 3 AEUV) sind die in Art. 291 Abs. 2 AEUV geregelten „**Durchführungsrechtsakte**" (vgl. Art. 291 Abs. 4 AEUV) zu unterscheiden. Diese Rechtsakte der Kommission oder des Rats dienen dazu, einheitliche Bedingungen für die Durchführung der verbindlichen Rechtsakte der Union, d.h. für den Vollzug des Unionsrechts, zu schaffen.

4. Organe und sonstige Einrichtungen der EU

a) Übersicht

Da die Europäische Union nach dem Vertrag von Lissabon als einheitliches Gebilde betrachtet wird, sind die **sieben Organe** der Europäischen Union nach dem Inkrafttreten des Vertrages von Lissabon in **Art. 13 EUV** aufgezählt. Hierzu zählen das Europäische Parlament (in Brüssel und Straßburg), der Europäische Rat (Brüssel), der Rat (Brüssel), die Kommission (Brüssel), der Gerichtshof der Europäischen Union (Luxemburg), die Europäische Zentralbank (Frankfurt am Main) sowie der Rechnungshof mit Sitz in Luxemburg. Auffällig ist, dass in dieser Aufzählung der Quasi-„Verfassungs"organe der EU die Europäische Zentralbank und der Rechnungshof aufgeführt werden, während nach deutschen Verfassungsrecht weder die Bundesbank (Art. 88 GG) noch der Bundesrechnungshof (Art. 114 Abs. 2 GG) Verfassungsorgane sind (Rn. 220).

835 Neben den von Art. 13 Abs. 1 EUV genannten Organen der EU erwähnt Art. 13 Abs. 4 EUV den Wirtschafts- und Sozialausschuss sowie den Ausschuss der Regionen, die den Rat und die Kommission in beratender Funktion unterstützen, und die deshalb überwiegend als **Hilfsorgane** qualifiziert werden (s.u. Rn. 875 f.). Von großer praktischer Relevanz sind darüber hinaus die mit eigener Rechtspersönlichkeit ausgestatteten und deshalb unabhängigen **juristischen Personen des Unionsrechts**, zu denen vor allem die Europäische Investitionsbank, aber auch andere verselbstständigte Einrichtungen zählen (s.u. Rn. 877 f., 879 ff.).

b) Europäisches Parlament

836 Das Europäische Parlament (s. dazu Art. 14 EUV, Art. 223 ff. AEUV) ist das **parlamentarische Organ** der EU (und auch der EAG). Es setzt sich gemäß Art. 14 Abs. 2 EUV aus den „Vertretern der Unionsbürgerinnen und Unionsbürger" zusammen. Trotz dieser Formulierung bleiben die **Völker der Mitgliedstaaten** – hieran knüpfte das Europarecht vor Inkrafttreten des Vertrags von Lissabon ausdrücklich an (vgl. Art. 189 Abs. 1 EGV) – und nicht ein europäisches Volk das **Legitimationssubjekt** der EU. Dies folgt aus dem Umstand, dass die Unionsbürgerschaft nach Art. 20 AEUV durch die Staatsangehörigkeit zu einem Mitgliedstaat konstituiert wird (vgl. etwa EuGH, Rs. C-34/09, Slg. 2011, I-1177 – Ruiz Zambrano).

837 Die **Wahlen zum Europäischen Parlament** müssen allgemein, unmittelbar, frei und geheim sein (Art. 14 Abs. 3 EUV, Art. 39 Abs. 2 GRCh). Der Rat beschließt mit Zustimmung des Europäischen Parlaments und der Mitgliedstaaten die Bestimmungen über das Wahlverfahren (Art. 223 Abs. 1 AEUV). 1976 ist auf Grundlage einer Vorgängervorschrift des Art. 223 Abs. 1 AEUV der Direktwahlakt beschlossen worden, der die Rahmenregelungen zur Wahl und zur Rechtsstellung der Abgeordneten des Europäischen Parlaments enthält (*Hölscheidt*, in: Grabitz/Hilf/Nettesheim, Das Recht der Europäischen Union, Art. 223 AEUV Rn. 18). Das Wahlverfahren in den Mitgliedstaaten richtet sich nach den innerstaatlichen Regelungen soweit der Direktwahlakt keine Regelungen getroffen hat. In der Bundesrepublik Deutschland regelt das Europawahlgesetz (EuWG) das formelle und materielle Wahlrecht für die Direktwahl zum Europäischen Parlament. Im Gegensatz zu den Bundestagswahlen hat der Wähler bei der Wahl zum Europäischen Parlament nur eine Stimme (§ 2 Abs. 1 EuWG).

838 Die **Zusammensetzung des Europäischen Parlaments** ergibt sich insbes. aus Art. 14 Abs. 2 EUV: Ihm dürfen höchstens 751 Parlamentarier angehören (Art. 14 Abs. 2 S. 2 EUV), die Unionsbürger sollen im Europäischen Parlament „degressiv proportional, mindestens jedoch mit sechs Mitgliedern je Mitgliedstaat vertreten" sein (Art. 14 Abs. 2 UAbs. 1 S. 3 EUV) und kein Mitgliedstaat darf mehr als 96 Sitze erhalten (Art. 14 Abs. 2 UAbs. 1 S. 4 EUV). Die Mitgliedstaaten mit geringerer Einwohnerzahl sollen hiernach zwar durch weniger Abgeordnete im Europäischen Parlament vertreten sein, im Verhältnis zu den einwohnerstärksten Staaten ist die Min-

dervertretung jedoch nicht strikt proportional (*Bieber*, in: von der Groeben/Schwarze/Hatje, Europäisches Unionsrecht, 7. Aufl. 2015, Art. 14 EUV Rn. 54). Einzelheiten der Zusammensetzung werden durch einstimmigen Beschluss des Europäischen Rates nach Art. 14 Abs. 2 UAbs. 2 EUV festgelegt. Der Europäische Rat hat mit Beschluss vom 28. Juni 2013 für die Wahlperiode 2014 bis 2019 eine neue Sitzverteilung beschlossen (vgl. *Bieber*, in: von der Groeben/Schwarze/Hatje, Europäisches Unionsrecht, 7. Aufl. 2015, Art. 14 EUV Rn. 58).

Die **organisatorische Unterteilung** des Europäischen Parlaments ist weitgehend in seiner Geschäftsordnung (GOEP, ABl. EU 2011 Nr. L 116, S. 1) geregelt. Aus der Mitte des Parlaments wird zunächst der **Präsident** gewählt (Art. 14 Abs. 1 EUV), der an der Spitze des Parlaments steht (Art. 20 GOEP) und zusammen mit den **14 Vizepräsidenten** das Präsidium bildet (Art. 22 Abs. 1 GOEP). Darüber hinaus gibt es **20 ständige Ausschüsse** – wobei der Ausschuss für auswärtige Angelegenheiten noch über zwei Unterausschüsse verfügt –, in denen die Beschlüsse des Plenums vorbereitet werden (zur Einrichtung von ständigen Ausschüssen s. Art. 183 GOEP). Das Europäische Parlament kann auch **nichtständige Ausschüsse** (s. Art. 184 GOEP) und **Untersuchungsausschüsse** zu wichtigen Themen einrichten (Art. 226 AEUV, Art. 185 GOEP). Hinzu kommt die politische Differenzierung innerhalb des Europäischen Parlaments durch die verschiedenen Fraktionen.

839

Die **Aufgaben und Befugnisse** des Parlaments sind mit zunehmender Integration immer weiter ausgedehnt worden. Während ihm zunächst nur (schwach ausgebildete) Kontrollbefugnisse gegenüber der Kommission, nicht aber gegenüber dem Rat zukamen und ihm im Rechtsetzungsverfahren nur Anhörungsrechte eingeräumt waren, ließen sich seine Befugnisse später schon den auch nationalen Parlamenten zugewiesenen Funktionen entsprechend zuordnen. Durch den Vertrag von Lissabon sind dem Europäischen Parlament mit der **Gesetzgebung** und **Haushaltsbefugnissen** erstmals klassische Parlamentsfunktionen ausdrücklich zugewiesen worden (s. Art. 14 Abs. 1 S. 1 EUV). Gleichwohl ist das Europäische Parlament insgesamt noch **kein wirkliches Vollparlament** (s. dazu auch BVerfGE 129, 300 (324 ff.) – Sperrklausel im EuWG; 135, 259 (291 ff.) – 3%-Sperrklausel im EuWG), wobei diese Entscheidungen die Entwicklung zum wirklichen Vollparlament nicht gerade fördern.

840

Ein echtes **Initiativrecht** zur Rechtsetzung steht dem Parlament nicht zu. Es kann – ähnlich wie auch der Rat – die Kommission aber immerhin auffordern, einen Unionsakt zur Durchführung des Vertrages auszuarbeiten (Art. 225 AEUV). **Kreationsaufgaben** hat das Europäische Parlamente vor allem im Hinblick auf die Wahl der Kommission und die Ernennung des Kommissionspräsidenten (s. Art. 17 Abs. 7 EUV, s. dazu Rn. 854), aber auch hinsichtlich der Ernennung eines Bürgerbeauftragten (Art. 228 AEUV). Das Europäische Parlament nimmt zudem in vielerlei Hinsicht auch **Kontrollfunktionen** wahr (z.B. Einrichtung eines Untersuchungsausschusses nach Art. 226 AEUV, Verweigerung der Entlastung für die Haushaltsführung gem.

841

Art. 319 AEUV sowie Misstrauensvotum nach Art. 234 AEUV, s. dazu auch *Kloepfer*, Verfassungsrecht I, 2011, § 40 Rn. 44).

842 Ein Beschluss des Europäischen Parlaments muss regelmäßig mit der **Mehrheit** der abgegebenen Stimmen ergehen (Art. 231 AEUV). In Einzelfällen kann aber auch eine Mehrheit der gesetzlichen Mitglieder (s. etwa Art. 223 Abs. 1 UAbs. 2 S. 1 AEUV, Art. 225 S. 1 AEUV) oder eine qualifizierte Mehrheit erforderlich sein (s. Art. 234 Abs. 2 S. 1 AEUV, 354 Abs. 4 AEUV, 314 Abs. 7 lit. d AEUV).

c) Europäischer Rat

843 Dem Europäischen Rat gehören die **Staats- und Regierungschefs der Mitgliedstaaten**, der **Präsident der Kommission** sowie der Inhaber des durch den Vertrag von Lissabon neu geschaffenen Amts eines hauptamtlichen **Präsidenten des Europäischen Rates** an (s. Art. 15 Abs. 2 S. 1 EUV). Zudem nimmt der **Hohe Vertreter der Union für Außen- und Sicherheitspolitik** nach Art. 15 Abs. 2 S. 2 EUV an der Arbeit des Europäischen Rates teil. Entsprechend seiner politischen Leitungsfunktion sind damit im Europäischen Rat – abgesehen vom Europäischen Parlament – die wesentlichen politischen Akteure in der Europäischen Union versammelt. Der Europäische Rat trägt hierdurch Züge eines **gemeinschaftlichen Organs** der europäischen Exekutive.

844 Wie auch schon vor dem Inkrafttreten des Vertrags von Lissabon hat der Europäische Rat primär eine **politische Leitungsfunktion** (Art. 4 Abs. 1 EUV a. F./Art. 15 Abs. 1 EUV) und **wird nicht gesetzgeberisch tätig**. Hierin unterscheidet er sich vom Rat, in dem nicht nur politische Entscheidungen getroffen und abgestimmt werden, sondern der zugleich – wohl noch vor dem Europäischen Parlament – auch das wichtigste Entscheidungs- und Rechtsetzungsorgan der EU ist (s.u. Rn. 847 ff.). Die politische Leitungsfunktion des Europäischen Rates wurde durch den Vertrag von Lissabon verstärkt (vgl. Art. 26 Abs. 1 UAbs. 1, 42 Abs. 2 UAbs. 1 S. 2, 31 Abs. 2 EUV, Art. 82 Abs. 3, 121 Abs. 2, 148 Abs. 1 AEUV).

845 Auch ist der Europäische Rat nun in Bezug auf **Vertragsänderungsverfahren** nach Art. 48 Abs. 6 und Abs. 7 EUV das entscheidende Organ. Ferner ist er für **personalpolitische Entscheidungen** maßgebend zuständig (s. Art. 15 Abs. 5 EUV: Wahl des Präsidenten des Europäischen Rates; Art. 17 Abs. 7 EUV: Nominierung des Kommissionspräsidenten; Art. 18 Abs. 1 EUV: Ernennung des Hohen Vertreters für Außen- und Sicherheitspolitik; Art. 283 Abs. 2 AEUV: Ernennung der Mitglieder des Direktoriums der EZB) und bestimmt etwa gemäß Art. 14 Abs. 2 UAbs. 2 EUV die nähere Zusammensetzung des Europäischen Parlaments.

846 Anders als früher ist das **Abstimmungsverfahren** im Europäischen Rat nun im Primärrecht geregelt. Danach entscheidet der Europäische Rat im Konsens, d.h. einstimmig, soweit im Unionsrecht nichts anderes festgelegt ist (Art. 15 Abs. 4 EUV). Eine Abstimmung mit qualifizierter Mehrheit ist etwa in den Art. 15 Abs. 5, 17 Abs. 7 UAbs. 1, 3, 18 Abs. 1 EUV, Art. 236, 283 Abs. 2 UAbs. 2 AEUV vorgesehen;

in diesen Fällen gelten die für den Rat geltenden Abstimmungsregelungen (s. Art. 16 Abs. 4 EUV, Art. 238 Abs. 2 AEUV) entsprechend (Art. 235 Abs. 1 UAbs. 2 S. 1 AEUV). In Einzelfällen ist sogar die Abstimmung mit einfacher Mehrheit vorgesehen (so z.B. in Art. Art. 235 Abs. 3 AEUV). Der Präsident des Europäischen Rates sowie der Präsident der Kommission sind im Europäischen Rat nicht stimmberechtigt (Art. 235 Abs. 1 UAbs. 2 S. 2 AEUV).

d) Rat

Im – politisch besonders bedeutsamen – Rat der EU (Art. 16 EUV, Art. 237 ff. AEUV) sind die **Regierungen der Mitgliedstaaten** vertreten. Dem Rat kommt insofern eine Zwitterstellung zu, als er einerseits als Unionsorgan tätig wird, andererseits aber auch den Einfluss der spezifischen mitgliedstaatlichen Interessen auf die Willensbildung in der Union gewährleisten soll. Der Rat besteht aus je einem Vertreter jedes Mitgliedstaates auf Ministerebene. Seine personelle Zusammensetzung ändert sich in Abhängigkeit der jeweils zu entscheidenden Sachfragen; in ihm kommen je nachdem die Finanzminister, die Agrarminister etc. zusammen (vgl. Art. 16 Abs. 6 EUV). 847

Der **Vorsitz im Rat** wechselt unter den Mitgliedstaaten alle sechs Monate in einer vom Rat selbst beschlossenen Reihenfolge (Art. 16 Abs. 9 EUV, Art. 236 lit. b AEUV, s. dazu auch die Erklärung zu Art. 9c IX des Vertrages über die Europäische Union betreffend den Beschluss des Europäischen Rates über die Ausübung des Vorsitzes im Rat und Art. 1 des Entwurfes eines Beschlusses des Europäischen Rates über die Ausübung des Vorsitzes im Rat (Erklärung Nr. 9)). Der Rat wird durch den **Ausschuss der ständigen Vertreter** (Art. 240 Abs. 1 AEUV) und das **Generalsekretariat** (Art. 240 Abs. 2 AEUV) unterstützt. 848

Die **Unterschiede zum Europäischen Rat** bestehen in der anderen Zusammensetzung des Rats und darin, dass der Rat das wichtigste Entscheidungs- und Rechtsetzungsorgan der EU ist (vgl. Art. 16 Abs. 1 EUV, s.a. Rn. 844). 849

Zwar kann der Rat seiner **Rechtsetzungsaufgabe** vermehrt nur noch gemeinsam mit dem Europäischen Parlament nachkommen. Umgekehrt ist es aber dem Europäischen Parlament nicht möglich, ohne Zustimmung des Europäischen Rates außenverbindliche Rechtsakte zu erlassen. Gleiches gilt für die Haushaltsbefugnisse. Auf dem Gebiet der Außenbeziehungen der EU können weder völkerrechtliche Verträge (s. Art. 218 AEUV) noch bspw. Embargo-Maßnahmen (Art. 215 Abs. 1 AEUV) ohne Zustimmung des Rates beschlossen werden. 850

Die **Beschlussfassung** im Rat soll **mit qualifizierter Mehrheit** erfolgen, soweit im Unionsrecht nicht anderes bestimmt ist (Art. 16 Abs. 3 EUV). Die Bestimmung der qualifizierten Mehrheit erfolgt dann nach dem Prinzip der „doppelten Mehrheit". Für einen Beschluss bedarf es danach einer Mehrheit von 55 % der Mitglieder des Rates aus mindestens 15 Mitgliedstaaten, die 65 % der Bevölkerung der EU repräsentieren müssen (s. dazu Art. 16 Abs. 3-5 EUV, Art. 238 Abs. 2, 3 AEUV). Dieses 851

Prinzip ist in seiner – wenig übersichtlichen – Ausgestaltung ein Kompromiss zwischen Effektivität des unionsrechtlichen Handelns einerseits und mitgliedstaatlicher Letztentscheidungsbefugnis andererseits.

e) Europäische Kommission

852 Die Kommission (Art. 17 EUV, Art. 244 ff. AEUV) ist das spezifisch supranationale Organ der EU. Sie kann gewissermaßen als **„Regierung der EU"** bezeichnet werden. Sie ist ein **Kollegialorgan** und besteht derzeit gemäß Art. 17 Abs. 4 EUV aus **28 Mitgliedern** (ein Kommissionsmitglied je Mitgliedstaat). Zur Verbesserung der Arbeitsfähigkeit der Kommission sollte ab dem 1. November 2014 die Zahl der Kommissionsmitglieder reduziert werden (Art. 17 Abs. 5 EUV). Der Europäische Rat hat aber mit Beschluss vom 22. Mai 2013 beschlossen, dass die Kommission weiterhin aus einem Mitglied pro Mitgliedstaat besteht (Beschluss 2013/272/EU, ABl. EU 2013 Nr. L 165, S. 95). Die Mitglieder der Kommission sollen insbes. gegenüber Einflussnahmen der Mitgliedstaaten unabhängig sein (Art. 17 Abs. 3 UAbs. 3 EUV, Art. 245 Abs. 1 S. 2 AEUV).

853 Intern gliedert sich die Kommission in einen **Präsidenten**, den **Hohen Vertreter der Union für Außen- und Sicherheitspolitik** und die **übrigen Kommissionsmitglieder**. Der Hohe Vertreter der Union für Außen- und Sicherheitspolitik ist einer der Vizepräsidenten der Kommission (s. Art. 18 Abs. 4 S. 1 EUV). Die Kommissare werden bei ihrer Arbeit von sog. Kabinetten unterstützt. Dem Kommissionspräsidenten kommt im institutionellen Gefüge der EU insbes. wegen seiner Leitlinienkompetenz (s. Art. 17 Abs. 6 UAbs. 1 lit. a EUV) eine herausgehobene Rolle zu. Diese manifestiert sich auch in der Mitgliedschaft des Kommissionspräsidenten im Europäischen Rat (Art. 15 Abs. 2 EUV, s.o. Rn. 843). Darüber hinaus üben die Mitglieder der Kommission die ihnen vom Präsidenten übertragenen Aufgaben unter dessen Aufsicht aus und hängen maßgeblich von dessen Vertrauen ab (vgl. Art. 17 Abs. 6 UAbs. 2 EUV). In der derzeitigen Kommission Juncker gibt es sieben Vizepräsidenten, die spezifische Aufgabenfelder mit jeweiligen Projektteams aus Kommissaren leiten und koordinieren.

854 Das Verfahren zur **Wahl und Ernennung** der Kommissionsmitglieder richtet sich nach Art. 17 Abs. 7 EUV. Sowohl die Wahl und Ernennung des Kommissionspräsidenten als auch der übrigen Kommissionsmitglieder und des Hohen Vertreters der Union für Außen- und Sicherheitspolitik stehen unter einem **Zustimmungsvorbehalt des Europäischen Parlaments** (s.a. Rn. 841). Der Kommissionspräsident wird dabei zunächst in einem gesonderten Verfahren bestimmt und gewählt (s. Art. 17 Abs. 7 UAbs. 1 EUV). Bei der Europawahl 2014 gab es zum ersten Mal einen von den Parteien benannten Spitzenkandidaten, wodurch das Europäische Parlament seinen faktischen Einfluss gegenüber dem Europäischen Rat gestärkt haben dürfte (s. dazu *Holzner*, EuR 2015, 525 ff.; *Lehner*, NVwZ 2015, 20 ff.). Die übrigen Mitglieder der Kommission sowie der Hohe Vertreter der Union für Außen- und Sicherheitspo-

litik, werden nicht vom Europäischen Parlament gewählt, sondern müssen sich dagegen lediglich (zusammen mit dem gewählten Kommissionspräsidenten und nach Abschluss des Vorschlagsverfahrens nach Art. 17 Abs. 7 UAbs. 2 EUV bzw. des Ernennungsverfahrens nach Art. 18 Abs. 1 EUV) als Kollegium einem Zustimmungsvotum des Europäischen Parlaments stellen (Art. 17 Abs. 3 S. 1 EUV).

Als „Regierung der EU" hat die Europäische Kommission **vielfältige Aufgaben und Befugnisse** (vgl. auch Art. 17 Abs. 1 EUV). Sie soll insbes. als „Hüterin der Verträge" die allgemeinen Interessen der Union fördern und für die Anwendung der Verträge sowie der von Organen kraft der Verträge erlassenen Maßnahmen sorgen (Art. 17 Abs. 1 S. 1 u. 2 EUV). Hierzu kann sie etwa gemäß Art. 258 AEUV ein Vertragsverletzungsverfahren gegen Mitgliedstaaten einleiten. Des Weiteren hat die Europäische Kommission das alleinige Initiativrecht im ordentlichen Gesetzgebungsverfahren der EU (s. Art. 294 Abs. 2 AEUV), sie hat Rechtsetzungskompetenzen (s. Art. 290 Abs. 1 UAbs. 1, 291 Abs. 2 AEUV) und sie vollzieht in bestimmten Bereichen Rechtsakte (vgl. etwa Art. 105, 108 AEUV). Schließlich kommen der Kommission verschiedene Befugnisse im Bereich der Außenbeziehungen zu. Sie handelt die verschiedenen Übereinkommen der Union aus, die allerdings nur vom Rat geschlossen werden können (Art. 218 Abs. 2 AEUV). Darüber hinaus vertritt sie die Union bei den Vereinten Nationen sowie bei anderen internationalen Organisationen (Art. 220 AEUV).

855

Die **Beschlussfassung** erfolgt bei der Kommission regelmäßig nach dem **Mehrheitsprinzip** mit der Mehrheit ihrer 28 Mitglieder, also mit mindestens 15 Stimmen (Art. 250 Abs. 1 AEUV). Die Beschlussfähigkeit der Kommission ist gemäß Art. 250 Abs. 2 AEUV in der Geschäftsordnung der Kommission festgelegt. Danach muss die Hälfte der Mitglieder der Kommission, derzeit mithin wiederum 15 Mitglieder, für einen Kommissionsbeschluss anwesend sein.

856

f) Gerichtshof der Europäischen Union
aa) Allgemeines

Der Gerichtshof der Europäischen Union (Art. 19 EUV, Art. 251 ff. AEUV) umfasst den **Gerichtshof** (EuGH), das **Gericht** (EuG) und die **Fachgerichte** der Union (Art. 19 Abs. 1 S. 1 EUV). Der Gerichtshof der EU stellt in dieser Gliederung das **Rechtsprechungsorgan der Europäischen Union** dar.

857

Die Aufgaben der Gerichte des Gerichtshofs der EU sind im Primärrecht abschließend aufgeführt und werden durch Satzungen (insbes. durch die Satzung des Gerichtshofs der EU, s. dazu *Kloepfer*, Verfassungsrecht I, 2011, § 40 Rn. 105) konkretisiert. Zu den wichtigsten **Verfahrensarten** (s. dazu auch Rn. 917 ff.; *Kloepfer*, Verfassungsrecht I, 2011, § 41 Rn. 168 ff.) zählen die von der Kommission (Art. 258 AEUV) oder von einem Mitgliedstaat (Art. 259 AEUV) initiierten Vertragsverletzungsverfahren, die – unter bestimmten Voraussetzungen auch von natürlichen oder juristischen Personen erhebbaren – Nichtigkeitsklagen (Art. 263 AEUV) bzw. Untä-

858

tigkeitsklagen (Art. 265 AEUV) sowie das von nationalen Gerichten zu beantragende Vorabentscheidungsverfahren (Art. 267 AEUV). Darüber hinaus entscheiden die Gerichte auch über Schadensersatzklagen (Art. 268 AEUV) und über dienstrechtliche Streitigkeiten (Art. 270 AEUV).

859 **Überprüfungsgegenstand** des Gerichtshofs der EU können – im Rahmen der Verfahrensarten – grundsätzlich alle Maßnahmen der Organe der EU sein. Hiervon gibt es eine – nach Art. 275 Abs. 2 AEUV wiederum eingeschränkte – Ausnahme für Unionsmaßnahmen, die auf der Grundlage der Bestimmungen zur Gemeinsamen Außen- und Sicherheitspolitik erlassen worden sind (s. Art. 275 Abs. 1 AEUV). Eine eingeschränkte Zuständigkeit besteht auch bei der Suspendierung von Mitgliedschaftsrechten nach Art. 7 EUV (s. Art. 269 AEUV). Im Vertragsverletzungsverfahren überprüft der Gerichtshof der Europäischen Union auch Maßnahmen der Mitgliedstaaten. Unter keinen Umständen kann der Gerichtshof der EU aber mitgliedstaatliche Polizeimaßnahmen bzw. Strafverfolgungsmaßnahmen überprüfen (s. Art. 276 AEUV).

860 **Überprüfungsmaßstab** ist – im Rahmen der Verfahrensarten – grundsätzlich das gesamte Unionsrecht. Abgesehen von Art. 40 EUV und Titel V Kapitel 2 EUV kann der Gerichtshof der EU aber nicht die Einhaltung von Bestimmungen aus dem Bereich der Gemeinsamen Außen- und Sicherheitspolitik überprüfen (vgl. Art. 275 AEUV).

bb) EuGH

861 Der EuGH (Gerichtshof) besteht gemäß Art. 19 Abs. 2 UAbs. 1 EUV aus einem Richter je Mitgliedstaat, d.h. derzeit also aus **28 Richtern**, und wird von **elf Generalanwälten** (s. Art. 252 Abs. 1 AEUV; sowie Beschluss 2013/336/EU vom 25. Juni 2013) unterstützt. Die Richter werden von den Mitgliedstaaten im gegenseitigen Einvernehmen für eine Amtszeit von sechs Jahren ernannt, wobei eine Wiederernennung zulässig ist (Art. 19 Abs. 2 UAbs. 3 S. 2, 3 EUV, Art. 253 Abs. 1, 4 AEUV). Sie müssen die Gewähr für Unabhängigkeit bieten und in ihrem Staat die für die höchsten richterlichen Ämter erforderlichen Voraussetzungen erfüllen oder Juristen von anerkannt hervorragender Befähigung sein (Art. 19 Abs. 2 UAbs. 3 EUV, Art. 253 Abs. 1 AEUV). Die Richter wählen aus ihrer Mitte für jeweils drei Jahre den **Präsidenten** des Gerichtshofs (Art 253 Abs. 3 AEUV), wobei auch hier eine Wiederwahl zulässig ist. Der dreijährige Turnus entspricht der Zeit, nach der eine teilweise Neubesetzung des Gerichts stattfindet (Art. 253 Abs. 2 AEUV).

862 Der **Generalanwalt** stellt in völliger Unparteilichkeit und Unabhängigkeit Schlussanträge zu den Rechtssachen, in denen nach der Satzung des Gerichtshofs seine Mitwirkung erforderlich ist (Art. 252 Abs. 2 AEUV). Diese Schlussanträge binden den EuGH nicht, obwohl er ihnen faktisch meistens folgt.

863 Die weitere Organisation des Gerichts wird vornehmlich von der **Satzung des Gerichtshofs der EU** geregelt, die gemäß Art. 281 Abs. 1 AEUV als Protokoll erlassen

wurde (s. Protokoll über die Satzung des Gerichtshofs vom 26. Februar 2001 (ABl. EG Nr. C 80, S. 53), zul. geänd. d. Beschl. 2008/79/EG vom 20. Dezember 2007 (ABl. EU 2008 Nr. L 24, S. 429)) und dementsprechend als Bestandteil des Vertrags zum Primärrecht zählt (Art. 51 EUV).

Zur Sicherstellung der Arbeitsfähigkeit des EuGH sieht Art. 251 Abs. 1 AEUV als Grundsatz vor, dass der EuGH in **Kammern** oder als **Große Kammer** entsprechend den hierfür in der Satzung des Gerichtshofs vorgesehenen Regeln tagt. Als **Plenum** tagt der EuGH nur, wenn dies in der Satzung ausdrücklich vorgeschrieben ist (Art. 251 Abs. 2 AEUV). 864

Im ersten Rechtszug ist der EuGH zuständig für **Klagen**, für die nicht das EuG gemäß Art. 256 Abs. 1 UAbs. 1 AEUV zuständig ist (s.a. Rn. 867). Insbesondere ist der EuGH in erster Instanz nach wie vor vollständig für **Vorabentscheidungsverfahren** nach Art. 267 AEUV zuständig, weil dem EuG hierfür bisher keine Zuständigkeit entsprechend der Vorgabe des Art. 256 Abs. 3 UAbs. 1 AEUV übertragen worden ist. **Im zweiten Rechtszug** ist der EuGH für **Rechtsmittel gegen Entscheidungen des Gerichts** zuständig (s. Art. 256 Abs. 1 UAbs. 2 AEUV). 865

cc) EuG

Das EuG (das Gericht der Europäischen Union) besteht aus mindestens einem **Richter** je Mitgliedstaat (Art. 19 Abs. 2 UAbs. 2 EUV). Abgesehen von dieser Festlegung kann die Zahl der Richter in der Satzung des Gerichtshofs der EU abweichend festgelegt werden. Sie liegt derzeit aber bei 28 Richtern. Die Richter des EuG können auch durch **Generalanwälte** unterstützt werden (s. Art. 254 Abs. 1 AEUV), zu denen beim EuG die Richter des Gerichts selbst berufen werden können (s. Art. 49 Abs. 1 Satzung des Gerichtshofs der EU, Art. 2 § 2 Abs. 2 VerfO-EuG). Die Richter und Generalanwälte werden von den Mitgliedstaaten für eine Amtszeit von sechs Jahren gewählt. Wie beim EuGH sollen die Richter des EuG jede Gewähr für Unabhängigkeit bieten (Art. 19 Abs. 2 UAbs. 3 EUV, Art. 254 Abs. 2 AEUV). 866

Im ersten Rechtszug ist das EuG grundsätzlich für die in Art. 256 Abs. 1 UAbs. 1 AEUV genannten Klagearten zuständig, also insbes. für eine gemäß Art. 263 AEUV erhobene **Nichtigkeitsklage** und für die **Untätigkeitsklage** nach Art. 265 AEUV. Das gilt gemäß Art. 256 Abs. 1 UAbs. 1 S. 1 Hs. 2 AEUV, Art. 51 der Satzung des Gerichtshofs der EU aber nicht für die dort genannten Konstellationen von Nichtigkeits- und Untätigkeitsklagen. **Im zweiten Rechtszug** ist das EuG für **Rechtsmittel** gegen Entscheidungen der Fachgerichte zuständig (s. Art. 256 Abs. 2 UAbs. 1 AEUV). 867

dd) Fachgerichte

Art. 257 Abs. 1 u. 2 AEUV ermöglicht die Schaffung von Fachgerichten, die dem EuG beigeordnet sind. Die Fachgerichte werden durch Verordnung gebildet und sind im ersten Rechtszug für bestimmte Klagen aus besonderen Sachgebieten zuständig. 868

Schon auf der Grundlage der Vorgängernorm des Art. 225a Abs. 1 u. 2 EGV wurde mit dem **Gericht für den öffentlichen Dienst** (EuGöD) ein solches Gericht geschaffen. Gegen Entscheidungen dieses Gerichts können gemäß Art. 257 Abs. 3, 256 Abs. 2 UAbs. 2 AEUV Rechtsmittel beim Gericht (EuG) eingelegt werden.

869 Das Rechtsschutzsystem des Unionsrechts wird somit in Richtung **dreier Instanzen** weiterentwickelt. Diese Entwicklung zeigt sich auch in der Konzeption des Vertrags von Lissabon, der bestimmt, dass der Gerichtshof der Europäischen Union den Gerichtshof (EuGH), das Gericht (EuG) und Fachgerichte (z.B. EUGöD) umfasst (Art. 19 Abs. 1 UAbs. 1 EUV).

g) Europäische Zentralbank

870 Die **Verwirklichung der** im Vertrag von Maastricht beschlossenen **Währungsunion** spiegelt sich institutionell im Europäischen System der Zentralbanken (ESZB, s. dazu *Kloepfer*, Verfassungsrecht I, 2011, § 26 Rn. 324 ff.) und vor allem in der Europäischen Zentralbank (EZB) wider, die ihre vertraglich zugewiesenen Befugnisse (Art. 127 ff. AEUV) seit dem 1. Januar 1999 wahrnehmen (s.a. *Kloepfer*, Verfassungsrecht I, 2011, § 26 Rn. 334 ff.).

871 Die EZB ist mit **Rechtspersönlichkeit** und umfassender Unabhängigkeit gegenüber den Unionsorganen sowie den Mitgliedstaaten ausgestattet (Art. 282 Abs. 3 AEUV) und genießt Parteifähigkeit im Verfahren der Nichtigkeits- und der Untätigkeitsklage (Art. 263 Abs. 1 u. 3, 265 Abs. 1 AEUV). Entsprechend ihrer rechtlichen Unabhängigkeit verfügt die EZB über **eigene Organe**. Im EZB-Rat kommen neben den Präsidenten der nationalen Zentralbanken die Mitglieder des Direktoriums der EZB zusammen. Dieses besteht aus dem Präsidenten, dem Vizepräsidenten sowie weiteren vier Mitgliedern des Direktoriums.

872 Im Rahmen des ESZB ist es vorrangige **Aufgabe** der EZB, die Preisstabilität zu gewährleisten (Art. 127 Abs. 1 S. 1 AEUV). Darüber hinaus unterstützt die EZB die allgemeine Wirtschaftspolitik in der EU, um zur Verwirklichung der allgemeinen Unionsziele beizutragen (Art. 127 Abs. 1 AEUV). Zu den grundlegenden Aufgaben des ESZB (und damit auch der EZB) gehört es, die Geldpolitik der Union festzulegen und auszuführen, Devisengeschäfte durchzuführen, die offiziellen Währungsreserven der Mitgliedstaaten zu halten und zu verwalten sowie das reibungslose Funktionieren der Zahlungssysteme zu fördern (Art. 127 Abs. 2 AEUV).

h) Rechnungshof

873 Der Rechnungshof besteht derzeit aus **28 hauptamtlichen Mitgliedern**, die vom Rat nach Anhörung des Parlaments einstimmig auf sechs Jahre ernannt werden. Sie genießen richterliche **Unabhängigkeit** und sind dementsprechend weisungsunabhängig (Art. 285 Abs. 2 S. 2 AEUV).

874 **Aufgabe** des Rechnungshofes ist es, sowohl die Recht- und Ordnungsmäßigkeit der Einnahmen und Ausgaben der EU als auch die Wirtschaftlichkeit der Haushaltsfüh-

rung zu überprüfen (Art. 287 Abs. 2 AEUV). Zur Durchführung seiner Aufgabe stehen dem Rechnungshof insbes. **umfassende Prüfungsbefugnisse** zur Verfügung (Art. 287 Abs. 3 AEUV). Dagegen verfügt er über **keinerlei rechtliche Sanktionsmittel**. Der jährlich zu erstattende Jahresbericht (Art. 287 Abs. 4 AEUV) kann aber einen nicht zu unterschätzenden politischen Druck erzeugen, zumal er die Entscheidung des Europäischen Parlaments über die Entlastung der Kommission stark beeinflusst.

i) Hilfsorgane

Dem – beratenden – **Europäischen Wirtschafts- und Sozialausschuss** – EWSA – (s. Art. 301 ff. AEUV) dürfen höchstens 315 (weisungsfreie) Mitglieder als Vertreter der Arbeitgeber- und Arbeitnehmerorganisationen sowie der Zivilgesellschaft angehören (Art. 300 Abs. 2, 301 Abs. 1 AEUV). Die Zusammensetzung des WiSoA wird auf Vorschlag der Kommission durch einstimmigen Beschluss des Rates bestimmt (Art. 301 Abs. 2 AEUV). In den vertraglich vorgesehenen Fällen muss der Ausschuss zu den geplanten Unionsmaßnahmen gehört werden. Darüber hinaus steht es ihm frei, auch in anderen Fällen eine entsprechende Stellungnahme abzugeben. Die Stellungnahmen des WiSoA sind rechtlich nicht verbindlich. Allerdings ist das Unterlassen einer obligatorischen Anhörung als schwerer Formfehler i.S.d. Art. 263 Abs. 2 AEUV zu qualifizieren, so dass der jeweilige Rechtsakt für nichtig erklärt werden kann (vgl. auch *Obermüller*, in: von der Groeben/Schwarze/Hatje, Europäisches Unionsrecht, 7. Aufl. 2015, Art. 307 AEUV Rn. 5).

875

Der **Ausschuss der Regionen** – AdR – (s. Art. 305 ff. AEUV) hat ebenfalls nur eine beratende Funktion. Er setzt sich aus demokratisch legitimierten Vertretern der regionalen und lokalen Gebietskörperschaften zusammen (Art. 300 Abs. 3 AEUV). Wie der Wirtschafts- und Sozialausschuss darf auch der Ausschuss der Regionen nach Inkrafttreten des Vertrags von Lissabon höchstens noch aus 315 Mitgliedern bestehen (Art. 305 Abs. 1 AEUV); seine Zusammensetzung wird ebenfalls durch einstimmigen Beschluss des Rates geregelt (Art. 305 Abs. 2 AEUV). Mit dem AdR soll das „**Europa der Regionen**" auch institutionell gefördert werden. Die Stellungnahmen des Ausschusses sind unverbindlich. Die Unterlassung seiner Anhörung ist allerdings ein schwerer Formfehler und kann im Rahmen der Nichtigkeitsklage nach Art. 263 AEUV gerügt werden. Der Ausschuss der Regionen kann seit Inkrafttreten – anders als der Wirtschafts- und Sozialausschuss – selbst auch nicht-privilegierter Kläger i.S.d. Art. 263 Abs. 3 AEUV sein.

876

j) Europäische Investitionsbank

Die Europäische Investitionsbank (EIB) mit Sitz in Luxemburg ist ein öffentlich-rechtliches selbstständiges Finanzinstitut der EU, dem zwingend alle Mitgliedstaaten der Union angehören. Sie soll ausweislich Art. 309 Abs. 1 AEUV zu einer **ausgewo-**

877

genen und reibungslosen Entwicklung des Binnenmarktes im Interesse der Union beitragen.

878 Die EIB ist **rechtlich, organisatorisch und finanziell unabhängig**, sowohl von den Unionsorganen als auch von den Mitgliedstaaten. Diese Unabhängigkeit spiegelt sich in ihrer Rechtspersönlichkeit (Art. 308 Abs. 1 AEUV) und ihren eigenen Organen (Rat der Gouverneure, Verwaltungsrat, Direktorium) wider. Auf der Grundlage eigener, d.h. von den Mitgliedstaaten beigetragener sowie am Kapitalmarkt erworbener Mittel finanziert die EIB – meist in Form von Darlehen und Bürgschaften – Investitionsvorhaben, die im Interesse der Europäischen Union liegen.

k) Europäische Ämter und Agenturen

879 Auf der Unionsebene gibt es darüber hinaus auch Europäische Ämter wie z.B. Europol, Eurojust und sonstige **verselbstständigte Verwaltungseinheiten**, welche häufig als Agenturen bezeichnet werden. Diese Agenturen sind **keine Organe i.S.d. Art. 13 EUV**. Weil ihre **Handlungen aber der EU zugerechnet** werden, erfüllen sie die Voraussetzungen des allgemeinen Organbegriffs.

880 **Beispiele** für Agenturen sind etwa das Harmonisierungsamt für den Binnenmarkt (OHIM), die Europäische Umweltagentur (EEA), die Europäische Chemikalienagentur (ECHA) und die Arzneimittelagentur (EMEA).

881 Die **Schaffung von Agenturen** ist zulässig, wenn insbes. die Übertragung ausdrücklich geschieht, die Befugnisse der Agentur klar umgrenzt werden und die Ausübung der übertragenen Befugnisse vom übertragenden Organ überwacht wird (s. dazu EuGH, Rs. 9/56, Slg. 1958, 1). Dem Erfordernis der Überprüfbarkeit der Handlungen der Agenturen durch ein europäisches Gericht trägt mittlerweile Art. 263 Abs. 1 S. 2, Abs. 5 AEUV ausdrücklich Rechnung.

5. Rechtsetzung in der EU
a) Handlungsformen

882 Die Verträge enthalten **Kataloge von Rechtsformen**, derer sich die Unionsorgane für ihr Handeln bedienen können. Diese Formen stimmen nach Terminologie und Gehalt nicht mit innerstaatlichen Kategorien überein, sondern entsprechen der Eigenart der unionsrechtlichen Rechtsordnung. Die wichtigsten Rechtsformen werden von Art. 288 Abs. 1 AEUV genannt. Dieser lautet: „Für die Ausübung der Zuständigkeiten der Union nehmen die Organe Verordnungen, Richtlinien, Beschlüsse, Empfehlungen und Stellungnahmen an." Verordnungen und Richtlinien sind damit die Instrumente der unionsrechtlichen „Gesetzgebung" i.S.d. Erlasses von generell-abstrakten Regelungen.

883 **Welches dieser Handlungsinstrumente sich die Unionsorgane bedienen**, hängt von der Ermächtigungsgrundlage ab, die einer Maßnahme der EU zugrunde liegt. Einige räumen diesbezüglich Ermessen ein, andere schreiben bestimmte Handlungsformen vor. Zu beachten ist, dass das Übermaßverbot (d.h. der Grundsatz der Verhältnismä-

ßigkeit, s. Rn. 163 ff., 500 ff.) für die EU auch beinhaltet, dass die EU gegenüber den Mitgliedstaaten unter im Wesentlichen gleich geeigneten Instrumenten das am wenigsten in die Entscheidungsfreiheit der Mitgliedstaaten eingreifende Handlungsinstrument wählen muss (vgl. Art. 5 Abs. 4 UAbs. 1 EUV, s. Rn. 895).

Verordnungen entfalten allgemeine Geltung und gelten unmittelbar in jedem Mitgliedstaat (Art. 288 Abs. 2 AEUV). Aufgrund ihrer unmittelbaren Wirkung **bedürfen** Verordnungen **keiner Umsetzung** durch die Mitgliedstaaten. Sie sind uneingeschränkt bei allen unionsbezogenen mitgliedstaatlichen Tätigkeiten zu beachten. Verordnungen könnten den Handlungsspielraum der mitgliedstaatlichen Gewalten sowohl begrenzen als auch erweitern. 884

Eine **Richtlinie** ist gemäß **Art. 288 Abs. 3 AEUV** für jeden Mitgliedstaat, an den sie gerichtet wird, hinsichtlich des zu erreichenden Ziels verbindlich, überlässt jedoch den innerstaatlichen Stellen die Wahl der Form und der Mittel. Kennzeichnend für die Richtlinie ist ihr **zweistufiger** (EU/Mitgliedstaat), ihr kooperativer, d.h. die Regelungskompetenzen von EU und Mitgliedstaaten verzahnender **Charakter**. 885

Bereits vor Ablauf der Umsetzungsfrist einer erlassenen Richtlinie verpflichtet die Richtlinie die Mitgliedstaaten zur Unterlassung all solcher Maßnahmen, die den angestrebten Erfolg erschweren oder vereiteln könnten. Diese **Vorwirkung bzw. Sperrwirkung von Richtlinien** folgt aus Art. 288 Abs. 3 AEUV i.V.m. Art. 4 Abs. 3 UAbs. 2 EUV (Unionstreue). Die **inhaltliche Bindung der Mitgliedstaaten** bestimmt sich in erster Linie nach der konkreten Richtlinie. Die Richtlinie der EU **bedarf** also regelmäßig **der Umsetzung** durch die Mitgliedstaaten. 886

Bei der **Umsetzung von Richtlinien** ist der mitgliedstaatliche Gesetzgeber an die unionsrechtlichen materiellen Vorgaben zur Rechtsetzung gebunden (s.u. Rn. 903 ff.). Er muss also z.B. Richtlinien so konkret, bestimmt und klar umsetzen, dass sie dem Erfordernis der Rechtssicherheit genügen; auch ist der mitgliedstaatliche Umsetzungsgesetzgeber an die Grundrechte des Unionsrechts gebunden. Nicht zwingend ist die Umsetzung durch formelle Gesetze, auch Rechtsverordnungen der Mitgliedstaaten können bspw. ausreichen. Demgegenüber sieht der EuGH – problematischerweise – in einer ständigen richtlinienkonformen **Verwaltungspraxis** ebenso wenig eine hinreichende Umsetzung wie in dem Erlass entsprechender **Verwaltungsvorschriften** (s. EuGH, Rs. C-59/89, Slg. 1991, I-2607 – TA Luft; *Kloepfer*, Umweltrecht, 3. Aufl. 2004, § 3 Rn. 75 f.). 887

Sollte der mitgliedstaatliche Gesetzgeber eine Richtlinie nicht innerhalb der Umsetzungsfrist oder nicht hinreichend umsetzen, stellt sich die Frage, ob sich der Bürger zur Durchsetzung seiner Rechte unmittelbar auf die Richtlinie berufen kann. Grundsätzlich muss dies mit Hinweis auf den Unterschied zwischen Verordnung und Richtlinie abgelehnt werden, da für Richtlinien – anders als für Verordnungen – die unmittelbare Wirkung nicht angeordnet ist. Gleichwohl ist **bei fehlender oder unzureichender Umsetzung** einer Richtlinie die **unmittelbare Wirkung von Richtlinien** un- 888 ter **drei Voraussetzungen** anerkannt (s. dazu EuGH, Rs. C-41/74, Slg. 1974, 1337 ff. – van Duyn; Rs. 8/81, Slg. 1982, 53 (70) – Kreditvermittler): Erstens muss die Umsetzungsfrist abgelaufen sein, zweitens muss die Richtlinie durch den Mitgliedstaat nicht oder fehlerhaft umgesetzt worden sein und drittens muss die entsprechende Bestimmung der Richtlinie inhaltlich unbedingt und hinreichend genau, also „self-executing" sein. Ob eine unmittelbare Wirkung der Richtlinie auch im Verhältnis der Bürger untereinander bejaht werden kann, ist umstritten (s. dazu *Kloepfer*, Verfassungsrecht I, 2011, § 41 Rn. 33 f.).

889 Die Unionsorgane können darüber hinaus auch **Beschlüsse nach Art. 288 Abs. 4 AEUV** sowie **Empfehlungen und Stellungnahmen nach Art. 288 Abs. 5 AEUV** erlassen. Beschlüsse stellen eine Auffanghandlungsform für verbindliche Akte der EU dar. Sie können auch konkret-individueller Natur sein (s. Art. 288 Abs. 4 S. 2 AEUV). Empfehlungen und Stellungnahmen sind nicht rechtsverbindlich, können aber gleichwohl erhebliche faktische Steuerungswirkungen entfalten.

b) Rechtsetzungskompetenzen

890 Weil die EU ihre Kompetenzen von den Mitgliedstaaten der EU als „Herren der Verträge" ableitet, gilt in Bezug auf die Rechtsetzungskompetenz der EU das **Prinzip der begrenzten Einzelermächtigung** (vgl. Art. 5 Abs. 1 S. 1 EUV). Die EU hat also keine Universalzuständigkeit oder Kompetenz-Kompetenz. Die EU darf mithin nur innerhalb der ihr vertraglich zugewiesenen Kompetenzen tätig werden.

891 Lange Zeit richtete sich die Kompetenzverteilung in den europäischen Verträgen ausschließlich nach den **Zielbestimmungen** (vgl. z.B. Art. 174 EGV/Art. 191 AEUV – Umwelt, Art. 136 EGV/151 AEUV – Sozialpolitik). Nach Inkrafttreten des Vertrags von Lissabon gelten die final wirkenden Zielbestimmungen nun zwar weitgehend fort. Erstmals enthält das Primärrecht in den Art. 3 bis 6 AEUV aber auch „echte" **Zuständigkeitskataloge**, die an Sachmaterien und nicht an Ziele anknüpfen (s. dazu *Kloepfer*, Verfassungsrecht I, 2011, § 41 Rn. 57 ff.). In den Art. 3 bis 6 AEUV wird ausdrücklich differenziert zwischen **ausschließlichen Kompetenzen** der EU (s. dazu auch Art. 2 Abs. 1 AEUV), zwischen der EU und den Mitgliedstaaten **geteilten Zuständigkeiten** (s. dazu auch Art. 2 Abs. 2, 4 AEUV) und **Kompetenzen zur Unterstützung, Koordinierung oder Ergänzung** (s. dazu auch Art. 5, 6 AEUV). Diesen Kompetenzarten werden dann die jeweiligen Sachregelungsbereiche zugeordnet.

892 Eine relativ große Rolle für die Rechtsetzung der EU spielt auch die **Lückenfüllungsermächtigung** bzw. die **Vertragsabrundungskompetenz** nach Art. 352 AEUV. Hiernach kann die EU auch Regelungen erlassen, wenn eine Gesetzgebungsermächtigung nicht vorgesehen ist, eine Regelung aber erforderlich ist, „um eines der Ziele der Verträge zu verwirklichen". Eine solche Regelung bedarf insbes. eines einstimmigen Beschlusses des Rates und der Zustimmung des Europäischen Parlaments (Art. 352 Abs. 1 S. 1 AEUV).

Trotz der Geltung des Prinzips der begrenzten Einzelermächtigung wird angenommen, dass die EU im Ausnahmefall auch Kompetenzen wahrnehmen darf, die ihr nicht ausdrücklich zugewiesen sind. Zur Begründung dessen bedient sich der Gerichtshof der EU der **implied-powers-Lehre**. Danach stehen der Union ungeachtet des Wortlauts einer Ermächtigungsnorm auch solche Kompetenzen zu, die zur wirksamen Erfüllung der bereits ausdrücklich eingeräumten Befugnisse ergänzend erforderlich sind (EuGH, Rs. 8/55, Slg. 1956, 297 (312); Rs. 20/59, Slg. 1960, 681 (708); Rs. 22/70, Slg. 1971, 263 (275)). Die implied-powers-Lehre fand vor allem zur Begründung von **Außenkompetenzen der EU** Anwendung (s. etwa EuGH, Rs. 22/70, Slg. 1971, 263 – AETR). Wichtige Elemente der diesbezüglichen Rechtsprechung sind seit Inkrafttreten des Vertrags von Lissabon in Art. 3 Abs. 2 AEUV geregelt worden.

893

Bei der Rechtsetzung hat die EU – außer im Bereich der ausschließlichen Rechtsetzungskompetenzen – stets das **Subsidiaritätsprinzip** zu beachten (s. Art. 5 Abs. 1 S. 2 EUV). Die Subsidiarität als allgemeines Prinzip bedeutet den Vorrang der jeweils kleineren Einheit und auf EU-Ebene gewendet den Vorrang der Mitgliedstaaten vor der Union. Deshalb ist der EU gemäß Art. 5 Abs. 3 UAbs. 1 EUV ein Tätigwerden nur dann gestattet, wenn die Ziele der in Betracht gezogenen Maßnahmen von den Mitgliedstaaten weder auf zentraler noch auf regionaler oder lokaler Ebene ausreichend verwirklicht werden können *und* zugleich auf der Unionsebene besser zu erreichen sind (vgl. dazu *Kadelbach*, in: von der Groeben/Schwarze/Hatje, Europäisches Unionsrecht, 7. Aufl. 2015, Art. 5 EUV Rn. 33 ff.). Das Subsidiaritätsprinzip wird gemäß Art. 5 Abs. 3 UAbs. 2 S. 1 EUV durch das Protokoll über die Anwendung der Grundsätze der Subsidiarität und der Verhältnismäßigkeit konkretisiert (s. ABl. EU 2007, Nr. C 306, S. 150). Die Einhaltung ist von den europäischen Gerichten voll überprüfbar und soll zudem durch die nationalen Parlamente nach dem in dem soeben genannten Protokoll vorgesehenen Verfahren, d.h. durch Subsidiaritätsrüge (s. dazu Rn. 965 f.) und Subsidiaritätsklage (s. dazu Rn. 992 ff. u. *Kloepfer*, Verfassungsrecht I, 2011, § 41 Rn. 69 ff.), überwacht werden. In der Praxis hat sich bisher das Subsidiaritätsprinzip als nur bedingt wirksam zur Zuständigkeitsbegrenzung der EU erwiesen.

894

In einer besonderen Ausformung begrenzt auch das **Verhältnismäßigkeitsprinzip** den Unionsgesetzgeber (Art. 5 Abs. 1 S. 2, Abs. 4 EUV). Das im Protokoll über die Anwendung der Grundsätze der Subsidiarität und der Verhältnismäßigkeit (s. ABl. EU 2007, Nr. C 306, S. 150) konkretisierte Verhältnismäßigkeitsprinzip wird an dieser Stelle nicht – wie im mitgliedstaatlichen Recht (s.o. Rn. 515 ff.) – zur Verminderung der Intensität von Eingriffen in die Grundrechte der Bürger der EU verwendet, sondern zur Begrenzung von Eingriffen in die Entscheidungsgewalt und Kompetenzen der Mitgliedstaaten durch die EU. Es besagt insoweit, dass die EU bei der Beschränkung der Entscheidungsgewalt der Mitgliedstaaten durch Rechtsetzung möglichst schonend vorgehen muss. Im Einzelfall kann es deshalb notwendig sein, dass der

895

Unionsgesetzgeber keine Verordnung erlässt, sondern eine dem Mitgliedstaat Umsetzungsspielraum einräumende Richtlinie.

c) Rechtsetzungsverfahren

896 Das Rechtsetzungsverfahren hat durch den **Vertrag von Lissabon** wesentliche Neuerungen erfahren, die mithilfe einer **regelmäßigen Beteiligung des Europäischen Parlaments** auf die Verbesserung der demokratischen Legitimation des Handelns der EU gerichtet sind.

897 Grundsätzlich soll die Rechtsetzung nach dem **ordentlichen Gesetzgebungsverfahren** nach Art. 289 Abs. 1, 294 AEUV erfolgen, d.h. durch gemeinsame Annahme eines Rechtsaktes durch das Europäische Parlament und den Rat auf Vorschlag der Kommission (s.a. Rn. 899). Dadurch soll das Parlament für etwa 95% der unionsrechtlichen Rechtsakte zum Mitgesetzgeber werden (Mitentscheidungsverfahren). Ausnahmen vom ordentlichen Gesetzgebungsverfahren sind nur ausnahmsweise in **besonderen Gesetzgebungsverfahren** vorgesehen (s. Art. 289 Abs. 2 AEUV), bei denen es zur Annahme eines Rechtsaktes durch das Europäische Parlament mit Beteiligung des Rates oder durch den Rat mit Beteiligung des Europäischen Parlaments kommt (s. Rn. 900).

898 Die Kommission hat bei der Gesetzgebung grundsätzlich das **Initiativmonopol**, also das ausschließliche Recht, ein Gesetzgebungsverfahren in Gang zu setzen (Art. 17 Abs. 2 S. 1 EUV; vgl. auch Art. 294 Abs. 2 AEUV). Von Vorschlägen der Kommission kann der Rat regelmäßig nur einstimmig abweichen (Art. 293 Abs. 1 AEUV). Durch die neu geschaffene **europäische Bürgerinitiative** nach Art. 11 Abs. 4 EUV, Art. 24 Abs. 1 AEUV können mindestens eine Million Unionsbürger aus einer „erheblichen Anzahl von Mitgliedstaaten" die Kommission dazu auffordern, Vorschläge für Rechtsakte zu unterbreiten. Nach Art. 289 Abs. 4 AEUV können in bestimmten Fällen auch andere Akteure eine Initiative zur Gesetzgebung ergreifen (s. z.B. Art. 294 Abs. 15 AEUV; Gruppe von Mitgliedstaaten, Europäische Zentralbank, Gerichtshof der EU).

899 Das **ordentliche Gesetzgebungsverfahren** nach Art. 289 Abs. 1, 294 AEUV stellt den Regelfall dar und ist bei der Gesetzgebung durch die Europäische Union immer dann anzuwenden, wenn es **durch den Vertrag ausdrücklich angeordnet** ist (so z.B. in Art. 46 AEUV – Arbeitnehmerfreizügigkeit, Art. 50 Abs. 1 AEUV – Niederlassungsfreiheit, Art. 192 Abs. 1 AEUV – Umwelt). Es ist in Art. 294 AEUV näher beschrieben und ermöglicht das Zusammenwirken von Rat und Europäischem Parlament in Form eines Mitentscheidungsverfahrens. Es kann, wenn es bis zum Ende durchgeführt wird, aus insgesamt **drei Lesungen** und einer **Vermittlungsphase** bestehen. Grundsätzlich aber streben die beteiligten Organe eine Einigung in erster Lesung an, die durch informelle Verhandlungen (Trilog) zwischen den Vertretern der drei Organe herbeigeführt werden soll (vgl. *Schoo*, in: von der Groeben/Schwarze/Hatje, Europäisches Unionsrecht, 7. Aufl. 2015, Art. 294 AEUV Rn. 27).

Besondere Gesetzgebungsverfahren (Art. 289 Abs. 2 AEUV) sind Verfahren zur Gesetzgebung, bei denen Parlament und Rat nicht zusammen entscheiden, sondern das jeweils andere Organ nur beteiligen. Solche Verfahren müssen ausdrücklich angeordnet werden. Unter Art. 289 Abs. 2 Alt. 2 AEUV fallen Entscheidungen des Rats unter bloßer Anhörung des Parlaments (vgl. insbes. Art. 21 Abs. 3 S. 2, 22 Abs. 1 S. 2, 77 Abs. 3 S. 2, Art. 81 Abs. 3 UAbs. 1 S. 2, 89, 126 Abs. 14 UAbs. 2 AEUV) oder mit Zustimmung des Parlaments (s. insbes. Art. 19 Abs. 1, 25 Abs. 2 S. 1, 86 Abs. 1 UAbs. 1 AEUV). Daneben gibt es gemäß Art. 289 Abs. 2 Alt. 1 AEUV auch europarechtlich angeordnete Verfahren, bei denen das Europäische Parlament unter Beteiligung des Rates entscheidet (s. etwa Art. 223 Abs. 2, 226 Abs. 3 u. 228 Abs. 4 AEUV). 900

Durch den Vertrag von Lissabon wurden **drei unterschiedliche Vertragsänderungsverfahren** etabliert (s. dazu *Kloepfer*, Verfassungsrecht I, 2011, § 41 Rn. 98 ff.): Es handelt sich dabei – erstens – um das **ordentliche Vertragsänderungsverfahren** nach Art. 48 Abs. 2 bis 5 EUV, – zweitens – das **vereinfachte Vertragsänderungsverfahren** gemäß Art. 48 Abs. 6 EUV und – drittens – um sogenannte (allgemeine und besondere) **Brückenverfahren** (Art. 48 Abs. 7 EUV, s. z.B. auch Art. 31 Abs. 3 EUV, Art. 81 Abs. 3 UAbs. 2 und 3 AEUV). Das Bundesverfassungsgericht sah bei diesen Brückenklauseln die unionsrechtlich vorgesehene Beteiligung der mitgliedstaatlichen Parlamente als nicht ausreichend an und hat deshalb eine einfachgesetzliche Sicherung der Beteiligung von Bundestag und Bundesrat in diesen Fällen angeordnet (BVerfGE 123, 267 (351, 385 ff., 388 ff.) – Vertrag von Lissabon; s.a. unten Rn. 949 ff.). 901

d) Formerfordernisse

Anders als das deutsche Verfassungsrecht kennt das Unionsrecht eine **Begründungspflicht** für sämtliche verbindliche Rechtsakte der EU (s. Art. 296 Abs. 2 AEUV). Die **Regeln zur Unterzeichnung, Veröffentlichung und Bekanntgabe** von Rechtsakten unterscheiden sich je nach Rechtsetzungsverfahren, in dem sie ergehen, und je nach Adressatenkreis des jeweiligen Aktes. Es kommt außerdem darauf an, ob es sich um einen Rechtsakt mit oder ohne Gesetzescharakter handelt. Die Einzelheiten ergeben sich hier aus Art. 297 AEUV (s. dazu *Kloepfer*, Verfassungsrecht I, 2011, § 41 Rn. 110 ff.). 902

e) Materielle Grenzen

Die EU muss bei ihrer Rechtsetzung auch materielle Grenzen einhalten. Solche ergaben sich vor Inkrafttreten des Vertrags von Lissabon insbes. aus den **allgemeinen Grundsätzen des Unionsrechts** (s. dazu Rn. 831). Hierzu werden auch heute noch **Grundrechte** (vgl. Art. 6 Abs. 3 EUV) sowie **rechtsstaatliche und prozessrechtliche Grundsätze** gezählt. Als allgemeine Grundsätze des Unionsrechts gelten etwa der allgemeine Gleichheitssatz, die Eigentumsfreiheit, die Berufsausübungsfreiheit, der freie Zugang zu Beschäftigung, die Vereinigungsfreiheit, die Meinungs- und Veröffentli- 903 chungsfreiheit, die Achtung der Privatsphäre und des Briefverkehrs, die Achtung des Familienlebens sowie die Religionsfreiheit. Hinzu treten Grundsätze wie das Prinzip der Rechtsstaatlichkeit der Verwaltung, der Anspruch auf effektiven gerichtlichen Rechtsschutz, der Anspruch auf ein faires Verfahren, der Anspruch auf rechtliches Gehör sowie das Verbot der Doppelsanktion und der Rückwirkung von sanktionsbewehrten Rechtsakten (Nachweise bei *Kloepfer*, Verfassungsrecht I, 2011, § 41 Rn. 120). Auch begrenzen das Verhältnismäßigkeitsprinzip, der Grundsatz des Vertrauensschutzes und die Wesensgehaltsgarantie die Rechtsetzungsfreiheit der Unionsorgane.

904 Nach Inkrafttreten des Vertrags von Lissabon begrenzen – wie erwähnt (s.o. Rn. 831) – nun auch die in der **EU-Grundrechtecharta** normierten Grundrechte die Rechtsetzungsgewalt der Europäischen Union (Art. 6 Abs. 1 EUV). Die Charta, die in der am 12. Dezember 2007 angepassten Fassung gilt, enthält die klassischen Grundrechte: Die Menschenwürde (Art. 1 GRCh), das Recht auf Leben (Art. 2 GRCh), die Gedanken-, Gewissens- und Religionsfreiheit (Art. 10 GRCh), die Versammlungs- und Vereinigungsfreiheit (Art. 11 GRCh), die Freiheit der Kunst und Wissenschaft (Art. 13 GRCh), die Berufsfreiheit (Art. 15 GRCh), das Eigentumsrecht (Art. 17 GRCh) und das Asylrecht (Art. 18 GrCh). Daneben wird aber auch der Schutz personenbezogener Daten gewährleistet (Art. 8 GRCh). Anders als das Grundgesetz enthält die GRCh allgemeine Bestimmungen u.a. über Beschränkungen und Begrenzungen für alle Grundrechte (insbes. Art. 52 Abs. 1 S. 2, 54 GRCh). Es steht zu erwarten, dass der EuGH bei der Auslegung der Grundrechtecharta – soweit möglich – auf entsprechende Interpretationen der nach den allgemeinen Grundsätzen abgeleiteten Grundrechte (Grundrechte als allgemeine Grundsätze des Unionsrechts) im Sinne der gemeinsamen Verfassungsüberlieferungen zurückgreift (vgl. dazu *Mayer*, in: König/Uwer, Grenzen europäischer Normgebung, 2015, S. 95 ff.).

905 Zu einem „dreifachen" Grundrechtsschutz vor Maßnahmen der EU wird der unionsrechtliche Grundrechtsschutz durch den künftigen **Beitritt der Europäischen Union zur EMRK** (Art. 6 Abs. 2 EUV) werden, der zu dem Grundrechtsschutz durch die abgeleiteten Grundrechte (Art. 6 Abs. 3 EUV) einerseits und der Grundrechtecharta (Art. 6 Abs. 1 EUV) andererseits hinzutreten wird. Der Beitritt dürfte nach dem EuGH-Gutachten (EuGH, Stellungnahme vom 18. Dezember 2014 – C 2/13), das den geplanten Beitritt der Union zur EMRK in zentralen Punkten für unionsrechtswidrig erklärt hat (siehe dazu *Tomuschat*, EuGRZ 2015, 133 ff.; *Wendel*, NJW 2015, 921 ff.), allerdings noch einige Zeit auf sich warten lassen.

6. Vollzug des Unionsrechts

906 Der Vollzug des Unionsrechts **obliegt sowohl der EU als auch den Mitgliedstaaten**. Das Unionsrecht wird dabei allerdings nur zu einem geringen Teil durch die europäischen Organe selbst vollzogen (unionseigener, unmittelbarer oder direkter Vollzug, s. Rn. 907 ff.). Die weitaus größere Bedeutung kommt dem Vollzug durch die Mit-

gliedstaaten zu (mitgliedstaatlicher, mittelbarer oder indirekter Vollzug, s. Rn. 911 ff.).

a) Unionseigener Vollzug

Bezüglich des unionseigenen Vollzugs kann zwischen unionsinternem und unionsexternem Vollzug differenziert werden. Ist die rechtliche Wirkung auf die Institutionen der EU begrenzt, so kann von einem **unionsinternen Vollzug** gesprochen werden. Ein solcher Vollzug erfolgt insbes. in Personalangelegenheiten sowie im Bereich der Organisation der europäischen Organe. Auch der Haushalt der EU wird zum größten Teil unionsintern vollzogen. 907

Hat der Vollzug von Unionsrecht Wirkung gegenüber Dritten, so liegt **unionsexterner Vollzug** vor. Er ist im Wesentlichen der **Kommission** übertragen. Sie kann dabei vor allem auf die Handlungsform des Beschlusses mit begrenztem Adressatenkreis nach Art. 288 Abs. 4 S. 2 AEUV (s.o. Rn. 889) zurückgreifen, soweit ihr eine entsprechende Ermächtigung im primären oder sekundären Unionsrecht eingeräumt ist. Unionseigener, externer Vollzug erfolgt nur in den im Primärrecht vorgesehenen Fällen, z.B. im Wettbewerbsrecht (Art. 105, 106 Abs. 3 AEUV), im Beihilfenrecht (Art. 108 AEUV) und in der Sozialpolitik (Art. 163 AEUV). In bestimmten Sachbereichen kann der unionseigene, externe Vollzug auch durch **verselbstständigte Einheiten der EU** (z.B. Harmonisierungsamt für den Binnenmarkt (OHIM), Europäische Umweltagentur (EEA), Europäische Chemikalienagentur (ECHA) und Arzneimittelagentur (EMEA); s.a. oben Rn. 879 ff.) erfolgen. 908

Im Unionsrecht finden sich keine umfassenden Vorgaben für das unionseigene **Verwaltungsverfahren**. Seit dem Inkrafttreten des Vertrags von Lissabon finden sich in Art. 298 AEUV und Art. 41 GRCh aber immerhin einige allgemeine materielle Anforderungen für das Verwaltungsverfahren (s. dazu *Gärditz*, DÖV 2010, 453 ff.). Regelungslücken werden durch den Rückgriff auf die allgemeinen Grundsätze des Unionsrechts geschlossen. Hieraus wird etwa die Geltung des Grundsatzes der Gesetzmäßigkeit der Verwaltung, des Grundsatzes des Vertrauensschutzes und des Rechts auf Akteneinsicht abgeleitet. Auch die Erforderlichkeit eines Anhörungsverfahrens ist grundsätzlich anerkannt (vgl. *Kloepfer*, Verfassungsrecht I, 2011, § 41 Rn. 138). 909

Die **Rechtskontrolle des unionseigenen Vollzugs** erfolgt durch die Organe der EU sowie durch die Mitgliedstaaten. Diese können insbes. beim Gerichtshof der EU Klage nach den Art. 263 Abs. 1 u. 2., 265 Abs. 1 u. 2 AEUV erheben. Unter bestimmten Voraussetzungen steht dieses Recht sogar natürlichen oder juristischen Personen zu (s. Art. 263 Abs. 4, 265 Abs. 3 AEUV). Daneben sichert auch der Schadensersatzanspruch nach Art. 140 Abs. 2 AEUV mittelbar den rechtmäßigen Vollzug des Unionsrechts durch die EU. Eine Kontrollfunktion hat auch der allgemeine Informationszugangsanspruch des Art. 15 Abs. 3 AEUV. 910

b) Vollzug durch die Mitgliedstaaten

911 In der Regel erfolgt der Vollzug des Unionsrechts durch die Mitgliedstaaten. Die **Vollzugsverpflichtung** der Mitgliedstaaten wird dabei aus dem Anwendungsvorrang des Unionsrechts bzw. aus Art. 4 Abs. 3 UAbs. 2 u. 3 EUV (s. dazu unten Rn. 924 ff.) abgeleitet.

912 Beim Vollzug des Unionsrechts durch die Mitgliedstaaten kann zwischen unmittelbarem und mittelbarem mitgliedstaatlichem Vollzug differenziert werden. Im Falle des **unmittelbaren mitgliedstaatlichen Vollzugs** vollziehen die nationalen Behörden Unionsrecht, das unmittelbar anwendbar ist. Dazu zählen in erster Linie Verordnungen (Art. 288 Abs. 2 AEUV) und Beschlüsse an einen bestimmten Adressatenkreis (Art. 288 Abs. 4 S. 2 AEUV). Entfaltet eine Richtlinie unmittelbare Wirkung (zu den Voraussetzungen s. Rn. 888), so kann auch sie ebenfalls unmittelbar durch die Mitgliedstaaten vollzogen werden.

913 Soweit keine unionsrechtlichen **Anforderungen an das Verwaltungsverfahren** vorliegen (s. dazu Rn. 909), richtet sich das Verwaltungsverfahren bei unmittelbarem mitgliedstaatlichem Vollzug nach allgemeinem mitgliedstaatlichem Recht, in Deutschland also vor allem nach den Bestimmungen der Verwaltungsverfahrensgesetze von Bund und Ländern. Um den Besonderheiten des Unionsrechts beim unmittelbaren Vollzug ausreichend Rechnung zu tragen, sind dabei allerdings stets das unionsrechtliche **Diskriminierungsverbot** sowie das **Effizienzgebot** zu beachten. Aufgrund des Diskriminierungsverbots darf das jeweilige Verwaltungsverfahrensrecht in Bezug auf den Vollzug von Unionsrecht nicht anders angewendet werden als in Verfahren, in denen über gleichartige, rein innerstaatliche Sachverhalte entschieden wird. Nach dem Effizienzgebot darf die Anwendung des nationalen Verwaltungsverfahrensrechts nicht dazu führen, dass die Verwirklichung der den zu vollziehenden unionsrechtlichen Regelungen zugrunde liegenden Ziele praktisch unmöglich wird (Zur Anwendung des § 48 VwVfG s. EuGH, Rs. C-24/95, Slg. 1997, I-1591 – Alcan II).

914 Sofern das Unionsrecht nicht unmittelbar in den Mitgliedstaaten anwendbar ist, sondern – wie etwa regelmäßig Richtlinien – der Umsetzung durch und in nationales Recht bedarf, vollziehen die mitgliedstaatlichen Behörden nicht das Unionsrecht. Vielmehr vollziehen sie die zur Umsetzung erlassenen Rechtsakte der Mitgliedstaaten; diese Vollzugsart wird als **mittelbarer mitgliedstaatlicher Vollzug** von Unionsrecht bezeichnet. Letztlich wird dann von den Behörden nämlich mitgliedstaatliches Recht vollzogen. In Bezug auf das Verwaltungsverfahren beim Vollzug der mitgliedstaatlichen (gesetzlichen) Umsetzungsakte gelten die gleichen Anforderungen wie beim unmittelbaren mitgliedstaatlichen Vollzug (s. dazu Rn. 913).

915 Die **Gewährleistung des ordnungsgemäßen mitgliedstaatlichen Vollzugs** erfolgt auf unterschiedlichen Wegen. Zum einen soll der Bürger zur Durchsetzung des Unionsrechts mobilisiert werden (vgl. *Masing*, Die Mobilisierung des Bürgers für die Durchsetzung des Rechts, 1997, *passim*). Dies geschieht insbes. durch den unions-

rechtlichen **Staatshaftungsanspruch** des Bürgers gegen den Mitgliedstaat wegen eines mitgliedstaatlichen Verstoßes gegen das Unionsrecht (s. dazu *Kloepfer*, Verfassungsrecht I, 2011, § 41 Rn. 154 ff.). Ein mitgliedstaatlicher Verstoß gegen das Unionsrecht kann etwa in das Unionsrecht verletzenden Gesetzen (z.B. Verstoß gegen die Warenverkehrsfreiheit; vgl. dazu *Kloepfer/Greve*, DVBl. 2013, 1148 ff.) oder in unionsrechtswidrigem Verwaltungshandeln gesehen werden. Ein bedeutsamer Fall ist auch der Staatshaftungsanspruch wegen der Nichtumsetzung einer Richtlinie (s. dazu *Kloepfer*, Verfassungsrecht I, 2011, § 41 Rn. 159 f.). Daneben überwacht auch die Kommission mithilfe des **Vertragsverletzungsverfahrens** nach Art. 258 AEUV die effektive Umsetzung des Unionsrechts; nach Art. 259 AEUV können auch Mitgliedstaaten Unionsrechtsverstöße eines anderen Mitgliedstaates vor dem Gerichtshof der EU rügen (s. dazu *Kloepfer*, Verfassungsrecht I, 2011, § 41 Rn. 162 ff.). Stellt der Gerichtshof der EU eine Vertragsverletzung fest, so kann dies mit durch den Mitgliedstaat zu zahlenden **Zwangsgeldern** und **Pauschalbeträgen** sanktioniert werden (vgl. Art. 260 AEUV).

7. Rechtsprechung im Unionsrecht

Die Rechtsprechung im Unionsrecht erfolgt durch die **Gerichte auf der Ebene der EU** und durch die **mitgliedstaatlichen Gerichte**.

a) Rechtsprechung durch europäische Gerichte

Wie erwähnt (s.o. Rn. 857 ff.), ist der **Gerichtshof der EU** (bestehend aus Gerichtshof, Gericht, Fachgerichten, vgl. Art. 19 Abs. 1 UAbs. 1 EUV) das Rechtsprechungsorgan der EU. Die **Verfahrensarten** sind im Primärrecht abschließend geregelt (dazu *Kloepfer*, Verfassungsrecht I, 2011, § 41 Rn. 168 ff.; *Classen*, in: Oppermann/Classen/Nettesheim, Europarecht, 6. Aufl. 2014, § 13 Rn. 6 ff.; s.a. Rn. 918 ff.). Zu den wichtigsten Verfahrensarten zählen die von der Kommission (Art. 258 AEUV) oder von einem Mitgliedstaat (Art. 259 AEUV) initiierten Vertragsverletzungsverfahren (s. Rn. 918), die – unter bestimmten Voraussetzungen auch von natürlichen oder juristischen Personen zu erhebenden – Nichtigkeitsklagen (Art. 263 AEUV, s. Rn. 919) bzw. Untätigkeitsklagen (Art. 265 AEUV, s. Rn. 920) sowie das von nationalen Gerichten zu beantragende Vorabentscheidungsverfahren (Art. 267 AEUV, s. Rn. 921 f.). Darüber hinaus entscheiden die Gerichte auch über Schadensersatzklagen (Art. 268 AEUV) und über dienstrechtliche Streitigkeiten (Art. 270 AEUV).

Das **Vertragsverletzungsverfahren** nach Art. 258 AEUV ist das „Schwert" der Kommission zur Erfüllung ihrer Aufgabe als Hüterin der Verträge. Mit Hilfe des Vertragsverletzungsverfahrens kann die Kommission dementsprechend – nachdem ein obligatorisches Vorverfahren durchgeführt wurde – die **Verletzung von Unionsrecht durch einen Mitgliedstaat** vor dem Gerichtshof rügen. Neben der Kommission sind auch die Mitgliedstaaten klagebefugt (Art. 259 AEUV). Ist die Vertragsverletzungsklage begründet, so trifft der Gerichtshof die Feststellung, dass der beklagte Mitgliedstaat durch sein Verhalten im konkreten Fall bestimmte Vorschriften des Unionsrechts verletzt hat. Als **Feststellungsurteil** ist die Entscheidung des Gerichts **nicht vollstreckungsfähig**. Kommt der Staat der sich aus dem Feststellungsurteil ergebenden Verpflichtung nicht nach, so kann die Kommission – nach einem erneuten Vorverfahren – ein zweites Verfahren vor dem Gerichtshof mit dem Ziel anstrengen, den Mitgliedstaat zur Zahlung eines Pauschalbetrages oder eines Zwangsgelds zu verurteilen (Art. 260 Abs. 2 AEUV).

919 Mit der **Nichtigkeitsklage** gem. Art. 263 AEUV können **Unionsrechtsakte** – dies sind vor allem Verordnungen, Richtlinien und Entscheidungen/Beschlüsse (s.a. Rn. 882 ff.) – vor dem EuGH und dem EuG angefochten werden. Es können auch „Handlungen der Einrichtungen der sonstigen Stellen der Europäischen Union mit Rechtswirkung gegenüber Dritten" angefochten werden (Art. 263 Abs. 1 S. 2 AEUV). Gem. Art. 263 Abs. 2 AEUV dürfen die Rechtsakte allerdings nur **aus bestimmten Gründen angegriffen** werden (Unzuständigkeit, Verletzung wesentlicher Formvorschriften, Verletzung des Vertrages oder einer bei seiner Durchführung anzuwendenden Rechtsnorm oder Ermessensmissbrauch). Eine **Klagebefugnis** kommt den Mitgliedstaaten, dem Europäischen Parlament, der Kommission und dem Rat zu (Art. 263 Abs. 2 AEUV). Anders als der Rechnungshof und die EZB, die gemäß Art. 263 Abs. 3 AEUV ebenfalls Nichtigkeitsklage erheben können, müssen die Mitgliedstaaten nicht geltend machen, dass sie durch den angegriffenen Rechtsakt in ihren Rechten verletzt sind. Sie sind damit hinsichtlich der Klagebefugnis ebenso privilegiert wie das Europäische Parlament, der Rat und die Kommission. Nach Art. 263 Abs. 4 AEUV können auch natürliche oder juristische Personen gegen alle in Art. 263 Abs. 1 und 2 AEUV beschriebenen Handlungen beim Gerichtshof der EU Klage erheben (Art. 263 Abs. 4 AEUV). Voraussetzung dafür ist allerdings, dass die Handlungen an sie gerichtet sind oder die Person unmittelbar und individuell betreffen (s. dazu *Kloepfer*, Verfassungsrecht I, 2011, § 41 Rn. 175 f.). Ist die Nichtigkeitsklage **begründet**, so erklärt der Europäische Gerichtshof die angefochtene Handlung für nichtig (Art. 264 Abs. 1 AEUV). Er kann allerdings auch anordnen, dass bestimmte Rechtswirkungen des Rechtsaktes fortgelten sollen (Art. 264 Abs. 2 AEUV).

920 Mit der **Untätigkeitsklage** (Art. 265 AEUV) kann vor dem EuGH und dem EuG die Feststellung der **Unionsrechtswidrigkeit der Unterlassung eines Beschlusses** einzelner Organe der EU begehrt werden. Die Klage hat hinsichtlich der Nichtigkeitsklage eine **Ergänzungsfunktion**. Während mit der Nichtigkeitsklage ein unionsrechtswidriges Handeln gerügt werden kann, erlaubt es die Untätigkeitsklage, ein unionsrechtswidriges Unterlassen anzugreifen. Aufgrund dieser Ergänzungsfunktion ist die Untätigkeitsklage in Bezug auf die Zulässigkeitsvoraussetzungen von ähnlicher Struktur wie die Nichtigkeitsklage. Ist die Untätigkeitsklage begründet, so folgt aus Art. 266 AEUV die Verpflichtung des jeweiligen Organs, die sich aus dem Urteil des Gerichtshofs ergebenden Maßnahmen zu ergreifen.

Das **Vorabentscheidungsverfahren** nach Art. 267 AEUV ist das praktisch **bedeut-** **921** **samste Verfahren vor dem Gerichtshof**, da es nicht nur zahlenmäßig, sondern auch für die kohärente Entwicklung des Unionsrecht von erheblicher Bedeutung ist (vgl. dazu *Gaitanides*, in: von der Groeben/Schwarze/Hatje, Europäisches Unionsrecht, 7. Aufl. 2015, Art. 267 AEUV Rn. 14). Es handelt sich um eine Entscheidungsmöglichkeit des EuGH über Fragen des Unionsrechts, die an konkreten Gerichtsverfahren in den Mitgliedstaaten ansetzt, für die es darauf ankommt, wie das Unionsrecht auszulegen ist. In gewisser Hinsicht ist dieses Verfahren vergleichbar mit dem konkreten Normenkontrollverfahren vor dem Bundesverfassungsgericht nach Art. 100 Abs. 1 GG (Rn. 389 ff.). Dadurch, dass der EuGH im Rahmen des Verfahrens „letztinstanzlich" und letztverbindlich über die Auslegung und den Inhalt des Unionsrechts urteilen kann, gewährleistet das Vorabentscheidungsverfahren die Rechtseinheit und die einheitliche Anwendung des Unionsrechts. Die **wichtigsten Zulässigkeitsvoraussetzungen** sind:

- **Vorlagegegenstand** sind gemäß Art. 267 Abs. 1 AEUV Fragen der Auslegung des Unionsrechts und der Gültigkeit von Handlungen der Organe der EU, der EZB und der Einrichtungen und sonstigen Stellen der Europäischen Union.
- **Zur Vorlage berechtigt** ist jedes mitgliedstaatliche Gericht (Art. 267 Abs. 2 AEUV). Dies ist nach europarechtlichem Verständnis ein Spruchkörper, der auf gesetzlicher Grundlage ständig damit betraut ist, Rechtssachen unabhängig zu entscheiden (EuGH, Rs. C-24/92, Slg. 1993, I-1277 – Corbiau; st. Rspr.).
- Das Gericht ist zur Vorlage allerdings nur berechtigt, wenn die **Vorlagefrage entscheidungserheblich für das nationale Verfahren** ist. Die Entscheidungserheblichkeit beurteilt sich dabei grundsätzlich aus Sicht des nationalen Gerichts (EuGH, Rs. 248/89, Slg. 1991, I-3277 – Mecanarte).
- Zur Sicherung der Einheitlichkeit der Europarechtsordnung begründet Art. 267 Abs. 3 AEUV die **Pflicht zur Vorlage**, wenn das Urteil eines mitgliedstaatlichen Gerichts selbst nicht mehr mit Rechtsmitteln des innerstaatlichen Rechts angefochten werden kann (s. dazu *Kloepfer*, Verfassungsrecht I, 2011, § 41 Rn. 189). Nach Ansicht des EuGH besteht darüber hinaus auch für nicht letztinstanzliche nationale Gerichte eine Vorlagepflicht, wenn das Gericht die Gültigkeit der Handlung eines Unionsorgans in seinem Verfahren verneinen will (s. EuGH, Rs. 314/85, Slg. 1987, 4199 – Foto-Frost).

Die **Wirkung des Urteils im Vorabentscheidungsverfahren** ist nicht geregelt. Aus **922** Art. 4 Abs. 3 UAbs. 2 u. 3 AEUV ergibt sich allerdings eine faktische Bindungswirkung der Mitgliedstaaten an die im Urteil getroffenen Entscheidungen. Vor allem dann, wenn der EuGH im Rahmen des Vorabentscheidungsverfahrens eine Norm des Unionsrechts für ungültig erklärt, ist mit Blick auf die Rechtseinheit des Unionsrechts von einer allgemeinen Bindungswirkung auszugehen (**faktische erga-omnes-Wirkung**).

b) Rechtsprechung durch mitgliedstaatliche Gerichte

923 Darüber hinaus obliegt es vor allem den mitgliedstaatlichen Gerichten, die Einhaltung des Unionsrechts zu überwachen (s. dazu *Kloepfer*, Verfassungsrecht I, 2011, § 41 Rn. 199 ff.; *Classen*, in: Oppermann/Classen/Nettesheim, Europarecht, 6. Aufl. 2014, § 13 Rn. 3 ff.). Die Verpflichtung dazu **ergibt sich aus dem Anwendungsvorrang des Unionsrechts** in den Mitgliedstaaten bzw. aus Art. 4 Abs. 3 UAbs. 2 u. 3 EUV (s. dazu unten Rn. 924 ff.). Wie auch beim mitgliedstaatlichen Vollzug haben die mitgliedstaatlichen Gerichte grundsätzlich ihre eigenen Verfahrensordnungen anzuwenden. Sollten die mitgliedstaatlichen Gerichte bei der Überprüfung des Unionsrechts zu der Auffassung gelangen, das von ihnen anzuwendende sekundäre bzw. tertiäre Unionsrecht stehe nicht im Einklang mit den primärrechtlichen Vorgaben, dürfen sie das sekundäre bzw. tertiäre Unionsrecht aber nicht automatisch für nichtig erklären und demzufolge außer Anwendung lassen. Sie können (Art. 267 Abs. 2 AEUV) bzw. müssen – soweit sie als letzte Instanz entscheiden (Art. 267 Abs. 3 AEUV) oder Unionsrecht verwerfen wollen (s.o. Rn. 921) – dem Gerichtshof der EU im Wege des Vorabentscheidungsverfahrens des Art. 267 AEUV (Rn. 921) eine entsprechende Frage vorlegen.

II. Maßnahmen der EU und deutsches Recht

924 Das rechtliche Verhältnis der Maßnahmen der EU zum deutschen Recht ist stark **durch die Rechtsprechung des Gerichtshofs der EU und des Bundesverfassungsgerichts geprägt**. Es kann letztverbindlich weder durch das europäische Rechtserzeugungssystem noch durch das deutsche Rechtserzeugungssystem für das jeweils andere Rechtserzeugungssystem festgelegt werden.

1. Geltungsgrund und Rang des europäischen Rechts in Deutschland

925 Dem **Vertrag von Lissabon** wurde die **Erklärung Nr. 17** beigefügt, wonach die Verträge und das auf der Grundlage der Verträge gesetzte Recht im Einklang mit der bisherigen ständigen Rechtsprechung des Gerichtshofs Vorrang vor dem mitgliedstaatlichen Recht haben sollen (dazu Geiger, in: Geiger/Khan/Kotzur, EUV/AEUV, 5. Aufl. 2010, Art. 4 EUV Rn. 2). Nach Unionsrecht ist für Geltungsgrund und Rang des Unionsrechts im innerstaatlichen Recht also die entsprechende Rechtsprechung des Gerichtshofs der EU maßgeblich.

926 Den **Grund für die Geltung** des Unionsrechts im innerstaatlichen Recht sieht der **Gerichtshof der EU** in der Eigenständigkeit der durch die Gründungsverträge geschaffenen Rechtsordnung (vgl. EuGH, Rs. 26/62, Slg. 1963, 1 – van Gend & Loos; s.a. EuGH, Rs. 106/77, Slg. 1978, 629 – Simmenthal II). Er verweist außerdem auf das Erfordernis der Funktionsfähigkeit der Rechtsordnung der EU. Die Wirksamkeit des Unionsrechts sei schließlich gerade davon abhängig, dass das Recht die Mitgliedstaaten auch binde und einheitlich angewendet werde. Diese Verbindlichkeit ergebe sich

aus Vorschriften wie Art. 4 Abs. 3 UAbs. 2 u. 3, 19 Abs. 1 UAbs. 1 S. 2 EUV, Art. 288 Abs. 2, Abs. 4 S. 2 AEUV und z. B. auch im Umkehrschluss aus Art. 288 Abs. 5 AEUV. Der Gerichtshof der EU geht dabei davon aus, dass das Unionsrecht vor dem gesamten mitgliedstaatlichen Recht (also auch dem Verfassungsrecht) Anwendungsvorrang genießt (s. EuGH, Rs. 6/64, Slg. 1964, 1141 – Costa/E.N.E.L.; zum Verhältnis des Europarechts zum Verfassungsrecht s. EuGH, Rs. 11/70, Slg. 1970, 1125 – Internationale Handelsgesellschaft; s. a. *Obwexer*, in: von der Groeben/Schwarze/Hatje, Europäisches Unionsrecht, 7. Aufl. 2015, Art. 4 Rn. 112 ff.).

Das **Bundesverfassungsgericht** betont dagegen die Stellung der Mitgliedstaaten als „Herren der Verträge" und damit die Charakterisierung des Europarechts als von den Mitgliedstaaten abgeleitete Rechtsordnung (vgl. BVerfGE 89, 155 (190) – Maastricht; s. a. BVerfGE 123, 267 (396 ff.) – Vertrag von Lissabon). Für das Bundesverfassungsgericht liegt der **Geltungsgrund des Unionsrechts** dementsprechend im mitgliedstaatlichen Rechtsanwendungsbefehl, mithin im Zustimmungsgesetz zu den völkerrechtlichen Gründungsverträgen und Änderungsverträgen. Vereinfacht gesprochen: Unionsrecht erfährt nur deshalb (und soweit) Geltung im innerstaatlichen Recht eines Mitgliedstaates, weil (bzw. soweit) dieser es so will.

927

Hinsichtlich des Vorrangs des Unionsrechts differenziert das Bundesverfassungsgericht zwischen dem **Verhältnis zum einfachen deutschen Recht und** dem **zum Verfassungsrecht**. Bezüglich des einfachen deutschen Rechts geht auch das Bundesverfassungsgericht von einem Vorrang des Unionsrechts aus (s. schon BVerfGE 31, 145 (174) – Milchpulver). Daraus folgt, dass unionsrechtswidriges deutsches Recht nicht angewendet werden darf und dass deutsche Behörden und Gerichte europäisches Recht vorrangig vor mitgliedstaatlichem Recht und mitgliedstaatliches Recht ggf. unionsrechtskonform anzuwenden haben. Zu beachten ist indessen, dass im Widerspruch zum Unionsrecht stehende deutsche Regelungen anwendbar bleiben, wenn die konkrete Fallgestaltung keinen europäischen Bezug hat. Insofern reduziert sich der Vorrang des Unionsrechts auf einen **Anwendungsvorrang**. Tauchen bei der Anwendung durch die deutschen Gerichte Zweifel hinsichtlich der Auslegung einer unionsrechtlichen Bestimmung auf, dürfen sich die deutschen Gerichte nicht an das Bundesverfassungsgericht wenden, weil dieses nur am Maßstab der Verfassung, nicht aber am Maßstab des Unionsrechts zu entscheiden befugt ist. Vielmehr können die mitgliedstaatlichen Gerichte in solchen Fällen eine **Vorabentscheidung** nach Art. 267 AEUV beim Gerichtshof der EU einholen (s. dazu Rn. 921 f.).

928

Was das **Verhältnis des Unionsrechts zum Verfassungsrecht** angeht, erkennt das Bundesverfassungsgericht den Vorrang des Unionsrechts nicht uneingeschränkt an. Ausgehend von der These, dass Geltung und Anwendung des Unionsrechts in Deutschland von dem Rechtsanwendungsbefehl des Zustimmungsgesetzes abhängen (BVerfGE 89, 155 (190) – Maastricht), wird der Vorrang des Unionsrechts wie auch alle anderen Regelungen des Unionsrechts im Geltungsbereich des Grundgesetzes

929

durch die Reichweite der verfassungsrechtlichen Ermächtigung begrenzt (vgl. BVerfGE 123, 267 (402) – Vertrag von Lissabon). Das Zustimmungsgesetz muss das Grundgesetz (insbes. Art. 23 GG) beachten. Akte der EU können damit in Deutschland nur im Rahmen der deutschen Verfassung (insbes. Grundrechte, s.u. Rn. 930 ff.) Geltung beanspruchen. Auch Kompetenzen können auf die EU nur im Rahmen der verfassungsrechtlichen Grenzen übertragen werden. Für Letzteres ergeben sich die Grenzen insbes. aus Art. 79 Abs. 3 GG und Art. 23 Abs. 1 GG (s. dazu Rn. 937 ff.).

2. Grundrechtsschutz in der Europäischen Union

930 Auch die Frage des **Grundrechtsschutzes vor Sekundärrechtsakten und Tertiärrechtsakten** wird vom Gerichtshof der EU und vom Bundesverfassungsgericht unterschiedlich beurteilt. Damit dieses Problem überhaupt relevant werden kann, müssen die Unionsrechtsakte jedenfalls **unmittelbare Wirkung** entfalten.

931 Entsprechend seiner Auffassung vom absoluten Vorrang des Unionsrechts gegenüber dem gesamten innerstaatlichen Recht beansprucht der **Gerichtshof der EU** insofern die **uneingeschränkte Prüfungs- und Verwerfungskompetenz** bezüglich des Unionsrechts. Prüfungsmaßstab sind dementsprechend die im primären Unionsrecht geltenden Grundrechte (vgl. dazu Art. 6 EUV sowie oben Rn. 831).

932 Nach Ansicht des **Gerichtshofs der EU** erstarkt die Verwerfungskompetenz zu einem **Verwerfungsmonopol**, während er die Prüfungsbefugnis durchaus mit den mitgliedstaatlichen Gerichten zu teilen bereit ist (s. dazu EuGH, Rs. 314/85, Slg. 1987, 4199 – Foto-Frost). Möchte ein mitgliedstaatliches Gericht nach eigener Prüfung einen Unionsrechtsakt wegen eines Verstoßes gegen die im Unionsrecht geltenden Grundrechte verwerfen, so muss es also grundsätzlich zunächst eine **Vorabentscheidung des Gerichtshofs** der EU nach Art. 267 AEUV (s.o. Rn. 921) einholen. In bestimmten Fällen, etwa im einstweiligen Rechtsschutz, darf nach Ansicht des Gerichtshofs der EU allerdings auch das mitgliedstaatliche Gericht einen Unionsrechtsakt wegen Verstoß gegen die Unionsgrundrechte verwerfen (s. dazu *Kloepfer*, Verfassungsrecht I, 2011, § 41 Rn. 35 ff.).

933 Das **Bundesverfassungsgericht** geht demgegenüber von einem eigenen **Letztentscheidungsrecht** hinsichtlich der Vereinbarkeit von Unionsrechtsakten mit den Grundrechten aus. Prüfungsmaßstab für Unionsrechtsakte sollen im Endeffekt also die Grundrechte des Grundgesetzes sein. Weil sich das Bundesverfassungsgericht angesichts der Unionsrechtsfreundlichkeit des Grundgesetzes und den Zustimmungsgesetzen zu den europäischen (Änderungs-)Verträgen in einem **Kooperationsverhältnis** zum Gerichtshof der EU wähnt (vgl. BVerfGE 89, 155 (174 f.) – Maastricht; 102, 147 (164) – Bananenmarktordnung; 134, 366 (385, Rn. 27) – OMT-Beschluss; s. dazu *Lenaerts*, EuR 2015, 3 ff.; *Voßkuhle*, JZ 2016, 161 ff.), will das Bundesverfassungsgericht seine Gerichtsbarkeit über die Anwendbarkeit von abgeleitetem Unionsrecht aber nicht ausüben, solange die EU, insbes. die Rechtsprechung des Ge-

richtshofs der EU, einen wirksamen Schutz der Grundrechte gegenüber der Hoheitsgewalt der EU generell gewährleistet, der dem vom Grundgesetz als unabdingbar gebotenen Grundrechtsschutz im Wesentlichen gleichzuachten ist (BVerfGE 73, 339 (387) – Solange II; einschränkend BVerfG, NJW 2016, 1149 ff. – Europäischer Haftbefehl II, s. dazu Rn. 448). Angesichts des „dreifach" abgesicherten Grundrechtsschutzes im Unionsrecht (GRCh, EMRK, allgemeine Rechtsgrundsätze, s. o. Rn. 903 ff.), scheinen diese Anforderungen derzeit vorzuliegen (vgl. auch BVerfGE 123, 267 (283, 334) – Vertrag von Lissabon). Will ein Antragsteller das Bundesverfassungsgericht dennoch mit der Überprüfung eines Unionsrechtsaktes am Maßstab der deutschen Grundrechte befassen, muss er dezidiert darlegen, dass im konkreten Einzelfall der Grundrechtsschutz in der EU wesentlich unter dem Grundrechtsschutzniveau des Grundgesetzes liegt.

Effektiv liegt die Aufgabe des Grundrechtsschutzes gegenüber Maßnahmen der EU derzeit also **beim Gerichtshof der EU.** Problematisch ist indessen, dass der Gerichtshof – abgesehen von den Fällen der Art. 263 Abs. 3 u. 4, 265 Abs. 3 AEUV – kein Individualbeschwerdeverfahren (etwa im Sinne der deutschen Verfassungsbeschwerde) kennt. Die Verletzung von Unionsgrundrechten muss also stets im innerstaatlichen gerichtlichen Verfahren geltend gemacht werden. Gelangt ein nationales Gericht dabei zu der Überzeugung, dass der Unionsrechtsakt gegen die Unionsgrundrechte verstößt, so kann es den Unionsrechtsakt nicht selber verwerfen, sondern muss eine Vorabentscheidung des Gerichtshofs der EU nach Art. 267 AEUV einholen. Die bisherige Rechtsprechungspraxis des EuGH belegt, dass in der Regel ein wirksamer Schutz der Grundrechte gegenüber Maßnahmen von Organen, Einrichtungen und sonstigen Stellen der Europäischen Union gewährleistet wird (vgl. etwa EuGH, Rs. C-92/09 u. C-93/09, Slg. 2010, I-11063 – Schecke und Eifert; Rs. C-293/12 u. C-594/12, NJW 2014, 2169 ff. – Digital Rights Ireland; Rs. C-131/12, MMR 2014, 455 ff. – Google Spain; Rs. C-362/14, NJW 2015, 3151 ff. – Schrems). 934

Überaus umstritten zwischen EuGH und Bundesverfassungsgericht ist indes die Frage, wann eine Anwendung der Grundrechtecharta nach Art. 51 GRCh bei der Durchführung von Unionsrecht durch die Mitgliedstaaten in Betracht kommt (vgl. einerseits EuGH, Rs. C-617/10, NJW 2013, 1415 ff. – Åkerberg Fransson und andererseits BVerfGE 133, 277 (313 ff.) – Antiterrordatei). Jedenfalls gilt bei rein nationalen Sachverhalten, die nicht durch Unionsrecht determiniert sind, unzweifelhaft der Vorrang der nationalen Grundrechtskataloge. Darüber hinaus seien nach Ansicht des EuGH keine Fallgestaltungen denkbar, die vom Unionsrecht erfasst würden, ohne dass die Charta-Grundrechte anwendbar wären. Dies gilt nicht nach der Rechtsprechung des EuGH nicht nur für zwingendes Unionsrecht, sondern auch im Rahmen von Umsetzungsspielräumen (vgl. hierzu etwa *Lenaerts*, AnwBl 2014, 772 ff.). Dies führt letztlich zu einem nicht unproblematischen Überlappungsbereich von Grundrechtsgewährleistungen der Charta, wodurch letztlich eine unitarisierende 935

Wirkung von Grundrechtsgewährleistungen der Mitgliedstaaten durch den EuGH begünstigt wird (vgl. dazu *Huber*, in: FS Thürer, 2015, S. 305 (314 f.); *Voßkuhle*, JZ 2016, 161 (163 f.)). Durch eine stärkere Betonung des Subsidiaritätsgrundsatzes könnten die unterschiedlichen Grundrechtsgewährleistungen voneinander getrennt werden, um mitgliedstaatliche Einflussräume zu sichern (vgl. *Masing*, AnwBl 2014, 786 f.).

936 Von der Kontrolle der Vereinbarkeit primären und sekundären Unionsrechts mit dem Grundgesetz ist schließlich die **Überprüfung der Verfassungsmäßigkeit deutscher Umsetzungsrechtsakte** zu unterscheiden, also solcher Rechtsakte, die in Umsetzung unionsrechtlicher Vorgaben erlassen worden sind. Hier sind **zwei Konstellationen** zu unterscheiden: Wenn der nationale Gesetzgeber **Spielraum bei der Umsetzung** von sekundärem Unionsrecht hat, ist er an die Vorgaben des Grundgesetzes gebunden und unterliegt insoweit in vollem Umfang der verfassungsgerichtlichen Überprüfung (zur Bindung an die Grundrechtecharta s. Rn. 930 ff.). Soweit die **Normsetzung zwingend dem Unionsrecht folgt**, ist sie ebenso wie das sekundäre Unionsrecht selbst nicht am Maßstab der deutschen Grundrechte durch das Bundesverfassungsgericht zu prüfen, sondern unterliegt dem auf Unionsrechtsebene gewährleisteten Grundrechtsschutz (vgl. BVerfG-K, NJW 2001, 1267 (1268); BVerfG-K, NVwZ 2004, 1346; s.a. BVerfGE 118, 79 (95 f.) – Emissionshandel).

3. Schutz vor Kompetenzüberschreitungen der EU-Organe

937 Die Problematik der Kompetenzüberschreitung durch EU-Organe wird **vom Gerichtshof** der EU einerseits **und vom Bundesverfassungsgericht** andererseits **unterschiedlich beurteilt**. Wie bezüglich der Vereinbarkeit mit Grundrechten geht der **Gerichtshof der EU** davon aus, dass nur er Kompetenzüberschreitungen für unvereinbar mit dem europäischen Primärrecht erklären kann. Das **Bundesverfassungsgericht** vertritt demgegenüber die Ansicht, dass es solchen Unionsrechtsakten die Wirksamkeit im deutschen Recht absprechen kann, die unter Kompetenzüberschreitungen – sog. **ultra-vires-Akte** – zustande gekommen sind (vgl. BVerfGE 123, 267 (353 ff.) – Vertrag von Lissabon; 89, 155 (188) – Maastricht; unter ausdrücklichem Verweis auf BVerfGE 58, 1 (30 f.) – Eurocontrol I; 75, 223 (235, 242) – Kloppenburg-Beschluss). Das Gericht begründet dies damit, dass solche Unionsrechtsakte nicht vom Anwendungsbefehl der Zustimmungsgesetze zu den europäischen (Änderungs)verträgen gedeckt seien (vgl. BVerfGE 89, 155 (188) – Maastricht).

938 In der **Honeywell-Entscheidung** (BVerfGE 126, 286 ff.), in der es um die Frage ging, ob die Mangold-Entscheidung des EuGH (EuGH, Rs. C-144/04, Slg. 2005, I-9981 ff.) als ultra-vires-Akt anzusehen ist, hat das Bundesverfassungsgericht erstmals den Umfang der von ihm vorzunehmenden ultra-vires-Kontrolle konkretisiert. Das Gericht ist der Ansicht, dass die Kontrolle wegen der Pflicht zur Gewährleistung des Anwendungsvorrangs des Unionsrechts nur europarechtsfreundlich und zurückhaltend ausgeübt werden dürfe und deshalb nicht jeder Kompetenzverstoß eines EU-

Organs vom Bundesverfassungsgericht verworfen werden könne (BVerfGE 126, 286 (303 ff.); s. dazu auch *Kloepfer*, Verfassungsrecht I, 2011, § 42 Rn. 62a f.). Das Bundesverfassungsgericht schloss sich damit der h.M. zum Umfang der Kontrollbefugnisse bei ultra-vires-Akten an (vgl. näher hierzu *Mayer,* Kompetenzüberschreitung und Letztentscheidung, 2000, S. 88 ff.). Die ulra-vires-Kontrolle dient der Abwehr von Maßnahmen von Organen, Einrichtungen und sonstigen Stellen der Europäischen Union, die das das im Zustimmungsgesetz gemäß Art. 23 Abs. 1 S. 2 GG niedergelegte Integrationsprogramm und damit zugleich den Grundsatz der Volkssouveränität (Art. 20 Abs. 2 S. 1 GG) verletzen (BVerfG, Urteil vom 21. Juni 2016 – 2 BvR 2728/13 – OMT-Programm, Ls. 2).

Mit dem **OMT-Beschluss** (BVerfGE 134, 366 ff.) hat das Bundesverfassungsgericht erstmals den EuGH im Wege des **Vorabentscheidungsverfahrens** nach Art. 267 AEUV angerufen. Streitgegenständlich befasst sich die Vorlage mit im September 2012 durch den Präsidenten der EZB angekündigten OMT-Programm (hierunter versteht man ein Instrument, das es dem Europäischen System der Zentralbanken ermöglicht, Staatsanleihen ausgewählter Mitgliedstaaten in unbegrenzter Höhe anzukaufen, wenn und solange diese Mitgliedstaaten zugleich an einem mit der Europäischen Finanzstabilisierungsfazilität (EFSF) oder dem Europäischen Stabilitätsmechanismus (ESM) Reformprogramm teilnehmen, vgl. *Bergmann*, Handlexikon der Europäischen Union, 5. Aufl. 2015, OMT-Programm) und seiner Vereinbarkeit mit Unionsrecht. Das Bundesverfassungsgericht neigt in seiner Vorlage zur Annahme eines **Ultra-vires-Aktes**, da der OMT-Beschluss der EZB nicht mit dem währungspolitischen Mandat der EZB vereinbar sei und gegen das Verbot monetärer Haushaltsfinanzierung nach Art. 123 Abs. 1 AEUV verstoße (vgl. *Kloepfer*, Finanzverfassungsrecht, 2014, § 8 Rn. 42b). Der EuGH kam in seinem Urteil (Rs. C-62/14, NJW 2015, 2013, ff. – Gauweiler u.a.; siehe dazu *Mayer*, NJW 2015, 1999 ff.) demgegenüber zu dem Schluss, dass das OMT-Programm mit Unionsrecht vereinbar sei. Das Bundesverfassungsgericht ist mit seinem OMT-Urteil vom 21. Juni 2016 zu dem Schluss gekommen, dass das OMT-Programm sich in der vom EuGH vorgenommenen Auslegung nicht „offensichtlich" außerhalb der der EZB zugewiesenen Kompetenzen im Sinne des **Ultra-vires-Kontrollvorbehalts** bewegt und somit bei Einhaltung der vom EuGH aufgestellten Maßnahmen nicht zu beanstanden ist (BVerfG, Urteil vom 21. Juni 2016 – 2 BvR 2728/13 – OMT-Programm, Ls. 4 u. Rn. 190).

939

Das Bundesverfassungsgericht hat mit der **Identitätskontrolle** einen weiteren Kontrollvorbehalt entwickelt, wonach der Anwendungsvorrang des Unionsrechts im Wesentlichen durch die in Art. 23 Abs. 1 S. 3 in Verbindung mit Art. 79 Abs. 3 GG verfassungsänderungs- und integrationsfest ausgestaltete **Verfassungsidentität** des Grundgesetzes begrenzt wird (vgl. zur Identitätskontrolle BVerfG, Urteil vom 21. Juni 2016 – 2 BvR 2728/13 – OMT-Programm, Rn. 138 ff.). Soweit Maßnahmen eines Organs oder einer sonstigen Stelle der Europäischen Union dazu führen, dass die durch Art. 79 Abs. 3 GG in Verbindung mit den in Art. 1 und 20 GG niedergelegten

940

Grundsätzen geschützte Verfassungsidentität berührt werden, kann dies dazu führen, dass Unionsrecht in Deutschland vom Bundesverfassungsgericht in eng begrenzten Einzelfällen **für unanwendbar erklärt** wird (vgl. BVerfG, NJW 2016, 1149 (1150 f.) – Europäischer Haftbefehl II; BVerfGE 123, 267 (344, 353 f.) – Vertrag von Lissabon; 134, 366 (384 f. Rn. 27) – OMT-Beschluss; BVerfG, Urteil vom 21. Juni 2016 – 2 BvR 2728/13 – OMT-Programm, Rn. 155). Das Bundesverfassungsgericht kann mit der Identitätskontrolle auch im Rahmen einer Verfassungsbeschwerde (Art. 93 Abs. 1 Nr. 4a GG) befasst werden (vgl. BVerfGE 123, 267 (354 f.) – Vertrag von Lissabon).

III. Mitwirkung der Bundesrepublik Deutschland an der europäischen Integration (Art. 23 GG)

1. Allgemeines

941 Die europäischen Gemeinschaften wurden als **zwischenstaatliche Einrichtungen** i.S.d. **Art. 24 Abs. 1 GG** (s. dazu Rn. 773 ff.) gegründet. Die Gründungs- und Änderungsverträge (s. dazu Rn. 817 ff.) waren dementsprechend völkerrechtliche Verträge, welche der Umsetzung nach Art. 59 Abs. 2 S. 1 GG bedurften und die die materiellen verfassungsrechtlichen Grenzen beachten mussten, welche sich insbes. aus Art. 79 Abs. 3 GG ergaben (s. dazu oben Rn. 776 f.).

942 Spätestens mit dem Vertrag von Maastricht von 1992 (s. dazu Rn. 821) und mit der Gründung der Europäischen Union sowie der Ergänzung der Europäischen Gemeinschaften durch die neuen Bereiche gouvernementaler Zusammenarbeit (GASP und PJZS) sowie dem entschlossenen Angehen der Verwirklichung der Währungsunion schien es notwendig, die auf Art. 24 Abs. 1 GG gestützte Form der europäischen Integration in Deutschland auf eine **neue verfassungsrechtliche Grundlage** zu stellen. Zunehmend tauchten auch Fragen nach einer Begrenzung der europäischen Integration auf. Nachdem die alte Wiedervereinigungsvorschrift des Art. 23 GG a.F. mit der Wiedervereinigung obsolet geworden war, wurde im Jahre 1992 deshalb mit **Art. 23 GG n.F.** eine zentrale (und weitgehend abschließende) Regelung der verfassungsrechtlichen Fragen der europäischen Integration vorgenommen.

943 Art. 23 GG hat seitdem schon mehrere **Änderungen** erfahren. Zum einen wurde im Rahmen der Föderalismusreform I (BGBl. I 2006, S. 2034, s.a. Rn. 67) Art. 23 Abs. 6 GG geändert. Zum anderen wurde 2009 zur Umsetzung der mit dem Vertrag von Lissabon eingeführten Möglichkeiten der Subsidiaritätsklage (vgl. Art. 5 Abs. 3 UAbs. 2 S. 2 EUV i.V.m. Art. 8 des Protokolls über die Anwendung der Grundsätze der Subsidiarität und der Verhältnismäßigkeit) Absatz 1a in Art. 23 GG eingefügt (s. dazu Rn. 992 ff.). Die unionsrechtlich ebenfalls vorgesehene Möglichkeit der Subsidiaritätsrüge (vgl. Art. 5 Abs. 3 UAbs. 2 S. 2 EUV i.V.m. Art. 6, 7 des Protokolls über die Anwendung der Grundsätze der Subsidiarität und der Verhältnismäßigkeit) wurde im Grundgesetz dagegen nicht verankert (s. dazu auch unten Rn. 965 f.).

C. Grundgesetz und Europarecht

Im **Überblick** enthält Art. 23 GG unterschiedliche Anforderungen an die Mitwirkung (von Verfassungsorganen) der Bundesrepublik Deutschland an der europäischen Integration. Art. 23 Abs. 1 zeigt für die Teilnahme an der europäischen Integration und insbes. für die Übertragung von Hoheitsrechten **materielle Grenzen** auf: Nach Art. 23 Abs. 1 S. 1 GG dürfen deutsche Staatsorgane nur insoweit an der europäischen Integration teilnehmen, als die EU bestimmte Merkmale (demokratische, rechtsstaatliche, soziale und föderative Grundsätze sowie Subsidiarität, gleichwertiger Grundrechtsschutz) erfüllt; gemäß Art. 23 Abs. 1 S. 3 GG müssen bei der europäischen Integration zudem die Grenzen des Art. 79 Abs. 3 GG (s.o. Rn. 940) beachtet werden. **Formelle Vorgaben** für die europäische Integration folgen aus Art. 23 Abs. 1 S. 2 und 3 GG sowie aus Art. 23 Abs. 2 bis 6 GG. Insoweit regelt Art. 23 GG die innerdeutschen **Verbandszuständigkeiten** für die europäische Integration (fast ausschließlich Bund, Ausnahme: Abs. 6), die **Organzuständigkeiten** auf der Ebene des Bundes (d.h. Beteiligung von Bundestag und Bundesrat, s. Abs. 2–5) sowie die gebotene **Rechtsform** (Gesetz) für die Übertragung von Hoheitsrechten auf die EU und die entsprechenden **Mehrheitserfordernisse** (Art. 23 Abs. 1 S. 2 und 3 GG i.V.m. Art. 79 Abs. 2 GG). Wie erwähnt (s.o. Rn. 943), findet sich in Art. 23 Abs. 1a GG u.a. die Regelung der **Subsidiaritätsklage**.

944

Die Vorgaben des Art. 23 GG werden durch zwei auf Art. 23 Abs. 3 S. 2 und Abs. 7 GG gestützte **verfassungskonkretisierende Gesetze** konkretisiert: Dem Gesetz über die Zusammenarbeit von Bundesregierung und dem Deutschen Bundestag in Angelegenheiten der Europäischen Union (**EUZBBG**) und dem Gesetz über die Zusammenarbeit von Bund und Ländern in Angelegenheiten der Europäischen Union (**EUZBLG**). Darüber hinaus gilt für die Beteiligung von Bundestag und Bundesrat an der europäischen Integration – vor allem in Reaktion auf die Vorgaben des Bundesverfassungsgerichts (s.u. Rn. 946 u. BVerfGE 123, 267 (351 ff., 356 ff.)) – das Gesetz über die Wahrnehmung der Integrationsverantwortung des Bundestages und des Bundesrates in Angelegenheiten der Europäischen Union (**Integrationsverantwortungsgesetz (IntVG)** - siehe *Kloepfer*, Verfassungsrecht I, 2011, § 43 Rn. 26, 34).

945

Wie angedeutet, sind die Vorgaben des Art. 23 GG und der sie umsetzenden Gesetze in hohem Maße durch die Rechtsprechung des Bundesverfassungsgerichts geprägt und konkretisiert worden. So wurden insbes. die in Art. 23 Abs. 1 S. 1 und S. 3 GG festgelegten materiellen Grenzen der europäischen Integration zuvor schon durch das Bundesverfassungsgericht festgelegt oder zumindest angedeutet (s. dazu oben Rn. 776). Das Bundesverfassungsgericht hat in seinem – in der Begründung eher integrationsskeptischen – **Urteil zum Vertrag von Lissabon** (BVerfGE 123, 267 ff., aus dem Schrifttum s. etwa *Calliess*, Die neue Europäische Union nach dem Vertrag von Lissabon, 2010, S. 235 ff.; *Wolff*, DÖV 2010, 49 ff.; *Ruffert*, DVBl. 2009, 1197 ff.; *Classen*, JZ 2009, 881 ff.) sowie im **Urteil zum „Euro-Rettungsschirm"** (s. BVerfGE 129, 124 ff.) wichtige Aussagen zu (gesteigerten) **Mitwirkungsrechten von Bundestag und Bundesrat** an der europäischen Integration und zu den materiellen Grenzen der

946

Übertragung von Hoheitsrechten getroffen (s. dazu *Kloepfer*, Verfassungsrecht I, 2011, § 43 Rn. 21 ff.). Im Lissabon-Urteil hat das Bundesverfassungsgericht vor allem den Begriff der **Integrationsverantwortung von Bundestag und Bundesrat** geprägt (vgl. BVerfGE 123, 267 (351 ff, 356 ff.)), wonach aus dem verfassungsrechtlichen Demokratieprinzip und dem Umstand, dass nach Ansicht des Gerichts auf der Ebene der Europäischen Union ein Demokratiedefizit besteht (vgl. BVerfGE 123, 267 (371 ff.)), eine besondere Verantwortung der gesetzgebenden (mitgliedstaatlichen) Körperschaften als Vertreter des Staatsvolks folge. Diese besondere Verantwortung müsse in besonderen – über die in Art. 23 Abs. 3 GG genannten Fälle hinausgehenden – Beteiligungsrechten von Bundestag und Bundesrat zum Ausdruck kommen. Durch die „Erfindung" des Integrationsverantwortungsprinzips hat das Bundesverfassungsgericht den Anwendungsbereich des in Art. 23 Abs. 1 S. 2 GG geregelten Gesetzesvorbehalts und den Gehalt von Art. 23 Abs. 2 S. 1 GG konkretisiert (s.u. Rn. 947 ff.) sowie bestimmte Bereiche festgelegt, in denen wenigstens Freigabebeschlüsse des Bundestags bzw. Zustimmungsbeschlüsse des Bundesrats (s.u. Rn. 952 f.) erforderlich sind. Die Integrationsverantwortung erfordert in diesem Zusammenhang, dass die Übertragung von Hoheitsrechten möglichst konkret und bestimmt ausfallen muss, damit die für die demokratische Legitimation maßgebliche parlamentarische Zustimmung überschaubar bleibt (vgl. *Mayer*, in: Morlok/Schliesky/Wiefelspütz, Parlamentsrecht, 2016, § 43 Rn. 63 f.). Hiermit nicht zu vereinbaren sind Blankettermächtigungen (vgl. BVerfGE 123, 267 (351)).

2. Formelle Mitwirkungsanforderungen
a) Zustimmungsgesetz (Art. 23 Abs. 1 S. 2 und 3 GG)

947 Aus Art. 23 Abs. 1 S. 2 und 3 GG ergibt sich ein **Gesetzesvorbehalt** für die europäische Integration. Im Anwendungsbereich des Art. 23 Abs. 1 S. 2 GG bedürfen also alle integrativen Maßnahmen der Bundesrepublik Deutschland einer Zustimmung von Bundestag und Bundesrat in der Form eines förmlichen Bundesgesetzes.

948 Der **Anwendungsbereich** des Gesetzesvorbehalts ergibt sich aus der Zusammenschau von Art. 23 Abs. 1 S. 2 und 3 GG. Vom Gesetzesvorbehalt umfasst ist **jede Übertragung von Hoheitsrechten**. Übertragung von Hoheitsrechten sind jedenfalls Kompetenzerweiterungen der EU oder die (unmittelbare wie mittelbare) Verstärkung der Durchgriffswirkung des europäischen Rechts (*Jarass*, in: ders./Pieroth, GG, 14. Aufl. 2016, Art. 23 Rn. 26). Konkretisiert wird dies in Art. 23 Abs. 1 S. 3 GG. Die dort aufgezählten Maßnahmen sind stets als Übertragung von Hoheitsrechten anzusehen, bedürfen aber zudem **verfassungsändernder Mehrheiten** im Bundestag und Bundesrat (s.u. Rn. 951).

949 Unter Rückgriff auf das **Integrationsverantwortungsprinzip** (s.o. Rn. 946) hat das Bundesverfassungsgericht den **Anwendungsbereich** des Gesetzesvorbehalts **konkretisiert und erweitert**. Nach Ansicht des Gerichts ist Art. 23 Abs. 1 S. 2 u. 3 GG auch auf die im Primärrecht verankerten Vertragsänderungsverfahren, die sog. Brücken-

klauseln und die Vertragsabrundungskompetenz nach Art. 352 AEUV anwendbar (s. BVerfGE 123, 267 (384 ff., 388 ff., 393 ff.) – Vertrag von Lissabon). Diese Rechtsprechung durch das bereits erwähnte Integrationsverantwortungsgesetz (s.o. Rn. 945) umgesetzt. Danach bedarf es für die Zustimmung des deutschen Vertreters im Rat bzw. im Europäischen Rat im Rahmen des vereinfachten Vertragsänderungsverfahrens nach Art. 48 Abs. 6 UAbs. 2 und 3 EUV (§ 2 IntVG), der besonderen Vertragsänderungsverfahren nach Art. 218 Abs. 8 UAbs. 2 S. 2, 311 Abs. 3, 25 Abs. 2, 233 Abs. 1 UAbs. 2, 262 AEUV (§ 3 Abs. 1 und 2 IntVG), der Brückenklauseln nach Art. 48 Abs. 7 UAbs. 1 S. 1 oder UAbs. 2 EUV und Art. 81 Abs. 3 UAbs. 2 AEUV (§ 4 IntVG), der Kompetenzerweiterungsklauseln (Art. 83 Abs. 1 UAbs. 3, 86 Abs. 4, 308 Abs. 3 AEUV, § 7 IntVG) sowie der Vertragsabrundungskompetenz (Art. 352 AEUV, § 8 IntVG) einer Ermächtigung durch Gesetz nach Art. 23 Abs. 1 S. 2 GG.

Gesetze nach Art. 23 Abs. 1 S. 2 GG werden – trotz ihrer hohen Bedeutung – **mit einfacher Mehrheit** beschlossen. Allerdings ist unklar, ob Art. 23 Abs. 1 S. 2 GG gegenüber Art. 23 Abs. 1 S. 3 GG mit seinem Erfordernis verfassungsändernder Mehrheiten im Bundestag und im Bundesrat überhaupt ein eigener Anwendungsbereich verbleibt (vgl. *Uerpmann-Wittzack*, in: v. Münch/Kunig, GG, 6. Aufl. 2012, Art. 23 Rn. 52 m.w.N.). Man könnte dies mit dem Hinweis darauf verneinen, dass eine Übertragung von Hoheitsrechten kaum vorstellbar sei, welche sich letztlich nicht als Änderung der Zuständigkeitsordnung des Grundgesetzes entpuppe und dass deshalb regelmäßig Art. 23 Abs. 1 S. 3 GG einschlägig sei (so *Streinz*, in: Sachs, GG, 7. Aufl. 2014, Art. 23 Rn. 72). Da das Bundesverfassungsgericht den Anwendungsbereich in seiner Entscheidung zum Vertrag von Lissabon aber auch auf Maßnahmen erweitert hat, bei denen es noch nicht einmal um eine „echte" Übertragung von Hoheitsrechten geht (etwa bei der Vertragsabrundungskompetenz nach Art. 352 AEUV), muss jedenfalls für solche Entscheidungen eine einfache Mehrheit ausreichen (vgl. *Kloepfer*, Verfassungsrecht I, 2011, § 43 Rn. 35). Das Art. 23 Abs. 1 GG konkretisierende **Integrationsverantwortungsgesetz** enthält indessen diesbezüglich keine spezifischen Aussagen.

950

Aus der formellen Grenze des Art. 23 Abs. 1 S. 2, 3 GG i.V.m. Art. 79 Abs. 2 GG ergibt sich für die „Begründung der Europäischen Union", für „Änderungen ihrer vertraglichen Grundlagen" und „vergleichbare Regelungen" das **Erfordernis der Zweidrittelmehrheit** sowohl im Bundestag als auch im Bundesrat. Mit vergleichbaren Regelungen sind solche Fälle gemeint, in denen eine Evolutivklausel (vertragliches Instrumentarium, das eine vereinfachte und schnelle Vertragsänderung ermöglicht) im EU-Recht genutzt werden soll (z.B. ordentliches und vereinfachtes Vertragsänderungsverfahren nach Art. 48 Abs. 2 bis 5 EUV bzw. Art. 48 Abs. 6 EUV, Brückenklauseln gemäß Art. 48 Abs. 7, 81 Abs. 3 UAbs. 2 und 3 AEUV), die aber die Annahme durch die Mitgliedstaaten voraussetzen. Weder das Bundesverfassungsgericht noch das Integrationsverantwortungsgesetz legen fest, ob es in den genannten Fällen

951

einer Zwei-Drittel-Mehrheit nach Art. 23 Abs. 1 S. 3 GG bedarf (vgl. BVerfGE 123, 267 (391) – Vertrag von Lissabon).

b) Freigabebeschlüsse des Bundestags

952 Wie schon erwähnt, ist in **weniger demokratierelevanten Fällen kein Zustimmungsgesetz** für die Zustimmung des deutschen Vertreters im Rat bzw. im Europäischen Rat erforderlich. So reicht im besonderen Vertragsänderungsverfahren des Art. 42 Abs. 1 S. 2 EUV (§ 3 Abs. 3 IntVG) sowie bei den besonderen Brückenklauseln der Art. 31 Abs. 3 EUV, Art. 153 Abs. 2 UAbs. 4, 192 Abs. 2 UAbs. 2, 312 Abs. 2 UAbs. 2, 333 Abs. 1 oder Abs. 2 AEUV (§§ 5, 6 IntVG) ein **Freigabebeschluss** des Bundestages aus. Erst wenn dieser vorliegt, darf der deutsche Vertreter im Europäischen Rat bzw. im Rat bestimmten Änderungsvorlagen zustimmen.

c) Zustimmungsbeschlüsse des Bundesrats

953 Für die besonderen Brückenklauseln (§§ 5, 6 IntVG) kann auch ein Beschluss des Bundesrats erforderlich sein. Dies bestimmt sich nach § 5 Abs. 2 IntVG. Danach muss zusätzlich zum Beschluss des Bundestages ein zustimmender Bundesratsbeschluss ergehen, wenn Sachbereiche betroffen sind, für welche eine Gesetzgebungszuständigkeit des Bundes nicht besteht, für welche die Länder gemäß Art. 72 Abs. 2 GG das Recht zur Gesetzgebung haben, für welche die Länder gemäß Art. 72 Abs. 3 oder Art. 84 Abs. 1 GG des Grundgesetzes abweichende Regelungen treffen können oder wenn Sachbereiche betroffen sind, deren Regelungen durch Bundesgesetz einer Zustimmung des Bundesrats bedürfen.

d) Sonstige Mitwirkung von Bundestag, Bundesrat und Bundesländern

954 Abgesehen von den aus dem Integrationsverantwortungsprinzip folgenden Beteiligungsrechten des Bundestags und des Bundesrats regeln die **Abs. 2–7 des Art. 23 GG** in Abweichung von Art. 32 und 59 GG die Beteiligung des Bundestages (Abs. 2 und 3, s.u. Rn. 955), des Bundesrates (Abs. 2, 4-5, s.u. Rn. 956 ff.) und der Bundesländer (Abs. 6, s.u. Rn. 961 ff.) an Angelegenheiten der Europäischen Union.

aa) Bundestag (Art. 23 Abs. 2 u. 3 GG)

955 Nach Art. 23 Abs. 2 S. 2 GG ist der Bundestag von der Bundesregierung umfassend und frühestmöglich **zu unterrichten** (vgl. § 4 EUZBBG). Die Bundesregierung muss dem Bundestag zudem vor ihrer Mitwirkung an Rechtsetzungsakten der Europäischen Union im Rat bzw. im Europäischen Rat Gelegenheit zur Stellungnahme geben (Art. 23 Abs. 3 S. 1 GG, § 9 EUZBBG) und ist zu einer Berücksichtigung dieser Stellungnahme bei den anschließenden Verhandlungen verpflichtet (Art. 23 Abs. 3 S. 2 GG); es besteht allerdings keine inhaltliche Bindung der Bundesregierung an diese Stellungnahmen. Zum Zwecke der Wahrnehmung dieser Beteiligungsrechte bestellt der Bundestag einen „**Ausschuss für die Angelegenheiten der Europäischen Union**" (s. Art. 45 GG und § 2 EUZBBG). Einzelheiten der Unterrichtung und Betei-

ligung des Bundestages in Angelegenheiten der EU sind nach § 12 EUZBBG in „einer **Vereinbarung zwischen Bundestag und Bundesregierung** geregelt" (s. dazu *Hoppe*, DVBl. 2007, 1540 ff.).

bb) Bundesrat (Art. 23 Abs. 2 u. 4 - 5 GG)

Die Beteiligung des Bundesrates an der Willensbildung des Bundes erfolgt über die **Europakammer des Bundesrates** (Art. 52 Abs. 3a GG, s. Rn. 252) und ist immer dann geboten, wenn der Bundesrat an entsprechenden innerstaatlichen Maßnahmen mitzuwirken hätte oder soweit die Länder innerstaatlich zuständig wären (s. Art. 23 Abs. 4 GG). Zu diesem Zweck trifft die Bundesregierung die Pflicht, den Bundesrat umfassend und frühestmöglich **zu unterrichten** (Art. 23 Abs. 2 S. 2 GG, §§ 2, 9, Anlage EUZBLG) und ihm **Gelegenheit zur gemeinsamen Beratung und zur Stellungnahme** zu geben. Ländervertreter werden unter bestimmten Voraussetzungen an Regierungsberatungen zur Festlegung von Verhandlungspositionen beteiligt (§ 4 EUZBLG). Durch Vereinbarung zwischen Bund und Ländern können Einzelheiten der Unterrichtung und Beteiligung der Länder, aber auch die Ausweitung der Fälle der Landesmitwirkung vorgesehen werden (§§ 9 S. 2, 13 EUZBLG).

956

Anders als beim Bundestag kann die **Stellungnahme des Bundesrates** im Einzelfall für die Bundesregierung stärkere inhaltliche **Bindungswirkungen** entfalten. Hierzu enthält das Grundgesetz ausgefeilte, wenn auch nicht leicht zu handhabende Differenzierungen der Berücksichtigungspflicht (s. dazu Art. 23 Abs. 5 S. 1 u. 2 GG). Daraus ergeben sich drei unterschiedliche Konstellationen: In wenigen Fällen braucht – erstens – die Stellungnahme gar nicht berücksichtigt zu werden (s. Rn. 958), in den meisten Fällen ist sie – zweitens – zu berücksichtigen (s. Rn. 959), in einigen ist sie sogar – drittens – maßgeblich zu berücksichtigen (s. Rn. 960).

957

Keine Berücksichtigung muss die Stellungnahme des Bundesrates finden, wenn der Bundesrat zwar nach Art. 23 Abs. 4 GG beteiligt werden muss (wegen Art. 77 Abs. 1 S. 2 GG ist das bei allen Rechtsetzungsakten des Bundes der Fall), gleichzeitig aber keine besondere Variante des Art. 23 Abs. 5 GG vorliegt.

958

Dagegen unterfällt der gesamte Bereich der konkurrierenden Gesetzgebung sowie der ausschließlichen Gesetzgebungszuständigkeit des Bundes (letzteres allerdings nur, wenn Interessen der Länder berührt werden) der **einfachen Berücksichtigungspflicht** (Art. 23 Abs. 5 S. 1 GG). Die Pflicht zur Berücksichtigung bedeutet, dass die Bundesregierung die Argumente der Länder zur Kenntnis nehmen, in ihre Entscheidungsfindung einbeziehen und sich mit ihnen auseinandersetzen muss. Sie ist jedoch nicht an die Stellungnahme gebunden.

959

Schließlich ist die Stellungnahme des Bundesrates **maßgeblich zu berücksichtigen**, wenn im Schwerpunkt Gesetzgebungsbefugnisse der Länder, die Einrichtung ihrer Behörden oder ihre Verwaltungsverfahren betroffen sind (Art. 23 Abs. 5 S. 2 GG). In diesen Fällen wird die deutsche Haltung im Rat grundsätzlich durch die Länder bestimmt. Dabei ist die gesamtstaatliche Verantwortung des Bundes zu wahren, also

960

ein Einvernehmen zwischen Bundesregierung und Bundesrat anzustreben. Die Pflicht zur maßgeblichen Berücksichtigung der Stellungnahme läuft auf ein **Letztentscheidungsrecht** des Bundesrates hinaus (zu Einzelheiten s. *Kloepfer*, Verfassungsrecht I, 2011, § 43 Rn. 46 f.; s.a. *Streinz*, in: Sachs, GG, 7. Aufl. 2014, Art. 23 Rn. 122 ff. m.w.N.). Zu (für den Bund) ausgabenerhöhenden bzw. einnahmenmindernden Entscheidungen bleibt stets die Zustimmung der Bundesregierung erforderlich (Art. 23 Abs. 5 S. 3 GG, § 5 Abs. 2 S. 6 EUZBLG; vgl. auch die verwandte Regelung in Art. 113 GG, s. dazu Rn. 320).

cc) Länder (Art. 23 Abs. 6 GG)

961 Art. 23 Abs. 6 S. 1 GG bestimmt, dass die **deutsche Verhandlungsführung** im Rat auf einen Vertreter der Länder übertragen wird (der vom Bundesrat benannt wird), wenn im Schwerpunkt ausschließliche Gesetzgebungsbefugnisse der Länder auf den Gebieten der **schulischen Bildung,** der **Kultur** oder des **Rundfunks** betroffen sind. Nähere Regelungen zur Mitwirkung von Ländern in den Beratungsgremien der Kommission und des Rates enthält § 6 Abs. 2 bis 4 EUZBLG. Nach Art. 23 Abs. 6 S. 2 GG erfolgt die Wahrnehmung dieser Rechte in Abstimmung mit der Bundesregierung und unter Wahrung der gesamtstaatlichen Verantwortung des Bundes.

962 § 6 Abs. 2 S. 5 u. 6 EUZBLG regelt den Fall, in dem zwar nicht im Schwerpunkt ausschließliche Gesetzgebungsbefugnisse der Länder in den Bereichen schulische Bildung, Kultur oder Rundfunk, jedoch **sonstige ausschließliche Gesetzgebungsbefugnisse** der Länder betroffen sind. Ein Anwendungsbeispiel dafür ist die innere Sicherheit (vgl. BT-Drs. 16/813 S. 10). Die Beteiligung der Länder ist in diesen Bereichen schwächer ausgestaltet (s. dazu *Kloepfer*, Verfassungsrecht I, 2011, § 43 Rn. 50).

963 Eine **noch schwächere Form der Mitwirkung von Landesvertretern** sieht § 6 Abs. 1 EUZBLG vor. Auf Verlangen der Länder zieht hier die Bundesregierung Landesvertreter zu den Verhandlungen in den Beratungsgremien der Kommission und des Rates hinzu, soweit dies möglich ist. Die Norm ist anzuwenden, wenn der Bundesrat an einer entsprechenden innerstaatlichen Maßnahme mitzuwirken hat, die Länder innerstaatlich zuständig sind und/oder wesentliche Länderinteressen berührt sind. Schließlich können die Länder **ständige Verbindungen zur EU** durch eigene Ländervertretungen in Brüssel unterhalten (s. § 8 EUZBLG).

e) Rechtsfolgen eines Verstoßes gegen formelle Mitwirkungsanforderungen

964 Wird gegen diese formellen Voraussetzungen für die europäische Integration verstoßen, so ist die jeweilige staatliche Maßnahme **verfassungswidrig** bzw. **gesetzeswidrig**. Hiervon zu trennen sind die **unionsrechtlichen bzw. völkerrechtlichen Konsequenzen**. Änderungsverträge können z.B. aus völkerrechtlicher Sicht auch dann Bindungswirkung entfalten, wenn sie unter Verletzung von innerstaatlichen Vorschriften zustande gekommen sind (s.a. Rn. 761). Auch führt z.B. das Fehlen eines Gesetzes nach Art. 23 Abs. 2 und 3 GG oder eines Beschlusses nach §§ 5, 6 IntVG nicht zwangsläu-

fig dazu, dass die zustimmende Erklärung der Bundesregierung im Europäischen Rat oder im Rat unwirksam ist. Die Bundesregierung kann z.b. bei der Inanspruchnahme der Vertragsabrundungskompetenz (Art. 352 AEUV) durch die EU eine unionsrechtliche Bindung bewirken, auch ohne dass ein entsprechendes Zustimmungsgesetz bzw. ein entsprechender Beschluss von Bundestag und Bundesrat ergeht.

f) Subsidiaritätsrüge

Keine zwingende Mitwirkungsanforderung, sondern ein Mitwirkungsrecht von Bundestag und Bundesrat stellt die verfassungsrechtlich nicht geregelte Subsidiaritätsrüge dar (s.a. Rn. 943), die nicht mit der Subsidiaritätsklage (Rn. 992) verwechselt werden darf. Die Subsidiaritätsrüge wirkt zudem – anders als die vorgenannten Mitwirkungsanforderungen – strukturell über die Ebene des innerstaatlichen Rechts hinaus und **vermittelt Bundestag und Bundesrat ein unionsrechtliches Mitwirkungsrecht.** 965

Mit der Subsidiaritätsrüge können Bundestag und Bundesrat geltend machen, dass der **Entwurf für einen europäischen Gesetzgebungsakt nicht mit dem Subsidiaritätsprinzip vereinbar** ist (§ 11 IntVG i.V.m. Art 6 des Protokolls über die Anwendung der Grundsätze der Subsidiarität und der Verhältnismäßigkeit). Diese Subsidiaritätsrüge müssen die EU-Organe bei der Gesetzgebung berücksichtigen, können sich aber letztlich über die Stellungnahmen der mitgliedstaatlichen Parlamente hinwegsetzen (vgl. Art. 7 Abs. 2 UAbs. 2 S. 1, Abs. 3 UAbs. 1 S. 2 des Protokolls). Nach § 11 Abs. 1 IntVG können Bundestag und Bundesrat in ihren Geschäftsordnungen Einzelheiten zur Ausübung des Stellungnahmerechts festlegen (s. § 93c GOBT, in der GOBR findet sich keine Regelung). Gemäß § 11 Abs. 2 IntVG ist die begründete Stellungnahme durch den Präsidenten des Bundestages bzw. des Bundesrates an die Präsidenten der zuständigen EU-Organe zu übermitteln und die Bundesregierung hiervon in Kenntnis zu setzen. 966

3. Materielle Mitwirkungsanforderungen

a) Strukturelle Gleichwertigkeit (Art. 23 Abs. 1 S. 1 GG)

aa) Allgemeines

Eine wesentliche inhaltliche Begrenzung der Mitwirkung der Bundesrepublik Deutschland an der Entwicklung der europäischen Integration erfolgt durch das in Art. 23 Abs. 1 S. 1 GG verankerte Gebot der **gleichwertigen Grundstrukturen** zwischen der supranationalen Ebene und der Bundesrepublik Deutschland. Dieses bedeutet, dass deutsche Staatsorgane nur dann in der EU mitwirken dürfen, wenn die EU auf demokratische, rechtsstaatliche, soziale und föderative Grundsätze sowie auf den Grundsatz der Subsidiarität verpflichtet ist und einen dem Grundgesetz im wesentlichen vergleichbaren Grundrechtsschutz gewährleistet. 967

Auch wenn Art. 23 Abs. 1 S. 1 GG seinem Wortlaut nach davon spricht, dass die EU auf die genannten Grundsätze „verpflichtet" ist, begründet die Norm ausschließlich 968 eine **Verpflichtung der deutschen Staatsgewalt**. Eine Mitwirkung an der europäischen Integration ist der deutschen Staatsgewalt nur erlaubt, wenn die EU entsprechend der Beschreibung in Art. 23 Abs. 1 S. 1 GG charakterisiert werden kann. Insbesondere sind danach nur grundstrukturkonforme Hoheitsrechtsübertragungen zulässig.

969 Das Gebot gleichwertiger Grundstrukturen enthält **kein Gebot struktureller Kongruenz** der Europäischen Union zur Ordnung des Grundgesetzes. (s. BVerfGE 123, 267 (365) – Vertrag von Lissabon). Diese Forderung wäre bei einer aus 28 Mitgliedstaaten bestehenden Europäischen Union zu weitgehend. Entscheidend ist deshalb aus der Sicht des Gesetzgebers auf die **Gleichwertigkeit** der Grundstrukturen abzustellen, wie das Grundgesetz es für den („im wesentlichen vergleichbaren") Grundrechtsschutz insofern auch klarer formuliert.

bb) Rechtsstaatliche Grundsätze

970 Zu den von der Europäischen Union zu erfüllenden rechtsstaatlichen Grundsätzen zählen alle **Prinzipien gemeineuropäischer Rechtsstaatlichkeit** (*Schmahl*, in: Sodan, GG, 3. Aufl. 2015, Art. 23 Rn. 5; *Pernice*, in: Dreier, GG, 2. Aufl. 2006, Art. 23 Rn. 56). Dem Gewaltenteilungsprinzip als wesentliches Merkmal einer rechtsstaatlichen Struktur wird durch das institutionelle Gleichgewicht in der EU entsprochen (vgl. EuGH, Rs. 9/56, Slg. 1958, 11 – Meroni; Rs. 138/79, Slg. 1980, 3333 – Roquette): Die Organe der EU haben nur bestimmte und normativ festgelegte Befugnisse und stehen in wechselseitiger Beziehung zueinander; außerdem ist mit dem Gerichtshof der EU insbes. die rechtsprechende Gewalt mit umfassenden Kontrollbefugnissen ausgestattet.

971 Als weitere die EU verpflichtende rechtsstaatliche Grundsätze sind – um **Beispiele** zu nennen – die Bindung des Sekundärrechtsgesetzgebers und des Tertiärrechtsgesetzgebers an das Primärrecht, die Grundrechtsbindung der Europäischen Union, der Grundsatz der Rechtssicherheit, die Möglichkeit des effektiven Rechtsschutzes durch unabhängige Gerichte sowie das Verhältnismäßigkeitsprinzip und der Vertrauensschutz anerkannt (vgl. *Uhrig*, Die Schranken des Grundgesetzes für die europäische Integration, 2000, S. 118 ff.; *Pernice*, in: Dreier, GG, 2. Aufl. 2006, Art. 23 Rn. 56 ff.).

972 Den Anforderungen des Art. 23 Abs. 1 S. 1 GG wird die Europäische Union im Hinblick auf ihre Rechtsstaatlichkeit derzeit grundsätzlich gerecht (*Kloepfer*, Verfassungsrecht I, 2011, § 43 Rn. 56 f.; *Schmahl*, in: Sodan, GG, Art. 23 Rn. 5; *Classen*, in: v. Mangoldt/Klein/Starck, GG, 6. Aufl. 2010, Art. 23 Rn. 32 f.), sei es dass rechtsstaatliche Grundsätze wie etwa das Verhältnismäßigkeitsprinzip oder die Grundrechtsbindung im Primärrecht ausdrücklich verankert sind (vgl. Art. 5 Abs. 1, 4 EUV bzw. Art. 6 EUV) oder dass der EuGH durch seine Rechtsprechung zu den allgemeinen Rechtsgrundsätzen entsprechende rechtsstaatliche Grundsätze konstituiert hat (s. dazu auch Rn. 831, 903).

cc) Demokratische Grundsätze

Das demokratische Element fordert, dass die Tätigkeit der Europäischen Union hinreichend **durch die Bürger in der Europäischen Union legitimiert** wird (s. dazu BVerfGE 123, 267 (363 ff.) – Vertrag von Lissabon; s.a. *Uhrig*, Die Schranken des Grundgesetzes für die europäische Integration, 2000, S. 113 ff.).

973

Die Legitimierung der EU kann grundsätzlich auf **fünf Wegen** geschehen: Erstens über die unmittelbare oder mittelbare Beteiligung der Bürger an der Zustimmung zu den Gründungsverträgen (sei es auch nur über die nationalen Parlamente), zweitens über die demokratische Legitimierung der im Rat bzw. im Europäischen Rat handelnden Personen, drittens über die Beteiligung von Bundestag und Bundesrat am europäischen Gesetzgebungsverfahren, viertens über das von den Bürgern der Mitgliedstaaten gewählte Europäische Parlament und fünftens über eine unmittelbare Mitwirkung des Volkes an Entscheidungen der EU (s. etwa Art. 11 Abs. 4 EUV).

974

Ob angesichts der Tatsache, dass nach derzeitigem Stand der Integration auf allen fünf Wegen eine Legitimation erfolgt, immer noch davon gesprochen werden kann, dass die EU unter einem **Demokratiedefizit** leide, wird teilweise bezweifelt (s. dazu *Tiedtke*, Demokratie in der Europäischen Union, 2005, S. 29 ff., 69 ff., 154 ff.; s.a. BVerfGE 123, 267 (371 ff.) – Vertrag von Lissabon). Gleichwohl gehört der Vorwurf des Demokratiedefizits zum Grundrepertoire der Kritik an der EU. Diese ist zwar nicht im selben Maße unmittelbar legitimiert wie die Staatsgewalt der Mitgliedstaaten. Richtig ist, dass das Europäische Parlament als Vertretung der Völker der in der Europäischen Union zusammengeschlossenen Staaten insbes. im Rechtsetzungsverfahren erheblich weniger Rechte als vergleichbare nationale Parlamente hat. Immerhin aber sind seine Befugnisse auch auf diesem Gebiet spätestens durch die Etablierung des ordentlichen Gesetzgebungsverfahrens (s.o. Rn. 896 ff.) gestärkt worden. Außerdem verfügt das Europäische Parlament im Haushaltsrecht bereits über weitgehende klassische parlamentarische Befugnisse (s.o. Rn. 840).

975

In der Lissabon-Entscheidung wird auch darauf hingewiesen, dass die **Zusammensetzung des Europäischen Parlaments** in Bezug auf das Demokratieprinzip nicht unproblematisch sei (BVerfGE 123, 267 (370 ff.) – Vertrag von Lissabon). So bewirke die mitgliedstaatliche Kontingentierung der Parlamentssitze im Europäischen Parlament und die degressiv proportionale Zusammensetzung des Parlaments nach Art. 14 Abs. 2 UAbs. 1 S. 3 EUV (mit der Bevorzugung kleiner und der Benachteiligung größerer Mitgliedstaaten), dass die Wahlrechtsgleichheit als Ausprägung des Demokratieprinzips auf europäischer Ebene nur auf einem niedrigen Niveau gewährleistet sei.

976

Das Bundesverfassungsgericht hat allerdings schon in früheren Entscheidungen zu Recht darauf hingewiesen, dass die **demokratische Legitimation der EU nicht allein über das Europäische Parlament** erfolgen müsse, also i.S.d. oben genannten Legitimationswege auf anderen Wegen kompensiert werden könne (s.a. Rn. 991). So gab

977

sich das Bundesverfassungsgericht in der Maastricht-Entscheidung noch integrationsoffener als in der späteren Lissabon-Entscheidung und betonte, dass eine demokratische Legitimierung der EU auch Schritt für Schritt z.B. über die Bildung einer europäischen Öffentlichkeit (durch europäische Parteien und Verbände sowie mithilfe einer europäischen Presse und eines europäischen Rundfunks) verwirklicht werden könne (s. BVerfGE 89, 155 (184 ff.) – Maastricht). Die **Kompensation** der geringeren demokratischen Legitimation des Europäischen Parlaments kann nach Ansicht des Bundesverfassungsgerichts zudem durch die Beteiligung der mitgliedstaatlichen Parlamente erfolgen (BVerfGE 89, 155 (186 ff.) – Maastricht). Diesen „Kompensationsweg" hat das Bundesverfassungsgericht durch die Betonung der Integrationsverantwortung von Bundestag und Bundesrat gestärkt (BVerfGE 123, 267 (351 ff.)) – Vertrag von Lissabon), auch dadurch, dass es die auch aus dem Demokratieprinzip folgende Haushaltsautonomie des Bundestages bekräftigt hat (s. BVerfGE 129, 124 (181 f.) – Euro-Rettungsschirm; s.a. BVerfGE 130, 318 (342 f.) – Sondergremium EFSF).

dd) Soziale Grundsätze

978 **Schwer konkret zu bestimmen** ist, was zu den sozialen Grundsätzen gehört. Wie das Sozialstaatsprinzip des Grundgesetzes für die Bundesrepublik Deutschland fordert Art. 23 Abs. 1 S. 1 GG zwar insoweit, dass die EU bei ihrem Handeln der Bindung an Grundsätze der sozialen Gerechtigkeit unterliegt. Gleichwohl muss berücksichtigt werden, dass die EU wegen ihrer begrenzten Kompetenzen kein mit der Bundesrepublik Deutschland vergleichbares Niveau der Sozial*staat*lichkeit erreichen kann. Daher sind an dieses Merkmal keine zu hohen Anforderungen zu stellen (*Kloepfer*, Verfassungsrecht I, 2011, § 43 Rn. 61). Von der Europäischen Union kann deshalb lediglich gefordert werden, dass sie bei ihrer Tätigkeit die soziale Gerechtigkeit und die soziale Sicherheit der Unionsbürger berücksichtigt (*Uhrig*, Die Schranken des Grundgesetzes für die europäische Integration, 2000, S. 120 f.).

979 Wegen der Festschreibung der sozialen Ziele in Art. 3 EUV und aufgrund der Existenz der sozialpolitischen Bestimmungen der Art. 154 ff., 162 ff., 174 AEUV ist davon auszugehen, dass die EU derzeit den (insoweit relativ geringen) Anforderungen des Art. 23 Abs. 1. S. 1 GG entspricht. Dies gilt erst recht, nachdem durch den Vertrag von Lissabon die **soziale Dimension der EU** weiter gestärkt worden ist: In Art. 3 AEUV wurde hierdurch erstmals der Begriff der „sozialen Marktwirtschaft" in das Unionsrecht eingeführt (beachte auch Art. 9 AEUV).

ee) Föderative Grundsätze

980 Auch das Erfordernis der Einhaltung der föderativen Grundsätze hat **relativ geringe praktische Steuerungseffekte**. Hinter diesem Erfordernis steht hauptsächlich die Erwartung des Grundgesetzes, dass sich die EU nicht zu einem Zentralstaat entwickeln darf (*Streinz*, in: Sachs, GG, 7. Aufl. 2014, Art. 23 Rn. 34; *Pernice*, in: Dreier, GG,

2. Aufl. 2006, Art. 23 Rn. 65). Darüber hinaus wird man der Verpflichtung auf föderative Grundsätze allenfalls noch entnehmen können, dass die EU auf die bundesstaatliche Struktur ihrer Mitgliedstaaten Rücksicht nehmen muss und dass bei einer fortschreitenden Integration die Mitgliedstaaten als Staaten mit Verfassungsautonomie und eigener Identität erhalten bleiben müssen. Nach Auffassung des Bundesverfassungsgerichts im Lissabon-Urteil ermächtigt Art. 23 GG nicht zur Errichtung eines europäischen Bundesstaates (BVerfGE 123, 267 (347 f.); s.a. Rn. 989). Gemeint sein können deshalb mit „föderativen Grundsätzen" nur Strukturen eines föderativen supranationalen Verbundes.

Diesen Anforderungen durch föderative Grundsätze genügt die EU etwa dadurch, dass nach Art. 16 Abs. 2 EUV **Landesminister in den Rat** entsandt werden können. Auch der Einfluss der Bundesländer über den **Ausschuss der Regionen** (Art. 305 ff. AEUV, s. dazu Rn. 876) kann der Einhaltung der föderativen Grundsätze dienen. Dem Schutz der föderativen Struktur der Mitgliedstaaten dient auch Art. 4 Abs. 2 EUV, wonach die Union die nationale Identität ihrer Mitgliedstaaten achtet.

981

ff) Wahrung des Subsidiaritätsprinzips

Obwohl der – in Art. 23 Abs. 1 S. 1 GG erwähnte – Subsidiaritätsgrundsatz (s.o. Rn. 943) in der Verfassungsordnung der Bundesre*publik Deutschland für die deutsche Staatsgewalt selbst nicht oder nur ganz unvollkommen behandelt* ist, verlangt Art. 23 Abs. 1 S. 1 GG demgegenüber, dass die EU diesen Grundsatz achtet. Dabei ist das von Art. 23 Abs. 1 S. 1 GG für die EU geforderte Subsidiaritätsprinzip zwar im Lichte des europarechtlichen Subsidiaritätsprinzips zu sehen, es ist aber mit dem europarechtlichen **Begriff** nicht notwendig deckungsgleich.

982

Der Grundgedanke des grundgesetzlichen Subsidiaritätsprinzips (s.o. Rn. 943) läuft darauf hinaus, dass die übergeordnete Ebene einen Sachbereich nur regeln darf, wenn das mit der Regelung verfolgte Ziel auf der untergeordneten Ebene nicht genauso effektiv erreicht und reglementiert werden kann. **Art. 5 Abs. 3 UAbs. 1 EUV** formuliert dementsprechend für das Subsidiaritätsprinzip auf Unionsebene: „Nach dem Subsidiaritätsprinzip wird die Union in den Bereichen, die nicht in ihre ausschließliche Zuständigkeit fallen, nur tätig, sofern und soweit die Ziele der in Betracht gezogenen Maßnahmen von den Mitgliedstaaten weder auf zentraler noch auf regionaler oder lokaler Ebene ausreichend verwirklicht werden können, sondern vielmehr wegen ihres Umfangs oder ihrer Wirkungen auf Unionsebene besser zu verwirklichen sind." Das im europäischen Primärrecht konzipierte Subsidiaritätskonzept besteht also aus zwei Elementen: erstens die **Nichterreichbarkeit auf der Ebene der Mitgliedstaaten** und zweitens die **Bessererreichbarkeit auf Unionsebene**.

983

Die **EU muss** dem in Art. 23 Abs. 1 S. 1 GG enthaltenen Subsidiaritätsprinzip genügen. Dies gilt umso mehr, da nun – wie erwähnt (s.o. Rn. 894, 965 f.) – im Unionsrecht sogar das Recht der mitgliedstaatlichen Parlamente vorgesehen ist, die Einhaltung der Subsidiarität vor Erlass eines Unionsrechtsakts anzumahnen (**Subsidiari-**

984

tätsrüge nach Art. 5 Abs. 3 UAbs. 2 S. 2 EUV i.V.m. Art 6 des Protokolls über die Anwendung der Grundsätze der Subsidiarität und der Verhältnismäßigkeit) und nach Erlass eines entsprechenden Aktes sogar vor dem Gerichtshof der EU einzuklagen (**Subsidiaritätsklage**, Art. 5 Abs. 3 UAbs. 2 S. 2 EUV i.V.m. Art. 8 des Protokolls über die Anwendung der Grundsätze der Subsidiarität und der Verhältnismäßigkeit, s. dazu Rn. 992 ff.).

gg) Vergleichbarer Grundrechtsschutz

985 Was den im Grundgesetz verlangten im wesentlichen vergleichbaren Grundrechtsschutz in der EU anbelangt, ist maßgeblich auf die einschlägige **Rechtsprechung des Bundesverfassungsgericht** zu Art. 24 Abs. 1 GG zu verweisen (s. dazu Rn. 933 ff.). Diese wurde in Art. 23 Abs. 1 S. 1 GG verfassungsrechtlich verankert (s. dazu *Mayer*, in: Morlok/Schliesky/Wiefelspütz, Parlamentsrecht, 2016, § 43 Rn. 2; *Voßkuhle*, JZ 2016, 161 (162)). Dementsprechend verlangt das Grundgesetz nun, dass die Europäische Union einen Grundrechtsschutz gewährleistet, der dem des Grundgesetzes **im Wesentlichen vergleichbar** ist.

986 Die **EU genügt diesem Erfordernis** schon seit langem. Zwar enthielt das Primärrecht zunächst – wie erwähnt – keinen verbindlichen Grundrechtskatalog. Der Europäische Gerichtshof hatte es damals aber durch seine Rechtsprechung zu allgemeinen Rechtsgrundsätzen der gemeinsamen Verfassungsüberlieferungen der Mitgliedstaaten vermocht, einen hinreichenden, äquivalenten Schutz der Grundrechte gegenüber Akten der Europäischen Union zu gewährleisten (BVerfGE 73, 339 (376 ff., 378 ff.) – Solange II; s.a. *Wollenschläger*, in: Dreier, GG, 3. Aufl. 2015, Art. 23, Rn. 81 ff. m.w.N.). Wenn nun seit Inkrafttreten des Vertrags von Lissabon ein „dreifacher" Grundrechtsschutz (s. Rn. 903 ff., 933) verbindlich gilt, wird dem Erfordernis des Art. 23 Abs. 1 S. 1 GG im Hinblick auf den vergleichbaren Grundrechtsschutz erst recht genügt.

b) Absolute Grenzen (Art. 23 Abs. 1 S. 3 GG i.V.m. Art. 79 Abs. 3 GG)

987 Zusätzlich zu dem Gebot vergleichbarer Grundstrukturen verankert Art. 23 Abs. 1 S. 3 GG – insbes. für verfassungsdurchbrechende Übertragungsakte – noch die **Ewigkeitsgarantie des Art. 79 Abs. 3 GG** als materielle Grenze der Übertragungsbefugnis des Bundes (s. dazu auch Rn. 988 f.).

988 In seinem **Lissabon-Urteil** hat das Bundesverfassungsgericht die sich für die Bundesrepublik Deutschland aus Art. 79 Abs. 3 i.V.m. Art. 20 Abs. 1, 2 GG (Demokratieprinzip) ergebenden absoluten Grenzen für die Übertragung von Hoheitsrechten **weiter konkretisiert**. In Fortführung der Maastricht-Rechtsprechung, wonach dem Bundestag Aufgaben und Befugnisse von substantiellem Gewicht verbleiben müssen (BVerfGE 89, 155 (207) – Maastricht), hat das Gericht – problematischerweise – nun einige Hoheitsaufgaben bestimmt, die nicht auf die EU übertragen werden dürfen (s. BVerfGE 123, 267 (357 f.) – Vertrag von Lissabon). Zu diesen integrationsfes-

ten Bereichen sollen die Strafrechtspflege, der Einsatz der Bundeswehr, die fiskalischen Grundentscheidungen (s. dazu auch BVerfGE 129, 124 (181 ff.) – Euro-Rettungsschirm; s.a. BVerfGE 130, 318 (342 ff.) – Sondergremium EFSF) sowie wesentliche Entscheidungen in den Bereichen der Sozial-, Kultur-, und Bildungspolitik gehören.

Zudem geht das Bundesverfassungsgericht – wie erwähnt (s.o. Rn. 980) – davon aus, dass unter der Geltung des grundgesetzlichen Demokratieprinzips die **Gründung eines europäischen Bundesstaates nicht möglich** ist und die Europäische Union ein Staatenverbund bleiben muss (BVerfGE 123, 267 (347 f.) – Vertrag von Lissabon; so auch *Rupp*, JZ 2005, 741 (742 f.); a. A. *Magiera*, Jura 1994, 1 (8)). Ein europäischer Bundesstaat oder die Übertragung von integrationsfesten Sachbereichen wäre dementsprechend nur unter einer neuen, nach Art. 146 GG beschlossenen Verfassung möglich (s.a. Rn. 28 ff.). Freilich wird es nicht leicht sein, unter den vielen kleinen Integrationsschritten denjenigen auszumachen, der zu einem Bundesstaat führt. Die Grenzen zwischen einem Staatenverbund und einem Bundesstaat sind eben fließend.

989

c) Rechtsfolgen eines Verstoßes gegen materielle Mitwirkungsanforderungen

Im **Grundsatz** ist die Übertragung von Hoheitsrechten aus verfassungsrechtlicher Sicht unwirksam, wenn die materiellen Vorgaben des Art. 23 Abs. 1 S. 1 u. 3 GG nicht beachtet worden sind. Erklärt der Bundespräsident gleichwohl seine völkerrechtlich bedeutsame Zustimmung, an den entsprechenden (Änderungs)Vertrag gebunden zu sein, so kann aber eine völkerrechtliche Bindung der Bundesrepublik Deutschland eintreten, die wegen der Verfassungsbindung des Bundespräsidenten freilich nicht innerstaatlich verbindlich ist.

990

Zu beachten ist darüber hinaus, dass Art. 23 Abs. 1 S. 1 GG nur – wenig bestimmbare – Prinzipien und Strukturen gewährleistet sehen will, so dass nicht in jedem Verstoß gegen die gewährleisteten Strukturen und Prinzipien auch eine relevante Verfassungsverletzung im Hinblick auf Art. 23 Abs. 1 S. 1 GG liegen muss (*Nettesheim*, NJW 1995, 2083 (2084); *Isensee*, in: ders./Kirchhof, HbStR, 3. Aufl. 2007 § 114 Rn. 70). Wie hinsichtlich des Demokratieprinzips erwähnt (s.o. Rn. 973 ff.), können Verstöße gegen die materiellen Vorgaben des Art. 23 Abs. 1 S. 1 GG insbes. auch **durch innerstaatliche Maßnahmen kompensiert werden**.

991

4. Subsidiaritätsklage (Art. 23 Abs. 1a GG)

Durch die Grundgesetzänderung vom 8. Oktober 2008 wurde Absatz 1a in Art. 23 GG eingefügt (s.o. Rn. 943). Danach haben Bundestag und Bundesrat nun erstmals das Recht, wegen **Verstoßes eines Gesetzgebungsakts der Europäischen Union gegen das Subsidiaritätsprinzip** vor dem Gerichtshof der Europäischen Union Klage zu erheben. Die Regelung setzt – wie erwähnt – die unionsrechtlich vorgesehene Subsidiaritätsklage (vgl. Art. 5 Abs. 3 UAbs. 2 S. 2 EUV i.V.m. Art. 8 des Protokolls über die Anwendung der Grundsätze der Subsidiarität und der Verhältnismäßigkeit) in deut-

992

sches Verfassungsrecht um (s. zur Subsidiaritätsklage *Calliess*, Die Europäische Union nach dem Vertrag von Lissabon, 2010, S. 202 ff.; *Gas*, DÖV 2010, 313 ff.; *Uerpmann-Wittzack*, EuGRZ 2009, 461 ff.). Konkretisiert wird die Regelung des Art. 23 Abs. 1a GG in § 12 IntVG.

993 Aus verfassungsrechtlicher Sicht sind Bundestag und Bundesrat im Verfahren der Subsidiaritätsklage **klagefähig**. Um einen Minderheitenschutz zu gewährleisten, ist der Bundestag auf Antrag eines Viertels seiner Mitglieder zur Klageerhebung verpflichtet (Art. 23 Abs. 1a S. 2 GG). Zu beachten ist, dass Art. 23 Abs. 1a S. 1 GG nicht ausschließt, dass die Bundesregierung aufgrund ihrer allgemeinen Zuständigkeit für die Angelegenheiten der Europäischen Union beim Gerichtshof der Europäischen Union eine **Nichtigkeitsklage** nach Art. 263 AEUV wegen der Verletzung des Subsidiaritätsprinzips durch einen Sekundärrechtsakt einlegt. Der Prüfungsmaßstab des Gerichtshofs der EU ist bei einer solchen allgemeinen Nichtigkeitsklage jedoch nicht auf das Subsidiaritätsprinzip beschränkt.

994 Da nationale Parlamente vor dem Gerichtshof der Europäischen Union nicht als Kläger auftreten können – nur ein Mitgliedstaat als Gesamtstaat kann die für die Subsidiaritätsklage einschlägige Nichtigkeitsklage nach Art. 263 AEUV erheben –, übermittelt die Bundesregierung für die Bundesrepublik Deutschland und im Namen des Bundestags oder des Bundesrats die Klage an den Gerichtshof der Europäischen Union (vgl. § 12 Abs. 3 IntVG). Im konkreten Verfahren vor dem Gerichtshof übernehmen dann Bundestag bzw. Bundesrat die **Prozessführung** (§ 12 Abs. 4 IntVG).

Literaturverzeichnis

Enthalten sind primär die im Text zitierten Veröffentlichungen, bei Zeitschriftenaufsätzen wurde darauf verzichtet.

I. Handbücher/Lehrbücher/Kommentare

von Arnauld, Andreas, Völkerrecht, 2. Aufl., Heidelberg 2014 (zit.: *v. Arnauld*, Völkerrecht).

Bergmann, Jan, Handlexikon der Europäischen Union, 5. Aufl., Baden-Baden 2015 (zit.: *Bergmann*, Handlexikon der Europäischen Union).

Canaris, Claus-Wilhelm/Larenz, Karl, Methodenlehre der Rechtswissenschaft, 3. Aufl., Berlin, Heidelberg 1995 (zit.: *Larenz/Canaris*, Methodenlehre).

Detterbeck, Steffen, Allgemeines Verwaltungsrecht, 9. Aufl., München 2011 (zit.: *Detterbeck*, Allgemeines Verwaltungsrecht).

Otto Depenheuer, Christoph Grabenwarter, Der Staat in der Flüchtlingskrise, Paderborn 2016 (zit.: Depenheuer/Grabenwarter, Der Staat in der Flüchtlingskrise).

Dreier, Horst, Grundgesetz, Kommentar, 2. u. 3. Aufl., Tübingen 2004–2008, 2013-2015 (zit.: *Bearbeiter*, in: Dreier, GG).

Gersdorf, Hubertus/Paal, Boris, Beck'scher Online-Kommentar Informations- und Medienrecht, Stand: 01.02.2016 (zit. *Bearbeiter*, in Gersdorf/Paal, BeckOK Informations- und Medienrecht, 2016).

von der Groeben, Hans/Schwarze, Jürgen/Hatje, Armin, Europäisches Unionsrecht, 7. Aufl., Baden-Baden 2015 (zit.: *Bearbeiter*, in: *von der Groeben/Schwarze/Hatje*, Europäisches Unionsrecht).

Herdegen, Matthias, Völkerrecht, 14. Aufl., München 2015 (zit.: *Herdegen*, Völkerrecht).

Hesse, Konrad, Grundzüge des Verfassungsrechts der Bundesrepublik Deutschland, 20. Aufl., Heidelberg 1995 (zit.: *Hesse*, Grundzüge des Verfassungsrechts).

Isensee, Josef/Kirchhof, Paul, Handbuch des deutschen Staatsrechts, 2. Aufl. (Bd. VIII u. IX), Heidelberg 1995, 3. Aufl. (Bd. I-VII), Heidelberg 2004 (zit.: *Bearbeiter*, in: Isensee/Kirchhof, HbStR).

Jarass, Hans D./Pieroth, Bodo, Grundgesetz für die Bundesrepublik Deutschland, 14. Aufl., München 2016 (zit.: *Bearbeiter*, in: Jarass/Pieroth, GG).

Kahl, Wolfgang/Waldhoff, Christian/Walter, Christian, Bonner Kommentar zum GG, (Losebl.), Heidelberg (zit.: *Bearbeiter*, in: Kahl/Waldhoff/Walter, Bonner Kommentar zum GG).

Kloepfer, Michael, Verfassungsrecht, Bd. I, München 2011 (zit.: *Kloepfer,* Verfassungsrecht I).

ders., Verfassungsrecht, Bd. II, München 2010 (zit.: *Kloepfer,* Verfassungsrecht II).

ders., Umweltschutzrecht, 2. Aufl., München 2011 (zit.: *Kloepfer,* Umweltschutzrecht).

Maunz, Theodor/Dürig, Günther, Grundgesetz, Kommentar, (Losebl.), München 1958 ff. (zit.: *Bearbeiter,* in: Maunz/Dürig, GG).

Maunz, Theodor/Schmidt-Bleibtreu, Bruno/Klein, Franz/Bethge, Herbert, Bundesverfassungsgerichtsgesetz, Kommentar, (Losebl.), München 1967 ff. (zit.: *Bearbeiter,* in: Maunz/Schmidt-Bleibtreu/Klein/Bethge, BVerfGG).

Morlok, Martin/Schliesky, Utz/Wiefelspütz, Dieter, Parlamentsrecht, Handbuch, Baden-Baden 2016 (zit.: *Bearbeiter,* in: Morlok/Schliesky/Wiefelspütz, Parlamentsrecht).

Oppermann, Thomas/Classen, Claus Dieter/Nettesheim, Martin, Europarecht, 6. Aufl., München 2014 (zit.: *Bearbeiter,* in: Oppermann/Classen/Oppermann, Europarecht).

Ossenbühl, Fritz/Cornils, Matthias, Staatshaftungsrecht, 6. Aufl., München 2013 (zit.: *Ossenbühl/Cornils,* Staatshaftungsrecht, 6. Aufl. 2013) .

Papier, Hans-Jürgen/Krönke, Christoph, Öffentliches Recht 1 - Grundlagen, Staatsstrukturprinzipien, Staatsorgane und -funktionen, 2. Aufl., Heidelberg 2015 (zit.: *Papier/Krönke,* Öffentliches Recht 1).

Papier, Hans-Jürgen/Krönke, Christoph, Öffentliches Recht 2 - Grundrechte, 2. Aufl., Heidelberg 2015 (zit.: *Papier/Krönke,* Öffentliches Recht 2).

Pieroth, Bodo/Schlink, Bernhard/Kingreen, Thorsten/Poscher, Ralf, Staatsrecht II – Grundrechte, 31. Aufl., Heidelberg 2015 (zit.: *Pieroth/Schlink/Kingreen/Poscher,* Staatsrecht II).

Sachs, Michael, Grundgesetz, Kommentar, 7. Aufl., München 2014 (zit.: *Beabeiter,* in: Sachs, GG).

Schlaich, Klaus/Korioth, Stefan, Das Bundesverfassungsgericht - Stellung, Verfahren, Entscheidungen, 10. Aufl., München 2015 (zit.: *Schlaich/Korioth,* Das BVerfG).

Stern, Klaus, Das Staatsrecht der Bundesrepublik Deutschland, Bd. I, 2. Aufl., München 1984, Bd. II–V, 1. Aufl., München 1980 (zit.: *Stern,* Staatsrecht).

Ders./Becker, Florian, Grundrechte-Kommentar, 2. Aufl., Köln 2016 (zit.: *Bearbeiter,* in: Stern/Becker, Grundrechte-Kommentar).

Sodan, Helge, Grundgesetz, 3. Aufl., München 2015 (zit.: *Bearbeiter,* in: Sodan, GG).

Merten, Detlef/Papier, Hans Jürgen, Handbuch der Grundrechte, Bd. I–II u. VII, Heidelberg 2004 (zit.: *Bearbeiter,* in: Merten/Papier, HbGR).

v. Mangoldt, Hermann/Klein, Friedrich/Starck, Christian, Kommentar zum Grundgesetz, Bd. I–III, 6. Aufl., München 2010 (zit.: *Bearbeiter*, in: v. Mangoldt/Klein/Starck, GG).

v. Münch, Ingo/Kunig, Philip, Grundgesetz-Kommentar, Bd. I, 6. Aufl., München 2012 (zit.: *Bearbeiter*, in: v. Münch/Kunig, GG).

Graf Vitzthum, Wolfgang/Proelß, Alexander, Völkerrecht, 6. Aufl., Berlin 2013 (zit.: *Bearbeiter*, in: Vitzthum/Proelß, Völkerrecht).

II. Einzelveröffentlichungen, Beiträge in Einzelveröffentlichungen

Bettermann, Karl August, Grenzen der Grundrechte, 2. Aufl., Berlin 1976 (zit.: *Bettermann*, Grenzen der Grundrechte, 2. Aufl. 1976).

Bleckmann, Albert, Zur Funktion des Art. 24 Grundgesetz, in: Kay Hailbronner/Georg Ress/Torsten Stein (Hrsg.), Staat und Völkerrechtsordnung, Festschrift für Karl Doehring, Berlin 1989, S. 97 ff. (zit. *Bleckmann*, in: FS Doehring).

Calliess, Christian, Rechtsstaat und Umweltstaat, Tübingen 2001 (zit.: *Calliess*, Rechtsstaat und Umweltstaat).

ders., Die neue Europäische Union nach dem Vertrag von Lissabon, Tübingen 2010 (zit.: *Calliess*, Die neue Europäische Union nach dem Vertrag von Lissabon).

Canaris, Claus-Wilhelm, Grundrechte und Privatrecht, Tübingen 1999 (zit.: *Canaris*, Grundrechte und Privatrecht).

Fastenrath, Ulrich, Kompetenzverteilung im Bereich der auswärtigen Gewalt, München 1986 (zit.: *Fastenrath*, Kompetenzverteilung im Bereich der auswärtigen Gewalt).

Geck, Wilhelm Karl, Das Bundesverfassungsgericht und die allgemeinen Regeln des Völkerrechts, in: Starck, Christian (Hrsg.), Bundesverfassungsgericht und Grundgesetz: Festgabe aus Anlass des 25 jährigen Bestehens des Bundesverfassungsgerichts, Bd. II, Heidelberg 1976, S. 125 ff. (zit.: *Geck*, in: FG 25 Jahre BVerfG).

Greve, Holger, Access-Blocking – Grenzen staatlicher Gefahrenabwehr im Internet, Berlin 2012 (zit.: *Greve*, Access-Blocking).

ders., Drittwirkung des grundrechtlichen Datenschutzes im digitalen Zeitalter, in: Franzius, Claudio u.a. (Hrsg.), Beharren. Bewegen. – Festschrift für Michael Kloepfer zum 70. Geburtstag, Berlin 2013, S. 665 ff. (zit.: *Greve*, in: FS Kloepfer).

ders., Presseauskunftsanspruch – aktuelle Herausforderungen und Umbrüche im digitalen Zeitalter, in: Dix, Alexander u.a. (Hrsg.), Informationsfreiheit und Informationsrecht – Jahrbuch 2015, Berlin 2016, S. 133 ff. (zit.: *Greve*,

in: Dix u.a., Informationsfreiheit und Informationsrecht – Jahrbuch 2015).

Helms, Christine, Das verordnungsvertretende Gesetz – eine Stärkung der Landesparlamente, Hamburg 2008 (zit.: *Helms,* Das verordnungsvertretende Gesetz).

Herbst, Tobias, Gesetzgebungskompetenzen im Bundesstaat, Tübingen 2014 (zit.: *Herbst,* Gesetzgebungskompetenzen).

Huber, Peter M., Grundrechtsschutz in Europa - Vermehrung, Verunsicherung, Kohärenz, in: Biaggini, Giovanni u.a. (Hrsg.), Polis und Kosmopolis - Festschrift für Daniel Thürer, Baden-Baden 2015, S. 305 ff. (zit.: *Huber,* in: FS Thürer).

Ingold, Albert, Das Recht der Oppositionen. Verfassungsbegriff – Verfassungsdogmatik – Verfassungstheorie, Tübingen 2015 (zit.: *Ingold,* Das Recht der Oppositionen).

Isensee, Josef, Grundrecht auf Sicherheit, Heidelberg 1983 (zit.: *Isensee,* Grundrecht auf Sicherheit).

Kaspar, Johannes, Verhältnismäßigkeit und Grundrechtsschutz im Präventionsstrafrecht, Baden-Baden 2014 (zit.: *Kaspar,* Verhältnismäßigkeit und Grundrechtsschutz im Präventionsstrafrecht).

Kelsen, Hans, Das Problem der Souveränität und die Theorie des Völkerrechts, Tübingen 1920 (zit.: *Kelsen,* Das Problem der Souveränität und die Theorie des Völkerrechts).

Kloepfer, Michael, Gleichheit als Verfassungsfrage, Berlin 1980 (zit.: *Kloepfer,* Gleichheit als Verfassungsfrage).

ders., Grundrechtstatbestand und Grundrechtsschranken in der Rechtsprechung des BVerfG – dargestellt am Beispiel der Menschenwürde, in: Starck, Christian (Hrsg.), Bundesverfassungsgericht und Grundgesetz: Festgabe aus Anlass des 25 jährigen Bestehens des Bundesverfassungsgerichts, Bd. II, Heidelberg 1976, S. 405 ff. (zit.: *Kloepfer,* in: FG 25 Jahre BVerfG).

ders., Zum Grundrecht auf Umweltschutz, München 1978 (zit.: *Kloepfer,* Zum Grundrecht auf Umweltschutz).

ders., Zur Bindung von Gesetzen an Gesetze, in: ders. (Hrsg.), Gesetzgebung als wissenschaftliche Herausforderung - Gedächtnisschrift für Thilo Brandner, Baden-Baden 2011 (zit. *Kloepfer,* in: GS Brandner).

ders., Grundrechtskonzertierungen. Zur Frage der parallelen und entsprechungsrechtlichen Ausübung von Grundrechten, in: Sachs, Michael u.a. (Hrsg.), Der grundrechtsgeprägte Verfassungsstaat - Festschrift für Klaus Stern zum 80. Geburtstag, Berlin 2012, S. 405 ff. (zit. *Kloepfer,* in: FS Stern).

ders., Gesamtfinanzverfassung, in: Jochum, Heike u.a. (Hrsg.), Freiheit, Gleichheit, Eigentum - Öffentliche Finanzen und Abgaben - Festschrift für Rudolf Wendt zum 70. Geburtstag, Berlin 2015, S. 599 ff. (zit. *Kloepfer,* in: FS Wendt)

Krökel, Michael, Die Bindungswirkung von Resolutionen des Sicherheitsrats der Vereinten Nationen gegenüber Mitgliedstaaten, Berlin 1977 (zit.: *Krökel,* Die Bindungswirkung von Resolutionen des Sicherheitsrats der Vereinten Nationen gegenüber Mitgliedstaaten).

Lerche, Peter, Übermaß und Verfassungsrecht, 2. Aufl., Goldbach 1999 (zit.: *Lerche*, Übermaß und Verfassungsrecht).

Leisner, Walter, Der Abwägungsstaat - Verhältnismäßigkeit als Gerechtigkeit?, Berlin 1997 (zit.: *Leisner*, Abwägungsstaat).

Lenski, Sophie-Charlotte, Öffentliches Kulturrecht, Tübingen 2013 (zit.: *Lenski*, Öffentliches Kulturrecht).

Lepsius, Oliver, Das Computer-Grundrecht: Herleitung – Funktion – Überzeugungskraft, in: Roggan, Fredrik (Hrsg.), Online-Durchsuchungen, Berlin 2008, S. 21 ff. (zit.: *Lepsius*, in: Roggan, Online-Durchsuchungen).

Masing, Johannes, Die Mobilisierung des Bürgers für die Durchsetzung des Rechts, Berlin 1997 (zit.: *Masing*, Die Mobilisierung des Bürgers für die Durchsetzung des Rechts).

Meyer, Hans, Die Föderalismusreform 2006, Berlin 2008 (zit.: *Meyer*, Die Föderalismusreform 2006).

Osterloh, Lerke, Der Gleichheitssatz zwischen Willkürverbot und Grundsatz der Verhältnismäßigkeit, in: Franzius, Claudio u.a. (Hrsg.), Beharren. Bewegen. – Festschrift für Michael Kloepfer zum 70. Geburtstag, Berlin 2013, S. 139 ff. (zit.: *Osterloh*, in: FS Kloepfer).

Pigorsch, Wolfgang, Die Einordnung völkerrechtlicher Normen in das Recht der Bundesrepublik, Hamburg 1959 (zit.: *Pigorsch*, Die Einordnung völkerrechtlicher Normen in das Recht der Bundesrepublik).

Poscher, Ralf, Grundrechte als Abwehrrechte, Baden-Baden 2003 (zit.: *Poscher*, Grundrechte als Abwehrrechte).

Robbers, Gerhard, Sicherheit als Menschenrecht, Baden-Baden 1987 (zit.: *Robbers*, Sicherheit als Menschenrecht).

Rossi, Matthias, Europäisches Parlament und Haushaltsverfassungsrecht, Berlin 1997 (zit.: *Rossi*, Europäisches Parlament und Haushaltsverfassungsrecht).

Ruffert, Matthias, Vorrang der Verfassung und Eigenständigkeit des Privatrechts, Tübingen 2001 (zit.: *Ruffert*, Vorrang der Verfassung und Eigenständigkeit des Privatrechts).

Rusteberg, Benjamin, Der grundrechtliche Gewährleistungsgehalt, Tübingen 2009 (zit.: *Rusteberg*, Der grundrechtliche Gewährleistungsgehalt).

Sands, Philippe, Principles of international environmental law, 2. Aufl., Cambridge 2003 (zit.: *Sands*, Principles of international environmental law).

Stemmler, Thomas, Das Neminem-laedere-Verbot, Tübingen 2005 (zit.: *Stemmler*, Das Neminem-laedere-Verbot).

Tiedtke, Andreas, Demokratie in der Europäischen Union, Berlin 2005 (zit.: *Tiedtke,* Demokratie in der Europäischen Union).

Triepel, Heinrich, Völkerrecht und Landesrecht, Leipzig 1899 (zit.: *Triepel,* Völkerrecht und Landesrecht).

Uhrig, Stephanie, Die Schranken des Grundgesetzes für die europäische Integration, Berlin 2000 (zit.: *Uhrig,* Die Schranken des Grundgesetzes für die europäische Integration).

Verdroß-Droßberg, Alfred, Die Einheit des rechtlichen Weltbildes auf Grundlage der Völkerrechtsverfassung, Tübingen 1923 (zit.: *Verdross,* Die Einheit des rechtlichen Weltbildes auf Grundlage der Völkerrechtsverfassung).

Sachverzeichnis

Abgaben, öffentliche 194 f.
Abgeordneter (s. Bundestagsabgeordneter)
Abhörurteil 543
Abwehrrechte 456 f.
Abweichungsgesetzgebung 67, 75, 342
Allgemeine Gesetze 599
Allgemeine Grundrechtslehren 407 ff.
Allgemeine Handlungsfreiheit 429, 531, 562 ff.
Allgemeine Rechtsgrundsätze
– des Europarechts 443
– des Völkerrechts 728
Allgemeine Regeln des Völkerrechts (Art. 25 GG) 742 ff.
– Anwendungsbereich 743 ff.
– Auswirkungsbereich 747
– Verhältnis zum Völkervertragsrecht 750
Allgemeines Persönlichkeitsrecht 566
Allgemeinheit der Wahl 126
Akt der verfassungsgebenden Gewalt (pouvoir constituant) 22
Ämterpatronage 149
Analogieverbot 701
Angriffskrieg 788 ff.
Anhörungsverfahren 909
Annexzuständigkeit 81
Anstalt des öffentlichen Rechts 93, 95, 348, 472, 596 f., 604
Anwendungsvorrang 35, 748, 911, 924 ff.
Arbeitskampf 626
Arbeitszwang 636
Asylrecht (Art. 16a GG) 664 ff.
Aufenthalt 639 ff.
Auffanggrundrechte 492
Aufsichtsverwaltung 88 ff., 343
Auftragsverwaltung 90 f., 342 ff.
Ausbürgerung 662
Auslegung der Verfassung 42 ff.
Auslieferung 663
Ausnahmegerichte, Verbot von 367, 699
Ausreisefreiheit 419
Ausschuss
– für Angelegenheiten der Europäischen Union 236
– für auswärtige Angelegenheiten 839

– für Verteidigung 214
– Gemeinsamer 285 ff.
– Petitionsausschuss 684
Aussperrung 626
Außenbezüge der Verfassung 705 ff.
Außenkompetenz der EU 893
Auswärtige Kompetenzen 800 ff.
– Organkompetenzen 806 ff.
– Verbandskompetenzen 801 ff.

Beamte 117, 206, 265, 340, 356 ff., 522, 587, 627 f.
Behörden, Einrichtung von 89, 91, 342
Berufsfreiheit (Art. 12 Abs. 1 GG) 630 ff.
– Drei-Stufen-Theorie 633
– Eingriff 631
– Gesetzesvorbehalt 632 ff.
– Schranken 632 ff.
– Schutzbereich 630
Besonderes Gewaltverhältnis 156, 522
Bestimmtheitsprinzip 163 f.
Brief-, Post- und Fernmeldegeheimnis (Art. 10 GG) 657 ff.
Briefwahl 132
Brokdorf-Entscheidung 493, 612, 614, 618
Budgetrecht des Parlaments (Haushaltsautonomie) 977
Bund-Länder-Streit 380 ff.
Bundesaufsicht 94, 343
Bundeseigene Verwaltung 93 ff., 342 ff.
Bundesinterventionen 106
Bundespräsident 271 ff.
– Aufgaben 278 ff.
– Gegenzeichnung 283
– Neutralitätspflicht 273
– Präsidentenanklage 276
– Prüfungskompetenz 279
– völkerrechtliche Vertretung 278
– Wahl 275 ff.
Bundesgerichte 64 (s.a. Oberste Gerichtshöfe des Bundes)

315

Bundeskanzler 117, 214, 256 ff.
- konstruktives Misstrauensvotum 257
- Wahl 256

Bundesminister 264
Bundesoberbehörden 93 ff., 349
Bundesorgane, oberste 305 ff.
Bundesrat 247 ff.
- Einspruchsgesetz, Zustimmungsgesetz 248, 311 ff.
- Europakammer 252
- Geschäftsordnung 251
- Gesetzgebung (s. Gesetzgebungsverfahren)
- Mitwirkungsbefugnisse 248, 311 ff.
- Mitwirkung an Europäischer Integration 954, 956 ff.
- Stimmenabgabe 250
- Stimmenverteilung 250
- Vermittlungsausschuss 316 ff.
- völkerrechtliche Verträge 278
- Zitier- und Informationsrechte 253
- Zuständigkeiten 278 ff.

Bundesrecht
- Verhältnis zum Landesrecht 35, 338

Bundesregierung 254 ff.
- Anwesenheits- und Anhörungsrechte 270
- Bundeskanzler 263
- Bundesminister 264
- Geschäftsordnung 261
- Gesetzgebungsnotstand 259
- Kollegialprinzip 260
- Legitimation und Kompetenzen 254
- Misstrauensvotum 257
- Organisation und Arbeitsweise 260 ff.
- Ressortprinzip 260
- Richtlinienkompetenz des Bundeskanzlers 263
- Vertrauensfrage 258 f.
- Wahl des Bundeskanzlers 256
- Zuständigkeiten 268 ff.
- Zustimmung zu Gesetzen 320

Bundesstaat 50 ff.
- Bundestreue 57, 65
- Bundeszwang 103, 324
- Föderalismus 62 ff.
- Föderalismusreform I 27, 67
- Föderalismusreform II 204
- Gemeinden 58
- Gesetzgebungszuständigkeit 66, 70 ff., 213
- Gliedstaaten bzw. Bundesländer 50 f.
- Homogenitätsklausel 51
- Kompetenzqualifikation 68
- labiler 52
- Lindauer Abkommen 61, 804 f.
- Neugliederung 52
- Parteienbundesstaat 59
- Staatensymbole 60
- Verfassungsautonomie 51
- Verwaltungszuständigkeit 85 ff., 338
- Vor- und Nachteile 54 ff.

Bundestag 224 ff.
- Ausschüsse 236
- Freies Mandat 239
- Funktionen 226 f.
- Geschäftsordnung 231 f.
- Haushaltsautonomie 977
- Immunität, Indemnität 241
- Kompetenzen 226 f.
- Organisation und Arbeitsweise 229 ff.
- Präsident 225
- Selbstauflösung 228
- Sondergremium 236
- Wahl 225

Bundestagsabgeordneter 239 ff.
Bundestreue 57, 65
Bundesverfassungsgericht 288 ff.
- Einstweiliger Rechtsschutz 400 ff.
- Entscheidungen und Wirkungen 291
- EuGH, EMRK 294
- Geschäftsordnung 295
- Kooperationsverhältnis 294
- Legitimation und Kompetenz 288 ff.

Sachverzeichnis

- und Landesverfassungsgerichte 293
- Organisation und Arbeitsweise 295 ff.
- Richter 297
- Sondervoten 298
- Verfahrensarten 301 ff., 374 ff.
- Vollstreckung 406

Bundesversammlung 271 ff.
Bundesverwaltung 348 ff.
Bundeswehr 211 ff., 786
Bundeszwang 106

Chancengleichheit 128, 577, 679
Computer-Grundrecht 568

Datenschutz 419, 440, 567
Demokratie 108 ff.
- besondere Organe 113
- Demokratiegebot 119
- direkte 115 ff.
- Freiheiten 118
- Legitimation 117
- Mehrheiten 120 ff.
- Minderheitenschutz 108, 120 ff.
- Opposition 136
- Parteiendemokratie 139 ff.
- Periodizität 134
- repräsentative, mittelbare 112
- Sicherung 150 ff.
- Sperrklausel 129
- Strukturmerkmale des Grundgesetzes 108
- Überhangmandate 129
- Volk 111
- Volksabstimmung 116
- Wahl 114 f., 124 ff.
- Wehrhafte 150
- Willensbildung 109

Demonstration 533, 561, 614 ff.
Deutschengrundrecht 397, 462 ff.
Deutscher 397, 463, 524, 663
Diäten 243
Differenzierungsverbot 580 f.
Diskontinuität 229
Doppelbestrafung 702 f.

Drei-Elemente-Lehre 22
Drittwirkung von Grundrechten 481 ff.

Effektiver Rechtsschutz (s.a. Rechtsschutzgarantie)
EFSF 151, 236
Ehe und Familie 673 ff.
Eigentum und Erbrecht (Art. 14 GG) 643 ff.
- Eingriffsbegriff 644
- Enteignung 645, 647
- Erbrecht 648
- Inhalts- und Schrankenbestimmungen 645, 646
- Rechtfertigung 645

Eingetragene Lebenspartnerschaft 491, 675
Eingriff 494 ff.
Eingriffsverwaltung 170
Einrichtungsgarantie 425 ff.
Einsichtsfähigkeit 468, 527
Einspruchsgesetz 314 ff., 762
Einstweiliger Rechtsschutz 400 ff.
- durch das BVerfG 292, 400 ff.

Einzelfallgesetz 512
Elektronische Fußfessel 558
Elfes-Urteil 417, 492, 563, 639
Elternrecht 676 ff.
Embryo 552
Enumerationsprinzip 301, 315, 375
Erbrecht 648 (s.a. Eigentum und Erbrecht 643 ff.)
Erfolgswertgleichheit 127 f.
Erforderlichkeit 520
Erforderlichkeitsklausel 74
Ersatzdienst 638
Erziehungsrecht 676, 681 f.
Esra-Urteil 609
Europäischer Gerichtshof (EuGH, EuG)
- Aufgaben 858 ff.
- Strukturen 857, 861 ff., 866
- Susidiaritätsklage 992 ff.
- Verfahrensarten 858, 917 ff.

Europäische Grundrechtecharta 904

317

Europarecht 5, 817 ff.
- Ausschuss der Regionen 876
- Anwendungsvorrang 39, 925 ff.
- EFTA 818
- Entwicklung 817 ff.
- Europäische Atomgemeinschaft (EAG) 817
- Europäische Bürgerinitiative 898
- Europäische Gemeinschaften (EG) 818
- Europäische Gemeinschaft für Kohle und Stahl (EGKS) 817
- Europäische Verfassung 823 ff.
- Europäischer Gerichtshof für Menschenrechte (EGMR) 294
- Europäische Grundrechtecharta 447
- Europäische Kommission 852 ff.
- Europäische Menschenrechtskonvention (EMRK) 294
- Europäische Sozialcharta 449
- Europäische Union (EU – s. Europäische Union)
- Europäische Wirtschaftsgemeinschaft (EWG) 817
- Europäische Zentralbank (EZB) 870 ff.
- Europäischer Haftbefehl 448, 663
- Europäischer Rat 843 ff.
- Europäisches Parlament 836 ff.
- gegenwärtiger Status 826 ff.
- Gerichtshof der EU (EuGH, EuG – s. Europäischer Gerichtshof)
- Gesetzgebungsverfahren 897 ff.
- Grenzen 987 ff.
- Grundgesetz 817 ff.
- Grundrechtsschutz 904, 930 ff.
- Formerfordernisse 902
- Maßnahmen 924 ff.
- Materielle Grenzen 903
- Mitgliedstaaten 830 f., 911 ff.
- Mitwirkung der BRD 941 ff.
- Demokratiedefizit 975
   - formelle Anforderungen 947 ff.
   - Freigabebeschlüsse des Bundestages 952
- Integrationsverantwortung 946, 949 f.
- Ländermitwirkung 961 ff.
- materielle Anforderungen 967 ff.
- Rechtsfolgen bei Verstoß 964
- sonstige Mitwirkung 964
- Subsidiaritätsklage 992 ff.
- Subsidiaritätsrüge 965 ff.
- Zustimmungsbeschlüsse des Bundesrates 953
- Zustimmungsrecht 329 ff.
- Organe und Einrichtungen 834 ff.
- Primärrecht 39, 830 ff.
- Rang des 923 ff.
- Rat 847 ff.
- Rechnungshof 873 ff.
- Rechtssetzung 882 ff.
   - Grenzen 903 ff.
   - Kompetenzen 890 ff.
   - Verfahren 896 ff.
- Rechtsprechung im 916 ff.
   - durch europäische Gerichte (s. Europäischer Gerichtshof) 917 ff.
   - durch mitgliedstaatliche Gerichte 923 ff.
- Rechtsquellen 828 ff.
- Schutz vor Kompetenzüberschreitungen 937 f.
- Richtlinien 865 ff.
- Sekundärrecht 39, 832
- Subsidiarität 686
- Tertiärrecht 833
- verfassungsrechtliche Grundlage 942
- Verordnungen/Richtlinien 884 ff.
- Vertrag von Lissabon 40, 824, 946
- Vertragsverletzungsverfahren 918
- Vollzug des 906 ff.
   - unionseigener 907 ff.
   - durch Mitgliedstaaten 911
- Wirtschafts- und Sozialausschuss 875 ff.
- Zwischenfigur 56

Europarechtsfreundlichkeit des Grundgesetzes 709 f.
Europäische Union 817 ff.
– Außenkompetenzen 893
– Europäische Ämter und Agenturen 879 f.
– Europäische Investitionsbank 877 f.
– Europäische Kommission 852 ff.
– Europäische Verfassung 39 f., 822 ff.
– Europäische Zentralbank 870 ff.
– Europäisches Parlament 836 ff.
– Europäischer Rat 843 ff.
– Gerichtshof der Europäischen Union s. Europäischer Gerichtshof
– Hilfsorgane 875 ff.
– Integrationsverantwortung 946, 949 f.
– Rat 847 ff.
– Rechnungshof 873 f.
– Rechtsetzungsverfahren 896 ff.
– Subsidiaritätsprinzip 894
– Staatenverbund 989
– Supranationalität 827
– ultra-vires-Akt 937 ff.
– Vertragsabsicherungskompetenz 892
– Verhältnismäßigkeit 895
Ewigkeitsgarantie 33
Existenzminimum 182

Fachaufsicht 88 ff.
Fachgerichtsbarkeit 322
Faires Verfahren 364
Familie 674
Fernmeldegeheimnis 657
Filmfreiheit 598
Finaler Rettungsschuss 547
Finanzausgleich 202
Finanz- und Haushaltsverfassung 194 ff.
– Grundrechte 197 f.
– Konnexität 199
– Schuldenbremse 204
– Steuergesetzgebungshoheit 200
Formelles Gesetz 624
Forum Externum 568
Forum Internum 583

Föderalismus 62
Fraktion 232 ff.
– fraktionsloser Abgeordneter 239
Freies Mandat 239
Freiheit der Person (Art. 2 Abs. 2 GG) 556 ff.
– Eingriff 558, siehe auch 703 f.
– Schrankenbestimmungen 559 ff.
– Schutzpflichten 557
Freiheit der Persönlichkeitsentfaltung (Art. 2 Abs. 1 GG) 562 ff.
– Allgemeine Handlungsfreiheit 563 ff.
– Allgemeines Persönlichkeitsrecht 566
– Recht auf informationelle Selbstbestimmung 567
– Recht auf Vertraulichkeit und Integrität informationstechnischer Systeme 568
Freiheit der Wahl 129
Freiheitsbeschränkungen 703
Freiheitsentziehungen 704
Freiheit von Kunst und Wissenschaft (Art. 5 Abs. 3 GG) 603 ff.
– Eingriff in Kunst- bzw. Wissenschaftsfreiheit 605 bzw. 608
– Kunstbegriffe 604
– Kunstfreiheit 603 ff.
– Schranken 609 ff.
– Wissenschaftsfreiheit 606 ff.
Freiheit vor Arbeitszwang und Zwangsarbeit (Art. 12 Abs. 2 u. 3 GG), Wehr- und Ersatzdienst (Art. 12a GG) 636 ff.
Freiheitliche demokratische Grundordnung 624
Freizügigkeit (Art. 11 GG) 639 ff.
– Eingriff 640
– Schranken 641 f.
– Schutzbereich 639
Friedliches Zusammenleben 788 ff.

Gebietshoheit 715
Gebot bundesfreundlichen Verhaltens 65
Gebot verfassungskonformer Auslegung 46
Gefährdung 553
Geeignetheit 519

Geheime Wahlen 132
Geltungsbereich des Grundgesetzes 929
Geltungsgrund 424
Gemeinde 58, 92, 101, 334, 351 ff.,
Gemeinsamer Ausschuss 220, 285 ff.
Gemeinsamer Senat 305
Gemeinschaftsaufgaben 96 ff.
Gemeinschaftszuständigkeiten 64
Gerichtshof der EU, EuGH, EuG 857 ff.
Geschäftsordnungen 210, 222, 231 f.,
251, 261, 285, 295, 308
Gesetzgebung 306 ff., 478
– Abweichungsgesetzgebung 75
– Begriff 306
– Bundesstaat 66, 70 ff.
– Einbringen von Gesetzesvorlagen 310
– Einspruchsgesetze 315 ff.
– Erforderlichkeitsklausel 74
– Freigabe 80
– Grundsatzgesetzgebung 78
– Gesetzgebungszuständigkeiten, ungeschriebene 81
– in der EU 882 ff.
– Initiativberechtigung 310 ff.
– Inkrafttreten 321
– parlamentarische 306 ff.
– Ping-Pong-Gesetzgebung 75
– Rechtsverordnungserlass 322 ff.
– Stufen 309 ff.
– Verfahren (s. Gesetzgebungsverfahren)
– Verkündung 319
– Volksgesetzgebung 335 ff.
– Zuständigkeiten 71 ff.
– Zustimmungsgesetzte 315 ff.
Gesetzgebungskompetenz (s. Gesetzgebungszuständigkeiten)
Gesetzgebungsnotstand 209, 259
Gesetzgebungsverfahren 306 ff.
– Beteiligung des Bundesrates 311, 314
– Diskontinuität 229
– Erster Durchgang beim Bundesrat 311
– Einspruchsgesetz 315
– Lesungen 313
– Gesetzgebungsinitiative 310

– Vermittlungsausschuss 316
– Zustandekommen von Gesetzen 318
– Zustimmungsgesetz 315
Gesetzgebungszuständigkeiten 66 ff.
– Abweichungsgesetzgebung 67, 75
– abweichungsfeste Kerne 77
– ausschließliche Bundesgesetzgebung 71 f.
– Erforderlichkeitsklausel 74
– der Bundesländer 82
– Grundsatzgesetzgebung 78
– konkurrierende 73
– Kompetenzqualifikation 68
– kraft Natur der Sache 81
– kraft Sachzusammenhang 81
– Rahmengesetzgebung 67
– ungeschriebene Bundeszuständigkeit 70, 81
Gesetzmäßigkeit der Verwaltung 152 ff.
– Parlamentsvorbehalt 211
– Vorbehalt des Gesetzes 156
– Vorrang des Gesetzes 154
– Wesentlichkeitstheorie 160
Gesetzesbindung (s.a. Gesetzmäßigkeit der Verwaltung)
Gewaltenteilungsprinzip 161 ff.
Gewaltenverschränkung 161
Gewährleistungsgehalt 491
Gewerkschaft 131, 626
Glaubens- und Gewissensfreiheit (Art. 4 GG) 582 ff.
– Glaubensfreiheit 584 ff.
– Gewissensfreiheit 587
– Recht der Kriegsdienstverweigerung 588
Gleichberechtigung 580
Gleichheit der Wahl 127 ff.
Gleichheitssatz (Art. 3 GG) 570 ff.
– Allgemeiner Gleichheitssatz 571 ff.
– Besondere Gleichheitssätze 579 ff.
– „Neue Formel" 574
– Rechtsanwendungsgleichheit 572, 577

- Rechtssetzungsgleichheit 573 ff.
- Struktur 571 ff.

Grenznachbarschaftliche Einrichtungen (Art. 24 Abs. 1a GG) 778 ff.

Grundgesetz
- Aufhebung/Änderung 32
- Geltungsbereich 29
- Inkrafttreten 29
- Präambel 28

Grundmandatsklausel 129
Grundpflichten 535 ff.
Grundrechte 407
- Arten 425 ff.
- Berechtigung 444 ff.
- Drittwirkung 459 ff.
- Eingriff 494 ff.
- Einrichtungsgarantien 433
- Funktionen 430
- Geltungsgrenzen 437 ff., 439 ff.
- Geschichte 407 ff.
- Grundrechtsexpansionen 418
- grundrechtsgleiche Rechte 425
- Grundrechtsverpflichtete 475 ff., 481 ff., 486
- im Grundgesetz 414 f.
- im Unionsrecht 443
- im Völkerrecht 449 ff., 455 ff.
- in den Landesverfassungen 408
- in der EMRK 443
- Kollision 533
- Konkurrenz 531
- Konzertierung 532
- Mündigkeit 467 ff.
- Perspektiven der 407 ff.
- Schranken 497 ff.
- Schutzbereich 489 ff.
- Schutzpflichten 434
- Statuslehre 430
- Verpflichtete 475 ff.
- Verwirkung 528 ff.
- Verzicht 523 ff.
- Zustände 430

Grundrechtsberechtigung 459 ff.
- Jedermann- und Deutschengrundrechte 462 ff.
- Juristischer Personen und Personenvereinigungen 469 ff.
- pränatal/postmortal 460 ff.

Grundrechtecharta der EU 904
Grundrechtsschutz 407 ff.
- außerhalb des GG 439 ff
- räumliche und zeitliche Grenzen 437 ff.
- Sonderfall 458 ff.
- Statusverhältnisse, besondere 522
- Vertrag von Lissabon 446
- Völkerrecht 449 ff.

Grundrechtsschutz durch Verfahren 431

Hauptstadt 60
Haushaltsnotstand 209
Haushaltsverfassung 194 ff.
Herrenchiemsee 24
Hierarchie (s. Normenhierarchie und Verhältnis)
Hochschulen 606
Hoheitsrechte, Übertragung 772 ff.
Homogenitätsklausel 51, 107

Immunität der Bundestagsabgeordneten 241
Immunität des Bundespräsidenten 276
Imperatives Mandat 249
Indemnität der Bundestagsabgeordneten 241
Informationsfreiheit 592
Informationstechnische Systeme 568
Initiativrecht 841
Inkompatibilität
- der Bundesregierungsmitglieder 267
- des Bundespräsidenten 276

Instanzenzug 102
Institutsgarantie 433
Integrationsverantwortungsgesetz 945
Integrationsverantwortungsprinzip 946
Interessentheorie 8

Internationale Einrichtungen (Art. 24 GG) 772 ff.
- grenznachbarschaftliche Einrichtungen 778 ff.
- internationale Schiedsgerichte 787 ff.
- System kollektiver Sicherheit 783 ff.
- zwischenstaatliche Einrichtung 773 f.

Internationale Organisation 719
Internationale Schiedsgerichte 787
Internationaler Pakt über bürgerliche und politische Rechte (IPbpR) 456
Internationaler Pakt über wirtschaftliche, soziale und kulturelle Rechte (IPwskR) 456
Islam 206
IT-Grundrecht 568

Jedermanngrundrecht 462 ff.
Judikative (s. Rechtsprechung)
Jugendschutz 506
Juristische Personen
- des öffentlichen Rechts 93, 95, 205, 348, 471 ff.
- des Privatrechts 459, 469 ff.
- Grundrechtsberechtigung 459, 469 ff.

Justizgewährleistungsanspruch 175 f., 687 ff.
Justizgrundrechte (Art. 101-104 GG) 364 ff., 698 ff.
- Freiheitsentziehung/Freiheitsbeschränkung 703 f.

Kanzlerdemokratie 263
Kanzlerprinzip 260
Katastrophenfall 207
Kernbereich exekutiver Eigenverantwortung 255, 798
Kirche 205 f.
Kirchenrecht 5 (s. a. Staatskirchenrecht)
Koalitionsfreiheit 621 ff.
Kollegialorgan 89, 91, 94, 260, 262, 769, 798, 852
Kollegialprinzip 260
Kollektive Sicherheit 783 ff.
Kommission, Europäische 852 ff.
Kommunale Selbstverwaltung 351 ff.

Kommunalverfassungsbeschwerde 293, 352, 395, 399
Kommune 29, 101, 353
Kommunikationsgrundrechte (Art. 5 Abs. 1, 2 GG) 589 ff.
- Filmfreiheit 598
- Informationsfreiheit 592
- Meinungsfreiheit 590 ff.
- Pressefreiheit 593 f.
- Rundfunkfreiheit 595 ff.
- Schrankenbestimmungen 599 ff.

Konkurrierende Gesetzgebungszuständigkeit (s. Gesetzgebungszuständigkeit)
Konnexität 199
Konstitutionalisierung der Rechtsordnung 7
Konstitutionalisierung des Staates 16
Kooperativer Föderalismus 62
Kopftuch
- Beamte/Lehrer 206, 586
Körperliche Unversehrtheit 550 ff.
Körperschaft des öffentlichen Rechts 131, 205, 220
Kreuz (s. Kruzifix)
Kriegsdienstverweigerung 490, 499, 588
Kriegswaffen 797 ff.
Kruzifix 205, 493, 585
Kulturstaat 191
Kunstfreiheit (Art. 5 Abs. 3 GG) 603 ff.

Landesrecht, Verhältnis zum Bundesrecht 35
Landesverfassungen 216 ff.
Landesverfassungsgericht 219
Landesverfassungsrecht 216 ff.
- Organisation 218
Lauschangriff 656
Leben, Recht auf 549 ff.
Lebenspartnerschaftsgesetz 675
Legislative (s. Gesetzgebung)
Legitimationskette 114
Leistungsrecht 417, 431, 546
Leistungsverwaltung 479
Lindauer Abkommen 804
Lissabon-Urteil 41, 946, 980, 988
Lissabon-Vertrag 40, 824
Loveparade 613

Lügendetektor 527
Lüth-Entscheidung 432

Maastricht-Entscheidung 977
Maastricht-Vertrag 443, 821, 870, 942
Materielles Gesetz 155, 390
Mehrheiten 23 ff., 120 ff.
Mehrheitswahlrecht 127, 135
Meinungsfreiheit 590 ff. (s. a. Kommunikationsgrundrechte)
Menschenwürde (Art 1 Abs. 1 GG) 538 ff.
– Eingriff 543 ff.
– Grundrechtscharakter 540
– Grundrechtsträger 544
– Objektformel 543 ff.
– pränataler Schutz 545
– Schutzumfang 546
– Zeitliche Grenzen 545 f.
Mephisto-Urteil 461, 505, 545
Minderheitenquorum 121
Minderheitenschutz 108, 993
Minister 62, 117, 254 ff.
Mischverwaltung 61, 96, 338
Misstrauensvotum, konstruktives 257, 263, 269
Mitentscheidungsverfahren 897, 899
Mitwirkung an europäischer Integration 947 ff., 954, 964
Mutterschutz 678

Nachweltverantwortung 190
Nasciturus 434, 460, 552
Nassauskiesungs-Urteil 645
NATO 718, 783
Naturrecht 12, 424
Natürliche Lebensgrundlagen 188
Natürliche Person 459
ne bis in idem 702
Negative Freiheit 493
Negatives Stimmgewicht 129
Neuverschuldungsverbot 204
Nichteheliche Lebensgemeinschaft 674
Nichteheliches Kind 674
Nichtigkeitserklärungen von Gesetzen 45, 387
Nichtigkeitsklage 858
Nidation 460, 545
Normenhierarchie 30, 453, 468, 726, 829

Normenkontrolle
– abstrakte 384 ff.
– konkrete 389 ff.
Notstandverfassung 207 ff.
Nulla poena sine lege 167, 514, 701

Oberste Bundesorgane 93, 305, 340
Oberste Gerichtshöfe des Bundes 103, 305, 369
Objektformel 543
Öffentlichkeitsarbeit 109, 142, 273
Online-Durchsuchung 568
Opposition 59, 108, 136 ff.
Organleihe 104
Organstreitverfahren 377 ff.
Organtreue 223
Organzuständigkeit 195, 306, 944
Osho-Urteil 159, 268, 479, 491, 585
Öffentliches Recht 3, 5 ff.
Öffentlich-rechtliche Verträge 3
Öffentlicher Dienst 356 ff.
– Zugang 358
Öffentlichkeit der Wahl (s. Wahlrechtsgrundsätze)

Parlament, Bundestag (s. dort)
Parlament, Europäisches 836 ff.
Parlamentsarmee 211
Parlamentsgesetz 30, 205, 296, 305, 322, 389
Parlamentsvorbehalt 211
Parteien, politische 139 ff.
– Binnenstruktur 141
– Chancengleichheit 142
– im Bundesstaat 59
– Parteienfinanzierung 143
– Parteispenden 143
– prozessuale Stellung 144 f.
– und Demokratieprinzip 115, 139
– Verbote 145
Paulskirchenverfassung 16
Personalhoheit 715
Personenvereinigung 469 ff.
Petitionsausschuss 684
Petitionsrecht (Art. 17 GG) 684
Persönlichkeitsschutz (s. Allgemeines Persönlichkeitsrecht)

Ping-Pong-Gesetzgebung (s. Abweichungsgesetzgebung)
Pouvoir constituant 22
Pouvoir contitué 22
Praktische Konkordanz 43, 189, 533
Präambel 28
Pränataler Grundrechtsschutz 460, 545
Präsidentenanklage 276
Pressefreiheit 593 f.
Primäres Völkerrecht 723
Prinzip der begrenzten Einzelermächtigung 890
Privatrecht 3 f.
Privatschule 680, 683
Prozessrecht 6
Prüfungskompetenz des Bundespräsidenten (s. Bundespräsident)

Rat
– Europäischer 843 ff.
– der EU 847 ff.
Ratifikation 760, 766
Recht auf informationelle Selbstbestimmung 567
Recht auf Leben und körperliche Unversehrtheit (Art. 2 Abs. 2 S. 1 GG) 549 ff.
– Beschränkung 553 ff.
– Eingriff 553 ff.
– Schutzpflichten 552
Recht auf Vertraulichkeit und Integrität informationstechnischer Systeme 568
Rechtfertigung 119
Rechtliches Gehör, Recht auf 176, 364, 659, 698 ff.
Rechtsanwendungsgleichheit 572, 578
Rechtsaufsicht 88, 343 f.
Rechtsklarheit 765
Rechtsnorm 1
– Abgrenzung 8
– abstrakt-generelle Satz 2
– öffentliches Recht 3, 5
– Privatrecht 3
– Privatrechtsnormen 4
Rechtsprechung 360 ff.
– Oberste Gerichtshöfe des Bundes 369
– Gerichte der Länder 368

– Justizgrundreche (s. dort)
– Organisation 373
– Unabhängigkeit, richterliche 366
– Verfassungsgericht 374 ff.
– Verhältnis zum Bürger 364
– Zuständigkeiten 102 ff.
Rechtsschutzgarantie (Art. 19 Abs. 4 GG) 687 ff.
– Justizgewährleistungsanspruch 696 f.
– Rechtsverletzung 690
Rechtsschutzprinzip 172, 696
Rechtssicherheit 152, 168, 307, 514, 694, 887, 971
Rechtsstaat 152 ff.
– Bestandskraft von Verwaltungsakten 168
– Bestimmtheitsgrundsatz 163
– Bestimmtheitstrias 164
– Beurteilungsspielraum 155
– Eingriffe 157
– Ermessensvorschriften 155
– formaler 152
– Gesetzesbindung 153
– Gewaltenteilungsgrundsatz 161
– Gewährleistungen 177 ff.
– Grundrechte 179
– Informationshandeln 159
– Justizgrundrechte 176
– materieller 152
– Rechtsschutzgarantie 173, 687 ff.
– Rechtsschutzprinzip 172 ff., 696
– Rückwirkungsverbot 166 f.
– Sonderstatusverhältnisse 156, 522
– Übermaßverbot 169 f.
– Vertrauensprinzip 165
– Vorbehalt des Gesetzes 156, 501
– Vorrang des Gesetzes 154
– Wesentlichkeitstheorie 160, 501
Rechtsstaatsprinzip (s. Rechtsstaat)
Rechtsverordnung 30, 268, 322 ff.

Rechtsverordnungserlass 322 ff.
- Anforderungen 324
- Bundesratszustimmung 330
- Delegation 323
- Ermächtigungsgrundlage 324, 329
- Überprüfung 326
- verordnungsvertretende Landesgesetze 331
- Verwerfungskompetenz 333

Rechtsweg 8
Rechtsweggarantie 659, 687
Religionsfreiheit s. Glaubens- und Gewissensfreiheit 205, 584
Religionsunterricht 682
Republik 48 f.
Ressortprinzip 260
Reversibilität 108
Richter, Recht auf gesetzlichen 699
Richterliche Unabhängigkeit 366
Richtervorbehalt 362, 365, 504, 559, 653, 704
Richterwahlausschuss 297, 371
Rundfunkanstalt 472, 596
Rundfunkfreiheit 595 ff.
Rückwirkungsverbot von Gesetzen 166 f.

Sasbach-Urteil 352, 471, 643
Satzung 158, 231, 334, 858
Schiedsgerichte, internationale 787 ff.
Schranken 497 ff.
Schranken-Schranken 508 ff.
Schächten 586
Schulische Grundrechte 680
Schulaufsicht 428, 586, 680 f.
Schuldenbremse (s. Neuverschuldungsverbot)
Schulgrundrechte (Art. 7 GG) 680 ff.
Schulpflicht 586
Schutz von Ehe und Familie (Art. 6 GG) 673 ff.
- Begriffe 674 ff.
- staatliches Wächteramt 677 ff.
Schutz vor Ausbürgerung und Auslieferung (Art. 16 Abs. 1, 2 GG) 661 ff.
Schutzbereich 489 ff.
Schutzpflichten, grundrechtliche 420, 434 ff., 539, 546 f., 552, 557, 589, 668

Schwangerschaftsabbruch 183, 434, 460, 545, 552
Selbstbindung der Verwaltung 578
Selbsttötung 493, 551
Sexualkundeunterricht 206, 586
Sitzblockade-Urteil 157, 613
Soft law 732
Solange II-Urteil 448, 486, 776, 933, 986
Sondergremium 236
Sonderstatusverhältnis (s. besonderes Gewaltverhältnis)
Sozialbindung 643 ff.
Sozialisierung (Art. 15 GG) 649
Sozialstaat 181 ff.
- Ansprüche 182, 184
- Aufgabe 182
- Begriff 181
- Beschäftigungspolitik 182
- Besitzstände 185
- Bindung der Staatsgewalten 183
- und Rechtsstaat 183
- Sicherung des Existenzminimums 182
- Sozialstaatsprinzip 181 ff.
Sozialstaatsprinzip (s. Sozialstaat)
Sperrklausel 129
Spezifisches Verfassungsrecht 398, 480
Sportunterricht 586
Staat 714 ff.
Staatsangehörigkeit (s.a. Deutscher)
Staatselemente 715 f.
- im Völkerrecht 715
Staatsfunktionen 306 ff.
Staatshaftung 177, 359, 915
Staatsqualität 36, 50 f.
Staatskirchenrecht 205 ff., 458 ff.
Staatsrecht 7
- Staatssymbole 60
- Strukturprinzipien 47 ff.
Staatssekretäre 265
Staatssymbole 60
Staatsvertrag 756 ff.
Staatszielbestimmungen 47 ff., 427
Statusdeutsche 111, 463, 466, 662, 708
Steuer 5, 143, 164, 194 ff.
Steuergesetzgebung 195 ff.
Stiftung des öffentlichen Rechts 95, 348

Strafrecht 6
Streik 356, 626 ff.
Subjekttheorie bzw. Sonderrechtstheorie 8
Subordinationstheorie 8
Subsidiarität 397, 686, 894
Subsidiaritätsklage 894, 992 ff.
Subsidiaritätsrüge 894, 965 f.
Superrevisionsinstanz 398, 480
Supranationale Hoheitsgewalt 38, 486

Tarifautonomie 182, 626 ff.
Teilordnungen, verfassungsrechtliche 192 ff.
Tierschutz 189, 505, 586, 608
Transformation von Völkerrecht 738 ff., 753 ff., 760 ff., 766, 771, 803 f., 815
Trennungsgrundsatz 199

Ultra-vires-Akte 937 ff.
Umweltschutz 187 ff., 440
– Grundrecht auf 188
– Schutz vor Umweltbelastungen 552
Umweltstaat 187 ff.
Umsetzung
– von EU Maßnahmen 924 ff.
– von Völkerrecht 738 ff., 747 ff., 766 f.
Ungeborenes Leben 434
Ungeschriebene Bundeskompetenz (s. Gesetzgebungszuständigkeiten)
Universität 334, 472, 606 f.
Unmittelbare Drittwirkung 482, 626
Unmittelbare Verwaltung 93
Unmittelbarkeit der Wahl 130
UNO (s. Vereinte Nationen)
Untätigkeitsklage 858, 867, 871, 920
Unterbehörden 95, 349
Untermaßverbot 165, 421
Untersuchungsausschuss 237
Unverletzlichkeit der Wohnung (Art. 13 GG) 650 ff.
– Durchsuchung 653
– Eingriff 651
– Schranken 654 ff.
– Schutzgut 650
Übergangsverfassung 25
Überhangmandate 120, 129, 135, 225
Übermaßverbot 169 ff., 477, 499, 515 ff.

Überwachung, visuell u. akustisch 654
Verbandszuständigkeit 66 ff., 102, 213, 306, 509, 944
Verbot der Todesstrafe 426, 452, 510, 555
Verbot friedensstörender Handlungen 790 ff.
Vereinigungs- und Koalitionsfreiheit (Art. 9 GG) 621 ff.
– Eingriff 623
– negative 621 f.
– Schranken 624 ff.
– Schutzbereich 621 ff.
Vereinsbetätigung 621
Vereinte Nationen 714, 731
Verfahren
– Verwaltungsverfahren 89
– vor dem Bundesverfassungsgericht 374 ff.
– vor dem Gerichtshof der EU 858 ff.
Verfassungsänderungen 23, 26 f., 32 f.
Verfassungsauslegung 42 ff.
– Methoden 44 ff.
– praktische Konkordanz 42
– Unbestimmtheit 42
Verfassungsbegriff 9 ff.
Verfassungsbeschwerde 291 ff., 395 ff.
– Kommunalverfassungsbeschwerde 399
Verfassungsbindung 990
Verfassungsgerichtsbarkeiten 37, 374 ff.
– Zuständigkeiten 375 ff.
Verfassungsgeschichte 14 ff.
– Bundesrepublik Deutschland 20
– Deutsche Demokratische Republik 21
– Deutsche Reich 17
– Heilige Römische Reich Deutscher Nation 14
– Herrenchiemseer Konvent 24
– nationalsozialistische Herrschaft 19
– Norddeutschen Bundes 17
– Parlamentarischen Rat 24
– Paulskirchenverfassung 16

Sachverzeichnis

– Weimarer Reichsverfassung 18
– Zwei-plus-Vier-Vertrag 24
Verfassungsgewohnheitsrecht 27
Verfassungsgüter 43, 505
Verfassungsimmanente Schranken 500, 505 ff.
Verfassungskonforme Auslegung 46
Verfassungsneuschöpfung 23, 41
Verfassungsorgane 220 ff.
– Autonomie 222
– Organtreue 223
Verfassungsrecht 5, 7
– Begriff 13
– formeller Verfassungsbegriff 10
– Geltungskraft (zeitlich, personell, räumlich, sachlich) 28 ff.
– materieller Verfassungsbegriff 11
– Superioritätsgrundsatz 10, 30
– überpositive, naturrechtliche Sicht 11
– Verbot der Verfassungsdurchbrechung 10
– Verfassungsänderungen 23, 26 f., 32 f.
– verfassungskonkretisierende Gesetze 11
– Verfassungskonkretisierung 31
– Verfassungsneuschöpfung 23, 41
Verhältnis
– Bundesrecht und Landesrecht 440 ff.
– Bundesverfassungsgericht und EGMR 294
– Bundesverfassungsgericht und Gerichtshof der EU 294, 448
– Bundesverfassungsgericht und Landesverfassungsgerichte 293
– EU-Recht und deutsches Recht 443 ff.
– Völkerrecht und deutsches Recht 449 ff.
Verhältnismäßigkeit 515
Verhältniswahlrecht, personalisiertes 135
Vermittlungsausschuss 316 f.
Versammlung, friedliche 490
Versammlungsfreiheit (Art. 8 GG) 612 ff.
– Eingriffe 617
– Negative 615
– Schranken 618 f.
– Schutzbereich 613 ff.

– Spontanversammlung 618
– Versammlungstypen 616
Verteidigungsfall 207, 210, 286 f., 308, 638
Vertrag
– von Maastricht 821
– von Amsterdam 822
– von Lissabon 824
Vertragsänderungsverfahren 845, 901, 949
Vertragsverletzungsverfahren 859, 915, 918
Vertrauensschutz 165 ff.
Vertrauensfrage 228, 258
Verwaltung, bundeseigene 93 ff., 347 ff.
– (dazu auch unmittelbare, mittelbare)
Verwaltungsabkommen 768 ff.
Verwaltungsprivatrecht 8, 470
Verwaltungsrecht 5, 338 ff.
– Einrichtung 342
– Nothilfe 339
– Zuständigkeiten 87
Verwaltungsvorschriften 89 ff.
Verwaltungszuständigkeiten 87 ff.
– Aufsichtsverwaltung 88 f., 342 ff.
– Auftragsverwaltung 90, 345 ff.
– Behördenverwaltung 91
– bundeseigene Verwaltung 93
– Bundesvorbehalte 40
– Verwaltungsverfahren 91, 342
– Verwaltungsvorschriften 91, 94, 342
Volk 111
Volksabstimmung 116
Volksgesetzgebung 335 f.
Volkssouveränität 108
Volkszählungs-Urteil 526, 567
Vollziehende Gewalt 337 ff., 479
– Begriff 337
– Regierung, Verhältnis 337
– Vollzug 338 ff.
– Zuständigkeit (s.a.
– Verwaltungszuständigkeit)
Vorabentscheidungsverfahren 858, 865, 921 f.

327

Vorbehalt des Gesetzes 156
Vorlagepflicht 390
Vorrang des Gesetzes 152 ff.
Vorratsdatenspeicherung 657
Völkerrecht 5, 711 ff.
- Allgemeine Regeln 721
- Grundgesetz 709
- u. Innerstaatliches Recht 733 ff.
- primäres 723
- Quellen 722 ff.
- Rechtsnatur 733
- sekundäres 723
- Theorien 735 ff.
- Transformation 738 ff., 747 ff., 766
- Verfahren 761
- Verfahren vor BVerfG 403, 814 ff.
- Verträge 727, 752 ff.
- Völkerrechtssubjekte 734 ff., 738 ff.
- Völkergewohnheitsrecht 729
- Zustimmungsgesetz 752 ff.
Völkerrechtliche Verträge (Art. 59 Abs. 2 GG) 752 ff.
- Allgemeines 752 f.
- Staatsverträge 754 ff.
- Verwaltungsabkommen 768 ff.
Völkerrechtsfreundlichkeit des Grundgesetzes 709, 767

Wahlcomputer 124, 133
Wahlen 113, 124 ff.
Wahlrechtsgrundsätze 124
Wahlsystem 135
Wechselwirkungslehre 602
Wehrdienst 588, 638
Wehrhafte Demokratie 150, 208, 528
Wehrverfassung 210 ff.
Weimarer Reichsverfassung 18

Weltanschauungsfreiheit 584
Werkbereich 604
Wesensgehaltsgarantie 34, 513
Wesentlichkeitstheorie 160
Widerstandsrecht (Art. 20 Abs. 4 GG) 46, 685.
Wirkbereich 604
Wirtschaftsverfassung 186
Wissenschaftsfreiheit (Art. 5 Abs. 3 GG) 603 ff.
Wohnung, Unverletzlichkeit 650 ff.

Zählwertgleichheit 127
Zentralbank, Europäische 870 ff.
Ziellegitimität 518
Zitiergebot 511
Zivildienst 212, 600, 638
Zumutbarkeit 169, 516, 645
Zusammenleben der Völker (Art. 26 GG) 788 ff.
- Genehmigungsvorbehalt bei Kriegswaffen 797 ff.
- Verbot friedensstörender Handlungen 791 ff.
Zuständigkeit
- Bundesverfassungsgericht 376 ff.
- der EU 802, 882 ff., 890 ff.
- im Bereich der auswärtigen Gewalt 800 ff.
- Gesetzgebung (s. Gesetzgebungszuständigkeiten)
- Verwaltung (s. Verwaltungszuständigkeiten)
Zustimmungsgesetz 310, 314 ff., 752 ff.
Zustimmungsverfahren 211
Zwangsarbeit 25, 636 ff.
Zweck-Mittel-Relation 169
Zweidrittelmehrheit 24, 26
Zwischenstaatliche Einrichtungen 773 ff.